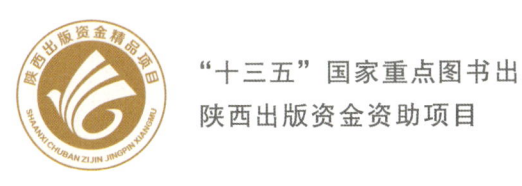

"十三五"国家重点图书出版规划项目
陕西出版资金资助项目

主编 王子今

QIN ZHI DAO

秦直道
研究论集

孙闻博 编

图书代号：SK18N0268

图书在版编目（CIP）数据

秦直道研究论集 / 孙闻博编 . —西安：陕西师范大学出版总社有限公司，2018.6
（秦直道 / 王子今主编）
ISBN 978-7-5613-9845-6

Ⅰ.①秦… Ⅱ.①孙… Ⅲ.①古道—研究—陕西—秦代 Ⅳ.① K928.78

中国版本图书馆 CIP 数据核字（2018）第 035928 号

秦直道研究论集
QIN ZHIDAO YANJIU LUNJI

孙闻博　编

选题策划 /	刘东风　　侯海英
责任编辑 /	王丽敏
责任校对 /	王丽敏　　杜莎莎
出版发行 /	陕西师范大学出版总社
	（西安市长安南路199号　邮政编码710062）
网　　址 /	http://www.snupg.com
印　　刷 /	重庆新金雅迪艺术印刷有限公司
开　　本 /	787mm×1092mm　1/16
印　　张 /	38.25
插　　页 /	2
字　　数 /	600千
版　　次 /	2018年6月第1版
印　　次 /	2018年6月第1次印刷
书　　号 /	ISBN 978-7-5613-9845-6
定　　价 /	440.00元

读者购书、书店添货或发现印刷装订问题，请与本公司营销部联系、调换。
电话：（029）85307864　85303629　　传真：（029）85303879

"秦直道"丛书编委会

编委会主任：王子今

编　　　委：王子今　辛德勇　张廷皓　吴宏岐
　　　　　　徐卫民　孙家洲　宋　超　焦南峰
　　　　　　张在明　徐君峰　马　啸　孙闻博
　　　　　　高彦平　刘东风　侯海英

总　　序

　　司马迁撰著《史记》，完成了被翦伯赞称作"一部以社会为中心的历史"，"中国第一部大规模的社会史"①的史学经典。徐浩说，《史记》"纵贯上下数千年，横及各国各阶层，举凡人类全体之活动，靡不备载"，又"叙述社会中各种现象"，并且"反春秋时代内其国而外诸夏、内诸夏而外夷狄之狭小眼光，为匈奴等民族作列传"。②李长之也曾经肯定《史记》的文化贡献，他指出，司马迁"是要在人类的生活经验之中而寻出若干范畴来"。③朱希祖也说，《史记》避免了一般史书"不载民事""未睹社会之全体"的痼病，能够"大抵详察社会，精言民事"。④《史记》超越了中国传统史学专注于政治史的撰述范式，给予历史整体特别是物质生产史、物质生活史以及下层社会的生存境况与心理体验相当多的关切。我们还注意到，对于交通史的关心和记述，也是司马迁《史记》"高气绝识"⑤、"雄

---

① 翦伯赞：《中国史纲》第2卷，大孚出版公司1947年版，第656页。
② 徐浩：《廿五史论纲》，人民文学出版社1949年版，第42—43页。
③ 李长之：《司马迁之人格与风格》，开明书店1948年版，第238—240页。
④ 朱希祖：《中国史学通论》，独立出版社1943年版，第71—72页。
⑤ 吕祖谦：《大事记解题》卷一二"著书百二十篇"条，明刻本。

视千古"①、"卓识远见"、"立意深长"②的表现之一。秦人重视交通的史迹,在司马迁笔下成为可以使历史观察者聚焦的显著现象。秦始皇兼并天下之后,辛苦巡行,又大举启动交通建设,形成了以驰道联结全国,各个地区各能通达,重要地点皆得"毕至"③的规模宏大而交通效能亦达到很高水准的交通网。秦王朝统治时期,是中国交通事业取得显著进步的重要历史阶段,而秦始皇执政后期规划发起的直道工程,更在中国古代交通史册上书写了极辉煌的一页。

司马迁在自己的史学著述中保留了对秦始皇直道的珍贵的历史记忆。《史记》卷六《秦始皇本纪》写道:"三十五年,除道,道九原抵云阳,堑山堙谷,直通之。"④又《史记》卷一五《六国年表》:"(三十五年)为直道,道九原,通甘泉。"⑤秦始皇去世,秘不发丧,车队经直道返回咸阳,"行从直道至咸阳,发丧。太子胡亥袭位,为二世皇帝"⑥。"鲍鱼车返,龙祖仙游"⑦,直道的规划者最终以极其特殊的方式经行这条道路。直道于是也成为秦帝国最高权力由"始皇帝"向"二世皇帝"交递过程的象征性符号。《史记》卷一一〇《匈奴列传》记载:"始皇帝使蒙恬将十万之众北击胡,悉收河南地。因河为塞,筑四十四县城临河,徙適戍以充之。而通直道,自九原至云阳,因边山险堑溪谷可缮者治之,起临洮至辽东

---

① 黄震:《黄氏日抄》卷四七《读史二·汉书·司马迁》,1757年(清乾隆二十二年)汪佩鄂刊本。
② 陈子龙:《史记测议·序》,聚锦堂刻本。
③ 汉文帝时,贾山言治乱之道,借秦为喻,称《至言》,其中写道:"为驰道于天下,东穷燕齐,南极吴楚,江湖之上,濒海之观毕至。道广五十步,三丈而树,厚筑其外,隐以金椎,树以青松。为驰道之丽至于此,使其后世曾不得邪径而托足焉。"见《汉书》卷五一《贾山传》,中华书局1962年版,第2328页。
④ 《史记》,中华书局2013年版,第322页。
⑤ 《史记》,第902页。
⑥ 《史记》卷六《秦始皇本纪》,第333页。
⑦ 彭孙贻:《烛影摇红·汶上感怀》,见《茗斋集》卷一五《诗余附》,《四部丛刊续编》景写本。

万余里。又度河据阳山北假中。"①明确指出了直道对于"击胡"即抗击北方草原强势民族之军事战略的特殊意义。

在秦代服务于全国政治军事总格局的交通规划中，直道有非常重要的地位。从秦始皇三十五年（前212年）"为直道"到三十七年（前210年）载运秦始皇尸身的车队"行从直道至咸阳"，直道修筑大致只有两年的时间。虽然有"道未就"的说法②，但是显然已经具备可以通行帝王乘舆的规格。直道工程量非常浩巨而工期短暂，体现了秦帝国超高等级的行政效率。秦直道，可以看作秦政的纪念。

司马迁是著名的重视实地考察、喜爱游历的史学家。王国维说："是史公足迹，殆遍宇内。所未至者，朝鲜、河西、岭南诸初郡耳。"③在《史记》卷八八《蒙恬列传》篇末，司马迁记录了亲身行历直道的体验："太史公曰：吾适北边，自直道归，行观蒙恬所为秦筑长城亭障，堑山堙谷，通直道，固轻百姓力矣！"④我们今天行走在秦直道遗存之宽广坚实的路面上，都会想到司马迁"吾适北边，自直道归"的经历以及"堑山堙谷，通直道，固轻百姓力矣"的深沉感叹。脚踏路草黄尘，感受太史公当年的步履，可以体会史家名言的亲切。而天风林籁，也响应着古今的共鸣。如果没有司马迁对于秦始皇直道的高度关注、亲身踏察与具体记述，也许后世人们对这条堪称伟大工程之卓越成品的古代道路会长期处于无知境界，心持冷漠态度。司马迁之后二千余年，我们基本没有看到对秦直道予以特别关注的文史论著。正史所谓"直道"，含义往往已经大为不同。如《汉书》"直

---

① "通直道"，司马贞《索隐》："苏林云：'去长安八千里，正南北相直道也。'"《史记》，第3468—3469页。
② 《史记》卷八八《蒙恬列传》："始皇欲游天下，道九原，直抵甘泉，乃使蒙恬通道，自九原抵甘泉，堑山堙谷，千八百里。道未就。"第3097页。
③ 王国维：《太史公行年考》，见《观堂集林》卷一一，上海古籍书店1983年9月据商务印书馆1940年版影印，第4页。
④ 《史记》，第3100页。

道行"①，"直道而行"②，"直道而不曲"③，"直道"已经是另外的含义。《汉书》卷九一《货殖传》："此三代之所以直道而行，不严而治之大略也。"颜师古解释说："直道而行，谓以德礼率下，不饰伪也。"④此所谓"直道"言政治道德、政治道理、政治道行、政治道义，其实已经与交通道路没有什么直接的关系了。后世虽然也有称作"直道"的交通工程，如《魏书》卷二《太祖纪》："车驾将北还，发卒万人治直道，自望都铁关凿恒岭至代五百余里。"⑤但是这样的"直道"，其工程规模、文化作用和历史影响，已经完全不能与秦始皇直道相比。

对秦始皇直道的科学研究自20世纪70年代始。内蒙古自治区的考古学者对秦始皇直道北段进行了实地调查。史念海先生的历史地理学名作《秦始皇直道遗迹的探索》，宣示秦直道研究的学术路径正式开启。此后，许多学者开始关心这一学术主题。历史地理学研究者和交通史志研究者结合文献研究与田野考察，相继发表了一系列值得重视的学术成果。陕西、甘肃、内蒙古的考古学家和许多珍视并致力于保护古代文化遗存的人文学者分别进行了多次秦直道遗迹的艰苦调查。靳之林、王开、徐君峰等先生坚持数年的秦直道考察，为秦直道研究提供了值得重视的第一手资料。陕西省考古研究院张在明教授主持的秦直道发掘，获得了重要成果。他在陕西富县进行的发掘，列名2009年度全国十大考古新发现。民间热爱中国历史文化、关注秦始皇直道的人们，也曾经发起多种形式的对于秦直道保护和考察极有意义的活动。如"善行天下"公益徒步活动组

---

① 《汉书》卷八一《孔光传》，第3356页。
② 《汉书》卷五《景帝纪》，第153页；《汉书》卷七七《盖宽饶传》，第3247页；《汉书》卷九九下《王莽传下》，第4194页。
③ 《汉书》卷三六《刘向传》，第1947页。《后汉书》卷五一《庞参传》："竭忠尽节，徒以直道不能曲心，孤立群邪之间，自处中伤之地。"中华书局1965年版，第1691页。
④ 《汉书》，第3680页。
⑤ 《魏书》，中华书局1974年版，第31页。

委会策划并实践的多次对秦始皇直道北段的徒步考察，以及史军、刘敬伟、于恬恬、荣浪2014年9月至10月自淳化至包头对秦始皇直道全程的徒步考察等。

陕西师范大学出版总社的朋友们，特别是刘东风社长、侯海英女士为推进秦始皇直道的研究精心策划，精心操作，推促学界朋友合力完成了这套"秦直道"丛书。对于有识见的出版家的这一功德事，秦史研究者、历史地理研究者、中国古代交通史研究者，以及所有关心中国历史文化的朋友都会由衷感激。陕西师范大学出版总社组织的秦直道遗迹考察（2013年8月7日至17日），集合了数十名历史学者和考古学者，行历陕西淳化、旬邑—甘肃正宁、宁县—陕西黄陵、富县、甘泉，取得了诸多收获。这样的工作，也成为"秦直道"丛书编撰的重要的学术基础之一。

"秦直道"丛书包括徐卫民、喻鹏涛著《直道与长城——秦的两大军事工程》，徐君峰著《秦直道道路走向与文化影响》，张在明、王有为、陈兰、喻鹏涛著《岭壑无语——秦直道考古纪实》，徐君峰著《秦直道考察行纪》，王子今著《秦始皇直道考察与研究》，宋超、孙家洲著《秦直道与汉匈战争》，马啸、雷兴鹤、吴宏岐编著《秦直道线路与沿线遗存》，孙闻博编《秦直道研究论集》。丛书编写的学术构想，不强求作者学术意见的简单一致。可以看到，不同的学术见解，例如对于所谓"东线说"和"西线说"的不同认识，分别呈示于作者们各自的论著中。我们愿意学习当年《古史辨》的编者以宏大胸怀同时发布相互对立的学术观点的做法，以方便读者一览学术全局，明了学术流变，自主学术分析，产生学术判断，形成学术新知。应当说明，尽管若干学术意见不一，但是对学术规范的信守，对科学真知的追求，对实证原则的遵循，是"秦直道"丛书作者们共同的理念。

相信随着今后秦直道研究工作的进展，特别是秦直道考古工作新收获的取得，一些学术疑问能够得以澄清，若干学术共识应当可以逐步达成。

"秦直道"丛书被列入"十三五"国家重点图书出版规划项目、2012年陕西出版资金资助项目。

史念海先生长年在陕西师范大学工作。"秦直道"丛书今天由陕西师范大学出版总社推出，也许符合史先生的心愿。

"秦直道"丛书郑重面世，可以看作对史念海先生的一种纪念。

在以"秦直道"丛书献呈史念海先生灵前的时候，作为学生、晚辈和学术追随者，我谨再次诚挚地向这位中国历史地理学的学术导师、秦始皇直道研究的先行者深心致敬！

王子今

2017年3月15日于北京大有北里

序

秦代是中国交通取得显著进步的重要阶段。秦始皇实现统一之后，秦帝国交通建设取得的重要成就，表现为以驰道联结全国，重要地区各能通达，重要地点皆得"毕至"[①]的交通网的构成。而秦始皇执政后期，又规划发起了直道工程。《史记》卷六《秦始皇本纪》记载："三十五年，除道，道九原抵云阳，堑山堙谷，直通之。"秦始皇去世，秘不发丧，车队由直道返回，"行从直道至咸阳，发丧。太子胡亥袭位，为二世皇帝"。[②]直道的设计者终于以特殊的方式经行这条道路。直道又成为秦帝国最高执政权由"始皇帝"向"二世皇帝"先后交递的程序性标志。《史记》卷一一〇《匈奴列传》写道："始皇帝使蒙恬将十万之众北击胡，悉收河南地。因河为塞，筑四十四县城临河，徙適戍以充之。而通直道，自九原至云阳，因边山险堑溪谷可缮者治之，起临洮至辽东万余里。又度河据阳山北

[①] 汉文帝时，贾山言治乱之道，借秦为喻，称《至言》，其中写道："为驰道于天下，东穷燕齐，南极吴楚，江湖之上，濒海之观毕至。道广五十步，三丈而树，厚筑其外，隐以金椎，树以青松。为驰道之丽至于此，使其后世曾不得邪径而托足焉。"《汉书》卷五一《贾山传》，中华书局1962年版，第2328页。

[②] 《史记》，中华书局2013年修订版，第322、333页。

假中。"①明确指出直道对"击胡"军事战略的意义。在秦代全国交通格局的总体规划中，直道显然有重要的地位。直道工程短期完成，又是秦帝国超强行政效率的体现，可以看作秦政的纪念碑。

《史记》卷八八《蒙恬列传》存留了作者对直道的实践体验与深心感叹："太史公曰：吾适北边，自直道归，行观蒙恬所为秦筑长城亭障，堑山堙谷，通直道，固轻百姓力矣！"②也许可以说，司马迁是第一位对于秦始皇直道予以关注，曾亲行踏察，并具体记述的史学家。如果没有司马迁《史记》的记载，也许人们对这条古代道路会长期一无所知。司马迁之后二千余年，我们长期未见对秦始皇直道进行考察、记述和研究的文史论著。直到20世纪70年代，内蒙古自治区的考古学者对秦始皇直道北段进行了考古调查，史念海先生发表了历史地理学名作《秦始皇直道遗迹的探索》，于是开启了秦始皇直道研究的学术门径。此后，多有学者关心这一学术主题。历史地理学、交通史志研究者有相当多的贡献。陕西、甘肃的考古学者分别进行了直道遗迹的考古学调查。靳之林、王开、徐君峰等先生持续的秦直道考察，为秦直道研究提供了有积极意义的资料。陕西省考古研究院张在明教授主持的直道发掘，获得了重要成果。民间热爱中国历史文化、关注秦始皇直道的人们，也发起了若干对于秦直道保护和考察极有意义的活动。如"善行天下"公益徒步活动组委会策划并实践的多次对秦始皇直道北段的徒步考察以及2014年自淳化至包头对秦始皇直道全程的徒步考察等。

秦始皇直道的研究仍然在进行。此前许多考察和研究的收获，虽然意义重要，但是大多以零散的、片断的，甚至点滴的形态分散存留，使用者寻求颇多不便。编辑出版大家面前的这样一部《秦直

---

① "通直道"，司马贞《索隐》："苏林云：'去长安八千里，正南北相直道也。'"《史记》，第3468—3469页。
② 《史记》，第3100页。

道研究论集》，显然是很有必要的。

孙闻博从事秦汉史研究近十年，已经有一些质量颇高的论著发表。他的博士学位论文《秦汉军制演变研究》得到答辩委员会主席阎步克教授，委员陈苏镇教授、罗新教授、彭卫研究员、宋超编审一致好评，顺利通过答辩之后，被评为2013年度北京大学优秀博士论文，又经修改充实，以《秦汉军制演变史稿》为书题出版。秦始皇直道因军事目的修筑，相关研究当然切近军事史。孙闻博负责编集《秦直道研究论集》是十分合适的。李学勤先生曾经写道："中国历史上的交通运输，是一项非常重要的学术课题"，"交通史作为一个学科分支，牵涉的方面很广，不止与经济的种种内涵，如农业、工业、贸易、赋税等等息息相关，和国家政治组织、文化传播、民族关系、对外的交往，也无不有着相当密切的联系，所以对交通史的探讨会对整个历史文化研究起重要的推进作用"。[①] 秦始皇直道的考察与研究，自然是秦汉交通史研究的重要主题之一。不久前面世的一些青年学者的交通史研究成果《飞軨广路：中国古代交通史论集》，孙闻博参与了编辑定稿工作。他提交的论文是《秦据汉水与南郡之置——以军事交通与早期郡制为视角的考察》[②]，涉及军事交通与区域行政。在这本《秦直道研究论集》的编定过程中，孙闻博努力收集相关论著，为了更多的研究者能够方便地得到有益的信息，费心费时，不辞辛劳。李进教授多年前刊载于《陕西交通史志通讯》的一篇文章，颇难找寻，承赵荣教授帮助，3月24日，即五天之前方快递寄到，由孙闻博补编入一校稿。可以说，这部《秦直道研究论集》是比较完整的相关研究成果的合集了。

---

① 李学勤：《〈秦汉交通史稿〉序》，见王子今：《秦汉交通史稿》（增订版），中国人民大学出版社2013年版。

② 见曾磊、孙闻博、徐畅、李兰芳编：《飞軨广路：中国古代交通史论集》，中国社会科学出版社2015年版。

《秦直道研究论集》列入"秦直道"丛书之中。为这套丛书的出版，陕西师范大学出版总社的朋友们以及侯海英女士等连续数年付出艰苦努力，读者朋友们一定会深怀感激之情。

王子今

2016年3月29日于中国人民大学国学馆

秦直道研究四十年（1975—2015）
——以走向、修筑与沿线遗存为中心
（代前言）

秦王政二十六年（前221年），秦并兼天下，完成一统。帝国建立后，始皇帝一度表示欲偃息旗鼓，与民休息。刻石有云"黔首安宁，不用兵革"，"甾害绝息，永偃戎兵"。①然伴随始皇三十二年（前215年）秦北击匈奴，略取南越，开始南北拓边，秦政进入"外攘四夷"②阶段。与北向进兵、派发谪戍相同步，秦着力在北边构筑军事防御体系。《史记》卷六《秦始皇本纪》记"三十五年，除道，道九原抵云阳，堑山堙谷，直通之"③。直道就是秦帝国在长城之外沟通都城与北边郡的第二大国防工程。此外，它与驰道又同时成为帝国交通网络的重要构成，并被视作"世界古代高速公路之首"④。

不过，这项重要的军事与交通成就在后世除司马迁略有提及，以及李吉甫《元和郡县图志》与清代方志偶有交代外，向为学人忽略，许久湮没于历史长河之中。现代学术意义的秦直道考古踏查与历史

---

① 《史记》卷六《秦始皇本纪》，中华书局1982年第2版，第245、250页。
② 《史记》卷六《秦始皇本纪》、卷二七《天官书》、卷八七《李斯列传》，第271、1346、2547页；《汉书》卷二六《天文志》、卷六三《武五子传》，中华书局1962年版，第1301、2771页。《史记》卷六《秦始皇本纪》又作"外抚四夷"，第269页。
③ 《史记》，第256页。
④ 杨泽蒙：《世界古代高速公路之首——秦直道》，载《内蒙古文物考古》2005年第2期。

研究，主要集中出现于20世纪70年代。自此迄今，众多学人留心相关论题，撰文参与论辩，形成秦代考古与秦史研究的一个学术热点。

此前已有若干学者对秦直道做过阶段性学术回顾，如王子今[①]、张多勇[②]、徐君峰[③]、侯海英、徐卫民[④]、赵力扬、葛立、黄桂林[⑤]等学者。这里在前人工作基础上，选择对四十年来学界关于秦直道研究成果重做搜理与评述，期为学人参考利用提供一些便利。

一、秦直道的考古学探索

秦直道是秦代考古的重要收获。张在明主编《中国文物地图集·陕西分册》时，专门绘制了《陕西省古道路、桥梁遗存图》，其中标示出秦直道走向及遗址位置。[⑥]中国社会科学院考古研究所编著《中国考古学·秦汉卷》时，更明确将直道考古视作秦代考古的重要发现。具体而言，秦直道被列入该书第一章"秦代都城、行宫与直道"部分，作为与秦咸阳都城遗址、渤海湾西岸秦行宫遗址并列的三项代表性成果之一。[⑦]此在既往考古成果总结中，为首次出现。

就相关考古学史而论，秦直道的探索前后又可分为考古踏查与考古发掘两个阶段。

1974年7月，内蒙古自治区文物工作训练班伊克昭盟班在伊克昭盟发现一段秦直道遗迹。内蒙古博物馆田广金作为田野实习带队人，确定了探索内蒙古境内秦直道的课题，并在东胜县漫赖公社海子湾大队二项半生产队居民点以南约200米的地方，发现一段残存长度约100米的道路路基遗迹及向北的四处丘陵顶部"豁口"

[①] 王子今：《中国交通史研究一百年》，载《历史研究》2002年第2期，第171、174页。

[②] 张多勇：《秦直道研究综论》，载《甘肃社会科学》2005年第5期。

[③] 徐君峰：《史念海与秦直道研究》，载《延安文学》2010年第6期。

[④] 侯海英、徐卫民：《建构秦直道研究的大视野》，见《2012·中国"秦汉时期的九原"学术论坛专家论文集》，内蒙古人民出版社2012年版，第165—170页。

[⑤] 赵力扬、葛立、黄桂林：《秦汉直道研究进展及相关问题分析》，载《三门峡职业技术学院学报》2015年第3期。

[⑥] 张在明主编：《中国文物地图集·陕西分册》，西安地图出版社1998年版，第74—75页。

[⑦] 中国社会科学院考古研究所编著：《中国考古学·秦汉卷》第一章，中国社会科学出版社2010年版，第70—75页。

遗存。① 这是现代考古工作中有关秦直道遗迹的首次发现。田广金向在北京大学就读时期的考古学老师俞伟超报告。俞伟超将这一消息转告陕西师范大学历史地理学者史念海。随后，内蒙古博物馆田广金向史念海寄送了相关材料与照片。

1975 年，史念海为撰写《陕西军事历史地理》②，与马正林、李健超、蔡嘉励等人实地考察了秦直道子午岭段，并撰写《秦始皇直道遗迹的探索》一文。该文具体指出秦直道自南而北，从陕西定边县南而东北行，过乌审旗北，经东胜县西南，在昭君坟附近过黄河北抵九原。其中，该文第五节根据田广金所提供的材料和照片写就，交代了相关直道遗迹位置在东胜城西南，且存在人工开凿的山岗豁口。史念海首次对秦直道全线做了系统研究，并第一个绘制出秦直道路线示意图。该文刊于《陕西师大学报》1975 年第 3 期，后转载于《文物》1975 年第 10 期。或因版面所限及其他原因，两文所用照片不仅编号不同，且并不完全一致。又因照片随文附刊，未留底版，故该文俟后编入《河山集》四集时，③ 照片已无法重印，不得不做了删除处理。亦因此故，该文的前后三种版本尚存一定差异。

1981 年至 1982 年，延安地区文物工作者在文物普查与复查工作中，对秦直道在延安境内的路段进行了初步考察。④

1984 年 2 月，中央美术学院靳之林与学生伊仲英，徒步考察了陕西淳化至安塞段秦直道遗迹。同年 5 月，靳之林又与另一名学生孙相武考察了陕西安塞至内蒙古包头西一段的直道遗迹。卜昭文撰写《为摸清秦代另一巨大的国防工程故迹，画家靳之林徒步三千里考察秦始皇直道》⑤、《靳之林徒步考察秦直道记》⑥，对相关考察进行报道。两文均显简略。相对而言，后文较前文稍详。靳之林首

---

① 杨泽蒙：《世界古代高速公路之首——秦直道》，载《内蒙古文物考古》2005 年第 2 期，第 66—67 页；修订稿题《世界第一条"高速公路"——秦直道》，收入张光耀主编：《秦直道探索与研究》，内蒙古人民出版社 2006 年版，第 97—102 页。
② 后题《陕西军事历史地理概述》，由陕西人民出版社于 1985 年出版。
③ 史念海：《河山集》四集，陕西师范大学出版社 1991 年版，第 435—454 页。
④ 姬乃军：《秦直道的开凿及其历史作用》，载《陕西交通史志通讯》1986 年第 5 期，又见姬乃军：《陕西省延安市境内的秦直道》，见张光耀主编：《秦直道探索与研究》，第 218—224 页。
⑤ 载《光明日报》1984 年 8 月 19 日第 2 版。
⑥ 载《瞭望》1984 年第 43 期。

次提出不同于史念海复原线路的东线方案,特别是由陕西淳化至安塞一段,差别较大。靳之林同时绘制了新的直道路线图,并认为:甘肃所见是与秦直道平行的另外一条古道;前者所发现遗迹多为宋代,而非秦汉时期。《陕西日报》1984年8月21日第1版对此做了报道,并对相关认识予以肯定。至于靳之林所主张路线自榆林地区进入内蒙古的具体定点,因报道简略,并不清楚。包头市交通局史志办公室主任张洪川在后续考察中,专访康兰英、张泊,获知靳氏推测经榆林地区西境入内蒙古乌审旗的具体定点是马合乡。① 概而言之,靳之林认为:以往判定为秦直道的西北至定边古道,是宋代路线;秦直道则由安塞至靖边、横山、榆林三地,并经榆林城西北马合乡进入鄂尔多斯草原区。

1986年6月16日至7月2日、7月21日至7月24日,为编写《陕西古代道路交通史》,陕西省交通史编写办公室(委员会)组织人员对陕西省境内秦直道做了实地考察,具体涉及淳化、旬邑、黄陵、富县、甘泉、志丹等县。王开撰写了考察经过并发表学术意见。② 相关内容又在王开主编《陕西古代道路交通史》相关部分有所体现。③ 王开赞同东线方案,但与前人意见并不完全一致。具体而言,兴隆关以南与史念海所论重合;从兴隆关向北,路线则一度向东弯曲,经过秦阳周、上郡肤施即今榆林,至伊金霍洛旗,而不经乌审旗。同为此次考察队成员的李进则对十六国时期赫连勃勃所建圣人道是否以秦直道为基础,持谨慎态度。④

除1984年5月与靳之林的有关考察外,1986年10月至12月,孙相武又与戴晓、白新民对秦直道遗迹做了调查。⑤ 孙相武将直道起点定在咸阳,认为向北路线出云阳不久后,向东偏下子午岭而进入

---

① 内蒙古自治区交通厅秦直道遗迹考察组:《内蒙古自治区境内秦直道遗迹考察纪实》,见《内蒙古公路交通史·资料选辑》第14期,1991年,第10页。
② 王开:《"秦直道"新探》,载《陕西交通史志通讯》1986年第5期,又载《西北史地》1987年第2期,后增订载《成都大学学报》(社科版)1989年第1期。
③ 王开主编:《陕西古代道路交通史》,人民交通出版社1989年版,第49—63页。
④ 李进:《秦"直道"考察记》,载《陕西交通史志通讯》1986年第5期,又载《文博》1989年第3期。按:《陕西交通史志通讯》此期刊出"秦直道实地考察专辑"。除前文陆续已提及外,还包括兰草《我所走过的"秦直道"》、丁晨《直道散记》、陈耀邦《富县境内秦直道遗迹考——兼谈开发和利用》、张建海《榆林境内"秦直道"的历史演变》等。
⑤ 孙相武:《秦直道调查记》,载《文博》1988年第4期。

陕西境内，然沿途不经兴隆关、秦阳周县等。所言直道路线在主体上与靳之林意见接近，但向东弯曲而经过榆林这点，则与王开意见相同，且描述更为具体化。同年10月末，《中国文物报》报道在旬邑县境内陕甘交界古调令关南侧大古山梁上发现"兵站"。① 因内容介绍简略，是否确属兵站，又是否与秦直道有关，有待进一步确认。此处加以提示，而不再收入研究论集。

1987年10月至11月，陕西省延安地区文物普查队宿玉成、王永亮、韩海峰、姬乃军等15人考察了志丹、安塞县境内秦直道。1988年，普查队刘忠民、蔡全得、杨亚峰、张金良等14人又对黄陵、富县、甘泉三县境内秦直道进行了考察。② 相关调查认为直道走向与驰道基本一致，圣人条即秦直道，大夏至多利用了原来的秦道路基础。

1988年1月至2月，陕西省榆林县交通局为编写《榆林县交通志》，由贺清海对陕西横山、榆林、神木境内毛乌素沙漠中"直道"遗迹进行探寻。③ 调查后的意见与王开基本一致。

1989年4月至5月，由庆阳师专、地区博物馆李仲立、刘得祯带队，潘振东、孙立峰、李红雄、陈瑞林（琳）、寇正勤参加，对甘肃庆阳地区境内的秦直道进行了考察。④

1989年4月，陕西志丹发现秦行宫遗址。因距离直道较近，姬乃军认为与秦直道有关。⑤1992年4月，陕西安塞也发现行宫遗址。杨宏明、谢妮娅有简单介绍，并认为同样与秦直道有关。⑥

1989年8月23日至9月5日，内蒙古自治区交通厅、包头市

---

① 《陕西发现秦代大型兵站遗址》，载《中国文物报》1986年10月31日第2版。
② 延安地区文物普查队（姬乃军执笔）：《延安境内秦直道调查报告之一》，载《考古与文物》1989年第1期；延安地区文物普查队（姬乃军执笔）：《延安境内秦直道调查报告之二》，载《考古与文物》1991年第5期。
③ 贺清海、王开：《毛乌素沙漠中秦汉"直道"遗迹探寻》，载《西北史地》1988年第2期，又载《成都大学学报》（社科版）1989年第1期。
④ 李仲立、刘得祯：《甘肃庆阳地区秦直道考察报告》，载《社科纵横》1991年第2期，又载《甘肃社会科学》1991年第3期，改定稿题《甘肃庆阳地区秦直道调查记》，载《考古与文物》1991年第5期。三文彼此略有不同。
⑤ 姬乃军：《陕北发现秦直道行宫遗址》，载《中国文物报》1989年7月14日第2版；姬乃军：《陕西志丹县永宁乡发现秦直道行宫遗址》，载《考古》1992年第10期。
⑥ 杨宏明、谢妮娅：《安塞发现秦行宫遗址》，载《中国文物报》1991年10月27日第1版。

交通局、伊盟交通处史志办公室组成考察组，对鄂尔多斯高原的秦直道遗迹开展调查，张洪川任考察组组长。调查后基本赞同王开意见，对靳之林此前观点和构想也大体同意，认为秦直道经沮源关（兴隆关），至富县槐树庄西侧北去。① 鲍桐稍后在此基础上，对相关问题做了进一步探讨。②

20世纪90年代，甘肃省考古工作者钟圣祖、许逸臣、岳邦湖、刘得祯、李红雄等又重新调查了直道全线，涉及陕西、甘肃、内蒙古三省区，并在之后出版《秦直道考察》。③ 该书对秦直道基本走向发表了意见，对陕西境内淳化、旬邑，甘肃境内正宁、宁县，以及鄂尔多斯秦直道现状做了交代。同时，该书还对沿线重要文化遗址，特别是沿线烽燧进行了较详细介绍。书末并附直道路线示意图、烽燧表，以及道路、宫殿城郭等多种示意图。该书基本赞同直道沿子午岭岭脊行进的走向，并注意弥补子午岭北段直道遗迹缺乏的问题，对陕西淳化、旬邑，甘肃正宁、宁县、合水地区秦直道的分布状况，所论亦详。

1990年8月，陕西省考古研究所组织的秦直道考察组焦南峰、张在明、周苏平、王子今对秦直道南段淳化、旬邑路段，进行了徒步考察。考察组同时对相关遗迹转角秦墓群，也进行了调查。④

1994年9月，应榆林市古道研究会邀请，陕西师范大学教授朱士光、甘枝茂，省公路局高级工程师袁雪戡等对秦直道自南向北进行了全程考察。⑤

1998年，张在明主编《中国文物地图集·陕西分册》出版。该书归纳秦直道所经地区为淳化、旬邑、黄陵、富县、甘泉、志丹、安塞、靖边、榆林，并由神木西北昌鸡兔进入内蒙古伊金霍洛旗。南段直

---

① 内蒙古自治区交通厅秦直道遗迹考察组：《内蒙古自治区境内秦直道遗迹考察纪实》，第1—12页。
② 鲍桐：《鄂尔多斯秦直道遗迹的考察与研究》，载《包头教育学院学报》1990年第1期，后收入《内蒙古公路交通史·资料选辑》第14期，1991年，第13—35页。
③ 甘肃省文物局：《秦直道考察》，兰州大学出版社1996年版。
④ 王子今、焦南峰：《秦直道石门琐议》，见秦始皇兵马俑博物馆编：《秦俑秦文化研究——秦俑学第五届学术讨论会论文集》，陕西人民出版社2000年版，第507—510页。
⑤ 榆林市古道研究会：《〈直道图志〉课题组得出阶段性研究结果》，载《榆林报》1994年10月25日第2版。

道路宽 10~20 米，北段直道路宽 20~60 米，靖边局部为 160 米。

2005 年 7 月，王富春对陕西榆林境内直道遗迹做了踏查。①

自 2005 年以后，秦直道探索由考古踏查进入考古发掘阶段。考虑到由于年代久远，大部分路段埋没于草莽沙土之中，具体路径多模糊不清，2005 年 10 月 31 日至 11 月 8 日，国家文物局秦直道研究课题组、旬邑县博物馆对陕西旬邑境内秦直道进行考察时，采取了现场勘查、考古钻探、试掘等形式。②

2009 年初，陕西省考古研究院秦直道考古队对富县张家湾秦直道遗迹进行发掘，获得重要收获。2009 年 3 月至 7 月，陕西省考古研究院又对陕西富县桦沟口段直道遗迹做了考古发掘，发掘面积约 2050 平方米。③

2010 年 7 月 21 日至 10 月 31 日，陕西省考古研究院进一步对陕西黄陵秦直道，特别是兴隆关一带，做了发掘，发掘面积约 250 平方米。④发掘揭示出甘肃宁县、合水、华池等县子午岭主脉上的西线古道分上下两层。下层路面时代为东汉（最晚在东汉中期）至南北朝，上层路面属隋唐至宋明之间。东线古道也分为上下两层。下层路面时代为秦代、西汉早期，上层路面属西汉中晚期（最晚至东汉早期），由此基本否定了西线为直道的可能，并进一步认为它是"秦直道废弃后，约在东汉初年开辟的一条古道路"。⑤

二、秦直道的历史学研究

严格意义上的秦直道历史学研究，或可溯至 20 世纪 40 年代。

---

① 王富春：《榆林境内秦直道调查》，载《文博》2005 年第 3 期。相关又见王富春《榆林境内秦直道与南北文化交流》第一部分，见张光耀主编：《秦直道探索与研究》，第 258—263 页。

② 国家文物局秦直道研究课题组、旬邑县博物馆（张永超、何一平执笔）：《旬邑县秦直道遗址考察报告》，载《文博》2006 年第 3 期。

③ 《陕西富县秦直道考古取得突破性成果》，载《中国文物报》2010 年 1 月 1 日第 4 版；又，张在明：《富县桦沟口秦直道遗址》，见《中国考古学年鉴 2010》，文物出版社 2011 年版，第 428 页；黄晓芬、张在明：《秦直道の研究》，载《日本考古学》2011 年第 5 期。

④ 张在明、李增社、姜家乃等：《2+2=4：秦直道发现道路四叠层与东西线之争——2010 年秦直道考古收获之一》，载《中国文物报》2011 年 8 月 12 日第 4 版；张在明：《九原—甘泉：秦直道的构建》，见《2012·中国"秦汉时期的九原"学术论坛专家论文集》，2012 年，第 149—164 页。

⑤ 张在明：《九原—甘泉：秦直道的构建》，第 149 页。

徐复订补清人孙楷所撰《秦会要》，特对直道的修筑时间、南北起点、完工状况进行初步考述。① 后杨善群采择删减下复引《庆阳府古迹考》《古今图书集成·职方典》，而补充了"圣人条"。②

结合考古踏查的秦直道集中探讨，出现于20世纪70年代。相关考辨，基本围绕道路走向展开，而兼及道路修筑、沿用时间、沿线遗存、军事通信、经济影响、文化传播等问题。

直道走向。史念海是秦直道历史研究的开拓者、西线方案说的主要代表。研究立足唐代及清代文献，尝试做出判断。具体认为直道出云阳北上子午岭后，一直沿子午岭前行，经甘肃庆阳入富县境。除《秦始皇直道遗迹的探索》一文外，复撰有《直道和甘泉宫遗迹质疑》③、《与王北辰先生论古桥门与秦直道书》④、《再与王北辰先生论古桥门与直道书》，三文同样均收入《河山集》四集。⑤ 此外，史先生与吴宏岐合撰《略论秦直道》⑥，并有短文《子午岭北段上的直道遗迹》⑦，也应一读。相关论析细密而深入，于后人启迪良多。

西线方案以往支持者较多，曾一度是学界的主流意见。吴宏岐另撰有《秦直道修筑的起讫时间与工程分期》⑧、《秦直道及其历史意义》⑨、《秦直道不经过上郡及其属县阳周的证据与原因》⑩，加以申说。吕卓民反对姬乃军及王开意见，也是西线说的主要支持者。所撰《秦直道歧义辨析》⑪、《再论秦直道》⑫，举出多条意见欲证

---

① 徐复：《秦直道考》，见孙楷著，徐复订补：《秦会要订补》附录，中华书局1959年版，第460—461页。按序文记于1943年8月。
② 孙楷著，杨善群校补：《秦会要》卷二六《方域下》，上海古籍出版社2004年版，第593页。
③ 载《中国历史地理论丛》1988年第3辑。
④ 载《中国历史地理论丛》1989年第4辑。
⑤ 见史念海：《河山集》四集，第455—520页。
⑥ 见《秦文化论丛》第5辑，西北大学出版社1997年版，第13—18页。
⑦ 载《中国历史地理论丛》1993年第2辑。
⑧ 载《中国历史地理论丛》1996年第3辑。
⑨ 载《陕西师范大学继续教育学报》2000年第1期。
⑩ 见雷依群、徐卫民主编：《秦都咸阳与秦文化研究》，陕西人民教育出版社2003年版，第417—432页。
⑪ 载《中国历史地理论丛》1990年第1辑。
⑫ 载《文博》1994年第2期。

成史说。两文后均收入所著《西北史地论稿》。①李仲立、刘得祯也支持西线说。②前论甘肃省文物局编《秦直道考察》,同样持这一意见。此外,陈静、文启《秦直道不经上郡的证据》③,甚至两种学术综述的作者张多勇、赵力扬,也均明确表示支持西线说。后者还对张在明有关直道考古发掘工作可能存在的问题,表达了质疑与批驳。近年,刘华祝复撰《秦直道与秦始皇丧归咸阳》④,在排比诸家之说后,同样赞同西线说。

东线说除前论靳之林、王开、孙相武、姬乃军、张洪川等人提出或赞同外,历史地理研究方面的早期重要成果当为王北辰《古桥门与秦直道考》⑤。王、史两位学者的往复切磋,将思考引向深入。而姬乃军复撰《秦直道走向考辨》⑥,与吕卓民商榷,并较早提出直道至兴隆关分岔为两路的想法。姬文虽持东线说,然所言路线与王开意见不尽一致。东线说以往实际接受者较少。近年,王富春、国家文物局秦直道研究课题组、陕西省考古研究院先后对此说表示支持。⑦《中国考古学·秦汉卷》直道部分具体由徐龙国撰写,采用的也是这一看法,并在综合东线说诸家意见基础上,绘制了新的《秦直道走向示意图》。⑧

具体历史事件往往与走向问题关系密切。始皇帝崩于沙丘后,

---

① 见吕卓民:《西北史地论稿》,中国社会科学出版社2011年版,第1—28页。
② 李仲立、刘得祯:《甘肃庆阳地区秦直道调查记》,载《考古与文物》1991年第5期;李仲立:《甘肃境内秦直道管见》,载《人文杂志》1993年第3期;李仲立:《论秦直道与秦长城的关系》,载《庆阳师专学报》(社会科学版)1994年第1期;李仲立:《西周、战国时期秦直道子午岭路段成型》,见罗世烈等主编:《先秦史与巴蜀文化论集》,历史教学社1995年版,第101—107页;李仲立:《秦直道新论》,载《西北史地》1997年第4期。
③ 载《中国历史地理论丛》1998年第1辑。
④ 见张光耀主编:《秦直道探索与研究》,第183—191页。
⑤ 王北辰:《古桥门与秦直道考》,载《北京大学学报》(哲学社会科学版)1988年第1期,后收入《王北辰西北历史地理论文集》,学苑出版社2000年版,第101—116页。
⑥ 见《秦文化论丛》第2辑,西北大学出版社1993年版,第241—256页。
⑦ 相关又参见《2009年全国十大考古新发现·陕西富县秦直道遗址》,载《中国文物报》2010年6月11日;王子今:《陕西富县秦直道遗址 秦代的国家级高速公路》,载《光明日报》2010年6月12日;王子今《秦汉交通史稿》(增订版)第一章,中国人民大学出版社2013年版,第28页。
⑧ 中国社会科学院考古研究所编著:《中国考古学·秦汉卷》第一章,第72页。

灵柩经九原归咸阳一事，向为世人关注。程龙认为当时绕行意在对九原、上郡边防重军进行安抚和威慑。① 刘华祝则在参考前人工作基础上，倾向李斯、胡亥经行直道是始皇帝生前的既定路线。②

辛德勇在分析诸家意见后指出，直道研究应以文献记载为基础。依此角度，西线说较为可取。不过，文献记载确有不足，还无法圆满解决这一问题。考古踏查所得收获在年代、性质判断上，不无疑问。具体而言，因直道外复有驰道，如何实现对二者的有效区分，是目前存在的主要困难。他认为，文献所载西线说更为可靠，但东线说也不能弃之不顾。两说当下虽然仍可并存，但是直道应当只存在一条。③

道路修筑。据学者调查研究，直道南起点在陕西淳化县北梁武帝村秦林光宫附近，北起点大体位于内蒙古包头市南的麻池古城。直道南段在子午岭主脉上通过，北段大部分则通行于鄂尔多斯高原上。后者受风沙侵蚀严重，不少已无踪迹。南段利用子午岭山脊稍加平整而成，如在山坡，主要挖削坡面。而在北段沙土地上，直道修筑则主要依靠堆土夯打，路面相应也变得稍宽。掌岗图往北属丘陵地区，直道经丘陵脊部，则加以开凿；经丘陵鞍部，则予以填垫。两种方法互相补充。直道复向北通行过程中，有些地方还使用了河床沙石填垫。"乌兰木伦河是秦直道沿途所经最大的一条河流，河床宽达100米，深20米，秦直道在此惟一的通过方式是架桥"④的论述，应引起重视。不过，乌兰木伦河恐非直道所经最大河流，王子今已指出其误，并对直道"度河"方式做了有益探索。⑤

相对直道为秦统一后新建军事交通工程的传统意见，部分学者

---

① 程龙：《论秦始皇灵柩何以经九原归咸阳》，见张光耀主编：《秦直道探索与研究》，第270—280页。
② 刘华祝：《秦直道与秦始皇归丧咸阳》，见张光耀主编：《秦直道探索与研究》，第187—189页。
③ 辛德勇：《秦汉直道研究与直道遗迹的历史价值》，载《中国历史地理论丛》2006年第1辑，修订稿收入所著《秦汉政区与边界地理研究》，中华书局2009年版，第285—306页。
④ 中国社会科学院考古研究所编著：《中国考古学·秦汉卷》第一章，第75页。
⑤ 王子今：《秦直道九原"度河"方式探讨》，见《2012·中国"秦汉时期的九原"学术论坛专家论文集》，第128—141页。

提出"重修说"。坚持东线说的王开、王北辰等学者认为，（东线）直道在秦统一前已有直通古路。而所谓直道，不过是对这条古路的修治而已。坚持西线说的李仲立则主张，（西线）直道是在前代道路基础上重修的。后续学者的探讨，实际多在上述论证基础上展开。①陕西省考古研究院近年通过考古发掘指出，东线道路最初修建于秦时，西线道路在两汉间修成。

沿用时间。史念海曾对直道在西汉初年防御匈奴的作用有所推论，并认为秦直道至明代仍是通道，至清初湮塞。后来，吴宏岐也表达了类似意见，以为直道沿用可下及唐明。陕西省考古研究院则认为东线至迟使用至东汉时，西线则大体使用至宋明时。

沿线遗存。秦林光宫、汉甘泉宫、②秦九原郡治③是以往直道沿线遗存的研究热点。此外，有关直道沿线古城的调查与论证，也向为学人重视。史念海介绍1974年田广金等人最初调查情况时，已提到直道中部城梁古城（东胜西）及相关"古路豁子"的发现。掌岗图、公尼召乡、红庆河乡北汉代古城及直道遗迹状况④，也值得留意。直道沿线还分布有烽燧、障城、关隘、兵站等多种遗存。除前已介绍的行宫、兵站相关情况外，《秦直道考察》中对甘肃境内直道沿线126座烽燧，曾逐一登记造表。前论王子今、焦南峰对陕西旬邑县石门进行了考察，并注意石门在交通系统中的作用。贺清海对石门关附近秦汉古道及遗址真伪进行了辨析。⑤刘治立分析了直道沿线的佛教遗存。⑥张多勇提醒注意董玉祥、张宝玺《陇东石窟》，杜斗城《再论陇山左右的北魏石窟及其向西的影响》（油印稿）等研究成果。⑦曾磊认为直道建设与秦北门规划有关，论述了"直道—高阙"

---

① 曾磊：《秦直道为重修说》，载《湖南科技学院学报》2008年第7期。
② 相关研究较多，结合直道的分析除此前所列举外，尚有王雪岩《略论秦汉时期的云阳》（载《陕西教育学院学报》2005年第2期）等。
③ 相关研究较多，结合直道的分析有廖文俊《秦直道与九原地望》，见张光耀主编：《秦直道探索与研究》，第233—240页。
④ 中国社会科学院考古研究所编著：《中国考古学·秦汉卷》第一章，第73页。
⑤ 贺清海：《旬邑县石门关近侧大型秦汉遗址真伪辨析》，见张光耀主编：《秦直道探索与研究》，第233—240页。
⑥ 刘治立：《秦直道与子午岭地区的佛教遗存》，载《敦煌学辑刊》2003年第2期。
⑦ 张多勇：《秦直道研究综论》，载《甘肃社会科学》2005年第5期。

防御体系。① 高子期、周晓陆则对直道沿线的道路、房舍、桥梁、关塞、阙台等建筑设施，有整体性关注。②

社会经济、文化功能。直道作为秦帝国最为重要的军事工程之一，并非孤立存在的事物。直道在为开疆拓土、北御匈奴提供支持的同时，又与移民戍边联系在一起。不过，从文献记述来看，移民活动在直道施工之前已经发生。二者关系应如何把握，有待今后努力。西汉军事行动中如何使用直道，西汉皇帝在出巡北边时是否使用直道，也需深入思考。直道对秦汉北边社会生态、交通信息史、民族关系史的研究也具有重要意义。靳之林、孙相武在考察时，已基本指出秦直道除军事、交通作用外，同时具有贸易、文化通道功能，并被视作广义丝绸之路的一部分。李仲立分析了秦直道在经济、文化方面的影响。③ 前论刘治立《秦直道与子午岭地区的佛教遗存》、王富春《榆林境内秦直道调查》及吴长川《秦直道两三问题谈》④ 也对相关问题予以关注，并有所论述。

王子今、张在明对秦直道沿线的扶苏传说做了搜集与考析。他们指出，扶苏之死发生在上郡，然在今陕西黄陵、旬邑、淳化境内距之甚远的秦直道沿线，却集中发现与扶苏传说有关的文化遗迹。⑤ 王子今《试说秦烽燧——以直道军事通信系统为中心》关注直道沿线的烽燧遗存，选择从直道军事通信角度，对烽燧设置及使用进行探讨。⑥ 王子今《秦直道的历史文化观照》揭示了直道作为军事交通重要建设所具有的秦政里程碑意义，扩展分析了"直道—子午岭"与"子午道—直河"的关系，南端地点甘泉宫在军事、外交中的特

---

① 曾磊：《直道建设与秦北门规划》，见《2012·中国"秦汉时期的九原"学术论坛专家论文集》，第142—148页。
② 高子期、周晓陆：《秦直道建筑探究》，载《西北大学学报》（哲学社会科学版）2015年第6期。
③ 李仲立：《论秦直道与秦长城的关系》，载《庆阳师专学报》（社会科学版）1994年第1期。
④ 吴长川：《秦直道两三问题谈》，载《文物世界》2011年第2期。
⑤ 王子今、张在明：《秦始皇直道沿线的扶苏传说》，载《民间文学论坛》1992年第2期，收入王子今：《中国古代交通文化论丛》，中国社会科学出版社2015年版，第36—42页。
⑥ 王子今：《试说秦烽燧——以直道军事通信系统为中心》，载《文博》2004年第2期。

殊地位等问题。① 王子今、王绍东、郑方圆还对昭君经行路线与秦直道的关系，先后做了考述。② 孙家洲对历史上有关秦直道的两种价值取向、秦直道的作用与影响，在"长时段"下做了新的思考。③ 宋超将直道与汉匈战争相结合，观察这一时期直道的功能与作用。④ 这些研究在史料参据与历史解释上，均呈现新意。

三、存在的问题及展望

秦直道研究存在的问题，前辈学人已多有清醒认识。张多勇谈到：对沿线城镇研究不够；对于秦直道沿线的子午岭和鄂尔多斯地区古代自然环境的变迁缺乏研究；对于历史时期秦直道沿线文化圈（"直道文化"）缺乏研究；对秦直道沿线的军事关隘及其战略地位缺乏研究；对秦直道沿线的东西走向的古道，以及古道及其连接的城市共同构成的军事立体防御体系研究不够。⑤ 评述较为全面。辛德勇主张："切实保护好已经得到学术界确认的秦九原和甘泉宫附近的直道遗迹，再以此为参照基础，进一步深入、细致地对比考察中间地段的直道遗迹，辨识其在道路规制、施工技术以及内含文物方面的异同，就成为最终确定直道走向的关键措施。"⑥ 赵力扬、葛立、黄桂林也提到，直道是否唯一一条，直道如何定性，与驰道的走向、规制等方面的区别是什么。⑦ 这些也应是未来着重考虑的要点。

此外，秦直道研究在学术规范上，也应加以注意。如陈静、文启《秦直道不经上郡的证据》，吴宏岐《秦直道不经过上郡及其属县阳周的证据与原因》在前三点原因归纳及举证论述上，颇显类似。

---

① 王子今：《秦直道的历史文化观照》，载《人文杂志》2005年第5期。
② 王子今：《关于王昭君北行路线的推定》，载《西北大学学报》（哲学社会科学版）2014年第3期；王绍东、郑方圆：《论秦直道是昭君出塞的最可能路线》，载《商丘师范学院学报》2015年第4期。
③ 孙家洲：《秦直道研究二题》，见张光耀主编：《秦直道探索与研究》，第160—168页。
④ 宋超：《直道与汉匈战争》，见张光耀主编：《秦直道探索与研究》，第169—182页。
⑤ 张多勇：《秦直道研究综论》，载《甘肃社会科学》2005年第5期。
⑥ 辛德勇：《秦汉直道研究与直道遗迹的历史价值》，见辛德勇：《秦汉政区与边界地理研究》，第306页。
⑦ 赵力扬、葛立、黄桂林：《秦汉直道研究进展及相关问题分析》，载《三门峡职业技术学院学报》2015年第3期。

又如鲍桐《鄂尔多斯秦直道遗迹的考察与研究》、廖文俊《秦直道与九原地望》学术史整理与回顾部分，也时有重复之处。而张泊《子午岭秦直道考察手记》"6月6日"条①，与鲍、廖二文亦有可对照处。学人若参据引用上述部分，应仔细核查，有所注意。

今后秦直道研究的开展，一方面要充分了解掌握前人的学术贡献，另一方面要注意文献考辨与考古发掘的有机结合。虽然道路考古是以往田野考古工作中的难点，但是考虑到直道考古对于相关研究的特殊意义，我们仍期待在条件允许下加强对直道的考古学探索。愿有更多学人关注秦直道的学术进步，共同将相关研究推向新境。

最后，我们对本论文选集的工作思路略作交代。选文原则方面，由于此问题在国外学界开展工作较少，故成果搜集以国内学人论作为中心。具体选文上，考古调查、发掘，历史研究与学术综述并重，相应分作三个类别，以清眉目。编排大体依照论作时代先后顺序，同一作者成果复依发表时间次序尽量编在一起，以便集中参读。一些论著对秦直道研究有具体涉及，然因体例所限，相关主要在前言加以评述，不再收录。前人研究涉及长城、烽燧、宫殿建筑而兼及直道者，因研究未以直道为中心或作为主要议题，今限于篇幅等原因，同样未予收入。至于各文的新意及贡献，除前言部分从宏观学术史角度加以揭示外，不再逐一详析。读者批阅，自有体会。

本论文选集选文写作时间跨度大，不同学者的学说不同、观点有异，个别文章文字单刊、收录前后也时有不一致之处，尤其各文专名（人名、地名、术语）彼此不尽统一。我们在编排过程中，尊重作者当年发表时的遣词立意，除明显误植外，一般不做改动。此外，标点符号依据现有出版规范做了统一处理，如数值范围的起止统一用"~"等。原文为篇后注者，移作脚注。文献著录也稍加统一。除特殊情况外，数字形式的选用、括注公元纪年的格式遵从原文。

孙闻博

---

① 张泊：《子午岭秦直道考察手记》，见张光耀主编：《秦直道探索与研究》，第249—250页。

目 录
Contents

001 / 考古调查

002 / 秦始皇直道遗迹的探索　/ 史念海

015 / 靳之林徒步考察秦直道记　/ 卜昭文

019 / 秦"直道"考察记　/ 李　进

027 / "秦直道"新探　/ 王　开

048 / 毛乌素沙漠中秦汉"直道"遗迹探寻　/ 贺清海　王　开

055 / 秦直道调查记　/ 孙相武

061 / 延安境内秦直道调查报告之一　/ 延安地区文物普查队

068 / 延安境内秦直道调查报告之二　/ 延安地区文物普查队

076 / 鄂尔多斯秦直道遗迹的考察与研究　/ 鲍　桐

092 / 内蒙古自治区境内秦直道遗迹考察纪实　/ 内蒙古自治区交通厅秦直道遗迹考察组

101 / 甘肃庆阳地区秦直道调查记　/ 李仲立　刘得祯

109 / 安塞发现秦行宫遗址　/ 杨宏明　谢妮娅

110 / 陕西志丹县永宁乡发现秦直道行宫遗址　/ 姬乃军

112 / 世界古代高速公路之首——秦直道　/ 杨泽蒙

126 / 榆林境内秦直道调查　/ 王富春

131 / 旬邑县秦直道遗址考察报告　/ 国家文物局秦直道研究课题组

旬邑县博物馆

138 / 陕西秦直道甘泉段发现秦汉建筑遗址　/王勇刚　崔风光　李延丽

140 / 陕西富县秦直道考古取得突破性成果　/陕西省考古研究院秦直道考古队

146 / 2+2=4：秦直道发现道路四叠层与东西线之争
——2010年秦直道考古收获之一　/张在明　李增社　姜家乃　王　谦　刘彦博

152 / 九原—甘泉：秦直道的构建　/张在明

167 / 研究论文

168 / 直道和甘泉宫遗迹质疑　/史念海

198 / 与王北辰先生论古桥门与秦直道书　/史念海

215 / 再与王北辰先生论古桥门与直道书　/史念海

219 / 子午岭北段上的直道遗迹　/史念海

220 / 略论秦直道　/史念海　吴宏岐

225 / 古桥门与秦直道考　/王北辰

237 / 秦直道歧义辨析　/吕卓民

250 / 再论秦直道　/吕卓民

261 / 甘肃境内秦直道管见　/李仲立

268 /	论秦直道与秦长城的关系	/李仲立
276 /	西周、战国时期秦直道子午岭路段已成型	/李仲立
282 /	秦直道新论	/李仲立
291 /	秦始皇直道沿线的扶苏传说	/王子今 张在明
296 /	秦直道石门琐议	/王子今 焦南峰
301 /	试说秦烽燧	
	——以直道军事通信系统为中心	/王子今
309 /	秦直道的历史文化观照	/王子今
321 /	秦直道九原"度河"方式探讨	/王子今
335 /	关于王昭君北行路线的推定	/王子今
348 /	秦直道走向考辨	/姬乃军
359 /	秦直道修筑的起讫时间与工程分期	/吴宏岐
361 /	秦直道及其历史意义	/吴宏岐
368 /	秦直道不经过上郡及其属县阳周的证据与原因	/吴宏岐
379 /	秦直道与甘泉宫	/姚生民
385 /	秦直道起点及相关问题	/姚生民
391 /	昭君出塞经地考	/姚生民
397 /	秦直道不经上郡的证据	/陈 静 文 启
399 /	秦直道与子午岭地区的佛教遗存	/刘治立
408 /	略论秦汉时期的云阳	/王雪岩
416 /	秦汉直道研究与直道遗迹的历史价值	/辛德勇

438 / 秦直道研究二题 /孙家洲

445 / 直道与汉匈战争 /宋 超

455 / 秦直道与秦始皇归丧咸阳 /刘华祝

462 / 秦直道与九原地望 /廖文俊

477 / 旬邑县石门关近侧大型秦汉遗址真伪辩析 /贺清海

483 / 榆林境内秦直道与南北文化交流 /王富春

493 / 论秦始皇灵柩何以经九原归咸阳 /程 龙

501 / 秦直道为重修说 /曾 磊

507 / 直道建设与秦北门规划 /曾 磊

514 / 秦直道两三问题谈 /吴长川

521 / 建构秦直道研究的大视野 /侯海英 徐卫民

527 / 论秦直道是昭君出塞的最可能路线 /王绍东 郑方圆

534 / 秦直道建筑探究 /高子期 周晓陆

543 / **学术综述**

544 / 秦直道研究综论 /张多勇

554 / 史念海与秦直道研究 /徐君峰

562 / 秦汉直道研究进展及相关问题分析 /赵力扬 葛 立 黄桂林

574 / **后记**

Contents

001 / Archaeological Investigation

002 / The Remains of Zhidao in the Reign of Emperor Qin Shihuang /Shi Nianhai

015 / Jin Zhilin's on-foot Exploration about Qin Zhidao /Bu Zhaowen

019 / An Investigation on Qin "Zhidao" /Li Jin

027 / A New Study on "Qin Zhidao" /Wang Kai

048 / An Exploration on the Remains of "Zhidao" of Mu Us Desert in Qin and Han Dynasties /He Qinghai Wang Kai

055 / An Investigation on Qin Zhidao /Sun Xiangwu

061 / An Investigation Report on Qin Zhidao in Yan'an (Ⅰ) /Yan'an Cultural Heritage Survey Team

068 / An Investigation Report on Qin Zhidao in Yan'an (Ⅱ) /Yan'an Cultural Heritage Survey Team

076 / A Survey and Research on the Remains of Qin Zhidao in Ordos Region /Bao Tong

092 / An Investigation on the Remains of Qin Zhidao in Inner Mongolia Autonomous Region /Zhidao Survey Group Affiliated to the

	Transport Department of Inner Mongolia Autonomous Region
101 /	An Investigation on Qin Zhidao in Qingyang, Gansu Province /Li Zhongli Liu Dezhen
109 /	The Discovery of a Temporary Imperial Palace of the Qin Dynasty in Ansai /Yang Hongming Xie Niya
110 /	Ruins of a Temporary Imperial Palace of the Qin Dynasty along Zhidao in Yongning Township, Zhidan County, Shaanxi Province /Ji Naijun
112 /	The Earliest Ancient "Highways" in the World — Qin Zhidao /Yang Zemeng
126 /	An Investigation on Qin Zhidao in Yulin /Wang Fuchun
131 /	An Investigation on the Ruins of Qin Zhidao in Xunyi County /The Research Group of Qin Zhidao by the State Administration of Cultural Heritage Museum of Xunyi County
138 /	Architecture Ruins of Qin-Han Period along Zhidao in Ganquan /Wang Yonggang Cui Fengguan Li Yanli
140 /	A Breakthrough in Archaeological Research of Qin Zhidao in Fuxian County, Shaanxi Province /Archaeological Team of Archaeology Institute of Shaanxi Province

146 / 2+2=4:Four Layers of Qin Zhidao and Bifurcation between the Eastern and Western Branches
— One of the Major Findings of Archaeological Studies on the Qin Zhidao in 2010 /Zhang Zaiming Li Zengshe Jiang Jia'nai Wang Qian Liu Yanbo

152 / Jiuyuan–Ganquan: the Construction of Qin Zhidao /Zhang Zaiming

167 / Research Articles

168 / Queries About the Remains of Zhidao and Ganquan Palace /Shi Nianhai

198 / Discussion with Wang Beichen On Gu Qiaomen and Qin Zhidao /Shi Nianhai

215 / Rediscussion with Wang Beichen On Gu Qiaomen and Qin Zhidao /Shi Nianhai

219 / The Remains of Zhidao in Northern Ziwu Ridge /Shi Nianhai

220 / A Preliminary Study on Qin Zhidao /Shi Nianhai Wu Hongqi

225 / Research on Gu Qiaomen and Qin Zhidao /Wang Beichen

237 / Discrimination on Problems Concerning Qin Zhidao /Lyu Zhuomin

250 /	Rediscussion on Qin Zhidao	/Lyu Zhuomin
261 /	Research on Qin Zhidao in Gansu Province	/Li Zhongli
268 /	On the Relationship between Qin Zhidao and the Great Wall	/Li Zhongli
276 /	Ziwu Ridge Section of Qin Zhidao had Taken Shape during the Western Zhou Dynasty and Warring States Period	/Li zhongli
282 /	Rethinking Qin Zhidao	/Li Zhongli
291 /	Legends of Fusu along Qin Zhidao	/Wang Zijin　Zhang Zaiming
296 /	Comments on Shimen along Qin Zhidao	/Wang Zijin　Jiao Nanfeng
301 /	Beacon Towers in Qin Dyansty —Taking the Military Communication System along Zhidao as an Example	/Wang Zijin
309 /	A Historical and Cultural Introspect of Qin Zhidao	/Wang Zijin
321 /	On Means for Crossing River in Constructing Qin Zhidao in Jiuyuan	/Wang Zijin
335 /	Assumptions on the Route of Wang Zhaojun Going Northward	/ Wang Zijin
348 /	On the Route of Qin Zhidao	/Ji Naijun
359 /	On the Beginning and Finishing Time and Periodization of Qin	

	Zhidao's Construction /Wu Hongqi
361 /	Qin Zhidao and Its Historical Significance /Wu Hongqi
368 /	Evidence and Reason on the View that Qin Zhidao Bypassed Shang Prefecture and Yangzhou County Within Its Jurisdiction /Wu Hongqi
379 /	Qin Zhidao and Ganquan Palace /Yao Shengmin
385 /	Starting Point and Related Problems about Qin Zhidao /Yao Shengmin
391 /	Route of Wang Zhaojun's Northward Journey /Yao Shengmin
397 /	Evidence of Qin Zhidao Bypassing Shang Prefecture /Chen Jing Wen Qi
399 /	Buddhist Remains along Qin Zhidao and around Ziwu Ridge / Liu Zhili
408 /	Yunyang in the Qin-Han Period /Wang Xueyan
416 /	Research on Zhidao of the Qin-Han Period and Historical Significance of Zhidao /Xin Deyong
438 /	Two Topics on Qin Zhidao /Sun Jiazhou
445 /	Zhidao and Han-Xiongnu Wars /Song Chao
455 /	Qin Zhidao and Emperor Shihuang's Return to Xianyang after His Death /Liu Huazhu
462 /	Qin Zhidao and the Geographical Position of Jiuyuan /Liao Wenjun
477 /	On the Authenticity of the Large-scale Qin-Han Historical Sites around Shimen Pass in Xunyi County / He Qinghai
483 /	Qin Zhidao in Yulin and North-south Cultural Communication /Wang Fuchun

493 / Why Emperor Shihuang's Coffin Passed Jiuyuan Back to
　　　　Xianyang　/Cheng Long
501 / On the View that Qin Zhidao was the Restoration of Previous
　　　　Works　/Zeng Lei
507 / Construction of Zhidao and the North Gate Plan of the Qin
　　　　Dynasty　/Zeng Lei
514 / Discussion of Several Problems on Qin Zhidao　/Wu Changchuan
521 / Constructing a Macro Perspective in Qin Zhidao Study　/Hou
　　　　Haiying　Xu Weimin
527 / The Most Possible Route of Wang Zhaojun's Northward
　　　　Journey　/Wang Shaodong　Zheng Fangyuan
534 / Research on the Construction of Qin Zhidao　/Gao Ziqi　Zhou Xiaolu

543 / Reviews

544 / A Review on the Qin Zhidao Study　/Zhang Duoyong
554 / Shi Nianhai and His Research on Qin Zhidao　/Xu Junfeng
562 / The Research Progress on Zhidao of the Qin-Han Period and
　　　　Related Problems　/Zhao Liyang　Ge Li　Huang Guilin

574 / Afterword

考古调查

秦始皇直道遗迹的探索

史念海

秦始皇统一六国之后，为了巩固新兴地主阶级的专政和国家的统一，严厉打击了没落奴隶主贵族的复辟活动，同时坚决抵御匈奴奴隶主贵族的骚扰。他大力建设交通道路，作为加强军事力量的一项重要措施。当时所建设的交通道路有驰道和直道。驰道以国都咸阳（今陕西咸阳市东）为中心，通向全国各个重要地区，尤其是六国的故都。这主要是为了打击没落奴隶主贵族的复辟活动。当然，随着驰道的畅通，经济文化都相应地得到发展。直道只有一条，是由云阳县的甘泉山通到九原郡。云阳县在今陕西淳化县北，距咸阳不远；九原郡在今内蒙古自治区包头市西，在阴山山脉的南麓；两地南北遥遥相对，所以称其间交通道路为直道。直道的修筑则是为了阻遏匈奴奴隶主贵族的向南骚扰。本文只就有关直道的问题加以论述。

一、直道修筑的战略意义

匈奴是我国北部地区的游牧民族，活动于阴山山脉南北。远在秦始皇统一六国以前，匈奴奴隶主贵族就经常向南进攻，秦国和以东的赵、燕诸国都受它骚扰，秦国所受的危害更为剧烈。匈奴控制的地区，南边达到朝那、肤施一线。朝那在今宁夏回族自治区固原县东南，肤施在今陕西榆林县南鱼河堡附近，都是秦国北部的县城。据后来汉朝初年的人说，匈奴控制的朝那、肤施一线以北，距长安最近的只有 700 里（约合今 500 余里）。匈奴的轻装骑兵一日一夜就可到达长安城下①。秦都咸阳与长安隔一渭水，而且还在渭水之北，可以想见当时不仅秦国北边受到巨大威胁，就是国都也已经感到不安。

秦始皇以前的秦国，对于匈奴奴隶主贵族的不断骚扰，一般采取消极的防御战略，征发广大劳动人民修筑了长城，但是并没有能够完全保障北方的安宁。秦始皇统一六国，开始扭转这种局面。就在完成统一事业的第五年，秦始皇派遣将军蒙恬率领 30 万大军北征，把匈奴奴隶主势力驱逐到阴山山脉以北。秦军渡过黄河，控制了阴山山脉上的高阙要塞（今内蒙古自治区杭锦后旗北）。秦朝在新取得的这一地区建立了 34 座县城②（一说是 44 座③），由内地迁徙人民到这些新县从事种植。为了管理这些新县，设置了一个九原郡，郡治在今包头市西④。同时，在阴山山脉上参照赵国长城的旧址，修筑了长城⑤。这时又修筑长城，并不意味着仍然采取消极防御的战略。秦始皇出于积极防御的需要，在驱逐匈奴后第二年下令修筑直道⑥。直道全长 1800 里（约合今 1400 余里）⑦，是当时由咸阳至九原郡最为捷近的道路。（图1）如果匈奴奴隶主贵族再次发动骚扰，秦军可由咸阳循着直道直抵九原郡，登上阴山山脉，进行抗击。

二、直道的起点

直道以云阳为起点。云阳距咸阳不远，其间道

图1　秦直道图

---

① 《汉书》四三《娄敬传》。
② 《史记》六《秦始皇本纪》。
③ 《史记》一一〇《匈奴传》。
④ 《汉书》二八《地理志》，《水经·河水注》。
⑤ 《史记》一一〇《匈奴传》。
⑥ 《史记》六《秦始皇本纪》。
⑦ 《史记》八八《蒙恬传》。

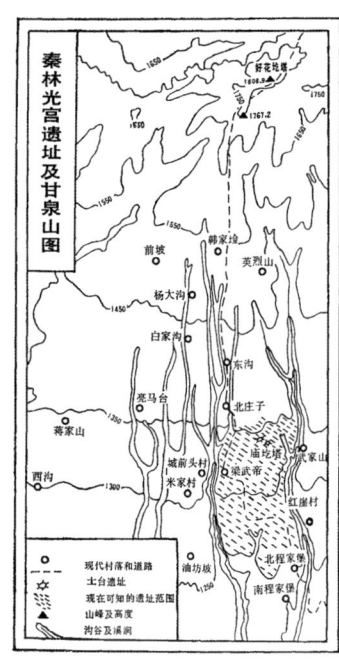

图 2　秦林光宫遗址及甘泉山图

路良好，来往方便①。云阳县北有甘泉山，山高气爽，是避暑胜地。山上有林光宫②，秦始皇经常到那里去。但远在战国时期，甘泉和谷口（今陕西泾阳县西北）就以险要著称，起着屏蔽咸阳的作用③。秦始皇经常住在甘泉山上，并不只是为了避暑，而是兼有为抗击匈奴而在那里坐镇的政治意义。

西汉时在林光宫旁另起一座甘泉宫④。甘泉宫扩大后把林光宫包括在里面，林光宫的名称因而湮没了。无论是林光宫还是甘泉宫，时过境迁，都早已圮毁。就是那个云阳县后来也一再辗转改置，最后连县名都移到今泾阳县境，成为云阳镇⑤。故宫虽已圮毁，遗址却犹可寻。今淳化县北40里梁武帝村就是遗址所在。（图2）当地人见告：甘泉宫遗址旁曾经建立过一座汉武帝庙，庙宇早已不存，后人将汉武帝讹为梁武帝，因而有此村名。由于水土流失严重，今梁武帝村东西皆有深沟，由北边山麓向南伸延，村西离沟半里，村东离沟2里多。遗址夹在两沟之间，南至4里外的程家堡村，北到梁武帝村北约一畛地。这里田地中一片瓦砾，密布地面。据说掘地数尺，都是瓦砾层。间有宫瓦和瓦当出土。宫瓦阔大，瓦上有流水纹。瓦当上"长生未央"等字犹清晰可辨。还出土带秀丽花纹的方砖。梁武帝村北路边土堰旁，尚有斜露出头的残瓦水管。据说还有五角形水管，与汉长安城附近掘出的水管规模相同。遗址上引人注目的还有两个高土台。由淳化县城北行，上原后就可以远远望见，西边一个，当地人叫做承水台；东边一个，叫做望母台。望母台东北还有一个稍低的土台，叫做亮马台。按之汉代记载，甘泉宫中有通天台，高30丈⑥。今承水台犹高10米，当即旧时通天台。望母台南有石柱础一个，直

---

① 《雍录》九《龙楼驰道》说：汉甘泉宫去长安三百里，而驰道亦绵亘其间。
② 《三辅黄图》一《秦宫》。
③ 《战国策·秦策三》。
④ 《雍录》二《甘泉宫》。
⑤ 道光《泾阳县志》。
⑥ 《汉书》六《武帝纪》颜注引《汉旧仪》。

径 1 米，高 1 米余。并有石猪一头，刻工古朴。土台之西两叉沟间有城墙遗址，由梁武帝村北到城前头村，断断续续，直至 7 里外的蒋家山。梁武帝村和城前头村之间为深沟冲断，沟边犹可见故城矗立。这些遗址和遗物都可证明当地就是秦林光宫和汉甘泉宫的故地。

林光宫在甘泉山南坡，甘泉山诸峰矗立在宫北。其中较高的一峰，现在叫做好花圪垯，距遗址 15 里。好花圪垯海拔 1808.9 米，由圪垯下面路旁算起实高 40 米，则路旁的海拔应为 1768.9 米。而梁武帝村东南 2 里处的海拔为 1276 米，相差只 492.9 米。由梁武帝村北行，一面慢坡就可到好花圪垯之下。登好花圪垯下望，梁武帝村一带遗址一目了然，那两个土台更为显著。直道就是由这条慢坡北行，到好花圪垯之下，绕好花圪垯向东北伸展。整条直道除在今内蒙古鄂尔多斯草原一段外，皆蜿蜒在山头岭上。但由林光宫北行登上高岭，因为是一面慢坡，并不觉得陡峻，当地牛车缓缓行来，也不显得过分费力。

三、子午岭南段上的直道及其遗迹

直道有一半在子午岭上。（图 3）

子午岭位于陕北与陇东之间，作南北走向，为泾、洛两河的分水岭。它北起陕西的吴旗和志丹两县，南至铜川、耀县、淳化、旬邑诸市县。东有甘泉、富县、黄陵、宜君诸县的西半部，西有甘肃的华池、庆阳、合水、正宁诸县的大部或小部。子午岭可分为南北两段：北段为黄土梁状丘陵，多已开垦为农田；南段为土石山区，大部遍布灌木丛林。南北两段大致可以甘肃华池县东南的东华池附近作为分界线。在华池县东境的一部分另叫做老爷岭。南北两段共长 300 余里，东西宽度由数里到数十里不等。

直道由林光宫开始，就进到甘泉山。甘泉山为子午岭南端的一个支岭，也就是说直道离林光宫后就进到子午岭，循岭北行。在直道修成将近百年的时候，西汉的大史学家司马迁曾从头到尾走过一次，但在《史记》有

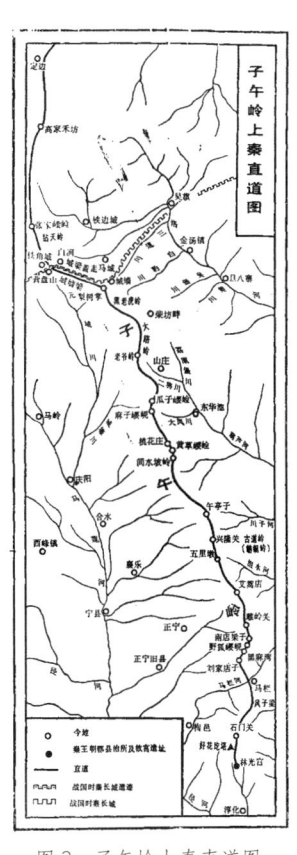

图 3 子午岭上秦直道图

关的纪传中，只记载了它的起讫点，不够具体。子午岭南段直道的具体记载，始见于唐代。据那时的记载，直道在襄乐县东 80 里子午山上[①]。襄乐县就是现在甘肃宁县襄乐镇。襄乐镇东 80 里是艾蒿店和五里墩之间一段子午岭，那里直道的遗迹一直保存到现在。后来到清代，有关地方志也有一些零星的记载，如关于正宁县东雕岭关所在子午岭上直道遗迹的记载[②]。陕西富县还有一条叫做"圣人条"的道路，据康熙《鄜州志》说是从山岭上修成的大道，可并行二三辆车[③]。虽然没有说明在哪一条山岭上，却有一段解释，说这条道路从西塞外来，经庆阳入富县境，至西安嵯峨山下。这显然指的是子午岭上的直道。富县之西从兴隆关至土桥之间 30 里上下的一段子午岭上，现在还可以寻见直道的遗迹。

根据康熙《鄜州志》的记载，这条道路当时不仅是直道的遗迹，而且还可以通行。乾隆《正宁县志》也有同样的记载，说是"此路一往康庄，修整之则可通车辙。明时以其直抵银夏，故商贾经行。今则塘汛废弛，通衢化为榛莽"[④]。正宁刘家店子林区工人见告：听前辈老人说过，这条道路直向西北，通到定边，平常驴驮马载，络绎不绝。旬邑石门关的同志见告：据当地人们记忆，距今数十年前，由石门关至马栏河一段子午岭的主脉风子梁，正是关中棉花向北运输的道路。每当运花季节，梁上路旁的灌木枝上，粘花带絮，一路皆白。解放战争前，石门关是陕甘宁边区的一部分，为储粮仓库所在地；风子梁更成为转运粮草的大路。这些事实都说明，直道在秦始皇修筑以后，历代还曾断断续续加以使用，因而遗迹也得以保留。

根据具体丈量，正宁县刘家店子以北的黑马湾、野狐崾岘、南店梁子和旬邑县雕岭关南北两端，以及合水县间水坡岭和黄草崾岘之间等处的直道遗迹都是宽 4 米半。这和康熙《鄜州志》所说的可并行二三辆车的话是相符合的。由刘家店子至间水坡岭直线距离将及 200 里。这 200 里之间几段直道遗迹都是 4 米半宽，这不能不引人注意。如上所说，直道在秦始皇修筑之后，历代曾断断续续通行使用，但大规模的修复，却并未见于记载。200 里之间，不同段落的道路宽度都一样，如果不是原来兴修时的规模，那是不可能的。

---

① 《元和郡县图志》三《宁州》。
② 乾隆《正宁县志》三。
③ 康熙《鄜州志》一。
④ 乾隆《正宁县志》二。

这几段道路路面都呈凹形，两边接近路旁的土坎处较高，愈至路中心愈低下。这是路旁土坎沦土，而路中心原来行走的人较多的缘故。由于久无行人，路面都覆盖野草。有的段落灌木丛生，须弯腰侧身，拨开树枝，才能向前行走。

现在由林光宫遗址向北循子午岭主脉直到东华池附近，皆仍有路可通。刘家店子以北林区有简易公路。艾蒿店以南有几段尚未贯通，艾蒿店以北到东华池西南的黄草崾岘，皆可行车，有的地方还可以通行卡车。新修的简易公路一般与旧路平行，并未利用旧路路基。有些险峻的地方，譬如林光宫的好花圪垯和其南的一个高地之间的一段，当地人叫做鬼门口的深壕，石门关所在地那个垭口，以及雕岭关那个紧转弯和崾岘，两旁不是高山，便是深谷，没有选择的余地，旧路新路才实际合在一起。新旧路线大部不相重合，主要是因为直道的弯度不能符合现代公路的要求。

前面说过，子午岭上这段直道遗迹能够保留到现在，是历代断断续续通行的结果。但这只是一个原因。而灌木丛生、植被茂密，应该是另一个原因。当林光宫始建的时候，山以甘泉为名，泉甘土湿，自然林木繁盛，因而成为一个避暑胜地。西汉末年，扬雄撰《甘泉赋》，于篇末特别称道当地的各种树木，正是写实之笔。现在的淳化县城始建于北宋初年。在建城时，当地还是"山林深僻"[①]。但到后来，林木剪伐殆尽，植被大量破坏，林光宫东西都成了深沟，附近直道遗迹被冲毁湮塞也成了必然的结果。不过马栏河以北植被到现在还是十分茂密，直道遗迹也就能够保存。而间水坡岭和黄草崾岘之间的一段直道遗迹，由于接近一个向上延伸的沟头，就被流水冲坏了。

四、子午岭北段上的直道及其遗迹

直道在经过了间水坡岭和黄草崾岘以后，并不是如现在林区简易公路那样下到凤川河畔，再东北到东华池，而是由黄草崾岘北随子午岭主脉转向西北，经过桃花庄，由麻子崾岘和瓜子崾岘绕过大凤川河源头。据唐代初年的记载，庆州华池县西45里子午山有秦时的故道[②]。唐华池县就是现在华池县的东华池镇。由东华池往西45里，正是麻子崾岘附近。这说明直道在这里并不是像现在的简易公

---

① 宋敏求《长安志》二〇《云阳》。
② 《史记》一一〇《匈奴传·正义》引《括地志》。

路那样顺着凤川河向东北行的。

子午岭主脉绕过大凤川源头后，再绕过城壕川（柔远川的支流，柔远川又为马莲河的支流）就改称老爷岭。老爷岭一直趋向西北，在吴堡川（洛河的支流）源头、华池县紫坊畔西北，改称黑老虎岭。黑老虎岭并不很长。再向西北，到定边县张崾岘，又有一段称为钻天岭。除此之外，随处异名，都是以梁相称，不再使用岭的名称。子午岭的名称既不再使用，一般也就不把这一段算在子午岭数里。但主脉依然存在，仍是洛河与泾河的分水岭，直至定边县南境，始到平地。

子午岭北段的主脉之上，现在绝大部分还有道路可通。也有一些段落未见道路。如吴旗县西南，洛河支流三道川源头和华池县北，元城川支流怀安沟源头之间一小段，今图上未标出道路。不过这一小段只有3里，山头岭上不仅平坦，而且还比较广阔，看来，原来是有道路的。在华池县老爷岭林场附近的老爷岭上，像子午岭南段那样，也有一段简易公路。而定边县南的张崾岘，北至定边县城，则早有公路通行了。

这条子午岭北段上的道路应该就是直道的旧路，这样说法有下面几条理由：

（一）前面提到的唐初记载的华池县西45里子午山上的直道是第一个证据。既然那里有直道遗迹，就说明直道依然是循着子午岭的主脉向西北进展的。

（二）从子午岭上现存的直道遗迹看来，直道是一直循着子午岭主脉修筑的，并未有在任何地方下岭的形迹。从秦始皇修直道以后直到现在，贯穿子午岭东西的道路是不少的。其中在富县、黄陵两县之间，也就是葫芦河支流川子河和沮河之间有一道分水岭，向西通到子午岭上的兴隆关。岭称蚂蚱岭，另名古道岭。岭以古道为名，说明岭上的道路来源很早。虽然有这样一条古道，可是直道并没有从这里下了子午岭，因为兴隆关以北子午岭上的直道现在还有遗迹可寻。华池县东华池位于葫芦河畔，上面提到的凤川河就在这里流入葫芦河。葫芦河有两个源头，一是二将川，另一是荔原堡川。由二将川再经过白豹川，可到吴旗县南的金汤镇。由荔原堡川再经过樊川，可到金汤南面的旦八寨。这里都是宋和西夏的战地，当然也是通往洛河流域的大路。是不是直道由这几条河谷北行？不是的。唐代记载东华池西那段子午岭上直道的遗迹，就可完全否定这样的推测。直道不由这些地方下山，正是要避开洛河河谷曲折和横越陕北的横山山脉。因此，华池县的紫坊畔和定边县的铁角城等地附近后来虽都有由子午岭下到洛河河谷的道路，但是直道仍然没有中途下山。不仅中途没有下子午岭,而且在子午岭上还是循着主脉辗转前进,而不随着附近川道采取捷路。现在东华池附近的公路,是由黄草崾岘下到凤川河,经过东华池,再溯二将川达到老爷岭林场。但直道却是循着子午岭主脉绕过凤川河和二将川。路虽然远些,却没有上山下川那样一番麻烦。既是这样,就可以附带说明一个问题:二将川的山庄附近有一条大路岭,向北直到紫坊畔。岭上有大路,但并不是直道的遗迹。因为大路岭长不过20里,如果直道经过这里,就要由子午岭主脉下到二将川,然后再上到子午岭主脉,那就更加困难。这条大路岭上的大路可能是在北宋和西夏的长期战争中形成的,与直道无关。

（三）既然直道是循着子午岭主脉北上的,为什么现在子午岭北段的直道遗迹却是那样稀少？前面已经说过,子午岭南段是土石山区,而北段却是黄土梁状丘陵。南段迄今还是灌木丛生,植被茂密,而北段却已大量开垦,成为农田,而且愈到山顶岭头,因为有不少地方较为平坦,开垦就愈为普遍。这势必使直道遗迹减少。而且林木既被剪伐,水土流失随着日趋严重,原有路基即使不被开垦,也难免为流水冲塌。登上二将川西那段子午岭制高点远望,南北的不同情景立即映入眼帘。南段岭上居民点相当稀少,是林区面貌,北段村落较为稠密,是农区景象。

这里应该涉及战国时期秦国的长城越过子午岭的地方以及它和直道的交叉所在,来说明子午岭北段的直道路程。战国时期秦国所修的长城是由陇西经北地到上郡①,即由今甘肃的洮河中游经宁夏回族自治区的南部,再经陇东庆阳地区而至伊盟东部黄河岸上。这就一定要经过子午岭。根据唐代记载,秦长城在马领县西北126里②。唐马领县今为甘肃庆阳县西北马领镇。所说的秦长城实际在今环县北3里③。今环县城东北30里有长城原,当是秦长城经过的地方。子午岭东秦长城经过的地方,在北宋时称为长城岭,横峙在延安、志丹诸市县之北④,乃是北宋长期防御西夏进攻的要地⑤。吴旗县南5里洛河东有一道城墙岭,当是长城岭

---

① 《史记》一一〇《匈奴传》。
② 《元和郡县图志》三《庆州》。
③ 嘉庆重修《大清一统志》二六二《庆阳府》。
④ 康熙《陕西通志》二七下《志丹县志略》上。《志丹县志略》说:"县城北上十八崩梁,有营盘崩、大墩梁,东西相望,故垒屹然。又北为长城岭路,由秦王井经河北九驿,至古灵州怀远镇七百里,小范老子所以防西夏也。"
⑤ 《宋会要》一八六册《兵》二八,一九四册《方域》一九,又《宋史》二九〇《郭逵传》。

的异名。明代为了防御，除筑城墙外，并在险要地方设有许多墩堡。在走马城附近就有一个万里长城墩①。墩叫做万里长城，说明是在万里长城之上。但明代所筑城墙当时并不称为长城，这万里长城墩所在地的长城，自是秦时的故城。走马城在吴旗县西南30里，距环县长城原直线距离70里，则越过子午岭上的秦长城当在这70里之内。现在这里的子午岭主脉上确有一段残存的长城，西起环县的营盘山，东止吴旗县的城墙村。营盘山距长城原仅20里，城墙村在走马城东南30里。营盘山西北4里就是铁角城，明代于铁角城和走马城设防②，但未闻在这里修筑城墙。因此这段长城应该是秦长城的残迹。在甘肃临洮县境的秦长城有些段落至今依然屹立③，陕西志丹县北也有秦长城故垒东西相望④。这里能有秦长城遗址，并不是例外。

这段残存的秦长城共长60里。西端自白涧西南就趋向营盘山，东端由梨树掌转而趋向城墙村，都离开了子午岭主脉；在主脉上的有40里。既然子午岭主脉之上有长城，而长城之下是应该有道路的。这样的道路就是后来的直道。虽然现在这里的道路已经稍稍离开山头岭上，但不能根据经过变迁后的情况，而认为这里的子午岭主脉上原来就没有道路。

既然直道是由云阳通到九原，则循着子午岭主脉经过定边县南，岂不是绕了一个大圈子？这怎么能够说是直道？其实直道虽有"直通之"⑤的意思，但在1800里的长途中，一定要像古代诗人所说的"周道如砥，其直如矢"⑥，是不可能的。选择山路不免跋涉，但是到了山顶之后，虽然群峰起伏，主脉却并没有倏高忽低的现象。循此前进，较之山下穿行河谷要方便些⑦。秦始皇正是接受了以前和当时人们的实践经验，才选择这条路线的。何况子午岭的南北两端都已接近平地，上山下山都比较平缓。秦始皇修筑直道，是出于军事目的，若行军于河谷

---

① 张雨《边政考》二。
② 张雨《边政考》二。
③ 顾颉刚《史林杂识》一一《甘肃秦长城遗迹》。
④ 《志丹县志略》上。
⑤ 《史记》六《秦始皇本纪》。
⑥ 《诗·小雅·谷风之什·大东》。
⑦ 王夫之在《船山遗书·书经稗疏》二论述《禹贡》的导山，就曾对这点作了发挥。他说："夫'导'者，有事之辞，水流而禹行之，云'导'可也；山峙而不行，奚云'导'哉！然则导者，为之道也，洪水被野，草木畅茂，下者沮洳潴停，轨迹不通，禹乃循山之麓，因其高燥，刊木治道，以通行旅，'刊旅'之云，正导之谓也。"

之中，迂回曲折，难免贻误军机。山路虽远，却较平夷，易趋于事功。北方游牧民族向南进攻，多喜由川道①。如果守军由山上趋下，选择有利地形，阻拦截击，是易于取胜的。由这几点说来，直道循着子午岭北段向西北行去，到了尽头，再趋向北边的九原，是秦始皇积极防御战略的体现。

五、鄂尔多斯草原的直道及其遗迹

直道在定边县南离开子午岭地区，进入陕北黄土高原，再往北去，到鄂尔多斯草原。鄂尔多斯草原位于阴山山脉下黄河之南，在秦朝叫做河南地。当时九原郡的治所虽在黄河北岸，辖区实际包括鄂尔多斯草原。现在鄂尔多斯草原有相当多的地方已变成沙漠，但是在秦朝却不是如此。当时新设的34个县（或44个县），有的就在这里的草原上。

鄂尔多斯草原没有高山，却散布着丘陵台地。直道经过这里，还是要有一番"堑山堙谷"的工程。子午岭上的直道遗迹断断续续湮没不少，由于子午岭主脉并未有所改易，直道路线还可借以探索。鄂尔多斯草原上的丘陵台地到处散布，又杂以大小不等的淖尔沼泽，在其间探寻直道的路线及遗迹，实非易事。

虽然如此，却也并非了无踪迹。内蒙古自治区考古工作者近年已在这方面取得了成绩，发现了一段遗迹。遗迹位于伊克昭盟东胜县城西南90里，在漫赖海子湾以东的二顷半之南约200米的地方。遗迹两端早已断切下陷，残留可见的长度仅有百米左右。路面残宽约22米。路基断面暴露极为明显，现高1米至1.5米左右，为当地红沙岩土填筑。从遗迹残段北行3里，迎面山岗上有豁口。继续北上，又可接连望见两个类似的豁口。豁口宽50多米，都是人工开凿。据当地群众介绍，从遗迹残段南下，还可望见一个豁口。南北四个豁口遥遥相对，连成一线，在丘陵起伏的黄土高原上，确实使人感到当年遇山凿山，遇沟填沟，"堑山堙谷，直通之"的状况。

这虽然是一个孤立的遗迹，但有下列理由可以认为是直道的一段。

前面已经论述，直道在定边县南下了子午岭主脉。而九原郡治所在今包头市西南。由定边县南到包头市西南引一条直线，以之为依据，来探寻直道的遗迹，

---

① 道光《榆林府志》四〇引马文升《请选差主事赴榆拣选官军》说："沿边一带山坡重复，崖涧深陡，贼马之来，必由大川而行，宋人御夏，俱于川口修筑城堡。乞寻故迹，相度形势，及时修补。"这虽然是明人论述宋明两代军事问题，其实秦汉时期匈奴向南进攻，也是如此。

相差当不甚多。当然在相当长的距离中，道路不会笔直前进。但行人走路，总是会想方设法寻求两地之间的最近距离。而海子湾发现遗迹的地方就在所引直线的东面，粗略估计，偏东只不过数十里。

在这条直线的两旁，虽无险峻的高山，却散布着许多淖尔沼泽。汉代记载，在这河南地区域里，有金连盐泽和青盐泽[①]。青盐泽可能就是今杭锦旗北部的盐海子，蒙古语称胡布莽淖，迄今仍产结晶颗粒较大的青盐，为伊盟主要产盐地。这个盐海子原来很大，现在大部干涸，看来已很小。今鄂尔多斯草原的湖泊以东胜县西南的巴汗淖和合同察汗淖为最大，其形成时期似不会晚于盐海子。但这两个湖泊虽大，水却是带苦味的。古代未见记载，可能是这个缘故。如果这样的推测不错，则东胜县西南在秦汉时是有湖泊分布的。直道在这里经过，自会绕道而行。这就使海子湾的古路作为直道遗迹更有可能。

一般道路的修筑是与附近的城池有联系的。新筑的道路往往迁就旧有的城池，而新建的城池也往往迁就已有的道路。秦始皇取得河南地后，设了几十个县城，不能说直道与这些县城都没有一点关系。可惜这些县城数目还难肯定，具体所在地也不易逐一查清。但是在海子湾遗迹的附近已有古城发现。由遗迹北行约8里处，在山岗豁口旁，有一古城遗址，出土大量陶片、箭头，附近还曾发现汉墓。推断这是汉代城塞遗址。再北约20里处，就是城梁村。此地在东胜县西北70里，在村南高地上也有一古城遗址。城为方形，边长约480米。城内多粗细纹陶片。瓦很大，瓦当有些为半圆形，有回纹。在城北土坡下，以前曾发现过铜镞和陶管，可能也是一座汉代古城遗址。由此再往北，就可直达黄河南岸昭君坟附近。那里在包头市西南，渡过黄河，就是九原郡治所在地。在昭君坟附近又有一汉城遗址。由海子湾向南，伊金霍洛旗红庆河附近还有一汉代遗址。由昭君坟至红庆河，南北长200里左右的道路旁，竟有四座古城遗址，又都在上面所说的由定边至包头市所引直线的旁边。这段道路又有22米左右的宽度，也非一般的道路所可及。说它是直道的遗迹，谅不为过。这22米左右的宽度，远远超过了子午岭主脉上那段路基，可能是在草原之上，不受山岭限制的缘故。

东胜县和城梁村附近的地形也可以作为说明的佐证。城梁村是东胜县最高的地方，由此向南向北，地势也很高，南北连成一条梁的形状。古路就在这一带梁上。

[①] 《汉书》二八《地理志》。

在梁上修路，取其较为平坦，这与子午岭主脉上修筑直道的道理相同。就在今日，鄂尔多斯草原的公路也多半修在梁上，如东胜至鄂托克旗，和东胜至准格尔旗的公路就都通过横贯东西的黄土梁上。如果在梁下，随处可能遇到难以通过的深沟。

由红庆河往西南到定边县南，可能经过乌审旗之北。这一段沙碛连绵，小道错综，欲探寻直道遗迹确实所在，还需继续从事考古工作。

六、直道的修成及所起的作用

从上文论述中，大致可以勾画出直道的全部路线：由陕西淳化县北梁武帝村秦林光宫遗址北行，至子午岭上，循主脉北行，直到定边县南，再由此东北行，进入鄂尔多斯草原，过乌审旗北，经东胜县西南，在昭君坟附近渡过黄河，到达包头市西南秦九原郡治所。一半路程修筑在山头岭上，一半路程修筑在平原草地。这是一个巨大的工程。这个工程的修筑始于秦始皇三十五年（公元前212年），到三十七年（公元前210年）九月以前，秦始皇死后的辒辌车就由直道回到咸阳。仅仅在这两年半中，选线、施工等工程就全部完成，这是两千多年以前我国劳动人民创造的历史奇迹！

就在现在，登上子午岭主脉路旁的制高点，极目远望，但见群峰起伏，如条条游龙分趋各方，苍翠松柏与云霞相映。主峰曲折，走向何处，往往不易辨别。两千年前，由甘泉山下直到子午岭巅，一片森林，郁郁葱葱，较今更为繁盛茂密。在这样几百里长的岭上找出一条贯通南北的道路，若非劳动人民辗转出入其间，成功是很难想象的。子午岭头如此，鄂尔多斯草原另有艰难。"天苍苍，野茫茫，风吹草低见牛羊"，北朝诗人的描述，秦始皇时也应是如此。秦朝统一这一地区之后一年内外光景，就要辨明地形，选定路线，也确是劳动人民的巨大贡献。选线不易，施工更难。以当时的技术条件，单说在遍地森林的子午岭端剪除丛生在路基上的树木，也非易事！

"千古一帝"的秦始皇不能坐视刚刚建成的统一的中央集权的国家再受匈奴奴隶主贵族的骚扰。把匈奴奴隶主贵族驱逐到阴山山脉以北之后，为了继续进行阻遏、反击，直道的修筑是完全必要的，也是及时的。这说明秦始皇所领导的中央集权的政府发挥了积极的作用。

西汉初年，匈奴奴隶主贵族向南骚扰的重心，一度在勾注山、常山（恒山）以北一带，即今山西北部。文帝时，匈奴奴隶主贵族又向关中试探，前后一共有两次。一次在上郡，一次大入萧关，经过彭阳，候骑到了雍县和甘泉。上郡治所在肤施。萧关在朝那之西，即今宁夏固原县南。彭阳县在今甘肃西峰镇西南。雍县为今陕西凤翔。而甘泉就是直道南端的起点。这两次中，进入上郡的一次，只是缘边骚扰性质。至于大入萧关，直抵甘泉山下，那就是严重的进攻。既然匈奴奴隶主有意窥伺甘泉，为什么不从直道南下，却远远绕到六盘山下？再说，在子午谷的东西，是洛河河谷和马莲河河谷。游牧民族向南进攻，一般都取路于河谷。而当时的洛河河谷和马莲河河谷都没有受到骚扰，这又是什么原因？推究实际，这正是子午岭上添了一条直道，使匈奴奴隶主贵族不能不有所顾虑。不仅他们不敢在这里试探，他们虽暂时控制了河南地，也不敢长期盘踞。那时候匈奴奴隶主贵族之一右贤王曾一度入居河南地，不久又复撤走，就是这个缘故[①]。可以说，西汉初期，在和匈奴继续对峙的形势中，关中地区所受的骚扰不如北部其他地区严重，正是由于直道起了一定的作用。今天探索直道的遗迹，讨论直道的作用，对于正确评价秦始皇的历史功绩，无疑是有帮助的。

附记：为了探索直道的路线和遗迹，最近曾在子午岭上进行考察工作。临行前，得晤北京大学俞伟超同志，承告知内蒙古自治区文物工作训练班伊克昭盟班的同志们于 1974 年 7 月底在伊克昭盟发现一段直道遗迹。随后内蒙古博物馆田广金同志寄示了有关材料和照片。本文第五节就是根据田广金同志寄来材料写成的。谨在此致谢。

又记：此文撰成后，曾发后发表于《陕西师大学报》1975 年第 3 期，及《文物》1975 年第 10 期。广金同志所寄照片，即随文附刊。由于当时未留底版，致不能重印。感念广金同志盛情，谨志于此，聊表衷怀。

1989 年 9 月，念海记。

（原载《陕西师大学报》1975 年第 3 期，又载《文物》1975 年第 10 期，收入所著《河山集》四集，陕西师范大学出版社 1991 年版，第 435—454 页。今据《河山集》四集收入。图片使用更为清晰的《陕西师大学报》版；原刊照片效果不佳，未能排录）

---

① 《史记》——〇《匈奴传》。

靳之林徒步考察秦直道记

卜昭文

一九八四年农历正月初五,正在人们欢度春节之时,在陕北绵亘起伏的子午岭上,画家靳之林,带着他的学生伊仲英,迎着漫天风雪徒步蹀行。他们在考察"秦直道"。

靳之林是一位严肃执著的画家。一九七八年,他到陕北下乡作画,深入生活,挖掘民间艺术,无意中连续发现几段古代交通大道的遗迹,激起了他从事考察的强烈兴趣。从那时开始,他就一边作画,一边进行业余考察。现在,这位年已五十有五的画家,又开始了今年的徒步踏勘计划。

这不是赏心悦目的游山玩水,而是艰苦卓绝的长途跋涉。有多少次,他们不得不栖身破窑或露宿山野。又有多少次,他们歧路迷途,枉自迂回。疲劳、饥渴、风雪、疾病折磨着他们。扑朔迷离的古道,似乎试图以各种困难来考验探索者的意志。

他们走了八百多里路。在陕北,正月还是正冷的时节。一个多月后,靳之林病了,不得不和他的同伴满载着沿途所作的一幅幅画图、文字材料和八百多张照片的胶卷,回到了出发地延安古城。

这些年来,他几乎踏遍了作为甘肃、陕西两省分界线的子午岭两侧的千山万谷。他发现,子午岭西侧即甘肃境内的古道上分布的都是宋代遗留下来的古窑、古城、古墓,而没有秦汉时期建筑物的遗址;而东侧,即陕西境内的古道经行之处,则存有大量春秋战国和秦汉时期的墓群、遗址、古驿站等。很显然，史籍记载的"秦直道"是在子午岭东侧的陕西境内，而不是在西侧的甘肃境内。

所谓秦直道，指的是秦始皇为了抵御北方劲敌匈奴的侵略，修筑的一条军事交通大道。据历史记载，秦直道南起云阳林光宫（秦始皇的军事指挥中心，在今咸阳北淳化县梁武帝村），北达九原郡（内蒙古包头西），修筑于公元前二一二年至前二一〇年，全长一千四百里。由于是"直道"，所以遇山开山，遇沟填沟。而且，这样浩大的工程竟以两年半的时间便迅速全部竣工。而这条大道的筑成，在当时曾使秦始皇的骑兵三天三夜即可驰抵阴山之下，出击匈奴，使"胡人不敢南下而牧马，士不敢弯弓而报怨"。可见这项重大的国防工程对刚刚建立的统一的中央集权国家的生存，意义十分重大。

然而秦代历史很短，历十四年而覆灭。"秦直道"真正发挥它的战略作用还是在汉代。公元一一〇年，汉武帝亲率十八万骑兵，浩浩荡荡，旌旗千里，沿秦直道直抵阴山以北草原，使匈奴不敢轻易进犯。当时的大史学家司马迁曾从头到尾走过一次，但司马迁只在《史记》中记载了这条军事交通大道的起讫点，而没有记载它是如何延伸的。以后的历史记载中再也没有记载过对它的全程的考察。历史资料的缺乏，古道情况的变迁，给今天人们考察"秦直道"带来了巨大的困难。

为了进一步证明他所断定的"秦直道"的走向，今年五月的一天，靳之林和他的另一名学生孙相武顶着夏日的骄阳再次整装出发。

他俩用两个月的时间，又步行一千二百华里，考察了他以前没有走完的陕北安塞至内蒙古包头西的一段古道。

千里古道，万仞高山，一步步，一行行，留下了考察者渗透汗渍的足迹。当他们在海拔一千七八百米的陕北高原上，看到被人工劈开的山口像穿糖葫芦一样一个一个地连接着，他们不禁失声叫道：呵，这不就是历史记载的"堑山工程"吗？简直令人瞠目结舌：一条古道平直向前，遇有山头，便破山而过，在山头上留下一个槽形的凹痕；碰到沟壑则以红砂石土填平。以当时的技术水平和物质条件来衡量，这不能不说是一个奇迹！在荒无人烟之处，一条可以并排行驶四辆卡车长几十里的宽阔大道上，由于年深月久，野草丛生，极目眺望，宛若一条绿色的巨蟒，伸向辽阔的内蒙古草原。其壮阔之势，非亲眼所见者难以想象。这时候，靳之林仿佛又看到了秦皇汉武的兵车铁骑动地而来。而且，在这条穿越陕北黄土高原的古道两侧，靳之林发现了大量秦汉时期的古墓群、古村镇遗址、古驿站、古代汉雕和北魏、西魏石窟群，以及作为军事要塞的古城堡遗址。

靳之林把自己亲自踏勘的这两条古道加以比较后认为，陕西一侧的古道就是"秦直道"。因为它的走向虽然蜿蜒曲折，但基本上是直的，是符合"直道"含义的；甘肃一侧的古道在地图上的位置，则是绕了一个大弯，不能说是"直道"。按规模，甘肃一侧的古道标准宽度只有四米左右，可走一辆卡车；陕西一侧的古道标准宽度为十三米，可并行三辆卡车，规模要宏伟得多。尤为重要的是甘肃古道两侧发现的多是宋代历史文化遗迹；而陕西古道两侧多为秦汉历史文化遗址。靳之林考察陕西古道行经志丹县时，便发现以"条"命名的村庄比比皆是，如安条、杨条、李条、何条、周条、胶泥条等。据《庆阳府志》记载，"秦直道"俗名"圣人条"，秦以天子为圣，故名。

陕西省的考古专家认为，这种比较印证的考察和在考察的同时考察古道两侧历史文化遗迹的方法是科学的。据此，靳之林根据两条古道的走向、规模和历史文化遗址及有关史书、县志记载，画出一条由陕西淳化县梁武帝村，经旬邑、黄陵、富县、甘泉、志丹、安塞、榆林一直向北延伸直达内蒙古包头西的"秦直道"位置路线。他认为沿子午岭主脉折向甘肃的古道可能是秦通向西北的故道，而不是"秦直道"。

不过，对于一个自费徒步跋涉几千里，历经七年苦苦探索的考察者来说，比之揭开"秦直道"走向之谜，更使靳之林激荡不已的是，他根据多年考察而掌握的大量第一手资料认为："秦直道"不仅是一条古代军事交通线，而且也是一条发展贸易和文化往来的重要通道。

这条军事交通线的起点林光宫遗址位于两座大山之间，地势险要，泉水甘甜，既是屯兵的好地方，也是个避暑胜地。史载，为了抗击匈奴，秦始皇经常住在林光宫里议政。在这个遗址上瓦砾成片，经常有秦汉瓦当出土。据当地群众说，如果掘地数尺，就可得到有流水纹的秦代宫瓦和汉代的瓦当。这里至今仍保存着两千年前修筑的西汉甘泉宫三个引人注目的"金字塔"形大土台，当地人叫承水台、望母台和亮马台。望母台下有一个一米多高的石鼓，石鼓旁有一个风格古朴的既像"卧猪"又像"卧牛"的缺了头的汉代石雕。据认为这些高大的土台是军队在出征前祭祀的所在。靳之林在到达秦直道终点秦九原郡汉五原郡遗址（今包头市郊麻池古城）时，同样也看到了和起点上一样形状的三个大土台，当地人叫大圪坦、二圪坦、三圪坦。这里出土的秦代瓦当和西安兵马俑坑出土的瓦当完全一样。

靳之林和他的同伴孙相武在麻池古城到黄河渡口之间的一处地面，发现了众多的宋代五大官窑的瓷片，有湛蓝色的，豆绿色的，还有漂亮的鸡血红碎瓷片。遗址规模之大，瓷器质量之精，实属罕见。他们认为，这个地方可能是"秦直道"通往古代丝绸之路的另一条重要支线——穿越蒙古高原西去的大道的对外贸易要地。这说明直道在汉代以后直到宋元时期，仍然是一条重要的商路。

历代交通贸易之路，往往也是历代文化繁荣发展之路，如同丝绸之路一样，"秦直道"的修筑同样也促进了陕北历史文化的繁荣发展。靳之林在长期考察中摸出了一条规律：沿古道的走向定能发现石窟的分布，沿历代石窟的分布又可以顺利地找到"秦直道"的走向。多年来他用这个办法在直道两侧发现了一百多个有着重要历史价值和艺术价值的汉代和北魏、西魏以及唐宋金元明清历代石窟、石雕、摩崖造像和造像碑。他和孙相武一起在直道旁发现的北魏石窟群和西魏摩崖大佛便有着浓烈的秦汉艺术风格。

这次考察，靳之林在"秦直道"终点阴山脚下，还看到了母系氏族公社作为祭祀用的阴山岩画。他惊异地发现在一面巨大的岩石上原始社会的艺术家雕刻的一个回头望的"鹿"和一个"束发人"图形，竟与现在地处"秦直道"上的陕北窗花《倒照鹿》和带有巫术活动性质的剪纸《抓髻娃娃》的艺术造型如出一辙，其风格也和汉代的画像石完全一样。保存至今作为春节群众性文化活动的陕北安塞腰鼓，粗犷的舞姿、急促的跳跃，身穿古代武士服装的男子，在田头露天广场上打起腰鼓那种撼天动地、沙土飞扬的情景，则使靳之林联想到汉家大将出征直道，击鼓助战和战斗结束击鼓欢庆胜利的边塞沙场景象。

"秦直道"已开始被揭开了它神秘的面幕。但是，这条古道两侧的许多建筑遗址、遗迹、文物、艺术宝藏，还有待考古工作者进一步的考察、挖掘、研究。

（原载《瞭望》1984年第43期；简要报道题《为摸清秦代另一巨大的国防工程故迹，画家靳之林徒步三千里考察秦始皇直道》，载《光明日报》1984年8月19日第2版。今据《瞭望》收入）

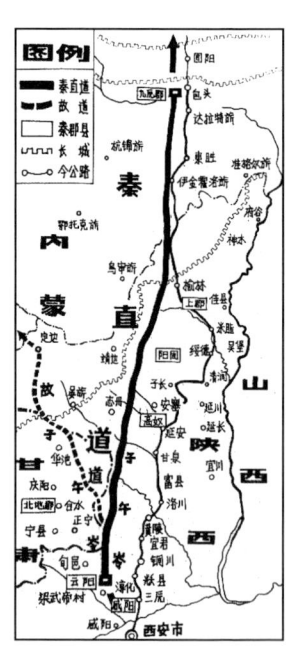

秦始皇直道路线图

秦"直道"考察记

李 进

"直道",是二千多年前秦国大将蒙恬率三十万大军用两年多时间修筑的一条南北大道。它南起古云阳(今淳化县北梁武帝村),北达九原郡(今内蒙古自治区包头市西),全长一千八百里(合今一千四百余里)[1],可并行二三辆车[2],是由关中通往北方的一条重要交通干道,对维护秦的统一,保证京都北面的安全,起着极为重要的作用。在以后各个历史时期,这条古道仍然被断续地利用,为沟通关中与北方军事交通和经济往来不断地发挥着作用。

历史文献关于"直道"的记载比较简略,有关它的具体走向,早期记述都不明确,后代虽有一些零星追记,也无法借以窥其全貌。近年来,许多历史学家利用考古手段,考察、探索直道遗迹,对"直道"的走向、途经等问题做了有益的论述,同时,也出现了一些不同的见解。我们陕西省交通史志编写委员会,为了更好地了解、认识"直道"的历史和现状,组成"直道"考察小组,于1986年6月16日至7月2日和7月21日至7月24日,先后对陕西淳化、旬邑、黄陵、富县、甘泉、志丹等县的有关古道进行了实际踏勘,获得了一些感性的认识。现将有关情况介绍于后。

---

[1] 《史记》卷六《秦始皇本纪》;卷八八《蒙恬列传》。
[2] 康熙《鄜州志》。

古道现状

关于秦代"直道"具体走向及其所经过的地区,目前大致有二种说法。其一,史念海先生考察后认为:秦"直道"南起淳化县梁武帝村,北循子午岭山脊,经好花圪垯,旬邑县石门、马栏西、黑麻湾、雕灵关,黄陵县西边的艾蒿店、五里墩、兴隆关,然后由兴隆关沿子午岭正脊向西北进入甘肃省境内,经午亭子、麻子崾岘等地,抵陕西定边县,折向东北经鄂尔多斯草原至九原郡(包头市西)。[①]其二,在陕西富县、甘泉、志丹等县的一些同志,经过实地踏勘,认为"直道"并不是一直沿子午岭正脊向西北延伸,而是由梁武帝村沿子午岭曲折北行,至旬邑、黄陵交界处即转向正北而行。其具体走向大致是由黄陵县的上畛子翻越蚰蜒岭上的三面窑,经富县八面窑、槐树庄、大麦秸、五里铺、水磨坪,至富县、甘泉交界处的墩梁,再向北经方家河、柏树畔、安条、杨圿塌、侯市乡(王南沟),向北再经安塞县的镰刀湾等地,过靖边县而进入内蒙古境内。

我们这次考察,主要考察了陕西地区的部分古道。即:直道起点古云阳城(淳化北梁武帝村)附近,旬邑县境石门乡附近、马栏西至黑麻湾一段、雕灵关附近,黄陵县五里墩附近、蚰蜒岭上三面窑一段,富县境西边五里铺至望火楼一段,甘泉县方家河附近,志丹县柏树畔至杨圿塌一段,以及侯市乡附近一段古道。(图1)

现把上述各段古道现状分别介绍如下:

1. 淳化县"直道"——"直道"起点

史载"直道"始于秦云阳县,云阳县治后为汉甘泉宫所在,今淳化县北梁武帝村,该处至今仍保留有汉甘泉宫遗址及大量文物。我们这次主要考察了梁武帝村至好花圪垯一段,大致古道由汉甘泉宫北门向北行(图2)。今甘泉宫北门已被流水冲毁,冲沟在宫北门外深约30米,宽约20米。由宫北门向北愈来愈浅,距北门约1里余

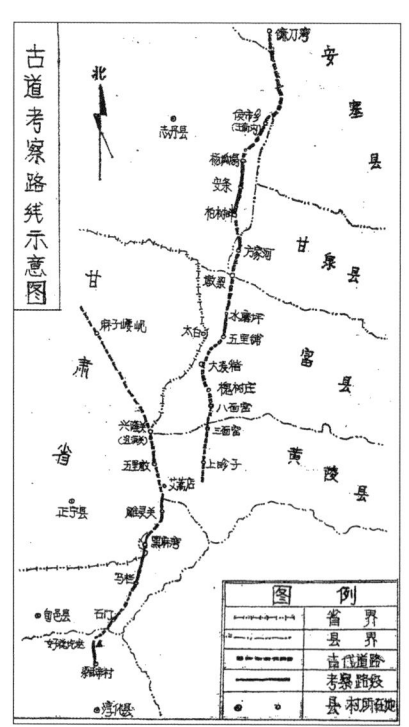

图1 古道考察路线示意图

---

① 史念海:《秦始皇直道遗迹的探索》,载《文物》1975年第10期。

沟道逐渐消失。由此向北，宫北门以北2公里处的英烈山南麓有一段古道遗迹，长约300米，宽约17米，正与宫北门冲沟相呼应。似古道由此直南，与宫北门相通。今宫门沟道应是流水冲蚀古道的结果。由英烈山向北约1公里为好花圪垯山脚，其间有一低梁相连，两侧有沟相挟，宽不足100米，群众称之为"马槽梁"，附近古道遗迹不清，但它是南北交通必经之地。过马槽梁后，古道即绕好花圪垯山（海拔1808.9米），向东北而行，经鬼门口至乏牛坡。鬼门口为好花圪垯山与其西石沟山相峙形成的一个垭口，宽约20米（海拔约1769米），也是古道必经之地。过鬼门口再往东北沿岭经艾蒿湾，下坡便至乏牛坡。

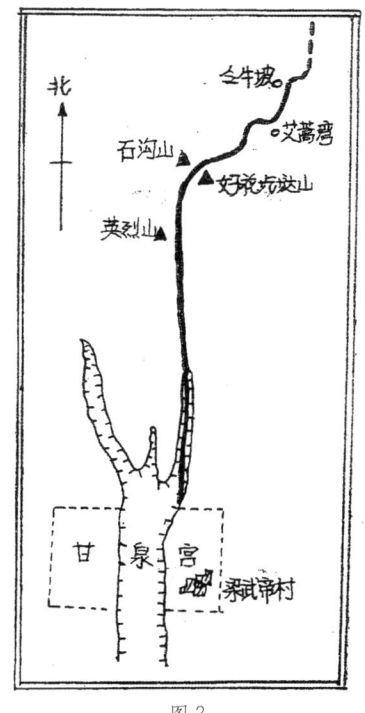

图2

2. 旬邑县"直道"

我们在旬邑县考察了石门关、马栏附近至黑麻湾、雕灵关几处的直道遗迹。石门关位于旬邑、淳化、耀县三县交界处，是旬邑县境直道的最南端，关口两边是高高耸起的两个山峰，西面山峰的石壁上有自然形成的浅浅的石洞，看上去就像关着门的石门一样。所以，此处被称为石门关。由于石门关的两个山峰在群山之中显得最高（海拔1855米）、最大，所以从几十里以外望去都非常清晰，形成垭口形关口。石门关南北两侧的古代道路遗迹仍可见一斑。我们先是从石门关南行了一段，大约4公里，此段当地群众叫庙沟。庙沟较其两边稍低，形成沟漕形式，但高差并不太大，并且只4公里长就又登山，上了盘头坡。站在盘头坡下向南山望去，仍可见古道盘折上山的痕迹，由于草深树茂，未能上去。但听当地暗门村原大队书记黄世发介绍说，他曾多次走过此道，山上古道遗迹清晰，有饮马坛、庙等，而且此道一直南通到淳化县境的乏牛坡、鬼门口至甘泉宫。这与淳化同志介绍说直道从淳化甘泉宫经鬼门口、乏牛坡向北一直通旬邑境石门关的说法是一致的。又听黄世发介绍说，此道从石门关沿山梁北去，经陡坡子、卧牛石、西河坡（北段当地群众叫枫树梁），下坡到马栏河。我们从石门关西侧山头的梁上沿梁弯转北行2公里左右，虽没看到明显的古道遗迹，但从附近只有此梁较宽，连续性大，而其它各山都比较破碎，没有选择的可能等自然地理条件看，古道走此梁的可能性是较大的。

从黑麻湾到杨家胡同一段我们进行了考察，沿途时见古道遗迹，但大多数被现在公路破坏，特别是甘肃省正宁县刘家店子林场以南到杨家胡同这段破坏严重。从刘家店子向北到黑麻湾，再行2公里的一段，道路遗迹则保存较为完好。现有一条简易林场公路大致依这段直道而行，古直道在这里基本上是沿子午岭梁（当地群众称此梁为"斜梁"）走的。在黑麻湾附近一段直道遗迹较完好处大致测量了一下，路宽30步（30米左右）。

再看雕灵关处的古道情况。雕灵关正处子午岭主梁之上，它与黑麻湾仅10公里左右远，站在雕灵关向南望去，即可见黑麻湾山岭，二者之间仍有简易林场道可通。从雕灵关向北也有林场简易公路，但今灌木丛生，行走困难，所以我们只北行1公里许就未再深走。据说此道继续沿陕甘边境子午岭正脊北行到黄陵县艾蒿店、沮源关，经富县西境折西北进入甘肃。

3. 黄陵县古道

我们在黄陵县主要考察了子午岭上的五里墩附近一段古道和蚰蜒岭上椿树庄、三面窑附近一段古道。

五里墩位于陕甘交界线上，是子午岭的正梁，附近地势较高，梁面平坦，一直向北延伸，可修宽阔的道路。由五里墩向北行2.5公里至芦邑庄，有古道断续存在，个别地方宽至35米。

蚰蜒岭为一东西向的山梁，西与子午岭相交。椿树庄、三面窑即位于蚰蜒岭之上，这里发现有南北翻越蚰蜒岭的古道痕迹，宽约在30~50米之间，与今上畛子至槐树庄的公路重合。

4. 富县境古道

在富县我们考察了县西距陕甘交界线上的太白仅几公里处的一段古道，即由兰宜公路175公里处的五里铺至水磨坪以南的望火楼一段。这段古道，从葫芦河北岸五里铺开始上山，一路缓坡，转过了两个弯，盘旋而上，即达山梁。其弯度半径均在30米至40米左右，道宽45米左右。从梁上极目南望，可清晰看见葫芦河对面山上的垭口，古道过葫芦河上南岸后，即由此垭口延伸南去。沿山梁古道继续北行，道路平直、宽阔，基本上一直保持着40米左右的宽度，且有堑山的痕迹。在路边坍塌之处，现今生长有灌木丛，沟底长有较大树木，但路面仅生长着半尺高的小草，不长树木。如此沿山梁行 10 公里左右，除几处拐弯以外，古道基本保持正南正北方向，而拐弯处所拐弯度都是相当大而且路面也是相当宽的。例如，在近山顶一转弯处测得其路宽仍有 29.7 米。古道有时在山的正脊上；有时稍微偏向侧脊，一面临崖，一面靠脊；有时通过垭口，如，这次我们所考察路段的最北端望火楼南面，垭口宽度就达 60 米。再往北可见道路突然变成深沟，系流水冲刷所致。据说走过这个断沟，道路又即刻上梁，往北延伸而去，直到富县与志丹、甘泉交界处的墩梁。

5. 甘泉县古道

在甘泉县我们考察的是洛河川的方家河村以北的一段，此处还保存有河边引桥桥墩的夯土层（厚约 10 厘米），上山处还可看到"堑山堙谷"的古道痕迹，测量其宽为 31 米，又北行 150 米左右，测量道宽是 30 米，坡度仅 7%，再前行 100 米左右，测得道宽是 45 米。山顶上古道已被耕种，道路遗迹不大明显，但山头地势开阔，行路不难，现也有 2 米左右宽的人行路。站在山顶，向洛河南岸眺望，可见洛河对岸有明显古道遗迹。县文管所所长杨培荣同志对我们说，他曾走过那边一段，古道保存得相当完整，宽均在 30 米左右，我们望见的部分也有 10 里之遥。河南岸也可看到与河北岸引桥相对应的桥墩。但由于下雨，洛河涨水，未能过河勘察。

6. 志丹县古道

在志丹县考察的古道路段是从志丹县东南双河乡的杨圪塌向南到永和乡的土门，再南到牛棚圪塔、安条、人窑子，又折西南至柏树畔，全长为 20 多公里，基本上保持着与现在公路（县乡道路）一致的方向。在考察中，我们通过对古今道路的对比和对周围地形的观察，并选择了七个点进行测量：

（1）在距县东南 32 公里的双河乡杨圪塌附近，可以看见一段古道。它北向双河乡阳湾汤村盘转延伸而去，可见长度 2 公里左右，南向永宁乡的土门大队延伸而去，可以看到距此 3 公里左右的土门垭口。经测量，此处古道宽 30 米左右，位于梁的侧脊上。现在的公路基本上是沿古道一侧南去而高于古道 3 米左右。（图 3）。

（2）土门大队垭口距县城 35 公里，测垭口宽近 50 米。站在垭口处向北望，

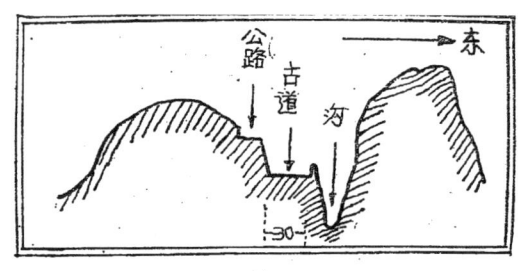

图 3

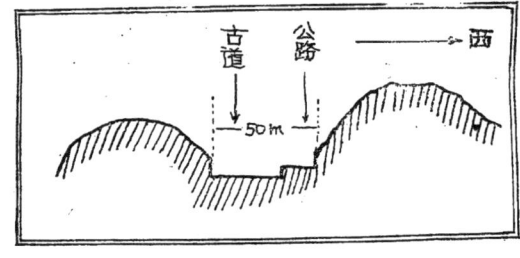

图 4

可见古道与前段古道相连，向南望，可见古道逐渐偏上正脊蜿蜒远去。现公路与古道开始趋于重合，今公路高于古道半米左右。（图4）

（3）距土门南半公里左右处又测得古道宽44米，位于山的正脊之上，现公路与古道完全重叠，但窄于古道。

（4）又南行约半公里，测古道宽50米。

（5）又南行约1.5公里，到达志丹县第二高点处（海拔1600米左右），测古道宽30米。

（6）又南行约半公里到牛棚圪崂村，有垭口，宽40米。

（7）再南行10多公里至安条林场的柏树畔、孙树畔之间的马头山附近，测得古道宽是38米。至此，现公路到达终点，但仍有小道南通至甘泉县。这段古代道络遗迹虽然断断续续，许多地方由于流水冲蚀、农田耕种或重新利用而遭到破坏，但就其保留的部分来看规模很大，宽约在30~50米，选线正确，道路起伏不大，路面较为平缓。从走向上看，它基本上一直保持着正南正北方向，是接通南北交通的一条干道。在志丹崂多梁少的黄土高原特定地理环境中，它恰恰选择了一条对道路修筑十分有利的南北走向的山梁。这一点，当你站在梁上向四周远望时，显得尤为突出，周围到处是千沟万壑和一些点点滴滴突出沟壑之上的原崂，很难找出一条与之相比的梁来。

几点认识

1. 关于陕北古道的选择

陕北古道的选线，基本上是沿山梁而行，遇山岭山崂则绕山侧而行（如志丹县土门垭口北古道路线）；有的凿山而行，形成所谓垭口（如志丹土门垭口）；有的则"堑山堙谷"（如甘泉县方家河古道）。总之，陕北古道的选线主要选在山梁，尽量保持一定的路面水平，避免横穿由于河流切割造成的深沟陡坡给人马车辆通行带来的困难和不便。

现在残存的路面宽度，最窄处约 17 米（淳化县北英烈山南），最宽处达 60 米左右（富县望火楼）。一般路面宽度在 30~40 米左右。这些道路还有许多段落被现代公路所利用，有的道路与古道重合（如志丹县土门垭口以南部分段落，黄陵县蚰蜒岭三面窑附近，旬邑县马栏镇以北），有的与古道平行修筑（如志丹县土门垭口以北一段）。由此可见，古道的选线具有很高的科学性，充分表现了我国古代劳动人民的巨大智慧和才能。无疑对我们今天开发陕北交通具有深远的借鉴意义。

2. 关于黄陵境内的一段古道走向

黄陵县的古道是一个十分重要而又复杂的段落，就"直道"而言，史念海先生认为，"直道"由五里墩向西北入甘肃境，而黄陵县等地同志认为是由上畛子附近北去。我们这次考察了上畛子以北的椿树庄、三面窑一段古道和五里墩附近一段古道，结合大比例尺地形图判断，对这一段古道走向，有以下认识：

五里墩位于陕甘交界处，是子午岭正脊，地势较高，梁面平阔径直，可以修几十米宽的大道（实测古道宽 35 米左右），而今槐树庄至上畛子一段虽然也比较宽阔，且今县级公路也走此处，但它与五里墩一段及其南至雕灵关的山势地形来比，远不如其宽阔。所以，直道由雕灵关向北经五里墩再到沮源关（今兴隆关），再向北延伸的说法是比较合理的。

纵使如富县、志丹、甘泉等县的同志们所说，直道系由富县五里铺附近向北经甘泉、志丹、安塞北通河套，而由雕灵关至五里铺之间，沿子午岭正脊经五里墩、兴隆关，至午亭子附近，离子午岭正脊向东北折沿葫芦河支流小河子川、大麦秸沟、桦树沟与烟景川、瓦川沟等的分水梁而行，路线虽稍迂远，但道路全在子午岭正脊及其支脉宽平的黄土梁上，比由上畛子至富县槐树庄越蚰蜒岭之线为优越。因为取道黄陵县上畛子和富县槐树庄越蚰蜒岭之线，里程并不会缩短多少，但至少要走沟壑纵横的黄土原区，两次下山，两次上山，两次越沟过河。

3. 关于古道年代

有关直道的具体情况，文献记载并不清楚，我们这次考察，也只是看到一些古道痕迹，而没有发现具有断代意义的遗物和资料。由于唐代李吉甫《元和郡县图志》卷三关内道宁州真宁县有"子午山，亦曰桥山，在县东十里"，襄乐县有"秦故道，在县东八十里子午山，始皇三十（五）年，自九原抵云阳，即此道也"等记载。唐代的真宁县即今甘肃正宁县西南的旧县城，罗川镇、襄乐县即今甘肃省宁县东北的湘乐镇。所以沮源关、五里墩及其以南子午岭正脊上的古道，就是秦代的直道，可以说没有什么问题。在此以北，秦直道到底是沿子午岭正脊转向西北，或沿其支岭折向东北，史无明文。北宋乐史编撰的《太平寰宇记》卷三十七关西道保安军曾说到"圣人道，在军城东七里，从蕃界末都家族来，经军界一百五里，入敷政县界，即赫连勃勃起自夏台入长安时，平山谷开此道。土人呼为圣人道"。北宋的保安军即今志丹县，敷政县的治所则在今甘泉县西北的下寺湾附近，说明北宋时期认为魏晋十六国时期建都于统万城（今靖边县北白城子）的夏政权所修的联结陕北和关中长安的大道，系由靖边经志丹、甘泉而南。此后元明清时期的地方志，在保安、甘泉、鄜州（即今富县）、中部（即今黄陵）县境，亦有关于圣人道的记载。圣人道又被称为圣人条，这可能由其选线多取黄土沟壑区比较平坦宽敞的黄土梁上而来。在五万分之一地形图上，富县西北和志丹县、甘泉县交界处的墩梁以南，葫芦河北侧支流埝沟和大东沟间的山梁，仍被连续标注为圣人条。近来延安和志丹、甘泉、富县、黄陵等县的同志不同意秦代直道系沿子午岭正脊至定边附近折向河套的意见，认为志丹、甘泉、富县、黄陵等县的圣人条就是秦代的直道，或者说魏晋十六国时期赫连勃勃修筑的圣人道基本是沿秦直道的旧线的基础整修的。这种可能性当然也是存在的，不能排除，或简单地加以否定。但总需有更为确切的资料，在目前文献资料缺乏的情况下，尤其需要实物和口碑资料来给以证明和肯定，才能令人信服。这就有赖于各方面的同志，尤其当地的文物考古工作者发挥地区优势，进行深入细致的调查研究、考古发掘了。当然，不论这些县的圣人条是否就是秦代的直道，对于这条古道的研究，对我们研究古代陕北和关中的交通发展，研究以长安为中心的中原王朝与北方的政治、军事和经济联系，都有相当重要的作用，对我们当前规划子午岭山区和陕北陇东黄土高原的公路建设，也有重要的参考价值。这些地区的公路建设，对发展当地经济，加强其北与内蒙古、宁夏，南与关中等地的联系，促进广大黄土高原和祖国大西北的四化建设，都有积极意义。

（原载《陕西交通史志通讯》1986年第5期，又载《文博》1989年第3期。今据《文博》收入）

"秦直道"新探

王 开

秦始皇统一六国后，以严刑苛法为手段，竭尽全国的人力、物力，从事两项规模巨大的国防工程建设：一为修筑长城；二为"治直（道）、驰道"。

万里长城，巍然矗立于高山之巅，遐迩皆知。但同样位于山脊、贯通南北，连接陕北黄土高原、长"千八百里"（汉里），其规模和耗费人力、财力不亚于修筑同样长一段长城的"秦直道"，则始终像谜一样很少被人们猜透。

一、文献记载的笼统与近人认识上的分歧

史志文献对"秦直道"有多处记载，但都十分笼统。二千一百年前，西汉太史公司马迁曾走过"秦直道"全程，但他在《史记》中仅写出"直道"的南北起讫点，未具体说出途中经地。《元和郡县志》《鄜州志》《括地志》等一些全国范围或州、县范围的志书，也只点出一个大概方位，没有详确记载。因此，"秦直道"虽然历史悠久，"名垂青史"，而具体所在，却没有落实。

（一）《史记》卷八十八《蒙恬列传》和《资治通鉴·秦纪二》，只记载了"直道"的起讫点：

《史记·蒙恬列传》："始皇欲游天下，道九原，直抵甘泉，乃使蒙恬通道，自九原抵甘泉，堑山堙谷，千八百里。"

"太史公曰：吾适北边，自直道归，行观蒙恬所为秦筑长城亭障，堑山堙谷，

通直道，固轻百姓力矣！夫秦之初灭诸侯，天下之心未定，痍伤者未瘳，而（蒙）恬为名将，不以此时强谏，振百姓之急，养老存孤，务修众庶之和，而阿意兴功，此其兄弟遇诛，不亦宜乎？何乃罪地脉哉！"

《资治通鉴·秦纪二》记载："三十五年使蒙恬除直道，道九原，抵云阳，堑山堙谷，千八百里，数年不就。"

（二）唐《元和郡县图志》卷三《关内道·宁州·襄乐县》条记载了黄陵县艾蒿店至五里墩一段"直道"：

"秦故道，在县东八十里子午山，始皇三十（五）年，向九原抵云阳，即此道也。"

（三）康熙《鄜州志》卷一《古迹》目仅笼统说在鄜州（今陕西富县）西境：

"圣人条：州西子午岭，详记事。又保安（今陕西志丹县）有圣马道，在县东七里（应为七十里）。云赫连勃勃起自夏台（夏州，今陕西靖边县白城子）入长安，芟平山谷，开此道。"

康熙《鄜州志·记事》目，判断鄜州西境子午岭上的"圣人条"，即蒙恬监修的"直道"：

"秦始皇三十五年（公元前212），帝欲游天下，道九原，直抵甘泉，乃使蒙恬通道。自九原抵甘泉，堑山堙谷，千八百里。按州西百余里有圣人条，宽阔可并行车三二辆，蜿蜒转折，南通嵯峨，西达庆阳，疑即（蒙）恬所开者。"

（四）《史记》卷一一〇《匈奴列传》《正义》引《括地志》说，秦直道在今甘肃省华池镇西四十五里子午山上：

"《括地志》云：'胜州连谷县，本秦九原郡，汉武帝更名五原。云阳雍州，秦之林光宫，即汉之甘泉宫在焉。'又云：'秦故道，在庆州华池县西四十五里子午山上，自九原至云阳，千八百里。'"

（五）公元1944年黎锦熙、余正东编撰《续编黄陵县志》引刘倬《子午岭》诗，笼统说"秦直道"经过延州、庆州地域：

"邑人刘倬有《子午岭》五律：'南北亘长岭，纵横列万山。桥陵今古在，驰道有无间。地折庆延过，源分漆沮潺。秦皇开凿后，路上几人还。'"

（六）史地学家史念海教授，为撰写《陕西军事历史地理》，于1975年曾对"秦直道"做了一次考察，写有《秦始皇直道遗迹的探索》一文，载《文物》1975年第10期。史念海教授在考察后认定，秦直道是由秦林光宫（汉甘泉宫，今淳化

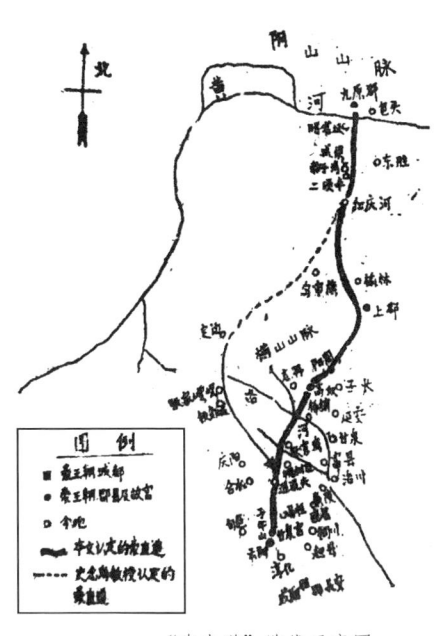

"秦直道"路线示意图

县北梁武帝村）沿子午岭主脉北行，经旬邑县石门关，黄陵县艾蒿店，陕、甘两省交界处的五里墩至黄陵县兴隆关（沮源关）后，沿子午岭主脉西侧的甘肃省华池县东，至铁角城、张家崾岘，又直北经陕西省定边县东南，复折东北方向达内蒙古乌审旗红庆河，东胜县西，昭君坟东，至内蒙古包头市西，即秦九原郡治所九原县。这是有史以来第一次给"秦直道"的沿途经地画出路线图。

（七）长期在延安体验生活的画家靳之林，在沿"秦直道"作画以后认定，"秦直道"至陕西黄陵县西境后，是沿子午岭东侧的富县、甘泉、志丹、安塞而去，大体沿子长县北境、榆林县西境至内蒙古包头市西，与史念海教授认定的"直道"路线大不相同。《瞭望》周刊1984年第43期、《光明日报》1984年8月19日，先后发表了记者卜昭文写的新闻专稿；《陕西日报》1984年8月21日第1版的新闻报导，对靳之林的观点均予以充分肯定。从而，出现了两条经地相异的路线。

但是，画家靳之林认定的路线，只限于粗略的新闻报导，未见到他写出任何考证性论文，所以，究竟哪一条路线是真正的"秦直道"，仍然难以捉摸。

二、子午岭上"直道"的所见所闻

为了编写《陕西古代道路交通史》的需要，陕西交通史志编写委员会办公室，组织有关地区（市）、县的编史人员，于1986年6月中旬至7月下旬，对画家靳之林认定的路线进行了重点考察，所见所闻如下：

（一）秦直道的起地——秦林光宫（汉甘泉宫）和甘泉山

陕西省淳化县，在秦、汉时为云阳县地。其治所在今淳化县北梁（凉）武帝村附近。云阳县有甘泉山，以泉水甘美得名。甘泉山今名好花圪垯，在梁（凉）武帝村北约7公里处。甘泉山在古代森林茂密，山高气爽，是一天然避暑胜地。所以，秦建林光宫，汉建甘泉宫于此。秦、汉帝王于每年夏、秋季节，经常去甘泉宫避暑，并处理军政事务，使甘泉宫成为都城咸阳、长安以外的另一个政治中心。甘泉宫城的遗址十分宏大，周长5688米折合5.7公里。面积1724860平方米。除宫殿、帝庙建筑外，有文武大臣、从官属吏的住屋和军队的营房；并置甘泉仓，积存巨量谷米，供皇帝、后妃、官员、驻军享用。现在宫室庙宇虽已圮毁，但遗址可寻，残断的秦汉砖瓦遍地皆是。

甘泉宫遗址内有两个高大的土台，十分引人注目。东土台高16米，底围225米，称为"望母台"；西土台高15米，底围200米，称为"承水台"。望母台东北还有一个稍低的土台，称为"亮马台"。《三辅黄图》引《汉武故事》说："筑通天台于甘泉，去地百余丈，望云雨悉在其下。望见长安城。"《汉书·武帝纪》颜师古注引《汉旧仪》说通天台原高三十丈。又说甘泉宫有通灵台，承水台可能就是通天台或通灵台。望母台下有一个1米多高的石鼓，石鼓旁有一个风格古朴的既像"卧猪"又像"卧牛"的缺了头的汉代石雕。据认为这些高大的土台是军队出征前誓师祭祀的所在。所巧的是，"秦直道"的北端终点九原郡治所九原县（汉五原郡五原县，今包头市西郊麻池古城）遗址也有同样形状的三个大土台，当地人叫大圪坦、二圪坦、三圪坦。所有这些文物遗存，证明了"秦直道"的起点确实在甘泉宫，终点在九原郡九原县。

"秦直道"由甘泉宫北门出去，经英烈山东侧，一面慢坡抵好花圪垯，登坡顶向南望去，直道遗迹的走势清晰可见。

好花圪垯又称甘泉山，是子午岭南端的一个支岭，也可以说"直道"离开秦林光宫后就进入子午岭。由于甘泉山比林光宫城高出近500米，甘泉山的雨水常年汇入秦直道路基南流，致使这一段"直道"路基被冲为深沟，深沟残宽20米左右。

英烈山北，有一长约1公里的下行慢坡，称马槽梁，梁面宽约100米，直道穿过梁脊，至好花圪垯西侧，先西行数十米，即转东北方向绕了一个大弯，至好花圪垯背后的"鬼门口"。鬼门口原为一个小山头，直道穿槽而过，形势很险要。鬼门口槽道被车轮辗压很深，槽底现在只有五六米宽。但一出鬼门口槽道，直道遗迹的西侧路堑依然存在，可看出当时路基很高，在鬼门口两山壁半腰间。鬼门口两山壁半腰宽30米左右。鬼门口以北为艾蒿湾，是一段山脊，宽约30米。由艾蒿湾北行不远，即下一面很长的慢坡，称为"乏牛坡"。沿乏牛坡直北走去，经蝎子掌，一直到旬邑县七里川下到坡底。

（二）陕西旬邑县境内的"直道"经地

蝎子掌山梁尽头处为七里川，与旬邑县石门关南面的庙沟口相对。蝎子掌虽然灌木丛生，但直道"堑山"一面的痕迹清晰可见。

庙沟的南口宽 60 余米，沟底平坦，现辟为农田。沿庙沟的缓坡北行，约 4 公里达石门关。石门关为天然崖口，东、西两壁山头陡立，高达一二百米，西陡壁下有两个天然的好像关闭着的拱形石门图形，这可能与"石门"的得名有关。"直道"穿石门崖口北去。石门口宽 200 余米，中间有古庙宇一座，已坍塌，埋入土下，路旁露出一层砖瓦遗迹。据县文管会干部说，这很可能是古代关署所在地。

由石门关西侧沿子午岭主脉北行，经碾子院、前陡坡、卧牛石、老爷庙、大店至马栏河，这一段山岭统称"凤子梁"（又名枫树梁），下凤子梁过马栏河（又称三水河）即上杨家胡同梁，这座山梁很高，现为旬邑县杨家店林场所在地。由杨家胡同稍转西北不远，即到刘家店子，现为甘肃省正宁县刘家店子林场。距刘家店子西侧数里处，有"两女砦"古迹一处。据乾隆《旬邑县志》记载，传说为秦始皇的长子扶苏，去上郡蒙恬屯军处监军时，途中两个女儿因故死去，葬于此，至今坟头高大，坟地周围到处可见残断的秦汉砖瓦。

刘家店子林场位于子午岭正脊，沿林区道路北行至黑麻（马）湾。黑麻湾一带的"直道"遗迹保存较多、较好，平均路基宽度都在 30 米左右。由于黑麻湾一段子午岭的走势偏向东北、西南方向，所以，当地人称它为"斜梁"。

黑麻湾北去至凋灵关。凋灵关位于陕、甘两省交界处，"直道"由凋灵关穿过。凋灵关豁口宽三四十米。在凋灵关南侧 1600 米至 2000 米的山梁上，即当地群众称"四十亩台"的地方，最近发现了一个大型秦代兵站遗址，已被命名为秦代一号兵站遗址（见《陕西日报》1986 年 9 月 26 日 1 版）。由凋灵关再北行，至黄陵县艾蒿店。

（三）直道至沮源关后北去的走向

子午岭主脉经行于陕、甘两省交界处。艾蒿店、五里墩、沮源关间，均可看到明显的直道遗迹。在两边临山或一面临山、一面临沟的路段，路基都宽在 30 米至 40 米间。现在的林区道路，很多路段与直道线重叠。但林区道路很窄，只有四五米宽。30多米宽的路基都很平坦，"秦直道"当时全部加以利用，不是困难的事。乾隆《正宁县志》卷三对雕灵关所在子午岭上的直道也有简单的记载。

五里墩至沮源关间的直道，全是沿山脊而行。山脊同样很平坦，很宽阔，大部分路段的路基都在30米以上。目前这一段林区道路与直道线重叠，汽车可直达沮源关。据康熙《鄜州志》记载，这段道路在清代还被利用。乾隆《正宁县志》卷二也有类似记载，说："此路一往康庄，修整之则可通车辙。明代以其直抵银夏，故商贾经行。今则塘汛废弛，通衢化为榛莽。"现在这条路为林区所利用，沿途居民也往来不断，如果需要辟为通衢，修整是很容易的。

沮源关（兴隆关）东为蝣蜒岭，又称"古道岭"，是沮河和洛河的分水岭。据黄陵县文化局兰草副局长说，岭上有一条古道，直通黄陵县道南、道北村，达古坊州，是直道的一条支线。如果黄帝陵"挂甲柏""武仙台"的传说属实，则汉武帝就是由这条路到黄帝陵休息。

现在由黄陵县上畛子至富县槐树庄农场的简易公路，即穿越"古道岭"。这条简易公路经过的三面窑与防火门之间，路线走向呈东北、西南方向，沿途有明显的古道遗迹。由于林深草密，无法走入沮源关一段察看。据富县文化馆干部陈耀邦在"地名普查"时考察，槐树庄农场西侧只里上山、下山处，有一个名"白马驿"的地方，清嘉庆年间修缮石泓寺时树立的《石泓寺缮后序》碑文，也说"西至白马驿"。白马驿是古代流传下来的地名，很可能是汉代沮源关至"直路县"（在今富县直罗镇附近）驿路中的一个驿站。白马驿西南行，即至沮源关。

根据白马驿和古道岭这一线索，知"直道"至沮源关后，即折由"古道岭"向东北方向走去，进入今富县境。另外，出沮源关沿子午岭西侧北去，也有一条古道，即史念海教授所认定的"秦直道"路线，靳之林所说的宋代路线。我们考察了子午岭东侧的古道后，看到子午岭东侧的古道路基，其规模远比子午岭西侧的古道路基宽一至三倍，因此，我们认为"秦直道"至沮源关后，是折由"古道岭"东北行，经富县槐树庄西侧北去。两条不同路线的分歧点是从沮源关开始的。

（四）保存完好的富县境内的"秦直道"遗迹

康熙《鄜州志·记事》说："鄜州（今富县）西百余里，有圣人条。"古人称皇帝为"圣人"；少数民族称道路为"条"。"圣人条"即为皇帝修筑、使用的道路，所以，《鄜州志》的编撰人在"记事"中"疑即（蒙）恬所开者"。

这次在六个县境内所看到的秦直道遗迹，以富县境内的遗迹，保存得最为完好，最具有代表性。这也是我们判定"直道"由甘泉宫北行至沮源关后，折由古道岭进入富县境的一个依据。

自富县槐树庄西侧3里处的白马驿北坡上梁，槽形豁口（垭口）很多，古路堑如斧劈刀削，路线走势看得很清楚。上梁后北行，经过白家店、大麦秸、芦毛坪、麻黄沟、后和尚原（院）、党家渠、水磨坪、八卦寺这百余里间，"直道"路基遗存很多，宽度均在30米至50米间，显示了秦始皇"治直、驰道"的宏伟规模。

在富县张家湾乡大麦秸村，村民周德虎1958年在"直道"路基上取土时，挖出一个古代铁锹，残重八公斤，可惜当时正值"大炼钢铁"，当地供销社以"废铁"收购炼钢了，没有保存下来，县文化部门估计为古代修"直道"时所遗留。又该村村民贺斌文，亦于"直道"旁挖出一块35厘米×35厘米×5厘米的秦汉方砖，至今仍收藏在家中。另据张家湾乡原乡长张德财说，该村前些年曾出土一口古代大铜锅，似为秦汉时军用锅。

麻黄沟附近的山岭上有一垭口，为"直道"所经，十分宽阔，站在数十里外葫芦河（古华池水）北侧新安庄附近的山梁上，可清楚地看到这个垭口，并且与车路梁上的几个垭口南北相对，蔚为奇观。

"直道"遗迹保存最为完好的是张家湾乡后和尚原（院）至望火楼这一段道路。这段山岭名为"车路梁"。从兰宜公路（兰州至宜川）175公里处的五里铺上山，一直到望火楼，约6公里路程，路基宽度都在30米至45米间。转弯处半径一般为45米宽。几个垭口宽度都在50米左右，望火楼宽度达60米。凡是垭口，都是由小丘陵中穿槽而过，保存了路的原始面貌，具有代表性。这一段"直道"在60年代初期"三年自然灾害"（编者按：现当作"三年严重困难"）中，曾被外地流民开荒种荞麦，由于路基坚实，荞麦长得不好，又被废为荒地。约8公里路段，没有长一棵树，只有20厘米高的茅草和艾蒿。路基宽阔平坦，线型顺直，弯道半径很大，最大坡度在百分之十以下。现在在上山处稍加整治，汽车便可通行。

站在车路梁上向南望去，沿大麦秸沟、桦树沟山梁上北来的"直道"路堑看得很清楚，桦树沟梁下山的"直道"遗迹，直对葫芦河北侧五里铺上山处的"直道"遗迹。富县文化馆干部陈耀邦风趣地说："看来秦始皇很胆小，每遇到河沟，直道下了山就上梁，尽可能不在河谷中盘桓。"这次考察结果，看到凡是河沟中断子午岭支脉的地方，都是下了南梁即上北岭，没有发现在河谷中走较长的路段。这是"秦直道"真正属于"沿脊线"的最大特点。

由望火楼至水磨坪、八卦寺一段"直道"，黄陵县文化局兰草副局长在60年代初期曾走过一趟，他对我们做了生动的描述。这一段路数十里内鲜有人烟，路基得以保存。但由于自望火楼北去是一面慢坡，有不少路段被雨水冲毁，残缺不全。水磨坪附近有一座寺院，名王昌寺。王昌寺所在地称和尚原（院）。据北宋年间树立的一块石碑（兰草说，他怕在陕甘边界纠纷中遭破坏，把该石碑埋在道旁一棵松树下），碑文记载，唐武德四年（公元621）秦王李世民奉命率兵沿直道北上，出征朔方，途经直罗县（汉直路县）的王昌寺时，曾因病去王昌寺焚香求佛问药。碑文记载："唐武德四年，李世民北征，经过圣道至此。"这说明唐朝初年仍利用"直道"出兵朔方，又称"圣道"。

兰草副局长又说，在富县八卦寺附近，有个名为"杀人庄"（也称"斩兵"）的地方，至今地面上还露出很多没有经过细加工的小石碑，碑上的文字被风雨剥蚀已模糊不清。但埋入土下部分，还看到"刑""之""墓"等字。据当地人说，这是当年修"直道"时，对一些企图逃跑的筑路工人处斩的地方。"直道"修成后，对行军途中犯了军纪的士兵，也在沿途定时、定点问刑处斩、埋葬。埋葬后，随便在山上拣一块条石，刻上本人的名字和所犯的罪刑，立于墓前。据说"直道"沿途有很多"斩兵庄"，但兰草只发现这一处。

（五）陕西甘泉县洛河上的"圣马桥"

由富县八卦寺沿子午岭支脉东北行，至富县、志丹、甘泉三县交界处的墩梁。由墩梁直北微东行走，经寻行铺、赵家畔、薛湾，从高山窖子下山，至安家沟村，过洛河"圣马桥"，至甘泉县桥镇乡方家河村。安家沟在洛河南，方家河村在洛河北，两村隔洛河相望。洛河河床较宽，是"直道"自甘泉宫北行途中最大的一条河流。以现在的水流量来说，马车是不能由水中越过的，二千二百年前更当如是。因此，直道经过洛河时，建有桥梁。"圣马桥"虽已圮毁，但洛河北岸的方家河却有"引桥"存在。"引桥"高出地面20余米，能清晰地看到夯土层，每层10至12厘米厚，看来当时是用小圆木作夹板，每层土厚相当于小圆木的直径。"引桥"上面宽30米左右，和山梁上"直道"路基的宽度相近。洛河南侧是一宽阔平地，被夏季洪水冲刷，已没有引桥痕迹。但站在洛河北侧的引桥上，能看到洛河南侧山梁上"直道"的走势是直对引桥而来，一看就可确定当年洛河上"圣马桥"的位置。这是在"直道"线上残留的唯一的桥梁遗迹。

桥以"圣马"名，当指为秦始皇的兵车、战马所经过。据甘泉县文物管理所杨培荣所长说，方家河村民张凤荣，1947年在"引桥"北春耕时，挖出一件古代铁夯，厚底，圆形，高23厘米左右，直径33厘米左右，上有带孔提手，现保存于甘泉县文物管理所，当为古人夯筑引桥时所使用。

由方家河"引桥"处上山，"直道"遗迹保存的也比较完好。虽然这里已被辟为农田，但通过"堑山"一面的削壁，可清楚地看出直道的走势、路基宽度、坡度与转弯处的弯度。路基残宽为30米至45米；坡度为百分之七，转弯处半径不少于40米。路线为南北方向，直接指向志丹县的"安条林场"。

在甘泉县与志丹县交界处附近，明朝建有一座寺院，名"云山寺"。云山寺有一石碑，碑文题为《云山寺记》。在记述云山寺的方位时，说"东有圣人条"。"圣人条"一名，正如前引康熙《鄜州志·记事》所说："疑为（蒙）恬所开者"。

（六）陕西志丹县境内的"圣人条"

《保安县志》和《鄜州志》，均记载了保安县东境的"圣人条"。《庆阳府志》记载："秦直道俗名圣人条。秦以天子为圣，故名。"由于"圣人条"纵贯志丹县（原保安县）东境，沿途以"条"命名的村庄比比皆是，如安条、杨条、李条、何条、周条、刘条、新胜条、胶泥条等。它们都是位于"直道"沿线的居民点。

出云山寺至安条，为灌木林区。现在志丹县"安条林场"的林区道路，基本上是在"圣人条"的旧路基上修筑的。安条林场南侧马头山、柏树畔附近的直道遗迹保存完好，路基宽38米。据志丹县交通局李局长说，柏树畔原有一块石碑，记有古代修路的事情，前几年还在，但现在石碑不见了。

安条林场至土门间，路基遗存较多。牛棚圪崂的直道路基宽40米；曹畔一带的直道路基宽30米。距志丹县35公里处的土门，是直道中的一个垭口，东、西山壁间宽50米，和富县境内车路梁上几个垭口，宽度基本相同。再北，距志丹县32公里处的杨圿塌，路基宽在30米至40米间。这些路基都是南北走向，沿山梁修筑。

"圣人条"由土门北去，在"延定公路"（延安至定边）65公里加200米处相交，又北行，至新崾岘、大庄科、白杨树湾、花园寺至新胜条。新胜条有几户农民就在"圣人条"旁边的窑洞居住，门前路基宽45米。新胜条北不远处为李条，路迹也很明显，路基宽34米，又北行至何条、周条、刘条，路基宽都在30米以上。再北，为志丹县侯氏乡乡政府所在地，侯氏乡民政干事田茂春，拿出一面直径14.4厘米的汉代铜镜给我们看，他说是村民侯生权1983年修公路时，在侯氏村前边挖出来的。沿"直道"各县出土的古代铜镜很多，据文物部门干部说，大部分为汉代铜镜。

"圣人条"至侯氏乡后，折东北行，经胶泥条、刘砭、吕川入安塞县境。据说安塞县镰刀湾一带也有古道遗迹。

据《读史方舆纪要》卷五十七记载，志丹县东境"圣人条"所经行的山梁称"艾蒿岭"，在县东60余里，即子午岭之异名。因此，"秦直道"南起淳化县甘泉宫故址，北至志丹县与安塞县交界处，均属于子午岭山系范围。

三、横山地区的"秦直道"经地

"秦直道"（或称圣人条、圣马道）出志丹县境子午岭支脉进入横山山系后，它的走向和经地，史志文献未作记载。史念海教授认定的路线是由陕西定边县折东北转入横山山脉北侧，达内蒙古包头市西。我们根据志丹县境内"圣人条"的走向，及《史记》《汉书》有关记载，认定"秦直道"出志丹县东北境后，是沿安塞、子长县北境，子洲县南境，米脂及榆林县西境，进入鄂尔多斯草原，复经内蒙古东胜县西侧、昭君墓东侧至包头市西。

（一）秦始皇生前、死后经行的路线

子午岭和横山地区，秦时为上郡地。上郡是在秦昭王三十五年（公元前272）设置的。上郡南北，有一条道路与秦都咸阳相通。《史记·六九·苏秦列传》记载苏秦说燕文侯曰："且夫秦之攻燕也，逾云中、九原，过代、上谷，弥地数千里。"《史记·四三·赵世家》记载："主父（赵武灵王）欲令子主治国，而身胡服将士大夫西北略胡地，而欲从云中、九原，直南袭秦。"云中郡在今内蒙古呼和浩特市与托克托县之间，九原郡在内蒙古包头市西，无论是秦军"逾云中、九原"攻燕国，或赵国"欲从云中、九原，直南袭秦"，都说明秦都咸阳经过上郡至云中、九原间有一条大道，可用作行军打仗。

另外，《史记·六·秦始皇本纪》记载："三十二年，始皇之碣石……巡北边，从上郡入。"即秦始皇第四次出巡，回来时是经由云中、上郡至咸阳的，更证

明云中、上郡、咸阳间是有一条颇具规模的道路,而且秦始皇出巡归来时走过全程。又《史记·秦始皇本纪》记载:"三十五年,除道。道九原,抵云阳。"《史记·六国年表》:"三十五年,为直道,道九原,通甘泉(宫)。"从这两段记载看,知"直道"是在秦始皇第四次出巡后修通。因此,秦始皇三十七年"崩于沙丘平台……遂从井陉抵九原……行从直道至咸阳,发丧",是秦始皇第五次出巡途中病死后,其棺柩是经由"直道"运回咸阳的。他生前经由云中、上郡至咸阳;死后棺柩经由九原至咸阳,而且指明走的是"直道"。表面上看,生前、死后走的是两条路,实际上是一条路。因为云中、九原两郡相距很近,由云中或九原至上郡,都要经过鄂尔多斯草原。生前走的路指名经过上郡,是由于当时"直道"还没有修通,"直道"一名尚未出现;死后棺柩指明经"直道"运回咸阳,是因为"直道"这时已修竣完工(三十五年,除道),交付使用。两处行文用语不同,实际上指的是一条路,即苏秦对燕文侯说的秦击燕国之路,赵武灵王"诈自为使者入秦"所窥探的"直南袭秦"之路。当时,除了这一条大道外,没有另外的南北大道(此道一直沿用到唐朝初年)。

从上列记载又可看出,战国中后期,九原、上郡(今榆林县南鱼河堡)、云阳(今淳化县北)、咸阳间,即有一条南北大通道,大将蒙恬是在旧道的基础上加以改建、扩充,而成为一条沿子午岭山脊而行的,宽达 30 米以上的,大体是直南直北方向的"直道",并非是蒙恬新勘测的路线。

(二)汉文帝、汉武帝北巡经行的路线

汉文帝三年(公元前 177),匈奴军队入据"河南地"(秦九原郡、汉五原郡以南之地),攻略上郡,汉文帝"遣丞相灌婴发车骑诣高奴击之"。《史记·孝文帝本纪》:"发边吏骑八万五千诣高奴。"随后,汉文帝本人也"自甘泉之高奴","因幸太原"。

汉文帝自甘泉宫至高奴,必然要走"秦直道"。这时,距蒙恬凿通"直道"只有三十五年时间,"直道"不会有大的破坏,汉文帝有利用的条件。

西汉的高奴,具体在什么地方?历代学者说法不一。《史记·孝文帝本纪》《会注考证》说:"高奴,今陕西延安府肤施县——即今延安市。"但顾祖禹撰写的《读史方舆纪要》卷五十七延安府条,却另有解释,他引用《通典》作者杜佑的话说,延安府西北百里的金明县即"古高奴地"。"高奴,汉为县,属上郡。""后汉

亦为高奴县。晋废，后魏太平真君十年，置广洛县于此。十二年（公元451），置金明郡治焉。隋初郡废，改县曰金明，属延州，隋末废。……唐武德二年……置金明县……仍属延州。"照《读史方舆纪要》的说法，汉代的高奴县与以后的延州肤施县是两个县。汉代的高奴县在延州治所西北百里处，约今安塞西北。

"圣人条"的遗迹指向安塞县北境，按照杜佑所说的高奴县位置，正在"秦直道"经地附近。如此则汉文帝去高奴，是由"直道"顺路而往，没有折转其它路线。

汉代高奴县东北，为阳周县，在今子洲县南境，大理河上游东南侧，为上郡属县。根据《史记·蒙恬列传》和《史记·李斯列传》看，秦始皇第五次出巡死于途中后，赵高、李斯、胡亥等是从井陉取道九原至咸阳发丧，装作平安无事，以欺诈国人。而由九原至咸阳，要经过蒙恬的驻屯地上郡、阳周县，而且公子扶苏也在那里监军。若不预先除掉扶苏、蒙恬，则辒辌车至阳周后，作为长公子扶苏和大将蒙恬，必然要朝见秦始皇，这样，赵高等人的阴谋就要败露。所以，载秦始皇尸体的辒辌车由九原南下前就造假诏书，赐公子扶苏死，并囚蒙恬于阳周。《史记·八七·李斯列传》："于是，（赵高等）乃相与谋，诈为受始皇诏丞相，立子胡亥为太子，更为书赐长子扶苏（死）。""遣胡亥客奉书赐扶苏（死）于上郡。使者至，发书，扶苏泣……即自杀。蒙恬不肯死，使者即以属吏系于阳周。使者还报，胡亥、斯、高大喜，至咸阳发丧。"从扶苏死于上郡，蒙恬被囚于阳周，秦始皇的棺柩由"直道"归于咸阳等一连串事件看，"直道"是经过上郡、阳周。如此，则汉文帝由高奴县"幸太原"，亦应经由阳周、上郡东去。"直道"经由横山南麓的高奴县，也是无疑义的。若绕行横山北侧，赵高、李斯、胡亥等，就没有必要急于处死扶苏、蒙恬。

汉武帝为征伐匈奴，亦曾由甘泉宫出发，经阳周、上郡至五原郡（秦九原郡）。《汉书·六·武帝纪》："元封元年（公元前110）冬十月……行自云阳，北历上郡、西河、五原……"又说：汉武帝"至朔方，临北（黄）河，勒兵十八万骑，旌旗径千余里，威震匈奴。……还，祠黄帝于桥山，乃归甘泉（宫）"。《汉书·二五上·郊祀志》也说：汉武帝"乃遂北巡朔方，勒兵十余万骑。还，祭黄帝冢桥山，释兵凉如（《封禅书》作须如），既至甘泉（宫）"。汉武帝北巡朔方，距"直道"修成后只有一百零二年时间，在文帝、景帝时，对匈奴不断用作攻伐或"和亲"之路，"直道"肯定会得到保护和经常修治，因此，汉武帝亦得由云阳县甘泉宫出发，沿"直道"北去。司马迁在他撰写的《史记·蒙恬列传》中，说他本人也自云阳县甘泉宫走了"直道"全程，沿途亭障保存完好，更可证明汉武帝时"直道"是畅通无阻的。

根据《汉书》有关记载，知道汉武帝北巡朔方归来时，曾在"桥山"祭黄帝冢。"桥山"指何地，说法不一。现在一般人都说是黄陵县西境的子午山，"沮水至县北，穿山而过，因以桥名"（《方舆纪要·五七》）。但《史记·封禅书》应劭曰："在上郡阳周县有黄帝冢。"《汉书·地理志》上郡阳周县《本注》："桥山在（阳周县）南，有黄帝冢。"《水经注·三·河水》也说："……奢延水又东，走马水注之。水出西南长城北，阳周故城南桥山。昔二世赐蒙恬死于此，王莽更名上陵畤，山上有黄帝冢故也。"根据这些说法，汉武帝北去或南归，都经由上郡、阳周。由此得知，"秦直道"离开子午岭后，即进入横山南麓，经高奴、阳周、上郡至九原郡。

（三）"秦直道"沿途的文物佐证

我们认定的"秦直道"路线，是经由子午岭东侧、横山南侧，大半路段在陕西省境内。其理由除了上述直道遗迹和文献根据外，沿途还有一些文物佐证。

（1）沿途地上、地下文物古迹较多。沿途各县，均收集到大量的秦半两钱、汉五铢钱、新莽的货币鸡眼钱、汉代铜镜等。在黄陵县上畛子和志丹县洛河川石畔村，均发现有战国古墓群。据黄陵县文物管理所杨文生说，黄陵县寨头河出土有战国车轴、车辖、兵器、箭头、戈、马饰、马当卢等。图案主要是草原文化（匈奴文化）。他分析这批文物当为战死或病死在寨头河的军卒所用的器械。这些军卒死后随地安葬，这些文物应为征战于"直道"上的军卒们所遗留的。

另外，沿途北魏时期的佛雕、石窟也很多，如富县张家湾乡马家寺村拱桥沟石窟、甘泉县桥镇乡东侧的石窟、黄陵县双龙的千佛洞，加上沿途的一些唐、宋时期的寺庙，都说明秦汉以后，以至唐朝初年，"直道"是由关中北去的一条主干道。官员、军队、商旅以至黎民百姓，都经行于这条道路。

（2）从西汉"直路县"的设置看，"秦直道"至沮源关后，是经行今富县境内。据《汉书·郡国志》（编者按：当为《汉书·地理志》）记载，西汉在今富县直罗镇附近设有"直路县"，属北地郡辖。《元和郡县志》说，直路县，东汉时废掉，隋开皇三年（公元583），户部尚书崔仲方奉命筑直罗城，就是在古直路城的基础上重修的。《中国古今地名大辞典》也疑唐之直罗县本汉的直路县，后人将"路"

讹转为"罗"。县以"直路"名，必当在"直道"附近，或"直道"经过其县境。

"直路县"之所以未称"直道县"，是由于当时在今黄陵县西北40里处另设有一个"翟道县"，属左冯翊辖。两县毗邻接壤，"翟道"与"直道"读音极为接近，因而命名为"直路"县。

康熙《鄜州志》说秦直道的位置在州西百余里。今富县西百余里，在子午岭主脉东侧，不在甘肃省宁县和合水县境内。即"直道"至沮源关后，不是沿子午岭主脉西侧北去，而是折由古道岭，循子午岭支脉北行。这正是"直路县"的辖境。

（3）从"直道"线型、规模和垭口宽度来说，直道经过陕西淳化、旬邑、黄陵、富县、甘泉、志丹、安塞、子洲、榆林等县境至内蒙古包头市，大体南北相直，符合"直道"一名的含义。若绕行定边县，则呈大弯弓形。从路基的宽度说，子午岭东侧的路线，一般都在30米至45米间，比子午岭西侧的路线，路宽多一至三倍，这与《汉书·贾山传》所说的平原地区的秦驰道"道宽五十步"（折今尺82米多）也是相称的。因为"直道"是山区道路，其标准比平原地区的驰道为低。今天的公路标准也有山区和平原的不同。

就"直道"穿行的众多垭口来说，其宽度都不少于50米。这与内蒙古自治区考古工作者近年在伊克昭盟东胜县西南90里处所发现的"直道"遗迹，南北四个豁口（垭口）遥遥相对，连成一线，都宽约50米的情况是一致的。这决不是巧合，而是当时修筑"直道"时规定的统一标准。

考察途中，有人问道：秦始皇为什么要把直道、驰道修得那么宽？此较有研究的人回答说：秦始皇"治直、驰道"，其目的主要在军事方面。秦朝的军队编制有步兵、骑兵、车兵、辎重兵等，出征时各兵种齐头并进，以垭口宽50米说，往返部队各利用一半，只有25米。这25米路面，要让骑兵飞奔，车兵疾驰，步兵快行，辎重运输不受阻碍，各兵种可利用的路面就很有限了。如果中央三丈为皇帝独行（御道），可利用的路面就更小了。所以，秦、汉的道路宽得出奇，并非全出自皇帝的好大喜功，而是为驰道制度所决定，也是实际所需要。

（4）秦直道能沿子午岭山脊连续而行，这与子午岭的山系构造有关。子午岭并非只有一条主脉，而是支脉蔓延，南北行走，东西并列。山脊宽阔平坦，无坚石，均为松软的砂石构造，开凿较易。由这一支脉转入另一支脉，只需在两支脉相近处绕一小弯即可，一般不必下坡、上梁。山梁为河川切断处，为数很少，而且多属小河溪，下了坡就可越水而过，登另一山梁。在甘泉县桥镇乡，子午岭被洛河切断，川道有1公里多，因而建"圣马桥"。两端的"引桥"又将山梁连接起来，上山、下梁也不显得多么困难。正因为子午岭全属土山，与秦岭绝不相同，才出现了一条千余里长的"沿脊线"路——"直道"。不身临其境的人，就感觉神奇奥妙，实际一看，才知道是自然条件决定的。

四、"秦直道"对先进技术的利用

秦朝大将蒙恬，领导十余万军工和民工，在二年半左右时间能修筑出长"千八百里"，一半路段位于子午岭山巅的南北大体相直的宽阔的道路，没有先进的生产技术是难以成功的。依据考察分析，秦直道至少有下列几项技术，就值得称述。

（一）路线选择的奇特

古今中外修筑道路，无不受到山川形势的制约，"沿溪线""沿脊线"是不可避免的。但像秦直道把近千里的路段选在山巅之上，这却是很少有的。

考察了秦直道后，才领悟到当时测定这条路线是有其特定原因和特定条件为依据的。特定原因主要是，战国时期秦国迁都咸阳后，多代公王均以林光宫为避暑地，夏秋季节秦的公王和主要臣吏实际上是在林光宫处理军政事务，林光宫成为咸阳以外的另一个政治、军事指挥中心。因而在咸阳与林光宫间，早就修筑有300里长的能供王公大臣乘舆疾驰的大道，在这条驰道的北端接着向前延伸，就省去了甘泉山以南另外修路的工程耗费。另外，秦昭王灭义渠戎后，设置陇西、北地、上郡，林光宫和上郡之间，就有道路相通，在旧路的基础上进行扩建，就省工得多。就地理形势说，子午岭山系构造特殊，除主脉呈南北走向外，所有支脉也呈南北走向。子午山巅，绝大部分宽阔平坦，加之全是风化石和砂岩，容易开凿。把风化石开辟成路后，不但路基坚实，而且没有泥泞之害，这是平川地区的道路所不具备的条件。路由山脊行走，可居高临下，极目远望，避免匈奴奴隶主骑兵部队的偷袭、包抄。作为防御性质的军事道路，无形中增强了防卫能力。

再者，当时的通讯手段主要是烽火狼烟，直道沿途，土丘林立，利用天然山丘，设置烽火台，不但省工省时，而且路和烽火台都在山岭之上，可以快速得到信息。而川谷中的道路，受山岭和林木的障蔽，就没有"沿脊线"的瞭望之便。

（二）先进的勘测技术

秦直道基本上南北相直，没有绕大的弯子。当时由子午岭主脉转入支脉，或由这支脉转入另一支脉，具体如何测定，史书没有具体记载。但根据成书于西汉的数学名著《九章算术》中记载的利用勾股定理和立表法、连索法、参直法等先进的测量方法，以及三国时魏人刘徽著入《海岛算经》一书中的重表、累矩、三望和四望等测量方法看来，我国很早就掌握了先进的直接测量和间接测量的方法。这些测量技术虽见之于汉代，但任何一门科学技术都是在长期的生产实践活动中逐步积累起来的。秦汉相距很近，这种测量技术很可能在秦代已付诸实践，而在西汉时总结出来。长"千八百里"的直道能"直通之"，显然秦代已掌握了当时领先于世界的测量技术。

远在公元1世纪前，我国人民把测量技术用于道路勘测，已为文献记载和出土文物所证实。《管子·地图篇》强调"凡主兵者，必先审知地图"。尤应明确"轩辕之险，滥车之水"及"通谷经川"之所在和"道里之远近"。长沙马王堆三号汉墓出土的古地图，明确标识出交通道路。地形图中在已超出墓主驻防范围的邻近地区，已不标识乡里，却仍画出道路。（谭其骧：《二千一百多年前的一幅地图》，载《文物》1975年第2期）在驻军图中，还特别"用红色虚线标出军队行动的通路"（詹立波：《马王堆汉墓出土的守备图探讨》，载《文物》1976年第1期）。《后汉书·马援传》也记载说，马援为东汉光武帝刘秀筹谋军事，曾"聚米为山谷，指画形势，开示众军所从道径往来，分析曲折，昭然可晓"。

大将蒙恬奉命驻守秦的北疆，防御千里之外的匈奴奴隶主的军队南进，又具体监修"通谷经川"的直道，毫无疑问，"必先审知地图"。特别是直道路线离开一个山梁穿越河川时，能迅即转入另一山岭，必须事先洞悉两座山岭的出山、登岭处的地形，"分析曲折"，否则，便要陷入绝境。考察了淳化县乏牛坡下梁后越过七里川即进入庙沟缓坡至石门关，与甘泉县桥镇乡方家河村"圣马桥"南北两段引桥与山梁上下来的直道对接的巧妙测量技术后，深感当时对路线走向测定的精确。站在七里川和洛河北岸远远向南望去，直道像巨蛇一样，气势磅礴地冲出山岭林丛，直对七里川北岸的庙沟和洛河北侧的引桥爬来，进入另一个缓坡，深感秦人审知地形的功力。

（三）夯筑技术的利用

秦代修筑直道，充分利用夯筑技术。《汉书·贾山传》说：秦始皇修驰道是"厚筑其外，隐以金椎"，即利用铁夯把路基夯实，特别是把路肩夯实，以防止雨水冲刷，提高路的强度和车马通过能力。司马迁在《史记·蒙恬列传》中说的"堑山堙谷"，"堙谷"就是"填土方"或"垫土方"。在陕北高原，由于干旱少雨，道路跨越小山谷时，多筑"土桥"。河川桥的两端，筑引桥通接山梁，以减缓坡度。引桥、土桥、填土石方，都必须夯筑使之坚实。直道的多数路段能保存二千多年，且至今直道中不长大的树木（浮土厚的路段有少量灌木丛），都是土石路基夯筑坚实的结果。甘泉县桥镇乡方家河村一段引桥遗迹，高出地表20余米，夯土层清晰可见。在引桥附近出土的大铁夯，就是夯筑直道的实物见证。

五、"秦直道"的历史作用

我国劳动人民在二千二百年前，用落后的生产工具，沿着山脊和沙漠草原，修筑出长达1400余公里、宽50米左右的车马大道；而且仅仅两年半时间，就完成了选线、施工任务，其速度之高、工程量之大，在中国甚至世界的筑路史上，算得上是一个伟大奇迹！"直道"修成以后，除在军事上起到立竿见影的效果以外，在南北政令统一、经济开发和文化交流上也起到极为有益的作用。

（一）秦始皇的统一措施，达于秦长城沿边郡县

公元前215年（秦始皇三十二年），秦始皇出巡北边，从上郡回到咸阳后，就派大将蒙恬率三十万大军北击匈奴，收复河套以南广大地区，并在阴山之下设九原郡（九原郡治所又设在今内蒙古包头市西南乌拉特前旗三顶帐房古城）和建四十四县（一说三十四个县城），使原来匈奴的南境，归入秦的有效统治范围。在驱逐匈奴以后的第二年，就修筑"直道"。"直道"修通后，随着秦的军事威慑力量的加强，各项统一措施逐渐推行于九原郡、云中郡及其以东各郡县。据《文物考古工作三十年》一书中收录的吉林省考古研究室等的《统一的多民族国家的历史见证》一文说，公元1973—1974年对内蒙古奈曼旗沙巴营子古城进行清理发掘时，在古城内的文化堆积层中，发现刻有秦始皇统一度量衡的诏书铭文陶量器残片，字体系秦隶，铭文尚存"廿六年皇帝并兼有天下诸侯黔首大安"等字。

内蒙古赤峰市蜘蛛山遗址也出土有印着秦始皇统一度量衡诏书的陶量器、衡器；赤峰三眼井和敖汉旗老虎山出土有秦代铁权，重量均在三十公斤以上，三眼井铁权并有秦始皇诏书铸文。另外，在秦汉的广衍故城（位于内蒙古准格尔旗注入牸牛川——窟野河上游支流的南面台地上）附近两座墓地出土有八枚秦十二铢半两钱，二枚西汉初年的八铢半两钱。（崔璿：《秦汉广衍故城及其附近的墓葬》，载《文物》1977 年第 5 期）。这些出土文物，证明了秦始皇统一度量衡、统一钱币的政策，通过直道的作用，也强力推行于秦长城沿边的郡县。

（二）关中北部诸郡的经济得到开发

"秦直道"经过秦的林光宫、上郡达于九原郡，由九原郡东行，又通至云中、雁门、上谷等郡。上郡以北各郡县，秦代原是森林茂密、水草丰盛的地方，但常为以游牧、狩猎为生的少数民族所占领。这些少数民族是"逐水草迁徙"，"随畜牧而转移"，"因射猎禽兽为生业"，"人习战攻以侵伐"。所以，当时这些地区的农业经济十分落后。秦始皇占领这些地区，设置郡县，特别是修通"直道"后，便采取各种措施，进行经济开发。

首先，秦始皇强力移民实边。如公元前 214 年（秦始皇三十三年），向榆中（今榆林县附近）大规模移民一次；公元前 211 年（秦始皇三十六年），又"徙北河、榆中三万家，拜爵一级"（《史记·秦始皇本纪》）。另据《华阳国志·蜀志》记载："临邛县郡西南二百里，本有邛民。秦始皇徙上郡实之。"这三次大规模从内地移民到上郡和九原郡，他们带去了内地先进的农业生产技术和进步的生产工具，如铁铧、铁犁、铁劈土及"代田法""耦耕"和沟渠的开凿等，使上郡及其以北的荒山、草地变成了良田。

西汉建国后，九原郡改名五原郡，五原、上郡、西河、朔方等郡统称为"朔方"。秦末汉初，由于楚汉战争，朔方的防御力量削弱，匈奴又乘机南下侵扰。汉武帝利用"秦直道"亲自率大军北征，又派卫青、霍去病连击匈奴后，西汉的北部边境才安定下来。接着，西汉王朝接受晁错的建议，采取军屯和民屯的办法，开发边疆，巩固边疆。据《汉书》等文献记载，元朔二年（公元前 127），募民徙朔方十万口；元狩四年（公元前 119），关东贫民徙陇西、北地、西河、上郡、会稽凡十二万口；元狩五年（公元前 118），徙天下奸猾吏民于边；始元二年（公元前 85），发习战骑士赴朔方。以上四次军屯和徙民实边，主要是在朔方的上郡、西河及朔方郡一带。所以，马非百在《秦集史》下册中说：对于上郡及其周围地区的经济开发，"始于数十百年之秦，而收功于数十百年后之汉"。秦和西汉推行这些措施，都是以"直道"为依托，不仅在军事上有重要意义，而且在经济上、边疆的开发上和民族融合方面都收到良好的效果。上郡在西汉前期还是"畜牧为天下饶"，而到两汉之际，却以"饶谷""多畜"并称，即由原来的畜牧狩猎区，变成了半农半牧区。当时上郡人口达六十多万，比发达的汉中郡还要多。（吴镇烽：《陕西地理沿革》）

秦汉时期，"直道"的作用虽然主要在运兵运粮和转输军事物资，但内地的先进生产技术、生产工具、生活方式，也通过这条大道传到了北方边域。特别是秦始皇派蒙恬率三十万大军驻上郡十余年，汉昭帝发习战骑士赴朔方，无疑对开发上郡和河套地区起了很大作用。戍兵"因田致谷"，"益积蓄"，内地人民从而"省委输之役"。（转引自卢桂兰：《秦汉时期对陕北的开发》，载《文博》1984年第3期）

秦汉时期对九原、朔方、西河、上郡等地的经济开发，也可见证于出土文物。据崔璇《内蒙古发现的秦文化遗存》（载《内蒙古社会科学》1984年第6期）一文搜集的文物考古资料中，秦汉广衍故城及其附近墓地出土的生产工具有铁铲、铁锛、铁钩、铁削和铜削、石纺轮等，说明当地铁器的使用已很普遍。内地的生活用具，也随着"直道"的开通流传于九原郡各县地。秦汉广衍故城附近秦汉墓葬中出土了一批成组带有秦文化和时代特征的日用陶器和铜器。陶器如罐形釜、双耳夹砂罐、甑、灶、瓮、壶。壶的素面上刻有"广衍"二字，说明制陶技术也传至广衍县地。在铜器中，日用铜器有双耳釜、四系钮釜、洗、环、带钩、带扣、扣、镜等等。

（三）上郡和九原郡在秦青铜兵器的生产和供应上结为一体

"直道"不仅把上郡和九原郡紧密联系起来，而且在兵器工业的生产、供应、储存等方面也紧密结为一体。

"秦直道"是在战国时秦都咸阳通往燕、赵的旧路的基础上修建的。上郡和九原郡间鄂尔多斯草原早有道路相通。随着秦国势力的增长，在秦王政与燕、赵争战的过程中，秦的青铜兵器即不断输送到鄂尔多斯草原一些军城中。近年来内蒙古自治区在准格尔旗和清水县一带发现秦的青铜兵器有铭文的计有八件，其中四件铭文较长,所见纪年有"二年""三年""四年""十二年",都是秦王政(秦始皇)纪年,即公元前245年、前244年、前243年、前235年。秦的青铜器铭文中有"相邦"(秦官名)、"吕不韦"(秦王政元年至十年——前246—前237年的宰相)、"上郡"、"尉守"、"高工"(高奴县的工师)、"工师"(铸造兵器的工官)、"丞"、"工"(工匠)、"上武"(上郡武库)、"广衍"(汉西河郡属县)、"武都"(汉五原郡——秦九原郡属县)、"廪丘"(秦三川郡境内城邑)等字样。这一则说明了上郡、高奴县、三川郡(今河南洛阳)制造的兵器输往鄂尔多斯草原,二则说明秦"河南地"(河套)的一些县地也能制造青铜兵器。但"上郡武库"是供应九原郡驻军的主要兵器库。青铜器是很笨重的,其原料和制成品都要有良好的道路条件由南向北输送。

(四)"秦直道"在军事上的威慑力量

从维护国家的统一和保护边民的安全着想,秦始皇令蒙恬监修"直道",用以阻遏、反击匈奴奴隶主贵族向南攻扰,是完全必要的应急措施。不过,秦祚短促,"直道"的军事作用没有充分表现出来。但到西汉初年,"秦直道"就显示了它的威慑力量。

汉文帝时,匈奴奴隶主曾向关中发动过两次试探性进攻:一次到上郡肤施县(今榆林县南鱼河堡);一次入萧关至雍县(今凤翔),直抵甘泉山下(今淳化县境)。匈奴奴隶主既然窥伺汉的甘泉宫,却不从"直道"或子午岭东侧的洛河河谷或西侧的马莲河谷南下,而远远绕道六盘山下的萧关道,这正是因为子午岭上有一条宽广的军事通道——"直道",匈奴奴隶主不能不有所顾虑。即如匈奴奴隶主一时曾控制了鄂尔多斯草原,而不敢长期盘踞,也正是"秦直道"在起着威慑作用。西汉初年关中地区受匈奴的骚扰不如北部其它郡地严重,正是"秦直道"在发挥着它的防御作用。

(五)南北文化的交流

"秦直道"修通后,两汉继续沿用,直到唐朝初年,李世民北征突厥,仍然行兵于"直道"上。唐中期以后关中通往延州、银州的驿道虽移于子午岭东侧的洛河河谷中,但内地经由"直道"去宁夏一带的商旅,仍络绎不绝。特别在南北朝、晚唐、五代、北宋时期,"丝绸之路"的河西走廊一段因政治、军事原因受阻时,中西使者、商旅也多绕至贺兰山下经宁夏越子午岭至长安,子午岭上的道路长期被人们利用着。

秦汉以来由于内地迁移到北部边境的人越来越多，中原的文化和意识形态也就随着带到那里。加上那里农业经济的日益发展，文化生活和意识形态方面的东西也有条件活跃起来。1952年以来，陕北的绥德、米脂、榆林等地发现汉代的画像石墓30多座，出土画像石500余块。绥德发现的王得元墓，墓室石壁刻石上有"牛耕图""谷物图""放牧图"，有些汉墓画像石有"拾粪图""狩猎图""阁楼图"。米脂县官庄村四号墓出土有"牛耕图"。由于谷粟产量日增，"地沃宜粟，米汁如脂"。隋唐、五代时的抚宁县，在宋以后就改名"米脂县"。在出土的汉画像石中，还有舞蹈及"杂技图""蹴鞠图""击剑图"等反映文化生活的内容。另外，画像石中反映五行、方士、黄老、长生思想内容的也较多，有西王母、东王公、羽人、应龙、三足鸟等神话故事的画面。这些内容与文化发达、经济繁荣的南阳和山东等地出土的画像石内容极为相似。（卢桂兰：《秦汉时期对陕北的开发》）联系到汉武帝元狩四年，关东贫民徙北地、西河、上郡数十万口的历史记载，陕北由单一的畜牧经济转变为农、牧并重的经济后，人们的意识形态及其表现于文化生活内容方面的东西，就自然活跃于画面上了。

画家靳之林在"秦直道"终点的阴山脚下，还发现了母系氏族公社作为祭祀用的阴山岩画。他看到一面巨大的岩石上，原始社会的艺术家雕刻了一个回头望的"鹿"和一个束发人图形，竟与地处"秦直道"的延安窗花《倒照鹿》和带有巫术活动性质的剪纸《抓髻娃娃》的艺术造型如出一辙，其风格也和汉代的画像石完全一样。另外，保存至今作为春节群众性文化活动的陕北安塞腰鼓，粗犷的舞姿，急促的跳跃，身穿古代武士服装的男子，在田头露天广场上打起腰鼓那种撼天动地、沙土飞扬的情景，不禁使人联想到秦汉的将军们由"直道"出征，击鼓助战和战斗结束欢庆胜利的边塞沙场景象。同时，这从另一个侧面说明"秦直道"是经过今延安地区的黄陵、富县、甘泉、志丹、安塞、子长等县境的。

通过这次考察，我们对"秦直道"有了直观认识。至于是不是揭开了"直道"的面纱，尚待考古工作者作出验证。

［原载《陕西交通史志通讯》1986年第5期，又载《西北史地》1987年第2期，增订稿载《成都大学学报》（社科版）1989年第1期。今据《成都大学学报》收入］

毛乌素沙漠中秦汉"直道"遗迹探寻

贺清海　王　开

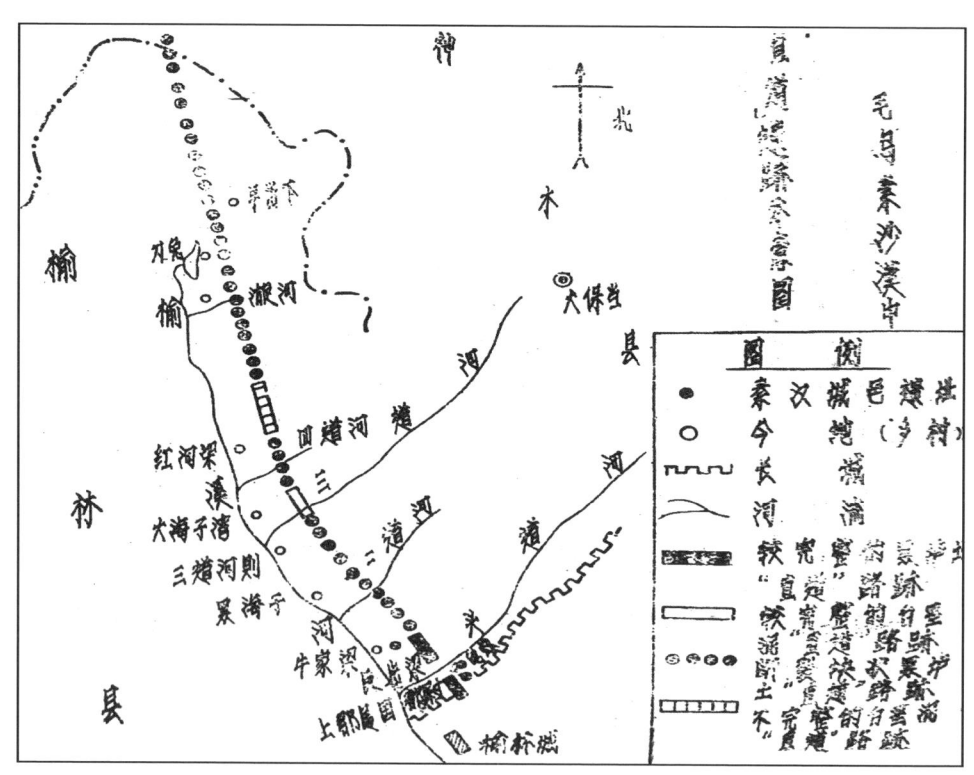

毛乌素沙漠中"直道"遗迹示意图

近年来学术界掀起了探索秦汉"直道"的热潮。继史念海教授在《文物》1975年第10期发表《秦始皇直道遗迹的探索》一文后,《瞭望》周刊、《光明日报》、《陕西日报》等报刊于1984年8月先后发表了画家靳之林沿"直道"作画的消息,从而对秦汉"直道"经地的一些看法,引起了大家的关注。1986年夏,陕西省交通厅史志编写委员会又组织省、地、县有关人员对子午岭一段"秦直道"进行实地考察。接着,王开同志在《西北史地》1987年第2期发表了《"秦直道"新探》一文(并见中国人民大学书报资料中心"报刊复印资料"《先秦·秦汉史》1987年8月号)。所有这些论述,虽各有独到见解,但处于毛乌素沙漠中"直道"的具体线路和现状,人们仍不得知。

陕西省榆林县交通局为编写《榆林县交通志》的需要,该局贺清海同志于1988年1—2月份,对横山、榆林、神木等县境内毛乌素沙漠中的"直道"遗迹反复进行探寻,终于在长城以北距榆溪河东侧800余米、南北长约70公里一平行地段内,发现了连续且保存程度不等的"直道"遗迹。这些遗迹,清楚地显示了当时秦汉上郡长城以北"直道"的具体路线。这条路线和《"秦直道"新探》一文所判断的路线大体一致,因此,本文可作为《"秦直道"新探》一文的后续部分。但限于知识水平,错讹在所难免,敬请专家、学者斧正。

一、上郡、九原间秦汉"直道"路线的方位

根据史志文献记载和考古学者认定,秦汉时期的上郡治所,在今陕西省榆林县南境鱼河乡西北米家园子九股水,即无定河、榆溪河(秦汉时称帝原水)交汇处东北侧。秦始皇第五次(最后一次)出巡途中病死,其装载尸体的辒辌车经由九原郡返回咸阳,赵高、李斯、胡亥等密谋"赐公子扶苏死"于上郡,并"囚蒙恬于阳周"县,是"由直道归"。汉武帝"巡边垂","行自云阳,北历上郡、西河、五原,出长城……至朔方,临北河。

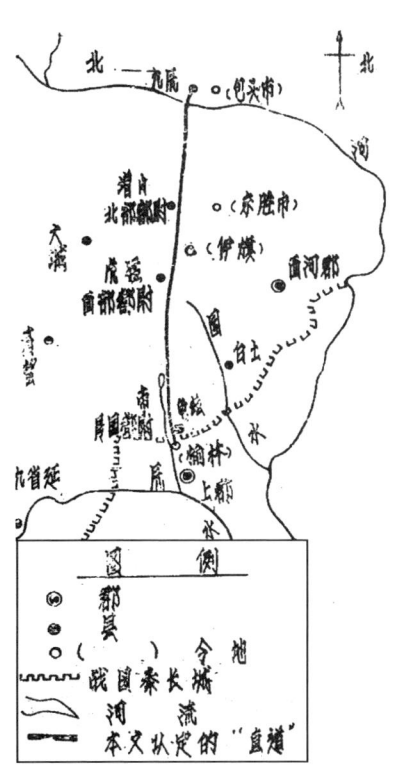

上郡、九原间"直道"路线示意图

勒兵十八万骑……威震匈奴"。"还，祠黄帝于桥山"，往还均行走于经过上郡附近的"直道"。而上郡、九原县间"直道"的具体路线，《史记》《汉书》未作明确记载，导致后世学者众说纷纭，莫衷一是。

探寻后得知，这段"直道"南自今榆林县红石峡东4公里的走马梁庙西侧开阔地出长城（此处明长城与战国秦长城基于一线），经龟兹和上郡属国都尉城址西侧，呈西北方向沿榆溪河东侧800余米距离而上，经头道河、二道河、三道河、四道河、红河梁（系已干涸的古河床）、旋河诸支流约70公里至刀兔海子；又直北接内蒙古伊金霍洛旗西南24公里处红庆河"直道"遗迹（在汉代虎猛县境）和东胜市西漫赖乡"直道"遗迹（在汉代增山县境），再北，达包头市西侧的秦九原郡、汉五原郡治所九原县。这一线路正是秦代上郡、榆中、九原郡一些县邑、军城以及西汉上郡龟兹属国都尉、西河郡虎猛西部都尉、增山北部都尉和九原县的连接线。

毛乌素沙漠南缘的地质地貌，吴镇烽在其所编著的《陕西地理沿革》中说："陕北榆林一带自地质第四纪以来，就堆积着广泛的沙丘，后又繁长植物，起伏的沙丘因草类的固定而逐渐夷平，发育成一种含有大量腐殖质的黑垆土。"黑垆土质地坚硬，能透水，呈紫色，所以《七国考》中称战国秦长城为紫塞。因而，黑垆土是蒙恬监修"直道"时就地可取的基本筑路材料。考察结果表明，"直道"从长城口北至神木县昌鸡兔附近的90公里路段中，除头道河、三道河、红河梁（古代河床）、旋河等支流河谷地段为白垩泥铺筑外，其余路段均为黑垆土筑成。据考察，榆溪河中上游东侧的神木县大保当、瑶镇一带为白土地带，西汉时设有白土县。榆溪河东岸诸支流大都发源于白土地带。白土即白垩泥，黏结力强，干燥后十分坚硬，但易遭水浸。历次洪水期在榆溪河东岸一些支流的河谷两岸形成厚约20~120厘米不等的白垩泥地带，特别是在诸支道河口三角地带的白垩泥层宽达数公里。因而白垩泥就成为"直流"横穿河谷时的筑路材料。

二、头道河谷的"直道"遗迹

头道河与榆溪河的交汇处附近，今为榆林县境的头道河村，"榆（林）府（谷）公路"与"榆（林）包（头）公路"在此地分支后，"榆府公路"沿头道河谷南岸东行至800余米处，路基突然升高12米，上面为一白垩泥"平台"。沿"平台"

再东行 160 余米后，路基又骤然下降。"平台"东西边缘等距离平行 30 余米，呈西北方向，伸至岸边。河对岸有一沙崖豁口，也是一段被溪水切割的白垩泥"平台"，这一"平台"与南岸"平台"等宽等高，使人一看，就明白这是河谷两岸的"引桥"遗迹，或者说是"直道"遗迹。在河北岸"直道"白垩泥路段东北方向，由鱼八戒流来一股溪水进入"直道"路面，在距"直道"临河断面 80 余米处分成两股，将路段纵向分成三块，三块路段残宽加上两条沟槽共宽 160 余米。此段"直道"白垩泥路盖厚 60~80 余厘米不等，其上间有秦汉残断砖块及陶器碎片。河南岸"直道"白垩泥路盖残厚也不少于 80 厘米，其上也间有秦汉陶器碎片。两岸白垩泥"直道"路迹拔地而起，南北相对，有较高的观赏价值。

头道河南岸"直道"白垩泥路段上面，现在住有十多户人家，名杜家湾村。村东南约 1.5 公里处，有汉代古城遗址；村正南约 2 公里处亦有汉代古城遗址。两处遗址遍地散布着汉代砖瓦及陶器碎片，且均位于长城外。这一带还有很多汉代古城遗址，称作古城滩、古城梁，即西汉龟兹和上郡属国都尉治所所在地，"直道"就由其附近出长城北去。

由头道河"直道"遗址西北行，经二道河至三道河南约 15 公里地段，均为黑垆土路面，其上沙丘起伏，因而看不到路迹全貌，只在沙丘新月形底部时有显露。由于风蚀，这段路面多呈大块状间有柱状。黑垆土路盖一般厚约 80 厘米，其上秦汉陶片比比皆是，俯首可拾。在这一段路迹中曾有多条乡村道路横穿"直道"，致使"直道"横断面显露出来。其中，头道河北约 5 公里处，由井峁石湾向东一条乡道横穿直道时，"直道"横断面斜高 1 米余，其上布有残断秦汉砖块、陶片。经测量，横断面宽为 160 余米，与头道河"直道"路迹等宽。断面西缘距榆溪河东岸仍为 800 余米。其它乡道横穿时，也有同样情况。另在头道河北 10 公里紧靠榆溪河东岸边的牛家梁，也发现了一座古城遗址，面积颇大，迄今秦瓦遍地，并有大量铜箭头出现，当地群众称之为瓦片梁。这说明"直道"也联结着众多古城邑。

在这段以大块黑垆土路盖为主而又被沙丘覆盖的连续达 15 公里残存路迹两侧，则为宽阔的沙漠地带，且标高明显低于直道路迹的标高，显然是"直道"两侧的挖方地带。这段秦汉"直道"路迹，均距榆溪河东岸 800 余米，与榆溪河南北平行。"直道"的测设者把路线定在榆溪河东侧 800 余米处，显然是为了避开诸多支流与榆溪河交汇处所形成的水网下湿地带，不但可避免夏秋季洪水淹没道路，且路基相对坚固，垫方量也较小，又便于骑兵部队就近获得水草。其用心的良苦和对该地区地质、地貌的熟悉，于此可见一斑。

三、三道河的"直道"遗迹

三道河为榆溪河东岸最大的支流，发源于神木县大保当乡。它与头道河一样，河两岸淤积有白垩泥层。河南岸有一段呈南北方向的白色大坝形"直道"遗迹，路迹高出地表9米，残宽164米。在这段长约500米的路迹上，白垩泥路盖厚97~110厘米，中间夹有贝壳（再南为黑垆土路面）。这段路迹，路面平坦，其上间有秦汉陶片，东西路肩整齐平行。路迹西侧已辟为水田，东侧有宽约110米、深约5~6米的挖方地带。显然，这段"直道"是挖取两侧白垩泥（厚20~40厘米）将河谷填高而成。另外，路迹愈靠近河床，垫方量就愈大，挖方地段就愈宽，于是挖方地段靠近河沿部分呈喇叭状。此段"直道"遗迹，西北方为宽阔的大海子湾，并有三道河床阻隔，所以流沙未能将其湮没，致使路基全部显露于外，远远望去犹如一南北走向的白色大坝，巍然耸立，十分壮观。

三道河北岸，也有一段与南岸"直道"路迹等宽、等高的"沙崖"伸向河边，直对南岸的白色大坝状路迹。经察看，上有一层薄薄的流沙，但白垩泥路盖仍大片显露，并可看到残断的汉砖、陶片。在距河岸北侧600米处，有群众在白垩泥路盖上挖取白泥的坑槽数个，深20余厘米，其中一个坑底有灰烬层，盖为当时筑路役夫烤火取暖或野炊时燃烧草木的灰烬痕迹。这段白垩泥路段向北延伸2公里，路面平坦，保存较完整，如能清理路表及两侧挖方的积沙，便可看到较完整的路面遗迹。

再北，迫近四道河，地势渐高，西北季风力量也较强，黑垆土路盖被大风剥蚀成密集的断裂块状，其残块分布宽达160余米。四道河谷，"直道"填方厚达1.47米，仍位于榆溪河岸东侧800余米处。由以上可以看出，"直道"出长城后的宽度均为164米，即古制一百步；黑垆土路盖的厚一般为80余厘米。

四、红河梁以北"直道"遗迹

头道河距大海子湾间地势较低，海拔900米左右。大海子湾以北，地势渐高，接近红河梁，地势陡然升高，海拔1200米。红河梁本系榆溪河岸，因地势高故名。这一带西北风旋力很大，虽有长约数公里的白垩泥路段，但路迹亦被风旋断裂，残块较密，其残块分布宽达160余米。路迹西侧有明显的挖方地带存在，宽达百余米。这一带"直道"路迹上，红黄、淡黄、紫黑各色路块点缀于白沙之上，在蓝天映衬下，千姿百态，另是一番景象。红河梁北上，地势不断升高，季风旋力更大，因而黑垆土路迹残块稀疏，且往往只在十数米高的沙峰窝低显露。按照红河梁以北至刀兔海子长约20公里连续不断显露的路迹来看，"直道"一直在榆溪河东岸800余米处的平行线上。刀兔海子以北，"直道"在榆林县小壕兔乡早留太村附近"西包公路"（西安—包头）720公里+200米处与"榆包公路"重合近20公里后，在神木县西北角的昌鸡兔附近，公路折东北方向去石板太，"直道"直北至伊金霍洛旗西南约24公里处的红庆河"直道"遗迹。红庆河干涸的河谷中皆有红色岩石显露。此处"直道"遗迹，系河谷填方，因使用推土机开挖乡村道路时显露出70余米，皆为红色石块填充，也是就地取材。再北，经东胜市西境的漫赖乡（内蒙古考古工作者曾发现"直道"垭口遗迹）至包头市西秦汉时的九原县治所。

结束语

通过毛乌素沙漠中约70公里一段"直道"遗迹的发现，进一步明确了以下几个问题：

1. 确定了秦汉"直道"路线的地理方位。现在可以明显看出："直道"在志丹县境离开子午岭后，是沿着横山南麓经阳周县、上郡附近（在西汉上郡属国都尉驻地）及龟兹城西侧出长城，一直沿着榆溪河东侧800余米处的一条与榆溪相平行的南北线路北去。出榆林县境后，经过神木县西北境进入内蒙古伊金霍洛旗，达于东胜市西侧的漫赖乡；再北行，渡过黄河，至其终点秦九原郡（汉五原郡）治所九原县。它并不绕行陕西的吴旗、定边及内蒙古的乌审旗。

2. 毛乌素沙漠中一段"直道"路迹，是利用当地特有的黑垆土和白垩泥填筑路基，铺盖路面。由于地势平旷，筑路材料资源丰富，所以路宽竟达百步，比《汉书·贾山传》所记载的驰道宽一倍，比子午岭一段"直路"路迹宽三至四倍。规模之大，令人叹为观止。联系《隋书》所记，隋炀帝"欲效（汉）武帝"，"亲巡朔野",于大业三年(公元607)"幸榆林,欲出塞外,陈兵耀武,经突厥中,指于涿郡","乃发榆林(今内蒙古托克托县)北境至于其(突厥)牙,又东达于蓟(今北京市),长三千里,广百余步,举国就役而开御道"。(《隋书·五一·长孙览传附晟传》)"御道"宽达"百余步",显然是受当时榆林郡西侧秦汉"直道"宽度的影响。隋代在突厥境内能修筑三千里长、"广百余步"的"御道",则秦汉在"帝原"中修筑"百余步"宽的"直道",也就不足为奇了。隋炀帝时的"御道"宽度,可作为秦汉"直道"的旁证。

3.毛乌素沙漠中的"直道"遗迹上面,遍布秦汉时期残断的砖瓦、陶器碎片;"直道"沿途及其侧近又有众多古城遗址,凡此,均为认定此段宽阔的古道为秦汉"直道"的依据。建议有志于探寻"直道"的考古工作者,能亲临其地,进行考古发掘,以期能使秦汉"直道"的真面目大白于世。

4.秦汉"直道"的宽度、长度,"堑山堙谷"的工程量及修建的速度,在古今中外的交通史上都是文明奇迹。榆林县境内有如此长、如此多,且头道河、三道河两岸有保存如此完好的"直道"路迹,是宝贵的旅游资源。建议省、地、县各级文物管理部门及旅游部门能予以保护、开发,连同子午岭地区的"直道"遗迹,联结为旅游网,共同为开发、建设陕北贡献力量。

[原载《西北史地》1988年第2期,又载《成都大学学报》(社科版)1989年第1期。今据《成都大学学报》收入]

秦直道调查记

孙相武

一九八四年五月，笔者和中央美术学院靳之林教授对部分秦直道进行了徒步考察。一九八六年十月，戴晓、白新民和笔者组成宜君秦直道考察队继续考察，十二月底结束。（图1）调查从咸阳市北出发至内蒙古包头市西，在考察中发现了五座行宫、九个兵站遗址和许多的"五里一墩"的烽火台。《史记·秦始皇本纪》："始皇崩于沙丘平台。……行，遂从井陉抵九原。……行从直道至咸阳，发丧。"《史记·蒙恬列传》："乃使蒙恬除道，自九原抵甘泉，堑山堙谷，千八百里。"我们沿着直道所经之地进行考察的结果，与《史记》记载直道走向相符。

从驰道发端地秦都咸阳至直道终点内蒙古包头九原郡，共2100里（约合今800公里），其道有五分之一在关中地区，有五分之二在子

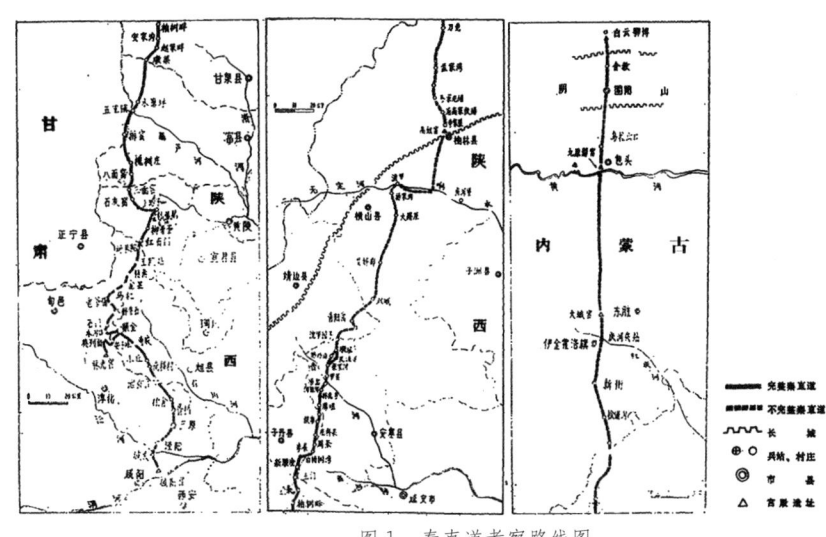

图1　秦直道考察路线图

午岭支脉上，有五分之二在鄂尔多斯草原上。现将所发现的遗物、遗迹记述如下。

关中段遗迹

由今咸阳市北窑店牛羊村咸阳秦宫殿遗址北延至耀县照金乡共发现六处古道遗址。①咸阳市北窑店牛羊村咸阳秦宫殿遗址北至泾阳县南坡头村北，在下坡的南北向公路西边长100米、宽30米处，有夯土层。②古道经泾阳县东三原县西，由东里村、东井村、鲁桥镇上原。在三原县鲁桥镇柏舍村南1.5公里处，在长100余米、宽30米范围内有夯土遗址。③再经冯村、洪水、夕阳村到耀县小丘乡独冢村西1公里处，发现"池阳宫"遗址。村东有古道遗迹，南北走向。乙舍村北1000米处有遗迹长80米、宽30米。④小丘乡村北1公里处，在长约1000米、宽30米范围内有夯土层，夯层厚18厘米。⑤在朱坊、坳底、里多、凉水泉、桐树院、高尔原、寺坡、安头石沟这条山梁上，古道的遗存较为完整。长15公里，宽30米。南北通行的简易公路，从古道遗址上通过。⑥古道到照金乡形成"丁"字形，一条通向南方，过老城湾，在淳化县安子哇乡西边子午岭山上有遗迹，长1000米，宽20米。通过好花疙瘩凹口至英烈山，这里是子午岭最高处，海拔为1808.9米，英烈山南麓有长300米、宽17米的遗迹。东边山下便是秦林光宫遗址。

子午岭直道遗迹

①直道由照金乡往北顺简易公路直通过水沟口，从庙沟南口慢坡北上8里，到石门关天然"凹"形崖口，东西两壁像用斧子劈开一样，高宽各100米。在这里发现有水波纹、菱形秦汉瓦当。直道穿过"石门"崖口，由石门关西侧沿子午岭经碾子院、前陡坡、卧牛石、老爷庙至马栏河北上。此地段统称风子梁（又名枫树梁），其直道遗迹清晰可见。顺马栏河至旬邑马栏镇，在镇南100米处发现秦汉兵站遗址。②直道顺马栏河川道向北延伸，由金盆到转角镇，经关门子，在旬邑和黄陵交界处红石门有遗迹。红石门是直道"堑山"工程的所地，为红沙石，石门高20米，上宽35米，路面宽9米，石门巷道长30米。"堑山"南北都有遗迹，南为慢上坡，遗迹宽30米，长50米。直道盘旋下山，道面宽13米，转弯处宽30米，长为1公里。行至沟下，顺沟靠西而行，经柳牙镇、石羊村、石窑，至杜落尾，转向上畛子。这段顺沟的直道，石山徒，这里发现有八处西魏石窟。③上畛子东边1000米处二台上为兵站遗址，有秦汉瓦片、筒瓦、大板瓦，并有秦汉墓群。

出土有铜剑、铜戈等器。④从旬邑马栏镇，至黄陵县上畛子共75公里。上畛子农场北直道依山而行，上子午岭慢坡，劈山凿石道宽为30米。至山顶加宽40米至60米。经过石灰窑、椿树庄、三面窑、八面窑盘旋下山到富县境内，长30余公里，直道遗迹完整。⑤在古罗河南侧300米的二级台上发现有秦汉绳纹大板瓦，此处当为一兵站。（图2）

图2

直道通过古罗河，即从白马驿北坡上子午岭和八面窑山头遥遥相对。山上直道遗迹完整，宽40米，长2公里，上山后路基完好。这条岭，是子午岭向富县、甘肃合水东南延伸的支脉。直道经过三排窑、白家店，沿陕甘交界行约10公里便进入今甘肃地界，即进入森林区，宽60米。直道一边靠山，一边依坡。"堑山堙谷"当在此处。富县白马驿至富县张家湾的西边，40公里内直道保存完整。"堙谷"十四处，最宽为14米，最窄处有3米至4米。"堑山"最高处为25米。在三排窑北行5公里处亦有遗存秦汉瓦片。⑥直道下山过葫芦河，从兰宜公路175公里处的五里铺北侧上子午岭，至望火楼，北段约10公里，宽60米至30米有夯土，直道完好无损，当地人称为"车路梁"。⑦直道从望火楼下山，过小溪，从富县水磨坪村西后脑畔上子午岭到甘泉县安家沟，长65公里，道宽30米至60米之间。富县和甘泉交界的墩梁，海拔1625米，墩梁至甘泉赵家畔，这段直道上生长着高大的乔木和茂密的灌木，遗迹保存良好。从赵家畔往前5公里，便离开林区，慢坡而下，直道上便没有树木，只有蒿草，有的地方已被雨水冲刷成沟壕，前进1.5公里便进入安家沟村。⑧直道经过安家沟北约200米便是洛河，在宽100米、长500米的地坪上，发现有大量的秦汉瓦片，有完整筒瓦、板瓦，在河南岸桥头的安家沟当为一处兵站遗址。河对岸是甘泉县方家河村，村西有一座引桥遗址。直道通过洛河架桥而过，其桥乡民流传为"圣马桥"。圣马桥早已塌毁，而洛河北岸方家河村西的引桥依然存在。桥墩遗迹高20米，夯土每层12至20厘米不等。⑨直道从安家河对面引桥处上子午岭。其地生长着茂密的林木，简易公路占去直道遗迹的三分之一。道宽30米至40米，有夯土层。这里也是子午岭的较高处，海拔1550米，安家沟至志丹县安条林线，遗迹完好。从黄陵县上畛子至志丹县安条林场约150公里，是秦直道在子午岭上目前最完整的遗迹，在这里可以看到两千多年前一段直道的规模。⑩安条林场至土门、牛棚圪捞，虽受到雨水的冲刷，遗迹还是基本相连接，现被开垦成农田。道宽为30米至40米，有夯土层。土门是直道通过的"堑山"遗迹的凹口，土门宽30米，高25米，出土门便是一个直慢坡，虽被水冲刷为沟壑，但直道规模还能看到，宽约40米。⑪直道通过土门到新崾崄。

图3

从延安至志丹65公里路标处往前200米，这里亦是直道"堑山"堙谷处。高60米，每层厚20厘米，宽30米。⑫从新崾崄上陈庄科、大庄科、白杨树湾，沿山梁而行，遗迹基本完好。在道宽40米，长1000米，有夯土层。（图3）⑬白杨树湾村南1公里处有"堑山"的大垭口，直道遗迹从中通过，宽为30米，高40米，上宽为70米，南北相连的遗迹长1公里。在垭口南下坡的地方，距垭口1000米处，道旁1米深的土层中有许多秦汉大板瓦、筒瓦，瓦面上有粗细绳纹，还有菱纹、水波纹残片，当为一兵站遗址。村南山顶有烽火台，较为完整。⑭白杨树湾到候窑子，直道下坡，由两山中间的沟道中通过。宽40米，有夯土层，从候窑子经过红泥淌村南150米上坡，又经新胜条村南上山，沟底这段路约8公里。⑮直道从安塞县李条村西边窑脑的垭口通过，这个大垭口是人工"堑山"遗迹，宽30米，高20米。往前不远便又进入志丹县何条、周条，直道下山，靠山而行，在15公里内遗迹保存完好。宽约30米到40米，路面上垫小石子，慢坡下山。（图4）⑯直道下山过小河，到庄科渠顺沟北边半山缓慢上山，到南崾崄，有"堑山"遗迹，宽40米，长50米，高20米，又经胶泥条、员山、张沟门，遗迹宽30米至40米。这段15公里。山梁被冲为沟壕多处，在员山南1公里处也是大凹口。宽30米，高50米，上宽60米，简易公路占去四分之一，山下经过杏子河。⑰直道从刘沟岔上山，过沙圪拖村、太平崾崄、曹老庄、关道山，过背台村下坡。下坡处遗迹完整，宽3米，长1公里，到鹰咀，这长10公里的直道被雨水冲坏多处。⑱从鹰咀上卧虎湾山顶，有垭口，直道从中通过，宽30米，高5米，有夯土层。在垭口的南边，遍地都有秦汉瓦片，方圆1平方公里内，散布有筒瓦和大板瓦。还有图案陶残片。这里似为一较大的兵站遗址。直道遗迹顺山梁至红花园、寇家崾崄，再向北行2公里，直道遗迹宽30米，长80米，有夯土层。再经冯家峁、庄

图 4

图 5

嵝崄、羊庄科脑畔下河西沟。⑲从河西沟上慢坡到胶泥圪崂、圣人条村、下巴嵝崄，到崖窑条，水土流失严重。往北走是冯岔村南山顶，有直道"堑山"遗迹，宽 40 米，转弯处宽 50 米，高 10 米，南北相连，长约 1 公里。在冯岔村南慢下山，有遗迹，宽 30 米，长 40 米。（图 5）⑳冯家岔村北便是延河，在村北延河南有引桥，高 10 米，夯土厚 20 厘米。冯岔村脑畔，有秦汉瓦片、大板瓦、筒瓦，当为一兵站遗址。㉑过延河桥顺川北行，由康家河上山后，直道分为两条，一条从胶泥湾到瓦渣梁。瓦渣梁遍地遗存有秦汉瓦片，出土有箭头、秦半两、五铢钱。北距鸦巷"堑山"处有 2 公里，为鸦巷山兵站遗址。一条从康家河经麻地到鸦行山，为秦直道最大"堑山"工程。高约 180 米，宽 13 米，上宽达 70 米，南北两段遗迹长 2 公里。在修筑简易公路时，曾出土秦半两钱二市斤。从延安始，直道遗迹宽 30 米，直道北延 1.5 公里便下山，邓石湾村北苹果园有遗迹，宽 13 米，长 50 米，折东往北，下沟到黄毛塔，和瓦渣梁来的直道合一。黄毛塔、墩焉和李家塔村北有遗迹 1.5 公里，巷道形，高 9 米，宽 13 米。从黄毛塔下山到沈家园子每 2.5 公里一个烽火台，群众称为"五里一墩"。当地人所称的"塔""峁""墩"都是烽火台的别称。李家塔北 5 公里处有完整的烽火台，高 9 米，底周长 24 米。㉒从沈家园子脑畔至墩家园子，直道沿坡而上。有几段完整遗迹，沈家园子村北 1000 米处，遗迹宽 30 米，长 30 米至 40 米，有夯土层。㉓从墩家窑进入靖边县，经青阳岔乡、张家村、段子沟、横山县双州子、艾蒿峁乡、殿市乡、八安梁、高楼崖、代庄、郑庄、大路崖、马山地、杨家湾，这段路面因水土流失严重，几乎看不到遗迹。在马山地村北 20 米下坡处有完整遗迹，宽 30 米，转弯处宽 25 米，长 200 米，直道沿山梁在杨家湾下山，该村脑畔上 30 米处有秦汉瓦片。直道入川后沿无定河北行，经坡罗乡到响水过石桥，在响水发现有秦汉瓦片。

图 6　直道沿途所采瓦当（一）

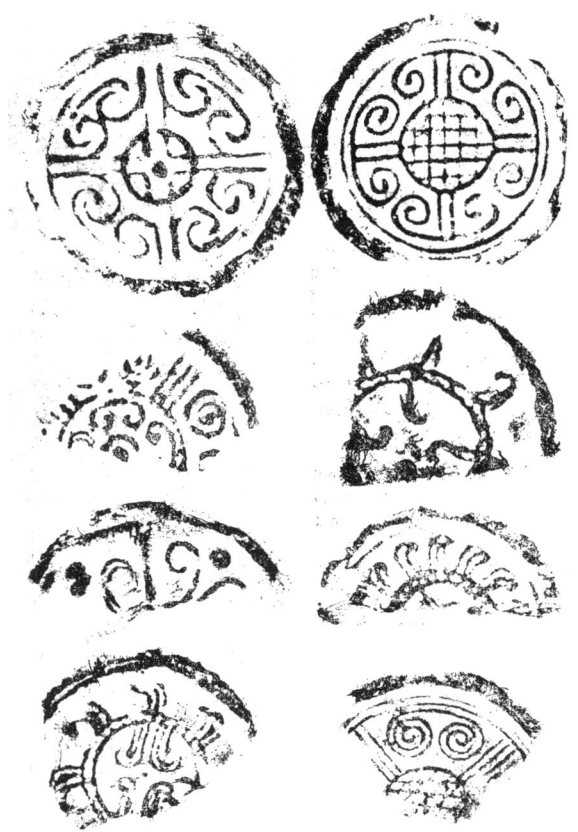

图 7　直道沿途所采瓦当（二）

图 8

鄂尔多斯草原遗迹

直道从高奴宫正北出发，沿榆林至东胜路线，经牛家梁、赵原湾、马家圪塔、孟家湾、中营盘、刁兔，内蒙古兰家梁、新街、成陵。伊金霍洛旗的红庆河南有秦汉瓦片。这里亦是一处兵站。直道经城梁（东胜西）昭君墓过黄河到包头市，计221公里。在东胜西城梁（大城宫）南边有直道遗迹。直道过黄河至九原郡为南北直线。在直道沿线的一些宫殿遗址内，至今秦汉砖瓦遍地。（图6、图7）在九原宫遗址内还发现一汉碑残石，宽20、长26、厚8厘米，上书"元年三月……孙宝"。（图8）

近年来，有的学者对直道进行了有益的探索和调查，我偏重于美术考古，又因为缺乏田野考古的基本训练，只是如实地把看到的遗物、遗迹记录下来，给学术界参考。

（原载《文博》1988年第4期）

延安境内秦直道调查报告之一

延安地区文物普查队

1987年10月至11月，延安地区文物普查队在志丹和安塞进行文物普查时，重点对两县境内的秦直道进行了调查，并取得了丰硕的成果。参加调查的有宿玉成、王永亮、韩海峰、张金良、乔建军、吕素敏、李延琴、袁继民、齐鸿浩、梁亚东、杨宏明、白冬梅、叶虎、苏智华和姬乃军等同志。

一、秦直道在志丹、安塞境内的基本走向

秦直道在甘泉县桥镇乡方家河村过洛河后，堑山堙谷，沿着洛河流域和延河流域的分水岭北上，在志丹县永宁乡柏树畔村以南进入志丹县境，经过松树坪、任窑子、安条、马湾子、牛棚圪涝、土门等村，进入志丹县双河乡境内。（图1）这段直道路面较为平缓，坡度起伏不大。最宽处在土门村南1公里处，宽达50米。牛棚圪涝村西的秦直道垭口，宽达40米。由于水土流失，部分直道路面残宽5米左右。部分路面由于废弃，已长满古树，但路迹仍清晰可辨。现在新修的新崾崄至柏树畔一段乡间公路，基本上和直道保持平行方向。志丹县永宁乡境内的秦直道长约30公里。

秦直道进入双河乡境内后，经南梁村，穿过延（安）志（丹）公路，经杨圪塌村陈庄斜、杨湾、东沟、白杨树湾、花园寺村进入侯市乡。直道依山而筑，辟山为路，除杨圪塌村至陈庄斜段外，弯度较大，路面平直。东沟村北至白杨树湾段，

直道路面保存较为完整。北段路面最宽处 30 米，最窄处 27 米，长约 4 公里。（图 2）直道双河境内段，从南梁至白杨树湾，仍为南北走向。到白杨树湾后，折向东北，经花园寺村，进入侯市乡。这段秦直道长约 27 公里。

秦直道由花园寺村进入侯市乡境内，经侯窑子、中庄湾、新胜条、何条、周条、小河湾等地，在小河湾村北下山后，过长尾沟水，在王南沟村（侯市乡政府驻地）北复上山，经南崾崄、员山、寺湾，在张沟门下山，过杏子河，进入杏河镇境内。侯市乡境内秦直道最宽可达 60 米，其余 50 米、32 米、20 米不等。大部分路迹保存较好，部分路面被冲毁，侯市乡境内秦直道长约 42 公里。

秦直道进入杏河镇境内后，沿杨崖根沟西台地延伸（图 3），至太平崾崄村上山，经曹老庄村，在曹老庄村北进入安塞县王窑乡境内。北段直道路迹宽 20 至 50 米不等，长约 11 公里。

秦直道由曹老庄村北关道山进入安塞县王窑乡境内后，即下山，沿着鹰嘴子沟南侧二级台地，经圆峁、背台、草圈台，过杏子河支流岔路川。又经后陵湾，

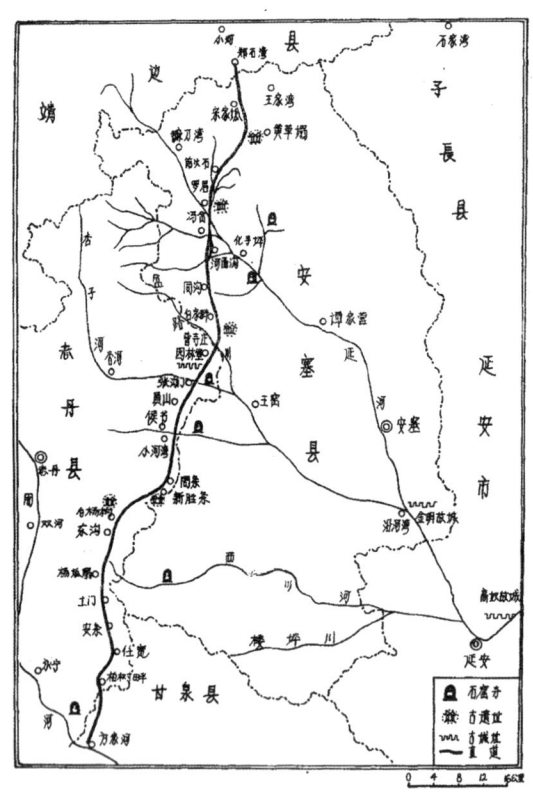

图 1　秦直道志丹、安塞境内走向示意图

图 2　东沟秦直道

图 3　杨崖根秦直道

在枣村阳湾复上山，经堡子山、阳山湾、桃嘴崾崄、卧虎湾、圣人条等地，进入化子坪乡红花园村。这一段直道由于水土流失严重，路面多被冲成沟壑，但路迹依稀可辨。保存较好的是堡子山南侧一段，路面残宽10至25米不等。王窑乡境内秦直道长约6公里。

秦直道出王窑乡圣人条后，经红花园、白家畔、扣崾崄、杀人崾崄、七垧地崾崄、同沟等地，过延河支流新庄沟水。在新庄沟北岸的河西沟以西，直道路线分为东、西两条。东边一条经哈巴崾崄，到达冯岔村，路线较直，但坡度较大。西边一条经阳山梁村，路线呈弧形，但坡度较平缓。两条路线在冯岔村重新汇合。到冯岔村后，直道即沿着延河西岸二级台地向北延伸，经徐家沟，进入镰刀湾乡境内。化子坪乡境内秦直道长约30公里。河西沟以南一段直道路面保存较好。（图4、图5）在杀人崾崄一段修凿的垭口宽达55米。一般路面残宽18~30米左右。

秦直道由徐家沟北上进入镰刀湾乡境内后，仍沿着延河西岸二级台地延伸，在罗庄村南过延河，沿着张家沟西侧台地北上，经石窑滩、康家河等地，在前火石涧上山，沿着山梁北上，经麻地渠，到达鸦行山。在鸦行山凿有一深70多米，宽16~20米，长70米的巨大垭口（图6），进入王家湾乡境内。此段直道长约20公里。镰刀湾一段秦直道路面因水土流失，破坏严重，但走向基本清晰可辨。

秦直道穿过鸦行山后，在王家湾乡黄草塌村西北拐了一个弯，复入镰刀湾乡境内，经宋家圪，在宋家圪东北和王家湾乡丁嘴梁西北处复入王家湾乡境，继续向北延伸，进入靖边县小河乡郑石湾村境内。北段直道长约9公里。直道路面最宽处36米，最窄处18米。

总计秦直道在安塞境内长约65公里。在志丹境内长约110公里。两县境内秦直道共长约175公里。

图4　同沟秦直道

图5　七垧地直道垭口

图6　鸦行山直道垭口

二、秦直道附近发现的秦汉遗址

在秦直道上进行考察时,我们还在直道沿线发现了一批秦汉遗址,现分别简介如下:

1. 白杨树湾遗址,位于志丹县双河乡白杨树湾村,秦直道以西。遗址面积约为1200平方米。遗物有泥质灰陶片,纹饰有绳纹、压印方格纹等。可辨器形有盆、罐、瓮等。遗址内并有一瞭望台址,高7米,底边残长8.4米,夯层厚12厘米左右。夯层内并含有夹砂灰陶片(粗绳纹)等遗物。尤其是有许多粗绳纹板瓦筒瓦建筑遗物(图7,1)。

2. 新胜条遗址,位于志丹县侯市乡新胜条村南,秦直道以东10米处,遗址面积约为500平方米。发现遗物有粗绳纹板瓦、水波纹板瓦及泥质素面灰陶片等。

3. 前窑沟遗址,位于安塞县王窑乡前窑沟村西南,东北距秦直道约1000米。遗址面积约12000平方米。发现遗物主要是泥质灰陶片,纹饰有细绳纹、弦纹等,器形可辨有罐等。

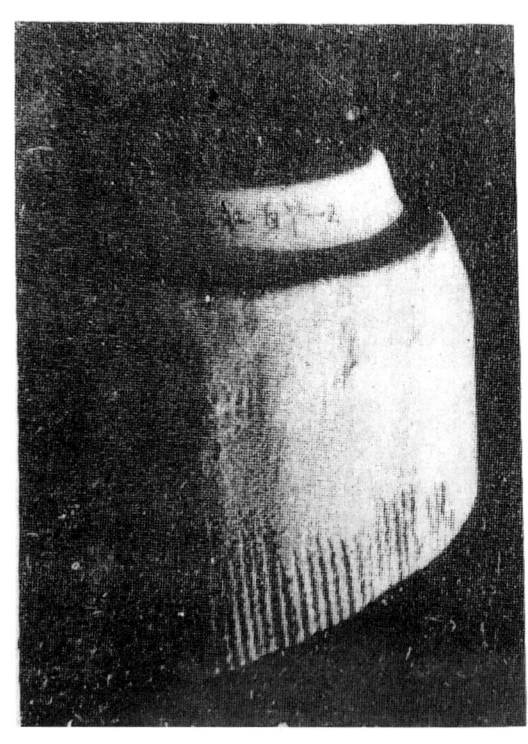
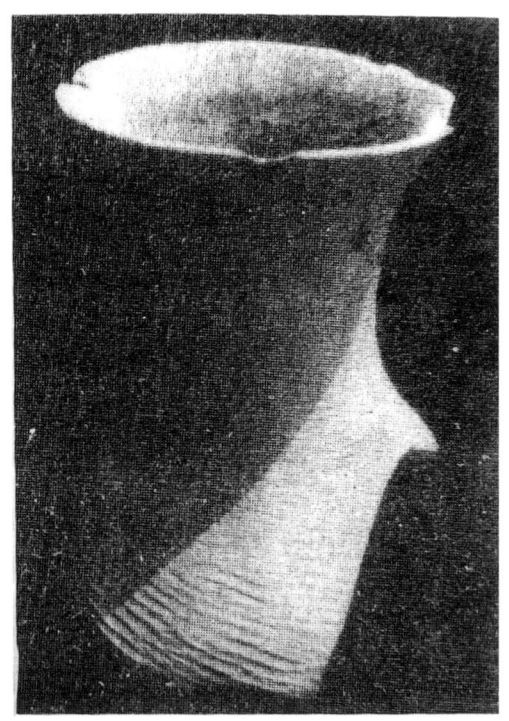

1. 绳纹筒瓦(杨家湾)   2. 篮纹陶壶(罗居村)

图7 直道附近遗址采集物

4. 罗居遗址，位于安塞县镰刀湾乡罗居村东 400 米处，西北距秦直道约 100 米。遗址面积约 30000 平方米。发现遗物有泥质红陶片，纹饰为细绳纹、弦纹；泥质灰陶片，素面，锥刺纹，器形可辨有盆、罐、壶（图 7，2）等，以及泥质灰陶绳纹筒瓦、板瓦等。该遗址可能为秦直道兵站遗址。这里地控延河川，是一防守要隘，且西南有营盘山，东有烽火台。

5. 鸦行山遗址，位于安塞县镰刀湾乡段先则村秦直道垭口东侧山顶，与直道路面垂直高度约 70 米。山坡陡峻，但山顶地势平坦。鸦行山主峰海拔高度为 1604 米，是安塞县的最高点。遗址面积约 1500 平方米。发现遗物有泥质灰陶片，纹饰有绳纹、交错绳纹，器形可辨有盆、罐等，以及绳纹板瓦等。此处遗址居高临下，地势险要，当系秦直道屯兵守护之地。

以上所述遗址均为秦直道沿线与之比邻的，如果将范围扩至直道东西各 5 公里左右，那么秦汉遗址就更多了。另外，在安塞、志丹两县秦直道所经之地，均发现过秦半两、汉五铢等钱币和汉代铜镜。

三、对秦直道有关问题的几点探讨

秦直道始修于公元前 212 年。《史记·秦始皇本纪》载："除道，道九原抵云阳，堑山堙谷，直通之。"《史记·蒙恬列传》也载："始皇欲游天下，道九原，直抵甘泉，乃使蒙恬通道，自九原抵甘泉，堑山堙谷，千八百里。"司马迁在汉武帝元封元年（公元前 110 年）曾随武帝刘彻出巡北方，从头至尾走过这条道路。他记载说："吾适北边，自直道归，行观蒙恬所为秦筑长城亭障，堑山堙谷，通直道，固轻百姓力矣。"亲自走过这条道路的司马迁，在掌握了翔实的第一手资料后，留下了这些弥足珍贵的记载，无疑是非常值得重视的。但遗憾的是，司马迁只记载了直道的起止地点，而没有留下直道沿途所经郡县名称和具体走向，遂使这样一个历史奇迹成为千古之谜。

著名历史地理学家史念海先生在 70 年代曾对直道作过考察，他这样描述直道全线的线路走向："由陕西淳化县北梁武帝村秦林光宫遗址北行，至子午岭上，循它的主脉北行，直到定边县南，再由此东北行，进入鄂尔多斯草原，过乌审旗北，经东胜县西南，在昭君坟附近渡过黄河，到达包头市西南秦九原郡治所。"（见《陕西师大学报》1975 年第 3 期和《文物》1975 年第 10 期）1981 年，我区文物普查时，曾将秦直道作为重点进行考察，限于当时的条件，所以只是对延安境内的局部段落进行了考察。尽管如此，也有一些新的发现。据我们掌握的资料，秦直道进入富县境内后，不再沿子午岭主脉北上，而是向正北方向延伸，经甘泉、志丹、安塞进入靖边县境。这次在对安塞、志丹的文物普查中，我们组织人力分段进行考察。虽然分段，但其起讫均有联系，因之可以说对这两县的直道进行了从头至尾的考察，也更加具有说服力。下面谨就秦直道有关问题予以粗浅的探讨：

1. 秦直道路基的宽度

关于秦直道的宽度，史书没有记载。《汉书·贾山传》云秦驰道"道广五十步，三丈而树"。一步合1米左右。也就是说，驰道宽约50米。这个数字和志丹、安塞境内秦直道的宽度基本上是吻合的。根据实地考察，志丹县永宁乡柏树畔一带直道路面残宽38米，双河乡杨圪塔直道路迹残宽40米，东沟村直道路面残宽38米，侯市乡新胜条直道残宽高达60米。安塞县王窑乡堡子山直道残宽25米，化子坪乡河西沟直道残宽30米，王家湾乡黄草塌直道残宽36米。如果说由于千百年来水土流失而造成直道支离破碎，路基残宽与原路基略有出入的话，那么直道沿线修凿的垭口地貌却不会有大的变化。志丹县永宁乡土门村直道垭口宽达50米，安塞县化子坪乡杀人崾崄垭口宽达55米，镰刀湾乡鸦行山垭口由于土方量大，所以最窄，约在16~40米之间。因之，秦直道路基原宽应为50米左右。

2. 秦直道与秦汉城堡的关系

作为秦王朝北境防御体系重要组成部分的秦直道选线，必然要考虑到与附近重要城堡的沟通和联系。秦高奴城位于今延安市城东尹家沟。从秦直道与今延（安）定（边）公路65公里200米处交错点算起，沿延河支流西川河东下，距高奴城不过68公里。秦阳周城位于今子长县石家湾乡曹家圪村城墙梁山，这里西距靖边县小河乡郑石湾村直道不过40公里。战国和秦汉时期的雕阴城位于今甘泉县道镇乡洛河西岸，西距秦直道甘泉县桥镇乡方家河村段不过75公里。正因为秦直道在安塞、志丹两县境内走向选线分别距这些重要城堡不远，所以便于调兵北上。

3. 圣人条即秦直道

北宋乐史编撰的《太平寰宇记·关西道保安军》载："圣人道，在（保安）

军城东七里，从蕃界末都家族来，经军界一百五里，入敷政县界，即赫连勃勃起自夏台入长安时，平山谷开此道。土人呼为圣人道。"类似的记载也见于地方志。嘉庆本《延安府志》卷九载："圣人道，在（保安）县东七里，赫连勃勃起自夏台，入长安，芟平山谷开此道。"保安军城即今志丹县城，东距双河乡杨岘塌秦直道32公里。因之，县东七里，应为七十里之误。甘泉、富县、志丹、安塞当地群众称圣人道为圣人条。至今直道沿线许多地名仍以条为名，如安条、何条、周条、新胜条、胶泥条，有的更直接称为圣人条（在安塞王窑乡境内）。圣（编者按："圣"疑作"条"）即道。沿途所修之垭口处，地名或称之为土门，或称之为崾岘（如杀人崾岘、七坰地崾岘、哈巴崾岘）。鸦行山可能是垭巷山之讹音。

那么，这条路是不是赫连勃勃所修凿呢？答案是否定的。大夏凤翔五年（公元417年）冬十二月，赫连勃勃闻刘裕留其子刘义真守长安，大喜，便秣马厉兵，准备南下进攻长安。次年冬十一月，勃勃亲率大军，挥师南下，所向披靡，攻入长安。如果说赫连勃勃新开此路，以大夏一区区小国，在不到一年的时间内修成这样一条规模的道路，就其财力、物力、人力而言，是难以想象的。因之，赫连勃勃只能是对秦直道加以修整而利用的。

再者，从直道沿线出土文物和遗址分布情况来看，秦汉文物和遗址分布极广，而大夏文物却未见，因之，我们认为圣人条即秦直道。

以后我们将继续对秦直道在甘泉、富县、黄陵境内一段进行考察，以期逐步解开秦直道这一千古之谜。

执笔：姬乃军；摄影：王沛、张金良、宿玉成、韩海峰、袁继民；绘图：姬乃军

（原载《考古与文物》1989年第1期）

延安境内秦直道调查报告之二

延安地区文物普查队

延安地区文物普查队继 1987 年对志丹、安塞两县境内的秦直道进行了考察之后，又于 1988 年对黄陵、富县、甘泉三县境内的秦直道进行了考察。参加调查的有刘忠民、蔡全得、杨亚峰、张金良、王永亮、吉世久、王沛、袁继民、苏智华、李世宏、杨培荣、李延平、佘苏生和姬乃军同志。

一、秦直道在黄陵、富县、甘泉境内的基本走向

秦直道起始于甘泉宫，即今淳化县铁王乡凉武帝村、董家村和卜家乡城前头村一带的秦林光宫、汉甘泉宫所在地。秦直道南起甘泉宫后，经英烈山、马槽梁、好花疙瘩山、鬼门口、艾蒿湾、乏牛坡，经蝎子掌进入旬邑县境。进入旬邑县境后，经庙沟口、石门关、碾子院、卧牛石等地，此段山岭统称"凤子梁"（又名枫树梁），过马栏河，复上子午岭，此地名杨家胡同梁，又经刘家店子、黑马湾、凋灵关等地，进入黄陵县境内。

黄陵、富县、甘泉境内秦直道全长 210 公里左右。（图 1）直道在沮源关以南基本上在子午岭主脉北上，至沮源关后，沿子午岭支脉北上，从整体上看，是一条"直通之"的最佳选线。

直道在经过凋灵关后，在马栏河支流石底子川源关和泾河支流解川河源头，以及沮河支流大南沟源头分水岭处进入黄陵县境内。西为正宁县境，南为旬邑县

境，东为黄陵县境。此地北距艾蒿店约 10 公里。直道经艾蒿店、油房湾、瓦窑庄、南五里墩、高庄子、烧锅梁、东菜子岭、西菜子岭等地，到达五里墩，五里墩海拔 1626 米。这一段直道附近发现烽火台 4 座，均位于直道东侧，残高 1.2 米至 3 米不等，夯层大都无法辨认。发现垭口 3 处，均为正南正北方向，宽 20 至 30 米不等。直道路面现存最窄处约 3 米，最宽处 30 米。

直道从五里墩向北延伸，经刘家圪、芦邑庄、老芦邑庄、东吊庄、西吊庄、北草湾、芦堡、老芦堡、东南桂花、西南桂花、窑庄子、北桂花，到兴隆关（也即沮源关）。此段直道发现垭口一处，位于东吊庄西北，深 15 米，宽 9 米。直道东侧发现烽火台 3 座，残高 1 米至 3.8 米不等。其中老芦堡烽火台（图 2, 3）残高 3.8 米，

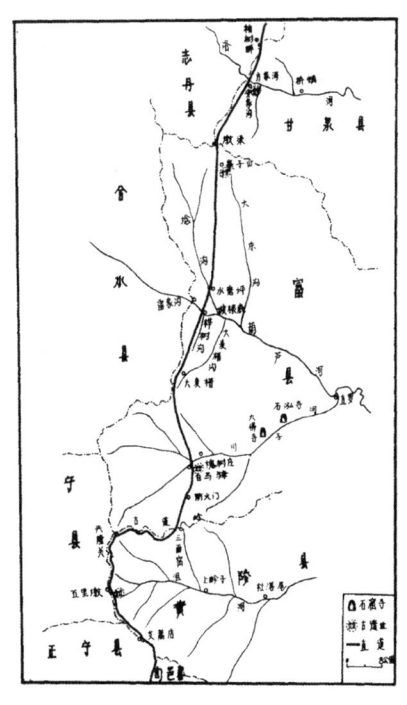

图 1 秦直道在黄陵、富县、甘泉境内走向示意图

夯层厚 9~11 厘米，圆窝夯，夯窝直径 12.5 厘米，夯层内夹有布纹板瓦和黑釉瓷片等杂物，据此，则此烽火台当为宋代建筑或宋代补筑。此段直道均有现在的林区简易公路与直道路线重叠，林区道路宽为 5 米左右，而直道路基则宽 30 米左右。

直道至兴隆关后，分为两条岔路，一条沿子午岭主脉向西北延伸，一条沿古道岭向东北方向延伸。从路基宽度看，西北方向的线路为支线，东北方向的路线为主线。且古道岭上有一垭口为东北、西南走向（图 3, 1）。所谓秦直道基本走向的最大分歧点就由这两条岔路开始。关于这个问题，本文将在以后作一专门探讨，此处姑且不论。

直道沿古道岭（亦名蚰蜒岭）主脉向东延伸，岭上森林茂盛，没有村落，至三面窑后，折向正北，进入富县境内。

直道经三面窑后，沿着葫芦河支流川子河的两条小支流麻子沟与小南沟之间的山梁向北延伸，经防火门、八面窑等地，在白马驿站过川子河，复向西北方向延伸。沿着川子河支流杨家沟和桦树沟之间的山梁延伸，经木炭窑、白家店、梨树庄、椿树庄等地。至椿树庄后折向正北，沿葫芦河支流桦树沟和大树坪沟之间

069

山岭向北延伸，经松树庄、大麦秸、白水崾岘等地，在桦树沟下山，过葫芦河。在白马驿南侧二级台地上发现有绳纹板瓦等秦汉遗物，可能为一兵站遗址。沿途并发现有7处垭口（图2，1），垭口最宽处达20米左右，最窄处也有6米左右。直道路基一般在15至30米左右。

直道在桦树沟西侧山岭作"之"字形弯道下山后，渡过葫芦河，穿越兰（州）宜（州）公路，在兰宜公路175公里处的坡根底村复上山前行。

直道在坡根底上山后，路基宽度达30

1. 桦树沟垭口

2. 车路梁直道

3. 老芦堡烽火台

4. 车路梁直道

图 2

至40米左右，路面平直。上山处路面中间长有粗需一人合抱的古树。上山后，路面因曾被农民垦作农田，今已废弃，故而长满野草（图2，2）。至望火楼下山。北段山岭，当地群众俗呼为"车路梁"，是延安境内秦直道保存最完好的一段，目前如稍加维修，便可通车（图2，4）。在坡根底上山后约1000米处的直道西侧一小山梁上，保留一座烽火台，残高约3米，东距直道约800米，之间隔一小沟。

直道在望火楼下山后，过葫芦河支流埝沟水，经水磨坪村，复上山，沿埝沟与大东沟之间的山梁北行，经松树崾岘、山西油家窑子、圣人条、迎河沟、寨子山、架子梁，到达墩梁。此段直道路基宽35米左右，路面长满古树。古寨子山发现烽火台一座，残高3.9米，底边长6米，夯层厚9~11厘米，平夯，夯质坚硬，夯层内未发现杂物，周围地表散见大量秦汉板瓦和泥质灰陶卷沿盆口残片。烽火台南为一故城遗址，平面呈长方形，东南宽220米，南北长160米，城墙大部分已毁，唯南城墙稍可辨认夯层，夯层厚9~12厘米，夯层内未发现杂物，夯质坚硬，平夯夯成。城墙残迹高1~1.5米左右。地表除有大量新石器时期龙山文化陶片外，还发现部分秦汉时期陶片（图3，2）。寨子山故城遗址西南距秦直道20米，东西为冲刷沟，北为烽火台。这是富县境内秦直道附近发现的一座唯一的故城遗址，可能是秦直道的一处大型兵站遗址。

墩梁地处富县、甘泉、志丹三县交界处，海拔1625米，是洛河与葫芦河分

1. 兴隆关垭口　　2. 绳纹板瓦

图 3

水岭的主峰。秦直道穿过墩梁后，即进入甘泉县境内，经寻行铺、赵家畔、杏树嘴、箭湾、高山窑子、安家沟，过洛河，经方家河村西，复上山，经老窑湾、王李家湾、榆林沟等地，进入志丹境内，接柏树畔段秦直道，甘泉境内秦直道从箭湾到高山窑子段路基最宽处达 58 米，一般在 30 至 50 米之间。高山窑子并有垭口一座。直道过洛河时，曾建有桥梁，现方家河村西仍有桥墩保留，残高 6 米左右，桥基宽 30 米左右，夯层厚 10 至 15 厘米不等。此桥群众至今仍称之为"圣马桥"。过"圣马桥"后，直道仍继续上山延伸。由于此处系石山，所以傍沟部分采取回填土方的方法，回填部分厚达 35 米左右，夯层清晰，厚 9 至 12 厘米，依山部分凿石而成路基。此段工程足以显示秦直道"堑山堙谷"的工程规模。

二、秦直道附近发现的古文化遗址和石窟寺

黄陵、富县、甘泉境内秦直道由于所经地大部分为原始森林地区，所以古文化遗址发现较少。现就所发现的遗址简介如下。

1. 五里墩遗址

位于黄陵县上畛子农场五里墩，北距五里墩烽火台 50 米，西距秦直道 20 米，东临小沟，南接山梁，面积约 8000 平方米。地表大部分为新石器时期仰韶文化、龙山文化陶片，也发现部分秦汉遗物，如外绳纹、内麻点纹之板瓦等，还发现部分宋瓷片。可见此遗址延续时间较长，一直到宋代仍有人在此居住。

2. 白马驿遗址

位于富县槐树庄农场白马驿，北距川子河约 300 米处的二级台地上，地表发现部分绳纹板瓦、筒瓦等，陶片所占面积约 6000 平方米。

3. 寨子山遗址

位于富县张家湾乡橹柱坪村山西油家窑子寨子山。前已述及，此处为一故城遗址，并有一座烽火台。城内及烽火台周围有大量新石器时期仰韶文化、龙山文化陶片，以及秦汉陶片。秦汉陶片器形可辨有板瓦、筒瓦、罐、盆、壶等。

4. 安家沟遗址

位于甘泉县桥镇乡安家沟村。遗址位于安家沟村北，北距洛河约 200 米，面积约 30000 平方米，遗址内发现有大量的绳纹、麻点纹板瓦、筒瓦。现部分村民居住的土窑洞，就是依直道路基断面修凿而成的。

除以上古文化遗址外，直道附近还发现了一些石窟寺和石刻造像，亦应与秦直道有一定的关系。

1. 大佛寺石窟

位于富县槐树庄农场韩村，开凿于宋太祖开宝六年（公元 973 年）。西距秦直道约 16 公里。

2. 石泓寺石窟

位于富县槐树庄农场药埠头以西。开凿于北朝，主要造像为隋、唐时期。西距秦直道约 20 公里，距大佛寺石窟 4 公里。

3. 松树沟石刻造像群

位于富县张家湾乡埝沟村松树沟，为元代造像群。东距秦直道约 12 公里。

4. 漩涡畔石窟

位于甘泉县桥镇乡漩涡畔村，从造像风格看，应为宋代开凿。西距秦直道约 600 米。

5. 方家河石窟

位于甘泉县桥镇乡方家河村，从造像风格看，应为北朝开凿。西距秦直道约 1 公里。

6. 刘老庄石窟

位于甘泉县桥镇乡刘老庄村，造像题记为梁师都永隆五年（唐高祖武德四年，公元 621 年）四月三十日。西距秦直道约 5 公里。

以上所述古遗址与石窟寺，均与秦直道有一定的直接或间接关系，一定程度上反映了秦直道在各个历史时期的盛衰。

甘泉文管所现保存有一批 1983 年从桥镇乡府君店村出土的铁釜，锈蚀严重，当为秦汉遗址。出土地点府君店西距秦直道约 1 公里，可能与直道有关。另外，据说方家河村农民张凤荣 1917 年春季在圣马桥附近耕地时，曾挖出一件铁夯。富县张家湾乡大麦秸村农民周德虎 1958 年在直道附近取土时挖出一件铁铲。可惜两件原物均已毁弃无存。姑且记之以备考。

三、有关秦直道几个问题的探讨

在《延安境内秦直道调查报告之一》（载《考古与文物》1989 年第 1 期）中，我们曾就秦直道路基的宽度、秦直道与秦汉城堡的关系、圣人条即秦直道等问题作了探讨。本文谨就有关问题继续作一探讨。

1. 关于旬邑至黄陵间的直道走向

《文博》1988 年第 4 期发表了孙相武的《秦直道调查记》，其中这样描述由旬邑马栏至黄陵一段直道走向："直道顺马栏河川道向北延伸，由金盆到转角镇，经关门子，在旬邑和黄陵交界处红石门有遗迹……经柳牙镇、石羊村、石窟，至杜落尾，转向上畛子。"这段记述显然有误。直道至马栏后，即复上子午岭，经杨家胡同、刘家店子、黑马湾、凋灵关等地，至艾蒿店、五里墩、沮源关，而不是沿着马栏河河谷北行，过红石门后，又沿着沮河支流柳牙川沟道前行。孙文显然是误把转角至黄陵杜落尾的一段简易公路误作秦直道路基了。

2. 秦直道至沮源关后的走向

前文已述及，秦直道在延伸至沮源关（又名兴隆关）后，分为两条岔路，一条沿子午岭主脉向西北延伸，一条沿古道岭向东北方向延伸。史念海先生在《秦始皇直道遗迹的探索》（载《陕西师大学报》1975 年第 3 期和《文物》1975 年第 10 期）中这样论述："在富县、黄陵两县之间，也就是葫芦河支流川子河和沮河之间有一道分水岭，岭的名称叫做蟒蜒岭。另外还有一个名称，叫做古道岭。岭以古道为名，说明岭上的道路来源很早。这条古道岭向西通到子午岭上的兴隆关。虽然有这样一条古道,可是直道并没有从这里下了子午岭,因为兴隆关以北的子午岭上的直道现在还有遗迹可寻。"史念海先生的另一个重要论据是:"据唐代初年记载,庆州华池县西四十五里子午山有秦时的故道。"这段记载是《史记》卷一一〇《匈奴列传·正义》:"秦故道在庆州华池县西四十五里子午山上。"唐时华池县即今华池县东华池镇,东华池西15里,正是麻子崾岘一带。我们认为,寻求问题解决的症结应该是实际踏勘,而不能仅仅停留在文献考证上。直道至兴隆关后,出现了两条岔路,向西北的一条路基宽度为五六米。而向古道岭上的古道路基宽度为其3倍左右,因之,向西北方向延伸的可能是直道的支线,而古道岭上的道路才应是直道的干线。《史记·正义》的记载,即是对这条直道支线的记述。兴隆关海拔1687米,是这段子午岭主脉的制高点。从我们现场调查的情况看,直道垭口也是西南—东北方向开凿,说明直道干线至兴隆关后是沿古道岭折向东北,从而离开了子午岭的主脉。

3. 秦直道的历史作用

秦直道始修于公元前212年,经过两年多的时间,直道的工程尚未最后完成。《史记》卷八八《蒙恬列传》载:"道未就",但已可全线通车。公元前210年9月(编者按:当作"七月"),秦始皇病死于巡游途中的沙丘(今河北广宗西北),运载他的尸体的辒辌车就从直道回咸阳。

秦直道的修通,使直道和长城相为依托,构成了一条既能直接阻挡匈奴族南下牧马,又能为前线输送军需后备和武力的防御整体。以后各代在不同程度上也利用过这条道路。

汉武帝元封元年(公元前110年)冬十月,汉武帝刘彻亲率大军十八万骑,出巡北方,旌旗千里,威震匈奴。武帝出巡就是沿着秦直道而北上的。

汉宣帝甘露二年(公元前52年)十二月,匈奴族首领呼韩邪单于"款五原塞,愿朝三年(公元前51年)正月,汉遣车骑都尉韩昌迎,发过所七郡,(每)郡二千骑,为陈道上,单于正月朝天子于甘泉宫……"(《前汉书》卷九四下《匈奴传》)呼韩邪单于归国时,"汉遣长乐卫尉高昌侯董忠、车骑都尉韩昌将骑万六千,又发边郡士马以千数,送单于出朔方鸡鹿塞"(同上)。呼韩邪单于入朝和返国,正是沿着秦直道往返的。

汉元帝竟宁元年(公元前33年),呼韩邪单于"复入朝,礼赐如初,加衣服锦帛絮，皆倍于黄龙时，单于自言愿婿汉氏以自亲。元帝以后宫良家子王嫱字昭君赐单于"（《前汉书》卷九四下《匈奴传》）。"昭君自有千秋在，胡汉和亲识见高。"王昭君这位为中华各民族亲密团结和兄弟般共同发展史作出贡献的一代英杰，就是沿着秦直道走向塞外的。

夏赫连勃勃凤翔六年（公元418年）冬十一月，赫连勃勃率军沿着秦直道南下长安，一举攻克长安城。

唐高祖武德元年，突厥薛仁杲部攻唐泾州，城几陷。秦王李世民率军沿秦直道北上，至富县直罗一带，与薛仁杲部相持两月余，于十一月大破薛仁杲部。

宋与西夏战争中，子午岭上秦直道曾被交战双方所利用。黄陵艾蒿店至兴隆关一段秦直道沿线发现烽火台，就在烽火台夯层中发现有宋代遗物，即可能是宋代利用秦直道的佐证。

明代，秦直道部分段落曾被商贾利用。乾隆本《正宁县志》卷二载："北路一往康庄，修整之则可通车辙。明时以其直抵银夏，故商贾经行。今则塘汛废弛，通衢化为榛莽。"

在革命战争年代，秦直道富县至旬邑马栏一段，曾是奔赴延安的热血青年辗转由关中赴延安的必经之路。1946年9月，王震将军率八路军南下支队从中原突围后，也是由旬邑马栏一带沿着秦直道回到陕甘宁边区的。时至今日，一些简易公路仍利用了秦直道的部分路基，辟作通途的。

至今，在富县和黄陵一带，仍流传着秦始皇利用直道为修筑阿房宫运输木料的故事，以及"郡郡通直道，县县送粮草"的民谣。

秦直道是一个伟大的历史奇迹。它是古代劳动人民智慧、力量的结晶和表现。诚如民国二十四年重印本《中部（今黄陵）县志》所录明嘉靖年间中部贡生刘倬所写题为《子午岭》的五言律诗："南北亘长岭，纵横列万山。桥陵今古在，驰道有无间。地折庆延过，源分漆沮潺。秦皇开凿后，路上几人还。"镐出阴山始皇令，堑山堙谷黔首功。

执笔：姬乃军；摄影：王沛、张金良、王永亮、刘忠民、蔡全德；绘图：姬乃军

（原载《考古与文物》1991年第5期）

鄂尔多斯秦直道遗迹的考察与研究

鲍 桐

一

史念海教授在1975年《文物》第10期上，发表《秦始皇直道遗迹的探索》一文，为秦史研究开拓了一个新的领域，引起学术界的关注。然而，史籍中有关秦直道的著录都十分简略，给研究者们带来诸多难处，也必然造成在一个相当长的时期内，人们认识的分歧。

《史记》是最早著录秦直道的史书。司马迁在《秦始皇纪》里说："三十五年（前212），除道，道九原，抵云阳，堑山堙谷，直通之。"[1]在《蒙恬传》中则说："始皇欲游天下，道九原，直抵甘泉。乃使蒙恬通道，自九原抵甘泉，堑山堙谷，千八百里，道未就。"[2]此外，就很难找出更为详细的记载来。

直道开始兴建后的两年，秦"始皇崩于沙丘平台（今河北平乡）"。随同出巡的赵高、李斯们，决定从直道归。"行遂从井陉抵九原。会暑，上辒车臭，乃诏从官令车载一石鲍鱼，以乱其臭。行从直道至咸阳，发丧。"[3]这是史籍中记载的第一批走完直道全程的秦人。

---

[1]《史记·秦始皇纪》，上海古籍出版社，1986年《二十五史》本，第31页。
[2]《史记·蒙恬传》，上海古籍出版社，1986年《二十五史》本，第288页。
[3]《史记·秦始皇纪》，上海古籍出版社，1986年《二十五史》本，第31页。

继秦而兴的汉朝,仍然定都关中。和秦一样雄踞北边的仍然是匈奴人;只是汉初的边防态势变得更为严峻得多。所以,汉人才是秦直道的使用者、受益者。

孝文帝刘恒是《史记》中记载的最早驱车于直道南段的汉人。《孝文帝纪》载:三年(前177),"五月,匈奴入北地,居河南为寇。帝初幸甘泉"。六月,"其发边吏骑八万五千诣高奴,遣丞相颍阴侯灌婴击匈奴,匈奴去"。孝文帝也就于同一月的"辛卯,帝自甘泉之高奴,因幸太原"①。从甘泉到高奴,当时除秦直道南段以外,没有更好的道路可供选择。从高奴去太原,就不一定非经秦直道北段绕道九原不可了。因为早在嬴政十九年(前228),"秦王之邯郸"。不久,"秦王还,从太原、上郡归"。②当年的秦王从邯郸经太原、上郡回咸阳的路线,和孝文帝从甘泉经高奴到太原的路线,从时间看,相隔五十来年;从走向看,前者南下,后者北上。然存细揣度,两人走的都不是鄂尔多斯高原的秦直道北段。因为,恰好他们两人出巡时的秦朝和汉朝,都没有确立对鄂尔多斯高原的有效控制。

以雄才大略著称于史的汉孝武帝刘彻,才真正是不止一次地驱车奔驰于直道全程的人物。还在元封元年(前110),"登泰山之前",他就和大臣们议论:"'古者先振兵释旅,然后封禅。'乃遂北巡朔方,勒兵十余万骑。还,祭黄帝冢桥山,释兵凉如。"③汉朔方郡治,当今包头西南、杭锦旗东北一带。孝武帝从朔方经桥山黄陵南归,止于甘泉宫,他所走的只能是秦直道。可惜,《汉书·郊祀志》的这段史文,只说了汉武帝由朔方南归甘泉的途径,而没有提及北去朔方的路线。恰好,《武帝纪》中著录的武帝元封元年(前110)的一则巡边诏令,把往返于朔方和甘泉之间的路线都讲清楚了。冬,十月,下诏曰:"'朕将巡边垂,择兵振旅,躬秉武节,置十二部将军,亲帅师焉。'行自云阳,北历上郡、西河、五原,出长城,北登单于台,至朔方,临北河。勒兵十八万骑,旌旗径千余里,威震匈奴。""还,祠黄帝于桥山,乃归甘泉。"④汉武帝这次往返于朔方、云阳甘泉宫的路线,会避开顺直、便捷的秦直道,而另走它途?应当说是决不可能的。当然,出于当时边陲的形势,在整个巡幸途程中的某些路段,离开秦直道的可能性,并不能完全排除。当时,鄂尔多斯高原除顺直、便捷的秦直道以外,毕竟还会有其

---

① 《史记·孝文帝纪》,上海古籍出版社,1986年《二十五史》本,第48页。
② 《史记·秦始皇纪》,上海古籍出版社,1986年《二十五史》本,第29页。
③ 《汉书·郊祀志》,上海古籍出版社,1986年《二十五史》本,第486页。
④ 《汉书·武帝纪》,上海古籍出版社,1986年《二十五史》本,第385页。

它道路存在。所以，和孝文帝不同，孝武帝走的是包括南、北两段在内的秦直道全程。因为第一，孝文帝是"自甘泉之高奴，因幸太原"。汉高奴，当今延安一带；汉太原，在今太原附近。若是，则从延安到太原，无须经鄂尔多斯高原的秦直道北段。而汉武帝则是"行自云阳，北历上郡、西河、五原，出长城，北登单于台，至朔方"。舍鄂尔多斯高原的秦直道北段，却别无更顺直、便捷的道路。而且第二，孝文帝"自甘泉之高奴，因幸太原"的时间，是文帝三年（前177）六月，距"匈奴入北地，居河南为寇"，仅一个月，汉对鄂尔多斯高原的控制，还很不稳定，孝文帝何必去冒那危险。孝武帝北巡朔方的元封元年（前110），汉政府已牢牢地控制了包括鄂尔多斯在内的整个漠南。请看孝武帝到朔方时的气势吧！"遣使者告单于曰：'南越王头已县于汉北阙矣。单于能战，天子自将待边；不能，亟来臣服。何但亡匿幕北寒苦之地为！'匈奴詟焉。"①这岂是孝文帝能与之相比的。

孝武帝在登封泰山之后，"行自泰山，复东巡海上，至碣石。自辽西历北边九原，归于甘泉"②。无疑，这是孝武帝又一次走了秦直道全程。因为，九原和甘泉，恰好是直道的终点和起点。

伟大史学家司马迁，在《史记·蒙恬传·赞》中说："吾适北边，自直道归。行观蒙恬所为秦筑长城亭障，堑山堙谷，通直道，固轻百姓力矣。"③这是古代史学家亲自踏查秦直道的最早也是唯一的记载。可惜，太史公除了感叹蒙恬们"固轻百姓力"以外，对秦直道本身却未作任何描述。清人王鸣盛在《十七史商榷·史记·子长游踪》中，在转述了前面所引司马迁的话以后，说："盖迁别自有北边之游，但不知此段游踪定在何时耳。不可考矣。"④

东汉定都洛阳，中原和大漠南北的交通，多走河东道。建武二十四年（48），匈奴日逐王比被拥立为南部单于，两年后建单于庭于美稷（今内蒙古准格尔旗境），控制了整个漠南。他们和中原交往的重心，亦由关中的咸阳转移到了关东的洛阳。从此，秦直道在史籍中失载。

鲜卑拓跋部兴起以后，最早定都盛乐（今内蒙古和林格尔境）。魏道武帝拓跋珪登国年间（386—395），多次从君子津（今内蒙古清水河县喇嘛湾）渡河往

---

① 《汉书·武帝纪》，上海古籍出版社，1986年《二十五史》本，第385页。
② 《汉书·武帝纪》，上海古籍出版社，1986年《二十五史》本，第385页。
③ 《史记·蒙恬传》，上海古籍出版社，1986年《二十五史》本，第289页。
④ 《十七史商榷》，商务印书馆，1959年重印本，第4页。

返于黑盐池（今陕西定北县北）和河南宫（今内蒙古准格尔旗境）之间。① 鄂尔多斯高原的交通格局，开始逐步改变。直道仍然不见于史册。

赫连勃勃建夏（407），筑统万城（今陕西白城子）而都，于长安置南台，以儿子赫连璝为录南台尚书事，留守长安。从此，统万城成了关中通往鄂尔多斯高原和大漠南北的一大交通枢纽。鄂尔多斯高原和漠南的交通新格局，也由此而形成。直道是否继续沿用，有关载籍中仍难寻踪。

相继而兴的隋、唐两大封建朝代，都定都于长安，又都面临来自蒙古高原突厥汗国的严重威胁。因此，从关中穿越鄂尔多斯高原到大漠南北的军事活动、政治来往、货物交换，都很频繁。然而，《隋书》《旧唐书》和《新唐书》中，都不见直道之名。可见，秦直道这一历史名词，连同秦直道本身，都已经湮没无闻了。

《新唐书·地理志》相当详细地著录了由夏州（即统万城）北上渡河到大同城（今内蒙古乌拉特前旗境）、金河（今呼和浩特市郊大黑河）、诺真水（今内蒙古达茂旗艾不盖河）的途经和里程。虽然多数地名已不可考，但都在秦直道之西则是无容置疑的。因为，从《新唐书·地理志》看，从夏州北出以后，沿途经过诸如贺麟泽、沃野泊、可朱浑水源、阿颓泉、胡洛盐池等湖泊、沼泽地带不下十余处之多。② 而从现存秦直道南北两段遗迹看，陕西境内的南段，基本上循子午岭山脊北行，鄂尔多斯高原的北段，也主要是顺东西分水岭脊南北延伸，都避开了湖泊和沼泽地段。所以，唐夏州道，包括隋的朔方道，都绝非秦直道的沿用。两者不仅在陕北的起点不同，通过漠南的终点也不同。唐宪宗朝（806—820）曾两度出任宰相的李吉甫（758—814），以"该洽多闻，尤精国朝故实"著称。恰好在他再度任宰相的元和八年（813），"回纥部落南过碛，取西城柳谷路讨吐蕃。西城防御使周怀义表至，朝廷大恐。以为回纥声言讨吐蕃，意是入寇。吉甫奏曰：'回纥入寇，且当渐绝和事，不应便来犯边。但须设备，不足为虑。'因请自夏州至天德，复置废馆一十一所，以通缓急"③。唐天德军治，当今内蒙古乌拉特前旗的乌梁素海东南侧畔。元和九年（814），唐宪宗还应李吉甫的奏请，复置宥州（当今内蒙古鄂托克前旗境内）。"盖以地居其中，可以总统蕃部，北以应接天德，

---

① 《魏书·太祖纪》，上海古籍出版社，1986年《二十五史》本，第2176页。
② 《新唐书·地理志》，上海古籍出版社，1986年《二十五史》本，第4253页。
③ 《旧唐书·李吉甫传》，上海古籍出版社，1986年《二十五史》本，第3958页。

南援夏州。"① 这就十分清楚地说明了贯通鄂尔多斯高原南北的通道，已经向西迁徙。西徙后的起点、中转点、终点，和秦直道都已相去甚远，秦直道作为贯通鄂尔多斯高原南北的交通干线，已成历史陈迹了。有意思的是，一直在有关史册中失载的秦直道，在唐人的著述中，作为某一地区的故道或故迹，反而重新出现了。例如，李吉甫撰写的《元和郡县图志·关内道·襄乐县》条下，就著录有："秦故道，在县东八十里子午山。始皇三十（五）年，向九原抵云阳，即此道也。"② 尽管以起讫地名来说明襄乐县境内的"秦故道"就是秦始皇三十五年修筑的直道，但却不用直道之名。确实，秦直道和它的名称，都已成了故迹。自此以后，人们只能从直道经过的府县志书中，窥其一斑。鄂尔多斯高原各旗县，很少有旧志留存，有关秦直道或其遗迹的著录，亦全付阙如。

二

正因为史籍中有关秦直道的记载都极为简略，给人们重新认识秦直道的原貌，带来诸多困难，也必然造成人们的意见分歧。就我们翻检所及，自 1975 年史念海教授《秦始皇直道遗迹的探索》发表以来的近十五年间，有关秦直道的走向和途径，至少有五种以上不同意见。无疑，辨析几种主要不同意见，乃是进一步研究整个秦直道的前提，也是探寻鄂尔多斯高原秦直道遗迹的必要准备。

史念海教授认为秦直道起于云阳北的林光宫。因为"云阳县距咸阳本来不远，其间道路良好，来往方便，直道以云阳为起点，实际上和起自咸阳是一样的"③。作这样的分析和判断，无疑是正确的。

史念海教授认为秦直道从林光宫北出后，即循子午岭北去，到合水县间水坡梁和黄草崾岘以后，却没有继续向东北延伸，"而是由黄草崾岘北随着子午岭主脉转向西北"行，"直至定边县南"。尔后再由定边县南再折向东北行，进入鄂尔多斯高原，经乌审旗到伊金霍洛旗的红庆河乡。从红庆河直北而上，先后经过东胜市西南的二顷半村、东胜市西的城梁古城，到昭君坟附近过河，终止于秦九

---

① 《旧唐书·李吉甫传》，上海古籍出版社，1986 年《二十五史》本，第 3958 页。
② 《元和郡县图志·关内道三》，中华书局，1983 年贺次君点校本，第 66 页。
③ 载《文物》1975 年第 10 期。

原郡治所在地的今包头市西南。（附图1）

从附图1上可以看出，除定边到红庆河段的秦直道用虚线表示外，定边以南到林光宫，红庆河以北到九原郡，全用黑线绘出。这是在文献检索和实地踏查相结合的基础上，第一次绘出的秦直道示意图，引出学术界的关注，是很自然的事。

著名学者谭其骧先生主持编纂的《中国历史地图集》，于1982年正式出版。在第2册的《关中诸郡》图中所绘的"秦直道"就只在史念海教授秦直道示意图的三处相应地段，分别写了"直道"两字。[①]但只写"直道"之名，不绘"直道"路线。（附图2）这样既表明了编者们所持的保留态度，也表现了他们极为严谨的学风。台湾大学陈正祥教授在所著《中国历史·文化地理图册》中无论是所绘的直道图，还是所作的相应说明，虽然都没有就所依据的资料来源，作任何说明或注释，但人们不难看出：陈先生的直道图和相应的说明，都是和史先生的意见相吻合的。例如他说："直道工程开始于始皇三十五年（B.C.212），三十七年完成；先后仅两年半工夫。南段沿洛河和泾河之间的分水岭山脊，也就是著名的子午岭而筑，这可避开陕北黄土高原的无数沟壑。到达定边县南，折向东北行，进入鄂尔多斯草地，'堑山堙谷，直通之'，工程甚为巨大。目前鄂尔多斯草原上已发现的几段残余路面，宽达22米。"[②] 不仅走向、大致途径一致，残余路面的宽度也完全相同。

日本学者吉川忠夫教授完成于1986年的《秦始皇》一书中，有关秦直道的叙述和书后所附的《秦直道

附图1 史念海教授认定的直道示意图

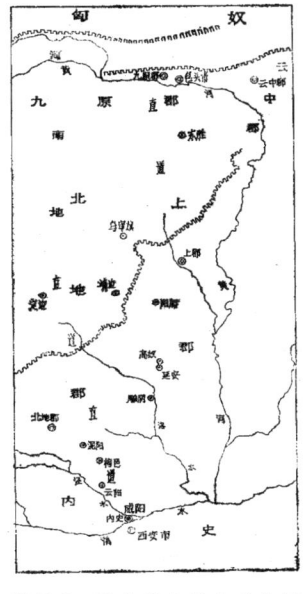

附图2 谭其骧主编的《中国历史地图集》的秦直道

---

① 《中国历史地图集》第2册"秦时期"《关中诸郡》，中国地图出版社，1982年，第5—6页。
② 《中国历史·文化地理图册》，日本东京原书房，1982年（昭和五十七年），第21页。

图》①，所据资料虽然也没有加以注释，但和史先生的意见也完全一致。可见，作为史学界第一位绘制秦直道示意图的学者，史念海教授的意见是很有些分量的。

继史念海教授之后，1979年郭沫若主编的《中国史稿地图集》上册，所绘《秦统一图》的直道路线，从云阳北出以后，就循东北方向走，径高奴、阳周、上郡，尔后直北到秦九原郡治所在地的今包头市西（附图3）②，看来基本上是根据《汉书》的有关《纪》《传》绘制的。《汉书》的有关《纪》《传》中，没有提及鄂尔多斯高原的一个地名。他们的路线图上鄂尔多斯高原除直线一条以外，也没有标出一个地名来。这就提出了一条和史念海教授认定的秦直道走向、途径都很不相同的秦直道，既引起学术界的瞩目，也推动人们去作进一步的探索。

进入80年代以来，对秦直道的研究，多半转向实地考察。显然，人们都已清楚地意识到了：单凭《史记》《汉书》的简略记载，事实上很难弄清楚秦直道的全貌，也很难绘出较为准确的秦直道路线图来。秦直道的研究被推进到了一个新阶段，也为鄂尔多斯高原秦直道的考察与研究，创造着更多的条件。

1984年5月，中央美术学院靳之林教授对秦直道作全程徒步考察，虽然至今尚未见专论发表，但《光明日报》、《瞭望》杂志，都发表了新华社记者卜昭文所作的简明报导③，并附了秦直道示意图（附图4）。靳之林先生经徒步考察后所确认的秦直道，其走向与途径，既与《中国史稿地图集》所绘秦直道不完全一致，与史念海教授所认定的秦直道相去更远，很引人注目。

1986年6月，陕西省交通史编写办公室，组成由省和有关地、县三级交通、文物、文化

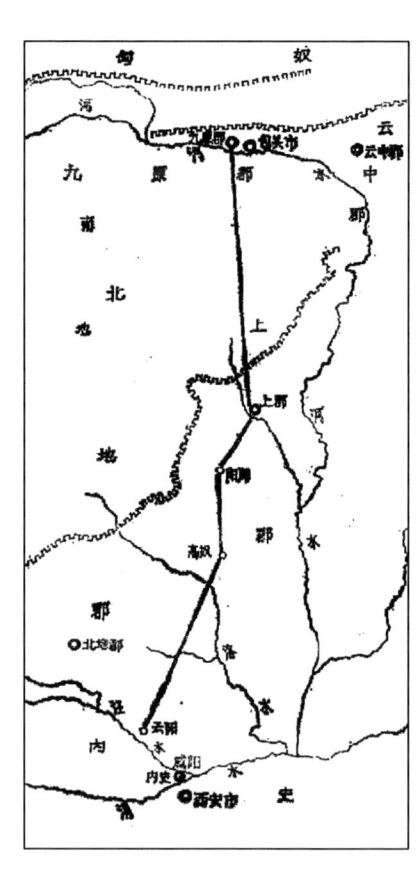

附图3 郭沫若主编的《中国史稿地图集》的直道图

---

① 吉川忠夫：《秦始皇》，纪太平、韩升译，三秦出版社，1989年，第119—120、166页。
② 见《中国史稿地图集》上册，地图出版社，1979年，第23—24页。
③ 载《光明日报》1984年8月19日，《瞭望》周刊1984年8月第43期。

考古调查

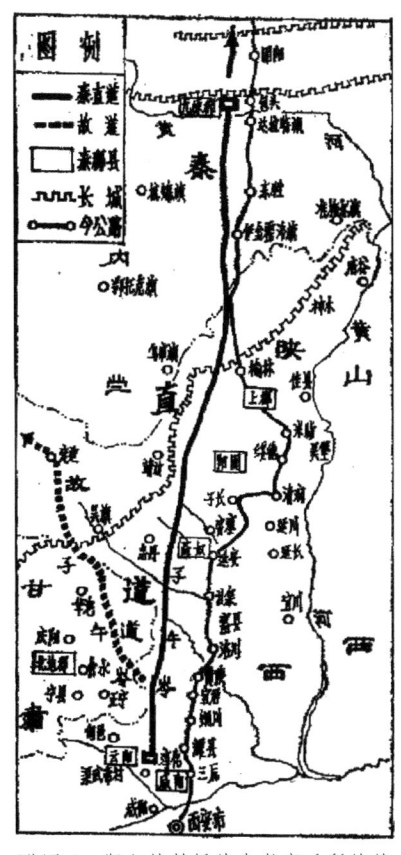

附图 4　靳之林教授徒步考察后所绘的秦直道图

部门人员参加的秦直道实地考察组，对陕西省境内两个地、市和六个县辖区的秦直道遗迹，作了为期 23 天的实地考察，行程 1300 多公里。《陕西交通史志通讯》还出了"秦直道实地考察专辑"，规模和声势都可以说是空前的了。

因为陕西省交通史编写办公室组织的秦直道实地考察，是在史念海、靳之林两教授提出的两种不同的秦直道走向和途径之后进行的，所以对两教授有分歧意见的地段的古路遗迹，作了对比性的考察，这是很有见地的一着。王开同志在考察后撰写的《"秦直道"新探》一文中说："'直道'至沮源关后，即折由'古道岭'向东北方向走去，进入今富县境。另外，出沮源关沿子午岭西侧北去，也有一条古道，即史念海教授所认定的'秦直道'路线，靳之林所说的宋代路线。我们考察了子午岭东侧的古道后，看到子午岭东侧的古道路基，其规模远比子午岭西侧的古道路基宽一至三倍，因此，我们认为'秦直道'至沮源关后，是折由'古道岭'东北行，经富县槐树庄西侧北去。两条不同路线的分歧点是从沮源关开始的。"①（附图 5）他们"在六个县境内所看到的秦直道遗迹，以富县境内保存得最为完好，最具代表性"。秦直道的"宽度均在 30 米至 50 米间，显示了秦始皇'治直、驰道'的宏伟规模"。② 这些，对我们在鄂尔多斯高原考察、确认秦直道遗迹都不无启迪。

此外，见于报章杂志的还有陕西《文博》1988 年第 4 期发表的孙相武的《秦直道调查记》，有《榆林日报》记者张边林的《古代人类文明史上的又一奇迹——我区毛乌素沙漠发现秦"直道"遗址》的报导。

孙相武同志的《秦直道调查记》所附《秦直道考察路线图》，把考察路线和

---

① 载《陕西交通史志通讯》1986 年第 5 期。
② 载《陕西交通史志通讯》1986 年第 5 期。

秦直道路线绘为一图，标以"完整秦直道"和"不完整秦直道"。这样鄂尔多斯高原红庆河以南的一段"不完整秦直道"和现行公路的走向、途径完全一致。调查记中说是"在考察中发现了五座行宫、九个兵站遗址和许多的'五里一墩'的烽火台"①。附图中只标了个"庆河兵站"，烽火台则没有标出，不禁令人叹惜。因为，第一，《史记》有关秦直道的记载中，不仅没有只字提及沿途行宫，亦未涉及兵站和通讯、报警设施。如实地考察确实有行宫、兵站和"许多的'五里一墩'的烽火台"，岂不补了太史公的疏漏。第二，前述几种有关秦直道的不同意见中，除《中国史稿地图集》外，多数都经实地考察，也都未见有类似的报导。所以，孙相武同志如能作进一步说明，无疑正是人们所热烈期待着的。

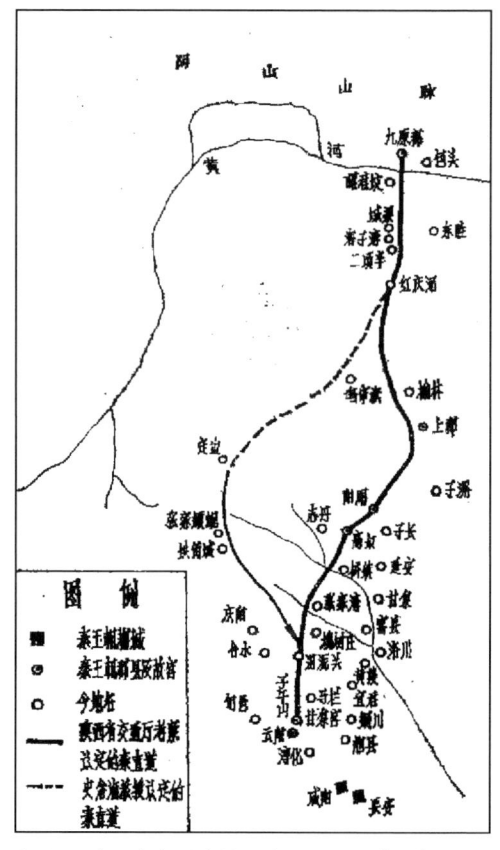

附图5　陕西省交通史编写办公室王开《"秦直道"新探》所附的直道路线图

《榆林日报》记者张边林于1988年6月11日的报导说："榆林县交通志修志人员贺清海"对"史学界长期争论的秦'直道'出子午岭、过无定河之后的路线已经找到"。而且还说明他是在"搜集摘录有关榆林县古代交通史资料10余万字，从中找到了秦'直道'穿过榆林县的记载"之后，"在毛乌素沙漠中进行了实地探寻"时发现的。据称贺清海发现的"这段秦'直道'从横山县白界起，沿古榆林涧（亦称古榆谷）向北至口子村出涧，折东经榆林县红石峡、镇北台南至走马梁西出长城，再沿榆溪河高岸东侧800余米的平行线北上，至神木县昌鸡兔附近，全长约120公里。其中，古榆林涧'直道'路宽80余米，长城以北路面宽达164米"。而且，至今"还有路面平坦、保存完整的路段数公里，高出地表9—11米，

---

① 载《文博》1988年第4期。

远远望去，犹如笔直的白色大坝，十分壮观"。①

然而，细读之后，有以下几个不易理解的问题：其一是秦直道的走向。按司马迁的记载是自云阳抵九原"直通之"的，怎么会从横山县折向东北行，一下斜插到神木去了呢？其二是秦直道的宽度。确实，有关载籍中并无明文涉及直道的宽窄。《史记·秦始皇纪》应劭注引《汉书·贾山传》说秦驰道的宽度是"道广五十步"②。其实，贾山在说明了驰道的路况以后说的一句话，倒是很值得玩味的。他说："为驰道之丽至于此，使其后世曾不得邪径而托足焉。"③"道广五十步"的驰道，都已含有"使其后世曾不得邪径而托"的意思了，把直道修到"宽80余米"，甚至还要"路面宽达164米"！这究竟是嬴政、蒙恬们的精神失常呐，还是今人考察的失误！

在逐一辨析了自1975年史念海教授发表《秦始皇直道遗迹的探索》以来，学术界陆续提出的几种不同意见以后，我们觉得在考察与研究秦直道遗迹时，有三个问题是必须十分明确的。第一，从关中经鄂尔多斯高原，通往大漠南、北的古道，绝不会只有一条，但秦直道却只能有一条。误认古道为直道，是导致意见分歧的症结所在。第二，秦直道最基本的特征是"直"字，"堑山堙谷"只是为了"直通之"。《史记·匈奴传·索隐》引苏林的话说："正南北相直道也。"④这是不可轻看的一句话。第三，秦直道全程"千八百里"。这虽不是确数，但也绝不会相去太远。它是制约秦直道的一个必要条件，和秦直道的"直"互相依存，缺一不可。

三

既然，秦始皇三十五年（前212），下诏"除道"是"道九原，抵云阳，堑山堙谷，直通之"的，那么，秦直道由北而南贯通整个鄂尔多斯高原，是绝对没有问题的。可是，从资料检索中，我们并没有发现有关鄂尔多斯高原秦直道的文字著录。今人的论著里，具体论及鄂尔多斯高原秦直道的也并不多。史念海教授《秦始皇直道遗迹的探索》一文中的"鄂尔多斯草原的直道及其遗迹"一节，他说"是

---

① 载《榆林日报》1988年6月11日。
② 《史记·秦始皇纪》，上海古籍出版社，1986年《二十五史》本，第29页。
③ 《汉书·贾山传》，上海古籍出版社，1986年《二十五史》本，第283页。
④ 史念海：《秦始皇直道遗迹的探索》，载《文物》1975年第10期。

根据（内蒙古博物馆——引者加）田广金同志寄来材料写成的"，是东胜市西南海子湾大队二顷半生产队境内百米左右的"一个孤立的遗迹"。① 它之所以被"认为是直道的一段"，是根据几个理由来确定的，理由之一是"由定边县南到包头市西南引一条直线，以之为依据，来探寻直道的遗迹，相差当不甚多"。"而海子湾发现遗迹的地方就在所引直线的东面，粗略估计，偏东只不过数十里"。理由之二是"由昭君坟至红庆河，南北长约二百里左右的道路旁，竟有四座古城遗址，又都在上面所说的由定边至包头市所引直线的旁边。这段道路又有二十二米左右的宽度，也非一般的道路所可及。说它是直道的遗迹，谅不为过"。② 但所据毕竟只是一处百米左右的孤立遗迹。

陕西省交通史编写办公室组织的秦直道考察，只限于陕西省境内。尽管王开同志的《"秦直道"新探》和所附《秦直道示意图》，都涉及鄂尔多斯和包头境内的秦直道遗迹问题。例如他说：秦直道起点的"甘泉宫遗址内有两个高大的土台，十分引人注目"③。"所巧的是，'秦直道'的北端终点九原郡治所九原县（汉五原郡五原县，今包头市西郊麻池古城）遗址也有同样形状的三个大土台，当地人叫大圪坦、二圪坦、三圪坦。"④ 其实，并不那么巧！今麻池镇那"同样形状的三个大土台"已难以辨认。依稀可认的一处，却在古城之内；从实地踏查看，更像是古建筑遗址。可知，所据材料亦是假手他人的。

孙相武同志的《秦直道调查记》，虽然写了"鄂尔多斯草原遗迹"一段文章，但内容十分简略，说鄂尔多斯草原的秦直道经过"兰家梁、新街、成陵"等地之后，再"经城梁（东胜西）昭君墓过黄河到包头市"。⑤ 显然，所言亦多不准确。所以，鄂尔多斯高原秦直道遗迹的全面考察与研究，就显得颇为紧迫了。

内蒙古交通厅秦直道遗迹考察组一行8人，于1989年8月底9月初，对鄂尔多斯高原的秦直道遗迹，进行了为期13天的实地考察，取得了颇为可喜的成果。对于这次考察的具体过程，由张洪川同志《内蒙古自治区境内秦直道遗迹考察纪

---

① 史念海：《秦始皇直道遗迹的探索》，载《文物》1975年第10期。
② 史念海：《秦始皇直道遗迹的探索》，载《文物》1975年第10期。
③ 王开：《"秦直道"新探》，载《陕西交通史志通讯》1986年第5期。
④ 王开：《"秦直道"新探》，载《陕西交通史志通讯》1986年第5期。
⑤ 孙相武：《秦直道调查记》，载《文博》1988年第4期。

实》，以述其详。这篇文稿仅就我们确认为秦直道遗迹的主要考察点，作重点介绍和辨析，既把我们认为较重要的资料，提供给专家学者们去作进一步的研究、论证，也提出我们的一些看法，向他们请教。

伊克昭盟东胜市西31公里处的城梁古城，是我们这次实地考察鄂尔多斯秦直道遗迹中，选定的第一个考察点。实在说也是伊克昭盟境内观察和了解秦直道概貌的一个理想的去处。如果我们以城梁古城作基点，往南到伊金霍洛旗的红庆河镇，往北到包头市郊的麻池镇作一直线，恰似鄂尔多斯高原的脊背，而城梁又是最高点，海拔1553米。从地表散布的大量陶片、瓦片、瓦当残片看，城梁应是一座汉代古城遗址。

城梁古城往西100多米处，就是一个被当地乡民们叫作"古路豁子"的古道豁口，以步量之宽约50米，两侧成缓坡状，中间的路面已被垦殖，夏季看去一片墨绿，显得十分醒目。登上豁口东侧的据高点，向北极目眺望，一连三个宽窄一致、间距不等的豁口，相联成串。转身向南远看，又有两个豁口映入眼帘。连同脚旁的一个，前后数十里之内，一连六个方向相同、宽窄一致、间距不等的豁口，贯穿一气，不仅苏林所说的"正南北相直道也"的秦直道那雄浑状貌可以看出，就连秦始皇那"堑山堙谷"的雄风，也还可以领略得到。在整个考察过程中，我们再也没有发现别的什么地方，能像城梁古城遗址这样，可以如此真切地捕捉到"除道，道九原，抵云阳，堑山堙谷，直通之"的秦直道的磅礴气势和它"直"的基本特征。

伊金霍洛旗政府所在地阿勒腾席热镇西稍偏南11公里处的掌岗图，是我们前面所说从红庆河镇到麻池镇，作一南北直线上的又一个据高点，海拔1399米。自1986年因修筑乡间公路被推土机推出一段用鹅卵石铺垫的古路纵剖面以后，引起各方面的关注，参观、考察的人逐年增多。当地有关部门亦已确认为秦直道遗迹。

和城梁古城秦汉时期的陶片、瓦片、瓦当俯拾即是的情况不同，掌岗图几乎没有地表文物。笔者近年已三访其地，也只发现一块陶片。掌岗图以南为高原平川地带，登岗南向，视野顿觉开阔无垠。然而，岗北高原丘陵地带所特有的秦直道豁口，也随之消失了。

掌岗图的秦直道遗迹，从岗顶的豁口以缓坡状向北延伸，距豁口约 200 米处被雨水冲蚀出一条近 10 米深的沟壑，把直道遗迹断为南、北两截；截面的填方和铺垫的卵石，都显现得很清晰。现行的一条乡间公路恰好在此拐弯，把拐角斜着插进直道南截的北端，把南截北端宽约 50 米的直道路面切去了近一半，并把南截直道东北角约 13 米宽的一段遗迹，侧悬于现行乡间公路拐角的西北侧，填方和卵石更加醒目。所以，掌岗图遗址，实在是了解秦直道路面结构的难得地点，既有横断面，也有纵剖面，还有斜切面，人们可以从几个不同角度进行观察。沟壑北面一截直道遗迹，路面呈拱形，特别是向北倾斜度较大的一段路面，两侧的水土流失虽然很严重，但宽约 50 米的原型，也还捕捉得到。所以，从掌岗图遗址看，秦直道的宽度，和前面所说的古路豁子的宽度，基本上是一致的。

综合城梁、掌岗图两遗址，可以看出秦直道的修筑以取直为主，"堑山"和"埋谷"都只是为了取直。"堑山"处，形成豁口。开挖豁口的土方顺便推填于低洼处，挖多少填多少，不再另行取土。因此，现存鄂尔多斯高原的秦直道遗迹，南北顺直；由北而南呈波状伸延，直到伊金霍洛旗红庆河乡所在地的红庆河镇。

红庆河，原名红城河。在它的辖区内，至今并没有发现秦直道遗迹。但是，前面所说的有关秦直道不同走向和途径的几种意见，多数都把红庆河作为秦直道由陕北进入鄂尔多斯高原的第一站，原因安在？

就我们考察时随手拣到的地表文物看，红庆河无疑也是一座汉代古城遗址。在乡政府北数百米处，还残留着一段夯层清晰的土墙，高矮不一，低矮处只 30~40 厘米，稍高处则有 1~1.5 米左右。残墙两侧断砖、残瓦和各种不同形制的陶器碎片，满地都是。在访问、座谈中，得知红庆河为三叠城，所附照片四（编者按：照片缺）上的残墙，都是内城的东墙。内城约为 100 米见方。中城和外城，因满地庄稼，步量、目测都不易估计其大小。这种三叠城，我们在达尔罕茂明安联合旗的西河乡，亦曾见过一处。内城约 100 米见方，中城和外城若不经当地老年人指点，都已难于辨认。不过西河古城遗址紧傍汉长城，内城和汉长城沿线所见其它古城大小、形制，均无明显差别，为汉代古城应当说是没有问题的。至于中城和外城，所知无多，不敢妄言。在调查访问中还有几点，也值得笔之于此。其一，早年种地时挖掘到的尸骨很多，也很乱，或仰或俯或侧，或有身无头，或有头无身，什么样的都有，特别是残墙附近更多一些。其二，老乡们在介绍他们早年拣到的文物时，说有一种铁锹形的小铜器。从他们所画的图形看，当是布币。但并不多见，他们亦叫不出名来，只好就沙地上画给我们看。其三，这一带铜箭镞很多，有一次就挖出18斤的；铁的亦有，但不多。其四，种地时曾挖出过一串铜印。可惜当时就当作破铜烂铁卖掉了。

红庆河为古代一重要军事、交通要冲，是可以肯定的。和掌岗图遗址所在的红海子乡，只隔着个公尼召乡。公尼召乡亦有从掌岗图顺延南来的秦直道遗迹。只是进入红庆河乡境已是高原平川地带，直道修筑时，地表无须很大改动，遗迹难于寻踪，亦在情理之中。所以目前有关秦直道走向和途径的几种意见，都把红庆河当作秦直道由陕西北部进入内蒙古境内的第一站，是一个合理的推断。

从红庆河向南直到陕西榆林地区，或像史念海教授所说的那样，由红庆河折向西南行到陕西定边，秦直道的具体走向和途径，究竟如何？这是我们这次考察想要摸出点头绪来的问题之一。其实上述两种走向，都要穿越毛乌素沙漠。我们在乌审旗作考察访问时得悉：该旗旧王府原址在壕赖，1931年迁出后废弃。近年因编写旗志的需要，再去壕赖察看时，因地表流沙的迁徙，竟连踪迹都没有找到。这还不到60年，变化就如此之大，何况2000多年前的秦直道！所以，鄂尔多斯高原南部秦直道遗迹的考察，目前只能中止于红庆河。

为了尽可能了解秦直道从陕西进入鄂尔多斯高原的地望，我们到榆林市作了三天的调查访问，向地、市、县的方志、文物、交通部门的专家和同行们请教，听取他们的意见，本着"正南北相直道也"的秦直道最主要特征，对各种意见作了反复比较后，决定踏查陕西省紧挨内蒙古边境的马合乡。在乡政府领导的直接协助下，我们重点考察了瓦片梁遗址。

瓦片梁的命名，只有50多年。原先这里是一座寸草不生、一物难寻的沙丘。50多年前，地表的流沙被风逐渐刮走，暴露出层层叠压的大量瓦片、陶片和各种文物，这才被人们称为瓦片梁。紧挨瓦片梁的是杨家湾村。村民中收藏有各种文物的不少。据说也时有人去采集和收购，估计流失的比收藏的更多。我们在村民苏世飞家的小凉房里，见到了大小不一的五个陶罐，小半两、五铢钱各一枚。

从地表文物看，瓦片梁和城梁、红庆河所见并无二致，特别是傍瓦片梁的杨家湾村村口一段古城残墙和红庆河古城残墙，就其质地、色泽和夯层而言，犹如孪生兄弟，难分你我。所以，瓦片梁无疑又是一座汉代古城遗址，而且又恰好处于上述鄂尔多斯高原秦直道遗迹分布的城梁、二顷半、掌岗图、公尼召外加红庆河的一条直线上。那么，秦直道从马合乡或其附近北上，穿过鄂尔多斯高原，尔后北渡黄河，直抵秦九原郡治所在地九原，今包头市郊麻池古城，不就是苏林所说的"正南北相直道也"么？当然，这是鄂尔多斯高原境外的问题，不在本文范围之内，是对是错，只能留待陕西榆林地区的同行们去查证。

从榆林北返途中，我们又到掌岗图、二顷半、城梁等处作进一步比较性观察。然后，循着城梁古城向北所能看到的三个豁口，逐段考察城梁以北的秦直道，途

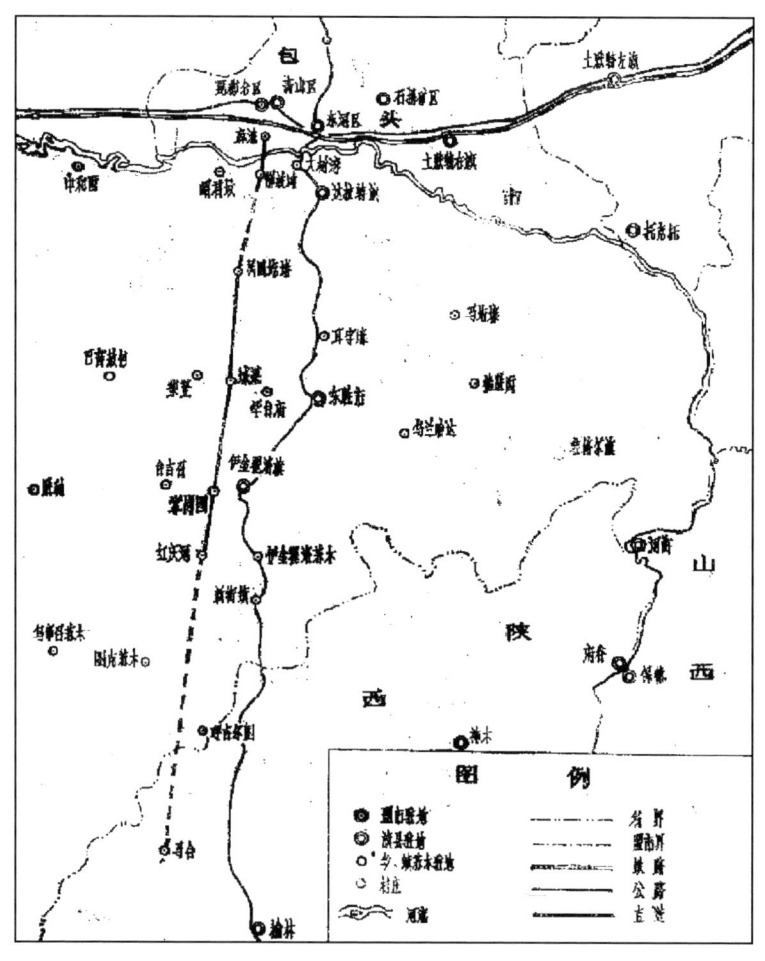

本文制图：田晓云、荣戎

经班家沟、布尔什兔沟、查罕沟、黄石崖渠、黑格尔沟、高窑头、吴四圪堵。这些地方均为高原丘陵地带，直道通过山丘时挖开的豁口和豁口南北的路面，遗迹都很清晰，有的地段还很完好。像布尔什兔沟北的一段近100米的直道遗迹，和北端的豁口相连，豁口北又有100多米路面遗迹。豁口和路面的宽度一致，步测均为50米左右。如将附近现行公路通过山丘时留下的豁口和布尔什兔沟的直道豁口相比，秦始皇那"千古一帝"的气魄，在短时期内，竟造出如此浩大的工程，不能不令人肃然敬畏。

从布尔什兔沟经查罕沟，到黄石崖渠的西侧有一直道豁口，和豁口相连的一段路面，保存得相当完好。从黄石崖渠豁口北出，经黑格尔沟不远处，便是吴四圪堵，秦直道遗迹断断续续，亦都还可寻。吴四圪堵再北行，就是一片盐碱荒滩，原名就叫碱房滩，现名为解放滩，已近黄河南岸了。从此渡河，恰好就是今包头市郊的麻池镇。所以，秦九原郡治，就是今麻池古城；秦直道的渡口，不在今昭君坟，而是今吴四圪堵北。

鄂尔多斯高原的秦直道，经实地考察以后，从红庆河到吴四圪堵，我们认为已经准确无疑了（附鄂尔多斯秦直道示意图）。然而，脑际一直萦绕着一个难以廓清的问题，就是在我们13天的考察中，竟没有发现、采集到一件可以确认为是秦的遗物。如要解释，倒亦并非无话可说，原因也可摆它个一、二、三。然而，无论怎么说，没有发现或采集到秦的遗物，这总是事实；既是事实，又何必急于解释。

（原载《包头教育学院学报》1990年第1期）

内蒙古自治区境内秦直道遗迹考察纪实

内蒙古自治区交通厅秦直道遗迹考察组

直道是秦用人工修筑的一条由都城咸阳通往北疆九原重要历史古道,除司马迁著《史记·秦始皇本纪》《史记·蒙恬列传》有简略记载外,汉代及以后的史书几乎未见有直道的记述,仅有少数地方志尚有忆述,故其全貌不详。究其主要原因可能是:

其一,终秦一代只有六年多,而直道修筑于秦始皇嬴政三十五年(公元前212年),秦朝亡后,全线尚未竣工,直道作用不显;

其二,西汉时期直道虽有通行记载,但是由于中原统治中心的东移,直道与汉东道相比,其作用价值降低,久而久之,自然废弃。

今天,这一历史古道所经地区大部分遭受沙侵、水毁、坍塌等自然破坏,在鄂尔多斯高原上只存部分道路残段,即被冲刷成沟的填方断层和挖方垭口。总之,由于史籍中有关秦直道的著录十分简略,给我们今天读者、研究者们带来诸多难点,也必然会造成在一个相当长的时期内人们认识的分歧。我们希望通过考察秦直道北段,进一步推动整个秦直道的研究,同时也为编著内蒙古古代交通史作出微薄的贡献。

一、准备工作

1986年陕西省交通厅组织省、地、县编史人员考察了秦直道南段。继而内蒙古自治区交通厅提出考察我区伊克昭盟境内秦直道北段的建议，但由于我们编史人员人力不足，加之其他各种条件的限制，对考察秦直道的工作只处在酝酿阶段。

1989年初，在自治区编史工作会议上，考察秦直道工作再次提出来，经与会人员研究，拟定由内蒙古交通厅、包头市交通局、伊盟交通处史志办公室人员参加，组成内蒙古自治区秦直道考察组。包头市交通局史志办公室主任张洪川任组长，负责考察秦直道全面工作，伊克昭盟交通处史志办公室负责后勤工作，并取得伊盟有关旗县交通部门的支援和配合，另外，聘请历史、文物与考古学者参加，共同完成秦直道的考察工作。

内蒙古自治区交通厅秦直道考察组于同年7月成立，其中成员有：

包头市交通局史志办公室主任张洪川工程师；

包头市交通局史志办公室编辑张俊；

伊克昭盟交通处史志办公室编辑杨诗痕；

伊盟交通处人秘科长李伊生；

内蒙古自治区交通厅史志办公室副主任王光汉工程师；

包头市地方志办公室原主任李绍钦（后因病未参加实地考察）；

包头市教育学院廖文俊副教授；

包头市机械工业学校颜世光讲师（担任摄影工作）。

另外，还有两名司机。

在考察秦直道之前，考察组全体成员除重新查阅二十四史中秦直道记载及整理、研究了报章、杂志、文物与考古关于秦直道专题论文外，还特别搜集了近年来伊克昭盟地区在公路施工中已发现一些古道断层遗址和垭口遗迹，如伊金霍洛旗掌岗图、达拉特旗布尔什兔沟古道断层和垭口遗址等。这些准备工作无疑对进一步研究秦直道及其实地考察工作，不仅提供了有价值的信息，并为以后工作产生一定积极影响。

根据文献检索及搜集已发现鄂尔多斯高原上古道残断遗址资料，考察组初步拟定，北起黄河南岸地区，南迄陕西榆林地区定为这次考察的范围，并从已发现古道遗迹为重点，摸清或基本弄清秦直道从陕西省榆林地区进入伊克昭盟以及北渡黄河渡口路线走向，落实秦直道北段起讫地点、途经地区等问题。

二、考察经过及其主要成绩

秦直道北段考察工作，自1989年8月23日开始，至9月5日结束，历时十三天，共行程1206公里，考察地点14处，走访16个有关单位，采访32名知情人。现将考察实况列述如下：

8月24日，考察组在伊克昭盟东胜市召开工作会议，交流准备工作情况。会后拜访了伊克昭盟文物管理站，了解文物部门考察秦直道情况及研究成果。根据盟文管站的建议，为了加深对秦直道概念的认识，有利于寻找、识别和考察，先赴城梁古城一览秦直道遗迹形象。城梁古城位于东胜市西北，出东胜市入109线公路，西行31公里到达城梁古城。该城遗址地处公路西侧100米外的高地上，坡顶古城遗址及其周围散布大量两汉时期的砖、瓦和陶片，方圆100余米，城址北侧发现一块呈40平方厘米、厚12厘米的房基柱石。据当地老乡谈，数年前城址中曾挖出长方形砖柜一个，又因盖房挖出火烧过的圆木两根，木心仍然坚实完好。临近古城西侧100米处便是一个直道垭口，宽度约50米。现今垭口两侧塌方成坡状，垭口中间种有农作物，垭口南30米处有一宽10余米的断沟。从断层土质可见人工填方的遗址，填土层夹杂砾石，系南垭口移来填补所致，后因雨水冲刷而成沟。北眺又见三处垭口，相隔距离不等，前后六个垭口相连，方向恰好南北相对，宽度又大体相合。

考察印象是：直道宽敞笔直，起伏不弯，方向南北，误差微小，形象壮观，一望无际，气势磅礴，贯通一线，显然系取直筑路，就地取土，铲坡垫沟，垭口自成，恰如《史记》中"堑山堙谷"之说，此即丘陵地带上的直道也。此外，在直道附近就高筑城梁古城，是为设兵守卫，即兼护道路。

26日，抵东胜南40公里的伊金霍洛旗。据交通局杨局长介绍，距旗所在地西南11公里处，因铲土筑路发现古道的断层遗址。此地名叫掌岗图（公路图名叫苏家圪卜），断层遗址共有两处：一处临近公路坡道的转弯西北角，由拳石堆填而成，断面清晰可辨，拳石大小不一，形状各别，但年久风化，触之即碎。另一处断层在前断层之北，相隔一条深沟，沟北为一平台，其西侧即是人工填方形成的古道路基，后被冲刷成沟而出现断层表面，近平台则厚，远平台则薄，成三角形填方，分层明显容易区别。经测定前后两处断层和平台均为古道遗迹。断层南部的坡顶有一处垭口，宽度和方向均与东胜市西城梁古城所见遗址相符，且同坡下两处断层遗址在一条南北直线上，这无疑又是一段直道遗迹了。就掌岗图遗迹说明，直道确系以取直为准则，选于高处。至于为什么就高筑路呢？显然是挖高垫低，减少坡度，便于排水，易于保存，且又居高临下，有利于拒敌阻击。

离开掌岗图南行，一时半后抵红庆河。此处已是平原地带，原名红城河，建国后更名红庆河，现为乡政府所在地。史学界均以红庆河为秦直道北段的起点。

红庆河为一座较大的古代套城，在鄂尔多斯地区首屈一指，它有内城、中城和外城之分，规模较大，出土文物亦多，恰与掌岗图直道遗迹南北对称，列为考古工作的重点地区。乡政府文化助理李禄同志介绍：此城被多次普查，曾发现大量出土陶器、瓦当瓦片、铜钱、铜箭头、铜器等文物；附近有多处墓群，有的尸骨集中埋葬，有的只发现头骨而无身骨；曾有一次挖掘出数颗铜印串连在一起；等等。而后拜访老农杨奶牙，经他引路考察了红庆河古城西北2公里处的一座高台，现已变成土堆，类似古代烽火台，并说此类高台每隔数里便有一座，都选在高地上。他还送给我们一些铜箭头和铜钱，其中有西汉五铢钱，又说他曾挖出一罐十八斤多重的铜箭头，也看见别人拾到的铲形铜制品。杨奶牙略识文字，青年时代拉骆驼来往陕北和包头之间，民国时期红庆河就是这条车马大道上的中途大站，行人车马络绎不绝，始知近代的红庆河依然是重要交通枢纽，通往四面八方。

由此可见，红庆河古城可能是当时秦直道沿途的重要站点，也可能是这一片地区的统治中心，相当于县或县以上的治所，还有可能是一个较大的军事据点。

下午考察组乘汽车离开了红庆河，一小时后到达新街镇。新街镇为国道210线中途站，距陕西省榆林市133公里。从新街镇进入陕西境内约有百公里沙丘。汽车穿越沙丘空隙行驶，转弯迂回，蜿蜒曲折，沿途可见小块耕地，谷物苗壮，泉水潺潺。隅见农舍、家畜，但人烟稀少，当可推想出此地原本是良田，后被流沙侵盖，耕地渐少，溪水不为所阻，仍在滋润土地，农户便留居在沙漠空隙中。距榆林30公里许，沿公路东侧有一条溪水缓缓流动，清澈见底，凉爽宜人，这就是著名的榆溪河了。晚7时抵达榆林。

28日上午，考察组全体成员分别拜访了榆林地区地方志办公室、文物管理所、交通局及榆林市、县交通局等单位。这次专访所得，除了数访没有见到原参与陕西省交通厅考察秦直道的市交通局贺清海同志及县志办正在生病张建海同志之外，地区文物管理委员会康兰英主任告诉我们，贺清海曾向文管会提交过有关秦直道的资料和意见，因未经实地考察，至今没有答复他；又说中央美术学院靳之林教授为考察秦直道曾徒步从西安走到榆林。关于秦直道的走向问题，靳教授说是从榆林地区西境的马合乡或补浪河乡附近出陕西入内蒙古地区，并建议从此两地寻找线索。地区志办介绍了陕西《文博》杂志内载孙相武《秦直道调查记》一文和《榆林日报》发表的张边林《我区毛乌素沙漠发现"秦直道"遗址》的报导情况，并提出现在地区文联张泊同志曾在文管会工作过，他与靳之林教授熟悉，可能对靳的发现与见解有所知情。

午后考察组即拜访了张泊同志。张泊说：靳教授来榆曾见面交换过，大体上与康兰英主任所述相同。他特别强调，直道的概念和含义，要从秦始皇当时的权威与性格上去研究，其所以区别于驰道的原因就是以"直"为准则。修筑直道是秦始皇权威的体现，指令蒙恬"直通之"这反映出他刚愎自用，不可违抗。所以，张泊同志认为马合乡的可能性较大，因为那里有古城遗址，也出土过大量文物，是秦直道最有力的旁证。

30日早离开榆林，沿210线公路北上转西行，10时到达马合乡，见到乡党委李书记，他说：此地之西瓦片梁为一座古城遗址，再向西便是临近河口水库的打拉石村，村北石灰梁上曾发现古墓，现已令当地回埋。于是，在李书记引导下先去瓦片梁村，发现一座沙梁上有许多残留的砖瓦及陶片，规模与城梁古城相当。城北为一深沟，过沟便到村中，从一农户家中找到古陶罐五个，汉五铢钱与秦半两各一枚。据当地的一位八十岁老农说，这里出土的许多古钱、铜器均被外来人收购去了。又说他久居此地，三十岁前沙梁上什么也没有，三十岁时流沙被刮走才露出许多陶罐、瓦片、铜钱、铜器、铜箭头等东西。始知此地原是平原，古城被沙漠覆盖甚久，又因沙漠西移才显现遗址。由此可知临近沙漠地区一旦植被破坏，沙漠便随风而走，这就是平原地带流沙活动的特点。出村西口发现残余古城墙遗址，系黄土夯实而成，至今仍十分坚硬，不知土中掺和什么物质，不然岂能年久不变，竟无风化现象。

接着，西行至打拉石村，转入北行小道，至石灰梁墓地，因不便挖掘，又起程去红泥湾村，会见了乡长及文物助理白永祥等人，未得其他信息，乃继续西行。下午3时到达乌审旗，5时会见旗交通局达局长。

31日下午，由达局长带领去旗党委党史办公室，何自强主任说：乌审旗地处毛乌素沙漠之中，即使有直道也早已被覆盖了，如壕赖原为王爷府所在地，位于此地东北，1931年搬迁后废弃，近去该处考察时，连王爷府址都被埋没了。他又说：旗所在地南有四个遗址，即海流图庙附近有一座古城，沙尔利格有元代墓葬，无定河西岸也有一座古城，巴图湾有北魏统万城遗址。另外，乌审旗邮电志中有一条古代邮驿路线，其经由地区是由横山县起，经石马、马合、壕赖北抵红城河。从方向看确为一条南北直线，因此，直道很有可能是从马合乡北入内蒙古境内，当是经过壕赖。

9月1日早，起程北行，经乌兰陶勒盖乡，会见乡党委书记，他说：乡境内没有发现古代遗址、遗迹。于是，又转西北行，两小时后抵达乌审召，拜见了热布登道尔吉活佛及两位年长的喇嘛，他们提供两处线索：一是距乌审召东25公里的图克附近发掘出一座石棺，后被回埋；二是距乌审召西南百公里的嘎鲁图发现有古代人骨和铠甲等。从活佛家找到一枚大泉铜钱，便起程继续西北行，经浩通音查干淖尔绕道东行至浩勒根吉，再前行至纳林希里前5公里处转入北行乡道抵台吉召，沿公路东行又第二次到达掌岗图遗址，考察一小时后驶往伊金霍洛旗阿镇，已晚9时许。

2日上午直抵东胜市交通局，由马同志引路考察漫赖乡二顷半村直道遗迹。汽车从109线公路37公里处下路南行，绕乡道驶往二顷半村，顺村东南行，路过沟谷达坡岭上，发现断崖处有明显的填土层，厚度1米，长度10米左右，似拳石堆砌而成。自崖顶北望，有两处填方遗址，断层土质上下有别，厚达数米；由崖顶南眺，300米处有一垭口，其方向与断层遗址南北相对，恰是一段直道残迹，因冲刷成沟而断路。绕行村北，其北约5公里处有一垭口，似同城梁古城的垭口同在一条南北线上。据村中老乡说，1987年北京军事博物馆曾来人考察，始知叫秦直道。原来当地俗称为"古路豁子"。

3日，因救急汽车停留东胜，下午阴雨，晚9时吉普车修复后绕道归来。

4日晨，自东胜出发北行，上午9时驶抵达拉特旗交通局。由已退休王宏孝局长概要地介绍了达旗境内古道遗址情况，其中有班家沟、布尔什兔、黄石崖渠古道遗址。班家沟古道遗址是 1987 年伊旗发现掌岗图遗址后，他带领 2 名干部沿掌岗图、城梁直道遗址方向在进入达旗境内发现又一处直道遗址。

会后 10 时许，由王宏孝等 2 同志带领考察组考察达旗附近布尔什兔直道遗址情况。汽车从达旗出发西行，经瓦窑村下罕太川沿沟西南行，至纳林沟煤矿转西行入纳林沟，行至布尔什兔石豁子村的西梁上发现一处直道垭口遗址。垭口宽近 50 米，垭口南 150 米外有一段路面，南至数里外还有一处垭口。村北数里外可见另一处垭口，此地三处垭口与路面遗址恰好南北对称，似与王宏孝局长介绍的班家沟直道遗址在一条线上。为了找到北部古道遗址，又继续沿沟西行，绕至高头窑电厂后转东行，过张家梁煤矿以东 3 公里的山梁，此地即黄石崖渠，在西梁上有一个古道豁子（垭口），路面清晰，保存良好，容易辨认，一看就知道是古路；这个古路豁子的南北各有一个豁子。从北面古路豁子出去是黑塔尔沟，再北是吴四圪堵。正北越过沙梁便是解放滩乡（又名天义昌，早年曾叫碱房滩）即达黄河南岸，过河北是包头的麻池，它们都在一个方向上。基于上述，可以认定，自城梁古城向北的垭口，形成一条南北直线，贯通到包头麻池，那么麻池当是秦九原郡故址了。

5 日上午，又沿黄河南岸西行，先去原解放滩公社旧址，又经解放滩乡政府新址，拜访了马圈圐圙村的老人和群众，只发现了古代铜钱和铁箭头，得知这里可以渡河。再西行至昭君坟乡附近，看到高大坟堆及通往包头昆都仑区包钢厂地的现今渡口。稍事休息，便乘车返回包头市东河区，已下午 6 时许，直道实地考察就此结束。

三、考察的初步结论

史学界对秦直道的走向至今仍存在着异疑，仅秦直道入内蒙古境内南端的起点竟有五种意见：

一是 1975 年《文物》第 10 期转载史念海教授《秦始皇直道遗迹的探索》一文，是新中国成立后最早发表的学术论文。他说秦直道是由定边县经乌审旗入内蒙古境内的，但所绘《秦朝直道图》自定边起，经乌审旗至红庆河一带，却以一条向东北西弯曲的虚线加以表示，可见尚未完全落实。另外，原文指明黄河南岸的过渡点是昭君坟附近，未标注详细地点，不知秦九原郡址定于何处。但与秦九原郡址的另一说"孟家梁古城"相符（孟家梁古城在包头市西今昆都仑沟西畔，与昭君坟南北相对），而事实上昭君坟与解放滩两地相距 14 公里。

二是 1984 年 5 月，中央美术学院靳之林教授徒步考察秦直道的报导。他认为秦直道经榆林地区西境入内蒙古乌审旗，但因报导有限，也未详载入境点的地名。这次考察拜访康兰英、张泊两同志后，始知靳教授的推测地点为马合乡。

三是 1986 年 9 月，《陕西交通史志通讯》第 5 期发表的"秦直道实地考察专辑"认为：秦直道经上郡（今鱼河镇）西，北过今榆林县境，沿榆溪河北上入内蒙古境内，并在所绘"直道图"上，把经榆林至红庆河一段画成向东弯曲的实线。

四是 1988 年，陕西《文博》杂志第 4 期发表孙相武《秦直道调查记》一文。他记载秦直道从榆林进入内蒙古地区的一段，完全沿现行国道 210 线公路的站点认定为直道走向，显然与第三种意见接近，只是更加具体化了。

五是 1988 年 6 月 11 日，《榆林日报》登载了贺清海关于"秦直道遗址"的报导。他将秦直道从横山县起经榆林引向神木，又提出路宽 80 余米和 164 米的考察记录。

经过实地考察，我们认为接近实际，且有说服力的是第三种意见，靳之林教授的观点与构思合情合理，符合史籍所载内容。例如独取直道一称，当具有"直"的含义，"堑山堙谷"即为取"直"的唯一方法，求"直通之"，里程必短必近。故"千八百里"（合今 745.2 公里）较为吻合，舍此均超过限度。据此，秦直道跨入内蒙古前后的走向，路线和途经站点应该是：由陕西横山县起，经石马、马合，入内蒙古内乌审旗的壕赖，再直北通往红庆河，经掌岗图、二顷半、城梁县、班家沟、布尔什兔沟、查汗沟、黄石崖渠、黑塔尔沟、吴四圪堵、解放滩抵黄河南岸渡口，北渡黄河即达北岸终点麻池的秦九原郡故址。麻池北即为汉代石门障（又名石门水，唐称呼延谷，今昆都仑沟），此处即是穿越阴山，沟通大漠南北的坦途，曾盛兴久远，史籍颇有记载。

四、考察经验心得

1. 地形地貌的变迁是遗迹存失的关键

两千多年以来，鄂尔多斯高原受自然的洗礼和人为的破坏，已远非古代固有的形象。从目前现状来看即有三种不同的结构：一是沙漠地区。伊盟境内有两条沙漠，一条是连接陕西边境的毛乌素沙漠，一条是接近黄河南岸的库布其沙漠。沙漠中可见植被较好的沙丘，也有黄澄澄的流沙区，风起沙动漫野漂流，它们都附着在地表上。因此，沙漠中若有直道遗迹已早被覆盖，难于寻见。二是平原地区。平原筑路本无浩大工程，故而直道遗迹亦难保存，很快会恢复原状，且易被流沙浸盖而灭迹。三是丘陵地区。红庆河至吴四圪堵之间约有近80公里的丘陵地带，现已沟谷纵横，河槽密布，现代公路不是绕道而行，便是沿河槽而通过的自然路。因而当地多以沟、梁、壕、渠择取地名，但丘陵可留存垭口，沟谷亦可显露断层遗址。

据此可见沙漠与平原未能保留直道遗迹是理所当然的事情，丘陵上留有垭口与断层也在情理之中，它们在长时间内不会灭迹，除非有特大的地震毁坏。

2. 摸清直道的含义是寻找遗迹的前提

经过调查研究，秦代人工筑路规范化已众所周知，遍及全国的驰道中，称直道者唯此一条，得知"直"的概念就是道路与众不同的基本含义。为求道路取直才不惜劳力"堑山堙谷"，为求取直才有捷近之途，以利驰援边疆、巩固边防，当是秦始皇深谋远虑命名直道的真正缘由吧！

3. 直道沿线附近必然设有城堡和基地

直道是对付匈奴南侵的战略交通线，沿途修筑城堡，屯兵驻守，既是军事防御设施，也便于改善和维护道路，可确保畅通无阻。修筑工程异常艰苦，减员、死亡在所难免，畏苦逃亡者大有人在，加上历代战争不断，亡于战争当是常事，故多以集群葬之。沿线多墓地也是直道的佐证之一。

总之，此次考察得到各方面的协助和支援，解决了一个又一个难题，汇集地方志编辑人员、文物考古人员和交通专业人员的智慧与勤劳，始能突破史料的不足而取得圆满结果。尤其是陕西榆林地区的同志对我们的热情接待、关怀和支持，使我们受益匪浅，就此表示衷心的感谢。

执笔人：张洪川

（原载《内蒙古公路交通史·资料选辑》第14期，1991年）

甘肃庆阳地区秦直道调查记

李仲立　刘得祯

为了对甘肃庆阳地区的秦直道进行研究，1989年4至5月，由庆阳师专、地区博物馆李仲立、刘得祯同志带队，参加的有潘振东、李红雄、陈瑞琳、寇正勤等同志，对庆阳地区内秦直道进行了调查。

《大清一统志》载："子午岭上，直南直北，随地异名，岭上有秦古道。秦始皇自九原沿此道向云阳行兵运粮，当时名曰圣人条。"《史记·匈奴列传》正义："秦故道，在庆州华池县西四十五里子午山上，自九原至云阳，千八百里。"子午岭南北走向，位于陕西与陇东之间，为泾、洛两河的分水岭。它北起陕西省的定边、吴旗和志丹三县，南至铜川、耀县、淳化、旬邑等县市。东有甘泉、富县、黄陵、宜君诸县两半部，西有甘肃华池、合水、宁县、正宁诸县的大部或小部。直道始终沿子午岭分水梁修筑，从南向北途经我区四县，这次实地考察，取得了丰富的实物依据，现将调查情况报告如下：

一、秦直道在甘肃庆阳内的走向

直道由陕西淳化县北梁武帝村开始，就进入子午岭南端的山梁——甘泉山。由旬邑县的石门关入正宁县的刘家店，沿分水岭向北延伸，到陕西定边县。在我区内长约290公里，以华池县老爷岭以北为黄土梁状丘陵，以南为土石山区，大部遍布灌木丛林。

直道进入正宁县刘家店、黑马湾站后，沿陕甘两省分界线（分水岭）达调令关。北上经石窑、高庄、车皮湾、艾蒿店到烧锅梁，走完正宁县境，长约70公里。刘家店海拔1600多米，调令关海拔1755米，这段直道长约40公里，山势起伏较大，为慢上坡状。艾蒿店海拔1722米，相距调令关约20公里，山势平缓，为慢下坡状。由于水土流失，部分直道路面宽4米左右，今人继续沿用；部分路面废弃，已长满灌木，但路迹仍清晰可辨，最宽处在5米左右。从现存的路面观察，当初对平缓的山脊稍加修整、铲平作为路基，垫土厚约10至20厘米，但有些崾岘明显进行过加固维修。调令关南约5里的一个崾岘，长约百米，宽约30米，东南边坡度平缓，为原生土层，西北边谷深坡陡，为扰乱土层，明显可以看出用土加筑厚约4米。艾蒿店向南不到半里处有一崾岘，长约40米，宽约6米，两侧均用红砂岩石镶砌，内垫红黏土，厚约50厘米至1米。

直道从烧锅梁进入宁县境内的五里墩，经芦邑庄、吊庄、鲁堡、南桂花园、北桂花园、兴隆关、兔崾岘、七里店到合水县的午亭子，行完了宁县境，长约60公里。五里墩到午亭子海拔高度基本一致，为1560多米。所以这段山势起伏不大，路面平坦。梁峁上许多平地已开垦耕种，星星点点地住着农户，大部分直道改成6米多宽的土汽车路，仅留转弯处和山峁上部分直道遗迹，一般宽在5米左右，沟壑间森林茂盛，灌木丛生。芦邑庄原为一镇，向北转弯直道通过之处，曾挖土方高约3米，宽6米，长10米。

午亭子位于宁县、合水两县交界处，属合水县辖。这里是南北、东西两条古道交叉地。东路沿陕西富县和合水县的交界线，经柳树庄、瓦川口，过葫芦河，到和尚原进入陕西富县境。向西南到合水县境的凤凰窝、胡家岔、马家庄、红土寺、大山门到固城。直道由午亭子向北纵穿合水县境。经土桥、槐树原、马连崾岘、朱家老湾、娘母子湾、油房庄、涧水坡岭（洞口）、黄草崾岘到青龙山。黄草崾岘海拔1624米，槐树原附近海拔1652米，所以这段直道向北稍微倾斜，长约50公里，因运输出山木材，今沿古道修近8米宽的土路一条，百分之九十的古道被破坏，仅留起伏山脊上的残段，在灌木丛中直道痕迹仍清晰可见，路面呈凹形，宽5米左右。

直道从青龙山起沿合水、华池两县分水岭向西北方向延伸，到华池县的麻子崾岘，然后纵穿华池县境。经大红庄、墩梁、老爷岭、新庄畔、羊沟畔、黄蒿地畔、深崾岘、高崾岘、墩儿山，过打扮梁的雷崾岘、五里湾、张新庄、田掌，进入两省交界的丁崾岘、墩梁，直达营崾岘。营崾岘是直道与长城重合之处，也是一处交叉的十字路口，直道沿长城内侧向西北方向延伸，经营盘梁、南湾、箱子湾到白涧出长城，入陕西定边县的马崾岘（在铁角城以东的分水岭上）。重合之处长约20公里，在华池县内长约110公里。青龙山海拔1633米，老爷岭海拔1672米，两地相距约40公里，这段直道向北是慢上坡，墩儿山附近海拔1400米，所以从老爷岭到墩儿山为慢下坡。山势起伏大，道路崎岖，路面呈凹形，宽约5米。因梁峁多为蒿草，人烟稀少，古道基本保存完好。（图1）

二、直道沿线和附近发现的重要遗址

经实地调查，发现了一批重要遗址，现分别介绍如下：

1. 南梁峁遗址

位处正宁县和陕西旬邑县交界处，调令关南约5公里的地方。遗址在直道东边约百米处。1986年陕西旬邑县文物普查后，定为"秦一号兵站遗址"，立石碑一通。此地为一平顶山峁，东南山势陡险，西北坡度平缓，四周林木茂盛，顶部遍布蒿草。山顶南北长约500米，东西最宽处约150米，地面布满残砖破瓦，断面看到的文化层厚达1.5米。拣到的实物有：残瓦当数块，其中一块四分之一完好，饰云纹一组，中间方格纹，半径16厘米（图3，1）；残筒瓦多块，凸面饰粗绳纹或细绳纹，凹面有芝麻窝，瓦头有子母扣，直径为13厘米；板瓦凸面为粗绳纹或细绳纹，有的纹饰倾斜，有的呈条状。

2. 调令关遗址

位于正宁县东南，在一个比较平缓的崾岘南端山峁间。坐东向西，现有残窑洞二层，直

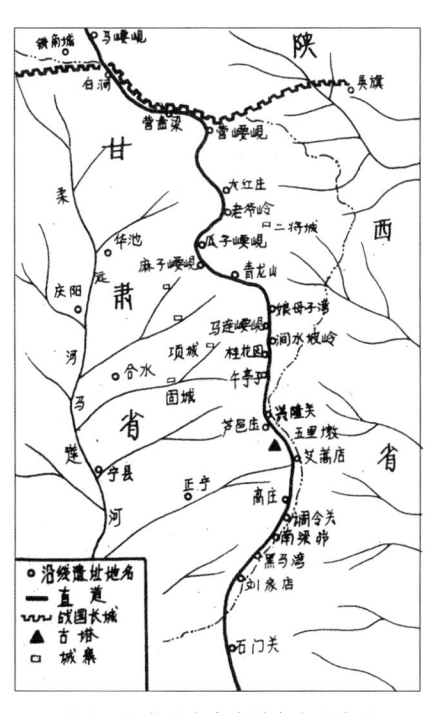

图1　子午岭上秦直道走向示意图

道从第二层窑洞前的宽阔地边通过,并且还在这个崾岘南侧发现一段早期墙址,长约30米,残高3至7米,基宽约5米,夯土层厚6至7厘米,夯窝不明显,为五花土质,内含大量炭块,地表布满瓦片,断面所见文化层厚达3米,有粗绳纹板瓦和筒瓦以及宋以后的陶、瓷器残片。较完整的汉瓦长31、宽19、厚2厘米,凸面光平,凹面为布纹。

从实物可以看出这处遗址一直沿用至清,这里原有一条通往陕西黄陵的道路,位处关隘要道。

3. 高庄遗址

在正宁县境内,调令关北约20公里处。遗址位于南北长约百米,宽约40米的崾岘之中,范围约为70米×30米。此处布满粗绳纹板瓦残片,筒瓦凸面多饰细绳纹,头部11厘米为光面,凹面饰麻点纹,直径13厘米(图2,2)。这处遗址并不大,从瓦片分布可以看出,建筑物坐东向西,南北呈"一"字形,直道从门前经过。崾岘两边为深谷,地势十分险要,既可供食宿,又是要塞。

4. 艾蒿店遗址

位于正宁和陕西黄陵县接界处,属正宁县辖。这一带古道平坦,路迹清晰(图2,1)。遗址在直道大转弯的崾岘之东山峁西侧,面积为200米×100米,断面所见文化层厚为1至3米。内含相当丰富,有大量粗、细绳纹板、筒瓦残片。汉代布纹瓦片及明清庙宇脊兽、瓦当之类,遍地皆是。据当地农民讲,民国初年这里还有集市、庙宇,今废弃,现留残窑洞两层。崾岘长约150米,两端山峁高大,直道沿山

1. 艾蒿店直道遗迹

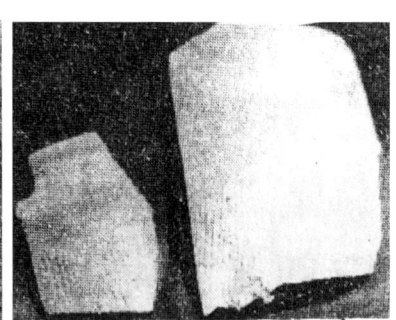

2. 高庄遗址板瓦、筒瓦

3. 营盘梁城障出土铁铲

4. 艾蒿店北五里墩

图2 遗迹及出土器物

峁东侧台地修筑。

5. 午亭子遗址

位处子午岭山梁嵝岘处，今属合水县大山门林场辖。东约1里许与陕西富县相接，这里山势平缓，有两个大弯，三个山峁相距很近，间隔约500米。中间山峁较高，平顶，20亩左右，高出直道平面约200米，左右山峁高出约百米。此处古道有两，绕中间山峁交叉，呈"十"字状，东西向为陕西富县通往合水、庆阳的一条古道。遗址中心在中间山峁南侧，以直道为中心，上现有四层残窑洞，下有八层窑洞。窑洞前都有较为广阔的台地，最大的约40亩，最小的也在10亩左右。左右山峁各有二层残窑洞，瓦片遍地皆是，文化层厚约3至7米，内含主要是粗绳纹板、筒瓦，瓦头凸面1至2厘米为光面，

1. 南梁峁瓦当拓本

2. 午亭子铁风铃拓本

图3 瓦当、风铃拓本

纹饰有纵的、横的以及印压纹等瓦片，汉代残砖破瓦极为丰富，也有相当多的宋代瓷片，明清遗物处处可见，有脊兽、瓦当、风铃之类（图3，2）。铁风铃上有"合水子午武镇"六字。

在午亭子中间山峁顶部有一烽燧，呈冢状，残高4米，当地农民讲，1987年，出土了一块小石碑，横书"午云寨"三字，已失。东西山峁为东寨、西寨。峁顶有小形土墩，直道南北约3里也各有一小土墩，四面分布，可能是早期路标（图2，4）。中间山峁西侧近直道处发现早期残墙一段，绕山峁呈弧状，长约150米，基宽约6米，残高0.5至1.5米，夯土层厚6至7厘米，直道从残墙的豁口处通过。

6. 华池县内直道与长城汇合后发现的重要遗址

林沟梁城障遗址：位于元城乡碾子畔村与陕西吴旗县长官庙乡曾岔村的交界处，在子午岭上的一座圆山峁上，城障的障墙呈正方形，四周保存较好，坐西向东，北、东、南三面较高，西侧稍低，残高4至5米，基宽4米，顶部宽1至1.3米，夯土层薄厚差异较大，在5至14厘米之间，城内面积1000平方米。城障中

有方锥形烽墩，底边长 12 米，高 11 米，顶边长 2.3 米，夯土层厚 15 至 20 厘米。遗物有粗绳纹板、筒瓦及少量的黑、白釉瓷碗残片。即可说明这处城障可能沿用至明清。

营盘梁城障遗址：位于元城乡吕沟咀村，地处分水岭的一个圆山峁上，这里的长城沿山峁筑成半圆形，直道沿城内侧也形成弧状，在半圆形南侧有一块平地，面积约 4200 平方米，地内满布粗、细绳纹瓦片，出土一件空心铁铲，刃长 13.5、宽 5 厘米（图 2，3）。此处障墙保存较好，长约 50 米，高在 4.5 至 5.2 米之间，基宽 5 米左右，夯土层薄厚不一，约在 7 至 15 厘米之间。

7. 烽墩

沿我地区约 290 公里的秦直道上，已在沿途发现的早期烽墩有 22 个。据传当初五里一墩，今多数因年久失修，自然风化遗迹已毁，有些地段的烽墩仍保存较好。艾蒿店有北五里墩、南五里墩，相距六七里。北五里墩位于一个大山峁顶部，周长约 60 米，残高 6 米，呈冢状。视野宽阔，南北垭口尽收眼底。南五里墩位于一个小山峁上，四周密布林木，周长约 30 米，残高 5 米，呈冢状，墩的基部以砾石为基础。基下约 20 米处，有残窑洞和大量灰烬。总的看修墩选择位置的特点是：高于直道，位处山梁的制高点，四面视力无阻；二是选择道路大转弯的山峁，南北垭口清晰可见。

8. 直道西侧附近处发现的遗址

（1）塔儿庄砖塔：属宁县罗山府林场辖，在子午岭西侧半山腰间，距直道约 3 公里。为楼阁式砖塔，内空，平面呈四方形，高三层，顶稍残，通高约 11.3 米。无台级和基座，砖经打磨加工，十分规整。三层栏杆四周砖刻各种花卉及动物图案，有牡丹、荷花、菊花、忍冬和马、羊、象、鹿、鱼、鸭等，似为晚唐至宋初建筑。

（2）冯西沟新石器时代遗址：属宁县罗山府林场辖，在岭西侧沟底，距直道约 5 公里的介家川和冯西沟川小河交汇的台地内，面积约 150000 平方米，文化层厚 1 至 2 米。地表散布大量的彩陶盆、尖底瓶、细泥红陶钵、罐等陶片并出土了黑色陶环、残石锛等器物，属仰韶文化类型。

同时在罗山府、芦邑庄、桂花园、老爷岭等地，近直道处发现了多处汉墓群，出土了大量的汉代灰陶罐、盆及釉陶壶、灶、仓等器物。

（3）固城遗址：位处合水县固城川，午亭子向西通往合水、庆阳的要道上，距直道约20公里。城址位于固城河右岸二层台地内，距河床高约30米。不规则城垣基本完整，基宽约10米，残高20米，夯土层厚一般在17至20厘米之间，占地约30亩。在北城墙近基处，发现一段早期城墙，长约10米，高2至4米，夯土层厚6至7厘米，五花土筑，内含大量粗绳纹板、筒瓦残片，并有夹砂红陶罐残片及兽骨之类。

午亭子向西山脚下，距固城约10公里处，群众称为大山门的地方，实为一大关口。沿河右岸为古道，在转弯处，坐北向南有高约30米、宽20米的大壑口，像一大门，古道必经。周围有残窑洞数个，在台地内有大量汉代瓦片，曾出土过铜镞等物。

（4）顶口城遗址：位处合水县固城川，直道以西约10公里处。城址位于小河右岸的二层台地内，距河床高约20米，长方形，城垣基本完整，占地约15亩。东西墙残高约15米，基宽10米，夯土厚10至14厘米，为晚期城墙。南北墙残缺严重，高约3至7米，基宽约7米，夯土层厚6至7厘米，为五花土筑成，内含大量粗绳纹板瓦残片，并有夹砂红陶罐、鬲残片。

三、对秦直道有关问题的探讨

秦直道始修于始皇三十五年（公元前212年）至始皇三十七年，是秦统一六国后，为阻挠匈奴南侵而修筑。《史记·秦始皇本纪》载："除道，道九原抵云阳，堑山堙谷，直通之。"《史记·蒙恬列传》也记载："始皇欲游天下，道九原，直抵甘泉，乃使蒙恬通道，自九原抵甘泉，堑山堙谷，千八百里。"司马迁在汉武帝元封元年（公元前110年）年曾随武帝刘彻出巡北方，从头至尾走过这条路，他写道："吾适北边，自直道归，行观蒙恬所为秦筑长城亭障，堑山堙谷，通直道，固轻百姓力矣。"亲自走过这条道的司马迁只记述了它的起至点和长城亭障，而未详记所经地点，这就为后人留下了"直道"到底详经何地之谜。

近年来有许多专家、学者都在探讨这一问题，持有不同见解。为此，我们考察了本地区内的秦直道，认为秦直道沿子午岭通过甘肃庆阳地区四县，出秦长城入陕西定边县境。

1. 秦直道的宽度问题

我们详读了史念海①、王开②、姬乃军③等专家、学者对秦直道的调查研究等论著,认为史念海教授的结论是准确的,方位、路线符合事实。关于直道路面的宽度问题,史书并没有记载。经实地考察在我区境内的直道今存在 5 米左右。因修筑于子午岭山脊之上,自然条件所限,当初也不过在 6 米左右,只能通行两辆马车。从修筑时间看,仅只一年半。工程艰巨,时间紧迫,也不可能修 40 至 160 米的道路。"直道"只有一条,"驰道"以咸阳为中心有多条,《汉书·贾山传》载:"秦驰道,道广五十步,三丈而树",这是通往天下郡、府置所的大道,此文不论。

2. 这条道路雏形始于周至战国

解放后,我地区正宁、宁县、合水均发现了一批先周、西周至战国的重要遗址、墓葬。东距直道最近的在 10 公里左右,最远的也超不过 50 公里,有些遗址就在通往直道的西侧要道上。如宁县湘乐宁村发现的西周遗址,距直道虽 40 余公里,但可直通五里墩。在遗址内的墓葬里出土了一批西周重要的礼器、兵器及车马饰。④在正宁县月明柴桥等地发现了一批战国墓葬,位距直道有的仅几公里,出土了一批兵器、车马饰及服饰等器物。⑤这都从侧面证明与早期这条道路有关。称之为"直道",是直近而捷的唯一道路,子午岭总体看是南北走向,但作为山梁,在小范围内总是弯弯曲曲。

3. 秦直道与沿线遗址的关系

初步调查在本地区沿线的重要关隘有调令关、艾蒿店、芦邑庄、兴隆关、午亭子等处。附近寨有固城、项城、二将城、大山门等。这些关隘、城寨的位置都十分重要,一般在山势险峻又有交叉道路之处,这对军事讲,易防易守,易攻易退。所以宋以前许多与西北少数民族发生战斗,都与这条道路分不开。

秦直道是我国最早修筑的一条山区道路,对西北,特别是对陇东地区的经济开发有着深远的影响,有待专家、学者进一步探讨研究。

(原载《考古与文物》1991 年第 5 期)

---

① 史念海:《秦始皇直道遗迹的探索》,载《文物》1975 年第 10 期。
② 王开:《"秦直道"新探》,载《西北史地》1987 年第 2 期。
③ 姬乃军:《延安境内秦直道调查报告之一》,载《考古与文物》1989 年第 1 期。
④ 许俊臣、刘得祯:《甘肃宁县宇村出土西周青铜器》,载《考古》1985 年第 4 期。
⑤ 刘得祯、许俊臣:《甘肃庆阳春秋战国墓葬的清理》,载《考古》1988 年第 5 期。

安塞发现秦行宫遗址

杨宏明　谢妮娅

4月16日，陕西省安塞县文物管理所在调查时发现一处规模较大的遗址。经初步认定，该遗址为秦行宫。这是继志丹行宫发现之后的又一重要发现，为研究秦代宫殿建筑史、艺术史及其相关问题提供了新的资料。

遗址位于安塞县化子坪乡红花院、秦直道东侧10米处。遗址东西长1000米，南北宽500米，中间高，四周低，内现存大量夯土台基。台基以坚实细密的夯土构成，夯土层厚10~30厘米不等，层间可辨直径6厘米的圆形夯窝，夯土最高处可达10米。

在遗址地表分布着大量的秦代筒瓦、板瓦、瓦当残片、回纹铺地方砖、几何纹条砖、空心砖、圆形陶水管等建筑构件和大量带有陶文的器物残片。

板瓦、筒瓦外饰整齐的绳纹，内饰麻点纹或不规则的粗绳纹，制作规整。瓦当大部分残缺难辨，只有卷云纹瓦当较完整。

瓦当图案均为阳纹，线条圆润流畅。此外，该遗址中央放置两块基石。一块为长方形，长76厘米，宽70厘米，厚36厘米；一块为圆形，直径85厘米，厚35厘米。根据质地分析，基石是从外地运来的。

（原载《中国文物报》1991年10月27日第1版）

陕西志丹县永宁乡发现秦直道行宫遗址

姬乃军

1989年4月下旬，志丹县文管所宿玉成同志在本县永宁乡任窑子村进行田野调查时发现一处大型秦代遗址，并采集了一些遗物。5月下旬，我与宿玉成同志一起对遗址进行复查。下面简述复查结果。

该遗址位于任窑子村西约200米处，为一高出地面15米的土台，南北长约350米，东西宽约80米，俗称"营盘山"。（图1）秦直道即位于遗址西侧。土台为夯筑而成，夯厚7、8、9、10、12、15厘米不等，其西侧断面呈垂直状，其

图1 行宫遗址全貌

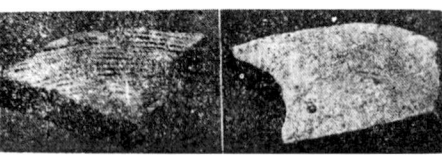

图2 月牙形砖

左：瓦当 中：回纹砖 右：板瓦
图3 瓦当、砖纹饰拓本

余三面皆呈三级台阶状。现遗址已被辟为耕地。四周断面及地表均可发现大量的建筑遗物，其中有砖、瓦、陶管道、陶井圈等。

砖　有素面方砖、回纹砖、月牙形砖。

素面方砖　正面磨光，边长20、厚3.3厘米。

回纹砖　未采集到完整者。残砖1块，残长19、厚2.9厘米，正面饰回形纹，背面饰平行绳纹。（图3，中）

月牙形砖　发现2块。其一残长13、厚2.9厘米，背面素，正面饰粗绳纹（图2，左）；其二残长19、厚2.4~2.9厘米，背面素，正面饰细绳纹，近底处有一孔。（图2，右）

瓦　有板瓦、筒瓦、瓦当。

板瓦　有两种，皆为残片。一种内饰麻点纹，外饰平行粗绳纹，唇部抹平，厚1厘米。另一种外饰搓板状弦纹（图3，右），内素面，厚1.2厘米。

筒瓦　1件。宽17、厚1.2、残长25厘米，外饰平行绳纹。

瓦当　皆为圆瓦当，纹饰为对称内向卷云纹，瓦轮宽1厘米，较低平，中心圆内饰菱格纹。（图3，左）

陶井圈　1件。圆筒状，壁厚3、高47、内径88厘米，外壁饰交错绳纹，内壁素面。

秦直道在志丹县境内，南起柏树畔，经松树坪、任窑子、安条、马湾子、牛棚屹崂、土门、新塄坑、杨抓塌等地，宽40~50米。（见《延安境内秦直道调查报告之一》，载《考古与文物》1989年第1期）任窑子发现的遗址正位于这条路线的附近，其上采集的遗物具有明显的秦代遗物特点，故初步肯定此遗址为秦直道沿途的行宫之一。

这处遗址的发现对考察秦直道的位置有十分重要的意义，它否定了秦直道是经过甘肃境内子午岭主脉北行，直达定边县南的说法。

（原载《考古》1992年第10期）

世界古代高速公路之首
——秦直道

杨泽蒙

千古一帝秦始皇统一六国后,倾全国之人力、物力,兴建了两项名传亘古的浩瀚工程,一为修筑长城,二为"治直(道)、驰道"。长城绵延万里,巍然耸立,作为中华民族勤劳、智慧的象征,世界八大奇迹之一,历代吟诵,妇孺皆晓。而同等距离内修建规模和工程难度与长城相差无几的秦直道,则世人所知者甚少。关于秦直道,文献虽有记载,但极为简略。翻遍《史记》《资治通鉴》这样的史料巨著中,仅觅得"始皇欲游天下,道九原,直抵甘泉,乃使蒙恬通道,自九原抵甘泉,堑山堙谷,千八百里""三十五年使蒙恬除直道,道九原,抵云阳,堑山堙谷,千八百里,数年不就"等这样一些只言片语。就连大文学家、史学家司马迁巡游北方,沿秦直道返回,眼见长城、直道工程之浩瀚,人民为其付出之艰辛后,也只是留下了"吾适北边,自直道归,行观蒙恬所为秦筑长城亭障,堑山堙谷,通直道,固轻百姓力矣"的感叹,而对于直道的具体细节,却未再吝赐墨。因此,几千年来,"堑山堙谷,千八百里"的秦直道,虽给人们留下了无限遐想的空间,但欲想识其真面目,则难越雷池一步。直至上个世纪70年代中期,一位年轻的文物工作者在鄂尔多斯的惊人发现,终于打破了人们探究秦直道进程中的瓶颈,使这一和万里长城堪称"同胞兄妹"的中国古代道路工程上的奇迹得以重现天日。

1974年7月，内蒙古自治区文化厅为伊克昭盟举办的文物干部培训班的田野实习工作开始了，带队的是内蒙古博物馆年轻的文物工作者田广金同志。田广金毕业于北京大学考古专业，功底扎实，思路敏锐，事业心强，接受了担任培训班辅导员的任务后，深思熟虑为自己此行确定了几个研究课题，探索秦直道在内蒙古境内的行踪，便是任务之一。据文献记载，秦直道北起九原，南抵云阳。九原即九原郡，郡治在今内蒙古包头市，云阳距秦都不远，位于今天陕西省淳化县北，这在20世纪70年代已经是被考古发现证实了的不争的事实。而"直道"，顾名思义，一定是条走向左右摆幅相对来说较小的道路，在现在的陕西咸阳和内蒙古包头市之间拉一条直线，伊克昭盟（今鄂尔多斯市）的伊金霍洛旗、东胜、达拉特旗恰在其间。就算是古人对道路的记述不实，直道的曲折迂回很大，但左右有黄河牵制，"直道"必经鄂尔多斯高原无疑。虽然经过两千多年的风雨侵蚀，道路遗迹肯定被破坏得面目全非了，但既然是"堑山堙谷"，足可见当时工程之浩大，那就一定有迹象可寻，之所以到现在还没有发现秦直道的踪迹，只能是辛苦未到的原因。探寻中国古代最伟大的道路行踪的机遇就在眼前，想到这里，初涉文物事业的田广金同志热血沸腾，信心十足地踏上了征程。

接下来的考察工作之艰难可想而知，但功夫不负有心人，一天，疲惫不堪的田广金同志和普查队员们终于在东胜县漫赖公社海子湾大队二顷半生产队居民点以南约200米的地方，发现了一段残存长度约100米，具有明显人工填垫痕迹、好似道路路基的遗迹，这段路基遗迹的前后两端都已被洪水切割成深深的冲沟，在冲沟的断壁上可清晰地看到，路基是在原生地层上由红色砂岩碎块填垫起来的，残存厚度1.5米左右，路面的宽度约22米。这里位于丘陵的低洼地带，由此向南眺望，地势较为平缓，未发现什么迹象，但向北一看，迎面的丘陵顶部一个明显的"豁口"一下子映入了田广金同志的眼帘，"堑山堙谷"，这个萦绕在他心中多时的印象剧烈地敲击着他的心房，"是真的吗？这是秦直道吗？"田广金同志再也按捺不住激动的心情，带领大家一路狂奔至对面的"豁口"处向北眺望，啊，只见蓝天白云下，几个位于丘陵顶部的"豁口"在绵延起伏的丘陵中时隐时现直线向北延伸。遇山凿山，遇沟填沟，"堑山堙谷，直通之"的秦直道，终于掀开了笼罩在自己身上的迷障，向世人展示出了它的本来面目。

田广金同志把他的重大发现告诉了他的老师——北京大学著名考古学家俞伟超先生。俞先生又把这一消息转告了我国著名历史地理学家、陕西师范大学史念海先生。1975年，史先生在他的《秦始皇直道遗迹的探索》一文中，首次把这一被历史湮没两千余年的世界最浩瀚道路工程的真实面目披露在世人面前。

以后，伊克昭盟文物工作站（今鄂尔多斯博物馆），对位于鄂尔多斯境内伊金霍洛旗、东胜县、达拉特旗境内的秦直道遗迹，进行了全程的科学调查。另外，中央美术学院靳之林教授、内蒙古交通厅秦直道遗迹考察组、陕西省古道研究学会等许多单位也对鄂尔多斯境内的直道遗迹进行过多次考察活动。时至今日，对秦直道的科学考察研究工作已经开展整整三十年了，我们不应该忘记那些对秦直道的研究工作付出艰辛努力的科学家，特别是当年那位撩开秦直道神秘面纱的年轻的文物工作者——田广金先生。

据文献记载，秦直道始建于始皇三十五年（公元前212年），秦国大将蒙恬征调民夫数十万，历时两年余，终于完成了这一历史上罕见的浩瀚工程。直道北起九原（今内蒙古包头市西），南抵秦都咸阳附近的云阳（今陕西淳化县北），全长1800多里（相当于现在的1400多里）。由于这样的道路宽阔平坦，能适应大队人马快速驰援，通常称之为"驰道"，又因其南北遥遥相对，直线相通，也称"直道"。秦始皇统一全国后，修建了多条由咸阳通往原六国故地的驰道，但直道仅此一条。

秦始皇为了防御北方匈奴民族的侵扰，重新修建的万里长城，很多都是在战国时期原有长城的基础上修建的，而为了加强对六国故地的监控所修建的那些高等级的公路（驰道），也大多数是在原有旧道的基础上改扩建完成的，只有秦直道这条作为当时中原连接北方草原地区唯一的一条交通枢纽，则完全是在无任何基础的前提下兴建完成的（至少从九原郡到陕西榆林的这段直道应该如此）。从这个角度考虑，修建秦直道的意义、难度决不逊色于长城。有人形象地把秦代的万里长城和直道比喻为弓和箭的关系，互依互补，真的是太恰当了。我想，这就是它的重要地位所在吧。

鄂尔多斯境内目前可确认的秦直道遗迹，北起达拉特旗高头窑乡吴四圪堵村东，南至伊金霍洛旗的掌岗图四队，南北纵贯鄂尔多斯高原中部，地图上的直线距离近100公里。秦直道遗迹途经的地区，今天多属高丘陵地区，地势延绵起伏，高差较大，沟壑纵横。直道遗迹在这一地区沿约190°的方向直线南行，绝无弯道。为减少道路的起伏高差，凡直道所途经的丘陵的脊部，绝大多数都进行了不同程度的开凿，置身直道分别向南、北眺望，均可看到一线相通的数个由于开凿而形成的位于丘陵正脊部位的豁口，或位于坡脊部位的半豁口。位于丘陵正脊处豁口的宽度一般为40~50米左右，位于坡脊处的半豁口坡上端开挖部分的宽度约30~40米，坡下端的垫土部分宽度约20~30米。凡直道途经的丘陵间的鞍部，绝大多数都进行了不同程度的填垫，从保留在冲沟断壁上的路基断面可知，填垫部分的路基底部最宽者约60米，顶部宽30~40米，残存最厚的垫土现今仍达6米以上，足可见当初工程之艰难。路基垫土多就地取材，将开凿豁口所得红黏土及砂岩的混合物移至丘脊两侧的低凹处，或将坡脊上端的堆积移至下端。部分连续低凹地段，由于开凿丘脊所得土方无法满足路基填方的需求，便从附近的河床内运来沙石填垫路基。路基层层填垫的痕迹清晰可辨，虽未发现夯筑痕迹，但仍十分坚硬。如今秦直道所经之地，凡填充部分，在常年雨水的侵蚀下，绝大部分已被冲刷掉，形成较大的沟壑，但是断壁上却保留着较完整的路基断面。开凿处则多数保存较好，由于挖、凿而形成的豁口虽经二千余年风雨仍清晰可见，延绵不绝，雄姿犹存。

在该段直道遗迹的东侧，由北到南依次分布有城梁、苗齐圪尖、大顺壕三座古城址，其中城梁古城规模较大，规格也较高。城梁古城址位于丘陵的顶部，是附近地区的制高点，置身古城的高处，周围数十里的范围可尽收眼底。古城平面形制呈方形，边长约480米，地面遗物十分丰富，散布大量的砖、瓦、瓦当、陶排水管等建筑构件和陶质器皿的残片等。古城内还发现有陶窑等遗迹，早年还出土过大量成捆的箭杆等遗物（杆身已朽，只存铜镞），具有强烈的军事氛围的性质。据三座古城的所在地望、城内出土遗物等综合分析，它们应该是与秦直道有密切关联的城障、行宫类遗址，另外，在靠近黄河南岸处，还有一座城拐子古城，而在掌岗图四队以南约22公里处，也有一座红庆河古城，目前，在两座城址附近虽然还未发现直道遗迹，但据其所在位置、地表暴露遗物等综合分析，也应该是与直道遗迹密切相关的城址。

秦直道遗迹于1996年5月28日被内蒙古自治区人民政府公布为自治区级重点文物保护单位。目前已申报第六批全国重点文物保护单位。

一

鄂尔多斯境内的秦直道遗迹虽然已经发现了三十年，其间也做了大量的工作，但围绕秦直道还是有许多谜团弥漫在人们的心间。

望着这条神奇的大道，人们不禁疑惑万千，同时也疑虑重重。秦直道行进的路线，约有一半是在秦人并不十分熟悉的鄂尔多斯高原，这里的地势虽然不及子午岭及陕北黄土高原地区那样跌宕起伏，却也是丘陵延绵、沟壑纵横，两千多年前的秦人，是如何在这么短的时间内，掌握了如此精确的北方大地方位概念以及如此丰富的地理学、地貌学知识？难道仅仅依靠据说刚发明不久的罗盘定位技术，他们就具备如此辽阔地域内的大地测绘技能了吗？就能娴熟地应用如此精确的测量、定位技术了吗？因为按照现代人的思路，如果没有这些技术的支持，要在两年的时间内，在一个无论是地理方位还是地质条件都十分陌生的区域内完成这么大的一项工程是绝难想象的。

另外，这项浩瀚工程的顺利实施，难道凭借的就是蒙恬率领的那数十万内地民工的智慧和力量吗？因为讲到秦直道这条沟通南北的军事要道，我们还不能忽略文献记载中的这样一个情节：赵武灵王二十六年（公元前300年）"攘地北至燕代，西至云中、九原"后，便让位给儿子（赵惠文王），开始实施"身胡服，将士大夫西北略胡地，而欲从云中、九原直南袭秦"的战略①，其中就应该包括对九原郡的设置、对这条"直南"道路的勘测、南渡黄河渡口的营建等等一系列活动。那么，在这条由秦将蒙恬主持完成的当时世界上规模最宏大的高速公路的过程中，是否蕴含着赵国人的辛勤汗水呢？还有，当时大部分已被蒙恬的大军撑到阴山以北，而原本世世代代就生活在鄂尔多斯地区的那些北方游牧民族，是否也在其中发挥了不可估量的作用呢？

直道的起点九原郡郡治究竟是现在包头市西的三顶帐房古城，还是麻池古城，学术界还存在较大的争议，虽然各引其证，但目前都缺乏实质性的依据。不过从秦直道在鄂尔多斯境内的直线延伸方向来考虑，正对的应该是麻池古城。另外，历史学家们考证的古代黄河上的著名渡口金津（位于今鄂尔多斯市达拉特旗的昭君坟渡口），也恰在这条直线上。从这个角度考虑，秦直道的起点是在包头市的

---

① 《史记·赵世家》，上海古籍出版社，1986年。

麻池古城，秦直道南渡黄河的位置在今天达拉特旗的昭君坟渡口，应该没有太大的疑问，但渡过黄河后的秦直道如何走向，却仍是一个难解之谜。

秦直道南渡黄河后，首先要经过约 20 公里宽的黄河冲积平原，然后还要穿越如今宽度约为 15 公里的库布齐沙漠，方能与我们已经探明的秦直道在鄂尔多斯境内的北段遗迹衔接。如今要想在黄河无数次泛滥的冲击滩上以及浩瀚无垠的库布齐沙漠中找寻秦直道的踪迹，实在是太难了。因此，即使由南向北沿着已探明的秦直道的痕迹一路北上，当驻足于达拉特旗吴四圪堵村以北的柳沟边，面对漫漫沙海，再欲寻觅骤然消失了踪影的秦直道遗迹时，依然头绪全无。库布齐沙漠是鄂尔多斯境内的第二大沙漠，据地质学专家介绍，形成已有二百多万年的历史。它东西横亘在鄂尔多斯的北部，是秦直道必须穿越的天然障碍。那么，秦直道在到达这里后，是跨越柳沟穿库布齐沙漠而过？还是溯柳沟北下，沿一个弓背形的弧线，由沟谷内穿越库布齐沙漠，直抵昭君坟渡口？如果是跨越柳沟直穿库布齐沙漠而过，那么当时的库布齐沙漠规模究竟有多大？两千多年前中国历史上的第一条穿沙公路又是什么面目？如果是溯柳沟而下，那么工程的难度自然比前者要小得多，但这条主要为战时急用的大道又如何解决汛期的大队人马通行问题，以及大队人马穿行于沟谷内避免敌军设伏袭击的军事大忌等问题呢？

乌兰木伦河是南流黄河的支流，它的上游位于鄂尔多斯中部，是秦直道沿途所经之地最大的一条东西向的河流。这里如今沟谷的宽度在 1000 米以上，河床的宽度 100 米左右，深度 20 米。两岸为中生代砂岩结构，地表基岩裸露，河床陡峭。秦直道虽然在鄂尔多斯境内跨越了无数的洼地河谷，但绝大多数都是采取"堙谷"的方式来进行，而面对这道两岸陡直的重要水系，绝非简单的堵塞、填垫所能解决。综合分析，秦直道在此唯一的途经方式，便是架桥。修建这样一座跨度应该在 100 米以上的大桥，对于两千多年以前勤劳、智慧的秦人来说，自然不是一件十分轻松的事。究竟选取什么方式、什么材料来进行，目前仅仅通过地面调查，还无法得到丝毫线索。因此，旷世奇迹秦直道面对修建工程中遇到的最棘手的难题之一，如何穿越这一"天堑"，无疑又是一大谜团。

由伊金霍洛旗掌岗图四队往南，地势骤然平缓，失去了"堑山堙谷"这些明显标识物的秦直道，在两千余年历史尘埃的湮没和毛乌素沙漠的步步紧逼下，消失得无影无踪。因此，秦直道从鄂尔多斯南部的什么地方进入陕西境内，目前学术界还存在较大的争议，我们只能耐心地假以时日等到准确的结论吧。

在该段直道遗迹的两侧，分布数座古城址。据古城所在地望、城内出土遗物等综合分析，它们应该是与秦直道有密切关联的行宫、城障类遗址。秦直道与这些古城址究竟演绎了一段什么样的历史呢？

尽管秦直道留给后人如此多的难解之谜，但通过这些年来的工作，我们还是对秦直道本身有了几点清晰的认识：

1. 目前通过对鄂尔多斯境内已探明的秦直道遗迹的实地踏察可知，在北起达拉特旗吴四圪堵村东北（北纬40°11.105′、东经109°42.890′），南抵伊金霍洛旗掌岗图四队（北纬39°32.937′、东经109°36.671′），全长约100公里的距离内，无论自然地貌如何，秦直道基本沿着约190°的方向逶迤南上，虽然在不同的区域内，整体略有不超过5°的左右来回摆幅，但绝没有弯道。从这个角度来推测由掌岗图向南秦直道的走向，既然途经鄂尔多斯高原北半部高丘陵地貌中的秦直道能修得如此笔直，那么位于鄂尔多斯南半部平缓地貌中的秦直道就更没有出现弯道的理由了。因此按照已知秦直道的走向，在不考虑陕西境内地貌特征等因素的前提下推测，它应该由红庆河古城的东侧南上，途经伊金霍洛旗的台格苏木，经乌审旗的呼吉尔图苏木，进入今陕西省榆林地区的小壕兔乡地界。虽然这一带途经的恰恰是沙海漫漫的毛乌素沙漠的南缘，工作起来的难度相当大，不过只要自伊金霍洛旗掌岗图四队沿着秦直道向南延伸的方向作详细的考古钻探，这一谜团应当不会太难破解。按照这条延长线，还可以验证围绕陕西境内秦直道走向的纷争中，以中央美术学院靳之林教授等为首的观点[①]，他们认为秦直道应该在今榆林城西北部一带北上进入内蒙古。最近，陕西榆林地区文管会王富春等先生，更是进一步在榆林地区的马河乡附近确认了古代道路的遗迹[②]，路面的宽度约45米，不仅宽度与鄂尔多斯境内发现的秦直道相仿，而且也正位于这条延长线上。由此可见古人文献记载非常准确，秦直道确实是一条稀世罕见的、名副其实的笔直大道（至少位于鄂尔多斯境内已探明的这一段至陕北地区200多公里的秦直道是如此）。

---

① a. 卜昭文：《靳之林徒步考察秦直道记》，载《瞭望》1984年第43期。
b. 内蒙古自治区交通厅秦直道遗迹考察组：《内蒙古自治区境内秦直道遗迹考察纪实》，见《内蒙古公路交通史·资料选辑》第14期，1991年。
② 王富春：《榆林境内秦直道与南北文化交流》，见《中国·秦直道与草原文化研讨会论文集》，待刊。

2. 有些学者根据《史记·苏秦列传》中苏秦说燕文侯的"且夫秦之攻燕也，逾云中、九原，过代、上谷，弥地数千里"等文献记载，认为到"战国中后期，由九原、上郡（今榆林县南鱼河堡）、云阳（今淳化县北）、咸阳间，即有一条南北大通道，大将蒙恬是在旧道的基础上加以改建、扩充，而成为一条沿子午岭山脊而行的，宽达30米以上的，大体是直南直北方向的'直道'，并非是蒙恬新勘测的路线"①。至于秦直道是否由蒙恬全新勘探，我们在前面已经提到过，还有待时日予以论证，但认为到战国中后期，已经存在一条由九原至上郡的大通道，我们觉得这样的观点可能有失偏颇。鄂尔多斯地区自商周时期以来，就一直是北方少数民族活动的区域。秦昭襄王三年（公元前304年）控地北至上郡，势力范围仅及鄂尔多斯的东南部，这有鄂尔多斯地区秦昭襄王修建的长城为证。笔者于1987年的文物普查工作中，在东起鄂尔多斯市准格尔旗的榆树壕古城，经由达拉特旗的敖包梁，东胜市的辛家梁、店圪卜、城梁一带沿哈什拉川向北，再经达拉特旗的新民堡、门肯梁，一直向西至石泥召一带的罕台川东岸，发现一段长城遗迹。由于仅仅是地面调查，因此对于这段长城的时代，学术界一直无法准确定夺，曾疑其是秦长城、魏长城、西汉初年的长城等，但目前以认为是赵长城的说服力更为贴切。假如这段长城确属战国时期的赵长城，那么赵武灵王二十六年（公元前300年）"攘地北至燕代，西至云中、九原"，鞭之地域最多也仅及鄂尔多斯东北部东流黄河的沿岸。因此秦直道途经的鄂尔多斯中部，在始皇三十三年（公元前214年）蒙恬北逐匈奴以前，仍然是马背民族的牧地。游牧民族逐水草而居，足迹遍布天涯，漫漫大草原上路就在脚下，既无须修治固定的道路，也没有九原、上郡的概念，自然在鄂尔多斯高原上，就不会有所谓九原至上郡间的大通道。战国晚期，赵武灵王尽管有"直南"袭秦的战略设想，但在实力强大的游牧民族的领地内，最多也只能停留在"身胡服，将士大夫西北略胡地"的勘察阶段，而绝对不可能明目张胆地修建由九原至上郡的道路。即使不考虑强秦会因此识破他的计谋，彪悍的游牧民族会不会允许他们随意侵入自己的领地等因素，单就赵国的实力而言，也未必会因为"直南袭秦"而修筑一条如此规模的大通道。而且，胡服骑射后的赵武灵王设想的"直南袭秦"，恐怕更大程度上会选择像北方马背民

---

① a. 王北辰：《古桥门与秦直道考》，见《王北辰西北历史地理论文集》，学苑出版社，2000年。
b. 王开：《"秦直道"新探》，载《西北史地》1987年第2期。

族那样隐蔽性极强的轻骑兵式的突袭方式,而不会是大道通天、车水马龙的进攻。因此,我们认为鄂尔多斯境内的秦直道应该是在蒙恬主持下全新修筑的。

至于上郡以北的秦直道是否沿用了战国时期旧道,倒是很有可能的。一则,秦既然设上郡,必然考虑到了上郡的重要性,那么修一条由都城咸阳到边陲上郡的"驰道",自然是理所当然的事了。二则,据文献记载,秦直道是由北向南修,在秦始皇去世时,秦直道仍然"道未就"。始皇的去世,不仅需要大量的民工修建秦陵,而且随着秦二世继位,中原各地起兵反秦,秦前所徙诸谪戍边者皆散去。在这种顾此不暇的境地下,沿用一些原有的旧道来完成这项必须完成的工程,也就不难理解了。另外,在直道修建以前,由咸阳到上郡可能早已存在不限于一条的大路,所以在道路的选择及规模上,就不要求得那么苛刻了。这也是陕西境内能确定多条"秦直道",并彼此各有依据、互不相让的根本原因吧。

3. 通过对鄂尔多斯境内秦直道全线的踏察可知,秦直道工程浩瀚,工程量极大。总体上讲,填方的工程量要远远大于挖方的工程量,而绝非有些学者所说的将"开挖豁口的土方顺便推填于低洼处,挖多少填多少,不再另行取土"[①]。因为在秦直道沿途的调查中经常可以发现这样一些现象,凡靠近"堑山"形成的"豁口"处的低洼地带,其路基填土均为本地原生地层中的白垩纪砂岩碎块和粉末,间有原本覆盖在砂岩上的属于秦代原生地表的黑垆土碎块,无疑是从"堑山"处推填来的土石。而在那些远离"豁口"处的低洼地带,或是在地势属于起伏性不大的连续低洼地带,路基填土则多为混合沙石,这些混合沙石则绝非取自附近的原生地层土,而是由远处的河床中搬运而来。另外,通过对秦直道路基填土层下压着的秦代原生地表层的观察可知,当时秦直道途经的鄂尔多斯地区地貌虽不似如今这样沟壑纵横,但地势起伏也很大,有些直道途经地,当时已经是深度在10米以上(个别的地段深度还远大于此)、宽度约数十米的大冲沟。在途经这些地段时,仅仅依靠开挖豁口时的土石方来完成填方的工程量,无疑杯水车薪,必须另外搬运大量的土石才能完成。

4. 纵观鄂尔多斯的地貌及秦直道的走向不难发现,现今秦直道的路线是经过极为缜密的勘查后选定的。从总体上讲,秦直道如果整体略往东偏离里许,地貌就发生了巨大的变化,丘陵起伏骤然增大,纵横交错、既宽又深的大冲沟不仅将

---

① 鲍桐:《鄂尔多斯秦直道遗迹的考察与研究》,载《包头教育学院学报》1990年第1期。

给秦直道的修建增加数倍的难度和工程量，而且是否能做到"直通之"也还是一个未解之谜。而整体若略向西偏数里，不仅南北两端穿越库布齐、毛乌素两大沙漠的难度要加大，而且中部在沼泽遍布的泊江海子盆地如何保证雨季的道路畅通，又是一个新的难题。就局部而言，仅仅在由伊金霍洛旗掌岗图四队到东胜区城梁村约40公里的距离内，秦直道不仅整体笔直而上，而且巧妙地避开了左右夹击的哈拉哈兔沟、青达汗沟、红庆庙沟、昌汉活少沟、大哈沟、阿布亥沟、文功沟等多条与直道走向平行的南北向大冲沟。难道秦直道这样的路线走向能是偶然巧合吗？

5. 现今秦直道的途经之地，凡丘陵鞍部低洼地带的填方处，由于原本就是水流汇集的通道，因此在两千余年的雨水冲蚀下，都早已被宽大的冲沟拦腰截断，所存无几。而位于丘陵顶部因"堑山"而形成的"豁口"的两端，许多也形成了纵向的大冲沟，这是雨水顺新开凿出的路面而下，久而久之造成的。这些区域地表的水土流失，无疑是由直道的修建而造成的。目前，秦直道沿线的这种水土流失仍然在继续中，有些区域甚至还很严重。笔者二十年前调查秦直道时所见到的许多保存非常好的直道断面，今日早已面目全非，漫漶不清。另外，近些年鄂尔多斯地区加大了植被、禁牧的力度，水土保持工作收到了良好的成效，这确实是一件非常值得欣慰的事。但就秦直道而言，在一定程度上缓解了因水土流失而造成新的破坏的同时，那些原本已经出露地表的路基填土、那些十分清晰的路基断面等，正在悄悄地重新蒙起一层面纱，这无疑又给秦直道的科学考察工作带来新的难题。我们对鄂尔多斯境内的秦直道之所以能有如此翔实的了解，首先应该归功于大自然为我们提供的这些天然的剖面，所以我们应该紧紧抓住这些已经出露的难得的剖面，透过历经两千余年风雨的侵袭，顽强保留下来的这些弥足珍贵的"残垣断壁"，尽可能多地采集那些有关秦直道的任何一个细微的信息点，因为这些自然展现的信息点，不仅蕴含着比我们主动发掘的剖面上丰富得多得多的内涵，而且和主动发掘相比，又具有事半功倍的特性，另外，它还具有稍纵即逝的珍贵性，一旦失去就可能永远无法再现。

秦直道发现三十年来，我们虽然围绕它开展了一定的工作，对秦直道的科学保护工作也在一步步进行中，但距离全面、科学、系统地揭示、保护这一世界珍贵文化遗产的要求仅仅是沧海一粟。最终实现这一目标虽然需要经过漫长的历程，但当务之急，我认为，首先应该开展一次对秦直道遗迹全线的系统、精确的科学调查，这项工作应当包括对秦直道全程每一个遗迹出露点的 GPS 定位，秦直道全程 1∶1 万大比例尺地形图的绘制，秦直道全程每一处遗迹出露地点的局部平、剖面图，秦直道全线的航拍，等等。并在此基础上，利用计算机三维合成技术，完成鄂尔多斯境内现存秦直道的复原图及秦代地貌图等。只有做到了这一点，才能算初步完成了对这一世界文化遗产的科学记录，才能算初步打下了全面再现秦直道的必需基础。对秦直道的全面认识我们可以一步步去揣摩，但对秦直道的科学记录却刻不容缓，因为每一场风沙、每一次暴雨，都有可能损失掉一些永远无法找回的展示秦直道真实面目的珍贵信息。

二

秦直道当之无愧地堪称世界古代"高速公路"之首，同时也是我国保存下来的为数极少的古代交通要道之一，而位于鄂尔多斯市境内的直道遗迹，则是秦直道全程中整体保存最好的一段。另外，在该段直道的沿线，目前已确认有数座同时期的、与直道遗迹有密切关联的古城（行宫、障城）遗址。因此，这条反映我国古代劳动人民勤劳、智慧的道路遗存及其周边的城障遗址，是全面了解秦直道和秦代道路的形制、历史沿革以及测绘、建造方法、道路规模、使用维护、附属设施等最直接的、无法替代的珍贵史料，对于开展我国交通史的研究工作具有十分重要的作用。另外，它不仅是向世人展示我国劳动人民勤劳、智慧的实物佐证，更是向广大人民群众进行历史唯物主义和爱国主义教育的极好阵地。

秦直道的修建，主要是为了加强秦朝中央与北疆边陲的联系，快速驰援北方，有效地遏制匈奴的侵扰，巩固北方的统治。秦朝灭亡后，秦直道依然是中原汉王朝控制北方地区的重要通道，西汉时期几次对匈奴大的军事行动，都是通过秦直道来完成的，汉帝几次对北方地区的重要巡幸，也是经由秦直道来进行的。虽然东汉以后，随着中原王朝政治统治中心的东移，秦直道的功用有所减退，但这条南北大道，在维系、沟通中原地区与北方边陲地区中一直都发挥着十分重要的作用。因此，秦直道遗迹以及沿线的古城遗址，对于我们研究秦汉北方地区的历史，特别是与匈奴的战争史、交通史、通讯史及民族关系史等，具有非常重要的价值。

秦直道沿途的巨大冲沟，不仅展现了本地区两千年来水土流失的情况，而且断面上路基垫土层下压着的秦代原生地层，也真实地记录了这里秦代当时的地貌情况。因此，秦直道遗迹也是研究直道沿途地区秦代以来地理变化、地貌变迁、水土流失的重要资料。

秦直道遗迹虽经两千余年风雨侵袭，但气势不减，雄风犹存。身临其境登高远眺，无不为"堑山堙谷，直通之"的浩瀚、宏伟感到敬畏。在为两千多年前的劳动人民在当时的生产力条件下，兴建如此规模的庞大工程、娴熟应用如此精确的测量、定位等技术而汗颜的同时，通过史料记载和考古发现了解到的发生在秦直道上的一景一幕，旋轮般闪现在眼前：为这一工程而永远长眠黄土地的筑路民众的累累白骨，翘首企盼远在塞北劳役的亲人早日回归的妻子儿女焦虑的眼神，蒙恬麾庲下旌旗飘扬的金戈铁马，千古一帝乘鹤仙逝的辒辌灵柩，汉武帝耀师北疆的十八万铁骑，呼韩邪单于千里迢迢到长安觐见汉宣帝长长的行帐，朔风秋雨中远嫁漠北漫漫无尽路上昭君孱弱的身影……公元前212年，蒙恬率领数十万民夫修建的这项庞大工程，不仅为巩固当时的封建统治，沟通中原与北方的交往、贸易，进行中西文化交流等发挥了巨大的作用，而且也记录下了无数惊天地、泣鬼神的史实。我们今天了解到的仅仅是发生在秦直道上诸多事件中的一例而已，那么更多的鲜为人知的一景一幕呢？我们期盼着秦直道的早日尽情倾述，帮我们揭开这些被历史封尘已久的难解之谜。

三

公元前138年，汉武帝派张骞出使西域，开通了由长安（今西安）经河西走廊至中亚、西亚的商道，即举世闻名的"丝绸之路"。"丝绸之路"的开通，在中西方文化的交流史上具有划时代的意义，流传千古，世人详知。但是，远在距今二千四百余年前的战国时代，古希腊已经称中国为塞利斯（Seres），意为"丝绸之国"，那么当时的西方世界是通过什么渠道了解到这个东方文明古国的呢？事实上，远在汉代"丝绸之路"开通之前，中国北方已经存在着一条鲜为人知的沟通中原与北方草原地带乃至东西方文化交流的天然大道，那就是经由鄂尔多斯途经欧亚草原的"草原丝绸之路"。

从北纬40°以上到北极圈之间的欧亚草原，横跨整个东半球，东端是太平洋，经白令海峡可直抵北美草原；西端是大西洋，出英伦三岛与北美洲相望。因此，山水相连的欧亚草原,不仅是一条沟通东西方的天然大道,而且也是近代海上交通出现以前东西方古人类交往的唯一通道。

据文献记载和考古发现可知,代表中国北方早期畜牧文化的鄂尔多斯式青铜器,遍布在南起长城沿线,北抵贝加尔湖,东尽辽河,西逾葱岭的辽阔区域内。这片广阔的草原、戈壁,不仅是北方游牧民族纵马驰骋的地方,而且在中西方文化的交流中也具有特殊的地位。食草类牲畜是游牧民族最基本的生产、生活资源,"逐水草迁徙"的生活习性,注定了他们把凡有泉源、沟谷、湖泊,而且水草丰美的地区,均视为理想的驻足之地。另外,由于经济形态较为单一,一些生活日用品必须通过以物易物的形式和外界交换。这样,相对于农业民族而言,他们也就有了更加开阔的视野、更大的活动范围、更多的与外界接触的机会,自然而然就充当起了文化交流的使者。东西方文化的交流与传播,就在这种为生存、发展的迁徙中,不经意地绵延发展起来。

考古工作者在今蒙古国诺颜乌拉匈奴墓中,发现了大量有流云、鸟兽、神仙乘鹿等形象图案的锦绣织物,均为中原传入草原地区的丝织品。同时还出土有来自安息、大夏(地处中亚的古国)、小亚细亚等地具有伊斯兰风格的植物纹、鸟兽纹和人物纹毛织品。在阿富汗北部边境发现的属贵霜王朝建国前后的"西伯尔罕遗宝",至少同时具有五种文化系统的因素,其中就包括典型的中原汉文化。而在鄂尔多斯市准格尔旗西沟畔发现的一套匈奴贵妇人的"凤冠"上,在主流主典型的鄂尔多斯草原文化、中原文化构成的基础上,还包括盛产于中亚地区的珠宝以及来自波斯、古希腊、罗马等西方古文明特有的工艺作风。所有这些都说明,途经鄂尔多斯的草原丝绸之路,不仅在沟通东西方文化交流中发挥着巨大的作用,同时在沟通中原与西方文化的交流中也发挥着巨大的作用。

四

秦直道这一有形的浩瀚工程,已经给我们留下了太多的感叹与震惊,但世界在通过比秦直道更古老的"草原丝绸之路"与中国交往的过程中,又何尝没发生过惊人的壮举呢?如果把历史回放的镜头再往前推,生活在距今十四万年前的"鄂尔多斯人",生活在距今三万年前的"水洞沟人"等,已经在默默充当着中西文化交流使者的角色,活动在欧亚大陆桥上的古人类,就是通过这条通道,就是通过"鄂尔多斯人",与中原地区的古人类交融的。在这个漫长的人类远古历史岁月中又发生了哪些鲜为人知的故事呢?一个不争的事实摆在我们面前,两千多年以前的秦直道,在沟通南北文化交流、促进民族融和等方面确实发挥了巨大的作用,但是途经鄂尔多斯地区来完成的这种中原与北方草原地区、中西方文化间的交往,早已在秦直道开辟以前就在进行着。鄂尔多斯具有悠久的历史和灿烂的古代文化,鄂尔多斯的古代文化不仅在中华文明形成与发展过程中作出了突出贡献,而且在沟通中原农耕文明与北方草原文明、沟通中西方文明中也发挥了巨大的作用。对于这一点,我们现在已经认识到的仅仅是一小部分,有的正在认识中,更多的还远远没有认识到。我们确实应该对鄂尔多斯的古代历史和文化给予全面的高度重视,切实加快鄂尔多斯古代历史与文化的研究速度,进一步拓展研究的领域和空间,尽快地、尽可能完整地还鄂尔多斯在人类历史发展长河中的本来面目于天下。这应该是我们今天探索秦直道进程中需格外关注的一点。

(原载《内蒙古文物考古》2005年第2期,修订稿题《世界第一条"高速公路"——秦直道》,收入张光耀主编:《秦直道探索与研究》,内蒙古人民出版社2006年版,第97—102页。今据《内蒙古文物考古》收入)

榆林境内秦直道调查

王富春

秦直道是秦始皇统一全国后,为对付匈奴南侵,于公元前212—前210年派大将蒙恬,役使数十万民众,用不到两年半时间,修筑的一条南起咸阳北的云阳林光宫,北至内蒙古包头西的九原郡,全长1800里(合今742.5公里)的军事大道(图1)。秦直道的走向及所经路线,史籍记载非常简略,不足百字,再加上两千多年环境的变迁,给后世研究者带来诸多不便,也使人们对它的走向产生了很多分歧。可喜的是经过近二十年有关专家、学者不断的踏勘、考证、研究,基本搞清了南段云阳林光宫至子午岭、延安段以及北段内蒙古红庆河至包头九原郡段的大致路线,而榆林境内秦直道,众说纷纭,莫衷一是,存在较大的出入,归纳起来主要有三种不同的意见:其一是1975年史念海教授《秦始皇直道遗迹的探索》[①],认为秦直道从云阳北的林光宫北出发后,循

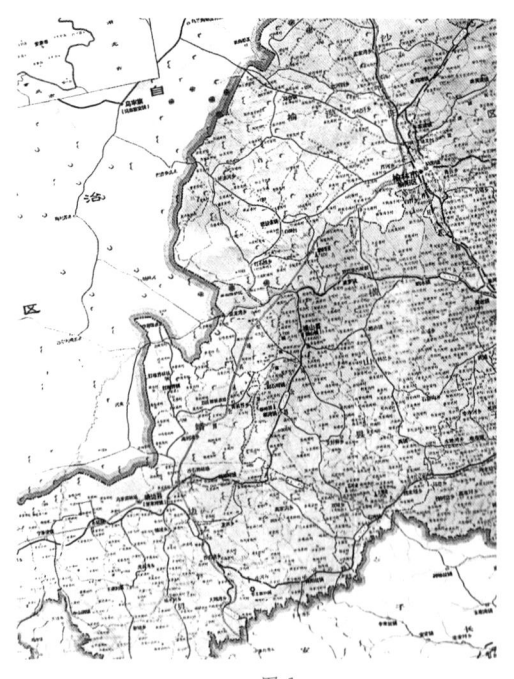

图 1

---

① 载《文物》1975年第10期。

子午岭北去，到合水县间水坡梁和黄草崾岘北随着子午岭主脉转向西北，一直到达定边县南再折向东北行，进入鄂尔多斯高原，经乌审旗到达伊金霍洛旗的红庆河乡，终止于秦九原郡。其二是1979年郭沫若主编的《秦统一图》①中的秦直道路线，从云阳北出循东北经高奴（延安）、阳周（子长西）、上郡（榆林南），后直北达秦九原郡。其三是1984年5月，靳之林教授对秦直道作全程徒步考察，新华社记者卜昭文刊发《靳之林徒步考察秦直道记》②，文中提到是靳教授和他的另一名学生孙相武，用两个月的时间，步行1200里，考察了他以前没有走完的陕北安塞至内蒙古包头西的一段古道。靳教授找出一条由陕西淳化县梁武帝村，经旬邑、黄陵、富县、甘泉、志丹、安塞、榆林、内蒙古包头的秦直道线路。

我赞同内蒙古交通厅秦直道遗迹考察组张洪川先生的意见③，我认为靳教授所绘的秦直道路线图榆林段大致是对的，但靳先生为何至今未发表任何有关秦直道的文章呢？记者卜昭文对榆林境内的秦直道的具体走向也只字未提，而靳先生的学生孙相武在1988年发表的《秦直道调查记》④却又否定了靳先生榆林境内秦直道的路线，认同郭沫若先生秦直道路线图了。

大家也都知道，榆林的地貌大致以明长城为界，北部为风沙草滩区，属毛乌素沙漠的南缘，沙丘、沙地延绵不断，相对高差在10~50米之间，经过两千多年自然和人为的破坏，要找到秦直遗迹，实属不易；南部为黄土丘陵沟壑区，梁峁起伏，地面支离破碎，水土流失非常严重，再加上历代的垦屯，秦直道踪影难寻。所幸的是经过榆林文物部门数年的考古勘察、发掘，对榆林境内的秦直道也有了初步的认识。下面就榆林境内秦直道调查情况和我的认识向大家作个汇报，敬请方家斧正。

一、榆林境内秦直道的入口

秦直道是从哪里进入榆林境内的呢？当前史学界主要有三种不同的说法，有定边说，阳周、上郡说和靖边说，通过查阅史料及各种资料，我的判断是秦直道由安塞进入靖边的。2005年7月11日，笔者与几位同仁驱车前往靖边县小河乡，徒步

---

① 见《中国史稿地图集》上册，地图出版社，1979年。
② 载《瞭望》1984年第43期。
③ 张洪川执笔：《内蒙古自治区境内秦直道遗迹考察纪实》，见《内蒙古公路交通史·资料选辑》第14期，1991年。
④ 载《文博》1988年第4期。

找寻秦直道遗迹。

靖边县的小河乡与安塞县的镰刀湾乡相接壤，这里山大沟深，水土流失严重，山上植被茂盛，山下庄稼长势喜人。秦直道均沿着半山腰，"堑山堙谷"一直北上。我们在镰刀湾乡的宋家圪村，找到了几小段秦直道的遗迹，但不太明显，后又到了小河乡的郑石湾村，找到了四段秦直道遗迹，由南向北定为四个点，即一号点小地名为死人咀子，是秦直道从安塞进入榆林的入口点。寻找半天，地面遗迹不明显。我们又随即来到二号点，小地名叫后崾岘壕（图2），在一号点北约300米名叫盘龙山的两座大山之间，这里有一条人工修筑的道路，由南向北斜坡而下，宽6米，长200余米，山两壁可见人工劈削的痕迹。三号点小地名叫后郑石湾，南距二号点500多米，也是从半山中劈开的一条路，宽22米，长100余米；呈半弧形转了一个大弯，由南向北斜坡而下，现在乡村土路沿用，占去6米多。四号点小地名叫背台，南距三号点约800米，是一块比较平整的大土台子（图3），为一块农田，种着土豆。道路步测长120米，宽44米，路边畔有两处雨水冲坏的缺豁，露出了路的断面，可见10多厘米的耕土层下有厚70厘米的道路填土（五花土），路面经过碾压，密实度较高，土色灰黄，土质坚硬，与老土有明显的区别，填土分层不明显（图4）。两处缺豁相距10多米，情况基本相同。

靖边县小河乡郑石湾村秦直道的总长度大约是5公里，基本是由南向北、由高向低斜坡而下。沿线没有发现任何秦汉时期的其它遗迹、遗物。

图2

图3

图4

二、榆林境内秦直道的出口

榆林境内的秦直道究竟从何处出榆林境的？靳教授的秦直道路线图大致是从榆林城西北的马合乡进入内蒙古的，马洪川（编者按：当作"张洪川"）、鲍桐等先生经过实地考察，也认为是从马合乡或马合乡附近北上[①]，他们的认为是非常正确的。但具体位置、走向如何？马合乡范围又很大，有无秦直道遗存呢？2005年7月14日，笔者带着诸多疑问，与几位同仁驱车前往马合乡，在达拉石村与麻生圐圙村之间，徒步寻找，所幸的是在达拉石村东，河门水库西石灰窑梁的两个山梁间找到了一段长521米、宽45米的秦直道遗迹，这里东南距榆林城约53公里，再向北便进入内蒙古境。

马合乡的杨家滩村瓦片梁，遗存许多汉代板瓦及陶器残片。内蒙古考察组的同志也发现了村东口残存的古城墙遗迹，证实此处为汉代城址。石灰窑梁为两个南北狭长、高约6米的山丘，因土质间有细小生石灰而得名。两山顶部及背阴向阳处遗有大量汉墓。1984年公布为县级重点文保单位。

石灰窑梁南距瓦片梁不足3公里，可以肯定它是瓦片梁汉代古城的墓葬区，近年大量汉墓被盗掘，地表遗有许多盗坑，暴露出砌砖拱券式墓穴，地面可见被盗掘者遗弃的汉代子母砖、彩绘陶瓶、陶罐等残器。

在石灰窑梁的两个山丘间，有一条灰白色的路面由南向北延伸，GPS测北偏东38°，南北长521米，东西宽45米，厚86厘米，填方中可见清晰的分层（可见5层），为8~12厘米，最厚达21厘米（图5、图6）。路面每层均经过碾压，密实度较高，土质坚硬，呈灰白色，成分为黄沙土夹细小生石灰。路基下层为纯净粗黄沙。在路东有一条长120米、宽1~3米、高5~30厘米的黑垆土台基，与直道平行，其南头还有一条长6米多、宽1米余、高10~95厘米的黑垆土台基，二者均土质坚硬，分层明显。

图5

该道路两侧小山丘植被多为沙柳、柠条、沙蒿，且较为茂密，而路面坚如砂岩，寸草不生，只是在有积沙处，少有几丛沙蒿。

图6

从该路所处的位置、方向、填层、宽度，以及

---

① 鲍桐：《鄂尔多斯秦直道遗迹的考察与研究》，见《内蒙古公路交通史·资料选辑》第14期，1991年。

附近的汉代城址综合分析，它为秦直道确定无疑，也即是秦直道从榆林到内蒙古的出口。至于秦直道东侧的遗迹，是兵站？驿站？还是烽火台？因再无其它遗物佐证，不敢轻下结论，还有待进一步的研究探讨。

三、榆林境内秦直道的走向

笔者通过实地踏勘，查阅史料，再结合考古资料，初步认为秦直道在榆林境内所经过的路线大致是：由延安市的安塞镰刀湾乡宋家洼村进入靖边县的小河乡郑石湾村，向北经柳湾村、石峁则村，进入龙洲乡的老庄村西，经坪庄村进入沙漠地区，再经高家沟乡的常塔村东，再经杨桥畔镇西的贾家沟村西，再经草沟村西进入横山县境内，经塔湾镇的清河村东，经庞庄到赵石畔镇的水掌村，穿越秦长城，到英塌村，穿过横山镇的张家沟村、曹家畔村，再经雷龙湾乡酒房沟村东、沙峁村西，再经榆阳区红石桥乡的肖家峁村西北的柳卜台村，经闹牛海子村西，再经巴拉素镇的白家海则村西，经大旭吕村东，北上再经小纪汗乡大海子村东，最后进入马合乡，经杨家滩村西，从达拉石村东邱二小宅西侧入内蒙古境，穿过乌审旗黄陶鲁盖乡黄陶鲁盖村，斜东北向达红庆河。从图1上看，榆林境内的秦直道经过了3县12乡（镇）23村，全程长约151公里，占整个秦直道长度的20.3%。

四、对榆林境内秦直道的几点认识

（1）秦直道每个路段宽度不同，它是根据地形的实际情况而决定的。如靖边小河秦直道最窄处仅6米，榆林马合秦直道最宽处达45米。

（2）丘陵沟壑区水土流失等自然力对秦直道的破坏是比较严重的（如小河段），而风水草滩区沙漠移动和垦屯等人为破坏也比较严重（如马河段）。

（3）秦直道的走向总体是直的，是相对的直，不能误认为是绝对的直。如靖边小河后郑石湾处的秦直道，就沿山势走向转了个大弯。

（4）秦直道现存路面填方厚度多在70~86厘米，有的分层明显，有的不是太明显，但都经过碾压或者是踩踏，密实度较高。

（5）秦直道填方用土大多是就近取材。如马合乡的秦直道用土同附近被盗墓中土质相同，路东的黑垆土遗迹用土，是在东边30米处所取。

（原载《文博》2005年第3期）

旬邑县秦直道遗址考察报告

国家文物局秦直道研究课题组　旬邑县博物馆

秦直道是中国古代继万里长城之后的第二大国防工程，被誉为世界上最早的高速公路。从陕西淳化至内蒙古包头全长700多公里。距今已2200多年历史，属全国重点文物保护单位。

秦直道在旬邑县全长约90公里，是距西安、咸阳最近的，保存较完整的一段。由于历史文献对秦直道的记载过于粗略，在一些地区其具体路线和走向尚不明确。近年来交通部门及文物工作者对秦直道研究做出了不少工作，但在旬邑县一些路段走向不清，存在意见分歧。为了更好地了解旬邑境内秦直道的历史和现状，以利于保护研究这一得天独厚的人文资源，旬邑县人民政府邀请国家文物局立项的秦直道研究课题组的专家及考古人员与旬邑县博物馆组成秦直道联合考察组，于2005年10月31日至11月8日，翻山越岭，横跨两省四县，采取现场勘查、考古钻探、试掘等形式对旬邑县境内的秦直道进行了考察，取得了一些科学翔实的资料，现将有关情况报告如下。

一、廓清了秦直道在旬邑县境内的具体走向

通过实地踏勘，反复比较，分析论证，弄清了秦直道在旬邑县的路线是：从淳化、耀县、旬邑三交界的箭杆梁下盘头坡，过姜嫄河，上大草沟梁高地，绕梁直到石门关石门处下坡，至今旬耀路下3米处台地，转弯经石门村，上今石门山

森林公园毓秀塔东边山路，沿子午岭主脉从前陡坡、卧牛石、后陡坡、老爷庙、大店，蜿蜒至枫树梁北端的大店村。从大店下坡到马栏岔沟过马栏河，直从马栏革命旧址窑洞处上坡，经杨家胡同，过甘肃正宁县刘家店林场南边台地转弯直上子午岭山脊，经黑麻湾，沿子午岭至雕灵关。从雕灵关东南300米处转向直北越过305省道（铜川至甘肃正宁的公路），慢坡下山离开子午岭主脉到旬邑县南寺，从石底子水库西边进东沟上子午岭支脉，下山进入黄陵县上畛子全长约90公里。境内整个路段，山脊和高地部分堑山痕迹非常明显，路面宽阔平坦，一般宽20~30米。线路顺直，转弯处弯道很大；上下坡道部分路面宽敞平缓。盘旋转弯明显。上下山处最大坡度在10%以下，稍加修整汽车便可通行。县境内大部分秦直道被森林和植被覆盖，保存基本完好。从而说明，1986年旬邑县人民政府勘立的石门关、刘家店、雕灵关三处保护碑所指示的秦直道路线是完全正确的。

二、对石门关附近秦汉建筑遗址的分布范围及文化内涵有了清楚的认识

石门关附近的建筑遗址分布在三个地区。第一是石门关南峰遗址，位于今大雄宝殿南峰以下缓坡地带，南北长约100米，东西宽约50米，总面积约5000平方米。试掘查明，遗址地表30厘米以下即为丰富的文化层，各种建筑材料密集堆积，相互叠压。出土有绳纹筒瓦，绳纹板瓦，几何纹和乳钉纹铺地砖，菱形几何纹空心砖，陶井圈、云纹瓦当、长生未央瓦当等。其中绳纹板瓦长70cm，宽40cm；绳纹筒瓦长64cm，宽16cm，唇长4cm；乳钉纹铺地砖长37.5cm，宽37.5cm，厚4.5cm。从出土物及山顶大型石柱础等判断，该遗址规格很高，是秦直道上石门关的秦汉宫殿遗址。第二位于石门关中峰南坡斜坡地。该遗址距石门关行宫遗址约200米，南北长约100米，东西宽约30米，总面积约3000平方米，遗址上散布着大量秦汉绳纹板瓦、筒瓦残片，从地面遗存和与行宫遗址相邻，与石门关仅隔一沟，可以看出该遗址应是石门关的屯兵、守关的场所。第三位于石门村东边台地。距石门关2公里，该地四面环山，地面开阔平坦，南北长约400米，东西宽约100米，总面积约4万平方米，地面散落有秦汉时代的砖、瓦等建筑残片，说明该地为秦汉时代的建筑遗址。

《史记·秦始皇本纪》记载："三十五年，除道，道九原抵云阳，堑山堙

谷，直通之……关中计宫三百，关外四百余……因徙三万家丽邑，五万家云阳，皆复不事十岁。"史料中记载的云阳即今淳化县甘泉宫一带。当时石门关当属云阳管辖。从地下遗存和史料记载及石门关所处的战略位置，可以判断石门关南峰是一处秦代行宫，汉时仍然沿用的皇家住所。石门村东边大片农田上应为较大的居住区，除官吏的住房和军队的营房外，还有驿站、商业、民居等设施。印证史料，可以推测，石门关关前关后的常住人口可能有数千。《史记·秦始皇本纪》又载：秦始皇三十七年"七月丙寅，始皇崩于沙丘平台"，"行从直道至咸阳，发丧"。石门关是秦直道必经之地，若没有如此规模，不可能接待运送秦始皇灵柩返回的庞大队伍。随着岁月的流逝，石门历经沧桑，已失去昔日的辉煌，现今仅有散落于地面上的砖瓦残片在默默地诉说着这段历史。

石门关南峰宫殿遗址深沟文化层建筑残片

石门关南峰宫殿遗址石柱础（东）

三、复查了两处烽燧遗址，纠正或补充了原有的认识

第一处位于箭杆梁梁顶旬、耀、淳三县界碑南100米处。箭杆梁是一条北高南低、南北走向的山梁，属子午岭南端的一个支脉。烽燧北依淳化县的蝎子掌山，东临耀县照金镇，南对旬邑石门关，四面视野开阔，和石门关西峰烽燧南北相望。椭圆形台地上有秦代绳纹板瓦、筒瓦残片。

石门关西峰秦直道2号探沟平面

卧牛石西南秦直道宽约30米，宽阔平坦，森林茂密，路面清晰

旬、耀、淳三县交界处箭杆梁上的秦直道遗址，照片上工作人员的背面为七里川方向，正面为林光宫方向

秦直道就从它西边3米以下高地通过，开阔的视野和地面遗物说明这是一处瞭望敌情、传递信息的最佳场所。

第二处位于旬邑县马栏镇上梁北峰顶端。人称两女寨。此地南北两面临沟，东面沿子午岭直通刘家店，西面为后掌通往张洪的大平原，南面能清楚地看到石门关，北面可看到甘肃境内。考古钻探认定两个高台为黄土夯筑，高台周围秦汉瓦片随处可见。根据此地与石门关及刘家店的对应关系，判断此处为烽燧遗址。

四、发现了三处防御工事——驿卡和壕沟遗址

防御工事均建于秦直道一侧靠山的北坡半山腰处。其一位于七里川今吕二娃养鸡场朝南上箭杆梁的盘头坡，其二位于石门关紧靠石门向南上坡处，其三位于马栏河岔沟口上枫树梁的梁坡。地面遗存是半山坡处有人工堆积的两个土丘，中间仅能容一辆马车通过，形成关卡。秦直道行至此处拐了一个弯转向西。约100米处过一个大壕沟，和上段直道接通。通过地形地貌和遗迹分析，两个土丘是驿卡性建筑。驿卡的作用是查验过往人员的证件，查验清楚才允许从壕沟处通行。我国古代军事设防上的严密性由此可见一斑。

五、发现了秦直道上的排水沟

这次考察中，我们还发现，从淳化经旬邑到黄陵的秦直道，无论是山脊高地还是上下坡道，都在道路下坡处的一侧挖有深0.5米、宽1.5米的深沟，以利排水。所不同的是，现在公路排水沟均设在公路两侧，而秦直道上的仅有一侧，而

且都在坡度较大的路段，其余路段均无。秦直道能延存 2200 多年路面基本完好，这些排水沟无疑功不可没。否则，不知有多少路段被雨水冲毁。

六、发现了大店驿站遗址

位于秦直道从马栏河从岔沟处上枫树梁坡约 5 公里的大店村，遗址西靠 30 米高的山梁，东临深沟，呈南北长方形，南北长约 500 米，东西宽约 40 米，开阔平坦的地面上散布有龙山文化至商周时代的陶片和秦代的瓦片。这里南距马栏川约 5 公里，北距石门关约 30 公里，并且背风向阳，地形隐蔽。从特定的地理位置及遗物判断，此处是过往行人、军队补充给养和体力的理想之地，是秦直道马栏至石门关之间的驿站遗址。

七、消除了旬邑县境内秦直道具体线路上的分歧

归纳起来共三点。一是纠正了秦直道由暗门子村进入旬邑境内沿庙沟川道至石门关的传统路线。二是找到了秦直道经枫树梁，过马栏河到刘家店，而不经过两女寨的充分证据。三是解决了秦直道到雕灵关后方向不明的难题。

八、几点体会

1. 探索出了辨认秦直道的六大要素

这次考察，对子午岭南端秦直道有了较全面的了解，总结出了辨认子午岭山区秦直道的六大要素：

（1）看是否是南北的大致走向。

（2）看是否沿山脊或高地选线。

（3）看是否有堑山堙谷的痕迹。

（4）看是否线形顺直，弯道很大。

（5）看路面是否宽阔平缓（秦直道路面一般宽 20~30 米。个别路段受自然条件限制，路面较窄，仅存 4~8 米）。

（6）看沿线是否有与秦直道配套的设施，如秦汉行宫、兵站、关隘、烽火台等遗址。如果六点全部符合即为秦直道无疑。

位于石门关中峰南面的斜坡地秦汉遗址，原为农田，现已退耕还林，被荒草笼罩

黑麻湾秦直道原路基宽约30米，现被修建的生产路切割为两半

2. 考古钻探未发现明显的秦直道路面的思考

这次考察，我们聘请具有25年勘探经验的师傅，在石门至马栏的秦直道路面上挖了两个探沟，在6个地点打了近百个探孔，结果并未发现明显的秦代路面遗迹。初步分析原因可能有两点：（1）是子午岭山区秦直道的修筑向下开挖的多，用土回填的少，90%路段的路基为原生土，地层单纯，变化不大。（2）是秦直道上灌木丛生，杂草遍地，本来就比较单薄的路基被2000年来茂密的植物根系侵蚀破坏，因此，地层关系难以确认。当然，这仅仅是在90公里的地段，6个地点的考古钻探，局限性在所难免，更无法排除在其它路段发现秦直道路面的可能性。

3. 子午岭山区的秦直道路面仅长草不长树木的观点并不成立，这一点与陕北富县、甘泉、志丹不同

这次踏勘过的秦直道，除个别被现代人占用的以外，都是荆棘丛生，树木参天，荒草遍地。例如一号兵站遗址，仅10年时间，已被荆棘覆盖，使人难以通过。1986年树立的近2米高的秦直道保护碑。10年前远远即可望见。现在因退耕还林、封山禁牧政策的落实，保护碑隐没于丛林中，使人难以走近。

4. 旬邑县是全国第一个将秦直道遗址公布为文物保护单位的县级人民政府

查阅资料证明，旬邑县革命委员会（78）59号文件通知，将县境内的秦直道遗址公布为县文物保护单位，比陕西省政府2003年将秦直道遗址公布为文物保护单位早了25年。

总之，这次秦直道考察虽取得了成果，但由于时间仓促，还存在着许多不足。如注重了秦直道线路的考察而对与秦直道有关支道及遗存考察不够，如土桥镇的烽燧、城关镇的桥儿沟。同时，对石门地区秦直道考察较细，用时较多；而对马栏，特别是雕灵关地区秦直道的考察用时较少。另外，对90公里范围内秦直道沿线的烽燧分布缺乏全面的了解，对各烽燧之间的对应关系认识不清晰。这些，都有待于在今后的研究中加以补充和完善。

（原载《文博》2006年第3期）

陕西秦直道甘泉段发现秦汉建筑遗址

王勇刚　崔风光　李延丽

2005年7月，甘泉县文物工作者在该县桥镇乡安家沟村发现了一处秦汉建筑遗址。该遗址位于洛河南岸的台地上，南临洛河，与北岸当地人称"圣马桥"的秦直道引桥遗址隔河相望。遗址东西长150多米，南北宽80多米，总面积12000平方米左右。遗址范围内绳纹板瓦、筒瓦等建筑残件随处可见，还有云纹瓦当、空心砖以及罐、瓶、盆、甑等陶器残片。沿河的断壁中有一层厚约20厘米的瓦砾堆积。我们采集了部分遗物，其中板瓦的表面饰斜行粗绳纹或交错粗绳纹，瓦里面多素面或饰麻点纹，有一少部分饰网格纹或布纹。筒瓦有外饰断续绳纹内饰麻点纹、外饰中粗绳纹内饰横绳纹、外饰粗绳纹内饰布纹几种组合。筒瓦宽度不一，最宽者18.5厘米。其中表面饰斜行粗绳纹或交错粗绳纹，里面饰麻点纹的板瓦和外饰断续绳纹内饰麻点纹的筒瓦为典型的秦瓦。在遗址的西侧，发现了2件完整的卷云纹筒瓦当。瓦当当面涂朱，直径15厘米，边轮高出当面，宽1.5厘米。当面中心为一圆钮，钮外有两周弦纹，弦纹间饰一周联珠纹。双隔线分外区为四格，每格内各饰一朵卷云纹和两对三角纹。筒瓦长58、宽15厘米，表面饰竖行断续粗绳纹，里面为布纹（图1），具有典型的汉代瓦当特征。空心砖均为残块，表面饰细密的方格纹。

《史记·秦始皇本纪》载，三十五年"除道，道九原，抵云阳，堑山堙谷，直通之"。秦直道在甘泉境内长约35公里，从甘泉与富县交界处的墩梁入境，沿山梁由南向北直伸，经寻行铺、赵家畔、杏树咀、界湾，由高山窑子下山，至安家沟村跨过洛河，沿"圣马桥"北上，在方家河村西北盘旋上山入志丹县境。

图1　卷云纹筒瓦当

本次发现的建筑遗址就位于秦直道经过洛河的地方。根据遗址位置处在引桥近旁的情况分析，该建筑遗址应为秦直道洛河渡桥的保护和管理机构所在地，并同时兼有驿站的作用。根据板瓦、筒瓦等特征可知，该建筑遗址应建于秦代，即始筑直道的秦始皇三十五年（公元前212年），到汉代继续使用。此遗址的发现，对研究秦直道的走向及使用，特别是为研究秦汉桥梁交通管理提供了重要的资料。

（原载《考古与文物》2008年第4期）

陕西富县秦直道考古取得突破性成果

陕西省考古研究院秦直道考古队

2009年3月至7月,承担国家文物局大遗址项目的陕西省考古研究院秦直道考古队,为配合国家青(岛)兰(州)高速公路建设,对全国重点文物保护单位秦直道遗址陕西富县桦沟口段进行了考古发掘。

一、秦直道简况

《史记·蒙恬列传》载:"始皇欲游天下,道九原,直抵甘泉,乃使蒙恬通道,自九原抵甘泉,堑山堙谷,千八百里。"秦直道始于今陕西淳化,止于内蒙古包头,道路全程已发现遗迹的道路约750公里。

秦直道的设计者巧妙地利用了陕甘交界处的子午岭及黄土高原特有的地形,建成了中国古代唯一沿山脊和高地选线的国家级交通大道。修成的直道线形顺直,弯道很大,道路标准很高,被誉为中国高速公路之祖。

秦直道修筑艰难,工程量极大,但一旦修成,却较少河流冲毁和水土流失的侵蚀。加之地处僻远,人迹罕至,从而成为原始遗迹保存最多、最接近两千年前风貌的古道路标本。

陕西境内已发现遗迹的秦直道全长498公里,其中富县段长125公里,其路面一般宽 30~40 米，最宽处达 58 米，是直道全程中路段最长、遗存最典型的地区。

桦沟口段直道位于陕甘交界处，是自南而北下子午岭支脉后过葫芦河前的一段，呈西北—东南走向。此次发掘共开 5 米 ×5 米探方 68 个，探沟 9 条，发掘面积约 2050 平方米。

二、主要遗迹

地层关系较单纯，大部分地点分别为耕土或植被层、自然堆积层和路土碾压层 3 层。

1. 路面、车辙

在坡度为 6%~8% 的发掘中心区（暂命名为直道关卡遗址），揭露出道路路面总长 71 米，大部分为上层路面。出于对上层路面的保护，其下一层的路面大部分没有发掘。

路面车辙均呈放射状分布。下方有 11~13 道车辙辙梁，分布宽度约 24 米。随着上坡向前，路面变窄，车辙辙梁合并减少。至中心区的咽喉处，车辙仅有 6~7 道，分布宽度仅约 10 米。

车辙间的辙梁系经过车轮反复碾压、挤迫形成。大多数辙梁剖面略呈梯形，个别的呈半圆弧形。一般上部宽 20~45 厘米，下部宽 30~55 厘米，高（也即辙沟深）4~11 厘米。由于碾压过甚，个别辙梁呈扁平状，在这类辙梁上，往往又重新碾压出车辙印。

辙梁及踩踏面与上层剥离明显，层次分明，表面呈深褐色，质地坚硬。经对辙梁解剖，其厚度一般为 15~35 厘米，最厚处达 53 厘米。其结构呈斜坡向千层饼状。为了加强路面的强度，一些辙梁上还铺垫有经过加工的礓石碎块。不少辙梁上还残存有类似马、牛的蹄印，以及用金属工具铲挖的痕迹。

对 T309 的解剖得知，上下层路面相距 12 厘米左右。其他探方的两层路面相距一般在 20~25 厘米。下层路面的土质一般较上层更黑、更坚硬。从成组或对称的车辙印判断，当时的车辆轮距有 3 种，即 110 厘米、130 厘米和 140 厘米。

重要的是，多处路面上叠压有秦代和西汉时期的绳纹筒瓦、板瓦，两处路面上还出土了铜镞和铜币，为道路的绝对年代提供了可靠依据。

2. 路面脚印

在 4 个探方或探沟里，共揭露出方向杂乱的脚印 21 个，脚印分为成年男子、女子和儿童。一般长 20~25 厘米，宽 9~10 厘米，深 2~6 厘米。判断为儿童的脚印长 17 厘米，宽 7 厘米。脚印数量最多的是 T309，共有脚印 13 个。

以上脚印全部分布在上层路面。我们的初步解读是：在秦直道刚刚废弃的一个雨夜，很可能是中原方面（汉族）的一两个家庭成员从这里匆忙行走所遗留。他们走后不久，山体滑坡，泥石流掩盖了直道。

3. 建筑遗迹

在发掘中心区直道最狭窄处两侧的建筑基址中，揭露出数处夯土磉墩和置于磉墩之上的石柱础。夯土磉墩呈圆柱形，直径约 55~65 厘米。从残存磉墩的布局看，在道路两侧，各建有一排房屋，房屋面宽约 3.5 米。由于破坏，每排的间数和房屋进深不详。基址中，有大量秦汉时期的绳纹筒瓦、板瓦及陶片堆积。据推断，该建筑基址是秦直道上规格较高的关卡性质的遗址。

4. 靠河护坡

在中心区及其上、下方，都发现了与直道平行且规格很高的夯土护坡。

中心区的夯土护坡在直道外侧均有发现。其剖面略呈倒梯形，靠外一侧高 3 米以上，整个护坡向里（靠山一侧）延伸 5~6 米以上，厚度递减。夯土细密、坚硬，夯层厚 6~8 厘米。

中心区下方高速公路的施工沟里，发现了长达 66.5 米、向里延伸 4 米以上的夯土护坡。该护坡靠外一侧残留高度 1.4~1.6 米，夯层厚 12~24 厘米。

中心区上方的夯土护坡在四个地点有发现。护坡夯土残留高度为 1.2~1.8 米，夯层厚 6~10 厘米，硬度和细密程度与中心区相当。

关卡直道上的人工沟槽及瓦片堆积

车辙及辙梁上的车辙印

连续车辙

在中心区上方的直道转弯处，路面外侧夯土护坡以外 20 余米处，又发现与之平行的夯土，两道夯土并不相连，这可能是类似陕西甘泉县方家河秦直道的夯土隔墙，即在需要大面积夯筑垫方（"堙谷"）的直道外侧，顺路夯筑出数个平面方形隔墙，隔墙内填土以形成护坡或路面。以最外侧夯土为边测量，这段直道转弯处的宽度达 61 米，符合历次调查所见：直道转弯处弯道大，路面特宽阔。

5. "之"字形盘山道

发掘中心区向上转弯后，进入上山的"之"字形盘山道。盘山道一共 5 条，典型的"之"字形。第一条向西，尽头后转向东，进入第二条。前行，再转向西，再向东，再向西，盘山道结束，向南，攀上子午岭支脉的山脊，群山在眼底。

对第二条盘山道进行了解剖，探沟开于盘山道中部偏东（上）处，由于路面遍布林木，称之为结森林探沟。探沟总长 47 米，揭露出的直道路面（含排水沟）宽约 45 米，可见当时的规模。

探沟内发现了残存的路土、高约 4.1 米的夯土护坡和排水沟。排水沟位于路面靠山一侧，与直道平行。排水沟宽约 1.3 米，深 30~50 厘米。沟内上层为斜坡状叠压堆积土，下层为淤土，沟底铺垫有碎礓石。

盘山道探沟的发掘，印证了 2006 年和 2007 年直道发掘的总结，即直道道路的三要素：路土（包括车辙）、夯土护坡和排水沟。

6. 人为破坏道路现象

此次发掘，至少发现三处明显的人为破坏直道路面现象。三处现象分布范围在 300 米以内。

其一在关卡遗址。路面揭露出人工开挖的沟槽宽 4 米以上，深约 30~70 厘米。沟槽与道路同一个方向，上部较窄、较浅，下部较宽、较深，显然是利于流水的冲刷。沟槽打破了上层路面和房屋基址，直道两侧建筑倒塌后，大量筒瓦、板瓦覆盖在沟槽内。

其二在关卡遗址上部转弯处的直道探沟内。

其三位于第二条"之"字形盘山道的探沟内。人工沟开凿于直道路面中部，呈槽型，与直道平行。发掘显示，最初开挖的沟槽宽约 4.5 米，深约 20~45 厘米，两侧沟壁陡直，沟壁上有人工凿痕。经过近 2000 年的冲刷，沟底已呈尖底，深度距当时的路面已达 1.8 米。

在黄土高原地带，山水对地貌的冲刷带有强烈的加速度特征。在不长的时间里，人工沟槽的威力在其下方约 80 米处显现了出来：人工沟在此引发了大面积的水土流失和山体滑坡，形成了最宽近 100 米、最深达 30 多米的深沟。不仅第二条"之"字形直道在此戛然中断，还波及其下方的第一条"之"字形直道，以及两条路的转弯连接处（"才"的右半部）。

小小一条人工沟造成的损坏：上下两段国家级道路的彻底冲毁，总长度约 230 米。

道路的破坏者，很可能是中原一方。原因是：两汉至南北朝的数百年间，他们基本处于被动的守势。另外，作为修路和道路养护的一方，他们更了解直道的弱点。

三、遗物

1. 铜镞、钱币

铜镞 1 件，出土于直道关卡下方的直道上层路面上。铜镞为三棱三翼形，锐部锋利，铤部缺失，保存完好。铜镞方向向上，指向守军的一方，据此判断，为北方（匈奴或其他少数民族）军队发射。

可资对比的是，2007 年春，在车路梁直道出土了一件与此迥异的三棱铁铤铜镞。2007 年发掘地点位于此处以北约 2.2 公里，说明地处要津的该关卡周边，曾经发生过多次汉族与少数民族的南北战争。

钱币出土于关卡遗址中部的直道上层路面，为西汉末年王莽时期的"大泉五十"。

2. 筒瓦、板瓦、陶器

出土大量绳纹筒瓦、板瓦及少量陶罐、盆、甑等器物残片。

筒瓦、板瓦的外面多饰粗绳纹、细绳纹，还有在绳纹上用手指抹成的与绳纹垂直的带状纹（简称抹带绳纹）。内面纹饰多为布纹，也有大麻点纹、光面、席纹、方格纹，还有极少量的粗绳纹、细绳纹等。

四、时代判断

此次出土的遗物中，铜镞和钱币的时代较明确，在两汉之间或稍晚。

在陕西关中的秦汉考古中,一般说来,筒瓦、板瓦外面的抹带绳纹,时代早于一般的绳纹;筒瓦、板瓦内面的大麻点纹,时代早于布纹和其他纹饰。

经初步统计,此次出土的筒瓦、板瓦中,抹带绳纹和大麻点纹约占纹饰总数的8%~9%。在筒瓦、板瓦和陶器中,尚未发现明确的东汉及其以后者。

总之,发掘出土的所有证据都支持这样一种判断:桦沟口段直道及其附属建筑,始建于秦代,沿用至两汉之间或稍晚废弃。其中,直道下层路面的时代约为秦代和西汉早期,上层路面的时代约为西汉中晚期。

直道盘山道的夯土护坡

车辙辙梁及脚印

小结

1. 古道路考古,是中国田野考古的薄弱环节。这次考古发掘,是对秦直道遗址及其上下山盘山道的首次大面积发掘,具有突破性意义。

秦直道全程,上下山、过河(较大的河)有六七次,此次发掘地点是直道上下山、过河遗址中最典型、保存较好的一处。对于了解秦直道如何解决上下山和过河的难题,同样具有重要价值。

2. 秦直道中段的走向,学术界一直有两种观点。其一认为走陕北,其二认为走甘肃。此次发掘,以多处准确的地层叠压关系,第一次卡住了秦直道(即下层路面)的绝对年代,为前一种观点的确认提供了科学依据。

3. 秦直道旁的同期建筑遗址的发掘,也属首次。为了解秦直道附属设施的分布和内涵,提供了重要资料。

4. 近年来,在各级政府的重视下,秦直道热方兴未艾。此次发掘,也为秦直道的科学保护和合理利用提供了可资借鉴的基础。

鉴于此,从发掘开始不久,考古队就与建设方交涉,要求保护这段秦直道。经过各方面的努力,以及国家文物局专家组成员、大遗址项目秦直道考古队顾问叶学明先生等专家的呼吁,建设方已将这段高速公路改线,为子孙后代永久保下了这段秦直道。

(原载《中国文物报》2010年1月1日第4版)

2+2=4：秦直道发现道路四叠层与东西线之争
——2010年秦直道考古收获之一

张在明　李增社　姜家乃　王　谦　刘彦博

继2009年陕西富县秦直道考古取得开创性成果，并获全国十大考古新发现以来，2010年，陕西省考古研究院秦直道考古队，又对陕西黄陵的秦直道进行了小规模发掘，取得了突破性成果。

此次发掘始于7月21日，10月31日结束。地点选在陕甘交界子午岭上的兴隆关一带。共试掘探沟8条、解剖烽燧2个，发掘面积约250平方米。

秦直道研究的分歧点：东西线之争

众所周知，秦直道研究的最大分歧点是秦直道中段的东西线之争。

东线说认为，秦直道北上至兴隆关后，向东走蚰蜒岭，再向北，经陕北，至终点包头。

西线说认为，秦直道至兴隆关后，继续向北，再转西北，经甘肃和陕西定边，再折向东北，经内蒙古，回归旧有的秦直道，至终点包头。

东线说的秦直道基本南北笔直，是弓弦。西线说的秦直道向西转了一个大弯，是弓背。

目前，大部分考古学者持东线说，相反，大部分历史和历史地理学者持西线说。

发掘地点选在兴隆关周边，就是要对这个三岔口的三个方向的古道路进行解剖，以解决争论已久的东西线之争。

兴隆关以南的秦直道

共发掘探沟4条。以南桂花探沟2为例。

位于子午岭主脉上，海拔1588米，北距兴隆关约3公里。该段秦直道南北向，路基略呈梯形堤坝，南北214米，高30~35米。钻探证实，整个路基为夯土构筑。经测算，该段路基的土方量约为17万立方米，是秦直道上迄今发现工程量最大的堙谷垫方路段。

探沟2选于此，是因为这里是秦直道由南向北的必经之路。试想，这一带如果还有其他路径可选择，当时的人也不会耗费如此气力修筑这样一条垫方路段了。

所布探沟与直道垂直，探沟长8.2米，宽1.5米。

地层关系较简单，分为3层。第一层为地表和现代路土层，厚8~15厘米。第二层为古代路土层，细分为4层，总厚46~64厘米。第三层为夯土垫方路基层。

发现四层道路路面，即秦直道的四叠层，各层路面间界分清楚。自上而下分述如下：

上层路面：使用路面宽3.4米，路土色灰黄，质地十分坚硬。路土内夹有大量礓石，路面暴露有5道与直道平行的礓石带。礓石是经过加工后掺入路土的，以增加路面的强度。路面上未见明显的车辙。本层路土厚16~22厘米。

路面上出有汉代的粗绳纹瓦片和明清瓷片，说明早期瓦夹在晚期遗物中。

二层路面：路土色灰黑，坚硬，路土中的礓石少于上层，但仍在路面形成少量的礓石带。路面中部有两两对称的4道辙沟，本层路土厚18~23厘米。

路面出土残铁锸1件，时代约在东汉或稍晚；外绳纹内布纹或素面的板瓦2片，时代约为西汉晚期至东汉。

三层路面：路面大部分为碎礓石、小粗砂石块与黄土混合构筑，路土较其上层更黑，质地较坚硬，可见斜向的千层饼状路土。整个路面有6道辙沟，其中相对的辙沟距均为110厘米，与富县秦直道上层路面的最小辙距相等。本层路土厚

12~15 厘米。

路面上出土外绳纹内大麻点的板瓦 1 片，时代在秦至西汉早期；外绳纹内布纹的筒瓦 2 片，时代为西汉中晚期。

四层路面：路土色黑，质地坚硬，但路土中礓石少于其上三层，明显可见斜向的千层饼状路土。路面东部有一对辙沟，辙沟距 115 厘米。本层路土厚 10~12 厘米。

路面出土有外绳纹内大麻点的筒瓦 1 片，时代在秦至西汉早期；外绳纹内布纹的板瓦 1 片，时代约为西汉中晚期。

经解剖，本层以下即为夯筑的垫土路基。

南桂花 TG2 出土铁锸

南桂花探沟 2 四叠层

蚰蜒岭探沟 2 及扩方

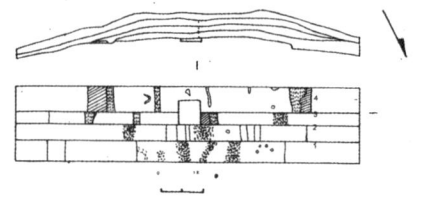

黄陵南桂花探沟 2 平、剖面图

兴隆关以东的秦直道

位于子午岭支脉的蚰蜒岭上，发掘探沟2条，以蚰蜒岭探沟2为例。

地处山脊上，海拔1598米，西距兴隆关760米，这里也是向东的秦直道必经之地。直道略呈东西向，所布探沟与直道垂直。探沟长8米，宽1.5米。

地层关系分为3层。第一层为表土和现代路土层，厚10~50厘米。第二层为古代路土层，细分为2层，总厚28~42厘米。第三层为生土。

共发现两层道路路面，分述如下：

上层路面：路面土色灰褐，土质较硬，呈倾斜向的千层饼状，其中夹有粗绳纹瓦残片。探沟2向东扩方后，发现了典型的早期车辙。辙梁土色黑褐，质地坚硬，呈斜向千层饼状。辙沟内为浅黄色淤土。本层路土厚15~20厘米。

遗物：出土于路土中，为外绳纹内素面的板瓦2片，时代约为西汉中晚期。

下层路面：土黑褐色，土质坚硬。路面北部有2道车辙，辙沟距110厘米。辙沟内有明显的碾压形成的斜向千层饼状路土。本层路土厚12~18厘米。

遗物：出土于路土中，为外绳纹内光面的板瓦1片，时代约为西汉中期。

兴隆关以北的古道路

位于兴隆关以北的子午岭主脉上，发掘探沟2条，以兔儿嵝岭探沟为例。

地处山脊的中部，海拔1569米，南距兴隆关11公里，为向北的古道路必经之地。道路略呈南北向，所布探沟与道路垂直，探沟长6米，宽1.5米。

地层关系分为3层。第一层为表土和现代路土层，厚20厘米。第二层为古代路土层，细分为2层，总厚25~48厘米。第三层为生土。

发现两层道路路面，分述如下：

上层路面：使用路面宽4米。路面中部色较黑，两侧较黄。路土较硬，其中夹有少量礓石。路面有4道车辙，较对称、规整。辙沟距离分为60、110和170厘米三种。本层路土一般厚26厘米，最厚达48厘米，是历年发掘所见单层路土中最厚者。

与早期（秦—西汉）车辙和路土相比，该辙沟显得宽且深。路土色较淡，呈较水平向的千层饼状，而早期路土多呈深黑色的斜向千层饼状。该层特厚，似为使用不频繁但沿用时间长所致。

遗物：出土于该层表面，有白釉冰裂纹瓷片、黑釉瓷片、瓦片等，时代在宋元至明代之间。

下层路面：颜色稍浅，硬度不及上层。路土中所含礓石较上层少。下层路面不及上层规整。其东侧有一辙沟。本层路土厚13~14厘米。

遗物：出土于该层表面或其中，仅3片，为灰陶器物残片，时代约在东汉至南北朝之间。

时代判定

兴隆关周边三个方向古道路的时代判定：

兴隆关以南，以南桂花探沟2的四叠层路面为代表。

第四层路土：约秦代和西汉早期。

第三层路土：约西汉中期和晚期（最晚至东汉早期）。

第二层路土：约东汉（最晚在东汉中期）至南北朝。

第一层路土：约隋唐至宋明之间。

与兴隆关以东秦直道的对应关系：

第四、三层＝蚰蜒岭探沟2下层、上层＝富县桦沟口直道下层、上层＝甘泉方家河直道下层、上层。

与兴隆关以北古道路的对应关系：

第二、一层＝兔儿崾岘探沟下层、上层。

秦直道的四叠层中，早期两层路面时代的判定，除依据路土遗迹、遗物外，还参照富县、甘泉的秦直道发掘。因为，富县直道发掘的面积较大，遗迹丰富，遗物较多，特别是出土的"大泉五十"铜币及打破路面的弃埋坑中的人骨鉴定数据，都是判定路面绝对年代的罕有资料。

依据少量残碎的瓦片、陶片、瓷片，对所叠压的路土作时代判断，误差在所难免，但这种误差不会超过数十年。随着秦直道考古的进一步深入，我们相信，对秦直道各层路面时代的判定会更加细化和精确。

结语：2+2=4

兴隆关周边的秦直道考古发掘，是第一次。其收获可以概括为 2+2=4。

兴隆关以南的秦直道，最典型的是道路四叠层，它代表了秦直道自修筑、沿用至废弃的全过程。形象化表述，就是"4"。

兴隆关以东的秦直道，代表性是两层路面，它始建于秦代，沿用至两汉之间或东汉早期，然后废弃。其中，下层路面的时代约为秦代和西汉早期，上层路面的时代约为西汉中晚期（最晚至东汉早期）。表述为"2"。

值得一提的是，这两层路面，不仅在路土、车辙的质地、结构及遗物方面，与富县、甘泉揭示的秦直道惊人相似外，而且，在三个发掘地点都发现了人为破坏直道的现象。说明这一破坏行动不是孤立和个别的，而是自上而下的国家行为。经典意义的秦直道从此废弃。

兴隆关以北的古道路，代表性也是两层路面，下层路面的时代约为东汉（最晚在东汉中期）至南北朝，上层路面的时代约在隋唐至宋明之间。表述为"2"。

结论：修筑于秦代的直道，自起点向北，经兴隆关向东，直至终点。使用两百多年后，即在两汉之间或东汉早期，兴隆关以东的秦直道经人为破坏后废弃。数十年后，改走兴隆关以北的子午岭主脉，向西转了一个大弯后至终点，直至宋明时期。

归纳为一句，四叠层的秦直道，早期 2 层走东线，晚期 2 层走西线，即：2+2=4。

如果说，2009 年富县秦直道考古的成果，是确定了东线而没有否定西线的话，那么，2010 年黄陵的发掘，则是在进一步确认东线的同时，彻底否定了西线。

从 1990 年第一次步行踏查秦直道至今，二十多年过去了。一个感想是：秦直道的研究，仅仅靠文献，一千年也不会有突破；仅仅靠踏查，一百年也不会有结果。考古发掘是破解秦直道之谜的正途。

（原载《中国文物报》2011 年 8 月 12 日第 4 版）

九原—甘泉：秦直道的构建

张在明

一、秦直道概况

秦直道的历史文献，以《史记》价值最高，然寥寥数条，且有重复。如《蒙恬列传》："始皇欲游天下，道九原，直抵甘泉，乃使蒙恬通道，自九原抵甘泉，堑山堙谷，千八百里。"其余数条，内容也略同。

秦代经营的交通大道多利用战国原有道路。只有直道是在秦统一后规划施工，开拓出了体现秦帝国行政效率的南北大通道。

秦直道自陕西淳化（古云阳）北部的秦林光宫（即汉甘泉宫）北门始，向北，经旬邑、黄陵、富县、甘泉、志丹、安塞、靖边、榆林等地，再经内蒙古伊金霍洛旗、东胜、达拉特旗至包头。[①] 道路全程直线距离约700公里，已发现遗迹的道路全长约750公里。

秦直道中段西侧的甘肃宁县、合水、华池等县的子午岭主脉上，也发现了可连成一线的道路遗迹、烽燧及故城，经近年考古发掘证实，是秦直道废弃后，约在东汉初年开辟的一条古道路。（图1-1）

与常规道路沿河谷选线不同，秦直道的设计者巧妙地利用了陕甘交界处的子

---

① 参见国家文物局主编：《中国文物地图集·陕西分册》上册，西安地图出版社，1998年，第116页。

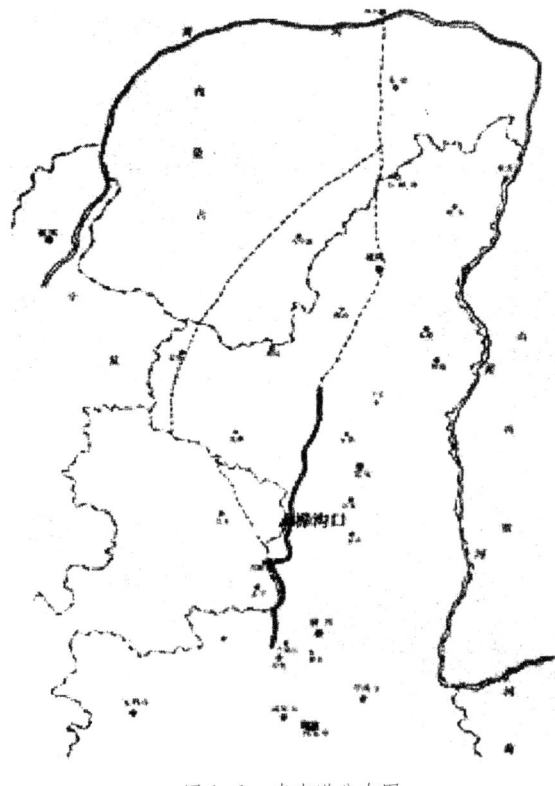

图 1-1 秦直道分布图

午岭,以及陕北及内蒙古南部黄土高原特有的地形地貌,建成了中国古代唯一沿山脊和高地选线的国家级交通大道。修成的直道线形顺直,弯度很大,道路标准很高,被誉为中国高速公路之祖。

秦直道的修筑方式以堑山为主,仅在河谷或低凹处填方夯筑(《史记》中称为"堙谷")。在山区,直道路面一般宽20~30米,部分路段宽40~50米,个别路段宽60米以上。目前,在秦直道一线的两侧,共发现秦汉时期的宫殿、城址、兵站、关隘、烽燧等遗址及墓葬数百处,出土大量建筑材料、陶器、铜器、铁器及兵器等遗物。

布线于山脊和高地的秦直道修筑艰难,工程量极大,但一旦修成,却较少河流冲毁和水土流失的侵蚀。加之地处僻远,人迹罕至,多被林木覆盖,绝少与现代道路重叠,使得秦直道成为人类文明干扰最少、原始遗迹保存最多、最接近两千年前风貌的古道路标本。(图1-2、图1-3、图1-4、图1-5)

东汉以后,佛教沿丝绸之路向东传播,到达陇东后与秦直道交汇。再向东,则呈放射状传播,佛教遗存猛增。至今,秦直道两侧共发现北魏、西魏、北周、隋、唐、五代、宋、元各代佛教石窟寺数十处,说明秦直道在佛教传播中的重要作用。

秦直道(含秦直道中段西侧的古道路)自秦至隋唐一直沿用,整体路段虽在宋代以后废弃,但局部路段甚至沿用至明清、民国。千余年间,它不仅是中原王朝北方防御体系的重要组成部分,也是中国北方经济文化交流、民族融合的重要纽带和通道。

秦直道的研究、保护,对于中国古道路考古、中国秦汉史、中国古代民族融合史、佛教传播史和交通史,具有重要价值。

图 1-2　陕西富县车路梁秦直道-1

图 1-3　陕西富县车路梁秦直道-2

图 1-4　陕西富县麦秸沟秦直道

图 1-5　陕西安塞杀人崾崄秦直道垭口

二、秦直道考古的新成果

古道路考古，是中国田野考古的薄弱环节。秦直道的研究，始于内蒙古自治区考古所的田广金先生（1974年）和著名历史地理学家史念海先生（1975年）。近四十年来，参与者不少，但仅限于史料考证和实地踏查，从未进行过考古钻探和发掘。2006年至2010年，承担国家文物局大遗址项目的陕西省考古研究院秦直道考察队，对秦直道进行了五次考古发掘，肇秦直道考古发掘之首。其中2009年度的发掘，获中国十大考古新发现奖，在中国乃至世界的古道路考古领域，产生了重大影响。

（一）2009年秦直道考古成果[①]

发掘地点位于陕甘交界处的陕西富县桦沟口，是直道自南而北下子午岭支脉以后过葫芦河前的一段。（图2-1）发掘地点的直道呈西北—东南走向。发掘中

[①] 本节参见张在明等：《陕西富县秦直道考古取得突破性成果》，载《中国文物报》2010年1月1日第4版；张在明：《富县桦沟口秦直道遗址》，见《中国考古学年鉴 2010》，文物出版社，2011年，第428页；黄晓芬、张在明：《秦直道の研究》，载《日本考古学》2011年第5期。

心区地理坐标北纬36°04′135″，东经108°41′026″，海拔1103米。共钻探1.2万平方米，考古发掘共开5米×5米探方68个，探沟9条，发掘面积约2050平方米。（图2-2、图2-3）

1. 主要遗迹

1.1 路面、车辙

在坡度为6%~8%的发掘中心区（暂命名为直道关卡遗址），揭露出道路路面总长71米。

路面车辙均呈放射状分布。下方有11~13道车辙辙梁，分布宽度约24米。随着上坡向前，路面变窄，车辙辙梁合并减少。至中心区的咽喉处，车辙仅有6~7道，分布宽度仅约10米。（图2-4、图2-5）

车辙间的辙梁系经过车轮反复碾压、挤迫形成。大多数辙梁剖面略呈梯

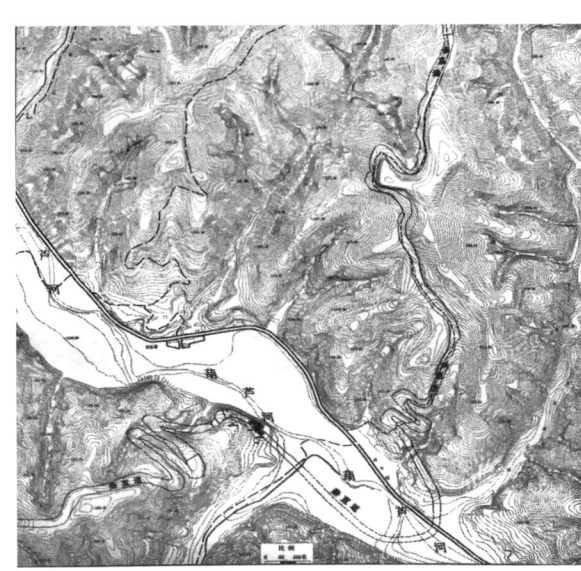

图2-1　桦沟口直道过河图

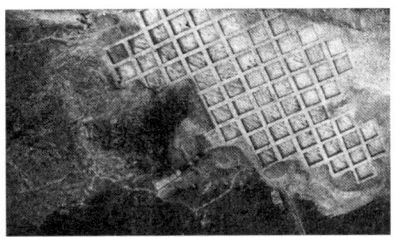

图2-2　陕西富县桦沟口发掘现场气球照

图2-3　陕西富县桦沟口发掘现场

图2-4　放射状分布的车辙-1

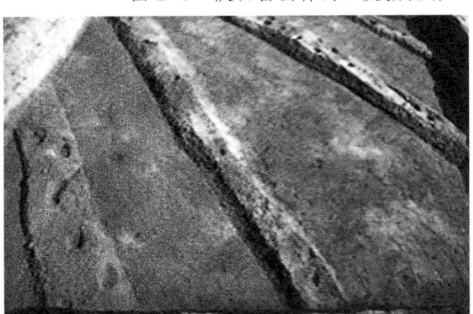

图2-5　放射状分布的车辙-2

图 2-6 辙梁上的车辙印

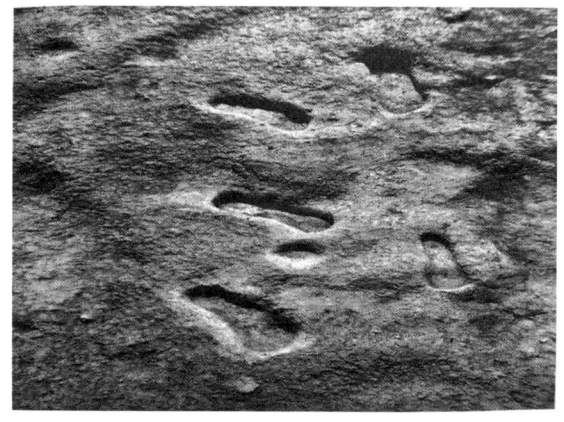

图 2-7 探方 309 的脚印

形,个别的呈半弧形。一般上部宽 20~45 厘米,下部宽 30~55 厘米,高(也即辙沟深)4~11 厘米。由于碾压过甚,个别辙梁呈扁平状,在这类辙梁上,往往又重新碾压出车辙印。(图 2-6)

辙梁及踩踏面与上层剥离明显,层次分明,表面呈深褐色,质地坚硬。经过辙梁解剖,其厚度一般为 15~35 厘米,最厚处达 53 厘米。其结构呈斜坡向千层饼状。为了加强路面的强度,一些辙梁上还铺垫有经过加工的礓石碎块。不少辙梁上还残存有类似马、牛的蹄印,以及用金属工具铲挖的痕迹。

直道路面分为上下两层。考古解剖得知,上下层路面相距 20~25 厘米。下层路面的土质一般较上层更黑、更坚硬。从成组或对称的车辙印判断,当时的车辆轮距有 3 种,即 110 厘米、130 厘米和 140 厘米。

重要的是,多处路面上叠压有秦代和西汉时期的绳纹筒瓦、板瓦,两处路面上还出土了铜镞和铜币,为道路的绝对年代提供了可靠依据。

1.2 路面脚印

在 4 个探方或探沟里,共揭露出方向杂乱的脚印 21 个,脚印分为成年男子、女子和儿童。脚印一般长 20~25 厘米,宽 9~10 厘米,深 2~6 厘米。判断为儿童的脚印长 17 厘米,宽 7 厘米。脚印数量最多的是 T309,共有脚印 13 个。(图 2-7)

以上脚印全部分布在上层路面。我们的初步解读是:在秦直道刚刚废弃的一个雨夜,很可能是中原方面(汉族)的一两个家庭成员从这里匆忙行走所遗留。他们走后不久,山体滑坡,泥石流掩盖了直道。

1.3 建筑遗迹

建筑基址分布于直道最狭窄处的两侧，揭露出数处夯土碌墩和置于碌墩之上的石柱础。（图2-8）夯土碌墩呈圆柱形，直径约55~56厘米。从残存碌墩的布局看，在道路两侧，各建有一排房屋，房屋面宽约3.5米。基址中，有大量秦汉时期的绳纹筒瓦、板瓦及陶片堆积。据推测，该建筑是秦直道上规格较高的关卡遗址。

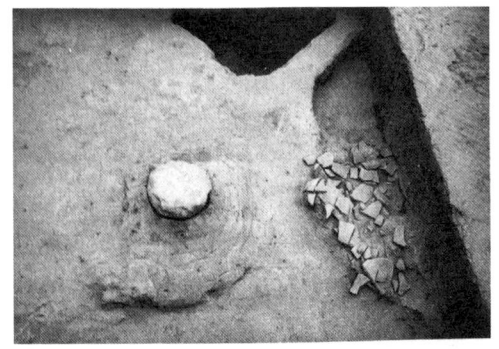

图2-8 碌墩上的石柱础

1.4 道路护坡

在中心区及其上、下方，都发现了与直道平行且规格很高的夯土护坡。（图2-9）

中心区的夯土护坡在直道外侧均有发现。其剖面略呈倒梯形，靠外一侧高3米以上，整个护坡向里延伸5~6米，厚度递减。夯土细密、坚硬，夯层厚6~8厘米。中心区下方发现了长达66.5米、向里延伸4米以上的夯土护坡。护坡残留高度1.4~1.6米，夯层厚12~24厘米。

在中心区上方的直道转弯处，路面外侧夯土护坡以外20余米处，又发现与之平行的夯土，两道夯土并不相连，这可能是类似陕西甘泉县方家河秦直道的夯土隔墙。即在需要大面积夯筑垫方（"埋谷"）的直道外侧，顺路夯筑出数个平面方形隔墙，隔墙内填土以形成护坡或路面。（图2-10）以最外侧夯

图2-9 中心区上方的夯土护坡

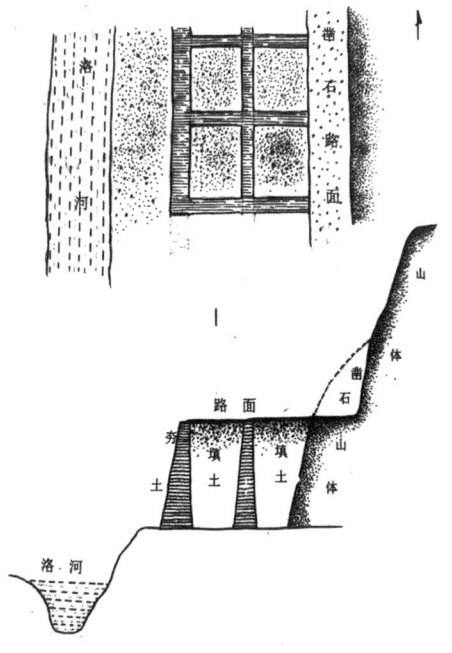

图2-10 方家河直道夯土隔墙示意图

图 2-11　直道盘山道的夯土护坡

土为边测量，这段直道转弯处的宽度达 61 米，符合历次调查所见，直道转弯处弯道大，路面特宽阔。

1.5 "之"字形盘山道

发掘中心区向上转弯后，进入上山的"之"字形盘山道。盘山道一共 5 条，平面呈典型的"之"字形。对第二条盘山道进行了解剖，揭露出的直道路面（含排水沟）宽约 45 米，可见当时的规模。

盘山道路面发现了残存的路土、高约 4.1 米的夯土护坡（图 2-11）和排水沟。排水沟位于路面靠山一侧，与直道平行。排水沟宽约 1.3 米，深 30~50 厘米，沟底铺垫有碎礓石。

1.6 人为破坏道路现象

至少发现三处明显的人为破坏直道路面现象。三处现象分布范围在 300 米以内。

在关卡遗址，路面揭露出人工开挖的沟槽宽 4 米以上，深约 30~70 厘米。沟槽与道路同一个方向，上部较窄、较浅，下部较宽、较深，显然是利于流水的冲刷。沟槽打破了上层路面和房屋基础，直道两侧建筑倒塌后，大量筒瓦、板瓦覆盖在沟槽内。（图 2-12）

在"之"字形盘山道，人工沟开凿于直道路面中部，呈槽形，与直道平行。发掘显示，最初开挖的沟槽宽约 4.5 米，深约 20~45 厘米，两侧沟壁陡直，沟壁

图 2-12　中心区直道上的人工沟槽

图 2-13　直道盘山道上的人工沟槽

上有人工凿痕。（图 2-13）经过近两千年的冲刷，沟底部已呈尖底，深度距当时的路面已达 1.8 米。

在黄土高原地带，山水对地貌的冲刷带有强烈的加速度特征。在不长的时间里，人工沟槽的威力在其下方约 80 米处显现了出来：山水冲刷引发了大面积的水土流失和山体滑坡，形成了最宽近 100 米、最深达 30 多米的深沟。小小一条人工沟造成的损坏：上下两段"之"字形直道的彻底冲毁，总长度约为 230 米。

道路的破坏者，很可能是中原一方。原因是：东汉至南北朝的数百年间，他们基本处于被动的守势。另外，作为修路和道路养护的一方，他们更了解直道的弱点。

2. 遗物

2.1 铜镞、钱币

铜镞 1 件，出土于直道关卡下方的直道上层路面。铜镞为三棱三翼形，锐部锋利，铤部缺失，保存完好。（图 2-14）铜镞方向向上，指向守军的一方，据此判断，为北方（匈奴或其他少数民族）军队发射。

可资对比的是，2007 年春，在富县车路梁直道出土了 1 件与此迥异的三棱铁铤铜镞[①]。（图 2-15）两地点相距约 2.2 公里，说明地处要津的该关卡周边，曾经发生过多次中原与北方的战争。

钱币出土于关卡遗址中部的直道上层路面，为西汉末年王莽时期的"大泉五十"。（图 2-16）

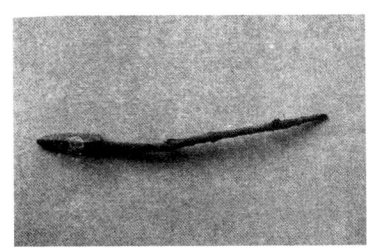
图 2-14　三棱三翼铜镞

图 2-15　三棱铁铤铜镞

图 2-16　大泉五十铜币

2.2 筒瓦、板瓦、陶器

出土大量绳纹筒瓦、板瓦及少量陶罐、盆、甑等器物残片。

---

① 参见陕西省考古研究院：《考古年表　2007》。

筒瓦、板瓦的外面多饰粗绳纹、细绳纹，还有在绳纹上用手指抹成的与绳纹垂直的带状纹（简称抹带绳纹）。内面纹饰多为布纹，也有大麻点纹、光面、席纹、方格纹，还有极少量的粗绳纹、细绳纹等。

3. 时代判断

出土的遗物中，铜镞和钱币的时代较明确，在两汉之间或稍晚。

在陕西关中的秦汉考古中，一般说来，筒瓦、板瓦外面的抹带绳纹，时代早于一般的绳纹；筒瓦、板瓦内面的大麻点纹，时代早于布纹和其他纹饰。经统计，出土的筒瓦、板瓦中，抹带绳纹和大麻点纹约占纹饰总数的8%~9%。在筒瓦、板瓦和陶器中，尚未发现明确的东汉及其以后者。

总之，发掘出土的所有证据都支持这样一种判断：桦沟口段直道及其附属建筑，始建于秦代，沿用至两汉之间或稍晚，废弃。其中，直道下层路面的时代约为秦代和西汉早期，上层路面的时代约为西汉中晚期。

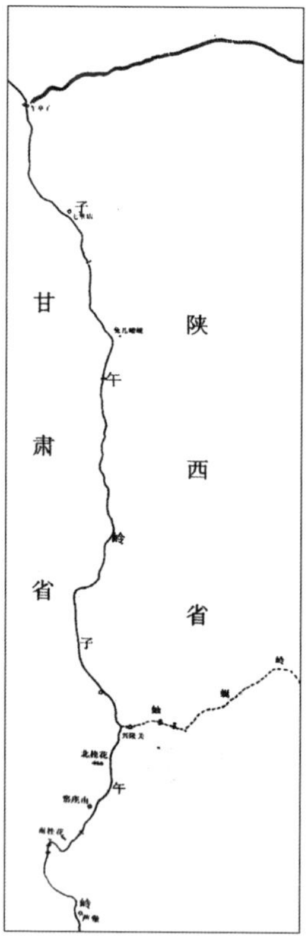

4. 小结

这次考古发掘，是对秦直道遗址及其上下山盘山道的首次大面积发掘，具有突破性意义。

秦直道中段的走向，学术界一直有两种观点。其一认为走陕北，其二认为走甘肃。此次发掘，以多处准确的地层叠压关系，第一次卡住了秦直道（即下层路面）的绝对年代，为前一种观点的确认提供了科学依据。

秦直道旁的同期建筑遗址的发掘，也属首次。为了解秦直道附属设施的分布的内涵，提供了重要资料。

（二）2010年秦直道考古成果①

发掘地点位于陕甘交界处的陕西黄陵，地处子午岭主脉上的兴隆关一带。共开探沟8条，解剖烽燧2座，发掘面积约250平方米。（图2-17）众所周知，秦直道研究

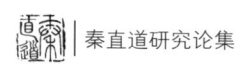

图2-17 兴隆关周边发掘探沟分布图

---

① 本节参见张在明等：《2＋2＝4：秦直道发现道路四叠层与东西线之争》，载《中国文物报》2011年8月12日第4版。

的最大分歧点是秦直道中段的东西线之争。东线说认为,秦直道北上至兴隆关后,向东走蚰蜒岭,再向北,经陕北至终点包头。西线说认为,秦直道至兴隆关后,继续向西北,经甘肃和陕西定边,再折向东北,经内蒙古回归旧有的秦直道,至终点包头。发掘地点选在兴隆关周边,就是要对这个三岔路口三个方向的古道路进行考古解剖,以解决争论已久的东西线之争。

1. 兴隆关以南的秦直道

发掘探沟4条。以南桂花沟2为例。(图2-18、图2-19)

位于兴隆关以南3公里的子午岭主脉上,海拔1588米。所在秦直道南北向,

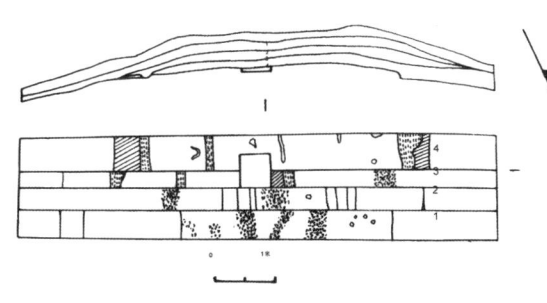

2-18 南桂花探沟2四叠层平、剖面图

图2-20 南桂花填方直道

图2-19 南桂花探沟2四叠层图

路基略呈梯形堤坝,南北214米,高30~35米。钻探证实,整个路基为夯土构筑。经测算,该段路基的土方量约为17万立方米,是秦直道上迄今发现工程量最大的堙谷填方路段。①(图2-20)

探沟2选于此,是因为这里是秦直道由南向北的必经之路。试想,这一带如果还有其他路径可选择,当时的人也不会耗费如此气力修筑这样一条填方路段了。

---

① 参见陕西省考古研究院:《考古年表 2008》

所布探沟与直道垂直，探沟长8.2米，宽1.5米。

发现四层道路路面，即秦直道的四叠层，各层路面间界分清楚。自上而下分述如下：

1.1 上层路面

使用路面宽3.4米，路土色灰黄，质地十分坚硬。路土内夹有大量礓

图2-21 南桂花探沟2出土铁锸

石，路面暴露有5道与直道平行的礓石带。路面上未见明显的车辙。出有汉代的粗绳纹瓦片和明清瓷片，说明早期瓦夹在晚期遗物中。

1.2 二层路面

路土色灰黑，坚硬，路土中的礓石少于上层，但仍在路面形成少量的礓石带。路面中部有两两对称的4道辙沟。出土残铁锸1件（图2-21），时代约在东汉或稍晚；外绳纹内布纹或素面的板瓦2片，时代约在西汉晚期至东汉。

1.3 三层路面

路面大部分为碎礓石、小粗砂石块与黄土混合构成，路土较其上层更黑，质地较坚硬，可见斜向的千层饼状路土。整个路面有6道辙沟，其中相对的辙沟距均为110厘米，与富县秦直道上层路面的最小辙距相等。出土外绳纹内大麻点纹的板瓦1片，时代在秦至西汉早期；外绳纹内布纹的筒瓦2片，时代为西汉中晚期。

1.4 四层路面

路土色黑，质地坚硬，但路土中礓石少于其上三层，明显可见斜向的千层饼状路土。路面东部有一对辙沟，辙沟距115厘米。出有外绳纹内大麻点纹的筒瓦1片，时代在秦至西汉早期；外绳纹内布纹的板瓦1片，时代为西汉中晚期。

经解剖，本层以下即为夯筑的垫土路基。

2. 兴隆关以东的秦直道

位于子午岭支脉的蚰蜒岭上，发掘探沟2条，以蚰蜒岭探沟2为例。

地处山脊上，海拔1598米，西距兴隆关760米，这里也是向东的秦直道必经之地。直道略呈东西向，所布探沟与直道垂直。探沟长8米，宽1.5米。

共发现两层道路路面，分述如下：

2.1 上层路面

路面土色灰黑，土质较硬，呈倾斜向的千层饼状，其中夹有粗绳纹瓦残片。探沟2向东扩方后，发现了典型的早期车辙。（图2-22）辙梁土色黑褐，质地坚硬，呈斜向千层饼状。出土外绳纹内素面的板瓦2片，时代约为西汉中晚期。

图2-22 蚰蜒岭探沟2扩方

2.2 下层路面

土黑褐色，土质较硬。路面北部有2道车辙，辙沟距110厘米。辙沟内有明显的碾压形成的斜向千层饼状路土。出土外绳纹内光面的板瓦1片，时代约为西汉中期。

3. 兴隆关以北的古道路

位于兴隆关以北的子午岭主脉上，发掘探沟2条，以兔儿崾岘探沟为例。（图2-23）地处山脊的中部，海拔1569米，南距兴隆关11公里，为向北的古道路必经之地。道路略呈南北向，所布探沟与道路垂直，探沟长6米，宽1.5米。发现两层道路路面，分述如下：

3.1 上层路面

使用路面宽4米。路面中部色较黑，两侧较黄。路土较硬，其中夹有少量礓石。路面有4道车辙，辙沟距离分为60、110和170厘米三种。本层路土一般厚26厘米，最厚达48厘米，是历年发掘所见单层路土中最厚者。与早期（秦—西汉）车辙和路土相比，该辙沟显得宽且深，路土色较淡，呈水平的千层饼状；而早期路土多呈深黑色的斜

图2-23 兔儿崾岘探沟

向千层饼状。该层特厚，似为使用不频繁但沿用时间长所致。

遗物有白釉冰裂纹瓷片、黑釉瓷片、瓦片等，时代在宋元至明代之间。

3.2　下层路面

颜色稍浅，硬度不及上层。路土中所含礓石较上层少。下层路面不及上层规整，其东侧有一辙沟。出土3片灰陶器物残片，时代约在东汉至南北朝之间。

4. 时代判定

兴隆关以南，以南桂花2的四叠层路面为代表。

第四层路土：约秦代和西汉早期。

第三层路土：约西汉中期和晚期（最晚至东汉早期）。

第二层路土：约东汉（最晚在东汉中期）至南北朝。

第一层路土：约隋唐至宋明之间。

与兴隆关以东及富县、甘泉秦直道的对应关系：

第四、三层＝蚰蜒岭探沟2下层、上层＝富县桦沟口直道下层、上层＝甘泉方家河直道下层、上层。

与兴隆关以北古道路的对应关系：

第二、一层＝兔儿崾崄探沟下层、上层。

5. 结语

兴隆关周边的秦直道考古发掘，是第一次。其收获可以概括为2+2=4。

兴隆关以南的秦直道四叠层，代表了秦直道自修筑、沿用至废弃的全过程。形象化表述就是"4"。

兴隆关以东的秦直道两层路面，它始建于秦代，沿用至两汉之间或东汉早期，然后废弃。其中，下层路面的时代约为秦代和西汉早期，上层路面的时代约为西汉中晚期（最晚至东汉早期）。表述为"2"。

值得一提的是，这两层路面，不仅在路土、车辙的质地、结构及遗物方面，与富县、甘泉揭示的秦直道惊人的相似外，而且，在三个发掘地点都发现了人为破坏直道的现象。说明这一破坏行动不是孤立的，而是自上而下的国家行为。经典意义的秦直道从此废弃。

兴隆关以北的古道路两层路面，下层路面的时代约为东汉（最晚在东汉中期）

至南北朝，上层路面的时代约在隋唐至宋明之间。表述为"2"。

结论：修筑于秦代的直道，向北经兴隆关向东，直至终点。使用了两百多年以后，即在两汉之间或东汉早期，兴隆关以东的直道经人为破坏后废弃。数十年后，改走兴隆关以北的子午岭主脉，向西转了一个大弯后至终点，直至宋明时期。

归纳为一句，四叠层的秦直道，早期2层走东线，晚期2层走西线，即：2+2=4。

如果说，2009年富县的发掘成果，是确定了东线而没有否定西线的话，那么，2010年黄陵的发掘，则是在进一步确认东线的同时，彻底否定了西线。

三、秦直道修筑的意义及影响

秦始皇修筑的长城，对于秦王朝防御匈奴，巩固边境，起到了重大作用。正如司马迁引用贾谊的话："乃使蒙恬北筑长城而守藩篱，却匈奴七百余里，胡人不敢南下而牧马，士不敢弯弓而报怨。"①

但是，两千年来的人们忽略了一个事实，即：能使长城成为主动抵御，而不仅仅是被动防御的工程，还必须有直道。长城是弓，直道就是箭；长城是盾，直道就是矛。有了直道，绵延万里的冰冷长城，才成为有血有肉的进攻机器。

长城与直道的交汇点，就是九原，其战略地位相当于二战中的诺曼底。

司马迁是这样评论长城和直道的："吾适北边，自直道归，行观蒙恬所为秦筑长城亭障，堑山堙谷，通直道，固轻百姓力矣。"②

在这里，司马迁第一次把长城和直道并列提出，也第一次点出了修筑这一攻守兼备军事工程的代价："固轻百姓力"。这五个字的背后，是无数的鲜血和尸骨：

修筑长城和直道的劳役总数有一百万至数百万人。

戍守长城士卒的生还者只占百分之三十到四十。

秦民谣："生男慎勿举，生女哺用脯，不见长城下，尸骸相支拄。"③

历史是严肃的，鲜血和尸骨的补偿是：自以为"关中之固，金城千里，子孙帝王万世之业"④而煌煌不可一世的秦王朝的轰然倒塌。

---

① 《史记》卷五《秦本纪》（编者按：当作《史记》卷六《秦始皇本纪》），中华书局，1959年。
② 《史记》卷八八《蒙恬列传》，中华书局，1959年。
③ 郦道元：《水经注·河水》引晋杨泉《物理论》，中华书局，1991年。
④ 《史记》卷五《秦本纪》（编者按：当作《史记》卷六《秦始皇本纪》），中华书局，1959年。

秦朝灭亡了，长城和直道却作为秦帝国的象征留存了下来。

从更广阔的文明史背景看，两千年来，长城和直道的有效，仅仅限于秦汉两朝，说到底，仅仅限于秦始皇和汉武帝时期。在其他漫长的时代里，长城对于防御外族入侵，作用甚微。而直道更是应了"福祸相依"的古语，中原汉族可以利用直道进攻，北方异族更可利用直道反攻。加上北方异族地处高原，具有高屋建瓴之势，此时，优势反转成了加倍的劣势。东汉以后，"虎狼之师"的角色彻底转换，匈奴等异族多次利用直道向汉族进攻，匈奴族的一支赫连勃勃甚至摧枯拉朽般地占领了长安。防守和退却，成为中原汉族政权的唯一选择。秦直道一线多个地点发现的中原一方破坏直道的现象，就是这一历史的最好注解。

在冷兵器时代，军事攻伐的胜败，决定性的是实力，特别是军事实力。剽悍、凶残的骑兵、马刀，与成熟农耕文明国民的孱弱，构成了中国古代军事攻伐史的主流（与此呼应的是，欧洲的日耳曼人战胜罗马帝国）。三千年来，中国朝代的更迭，百分之九十以上，是西方或北方战胜了东方或南方，就是这个道理。

秦皇汉武的伟业，难以改变大历史的主流。

（原载《2012·中国"秦汉时期的九原"学术论坛专家论文集》，内蒙古人民出版社2012年版，第149—164页）

研究论文

直道和甘泉宫遗迹质疑

史念海

直道歧义图

对于秦始皇直道遗迹的研究，近十多年来已逐渐受到各方的重视，令人鼓舞。《陕西师大学报》1975年第3期始发表拙著《秦始皇直道遗迹的探索》。这篇论文当年即为《文物》所转载（1975年第10期）。其后至1984年8月19日，《光明日报》第2版以《为摸清秦代另一巨大的国防工程故迹，画家靳之林徒步三千里考察秦始皇直道》为题，报道了靳之林同志考察直道的经过情形。这一消息也见于《陕西日报》等报刊的报道，惟文字略微简明。1987年，《西北史地》第2期发表了王开同志《"秦直道"新探》，此文寻已收入中国人民大学所编的报刊复印资料《先秦·秦汉史》1987年8月号内。今年（1988）4月，贺清海、王开两位同志又合撰了《毛乌素沙漠中秦汉"直道"遗迹探寻》，已打印出油印本。今年6月24日，《人民日报》（海外版）于第4版上，更以《陕北发现秦直道遗迹》为题，报道了贺清海同志在陕北毛乌素沙漠中考察直道的结果。这些论文中对于直道的走向和经过的地区，虽见仁见智，说法各有不同，但为了钻研这一问题，辗转奔波，实地考察，这种精神确实是值得称道的。

今年6月17日，《中国文物报》也报道了乾县发现秦始皇甘泉宫遗址的消息。甘泉宫正是直道的起点，因而也就引起人们的注意。我读了这些论文和消息以后，不禁引起了一些疑窦，谨略陈愚见，以求正于当世方家（附图 直道歧义图）。

一、直道是否南北笔直

直道的起讫是由九原抵云阳，这是见于《史记·秦始皇本纪》的记载的。《史记·六国表》和《蒙恬传》皆作由九原抵甘泉。甘泉在云阳，其实是一致的。秦九原郡治所在今内蒙古自治区包头市区，云阳县在今陕西淳化县梁武帝村。大体是南北相对的。在这两地之间修凿直道，画一条南北直线，应是轻而易举的事情。但问题并不一定就是这样的单纯。因为自然地形和有关的人为设施往往能够起到一定的作用，使道路的走向有所改易。

可是靳之林同志所勾画的直道，几乎就是南北大致成为直线的。《光明日报》报道的消息，说明靳之林同志为了考察这条直道，确实经历了若干辛苦。"几年来，他先后步行了八百多里，断续考察了由淳化到安塞的秦直道"，接着"再次步行一千二百里，考察了他以前没有走完的陕北安塞至内蒙古包头西的一段古道路程"，而且"还考察了古道两侧秦汉时期作为军事要塞的古城堡遗址等历史文化遗迹"。因此，"划出了由淳化县梁武帝村，再经旬邑、黄陵、富县、甘泉、志丹、安塞一直向北延伸，直达内蒙古包头西的秦直道走向位置"。

根据报道的消息，靳之林同志在考察古道两侧秦汉时期作为军事要塞的古城堡遗址等历史文化遗迹时，还"沿途详细地画了图和作了文字记载，拍了两千多张照片，丈量了现存古道的宽度"。由于报道的消息简略，无从看到地图和照片，也无从了解所取材的文献记载，因而就只能就事论事了。《光明日报》发表这条消息时，还附了一幅《秦始皇直道路线图》。图上直道的路线正如所说的是由淳化县梁武帝村，直经旬邑、黄陵、富县、甘泉、志丹、安塞一直向北延伸到内蒙古包头之西。实际上所标示的这条路线和消息中所报道的其他说明未能完全相符。

消息中所说的作为军事要塞的古城堡遗址未举出具体名称，无由核实。秦时设县不多，陕北诸县可考者只有雕阴、高奴、阳周、肤施四处。雕阴在今甘泉县南。高奴在今延安市。①阳周在今子洲县西南。肤施在今榆林县南。这四个县在所附的路线图中皆一一标出，但距所说的直道皆甚远，如何能够对直道起到应有的作用？西汉时设县较多，亦均距所说的直道悬远，可能也无若何关系。这些县中，高奴和肤施两县应该是军事要塞了。肤施为上郡治所，乃是这一地区的政治中心，也是军事重镇，这是不必说了。高奴也不是一个普通县城。汉初，灌婴以丞相之尊，亲率边吏骑八万五千，在高奴防备匈奴。②这个县在军事上的重要性由此可见一斑。可是靳之林同志所说的直道竟未过延安市境，更不要说延安城了。《史记》和《汉书》所记载的地名，一般仅至于县级，县级以下虽间有记载，为数并非很多，陕北诸县以下更少。未知靳之林同志所说的军事要塞何所据而云然。

如果这条所谓的直道确是南北端直的，在秦时是要经过上郡的。既然要经过上郡，却和上郡的治所以及已知的一些县城都没有联系，这在政治方面是说不过去的。若是说这条所谓直道富有军事的意义，可以不必多涉及地方的政治。从军事方面着眼，地形的选择应具有重要的条件。当时的上郡绝大部分是在现在陕北地区。那时不仅有河流，也已经有了沟壑，这在军事行动时是会受到影响的。若是军事行动迅速，不误戎机，为军事行动而修筑的道路，就不能不考虑到避免这样一些地形方面的阻遏，选择更为适当的路线，仅从这一点来说，这条道路虽以直道为名，却不一定就是南北笔直的。如果拘泥这样的名称，那就不能与实际相符合。其实，九原和云阳本来就是南北相对的，联系两地之间的道路，虽因地形的影响而稍有弯曲，也是无妨于直道的得名的。

---

① 《史记》卷七《项羽本纪·正义》。《资治通鉴》卷九《汉高帝纪·注》引《括地志》及《元和郡县图志》卷三《延州》，皆谓延州理所即上郡高奴县城。惟《通典》卷一三七《州郡》则谓"延州金明县，汉高奴县"。《读史方舆纪要》卷五七《延安府》因之谓"金明城在府西北百里"。然《元和郡县图志》卷三《延州》谓："金明县东南四十八里"，则《读史方舆纪要》西北百里之说殆为误文。今安塞县旧治在沿河湾，其地距延安仅40里，是金明县故城在沿河湾北8里。今安塞县城又在沿河湾之北，不能以今县来说明金明县故城的所在。即令如杜佑之说，唐金明县与延州相距亦非过远。

② 《史记》卷一〇《孝文帝纪》。

二、经过上郡治所肤施的大道，是秦始皇以前的旧道，也是秦始皇全国驰道的组成部分，与直道无关

有关直道问题争执的焦点之一是曾否经过上郡。《光明日报》报道靳之林同志的考察，指出所谓直道由安塞一直向北伸延，直达内蒙古包头西，所附的《直道路线图》更明确显示所谓直道和上郡的治所之间有一段距离。王开和贺清海两同志都认为所谓直道是经过高奴、阳周和上郡治所肤施县向北伸延的，也就是直贯上郡中部和北部。肤施县在今榆林县南，阳周县在今子洲县南，高奴县在今延安市。这都是前面已经说过的。通过这四个县城的道路和现在由延安至榆林的道路是不尽相同的。

肤施县在战国时本是赵国的土地，秦昭王时取得了这个地方，即移上郡来治。设郡时期旧说在昭王三年[①]。昭王三年为赵武灵王二十二年。其时赵国国势正强，秦赵两国和睦无间，秦国何能于赵地设郡？其后赵惠文王三年，赵灭中山[②]，迁其王于肤施[③]，是其时肤施仍属赵国。赵惠文王三年为秦昭王十一年。秦昭王二十年，王之上郡北河[④]，是设郡当在秦昭王十一年至二十年之间。如迟至秦昭王二十年，下距秦始皇三十五年蒙恬修筑直道之时已有75年。

最早走过这条道路的重要人物应该推赵武灵王。据《史记》记载，赵武灵王攘地西至云中、九原后，欲从云中、九原直南袭秦，曾诈为使者入秦。[⑤]这是在传位给惠文王那一年，也就是惠文王元年。这时肤施尚为赵国的土地，武灵王南下入秦自是应该经过肤施的。赵国云中郡治所在今内蒙古自治区托克托县东北。九原郡就是后来秦的九原郡[⑥]，其治所也当与后来的九原郡相同，在今内蒙古自治区包头市西。赵武灵王诈为使者入秦，史籍仅泛言从云中、九原，而未有确指。如就其欲"直南袭秦"之说推敲，则当是由九原起程。由九原起程，自可南至肤施。就是由云中郡首途，也是会西南行至今榆溪河上而南趋向肤施，当不会折向今府谷、神木诸县西行。盖鄂尔多斯高原东部较为平坦，不似今府谷、神木诸县河流

---

① 《水经·河水注》。
② 《史记》卷一五《六国表》作四年。
③ 《史记》卷四三《赵世家》。
④ 《史记》卷五《秦本纪》。
⑤ 《史记》卷四三《赵世家》。
⑥ 《通典》卷一七三《州郡三》。

沟壑的繁多。这里不妨举一后世事例作为说明。北魏太武帝西伐赫连昌于统万城（今靖边县北白城子），由平城西行，于君子济（今内蒙古自治区托克托县南）渡过黄河，而至于统万城之北，并非由君子济顺河南下，再折而西行，进攻统万城之东。①

赵武灵王之后，秦昭王也走过这条道路。前面已经说过："秦昭王二十年，王之上郡北河"。就是说不仅到了上郡治所肤施，而且越过肤施到了北河。秦昭王曾在其北陲修筑过长城。所修的长城经过上郡之北，又东北蜿蜒至于今内蒙古准格尔旗十二连城。②这条长城不知修于何年，很可能是在昭王二十年以后修筑的。因为昭王此行是到了北河。这段北河当在上郡之北，就秦都咸阳来说，也是恰在北方。如果以长城所止的今十二连城以南的一段黄河而论，那就不能说是北河了。具体说来，这所谓北河，应在今内蒙古自治区包头市南，也就是在赵国九原郡之南。秦国取得赵国的肤施时，所获的当不止肤施一城，而应是包括北河以南各处。如果不是这样，上郡及其治所肤施也是难得长治久安的。正是由于这样的道理，秦昭王此行所走的道路，乃是遵循赵武灵王南下的旧辙。赵武灵王行之于前，秦昭王步武于后，只是南下和北上有所不同。赵武灵王诈为使者入秦，是不会先行修治路途而后就道的。秦昭王的巡视，自与赵武灵王不同。按照秦国的制度，从容治理道路，再缓整车骑，拥麾北上。

秦昭王之后，秦始皇也曾走过这条道路。秦始皇三十二年，始皇之碣石，接着巡北边，从上郡入。③他在巡北边后，从何处归到上郡？上郡东北为云中郡，这是赵国的故郡，秦始皇十三年又复设郡。云中郡之西为九原郡。这是赵国九原郡的旧地。《汉书·地理志》仅载九原郡名，而未论其始置之年。以前论秦郡者率以之置于秦始皇二十六年的三十六郡数中。全祖望始谓其不在三十六郡之中。全祖望说："《匈奴传》赵有雁门、代郡、云中三郡以备胡，而九原特云中北界，未置郡也。始皇三十三年以前，其于边郡，多仍前之旧，不闻增设。三十三年，蒙恬辟河南地四十余县，盖以此四十余县置九原，何以知之？徐广所谓阳山在河北，阴山在河南者，刘昭以为俱属九原之安阳，则九原统属河南四十四县可

---

① 《魏书》卷九五《铁弗刘虎传》。
② 拙著《河山集》二集《黄河中游战国及秦时诸长城遗迹的探索》。
③ 《史记》卷六《秦始皇本纪》。

知矣。……然则九原不当在始皇二十六年所并三十六郡之内。"①《匈奴传》诚然说过赵置雁门、代郡、云中三郡以备胡，而未一提及九原郡。不过不能以此为当时未置九原郡的佐证。《赵世家》：武灵王攘地，西至云中、九原。武灵王还欲从云中、九原直南袭秦。既以九原与云中并列，则九原固已设郡，与云中相同。《匈奴传》论赵、秦北边事，一则说，赵将李牧时，匈奴不敢入边；再则说，蒙恬北击胡，悉收河南地，因河为塞。《史记·李牧传》，赵王迁中秦反间计，诛李牧，其后三月，秦遂灭赵，是终赵国之亡，匈奴未再敢侵略赵边，九原并未为匈奴所夺去。蒙恬所收河南地，当在九原以西。不然，因河为塞，岂不是划九原为化外？若果真是这样，秦始皇如何能在化外之地特设一九原郡？蒙恬所收河南地，并置若干县，《匈奴传》及《秦始皇本纪》皆未提及设新郡事。这里本有一九原郡，则所设新县皆当隶属于九原郡，无劳再事设置。当时取高阙，据阳山，史文特别指出，是渡河之后才能取据的。九原亦在河北，为什么没有指出渡河取九原？可见全祖望之说并非定论，而九原郡乃是秦承赵旧，应列在秦始皇二十六年的三十六郡之中，而不是蒙恬北征之后始设置的新郡。王国维承全祖望之说并作了引申，他说：秦始皇"三十五年除道，道九原抵云阳，自是九原之名始见于史；故三十二年始皇之碣石，归巡北边，自上郡入，至三十七年始皇崩于沙丘，其丧乃从井陉抵九原，从直道至咸阳，明始皇三十二年以前，未有九原郡也"②。王氏此言是先肯定了九原之名始见于始皇三十五年的记载，而后得出九原郡不在始皇二十六年的三十六郡之中。如上所云，《赵世家》已有九原之名，不当谓始皇三十五年始见于记载。前提既已不审，结论就难于成立。明乎此，当可了然确知始皇三十二年的巡边，自是由碣石西行，历上谷、云中诸郡，直至九原郡始折而南行，入于上郡。上郡非边郡，故特别指出是入于上郡，以示其与云中、九原不同。

《史记·秦始皇本纪》于二十七年特着一笔，谓是年始治驰道。这是为此后巡行天下而兴起的大工程。驰道的工程和规模，《汉书·贾山传》曾有详细的记载："（秦）为驰道于天下，东穷燕齐，南极吴楚，江湖之上，濒海之观毕至。

---

① 全祖望《汉书地理志稽疑》。谭季龙（其骧）先生《长水集·秦郡新考》即因全氏所论，并说："全氏之说，断无可疑。"其实并非如此。
② 王国维《观堂集林》卷一二《秦郡考》。

道广五十步，三丈而树，厚筑其外，隐以金椎，树以青松。为驰道之丽至于此"。二十七年始修驰道，二十八年即开始巡行天下，可见驰道不仅壮丽，而且完工也相当迅速。二十八年和二十九年相继外出，中间隔了两年，到三十二年，就由碣石巡北边。《贾山传》虽仅言"东穷燕齐，南极吴楚"，未说到北边，接着又说"江湖之上，濒海之观毕至"，这是把所有驰道都包括在内。且秦法极严，皇帝车驾经过的御道是不会得不到修治的。而且所修筑的道路必然是远超于其乃祖秦昭王的。

秦始皇由上郡南行，自是要经过阳周和高奴两县的。秦始皇时，蒙恬总绾北陲兵符，为一方重镇，始皇崩后，蒙恬为赵高囚于阳周。可见阳周的重要性。由上郡南行的驰道，不取由无定河南下一途，而取由走马水（今大理河）西上，越桥山而南①，其意义就在于此。越过桥山，再南就是高奴。

由高奴南行，经过位于今甘泉县南的雕阴和位于今富县之南的上郡塞。雕阴为秦魏两国战地，秦国在此击败龙贾所率的四万余人。②这是一次具有相当规模的战争。当时在雕阴作战，就足以说明雕阴在交通方面的重要性。上郡塞为秦惠文王后元年所筑的。③那时秦已置上郡，只是由于尚未取得肤施，故治所未能北移。上郡塞的修筑，显示当时秦国的北疆仅至于此。所谓上郡塞实际上就是一条长城。现在富县城南的长城原就是因此而得名的。十六国时期前秦所设的长城郡和长城县都在这个原上。原的东北，洛河东侧的监军台村尚有残留遗迹，供人凭吊。④上郡塞修筑于今富县城南洛河河谷，正说明当地是南北交通的要道。今富县之南黄陵县，秦汉时期皆未在其地置县邑，然由上郡塞濒洛河南行，舍此别无他道，这是用不着多加说明的。今黄陵县南距诸家所说的直道皆已甚远，也就不必再事陈述了。

靳之林、王开、贺清海三位同志所说的直道，和这条道路最有关系的乃是阳周县以北的一段。核实而论，就是这一段道路被当作直道来称道的。根据所说，其间也有一些稍不符处。实际上并没有多大的差异。因为这本是全国驰道的一个组成部分，根本与直道无关。

---

① 《水经·河水注》。
② 《史记》卷四四《魏世家》，又卷一五《六国表》。
③ 《史记》卷七〇《张仪传》。
④ 拙著《河山集》二集《黄河中游战国及秦时诸长城遗迹的探索》。

靳之林同志所说的直道，是由淳化梁武帝村，经过旬邑、黄陵、富县、甘泉、志丹、安塞一直向北伸延，直达内蒙古包头之西。这里暂置志丹以南不论，先论安塞以北一段。《光明日报》所报道的消息相当简略，未悉靳之林同志具体所行走的道路。由所附的路线图观察，安塞以北，图上明确标有阳周和上郡两地。而所标示的直道，既不经过阳周，也不经过上郡。前面已经指出，上郡治所肤施为一方重镇，直道的修筑又富于军事意义，所说的直道如果由这里通行，那就不可能不经过肤施。据路线图上的标示，则所谓直道是由今横山县东经过的。今横山县东距榆林县鱼河堡直线距离为五十三公里。肤施的遗址就在鱼河堡附近。相距甚近而初未经过，殊令人不解。肤施濒帝原水，即今榆溪河，为古今南北通行大道必经之地。肤施城设于此地，正是凭借这样有利的条件。据路线图所示，所谓直道并未溯帝原水而上，其间相距也非甚远，只是略偏于西而已。

如上所说，经过上郡治所肤施的大道是赵武灵王、秦昭王、秦始皇曾经行走过的道路，是秦始皇驰道系统中的一段，而秦始皇的驰道是曾经费过很艰巨的功力才修筑成功的道路。如果说直道就在这里，为什么秦始皇在修筑直道时竟舍弃这条旧路不用，而在其近旁另辟一条新道？报纸上报道的消息简短，无由具体了解，如仅由路线图所标示的而论，在旧道之旁另辟新道，实际上是不可能的，也是没有必要的。

王开同志在他的《"秦直道"新探》的论文中有一节是论述横山地区的秦直道经过的。他一则说："根据志丹县境内'圣人条'的走向，及《史记》、《汉书》有关记载，认定'秦直道'出志丹县东北境后，是沿安塞、子长县北境……榆林县西境，进入鄂尔多斯草原，复经内蒙古东胜县西侧、昭君墓东侧至包头市西。"再则说："战国中后期，九原、上郡、云阳、咸阳间，即有一条南北大通道，大将蒙恬是在旧道的基础上加以改建、扩充，而成为一条沿子午岭山脊而行的，宽达30米以上的，大体是直南直北方向的'直道'，并非是蒙恬新勘测的路线。"这两条说法并未能说明问题。

这里首先应该指出：王开同志以"圣人条"为秦始皇的直道是不与史事相符合的。"圣人条"是十六国时期夏国赫连勃勃修筑的，和秦始皇直道是迥不相同的两条道路，不能合而为一。这一点后文当再详论。

王开同志把这两条道路合而为一，其中至少一个原因是把高奴县遗址所在地过分移到今延安市西北百里处。高奴城遗址的所在，前文注中已经略作论证。自来舆地学者皆以高奴城在唐代延州治所，即今延安市。仅杜佑谓在唐金明县。金明县距延州城只有四十八里，并非过远。顾祖禹却因此而谓在延安府（即今延安市）西北百里，这显然是没有根据的，因而是过分夸大了。王开同志因袭着顾祖禹的说法，就把"圣人条"和秦始皇直道连在一起。王开同志在志丹县东南大庄科和东北吕川发现了"圣人条"，并指出这条"圣人条"由吕川伸延到安塞县境内。吕川的位置在今安塞县城西北。如果由吕川向更东北的阳周县遗址伸延，是绝对不会经过安塞县的。安塞县城本在沿河湾，移到其北的真武洞只是近数十年的事。所谓由吕川向东北伸延的道路，不仅不经过现在位于真武洞的安塞县城，更说不上其南沿河湾的旧安塞县城，也就是说不会经过高奴的。王开同志还说："安塞县镰刀湾一带也有古道遗迹。"这所谓古道也就是"圣人条"了。镰刀湾在延河的上游。延河由上游至延安市一河段是西北、东南流向。镰刀湾不仅在真武洞和沿河湾先后两处安塞县城的西北，也在吕川的西北，但阳周县故城却在两处安塞县城的东北，也在吕川的东北。由这样的道路而欲达到阳周县故城是要多费周折的。王开同志由于以"圣人条"为秦始皇直道，所以就不能不得到这样与实际情况难以符合的结论。

王开同志说，直道并非蒙恬新勘测的路线，只是在战国中后期的九原、上郡、云阳、咸阳间的旧道基础上改建、扩充而成的。王开同志还根据秦始皇三十二年由碣石归来由上郡入和三十七年崩于沙丘后，棺柩从井陉抵九原运回咸阳的记载，指出秦始皇"生前走的路指名经过上郡，是由于当时'直道'还没有修通，'直道'一名尚未出现；死后棺柩指明经'直道'运回咸阳，是因为'直道'已修竣完工，交付使用。两处行文用语不同，实际上指的是一条路"。这样的论断是毫无根据的，因而也是不符合实际情况的。前面已经说过，通过上郡的道路是秦时驰道的一个组成部分，而驰道的修筑是相当壮丽的，也是十分艰巨的。后来到了汉初，一些人还认为修筑驰道是导致秦朝灭亡的暴政之一[①]。秦始皇于三十二年行过这条道路，中间只隔了两年，到三十五年又要翻修改建，秦政虽然烦苛，但像这样不近情理的事情还是少见的。三十七年秦始皇崩逝之时，蒙恬方与公子扶苏率领重兵驻于阳周。阳周正当于由肤施南行的道路。李斯、赵高等辈共立胡亥，逼令扶苏

---

① 《汉书》卷五一《贾山传》。

自杀，蒙恬亦被囚禁，囚禁之地即在阳周。李斯、赵高等辈何敢轻易扶始皇棺柩经过这个地方。可见始皇棺柩所经过的直道并非就在上郡治所南北。

司马迁曾经走过这条直道。他说："吾适北边，自直道归，行观蒙恬所为秦筑长城亭障，堑山堙谷，通直道，固轻百姓力矣。"司马迁还因此批评蒙恬，说他"身为名将，不以此时强谏，振百姓之急，养老存孤，务修众庶之和，而阿意兴功，此其兄弟遇诛，不亦宜乎？"① 所谓"堑山堙谷"，正显示出直道工程的艰巨。这样艰巨的工程致使司马迁认为这是秦始皇亡国和蒙恬杀身的原因。司马迁曾经走过许多驰道段落。他曾经"南游江淮，上会稽，探禹穴……北涉汶泗，讲业齐鲁之都，观孔子之遗风，乡射邹峄，厄困鄱、薛、彭城，过梁楚以归"②。他还曾"适大梁之墟"③，登过箕山④。这些都是驰道经过的地方，沿途所至，都没有提出若何批评意见，惟独对于直道却迥然有所不同。如果蒙恬所修筑的直道只是改建和扩充原来由九原经过上郡的旧道，那就不必堑山堙谷，就是偶然有些地方需要堑山堙谷也应只是个别的处所，何至于引起司马迁的惊异和批评！

贺清海和王开两位同志在《毛乌素沙漠中秦汉"直道"遗迹探寻》一文中指出上郡九原间所谓直道的路线，是"自今榆林县红石峡东四公里的走马梁庙西侧开阔地出长城，经龟兹和上郡属国都尉城址西侧，呈西北方向沿榆溪河东侧800余米距离而上，经头道河、二道河、三道河、四道何、红河梁、旋河诸支流约70公里至刀兔海子；又直北接内蒙古伊金霍洛旗西南24公里处红庆河'直道'遗迹和东胜市西漫赖乡'直道'遗迹，再北，达包头市西侧的秦九原郡、汉五原郡治所九原县"。并在所谓直道遗迹上，见有秦汉时期残断的砖瓦陶器碎片，其侧近有众多古城遗址。因此，就认为此段宽阔的旧道为所谓的秦汉直道。刀兔海子在榆林县西北，近榆溪河的源头。距其北的内蒙古自治区红庆河尚悬远，其间如何联系，似须再作探寻。这里本来有一条旧道，不必远溯赵武灵王和秦昭王，秦始皇自己就是曾经走过的。这条所谓直道是否秦始皇三十二年所走过的路途？如果不是同一条道路，那将如何得到证明？根据王开同志的意见，蒙恬所修筑的直道乃是在旧道的基础上加以改建扩充的。那就是说确是同一条道路。前面已经论

---

① 《史记》卷八八《蒙恬传》。
② 《史记》卷一三〇《太史公自序》。
③ 《史记》卷四四《魏世家》。
④ 《史记》卷六一《伯夷传》。

述过，秦始皇三十五年修筑直道时，上距秦始皇由北边归来仅仅两年，两年以前刚刚修好的驰道不会在两年之后，又从新翻修改建为直道的。贺清海和王开两位同志还指出这条所谓直道比《汉书·贾山传》所记载的驰道宽1倍。是不是根据这一点就可以说这条所谓直道和驰道不同？应该说是不可能的。在广漠的草原上修筑道路和在内地不一定就完全相同。贺、王两位同志接着还指出这条所谓直道比子午岭一段直路路迹宽了3~4倍。如果因为这里路迹过宽而认为并非驰道，那么也可以以同样的理由说它不是通到子午岭上的所谓直道。贺、王两位同志以这条道路侧近有众多古城遗址而认为这就是所谓直道，这也未必。司马迁是一位多闻博学的史家，凡所记载相当详备。可是他于直道的记载，却只说到九原和云阳，或者九原和甘泉，而未说到其他城邑。就是在《蒙恬传》后，说到他自己由直道归来，沿途所见，也只是长城附近的亭障，蒙恬堑山埋谷的旧迹，而未及其他。这不是太史公的疏略。这条直道的南段行于子午岭上，北段又行于草原之中，本来就没有什么城邑，他将从何处记载起？

应该说，贺、王两位所探寻的由榆林县北走马梁庙至刀兔海子一段道路，如果确是秦汉时期的道路，那应是秦时驰道的遗迹，而非直道的遗迹。能探寻出秦时驰道的遗迹，也是值得称道的。秦驰道遗迹中杂有汉代遗物，那是正常的现象，因为这条道路迄至汉时仍为通往五原郡的大道。

三、经过今富县、志丹、安塞等县的圣人道为赫连勃勃所修筑，并非秦始皇的直道

据王开同志说，他所看到的秦直道遗迹，以富县境内的遗迹保存得最为完好，最具有代表性。这也是他判定直道是由甘泉宫北行至沮源关后，折由古道岭进入富县境的一个依据。所根据的文献记载是康熙《鄜州志》和《保安县志》《庆阳府志》。《鄜州志·记事》说："鄜州西百余里有圣人条。"《鄜州志》解释这个圣人条，说是"疑即（蒙）恬所开者"。他所引的《庆阳府志》也说："秦直道俗名圣人条。秦以天子为圣，故名。"王开同志自己作出解释说："古人称皇帝为'圣人'；少数民族称道路为'条'。'圣人条'即为皇帝修筑、使用的道路"。因而再引用《鄜州志》所说的"疑即（蒙）恬所开者"，肯定了这就是秦始皇所修筑的直道。

王开同志接着说：这条道路"自富县槐树庄西侧三里处的白马驿北坡上梁，槽形豁口很多，古路堑如斧劈刀削，路线走势看得很清楚。上梁后北行，经过白家店、大麦秸、芦毛坪、麻黄沟、后和尚原（院）、党家渠、水磨坪、八卦寺这百余里间，'直道'路基遗存很多，宽度均在30米至50米间，显示了秦始皇'治直、驰道'的宏伟规模"。他还在甘泉县洛河上发现了圣马桥。他解释说："桥以'圣马'名，当指为秦始皇的兵车、战马所经过。"他又在志丹县境内发现"以'条'命名的村庄比比皆是，如安条、杨条、李条、何条、周条、刘条、新胜条、胶泥条等。它们都是位于'直道'沿线的居民点"。他又说："'圣人条'至侯氏乡后，折东北行，经胶泥条、刘砭、吕川入安塞县境。据说安塞县镰刀湾一带也有古道遗迹。"

王开同志探寻这条古道遗迹是够辛苦的，他的精神和毅力都是可钦佩的，但这条古道却不是直道，和秦始皇毫无关系。

王开同志得出这样的结论是上了康熙《鄜州志》和所引的《庆阳府志》的当！其实康熙《鄜州志》只说"疑即（蒙）恬所开者"，是王开同志自己作出解释："古人称皇帝为'圣人'；少数民族称道路为'条'。'圣人条'即为皇帝修筑、使用的道路"，因而就把康熙《鄜州志》怀疑的问题肯定下来。可能他所引用的《庆阳府志》，也给他帮了倒忙！因为他所引用的《庆阳府志》曾经说过："秦直道俗名圣人条。秦以天子为圣，故名。"

这条道路始见于《太平寰宇记》。原来的名称本是圣人道，而非圣人条。据说，圣人道在"（保安）军城东七里，从蕃界末樗家族来，经（保安）军界一百五里，入敷政县界，即赫连勃勃起自夏台入长安时，平山谷开此道。土人呼为圣人道"[①]。宋保安军即今志丹县。敷政县东北距唐延州一百五十里。[②] 唐延州即今延安市。这个县也在清安塞县西南一百二十里。[③] 清安塞县在今安塞县南沿河湾。夏台即唐宋时的夏州，也就是今靖边县北白城子，为赫连勃勃夏国的都城。《元和郡县图志》有夏太后城，和这条道路很有关系。据说"伪夏太后城在（鄜州洛交）县西三十六里。赫连勃勃闻刘裕灭姚泓，命其子义真等守长安，大悦，自将兵入长

---

① 《太平寰宇记》卷三七《保安军》。
② 《元和郡县图志》卷三《延州》。
③ 嘉庆《大清一统志》卷二三四《延安府》。

安，留太后于此，筑城以居"①。这两条记载和王开同志所探寻的道路完全吻合。赫连勃勃由他的都城统万城南行，必然由今安塞县西北镰刀湾南行。镰刀湾于唐时为塞门镇，其北十八里处有芦子关，为夏州与延州间往来大道。王开同志所说，安塞县镰刀湾一带有古道遗迹，这无疑就是赫连勃勃所开的圣人道遗迹。王开同志以此为秦始皇的直道。无论高奴故城为现在的延安市或现在安塞县的沿河湾，由高奴前往阳周，若欲经过镰刀湾，借用当地的圣人道，那是要绕道的。高奴、阳周之间本来可以画一条直线，添上镰刀湾，直线就变成三角形，而且是直角三角形，甚至是锐角三角形。为什么要绕道而行，却没有作出解释。这是和常理不相符合的。由镰刀湾南行就可以到志丹县的吕川。王开同志在吕川东北再没有发现圣人道的遗迹，论当时形势也是不会有的。既是这样，圣人道是和高奴县城不可能发生关系的。除非把高奴城址移到镰刀湾，可是这也是不可能的。如果经过高奴城，那就是说应把圣人道的路线移动到高奴城下，而圣人道遗迹也显示出是没有这样可能的。总的说来，这条圣人道和经过上郡治所肤施县与高奴县之间的道路不相连接，强要连接在一起，不仅与史事不符，也是于常理说不下去的。

富县城西夏太后城的位置，显示出赫连勃勃所修的圣人道，就止于其地。赫连勃勃为其太后筑城，可以想见赫连勃勃修筑圣人道是为了他的母亲行路的安谧。赫连勃勃这次南征是为了争夺长安。他虽有取胜的信心，但军情也是会随时有所变化的。他为太后筑城居守，圣人道也无必要再向前修筑。富县槐树庄以北有圣人道那是不足为奇的。槐树庄附近及其以南再没有发现圣人道，可见圣人道再没有向南伸延了。槐树庄在子午岭东侧，在蚰蜒岭的北侧，距这两处山上都还有一段距离。因此它不可能和子午岭上的直道连在一起，也不可能说直道由此下了子午岭，改向东北伸延。

或者有人要说，圣人道修筑相当坚固牢实，遗迹犹能保存若干残段留于地上。这样的工程非直道莫能当之。其实，如果了解赫连勃勃之为人，这样的疑团当会自然消失。赫连勃勃是一个极端残暴的统治者。他常置弓剑于侧，有所嫌忿，动辄亲手杀人。群臣忤视者凿其目，笑者决其唇，谏者谓其诽谤，先截舌而后斩之。他修筑都城统万城，用蒸土筑城，筑好后用锥刺城墙上土，锥入一寸，就说筑的不坚固，因而就杀掉筑城的人，并把被杀者的尸骨和入土中，筑到墙内。这些残

---

① 《元和郡县图志》卷三《鄜州》。

暴事迹，《晋书》[①]和《魏书》[②]都有记载，谅非虚枉。残暴如此，所修筑的圣人道就必然是会坚固牢实的。

四、汉文帝和汉武帝由甘泉的出巡并非完全遵循直道

王开同志论述秦始皇直道时，还曾提到汉文帝和汉武帝由甘泉宫或云阳出巡事，谓两帝所行的就是直道。甘泉或云阳诚为直道的起点，但不能因此而谓两帝所行的一定都是直道。对于这个问题应再作论述。

《史记·文帝纪》："三年，五月，帝初幸甘泉。六月，帝自甘泉之高奴，因幸太原。……复晋阳、中都民三岁。"《汉书·武帝纪》："元封元年，冬，十月，诏曰：'南越东瓯咸伏其辜，西蛮北夷颇未辑睦，朕将巡边陲，择兵振旅，躬秉武节，置十二部将军，亲帅师焉。'行自云阳，北历上郡、西河、五原。……还祠黄帝于桥山，乃归甘泉。"《汉书·郊祀志》亦言：武帝"北巡朔方，勒兵十余万骑，还祭黄帝冢桥山，释兵凉如"。盖与《武帝纪》所言为一事。

文帝三年由甘泉经过高奴是要前往太原的。太原郡治晋阳县，其地在今山西太原市西南汾河西侧。中都亦太原郡属县，在今山西平遥县西南，文帝为代王时即都于此。文帝由高奴取何道至晋阳？史无明文记载。然大要不出南北两途：一由蔺、离石；一出定阳。离石即今山西离石县，蔺在离石之西。战国时本是赵国的疆土，秦国为争夺这两地而数起兵争。[③]由蔺、离石东行，即可抵达晋阳城下。晋阳为赵国旧都，故赵国不能不尽力抗拒秦国由这条道路向东的扩张。定阳在今陕西宜川县西北，东隔黄河与北屈县相望。北屈县于今为山西吉县以北地。春秋时这里就已为晋国通往黄河以西的要道。[④]战国时为秦国的疆土，魏惠王曾西围定阳以谋攻秦[⑤]，更显示出这条道路的重要性。汉文帝由高奴东行，或出于南道，或出于北道，不可确知，不过总不至于绕道北行，过上郡治所肤施，再折而趋向东南。如取上述的北道，可以由高奴北上，经过阳周再向东行。如取上述的南道，则至高奴后即须转辙东南。就肤施至高奴一段道路来说，充其量汉文帝所行的，

---

① 《晋书》卷一三〇《赫连勃勃载记》。
② 《魏书》卷九五《铁弗刘虎传附卫辰子屈子传》。
③ 《战国策》卷二《西周策》，又卷二〇《赵策三》。
④ 《左传》庄公二十八年，又僖公六年。
⑤ 《战国策》卷一二《齐策五》。

只是高奴至阳周间的一小段，甚至还没有在这段道路上行走过。如前所说，经过上郡治所肤施的南北大道并非直道。不能因为文帝此行是由甘泉首途，就以为他所走过的道路为直道。如果要作这样的解释，则黄河以东就也应有直道的遗迹了。

汉武帝由云阳出发北巡的路程较远于汉文帝，所走的路程绝大部分是在经过上郡治所肤施的南北大道，一直北抵五原。所不同的是由上郡绕道西河，再由西河至五原。西河郡治所为美稷县，在今内蒙古自治区准格尔旗西北。由上郡治所肤施至美稷，可以由今神木、府谷两县前往，当然也可以由肤施以北的大道上某一点折向东北行。由西河至五原就不必折回原道。当时各郡之间已经都有路途，是能够直接前往的。

云阳是甘泉宫的所在地。武帝和文帝都是由直道北行的。由直道北行并不是说非要遵循这条道路走到尽头不可。中间改由他路也并非不可能的，有时甚至是必要的。文帝和武帝这两次出行就是如此。前面已经一再说过，经过上郡治所肤施的南北大道，本是赵武灵王以来就已形成的道路，也是后来秦始皇全国驰道系统中的一部分，与直道无关。就是这样，文帝所行仅仅是经过高奴一地，最多也只是到过阳周，说不上是遵行直道的路途的。武帝由高奴直到五原，总算是走了全程。但中间绕道西河，也还是有了分歧。如果这条道路真是直道，对于绕行西河这一段又将作如何解释？是不是由西河到五原这一段也就都算作直道数内？

其实，如果仔细推敲史籍，也还是可以探微索隐的。《汉书·武帝纪》于元封元年记载："自泰山复东巡海上，至碣石，自辽西历北边九原，归于甘泉。"《郊祀志》记载更为详细："天子既已封泰山……并海上，北至碣石，巡自辽西，历北边至九原。五月，乃至甘泉，周万八千里云。"这时秦九原郡已改为五原郡，仅其治所仍称九原县。按《史》《汉》撰著体例，帝王行幸之处，率举郡国名称，并不及其治所县邑。上面征引元封元年北巡，所历诸郡如上郡、西河、五原，并未详举其所治的县名，如肤施、美稷、九原各县。此次由碣石、辽西归来，提到九原。这九原就应不是五原郡治所的九原县，而当为未更改郡名时的九原郡。读此段记载，不禁联想到秦始皇当年。这可能不是忖度，而是史家的微意。如果这样悬拟不太差池，则武帝由碣石、辽西归来，再由九原到甘泉，所行的就是秦始皇的直道。这和这一年由甘泉经上郡、西河而至五原郡的道路完全不是一途。司马迁于《史记·蒙恬传》后说"吾适北边，自直道归"。这里未特别注明年月。太史公游履固遍于全国，有的是奉使远行，如西征巴蜀以南，南略邛、筰、昆明，就是他仕为郎中时奉命前往的。① 武帝巡狩时，他也有机会随驾侍行。元封二年，武帝祠泰山，至瓠子，临决河，他就曾亲预其事。所以在《河渠书》后特别写上："余从负薪塞宣房"。他能够適北边，自直道归来，乃是扈从武帝巡狩的际遇。其所见闻自不同于其他行役。

五、直路县和除道县

《汉书·地理志》：北地郡属县中有直路县和除道县。直道经过北地郡，这两个县的命名应与直道有关。探明这两个县的所在，当有助于对直道的了解。

《汉书·地理志》对于除道县无说，历来舆地学者皆未指出它的确实所在地。《地理志》于直路县注："沮水出东，西入洛。"这句注文显然有误，应该是"沮水出西，东入洛"②。《水经·沮水篇》："沮水出北地直路县，东过冯翊祋祤县北，东入于洛。"《沮水注》中更作详细的说明："今水自直路县东南径谯石山，东南流历檀台川，俗谓之檀台水；屈而夹山西流，又西南径宜君川，世又谓之宜君水；又得黄嶔水口，水西北出云阳县石门山黄嶔谷，东南流注宜君水；又东南流，径祋祤县故城西。……注于洛水。"自来舆地学者对于沮水颇多异说，治丝愈棼，难得究竟，皆由于未能亲履其地，故不易获悉真相。祋祤县故城在今陕西耀县东北一里。沮水应如《沮水注》所说，在祋祤县故城西，而不在县北。沮水源头在今耀县西北柳林镇的西北。这当是《沮水注》所说的檀台水。只是这里的水一直东南流，无"夹山西流"的。可能是《沮水注》未能详审，故与自然形势不合。柳林镇稍北处有一水自东北流来，与沮水相汇合，当是所谓宜君水。所谓黄嶔水乃出自西北石门山。今石门山巍然犹在，山下之水正是东南流，至柳林镇东南入于沮水。沮水再东南，经耀县城西，又南与漆水合流，东南注于洛水。

沮水流经的地理既明，自可进而求直路县的所在。沮水出于直路县西，则其故城当在今耀县西北柳林镇的西北。现在不可求得故城遗址，然就文献推寻，当不至于相差过甚。此地隔马栏河就是子午岭，其西南距汉云阳县故城并非过远，也可以说是在直道的南端。故城在子午岭下，其辖境当包括子午岭上。县城以直路为名是名实相符的，也是用不着多所解释和说明的。

---

① 《史记》卷一三〇《太史公自序》。
② 王先谦《汉书补注》卷二八《地理志》。

可是以前竟然有些著述，对直路县城所在地，提出不同的说法。嘉庆重修的《大清一统志》可以作为代表。《大清一统志》引《中部县志》说："直路县在县西北二百里。"并加以解释说："考《寰宇记》，沮水源出升平县北子午山。今子午山实在今州西南界，与直罗相近。疑直罗县本即汉之直路县，后人讹路为罗耳。"① 可是《元和郡县图志》对于直罗县的沿革却另有说明。据说："直罗县，本汉雕阴县地，后汉因之，魏省雕阴县……隋开皇三年，使户部尚书崔仲方筑城以居之，城枕罗原水，其川平直，故名直罗城。武德三年，分三川、洛交于此置县，因城为名。"② 李吉甫去隋未远，所言当属翔实。撰《大清一统志》的馆臣，未能细加慎审，误引《中部县志》的谬说，而又望文生义，曲为错解，贻误后学，是难辞其咎的。

不过《大清一统志》征引《太平寰宇记》所说的"沮水源出升平县北子午山"，也是其致误的一个原因。宋升平县在今宜君县西北，其北就是流经现在黄陵县南的沮水。《太平寰宇记》所说的升平县的沮水就是指这条水而言。其实这并不是《水经注》所说的沮水。黄陵县南这条沮水，《水经注》中本是称为猪水的，为洛水的一条支流。今本《水经·洛水注》已经佚失，其佚文见于《太平寰宇记》坊州中部县石堂山条所征引。原文本是"猪水西出翟道县西石堂山。本名翟道山。又《穆天子传》云：'癸酉，天子命驾八骏之驷，造父为御，南征朔野，径绝翟道，升于太行。'翟道即县之石堂山也。郭璞以为陇右狄道，非也"③。翟道县在今黄陵县西，故郦道元云然。由于沮水被误移于猪水，也就是流经今黄陵县南的沮水，因而就随之出现了一些舛讹，于是在今黄陵县、富县和甘肃宁县三县交界处就添设了一座沮源关，而直路县也被移到今富县的直罗镇。

上面提到汉代北地郡的除道县。这是一个遗址无可考核的故县。就县名来说，它和直路县一样，都是和直道有关的县，应在直道的近侧。《汉书·地理志》北地郡的属县中还有一个归德县。班固自注说："洛水出北蛮夷中"。归德县的旧址亦无可考核，班固这句注文却显示出它的遗址所在地的一些踪迹。班固的注文稍稍有点语病：他在这里提出所谓蛮夷中的说法，仿佛洛水源头并非汉朝的版图，

---

① 嘉庆《大清一统志》卷二四九《鄜州》。按《中国历史地图集》第二册西汉《并州、朔方刺史部》图幅亦如此标绘。中部县今为黄陵县。
② 《元和郡县图志》卷三《鄜州》。
③ 《太平寰宇记》卷三五《坊州》。

与北郡无关。其实这里所谓蛮夷，在当时是称为"保塞蛮夷"的，是降附于汉朝的部落。他们所居的地方仍属于汉朝的版图，也仍受北地郡的管辖。① 即使它和归德县无关，还是在北地郡范围之内。洛水上游自古以来没有什么明显的剧变，其源头仍在今定边县南白于山区。洛水之西就是子午岭。子午岭是由今淳化县北起，一直蜿蜒到定边县南。这也就是说，子午岭都包括在北地郡中。除道县设县的原因与直路县相同，都是因直道的修筑而设的。直路县既设在直道的南端，除道县就可能设置在直道的北端，至少也应该在直道的中段。不论北端和中段都在北地郡之内。子午岭既蜿蜒在北地郡之内，则除道县就应在子午岭的近侧，是不能离得很远的。因之，探索直道的遗迹也是不能离开北地郡的。肤施和高奴都是上郡的属县。而通过肤施和高奴的大道乃是纵贯上郡的南北。上郡的辖区内既没有设置过直路县，也是不会设置除道县的。

这里还有一个小问题，顺便在此略作说明。《汉书·地理志》左冯翊的属县中有一个翟道县。翟道县在今黄陵县西四十里。翟道县的名称和直路县相似，而其故地又在黄陵县，因此，就有人以之和直道相联系。其实，这只是望文生义，因为两者毫无关系。《汉书·百官公卿表》："县有蛮夷曰道。"翟道县的得名，显系当地杂居有非汉族的部落。《穆天子传》："南征朔野，径绝翟道"。则远在秦始皇修筑直道以前，就已经有了翟道这个地名，可知其间是没有若何关系的。

六、沮源关北沿子午岭西北行的道路不是秦通向西北的故道，也不是宋代的古道

王开同志说："'直道'至沮源关后，即折由'古道岭'向东北方向走去，进入今富县境。另外，出沮源关沿子午岭西侧北去，也有一条古道，即……靳之林所说的宋代路线。"检《光明日报》所发表的靳之林同志考察直道的报道，靳之林同志只是说："沿子午岭主脉折向甘肃的古道可能是秦通向西北的故道，而不是'秦直道'。"靳之林同志并未提出宋代古道的说法，也许靳之林同志还有其他有关的著作，恕我疏陋，未能早日看到。

所谓秦通西北的故道，未见具体的说明。以意度之，可能是说秦皇以前已经有过的道路。早在秦昭王时，为了防御匈奴，在北陲修筑长城，由现在甘肃岷

---

① 拙著《新秦中考》（载《中国历史地理论丛》1987年第1辑）。

县逶迤至于内蒙古准格尔旗十二连城。① 这条长城隔绝南北，可以通行的主要道路只有两条：一条就是经过上郡治所肤施的大路，一条当是经过北地郡所属朝那县北行的大路。朝那县在今宁夏回族自治区固原县东南。秦汉时有名的萧关就设在朝那附近。萧关见于文字记载，始于汉文帝时②，但这并非始置萧关的年代，可能秦时已经有所设置。《史记·秦本纪》载：秦惠文王后元五年，"王游至北河"。张守节《正义》说："王游观北河，至灵、夏州之黄河也。"唐灵州治所在今宁夏回族自治区灵武县。夏州治所在今陕西靖边县北白城子。夏州距黄河甚远，灵州却近在河滨。秦惠文王所观的黄河，当近在唐灵州，而不能远至唐夏州。由咸阳至唐时的灵州，自须由朝那前往，而且别无他途。正是由于经过肤施和朝那的道路为两条主要的大路，所以秦亡之后，匈奴悉夺所失的故地，直至朝那、肤施。③ 蒙恬所修筑的直道也可能并非前无所因。所因何在，已无从稽考。所谓秦通西北的故道，也许只是想当然的说法。

宋代与西夏长期相互对峙，对峙的地区以今地言之，乃是在陕西北部和甘肃东部。宋人防御西夏，边防重镇主要是延安府和庆州。其治所分别为今延安市和庆阳县。当时鄜延路经略安抚使就驻在延安府，环庆路经略安抚使则驻在庆州。由庆州前往西夏，即溯马岭水而行，也就是现在的马莲河。由延安府前往西夏，共有三条道路，其中两条分别是由延安市东北行和北行，皆与子午岭无关。较西的一条是由延安府西北行，历万安镇经永安城，出洪门至宥州。④ 不必细究其间经过的地名所在，即以终点宥州而言，亦可知与子午岭无关，因宥州在今内蒙古自治区乌审旗境内，也是在今陕西靖边县的西北。其地西南距子午岭甚远，实漠不相及。子午岭北段一些堡寨，也经常为宋夏两国争夺的战地，如白豹城、大顺城、柔远塞、荔原堡等皆时有兵争，可是双方进兵的路线，却皆不取子午岭上。可知所谓宋代古路也是揣度之辞，于史无征。

七、乾县南孔头村的宫殿遗迹并非甘泉宫的旧址

《中国文物报》1988年6月17日第24期第1版头条发表了以《乾县发现秦

---

① 拙著《河山集》二集《黄河中游战国及秦时诸长城遗迹的探索》。
② 《史记》卷一一〇《匈奴传》。
③ 《史记》卷一一〇《匈奴传》。
④ 《宋史》卷二六四《宋琪传》。

始皇甘泉宫梁山宫遗址》为题的消息,副题是《甘泉宫为目前发现最完整的秦代宫殿建筑遗址,填补了秦代宫殿建筑结构布局残缺的空白》。并说:

> 甘泉宫遗址位于乾县西北五凤山麓的注泔乡南孔头村,东距秦都咸阳约60公里。遗址的北及东、西三面沟壑环绕,南侧为缓坡塬地。在遗址北部中央发现一巨大夯土台基,整个台基均以坚实细密的夯土构成,夯层厚6至7厘米,层间可辨直径6厘米的圆形夯窝,台基东西长100米,南北宽80米,高出地表4米。台基南部为两座东西对峙的阙状高台,残高9米。台基之南地下尚存有东西对称的大型建筑基址。遗址内出土一批龙纹空心砖、方形绳纹铺地砖、云纹瓦当、圆形水管、水管弯头及陶井圈等典型秦代建筑材料。

> 这两处遗址出土的大批精美的建筑构件,以前仅见于秦咸阳宫遗址。如龙凤纹、腾龙玉璧纹空心砖及葵纹瓦当等,制作工艺极其考究,花纹图案流畅精美,不仅是研究秦代建筑的珍贵实物,同时也是不可多得的秦代杰出艺术之作。

根据这样的报道,可以说是文物普查获得的重大成果。这条消息还说:"经过对遗址反复考察并结合历史文献分析,证实这二处遗址为著名的秦代甘泉宫和梁山宫遗址。"这就更能"引起考古学界和秦汉史学界的关注"。

不过仅就这条报道来看,只能说是发现了相当多的秦代遗物,并未见到是怎样结合历史文献分析的过程。所以说它是甘泉宫的遗址只是因为这些建筑构件以前仅见于秦咸阳宫遗址。只是以所发现的建筑构件和秦咸阳宫遗址的遗物相同,就断定这是甘泉宫遗址,这样的理由显然是十分不充分的。咸阳、长安周围以及关中各处,秦汉王朝的离宫别馆,络绎相望,见于《三辅黄图》记载的就无虑数十处,何能仅凭若干相同的遗物就断定宫殿的名称?如仅以遗物相同定名,可以称道者甚多,未必就是甘泉宫一处。

《三辅黄图》对于甘泉宫曾有如下的记载:"甘泉宫,一曰云阳宫。《史记》秦始皇二十七年,作甘泉宫及前殿,筑甬道,自咸阳属之。"[①] 又说:"林光宫,一名甘泉宫,秦所造,在今池阳县西故甘泉山,宫以山为名。"[②] 还有一说,谓

---

① 《三辅黄图》卷二《汉宫》。
② 《三辅黄图》卷二《关辅记》。

在云阳县界。①汉时池阳、云阳两县均隶属左冯翊。池阳县故城在唐泾阳县西北二里。②今泾阳县城未闻移徙，当仍唐时旧规。云阳县故城在清淳化县西北。③其地今为梁武帝村。村西沟壑侧畔犹存有小段城墙遗迹，应是确实无疑的。

甘泉宫是以甘泉山得名的。甘泉之名始见于《战国策》。《秦策三》记范雎说秦王之辞谓："大王之国，北有甘泉谷口"。司马迁采此事入《史记·范雎传》。张守节《正义》引《括地志》："甘泉山，一名石鼓原，俗名磨石岭，在雍州云阳县西北九十里。"又引《关中记》："甘泉宫在甘泉山上。年代久远，无复甘泉之名，失其实也。"《元和郡县图志》亦载甘泉山所在地，其言大抵与《括地志》相同。④今梁武帝村北地势显著升起，萃为峰峦，惟不甚巍峨崇高。

所谓乾县的五凤山，应为五峰山之讹。因为五峰陡起，连绵不绝，此山命名盖由于此。五峰山本名温宿岭，始见于《隋书·地理志》。⑤宋时作温修山，亦名三阳山。⑥温修山当即温宿岭之讹。山以温宿为名，盖由于汉时温宿人内附，居于山下而得名。⑦习俗以五峰为名，当为元明或更在其后时事。温宿为西域国名，在今新疆维吾尔自治区乌什县。温宿国人内附未见记载，当是汉武帝以后事。至少在武帝以前，此山尚无适当名称。山尚无名，更难说得有甘泉。这里的离宫何能以渺无故实的甘泉为名？

甘泉宫自秦始皇开始营建，迄至汉时，仍陆续经营，不仅规模宏大，宫殿壮丽，更为两代君王经常巡幸、决定大计的处所。迄至汉世，又常在这里朝诸侯，受郡国的上计，而诸侯亦在宫外作邸第，为他处所少有。由于距咸阳和长安皆非过远，沿途道路史文甚少记载。不过宣帝甘露三年的一次，可见一斑。据史文所载，这一年"正月，行幸甘泉，郊泰畤。匈奴呼韩邪单于稽侯狦来朝，赞谒称藩臣而不名。赐以玺绶冠带衣裳、安车驷马、黄金锦绣缯絮。使有司道单于先行就邸长安，宿长平。上自甘泉宿池阳宫。上登长平阪，诏单于毋谒。其左右当户之群皆列观。蛮夷君长王侯迎者数万人夹道陈。上登渭桥，咸称万岁。单于就邸，置酒建章宫，

---

① 《三辅黄图》卷一《秦宫》。
② 《元和郡县图志》卷二《京兆府下》。
③ 嘉庆《大清一统志》卷二四八《邠州》。
④ 《元和郡县图志》卷一《京兆府上》。
⑤ 《隋书》卷二九《地理志》作温秀岭。
⑥ 《太平寰宇记》卷三一《乾州》。
⑦ 《长安志》卷一六《醴泉》。

飨赐单于，观以珍宝"。这段记载见于《汉书·宣帝纪》。其大略又见于《汉书·匈奴传》。这是匈奴与汉和好的开端，为当代头等大事，故班固不厌其详，娓娓陈述。由这段记载可以看到：这次匈奴单于抵达长安之时，宣帝犹在甘泉宫。因为要接见单于，故由甘泉宫返回长安。单于为了表示忠诚，就在半道迎迓。迎迓的地方在长平阪。长平阪的所在，据如淳的注文说，"在池阳南，上原之阪，有长平观，去长安五十里"。师古注说："泾水之南原，即今所谓眭城阪也。"今由泾阳县西南行，过泾水，由修石渡村登上咸阳原。这里的长阪应该就是长平阪。此阪在汉长安城正北微偏西处，由此南行，过渭桥即抵长安。如淳所说"去长安五十里"，大体是不错的。如《宣帝纪》所说，宣帝先一日由甘泉宫起行，当日宿于池阳宫。池阳宫当在池阳县。由池阳宫登上长平阪，受单于的迎谒。长平阪上平原宏敞，故能容数万人夹道陈列。由长平阪上南下，就可登上渭桥，返抵长安。这段道路是十分明确的：由长安城，过渭桥，经长平阪，到池阳县，再前行就可抵达甘泉宫。如果还要探求池阳县至甘泉宫之间的道路，还可提出车箱阪。据唐代记载，"车箱阪在（云阳）县西北三十八里。萦纡曲折，单轨才通，上阪即平原宏敞，楼观相属，即趋甘泉宫道也"①。这里所说的云阳县为北魏时移置的新县，是因用汉县的名称，而治所不同。这个云阳县的故城在今泾阳县北三十里云阳镇东，当地还有旧城址。②由云阳镇西北行，就登上一片较高的原。这登原的地方就是所谓车箱阪。现代公路经此犹须不断转弯，可知前人所说的"萦纡曲折"，并非虚语。登上车箱阪，溯冶峪河而上，就可到甘泉宫了。

如果以甘泉宫遗址在乾县西北注泔乡南孔头村，这样一条道路就真是南辕北辙了。这条道路在长平阪和池阳县之间渡过泾水，就一直行于泾水之北，而乾县的注泔乡南孔头村却在泾水之南，距泾水尚远。如果由当时长安城去这个所谓甘泉宫的所在地，就不应该过渭桥北行，而是要过便桥西北行。便桥在今咸阳市西南，与渭桥相去甚远。过便桥后当循现在西兰公路西北行。这条现代公路乃是参照前代大道路线筑成的。远在秦汉时期当也有大道可通。如果甘泉宫遗址在现在乾县注泔乡南孔头村，则汉宣帝接见呼韩邪单于，就不能远在长平阪了。可是史籍记载并不是如此。如强以乾县注泔乡南孔头村为甘泉宫所在地，那就非篡改前代史籍不可了。

---

① 《元和郡县图志》卷一《京兆府上》。
② 嘉庆《大清一统志》卷二二八《西安府二》。

甘泉宫之所以有名于世，还是由于它是秦始皇所修筑的直道的起点。《史记·秦始皇本纪》说："三十五年，除道，道九原，抵云阳，堑山堙谷，直通之。"《六国表》也说："三十五年，为直道，道九原，通甘泉。"《蒙恬传》说得更为详悉："始皇欲游天下，道九原，直抵甘泉，乃使蒙恬通道，自九原抵甘泉，堑山堙谷，千八百里。"这三条记载至少说明一个问题，就是甘泉在云阳，而不在好畤。好畤亦秦所设县，在今乾县东。今注沘乡南孔头村在当时应在好畤县辖境之内，与云阳县无涉。还有一个问题，也是不宜疏忽的，就是直道蜿蜒于子午岭上，云阳的甘泉宫所在的甘泉山正是子午岭的南端。而今乾县注沘乡南孔头村的所谓甘泉宫遗址却在五凤（峰）山之南。五凤（峰）山属于九嵕山的祖脉，与甘泉山实不相联系。由当时的好畤县至云阳县，所经过的地方适当中山谷口之西。谷口即范睢以之与甘泉并提的谷口，而谷口与中山皆在泾水的侧畔，位于郑国渠口附近。① 这都是战国时秦国北陲险要的去处。由好畤县到云阳县的道路不仅要经过这样一些险峻的山地，而且还要越过泾水，这对于直道的修凿是不适合的。直道的修凿固然如上所说，是秦始皇为了游览天下而兴工的，实际却是以防御匈奴为其最重要的目的。这一点秦始皇并没有明显地作出说明，实际的作用却是无可否认的。这条富有军事意义的道路竟要在崇山峻岭之间越过泾水，那是难于想象的。在《秦始皇直道遗迹的探索》一文中，我曾经论述直道修凿于高山顶上的道理。顺山巅修凿道路较之平地翻越沟壑易于为力，且有利于军事行动。以这样道理来衡量，当时是不会在泾水两侧不同山系之间修凿直道的。更何况史籍中已明确记载着直道的起点是甘泉山，而不是当时尚无适当名称的小山，也就是后来才称为温宿岭或五峰山的小山。

由于甘泉宫在秦汉诸离宫中最为重要，建筑规模又复宏丽壮大，其后王朝虽迭有改易，遗址似未全毁。北周武帝宇文邕曾经行幸过云阳宫。② 所谓云阳宫当即甘泉宫。前面说过，云阳县于北魏时别置于今泾阳县北三十里云阳镇东，距汉时旧县已八十里。县治虽有移徙，却未闻在新县附近另建新宫。则北周武帝所行幸的云阳宫也就只能是秦汉时甘泉宫。③ 据说，唐太宗于贞观年间也曾经行幸过

---

① 《史记》卷二九《河渠书》。
② 《周书》卷五《武帝纪上》。
③ 《元和郡县图志》卷一《京兆府上》"云阳宫，即秦之林光宫，汉之甘泉宫"。盖其时云阳宫已成通名，故《元和郡县图志》即以记之。

汉故甘泉宫。既云汉时故宫，当更无疑意。这些后来帝王的行幸，自是对前代宫殿的眷注。在行幸之前可能对此遗址作过若干修整恢复的功夫，不然一片瓦砾，间有若干断垣残壁，何能使这几位后来帝王稍作稽留？前文征引过《元和郡县图志》的记载，谓车箱阪上平原宏敞，楼观相属，大可以作为旁证。《元和郡县图志》著者李吉甫上去唐初才百有余年，就是上去北周亦非过远，所据以记载的相属楼观，恐当是北周以迄唐初的建筑遗留，非秦汉时的旧物，秦汉宫苑建筑虽极坚牢，殆亦不易保存如是的悠久。

《元和郡县图志》于甘泉宫的遗迹，仅记载通天台一处。据说，"通天台在（云阳）县西北八十一里甘泉宫中。高三十五丈，望雷雨悉在下"。今淳化县梁武帝村旁的遗址中犹有高10米的高台，仡立地上，巍峨高耸，虽土质已渐剥落，无复台阁模样，然就此遗址而论，气象实为非凡，当系通天台旧迹无疑。今梁武帝村两侧皆有深沟，如前所说，村西之沟的西侧犹残留有城堞残痕，当为云阳县城的遗存。则这东西两条深沟，应是甘泉宫废弃后逐渐冲蚀而成的。两沟之间的平地宽广1200米，其间到处皆有瓦砾散布，允是古建筑遗迹，瓦砾堆间或可以发现残瓦当，花纹所示，殆皆秦汉时故物。断崖畔亦间有五角形水管露头。这类水管和瓦当一样，都是烧制成品，在汉长安城附近也曾多处发现过，非后代的复制。所有这样一些残迹和遗存，谓非甘泉宫的所在地，殆不可能。如以今乾县注泔乡南孔头村的遗址为甘泉宫的所在地，不知将对淳化县梁武帝村的遗址作何解释和说明，亦不知对于《汉书》所记载的宣帝接受匈奴呼韩邪单于觐见的史事作何解释和说明！

八、结论

根据上面的论述，可得出如下的结论：

秦始皇所修筑的直道的遗迹所在，虽有争论，但这条道路仍当是肇始于今陕西淳化县北梁武帝村，由此登上子午岭，顺岭北行，经过今陕西定边县和内蒙古自治区东胜县，而至于包头市西。舍此别无他途。

秦甘泉宫的遗址仍当在淳化县梁武帝村。所谓今乾县西北五凤（峰）山麓的注泔乡南孔头村的遗址，与甘泉宫无关。

经过富县、志丹、安塞等县的古道，乃是十六国时期夏国赫连勃勃所建筑的以"圣人道"为名的道路，并非秦始皇的直道，不应以这条道路有圣人道的名称，就说它是秦始皇所修筑的。

通过上郡治所肤施的大道，包括北至五原，南至阳周、高奴等处的路段，乃是秦始皇以前旧有的道路，秦始皇时作为全国驰道的一个组成部分，是经过悉心修筑的。秦始皇修筑驰道的工程是十分坚固壮丽的。因为过分耗费民力财力，后来到了汉代，许多论者还都认为这是秦亡的一个原因。这条路是秦始皇三十二年巡行北边走过的。直道则是兴筑于秦始皇三十五年。这中间只隔了两年。说直道是在驰道的旧基上翻修的，没有史书的根据，因而这样的说法也是不能成立的。

一条重要道路的修筑往往都要多费功力，因而都能使用和保存若干年代，似不能因为还能看到若干遗存，便说它是秦始皇的直道。

按一般情形说来，一条道路修成之后，沿途必然会增建居民点以及城镇等建筑物。居住在当地或往来经过的人士也是会留下若干遗物的。发现这些文物自然是好事，但判断这些文物和这条道路的关系，却是十分重要而不可稍微忽略的。贺清海和王开两位同志在毛乌素沙漠发现的所谓直道遗迹，就是根据这条道路上许多路段都有白垩泥和黑垆土判断出来的。理由是当地白垩泥和黑垆土很普遍，蒙恬修筑直道时就可以就地取材。既然当地白垩泥和黑垆土是这样的普遍，为什么秦始皇在当地修筑驰道时，甚而秦始皇以前的人修筑这里的道路时就不会利用这样有利的条件？如果说，秦始皇以前的人知识浅薄，不知道利用，难道说，秦始皇在这里修筑驰道和直道时就还有这样大的差别！

贺清海和王开两位同志还说：在这条路上秦汉陶片比比皆是。这大概也是两位判断这条道路为直道遗迹的证据之一。如果这些陶片上有过文字刻画，显示出它和直道的关系，那当然是最好了。可是贺、王两位却没有明确指出，可以肯定是不会有的。没有文字刻画，仅仅由花纹上看出是秦汉时的陶片，那就不能以之作为所谓直道遗迹的证据。因为作为驰道的一个组成部分，而又为以后汉代长期通行的大道，同样可能会发现秦汉时期的陶片的。

九、余论

本文撰写完毕后，始得读孙相武同志《秦直道调查记》①。孙相武同志曾于 1984 年 5 月，偕靳之林教授对部分所谓直道进行了徒步考察。其后至 1986 年 10

---

① 载《文博》1988 年第 4 期。

月，复再度继续考察，由咸阳市北出发至内蒙古包头市西。这样远路迢迢的考察，必然会经历若干的辛苦，这和靳之林、王开等同志一样，都是值得称道的。

孙相武同志说，他在考察中发现了五座行宫、九个兵站遗址和许多的"五里一墩"的烽火台，根据这样一些发现，证明了他所经历之地，与《史记》记载直道走向相符。不过稍加核实，就可辨明他所取得的考察结果是难于成立的。

孙相武同志以之作为立论根据的是所发现的五座行宫、九个兵站遗址和许多的"五里一墩"的烽火台以及一些段落的道路。这里不妨逐一考核和论证。

第一，先由所谓五座行宫说起。

孙相武同志所说的五座行宫，是指秦咸阳宫殿、池阳宫、秦林光宫、高奴宫和九原宫而言。咸阳为秦朝都城所在，自秦孝公起就在这里建都，下迄二世之亡，前后已有114年，因而这里的宫殿不能称之为行宫。不仅宫殿不能称为行宫，就是咸阳也不是直道的肇始地。这一点《史记·秦始皇本纪》和《蒙恬传》都有明白的记载。《秦始皇本纪》说："三十五年，除道，道九原，抵云阳"。《蒙恬传》说："始皇欲游天下，道九原，直抵甘泉，乃使蒙恬通道，自九原抵甘泉"。云阳，县名，为甘泉宫所在地，故《蒙恬传》云然。孙相武同志殆因《秦始皇本纪》记载的"行从直道至咸阳"一语而致误。

秦林光宫即甘泉宫，在甘泉山上。以今地言之，则在淳化县北。孙相武同志所说的遗址即在其处。这里才是直道的起点，和咸阳无关。

俗谚有之：画蛇添足。孙相武同志把直道的起点由甘泉南移到咸阳，还添上发现的"池阳宫"遗址。这所谓"池阳宫"遗址及其南北的所谓直道，恰正就是蛇足。谓余不信，请试论之。

池阳宫见于《三辅黄图》，在池阳。《元和郡县图志》：池阳故城在泾阳县西北二里，汉池阳宫在县西北八里。① 唐泾阳县今仍为泾阳县，则池阳宫应在汉池阳县西北六里处。孙相武同志乃以之置于现在耀县小丘乡西独冢村西一公里处。孙相武以遗址相称，当是其地有所发现。既云遗址，当有证据，孙相武同志于此未举出可资证明的文物，不知何所据而云然。

应该指出：汉池阳宫的遗址当如《三辅黄图》和《元和郡县图志》的记载，在今泾阳县西北，不能远移至今耀县境内。前面论"乾县南孔头村的宫殿遗迹并

---

① 《元和郡县图志》卷二《京兆府下》。

非甘泉宫的旧址"一节内，在论述汉宣帝由甘泉宫归来，在长平阪上接见匈奴呼韩邪单于时，曾经提到池阳宫。今不惮烦琐，再度道及。汉宣帝由甘泉宫归来，先宿于池阳宫，次日始登上长平阪，接见呼韩邪单于。如《元和郡县图志》所载，长平阪在泾阳县西南五里。以今地言之，当在泾阳县西南，泾水西岸的高崖上平地。由泾水之滨登上高崖，有一道长坡。这道长坡迄今仍然存在，为咸阳泾阳间公路必经之地。由池阳宫至长平阪为十三里。据《汉书》记载，汉宣帝接见呼韩邪单于的仪式是十分隆重的，蛮夷君长王侯数万人皆莅临参与。汉宣帝由先一日宿地池阳宫起驾，只走了十三里就可达到长平阪上。行礼毕后，回到长安置酒，飨赐单于。这些礼节都在一天内作毕。如果以池阳宫遗址在今耀县境内，那肯定是作不到的。

孙相武同志既以池阳宫的遗址在今耀县小丘乡西独冢村西，则所谓直道就由咸阳经泾阳县东、三原县西，由东里村、东井村、鲁桥镇上原，再经冯村、洪水、夕阳村到独冢村，又经寺坡、照金、老城湾、安子哇、好花疙瘩，始到林光宫。如前所言，直道乃是始自甘泉，这样一条道路是算不得直道的。池阳宫既不在今耀县境内，则这样一条道路也不是由咸阳和长安经过池阳宫至甘泉宫的道路。由咸阳和长安至甘泉宫的道路是要经过车箱阪的。前文引《元和郡县图志》记载车箱阪一段文字，明白如画，而且明确指出："即趋甘泉宫道也。"这条道路远较绕行今耀县境内为近，帝王巡幸难道不惮车马劳累，非要舍近就远，才算安逸？这样说来，孙相武同志这段论述，谓非画蛇添足，岂可得乎？

孙相武同志所发现的行宫中还有高奴宫和九原宫。据说高奴宫在今榆林县北，九原宫在今包头市西南。这是两个不经见于记载的宫殿名称。秦汉时离宫别苑很多，不可能一一都见于记载。孙相武同志说："在直道沿线的一些宫殿遗址内，至今秦汉砖瓦遍地。"随文附有沿途所采瓦当九块，而未指出瓦当出土所在地。甘泉宫遗址确是秦汉砖瓦遍地，其他各处是否都是如此？不是没有值得提出疑问的理由的。所附的九块瓦当图片中，究竟哪几块是出土于所谓高奴宫和九原宫？这应该是一个关键的问题，不容避而不谈。孙相武同志还说："在九原宫遗址内还发现一汉碑残石，宽20、长26、厚8厘米，上书'元年三月……孙宝'。"看来是要以此残碑作为遗址的证明的。这样的证明应该说是徒劳的。所说的九原宫在九原郡治中，而九原郡为直道的北端，这是没有问题的。所以这个所谓九原宫可以暂置不论，而论所谓高奴宫。高奴为上郡属县，其地在今延安市。秦汉宫苑命名皆有取义。以地命名者亦复不少。甘泉宫以其地有甘泉得名，梁山宫以在梁山上得名。高奴二字如何解释，尚待推敲。然高奴县在上郡实居有重要地位，翟王董翳曾以此为都[①]，灌婴防胡曾驻节此地[②]。此等事或在所谓高奴宫建立之后。如果当时确以高奴为宫名，似不应远离高奴县。秦汉时上郡治所的肤施县，在今榆林县鱼河堡南。今榆林县在当时尚非县治，西汉为安置龟兹国降人始于其北置龟兹县。如果当时确有高奴宫，奈何置于此荒漠之地？孙相武同志既曾以今耀县独冢村为池阳宫遗址所在地，以今榆林县北为所谓高奴宫遗址所在地，是否出于同样论证的结果，诚不能令人无所怀疑！

即令所谓高奴宫确在今榆林县北，亦不能以之作为直道通过其地的佐证。前文已经指出：秦昭王之上郡北河时曾经到过这里，秦始皇之碣石，巡北边，从上郡入时，也曾经到过这里。如果这里确有行宫，就不能排除建于秦昭王时或秦始皇之碣石时的可能。秦昭王时，秦与六国并立，还可以说是规模不大，讲究不起这样排场。秦始皇之碣石，是其在位三十二年时事。其时秦已统一天下，又在全国大修驰道，怎么能够不会建筑一座行宫？秦始皇三十二年，匈奴尚未远遁于阴山之北，河南地尚未开辟，直道尚未动工开凿，如何能以一座行宫就可证明直道所经行的途径？

如上所说，孙相武同志所发现的五座行宫是不能说明问题的。咸阳宫非直道的起点，池阳宫的所在就是移至今耀县，也与直道无关，何况池阳宫遗址在耀县之说是根本不能成立的。甘泉和九原本来就是直道的起讫点，更是用不着再以宫殿作证的。至于所谓高奴宫，即令当时确有这样一座行宫，也是说不上和直道的关系的。

第二，再说所谓九个兵站遗址。这所谓九个兵站，据说是：一在马栏镇南100米处，二在上畛子东1000米处的二级台上，三在古罗河南侧300米的二级台上，四在安家沟北约200米的洛河岸边，五在白杨树湾村南1公里处大垭口南下坡的地方，六在鹰咀上卧虎湾山顶垭口南边，七在冯家岔村脑畔，八在瓦渣梁的鸦巷山，九在伊金霍洛旗的红庆河南。这些所谓兵站遗址中都有秦汉瓦片出土，最多的为上畛子的所谓兵站遗址，出土的有秦汉瓦片、筒瓦、大板瓦，并有秦汉墓群，

---

① 《史记》卷七《项羽本纪》。
② 《史记》卷一一〇《匈奴传》。

还有铜剑、铜戈等器，最少的则为红庆河南的所谓兵站遗址，仅有秦汉瓦片。

孙相武同志对这九处所谓兵站遗址是有不同的评价的。称之为"发现兵站遗址"的一处，为马栏镇南的一处；称之为"为兵站遗址"的两处，一为上畛子东，又一为鸦巷山；称之为"当为兵站遗址"的四处，为古罗河南侧、安家沟北、白杨树湾村南和冯家岔村脑畔；称之为"似为兵站遗址"的一处，为鹰咀上卧虎湾山顶；称之为"亦是兵站遗址"的一处，在红庆河南。既然称之为"当为"和"似为"，显示出还不能完全肯定这些发现秦汉瓦片的地方就是所谓兵站遗址。

应该严肃地指出：仅仅凭借这样一些地方发现的秦汉瓦片以及其他文物，如上文所列举的那些东西，是不能就可以确定这些地方乃是秦汉时所谓兵站遗址的，更难以说明经过这些地方的道路就一定是直道。这中间的道理十分简单，因为这些瓦片和文物都根本不能证明它们和所谓兵站遗址之间的关系。

现在陕北和内蒙古鄂尔多斯高原还有相当多的故城遗址和古代居住遗址。这些遗址虽皆残留于荒烟蔓草间，细加搜访，并非难于发现。十余年来，我也曾先后到这些地区考察过若干次，不仅亲自看到过一些遗址，而且间尝徘徊睇视，搜检遗物，思欲一一得其主名。只以佐证不足，不敢妄自拟定。这在前贤时彦也是屡见不鲜的。秦汉两代在这些地区设县不少，故城虽多，有些县名仍难得其具体所在。清末杨守敬撰著《前汉地理图》，只能在图上标志失考的县名。数十年后，谭其骧教授主编《中国历史地图集》，亦尝师杨氏旧规，备列无考县名。其治学的谨严，前后相同，令人景慕。甚盼孙相武同志再能细检所发现的文物，深加考核，能够提出作为兵站的理由，则嘉惠士林，当非浅鲜。

第三，还应该略提一下所谓许多的"五里一墩"的烽火台。

孙相武同志提到的烽火台有白杨树湾村南及从黄毛塔下到沈家园子的一段。前者在今志丹县东南，后者在安塞县西北。白杨树湾村南的烽火台仅有一座。从黄毛塔下到沈家园子一段，据说每隔2.5公里就有一座烽火台。所谓"五里一墩"就是当地群众的说法。其中尤以李家塔北5公里处的烽火台最为完整，其高9米，底周长24米。这些烽火台在悠长的道路中，应是少有的现象。如果这条道路真的就是直道的话，这样少数的烽火台算不得所谓直道的特点。翻过来说，仅有这些烽火台也难以证明这条道路就是直道。尤其是对于这些烽火台都没有举出建筑的年代，也没有有关文物可资考核，更难说到证明。如果是出自后世的建筑，那么用后世的建筑物，如何能够证明这条道路就是秦始皇时所修的直道？白杨树湾村南只有一座烽火台，这是孤立的现象，姑且暂置不问。黄毛塔下山至沈家园子间的烽火台，如果不是出于后世人手，可能还是有来历的。战国末年，秦昭王为了防御匈奴，曾在陇西、北地、上郡筑长城。当时上郡治肤施县，在今榆林县南，辖地南至今黄陵、洛川诸县，今陕北各地皆在辖境之内。对于这条长城，拙著《黄河中游战国及秦时诸长城遗迹的探索》一文曾有论证[①]。文中根据宋代赵离所说的"二砦（塞门、安远）之北，旧有三十六堡，且以长城岭为界"[②]，指出这条长城就在今安塞县镰刀湾北横山山脉上。因今镰刀湾就是宋代的塞门，而这里的横山山脉宋时也称长城岭。这条长城由此向东伸延，达到今子长县怀宁河畔。这是见于《水经·河水注》的记载的。黄毛塔、李家塔、沈家园子皆在镰刀湾之东和东北，正是秦昭王所修筑的长城经过的地方。长城附近有烽火台的建筑，自是正常合理的。事实上，横山山脉上与秦昭王长城有关的烽火台还不限于这几处，其他地方也还是有所发现的。孙相武同志列举的所谓直道沿线的烽火台，除白杨树湾村一处外，其他各处皆在这条长城附近，可知这几处烽火台和所谓直道无关。如果这几处烽火台确非后世的建筑，其始建之年当在秦昭王之时。以秦昭王时的烽火台证明秦始皇时的直道，可谓风马牛不相及了！

孙相武同志的文章里，用了大量的篇幅详细论述了他所调查的直道，由淳化县马栏镇起，经黄陵、富县、甘泉、志丹、安塞、靖边、横山、榆林各县，而至于内蒙古东胜县。这些道路段落大体都是靳之林、王开、贺清海诸位同志曾经谈论过的，并非秦始皇的直道。这在前文都已作了考核论述，这里就不再赘陈了。

孙相武同志说：他"沿着直道所经之地进行考察的结果，与《史记》记载直道走向相符"。核实而论，是并不"相符"的，而且是根本不"相符"的。

（原载《中国历史地理论丛》1988年第3辑，收入所著《河山集》四集，陕西师范大学出版社1991年版，第455—499页。今据《中国历史地理论丛》收入）

---

① 《河山集》二集。
② 《宋史》卷二九〇《郭逵传》。

与王北辰先生论古桥门与秦直道书

史念海

北辰先生：

顷于1988年第1期《北京大学学报》社科版获读大著《古桥门与秦直道考》。文中引证鸿博，剖析深邃，读后为之景慕不置。惟于其间若干论点，尚有疑意，谨略陈积愫，还望有以教之。

一、走马水与桥门

尊著考证桥门的所在，据《后汉书·段颎传》立论。桥门的名称始见于《段颎传》，历来颇少人论及。得大著表出，千百年前往事历历如在掌中，诚为盛事。《段颎传》谓"颎复追羌，出桥门至走马水上，寻闻虏在奢延泽，乃将轻兵兼行一日一夜二百余里，晨及贼，击破之"。尊著于征引这段史文之时，兼征引了《东观汉记》所说的"出桥门谷也"。走马水见于《水经·河水注》，为奢延水支流。奢延水今为无定河，其上游称为红柳河。尊著以红柳河支流芦河相当于走马水，并举出如下的三个理由：

（1）红柳河南岸的第一条大支流今称芦河，从地理形势看，芦河相当古之走马水。

（2）今芦河与红柳河会口西南方的山地正是芦河所出，其山今名白于山，即古之桥山。这是符合《水经注》的文意的。并说，今白于山上之明长城旧迹，应即秦长城的后身。

（3）芦河自西南而东北流，穿白于山而出，河谷两岸崖壁陡峭，谷口两峰夹峙，出谷即是平地，长城至此中断如阙，形成隘口，口外即今镇靖，其势正与桥门相符。芦河谷即《东观记》所谓之桥门谷，其谷口必古之桥门。

这样的论证是相当周密的。惜并未能与《水经注》相符。《水经注》奢延水的支流相当众多。其在秦汉上郡治所肤施县南的就有平水和走马水。肤施县遗址在今陕西榆林县南鱼河堡附近，这在学者中已成定论，殆毋庸置疑。今芦河是在横山县与无定河汇合，横山县又在榆林县西，是不能以之相当于走马水的。何况在走马水之北还有一条平水，而平水和走马水都是奢延水的重要支流。

熊会贞于《水经注疏》中以淮宁河当古之走马水，尊著谓其说难于成立。核实而论，似仍当以熊说为是。在今榆林县秦汉上郡治所肤施县遗址之南，无定河的支流以大理河和淮宁河为最大，大理河为古之平水，淮宁河就应是走马水。《水经注》记走马水说："水出西南长城北，阳周县故城南桥山。……其水东流，昔段颎追羌，出桥门至走马水，闻羌在奢延泽，即此处也。……其水东北流入长城，又东北注奢延水。"今淮宁河的流向是完全和《水经注》所说的走马水相符合的。今芦河由源头起就是偏东北流，并非东流。今靖边县城东诚然有一段是东流的，可是已在尊著所说的隘口以下，未能与《水经注》相符合。

尊著谓今淮宁河上游并无长城遗迹，下游也未再入长城，所以淮宁河并非走马水。而以芦河所流经的明长城为秦长城的后身，论证芦河之必为走马水。以这里的明长城为秦长城的后身，证据何在？未之前闻。此说似难于成立。秦长城遗迹多已圮毁无余，赖如《水经注》的记载，略可推知一二。若须强求遗迹，芦河恐与淮宁河一样，其流域所经，也是不易求得的。

尊著论证桥门的所在，如上文所引，是在今靖边县镇靖之南，即芦河流出白于山的谷口。这里暂置今芦河并非走马水不论，专就其他有关方面来说桥门。《段颎传》曾经明白指出："颎复追羌，出桥门至走马水上"。《水经注》所说的完全和《段颎传》相同。这是说桥门和走马水之间尚有一段距离。《东观记》虽说"出桥门谷"，这样的谷不能就以之作为走马水的河谷。《水经注》说："门即桥山之长城门也。"如果说当时修筑长城要经过一段谷道，也应是桥山上的谷道，不应是芦河所流经的河谷。如果说这个长城门不在桥山之上,桥门的名称就不容易作出解释了。不过,桥门离走马水不会很远。走马水既发源于桥山,当流经山下,由山上的长城门下来,就可能达到走马水上。

据《段颎传》所说,段颎出桥门走到走马水上时,听说羌人在奢延泽,就率轻兵日夜兼行了200余里,击破了敌军。奢延泽所在,尊著谓在今靖边县东北、城川古城迤东。谭季龙先生主编的《中国历史地图集》第二册东汉《并州刺史部》图上则以之置于今靖边县西北,较尊著所说稍稍偏西一点。如桥门在今镇靖以南的谷口,则两地之间的距离,可从地图上约略估计得出。今以谭图为准,求得由今镇靖之南至奢延泽东端的直线距离为50公里,至其西端为80公里。若如尊著所说,奢延泽在今靖边县东北,则两地间的直线距离当更小于此数。而两地之间实际路程当大于此数,即令以增加一倍计算,亦不能达到200余里。与《段颎传》所说相差很大,似难于成立。熊会贞以淮宁河为走马水,是本之乃师杨守敬之说。其说见《水经注疏》。由淮宁河至今靖边县西北的奢延泽上,实有200余里,和《段颎传》的记载应该是相符合的。

尊著为了论证桥门在今芦河谷口,还征引了《资治通鉴》卷二七八后唐征讨夏州李彝超的一段记载。这条记载说:"李彝超不奉诏,遣其兄阿啰王守青岭门,集境内党项诸胡以自救。(药)彦稠等进屯芦关,彝超遣党项抄粮运及攻具,官军自芦关退保金明。"胡三省于青岭门下注说:"盖汉上郡桥山之长城门也。东北过奢延泽至夏州。"夏州在今靖边县北。芦关在今安塞县西北,正当夏州之南。尊著说:"当时由于李彝超已预遣其兄扼守青岭门,故后唐官军进抵芦关即不能更前,两军遥相对持。依所叙形势,可知在芦关之北另有青岭门,它是从芦关去夏州的必经隘口。从地理看,芦关北的青岭门,正是今镇靖公社所在的芦河谷口。"并进而根据胡三省之说,谓此青岭门即东汉时的桥门。窃谓此说似宜再作斟酌。以《资治通鉴》文意观之,青岭门实应在芦关和夏州之间。惟此地既以青岭为名,何得又位于河流出山处的谷口?今靖边县与安塞县之间的白于山,宋时即有长城岭之称,为宋夏两国的界山。山以长城岭为名,实因山上有秦昭王时所修筑的长城。如尊著所说,长城沿线是有门的。青岭门可能就是当地长城的关门。这当然是推测之辞,还有待于证明。然似不能如胡三省所说的"盖汉上郡桥山之长城门"。如前所说,桥门乃在走马水上,而走马水为今淮宁河,并非今之芦河。

胡三省所说，也可能是一种推测之辞，因为他对于桥门并非了了。桥门之名始见于史籍的记载，就是由于段颎经过此地讨伐叛羌。此事亦见《资治通鉴》卷五六建宁元年。胡三省在这里作注说："据《东观记》，桥门，谷名。《水经注》云：桥门即桥山之长城门也。"这只是征引了《东观记》和《水经注》的记载，并未指出桥门的所在地。这显然是他并不知桥门的确实地点。既然说不出桥门的确实所在，何以又在注后唐征伐夏州的一段记载里，却具体指出它就是青岭门，而且是在芦关之北？说他是推测之辞，恐他也难于推脱的。

二、阳周县故城

《水经注》记载走马水，谓此水"出西南长城北，阳周县故城南桥山"。尊著论桥门，桥门与阳周县有关，故兼论及阳周县故城的所在。尊著于此说："注文所记阳周县故城，乃汉上郡阳周县城址。依文意，城在走马水上游桥山、桥门之北。结合地理，其址必在芦河谷口外今靖边县一带。"并说"遗址尚未发现"。

阳周为秦时所设的县，属上郡。上郡的秦时旧县可知者仅四县，为肤施、高奴、雕阴和阳周，皆位于由咸阳至北河的大道上，都有一定的重要意义。肤施在今陕西榆林县南，高奴在今延安市，雕阴在今富县北。确定了阳周县的所在地，则这条道路的起讫和经过的地方，就可一目了然。

尊著以阳周在今芦河谷口外靖边一带，这是和解释桥门的位置出于同样的理由，也根据同一的史料，就是《水经注》所记载的有关走马水的一段文字。如前所说，走马水为今淮宁河，并非今芦河。因而今芦河谷口外之说似难于成立。尊著以阳周位于桥门之外，向北就可以控制新秦中，向南则可以联系咸阳。若阳周确在所说的桥门之外，也就是在今芦河谷口之外，则这样的联系和控制势必会造成若干困难，甚而可以贻误戎机。阳周为上郡属县，上郡治所就在肤施。肤施不仅为上郡的治所，也是一方军事要地。通过上郡的南北大道，若不经过肤施，是没有任何理由的。而经过高奴和雕阴的南北大道，从秦汉以来一直到现在，都没有较为明显的巨大改变。这至少也可以说明高奴的重要性。阳周不论位于何处，都应在肤施和高奴之间。若以阳周置之今芦河谷口之外，则由高奴北行，势必溯洧水而上，洧水即《水经注》中的清水，也就是现在的延河。这是说，由现在延安市西北行，越过白于山，再沿芦河而下，而后循无定河东行，达到它和榆溪河汇合处之北，即肤施县的所在地。这样说来,肤施、高奴、阳周三地实际上成为一个三角形。由高奴至肤施,却不是由高奴东北行,直达肤施,而是趋向西北,经过阳周,再折而东北行,以达于肤施。这样行道方式,可以说是少见的。

阳周的所在仍当于《水经注》所说的走马水流域求之。走马水应为今淮宁河,而非今芦河。嘉庆《大清一统志》卷二三三《延安府》,谓在安定县北。安定县在今陕西子长县西。安定县北正是淮宁河上游。谭图亦以之置于淮宁河上游之北。这是和《水经注》相符合的。

尊著虽以阳周县城址置于今芦河谷口之北,下文却注明"遗址尚未发现"。这样的注释显示出朴实的治学风度。这是应该加以称道的。这样的治学风度也是当前值得倡导的。前些时候,有人从陕北归来,见告一宗奇事,不妨在这里略费笔墨。据说有这样一位学人,也在陕北各处探索秦时直道遗迹。他认为直道是经过阳周的,而难于确定阳周的遗址。因此就托人在附近寻觅。其人在野外看到一处旧有居人的地方有一堵高墙,较普通房舍或庭院的墙壁为高长,就以之为阳周城的遗址。这位学人就据此得出结论,确定了阳周的所在。这样的考察,这样的探索,究竟有何裨益处!真理云乎哉!学术云乎哉!

阳周城后来被说成乃在今甘肃正宁县境,这是魏收的《魏书·地形志》的谬误。《括地志》《通典》和《元和郡县图志》绍续其说,而未有是正,谬误益深,尊著为之一一指出,其功匪细。《元和郡县图志》于宁州真宁县下说:"蒙恬为秦将,北逐戎人,开榆中地数千里,竟斩阳周,谓此县也。"又在襄乐县下说:"秦故道在县东八十里子午山,始皇三十年,向九原抵云阳,即此道也。"尊著征引了这两条文字,并说:"这样就把蒙恬死处和秦直道都移到宁州来了。"《元和郡县图志》以蒙恬死处的阳周在宁州真宁县,诚然是错误的。秦直道在襄乐县东子午山上,却是绝对正确的。襄乐县在今甘肃宁县东北,其东为子午山。山上正是秦直道经过的地方,遗迹具在,是可以覆按的。

三、驰道和直道

尊著论秦汉的直道,上溯到西周时期。尊著于此称道周宣王:"出兵驱逐狁,北征'至于大原','大原',应指今之鄂尔多斯高原,并在大原北境上修筑了朔方城,驻军戍守,以御狁。"并说:"周军自镐京一带出发,取哪条路北征,史文固无记载，但其路应是捷径而不会迂回到西北去。"尊著此下又引《战国策》苏秦和张仪说燕之辞，指出："秦军有可能从九原，经云中，过代郡、上谷以攻燕。……其出兵路线当然要从咸阳向北，穿过今鄂尔多斯高原而指九原或云中。"尊著还引用了赵武灵王诈为使者入秦，观秦地形及秦王之为人事，指出："赵主父确已从云中或九原南下，沿途观察地形，了解情况后进入了咸阳"。接着总结这些史事说："早在秦统一六国前，在秦取得'新秦中'前，咸阳、九原间已有直通的古路了。"最后明确指出："直道并非蒙恬凿空开辟，它不过是历史古路的修治……周军之北伐'大原'、赵主父的南下探察等等，都是通过此路"。而这条"秦'直道'乃自云阳北行，出桥门，过新'秦中'，抵达九原"。

由九原到咸阳的道路，诚如尊著所说，乃是自古有之，可以上溯到赵武灵王的诈为使者南下入秦的时期。至于是否上溯到周军的北伐大原，恐还须再作斟酌，因为大原所在自来说法不一。而周人所说的朔方，未必就是汉代所置的朔方郡。这条古道不仅赵武灵王走过，秦昭王也走过，就是秦始皇在直道未修成以前也走过。不过都不应称之为直道。周秦的道路因时因地而名称各有不同。周代的主要道路称为周道，《诗·小雅·谷风之什·大东》所说的"周道如砥，其直如矢，君子所履，小人所视"，即指此而言。一般则称道或道路。《国语》所说的"周定王使单襄公聘于宋，遂假道于陈，以聘于楚，火朝觌矣，道茀不可行"，就是一般的道路。秦始皇时始有驰道的名称，《汉书·贾山传》对此曾有较为详备的记载。《传》中说："（秦）为驰道于天下，东穷燕齐，南极吴楚，江湖之上，濒海之观毕至。道广五十步，三丈而树，厚筑其外，隐以金椎，树以青松。为驰道之丽至于此"。据《史记·秦始皇本纪》所载，秦始治驰道，在始皇二十七年，也就是统一六国后的第二年。驰道的修筑是为了便于始皇的巡行郡县。始皇二十七年始修驰道，二十八年就东行郡县。可见驰道的工程不仅壮丽，而且也是很快就修成的。

《史记·秦始皇本纪》说："三十二年，始皇之碣石……巡北边，从上郡入。"这是巡行郡县的一部分行程。这虽是一条简短的记载，却可说明两种情况：其一是始皇由上郡南归，所走的就是赵武灵王和秦昭王所走的老路。其二，这虽是一条老路，却是在全国的驰道系统之中，是在老路的基础上经过维修的。它的规模应如贾山所说的："道广五十步，三丈而树，厚筑其外，隐以金椎，树以青松"。

因为既是始皇巡行郡县所行走的道路，全国都应该是一样的。

上郡于秦时并非边郡。始皇巡北边归来，可以由云中郡达到上郡，也可以由云中郡再往前行，经过九原郡达到上郡。近世论秦郡者，多以九原郡的建立在始皇三十二年蒙恬辟河南地之后。此说虽辩，终非确论。九原本赵国故土，迄赵国灭亡时，九原未为匈奴所攘夺。秦灭赵，九原郡也一并入秦。赵国九原郡的治所在今内蒙古包头市西，其辖地当越河而南，至今伊克昭盟东部。那里本为林胡的居地，赵破林胡，当收其地入于版图。赵武灵王南下咸阳，探秦虚实，当是由九原首途的。其后秦昭王北巡，也是走这条道路，由上郡至于河上。秦始皇三十二年由碣石巡北边，其时九原实为北陲最西的边郡，故此次所行，当至于九原，再由上郡归来。

直道和驰道不同。直道是指由九原抵云阳的道路。这是非常具体明确的名称，不能用之于其他路段。《史记》记载这条道路的起讫，或作由九原抵云阳，如《秦始皇本纪》的记载，或作由九原抵甘泉，如《蒙恬传》的记载。甘泉在云阳，其实所说是一样的。史文简略，未记载这条道路经过的地方。不过可以肯定地说，它是不会经过上郡的，也就是说，它是不会经过桥门和阳周的。据《秦始皇本纪》所载，这条道路的修筑，是在始皇三十五年。这是在始皇巡北边由上郡归之后的第三年。三年之前，直道尚未兴修，如何能说始皇所走的道路，就是直道？

应该说，蒙恬所修筑的直道并非是对于经过桥门和阳周的古道的修治。始皇三十二年由北边归来入自上郡的道路是要过桥门和阳周的。如前所说，这是属于驰道系统的道路。驰道的修筑是始皇二十七年事。五年之后，始皇由上郡的驰道南归，又过了两年，才动工修筑直道。前后只隔了七年，时间不是很久的。驰道的修筑，如《贾山传》所说是十分壮丽的，也是十分坚实的。为什么在这样暂短时间之后，又要费大力重新修治？《贾山传》描述驰道是道广五十步，这已是相当宽广的。皇帝巡行时的车骑是可以从容畅通的。为什么还要蒙恬在那里从新"堑山堙谷"呢？甚至后来司马迁经过这条直道时，还说蒙恬兄弟遇诛，和他的"堑山堙谷通直道"有关。

四、蒙恬的驻地和直道的关系

尊著说："蒙恬驻地问题和秦'直道'经过地点关系密切"，但密切到什么程度却没有多少说明。《史记·李斯传》说："（始皇）长子扶苏以数直谏上，上使监兵上郡。蒙恬为将。"《蒙恬传》也说："暴师于外十余年，居上郡。"可见上郡是蒙恬经常驻军的所在。上郡非直道所经过的地方，这在上文已作过说明。始皇死后，李斯等秘其丧，置始皇居辒辌车中。辒辌车所行的道路正是直道，而不是经过上郡的。《李斯传》记赐死扶苏的过程，是李斯、赵高等诈为始皇赐扶苏书，遣胡亥客奉书赐扶苏于上郡，并以蒙恬属吏，系于阳周。使者还报胡亥。《蒙恬传》也说：二世又遣使者之阳周，赐蒙恬死。这都说明上郡和其属县阳周都不在直道的路上。因而可以说，蒙恬的驻地和秦直道经过的地点并没有什么关系。

蒙恬北逐匈奴后，曾举办了两项巨大的军事工程，以防备胡人南下牧马。修筑直道而外，还修筑了长城。《蒙恬传》说，他所修筑的长城，是"因地形，用制险塞，起临洮，至辽东，延袤万余里"。其工程的艰巨，应较直道为甚。蒙恬为二世所杀时，就喟然太息地说过："恬罪固当死矣！起临洮属之辽东，城堑万余里，此其中不能无绝地脉哉？此乃恬之罪也！"如果主持工事的大将，必须驻在工地的话，他的驻地就不仅是在上郡，或上郡所属的阳周，而应该是在临洮和辽东之间，多处地转动。揆诸实际，作为防边的大将，这恐怕是永远不易作到的。

由于匈奴的侵掠，上郡在军事意义上实居有重要的地位，也是捍卫都城咸阳的屏障。如果上郡不守，咸阳就岌岌可危。蒙恬辅佐扶苏，十余年来，一直驻守上郡，就是这样的缘故。上郡辖境广大，其治所在肤施县，位于今榆林县南。这当是扶苏和蒙恬的驻地。故李斯矫诏赐扶苏和蒙恬死时，蒙恬还劝止扶苏勿轻易自杀，可知当时二人俱在肤施。肤施与阳周为邻县，使者以蒙恬属吏，系于阳周，也并非奇特的异事。《李斯传·正义》以阳周为宁州罗川县之邑，那是十分谬误的。唐宁州罗川县在今甘肃正宁县，距秦肤施县过远。以唐制释秦地，其谬误是显然的。这是由于沿用魏收《魏书·地形志》的舛讹而致误的，不能以之说明蒙恬的驻地。

蒙恬始筑直道在始皇的三十五年，其为李斯逸死，在三十七年，前后不足三年。蒙恬督兵前后十有余年。十余年来皆驻上郡。可知其驻守上郡并非只是为了修筑直道。因而也不能以其驻于上郡和死于阳周，就从而推测直道的必须经过上郡和阳周。

五、汉武帝的北巡和直道的走向

秦汉之际，匈奴乘机向南发展，复取蒙恬所经营的河南地。汉武帝时收复了这些失地，建置了五原和朔方郡。汉武帝为了威慑匈奴，曾耀兵北陲。尊著因汉武帝的北巡，推定其时巡行路线是遵循直道，也就是所说的经过桥门、阳周的直道。核实而论，似宜再作斟酌。

尊著论此事所依据的史料为《史记·封禅书》和《汉书·武帝纪》。《封禅书》记武帝元封元年的北巡说："其来年冬，上议曰：'古者先振兵泽旅，然后封禅。'乃遂北巡朔方，勒兵十余万，还，祭黄帝冢桥山，释兵凉如。……既至甘泉，为且用事泰山"。《武帝纪》说："元封元年，冬十月，诏曰：'南越东瓯咸伏其辜，西蛮北夷颇未辑睦，朕将巡边垂，择兵振旅，躬秉武节，置十二部将军，亲帅师焉。'行自云阳，北历上郡、西河、五原，出长城，北登单于台，至朔方，临北河。勒兵十八万骑，旌旗径千余里，威震匈奴。……还，祠黄帝于桥山，乃归甘泉。"这两条史料记载同一史事，《武帝纪》所记的更详赡。这次北巡，是由云阳起程，后来回到甘泉。甘泉就在云阳，也是直道南端的起点。北巡途中经过五原。五原就是秦时的九原，乃是直道北端的终点。因而这次北巡所行经的道路，可能使人联想到直道。其实并非如此。

直道是一条很长的道路。如《蒙恬传》所云，其长一千八百里。这样悠长的道路，中途不会没有分歧。因而仅以其起讫两端与直道相符，就认为是直道的全程的说法，不一定就是合理的。直道本是由甘泉循子午岭北行的。这是和由咸阳（或后来汉代的长安）北去上郡的道路大致是平行的。由上郡北行也可以达到九原，由于是大致平行的道路，中间就不能完全没有相互连接的地方。今富县境内就有几条这样的道路，直罗镇和龙益镇都是路上的较为重要的乡镇。秦汉之时，当也如此。故武帝北巡得由直道南端起点甘泉发轫，而转到其东的另一条道路，至于上郡。武帝此行，备见于《封禅书》和《武帝纪》。可是《封禅书》和《武帝纪》皆没说是直道，何得以直道称之？

武帝这次北巡所经的诸郡中有西河郡。西河郡为汉时所置的新郡。西河郡治平定县，在今陕西神木县东北和内蒙古准格尔旗之间。远离由上郡至九原郡的道路。若汉武帝所行的为直道，而直道如果真的要经过上郡的肤施和阳周，也不会在上郡折向东北行，又由西河折向西北行。形势如此，如何能说武帝这次北巡时，所行的就是蒙恬所筑的直道？

不过，武帝并不是没有走过蒙恬所筑的直道。这就是尊著所举出的《汉书·武帝纪》及《郊祀志》的记载。《郊祀志》："上乃遂去并海上，北至碣石，巡自辽西，历北边，至九原，五月，乃至甘泉。"《武帝纪》也说："行自泰山，复东巡海上，至碣石，自辽西历北边九原，归于甘泉。"这两条记载，也都没有说是所行的就是直道。不过和上面所说的北巡那一次是不完全相同的。这次所行的道路相当悬远，史文记载所经历的地方，却是十分清晰的，其中就没有提到上郡，显然是未曾走过这条道路。武帝这次东巡，司马迁实在从行之列。司马迁在《蒙恬传》后说："吾适北边，自直道归，行观蒙恬所为秦筑长城亭障，堑山堙谷，通直道。固轻百姓力矣。"这些话语有两点不容忽视。其一，直道起于九原，九原以北，始有长城。九原以东，长城逶迤东行，直至辽东。武帝此次归来，由碣石直至九原，皆傍长城之南西行。沿途不可能都见到长城，但看到长城的机会还是相当多的。司马迁说，他行观蒙恬所为秦筑长城亭障，这就足以证明他是随从武帝东巡归来的。其二，司马迁说到直道，只说蒙恬的堑山堙谷，并没有提到上郡及其属县。这就显示直道没有经过这些地方。如前所说，通过上郡南至于咸阳或长安的道路，是赵武灵王以来的老路，而且经过秦始皇在他的三十二年以前，和全国驰道一样经过规模宏大的修整，就在三十二年这一年，始皇巡北边后，由这条道路回到咸阳。这样一条驰道，是用不着在短期之内从事重修的。就是重修，也用不着堑山堙谷的。司马迁是一位谨严的史家，足迹几遍于全国，他的笔下是不轻易许可的，也不会有非实的记载。在《蒙恬传》后，一则说蒙恬的通直道，堑山堙谷，是轻百姓力矣，再则说蒙恬的阿意兴功，以至于兄弟遇诛，不亦宜乎！像这样一条直道，怎么说它是重修了通过桥门和阳周的老路？由于这条直道是一条新修的具有军事意义的新路，它是不会和经过桥门和阳周的老路一样，还要经过若干像肤施、高奴等郡治和县城。司马迁和班固在《史记》和《汉书》中，凡提到直道，都只说由九原到云阳，或由九原到甘泉，都没有提到九原和云阳或甘泉之间的其他郡治和县城。这不是他们的疏略，因为这条直道的南段是修筑在子午岭上，其北段是修筑在河南地中，以今地来说，是修筑在鄂尔多斯高原。高山之上和草原之中本来就未曾设置过什么郡治和县城。这位谨严的史家怎么能记载有何郡治和县城？何况司马迁还是从北到南，走过这条直道的全部路程？

六、圣人道和直道

尊著以《统万城与桥门》为子目，着重论述十六国时期以统万城为都城的夏国赫连勃勃，在进攻长安时曾经经过桥门南行。尊著是这样说的："有迹象表明夏军南下曾入桥门、经洛交（今富县）。《元和志》卷三鄜州洛交县条下记：'伪夏太后城在县西三十六里。赫连勃勃闻刘裕灭姚泓，命其子义真等守长安，大悦，自将兵入长安，留太后于此，筑城以居。'自统万入桥门，经鄜（富）县趋长安，这正是秦汉以来直道之一段。"赫连勃勃南下长安，是要经过今芦河谷口的。如果桥门真的就在今芦河谷口，赫连勃勃就必定要从桥门而入的。可惜如前所说，桥门并不在今芦河谷口。赫连勃勃是不能入自桥门的。

赫连勃勃由统万城南下，就是经过今芦河谷口，也并不是就走在秦汉以来直道之上。赫连勃勃南下的道路是他自己修筑的。这条被称为圣人道的道路，是经过宋代的保安军的。保安军为现在的志丹县，远在延安市的西北。秦汉时期经过上郡通向咸阳或长安的道路，是要经过高奴县的。高奴县今为延安市，距志丹县还是相当远的，是不能合而为一的。

赫连勃勃的圣人道见于《太平寰宇记》的记载。《太平寰宇记》卷三七《保安军》说："圣人道在军城东七里。从蕃界末㩒家族来，经军界一百五里入敷政县界，即赫连勃勃起自夏台入长安时平山谷开此道。土人呼为圣人道。"敷政县在今甘泉县西北洛河北岸，其南就是鄜州洛交县境。这是和《元和郡县图志》的记载相吻合的。这是一条新路，既不同于秦汉时期经过上郡、阳周、高奴、雕阴等地通向咸阳或长安的老路，也不是秦汉以来直道的一段。其间的差别是明确的，是不容混淆的。

鄙见如此，未知高明以为然否。深盼有以教之。顺颂

著祺　　史念海拜上。一九八九年七月十二日。

附一：王北辰先生来函

【上略】

拙作中的关键问题在于桥门、走马水和阳周县，而我对这三个问题的看法又是从桥门问题开始的，所以这份汇报材料请从桥门问题写起。

桥门与桥山问题

早在 1965 年夏，受侯先生派遣，独身赴陕北长城地带考察，任务是寻求明代先修的"二边"。临行前，查阅了一些有关的文献，其中引我注意的是《水经注》奢延水条下所记的段颎出桥门，追羌至奢延泽之事。依记，我又查看了《后汉书·皇甫张段传》，在段颎出桥门句下，李贤注引《东观记》说他出的是桥门谷，在奢延泽句下李贤又注"在上郡奢延县界"。《通鉴》卷五六建宁元年（168 年）也记有此事，胡注引据的仍是《水经注》文和李贤注文，无新资料。

那时，奢延县的故址已经搞清，它即今红柳河上游的白城子废墟。我当时想，桥门谷与桥门应求之于白城子废墟南面的一片山地之中，而从地形图上看，靖边县南的白于山或横山县的横山都可以相当。我带着这个初步想法去了陕北。

到当地后，从榆林县出发，一路徒步西行，沿途除考察"大边"外，并不断向当地人访求类似桥门谷、桥门的地形，无所得。到靖边县后，经当地同志们的介绍，我才访问、考察了县城南面的镇靖公社（今镇靖乡）。在公社我观察了地形，看了镇靖旧城，看了古长城等地理现象，又与当地的几位老人进行了座谈。在座谈会上，老人们向我介绍了依山而筑的旧城的古迹（公社即在城内、山下），介绍了溯芦河向南的道路的古迹，介绍了沿古路上的几处古迹如芦子关、塞门城子等等，给我留下了很深的印象。遗憾的是我当时未能沿这条古路向南考察。从靖边县城向西，我只到了"海子滩"公社，以后未克西行而返京。在镇靖考察之后，我进一步认为了白于山应该是桥山，芦河谷口长城豁口大概就是桥门。

回校后，边写考察报告，边又寻求有关桥门史料，先找到的即《通鉴》卷二七八后唐长兴四年药彦稠北伐夏州的一条。胡三省在青岭门下注"青岭门盖汉上郡桥山之长城门也，东北过奢延泽至夏州"。我认为胡身之的注是可信的，理由有二：其一，身之此注与他前此在《通鉴》卷五六建宁元年段颎出桥门的注是前后呼应的，昔时段颎北趋奢延，走的是一条山谷名为桥门谷，谷口处有长城门名为桥门；此次药彦稠北伐夏州（相当汉奢延县境），走的也是一条山谷，史书且记出了谷中有芦关、谷口有青岭门，胡身之认为药彦稠所走的山谷，即是昔时段颎所走过的山谷，谷口处的青岭门即是汉代的桥门。从地理的推论看，是可取的。但仅仅如此还是不够的，因为还须要搞清，汉、唐时期从关中地区通往奢延或夏州的山谷共有几条？是否只有这一条？段颎与药彦稠先后走过的山谷又是否同一条？为此我找到了一条晚出的史料，《续资治通鉴长编》卷三五淳化五年条下记："吏部尚书宋琪上书言边事曰：臣顷任延州节度使判官，经涉五年……戎夷之事熟于闻听……从延州入平夏有三路：一东北自丰林县苇子驿至延川县，接绥州入夏州界；一正北从金明县入蕃界，至芦关四五百里方入平夏，是为夏州南界；一西北历万安镇，经承安城，出洪门至宥州四五百里是夏州西界。"（后收入《宋史》卷二六四《宋琪传》。）宋琪所言虽系宋、夏对立时期从关中地区通向夏州的三条大路，但宋人知道的这三条路，不会少于汉、唐时期通往奢延、夏州的道路，可以说这三条路都是由来甚久的古路。按宋琪的报告，再联系到我在榆林、靖边一带考察的所见，可以肯定后唐药彦稠行军的路乃是宋琪所说的北路，即经过金明、芦关的路。那么，段颎走的又是哪条路？我看他也不会走从今延安经绥德、榆林去靖边的路。这一路是您很了解的，在榆林一带既没有桥门谷、桥门那样的地形，而且从榆林去白城子废墟也较为迂远；若说段颎率军会从延安取路先到淮宁河上游的洞峪岔，再取某路去白城子废墟，那是很难想象的。他所走过的桥门谷路，也应该是宋琪所说的北路即金明、芦关道路。

参据宋琪上言这段史料，结合我考察所见、所闻，我进一步相信了胡三省的注释，认为段、药二人走的是同一条路，山谷的北口在秦、汉为桥门，在唐为青岭门。

胡三省关于桥门的注释，从何取材？他对陕北地区的地理是否有所了解？这两个问题关系到他的注文是否可信，这当然是要予以考虑的。从《通鉴》的地理注文全体看，胡三省引用过若干种地理书，其中如《十三州志》《十三州记》《东观记》《隋图经》《括地志》《郡国县道图》《贞元十道录》《续通典》等等都收有西北地理的知识，更不必说《寰宇记》《九域志》等了。他既然引用过这些地理书，那么足见他对西北地理是有一定了解的。具体到桥门谷问题上来，他曾引用了赵珣的《聚米图经》和陈执中的话"塞门至金明二百里"。查《玉海》卷一四"康定聚米图经"条下记："康定二年二月十五日，殿直赵珣上《聚米图经》五卷。珣随其父振在西边，访五路徼外山、川、邑居、道里，凡地之利害究其实，作为此书。韩琦荐之，诏取其书并召之……"关于陈执中，《续资治通鉴长编》卷一二六康定元年庚申条下收陈执中的奏疏中有"塞门至金明二百里"一语。陈执中《宋史》卷二八五有传。胡三省生前当然没有见到《宋史》，这反映出胡三省是利用过《续资治通鉴长编》的（南宋有印本）。他既能运用《聚米图经》《续长编》这类书，足证他对当时陕北的地理有所了解，从而他对桥门谷的注文也就比较可信。

为了探索桥门谷道问题,我曾试图了解一下汉、唐故道,遗憾的是那时只找到了两条证据。一是从《元和志》里找到了"夏太后城"的记载,一条是从《寰宇记》里找到了"圣人道"的记载。依记大略可知,赫连勃勃南下的道路是入芦河谷口,再经今志丹县东的杏子河谷或延河谷南下,又过今富县一带而入西安的。这条路,基本上就是药彦稠走过的路。我曾怀疑"圣人道"一段或者是宋琪所说的西路。

就在我作了上述一点点摸索时,北京地区就开始了"四清"工作,我参加了"四清"工作队。从那时起,直到打倒"四人帮"的二十多年间,我完全脱离了本专业,直到1985年我接受了沙漠历史地图的任务,才又回到了本专业的这个旧问题上来,这是我不胜感慨的。

我重新拾起了旧工作后,找到了几条资料。一是从杜诗里找到了《塞芦子》一首:"五城何迢迢,迢迢隔河水,边兵尽东征,城内空荆杞,思明割怀卫,秀岩西未已。回略大荒来,崤函盖虚尔,延州秦北户,关防犹可守,焉得一万人,疾驱塞芦子……芦关扼两寇,深意实在此,谁能叫帝阍,胡行速如鬼。"萧涤非在其《杜甫研究》中说此诗作于至德二载,然则芦关之名早在《元和志》成书前半个世纪就出现了。此诗可证芦关及其道路之重要,但杜诗不提青岭门,不知何故。杜诗中另一首咏及芦关者是《彭衙行》,诗云:"忆昔避贼初,北走经险艰,夜深彭衙道,月照白水山……小留同家洼,欲出芦子关……"仇兆鳌注:"孙宰当在佟家洼,遇孙之后因寄妻子于鄜州,遂欲出芦子关以达灵武。朱注:鄜州在白水县北,延州在鄜州西北,芦子关又在延州北。时公欲北诣灵武,故道出芦关也。"此诗反映出了唐代从长安经鄜、延,出芦关的道路。唯杜诗仍不提青岭门,这大概是艺术性的省略,从现代地形图、交通图上,都看不出从芦子关有路可以直达灵武,路应该是过芦关再出青岭门方可西趋灵武。《彭衙行》所咏的道路,正是后来药彦稠出兵北伐夏州的道路。

《太平广记》卷二八六所收题为"中部民"的故事,所叙旅行路程颇能与《彭衙行》相印证。故事讲的是天水赵云客游鄜时,过中部县,经鄜畤,至芦子关,遇到了仇家,受其陷害,"为乌延驿中杂役",幸得其弟出宦灵武,密疏之得救。姑不论故事之真伪,其所叙述的旅行路程中部县、鄜州(洛交)、芦子关,则正是杜子美北行的经验。故事提到的乌延驿,与芦子关的关系若何?

查乌延这个地名曾见于《旧唐书·敬宗纪》,又见于《册府元龟》卷九九四《外巨部·备御七》:"敬宗以长庆四年正月即位。三月甲戌,夏州节度使奏于芦子关北木瓜岭创筑堡栅,以捍党项之冲。……于塞外凡筑五城,乌延、宥州、临塞、阴河、陶子。而宥州、乌延皆方广数里,尤居要害,蕃戎畏之。"乌延城不见于《元和志》《一统志》等书,《中国历史地图集》不画其址。查《宋史·地理志》陕西延安府塞门寨条下记:"南至安塞堡四十里,北至乌延口九十里。"塞门寨在唐为塞门镇(见《元和志》),其故址在今芦子关南镰刀湾村,当地人称为"寨门城子"。从塞门城子向北90里,正是芦河谷口,可以认定今之芦河谷口即古之乌延口。

李祐所建之乌延城是否在乌延口处?查乌延城直到北宋时期仍受重视,文献中颇有记载。《续长编》卷三二六元丰五年五月丙午条下,载有沈括、种谔请城山界的奏疏:"今按视塞北古乌延城,正据山界北垠,旧依山作垒,可屯士马,东望夏州且八十里,西望宥州不过四十里,下瞰平夏,最当要冲。土地膏腴,依山为城,形势险固。欲乞移宥州于北(按,应作此)。旧宥州地平难守,兼在沙碛,土无所出。……事事有备,并力乌延,先补山城,山城完乃筑平城。此地膏美,去盐池不远,其北即是牧地,他日当为一都会,镇压山界,屏蔽鄜延。"(同文又见于《宋会要辑稿》方城一九之四九,或方城八之三三古乌延城条。)沈、种所规划之乌延古城,当即李祐所筑之乌延城。按沈、种所描述的各项地理条件,我认为其址正相当于今镇靖乡的旧城(经过后代的维修),镇靖旧城显然是古乌延城的后身。然则前述的唐之乌延驿,很可能乃是设在乌延口、乌延城内的一个驿馆。

乌延这个地名,出现的比城、驿更早些。查《全唐诗》卷六○三,收有咸通年间诗人许棠咏夏州行役诗数首,其一题为《春日乌延道中》(内容无关,略),可证最晚在咸通年间已有了乌延道的称呼,唯其时有驿与否不明。(按,长庆四年已筑乌延城,此时当已有驿。)

把上列几条资料按时间先后排列一下,可见至晚到大历年间已有了乌延口、乌延路之称,而乌延口乃是这条路上最北的隘口。长庆四年李祐于其处筑城即取乌延之名。逮至后唐,史书又记其隘口为青岭门。

出乌延西行的道路,北宋人有所记叙,《续长编》卷三九至道二年五月壬子条下记张洎上书论灵州云:"昔在唐朝,吐蕃最盛……肃宗用灵武之师克服两京者,缘党项顺命。灵武地界与党项接连,自长安出鄜畤、度塞门、经盐州抵回乐东阪,入灵武东门……"张泊所述自是简略之言，出塞门镇后还要北出芦关、乌延口方可西趋灵武。

至于出乌延口、远通塞北的道路，有两条史料可以作证：《元和志》卷四新宥州条下记："又，顷年每有回鹘消息，常须经太原取驿路至阙下，及奏报到，已失事宜。今自新宥州北至天德置新馆十一所，从天德取夏州乘传奏事，四日余便至京师。"取夏州乘传奏事，当然要进入乌延口方可南下。这反映出了乌延驿不是一处一般的驿馆。《新唐书·地理志》所载贾耽记下的"从边州入四夷道里"共七条，其第三条即"夏州塞外通大同、云中道"，可见出乌延口经夏州北去的道路，乃是唐代七条国际道路之一。

夏州道路直到北宋时仍被利用着，《宋史·王延德传》《宋史·外国传·高昌》等所收王延德出使高昌的纪行，就是夏州通往高昌的旅行记。

我所找到的上列零碎资料，使我形成了一个认识：从今西安出发，经白水县、中部（黄陵）县、富县，到延安，向西北方，溯延河行经安塞、塞门城子，出芦子关，再沿芦河谷北行出谷口乃是一条古路。这条路的各段在历史上都有记载和称呼，或称乌延路，或称金明路，或称彭衙道，或称鄜州驿路（见白居易诗《城盐州》）。后唐药彦稠北伐夏州出的固然是此路，胡三省引据《水经注》、《东观记》、李贤注等，又引赵珣、陈执中注说段颎追羌走的是此路，也应该是可信的。

〔补遗〕《册府元龟》卷六五二《奉使部·达王命》内录："后周杨荐为太祖帐内都督，帝遣仆射赵善使蠕蠕请婚，善至夏州闻蠕蠕主于东魏欲执使者，善惧乃还。帝乃使荐往。……荐至蠕蠕，责其背惠食言，并谕结婚之旨，蠕蠕感悟，乃遣使随荐报命焉。"（又按事见《周书·杨荐传》。）可证夏州是通塞北的要地，而从长安至夏州的道路则必经上述各地。

从上列史料中我得出的看法是，现在名为白于山的一片山相当于古之桥山；从而也就认为《汉书·武帝纪》所载元封元年武帝至朔方、临北河，威慑匈奴后，"还祠黄帝于桥山，乃归甘泉"的桥山指今之白于山。武帝全军是通过上述道路回到甘泉的。

关于桥山长城问题

关于这段秦长城的地址，我最后利用的是《中国大百科全书》的《考古学》分册"秦汉长城遗址"词条及其附图（见该书376页），还有《新中国的考古发现和研究》一书的第四章第二节（三）"秦汉长城遗迹的调查"（第410页以下）。唯，《考古学》分册等所画与《中国历史地图集》第2册5—6幅所画不同，对这个问题我将向各方请教，首先是向您请教。目前，我暂依了考古方面的画法。

关于走马水问题

按《水经注》奢延水条，谨作示意图如下（距离、比例不确）：

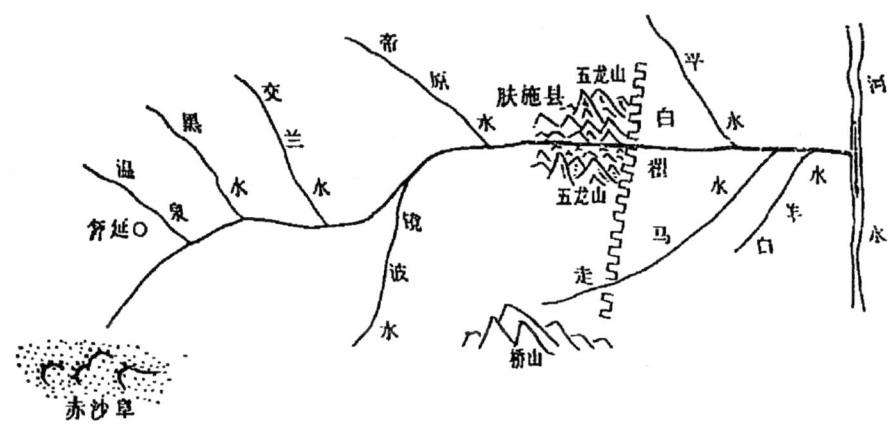

依意则今之大理河或淮宁河皆可当于古之走马水，故《一统志》及杨守敬师弟皆以淮宁河为走马水，《中国历史地图集》从之。我当初都读过这些今、昔诸贤之作。但直至今日仍不免有若干困惑：

一、依《图集》所绘，则桥门在今淮宁河上游南岸，略当今子长县的涧峪岔以南、安定以北一片地方的某地；阳周县则在涧峪岔以北至大理河上游之间的某地。从1/100万、1/10万地形图上看，从《中国汽车司机地图册》上看，从今淮宁河上游地区并找不到直通靖边县城的道路，然则古代段颎率军如何从此以趋奢延？

二、我用功不够，知见甚窄，没能找到有关淮宁河上游地区的古代交通史料，没能找到像芦关道路那样的史料，因而感到难于承认《地图集》的画法。

看来，诸项历史活动的记载（如药彦稠行军、杜诗《彭衙行》、夏州道路等）与郦注之间存在着矛盾，应如何对待？经您启发、批评之后，我仍感到困惑，愿就此再请指点。

（原载《中国历史地理论丛》1989年第4辑，收入所著《河山集》四集，陕西师范大学出版社1991年版，第500—515页。今据《中国历史地理论丛》收入。因附二已排入下篇，原"编者按"未再排入）

再与王北辰先生论古桥门与直道书

史念海

北辰先生：

惠书敬悉。

大札据《续资治通鉴长编》所载宋琪言边事及杜甫《彭衙行》，论述唐宋芦关及其相关的道路，详赡可喜。大札并根据这样的论述，得出如下结论："从上列史料中我得出的看法是，现在名为白于山的一片山相当于古之桥山；从而也就认为《汉书·武帝纪》所载元封元年武帝至朔方、临北河，威慑匈奴后，'还祠黄帝于桥山，乃归甘泉'的桥山指今之白于山。武帝全军是通过上述道路回到甘泉的。"对勘史文，于此殊多疑义，谨略陈鄙见，还祈鉴察为幸。

这一问题的症结，乃是桥山的所在。汉武道过桥山，是因为桥山上有黄帝冢。桥山当非小山，可能涉及的地方较多，大札以白于山当之，未为非是。但桥山在汉时能够见称于世，武帝且枉驾亲临，正是山上有传说的黄帝冢的缘故。论汉世的桥山，似应以当时人的论述和所经历的事迹为准则。《汉书·地理志》："上郡、阳周，桥山在南，有黄帝冢。"所言与武帝征途所过相合。只是以阳周故城所在尚滋疑义，致使桥山位置也有待于考核。《后汉书·段颎传》：颎"追羌出桥门至走马水上"，《水经·河水注》谓桥门即桥山之长城门。《资治通鉴·汉纪》

胡注亦引郦注此文，其他撰著未见异义，可以成为定论。如《段颎传》所说，桥门当在走马水之南，则桥山亦当在走马水之南。《水经·河水注》，走马水为奢延水支流。其入奢延水处在肤施县南。肤施县故城所在地，在今榆林县南。杨守敬师弟承嘉庆重修《大清一统志》之说，以淮宁河当之，诚是。走马水既已确定，则桥山、桥门在今淮宁河之南，当了无疑义。就是阳周县故城所在，亦可据桥山、桥门推断，当在其北，而不能相距过远。这里所说的桥山乃是黄帝冢所在地，桥山为当地大山，绵延较广，距阳周县和走马水较远的地方也有桥山的名称，那是无足怪的。

桥山的位置能够得到确定，则汉武帝由朔方和北河归来，当是过上郡治所的肤施县，再至走马水上，祠黄帝于桥山。而不是如大札所说，过青岭门，再循芦子关一道南行。由肤施县西行，绕道于青岭门和芦子关，显系过远。由上郡南至长安的道路，为当时经营北陲的主要道路，军情政务都赖这条道路传达，如此过远的绕道，就一般常理来说，也是不相适合的。

大札谓在一些较为精密的地图上，从今淮宁河上游地区找不到直通靖边县城的道路，段颎率军如何从此以趋奢延？这是无足怪的。自来军事行动，多由前方敌情变化而有所斟酌。《后汉书·段颎传》记段颎这次行军，是出桥门至走马水后，"寻闻虏在奢延泽，乃将轻兵兼行一日一夜二百余里，晨及贼，击破之"。这应是临时针对敌情的决策，以轻兵远行。因而所行的道路并非先期治道，也不是当时已有的通行大道。这样的道路是否能长期保留下来，直到现在尚未废毁，这是难以肯定的。奢延河流域属于黄土高原，迄今侵蚀尤为严重，一条一般道路是会受到相当侵蚀甚至破坏的。其实这样的情形也不仅奢延河流域为然，这是研究古道路的变迁的人士经常会遇到的现象。

确定了桥山在走马水上，距后来的芦关自相当悬远，无论是药彦稠的行军，还是杜甫《彭衙行》所描述的芦关，都和传说的黄帝陵所在的桥山无关。因而和《水经·河水注》所说的并无互相矛盾之处，自不必相提并论。

然而这也并不是毫无牵连的。正如大札所举出的胡三省对于《资治通鉴》后唐长兴四年药彦稠北伐夏州的注释。胡三省在青岭下注："青岭门盖汉上郡桥山之长城门也。"大札谓胡三省的说法是可信的。因为这和胡三省《资治通鉴》汉灵帝建宁二年段颎出桥门的注是前后呼应的。胡三省对于段颎所出的桥门是这样注的："据《东观记》，桥门，谷名。《水经注》云：桥门'即桥山之长城门也'。"这样的注释是不错的。可是胡三省就忘记了桥门在走马水上。前引《后汉书·段颎传》，就明确道出桥门是和走马水相关的，出了桥门就是走马水。桥门的所在固然可有不同的说法，但走马水却是无可移动的。对于走马水，郦道元所记是无疑的。它只能是在上郡治所的肤施县之南，由西向东流入奢延水的，而不能是别的地方。改换成别的地方，就不是走马水了。药彦稠征夏州之役，夏州兵守青岭门，药彦稠进屯芦关，是青岭关就在芦关附近，相距并非很远。药彦稠既屯芦关后，夏州兵就抄其粮运及攻具，如相距过远，夏州军就难以有这样一些动作。若如胡三省之说，以青岭门就是桥山的长城门，那就不能不在走马水上。若青岭门在走马水上，则距芦关就显得很远，药彦稠何必匆匆由芦关退却，撤到其南的金明县？

胡三省的舆地之学，确是有令闻于当时后世。就是现在阅读《资治通鉴》者，皆莫不受其教益。然智者千虑，难免一失。胡氏生于浙东，未曾远莅塞上，虽博考载籍，亦不易与实际吻合。就以所注青岭门来说，已露出一病疵。这条注文于"盖上郡桥山之长城门也"之下，接着又说："东北过奢延泽至夏州。"《元和郡县图志》及《通典·州郡志》皆未道及奢延泽。今所见《括地志》逸文，亦没有有关记载。就是李贤注《后汉书》，解释奢延泽，也只是说："即上郡奢延县界也。"当是奢延泽久已干涸堙失，故唐代诸贤皆无从追记。而胡三省犹以为说，自与当时地理不合。即令以唐五代以前的旧奢延泽为说，方向位置亦有差错。奢延泽在汉奢延县之西，奢延县所在，《中国历史地图集》以之置于今靖边县西北无定河右岸。尊著以之置于今靖边县北，即夏州的治所。夏州治所就在芦关的正北。若青岭关在芦关附近，则出青岭关北行就可抵达夏州。若东北行，就去夏州愈远，何日可能达到？东北行且不可，何能又过位于夏州之西的奢延泽？这纯属闭门造车之说，宜其出不合辙也。

不仅此也。就是以上郡桥山之长城门释青岭门也稍失之傅会。药彦稠的进攻夏州，自是由芦关北行。由芦关北行，何能绕道于走马水上。细揆胡三省之意，盖亦以走马水并非现在的淮宁河。芦关之北，较大的河流只有芦河。可能胡三省即以芦河相当于走马水。如果这样猜度不错，就难与《后汉书·段颎传》的记载相符合。《段颎传》明白记载着段颎征羌，出桥门至走马水上。这显然是说桥门在走马水之南，而走马水为东西流向的河流，今芦河为南北流向，实未能相符。

论有关水道记载，尤其是黄河流域的水道，郦道元独具慧眼，所言率成定论。走马水流经的地方，自应在上郡治所肤施之南，不能移之于肤施之西。今芦河应为《河水注》的镜波水。镜波水出南邪山南谷，东北流注于奢延水。奢延水合镜波水后，始流过肤施县。若以芦河为走马水，镜波水又将是何水，也是一个问题。

根据这样的论述，可以得出如下的结论：《汉书·武帝纪》所载元封元年武帝至朔方，临北河，威慑匈奴后，还祠黄帝于桥山，所经过的路程当是由上郡治所肤施县南行，稍折向西南，至于走马水上。桥山即在走马水之南。走马水为今淮宁河，为无定河支流，无定河就是汉时的奢延水。武帝于祠桥山后，归于甘泉。甘泉虽为秦始皇直道发轫之处，汉武帝所行的却非直道。经过芦关至夏州的道路，也是一条较为悠久的道路，汉武帝北征时往来却未走到那里。那一条道路唐宋时不断见于记载，都与汉武帝无关。如果以后来的变化和发展上溯前代史事，似不易说明问题的真相。

这里还应该附带说一下有关桥山附近秦长城的问题。大札提到《新中国的考古发现和研究》一书的第四章第二节秦汉长城遗迹的调查涉及由甘肃岷县至内蒙古准格尔旗十二连城的秦长城遗迹，原书于此有两条注文，其第二条注文所举《鄂尔多斯东部战国时期秦长城遗迹探索记》及《黄河中游战国及秦时诸长城遗迹的探索》两文皆为拙著，已收入拙著《河山集》二集中。《中国历史地图集》第二册5—6幅所标的秦长城，亦同拙著。还盼多所指正。《中国大百科全书》的《考古学》分册"秦汉长城遗址"条，对这条长城也有所论述，惟间与实际不符，所附的地图，颇似写意之笔，恕不多作评论。

琐琐陈述，还祈有以教之。耑此，敬颂

著绥　史念海拜上。九月十四日。

（原载《中国历史地理论丛》1989年第4辑，收入所著《河山集》四集，陕西师范大学出版社1991年版，第516—520页。今据《河山集》四集收入）

子午岭北段上的直道遗迹

史念海

　　十余年前，曾前往考察秦时直道遗迹，并撰成《秦始皇直道遗迹的探索》。当时行文简略，于直道所经各地未能备举其名称，其中子午岭北段尤甚，历年稍久，记忆率多不周。近年李仲立等同志复前往考察，撰有《甘肃庆阳地区秦直道考察报告》，揭载于《甘肃社会科学》，所记较为详备，可供参考。

　　据其所记，直道由南向北，经过合水县的黄草崾岘到青龙山，沿合水、华池两县分水岭向西北方面延伸，到华池县的麻芝崾岘，然后纵穿华池县境。经大红庄、墩梁、老爷岭、新庄畔、羊沟畔、黄蒿池畔、深崾岘、高崾岘、墩儿山，过打扮梁的雷崾岘、五里湾、张新庄、田掌，进入陕甘两省交界的丁崾岘、墩梁，直达营崾岘。营崾岘是直道与长城重合之处，也是一处交叉的十字路口。直道沿长城内侧向西北方面延伸，经营盘梁、南湾、箱子湾到白硷出长城，入陕西定边县的马崾岘（在铁角城以东的分水岭上），重合之处长约20公里，在华池县内长约110公里。青龙山海拔1633米，老爷岭海拔1672米，两地相距约40公里。这段直道向北是慢上坡，墩儿山附近海拔1400米，故从老爷岭到墩儿山是慢下坡。山势起伏大，道路崎岖，路面呈凹形，宽约5米。因梁峁多为蒿草，人烟稀少，古道基本保存完好。直道与长城汇合后的段落中，还曾发现一些城障遗址：林沟梁城障遗址位于华池县元城乡碾子畔村与陕西吴旗县长官庙乡曾岔村交界处，在子午岭上的一座圆山峁上；营盘梁城障遗址位于元城乡吕沟咀村，地处分水岭的一个圆山峁上。这里的长城沿山峁筑成半圆形，直道沿城内侧也形成弧状。

（原载《中国历史地理论丛》1993年第2辑）

略论秦直道

史念海　吴宏岐

秦直道，即南起云阳（今陕西淳化县）北抵九原（今内蒙古自治区包头市西）的交通大道，是秦始皇在统一六国后为北防匈奴贵族势力的南侵而从事的一项规模宏大的军事工程。这条道路的完成，对巩固秦帝国的北边国防、维护安定统一的政治局面、促进华夏民族与周边少数民族的经济文化交流均具有极其重要的意义。

据《史记·秦始皇本纪》和《六国年表》，秦直道始修于秦始皇三十五年（公元前212年），工程主持人为始皇三十二年（公元前215年）率兵30万人北击匈奴并夺取河南地的戍边大将蒙恬。由于这是一条新开的道路，主要干线又选在森林葱郁的子午岭巅，工程十分艰巨，"堑山堙谷"，颇耗劳力，所以直到秦始皇三十七年（公元前210年）夏病逝沙丘、秦二世矫诏囚禁蒙恬时只完成了一期工程，虽可使用，但仍然"道未就"[①]。秦二世即位后，法令益刻，横征暴敛、乱兴戍徭更甚于始皇，"又作阿房之宫，治直（道）、驰道"[②]，直道的修筑才完成竣工。由此可见，直道工程从秦始皇三十五年（公元前212年）至秦二世三年（公元前207年），一共持续进行了6年，肇于始皇而成于二世，工程主持人

---

① 《史记·蒙恬列传》。
② 《史记·李斯列传》。

先为将军蒙恬，后来则是裨将王离或继任护军的李斯的一个舍人。①

关于秦直道的起讫地点，《史记》记载的十分明确，《秦始皇本纪》说是"道九原，抵云阳"（《匈奴列传》"自九原至云阳"），而《蒙恬列传》则谓"道九原，直抵甘泉"（《六国年表》"道九原，通甘泉"）。秦云阳县北有甘泉山，山高气爽，是避暑胜地。山上形势险要，秦时建有林光宫（汉改称甘泉宫），在今陕西淳化县北40里梁武帝村。故此两种说法是一致的，即直道的南端在云阳甘泉山（林光宫），北面终点在九原郡九原县。根据司马迁的实地测量，秦直道全长"千八百里"（约合今1400余里），是当时由咸阳至九阳郡最为捷近的道路。

司马迁虽然明确地记载了秦直道的起讫地和里程，但遍检《史记》全书，亦无法发现云阳和九原之间任何其它的具体经由地点，这为后世留下了一桩千古疑案。有些同志认为秦直道通过上郡（治肤施，在今陕西榆林县南），并将经由上郡的驰道与秦直道混为一谈。这种说法并无任何史料可资佐证，也与当时的形势极不符合，因而是不正确的。其实关于秦直道，从唐代开始已有了一些具体的记载。据唐代初年的记载，庆州华池县（今甘肃华池县东华池镇）西45里子午山有秦时的故道（《史记·匈奴列传·正义》引《括地志》）。李吉甫《元和郡县图志》卷三《宁州》襄乐县条下也说："秦故道，在县东八十里子午山。始皇三十年（按应为三十五年），向九原抵云阳，即此道也。"《括地志》和《元和郡县图志》均是中国古代地理名著，对于地名沿革的记述和考证素称详赡，而李吉甫本人更是精通军事之学，熟知天下山川形势利害，他们的记述怎可轻易置之不顾？1980年中科院地理研究所编制的百万分之一O.N.C（Operational Navigation Chart）片上，显示出子午岭山脊上确有古道路存在，这应是《括地志》和《元和郡县图志》所说的子午山上的"秦故道"，亦即秦直道。经近几年实地调查，秦直道的具体走向已基本清楚。秦直道由林光宫开始，就进到甘泉宫。甘泉山为子午岭南端的一个支岭，也就是说直道离林光宫后就进到子午岭，循岭北行。经今陕西旬邑县东的石门关，北行过凤子梁，再经今甘肃正宁县刘家庙子林场、黑马湾、野狐崾岘、南店梁，而至今陕西旬邑县雕岭关。从雕岭关开始，直道循子午岭主脊，大致呈西北走向，过陕西黄陵县艾蒿店、甘肃襄乐县五里墩，到达兴隆关，再经甘肃合水县的黄草崾岘到青龙山，沿合水、华池两县分水岭向西北延伸，到华池

---

① 《史记·蒙恬列传》和《史记·李斯列传》。

县的麻芝崾岘,然后纵穿华池县境,经大红庄、墩梁、老爷岭、新庄畔、羊沟畔、黄蒿池畔、深崾岘、高崾岘、墩儿山,过打扮梁的雷崾岘、五里湾、张新庄、田掌,进入陕甘两省交界的丁崾岘、墩梁,直达营崾岘。营崾岘是直道与长城重合之处,也是一处交叉的十字路口。直道沿长城内侧向西北延伸,经营盘梁、南湾、箱子湾的白硷出长城,入陕西定边县的马崾岘,重合之处长约20公里。从定边县南境起,直道折向东北,经内蒙古乌审旗、红庆河,再转向北行,过东胜市西的二顷半、南子湾、城梁,直达黄河南岸昭君坟附近,在此北渡黄河,就是今包头市西的秦九原郡治所在地。

直道是一项国防工程,意在从云阳直抵九原,所以未经过上郡。上郡本属赵地,秦昭王十一年(公元前296年)以后为秦夺取。秦昭王二十年(公元前287年),"王……之上郡北河"[1],表明此时秦国的北部边界已扩展至黄河南岸,与黄河之北的赵云中郡(治今内蒙古自治区托克托县东北)隔河相接。为了巩固边防,秦昭王曾在秦国北陲修筑过长城,由临洮(今甘肃岷县)东北行经过上郡之北,又东北蜿蜒至于今内蒙古准格尔旗十二连城。在秦之前,赵武灵王已开通了从云中南下上郡的道路,从云中西去赵九原郡也有道路可通。赵武灵王以后,国势渐弱,赵将李牧的防线东退至云中,赵武灵王新开的九原郡为匈奴攻占。至秦始皇三十二年(公元前215年),秦将蒙恬又从匈奴手中将九原郡夺回。在此之前,秦国着力于吞并六国的战争,对匈奴采取守势,不可能西北出秦昭王长城进攻九原,所以由上郡北出仍是经由云中。秦始皇二十七年(公元前220年)大治驰道。过上郡至云中的旧路也得以整治,构成全国驰道网中的重要一环。三十二年,"始皇巡北边,从上郡入"[2],就是从碣石西经云中,再南下上郡,而回到咸阳的。就在这一年,燕人卢生使人奏录图书,言"亡秦者胡也"。为消除匈奴的威胁,秦发兵30万北击匈奴,尽取河南地,设为44县,重置九原郡。次年,又使蒙恬渡河取高阙、阴山、北假,阴山以南皆为秦土。版图既已扩展,旧日的长城随着失去了本来的作用。这时匈奴的气焰还没有完全低落,于是秦又新筑长城,西段沿用昭王旧城,中段则因赵、燕长城的故迹加以修葺,首自临洮,循贺兰山、阴山,东至辽东,东西绵延万余里,创造了世界奇迹。为了便于控制新取的河南地,

---

[1]《史记·秦本纪》。
[2]《史记·秦始皇本纪》。

直接沟通咸阳与阴山长城以及高阙要塞和河套中心城市九原的联系，所以秦始皇三十五年才使蒙恬修筑直道。新修的道路，不必再迂回经上郡和云中，是由云阳北出直达九原，取名直道，可谓名副其实。蒙恬修筑直道时，选择子午岭主脊，既省人力、物力，又便于行旅。如果下子午岭取道陕北的上郡旧路，则要经过许多纵横交错的大小沟壑，必然会给南北交通带来很大困难，无法达到迅速调兵北上的目的。

子午岭主脊上的秦直道，宽度在 5 米左右，二三辆大车可并行其间。从定边到十二连城的直道北段，地势较为平坦，路面宽度则在 22 米左右，更非一般道路所可及。史载秦修驰道时"厚筑其外，隐以金椎"[1]，对于道路质量是很讲究的。从实地踏勘来看，蒙恬筑修直道时也采取了同样的方法，并且"堑山堙谷"，工程之艰巨、复杂，由此可见一斑。这充分说明，秦直道选线的科学合理、工程的艰巨、规模的宏伟、筑路技术的高超，是同时期世界其它国家难望其项背的，在中外交通史上占据非同寻常的地位。

秦始皇三十七年直道一期工程完成后，始皇的灵柩车即取此道南返咸阳。当时秦二世是矫诏擅立，虽然遣使者赐死太子扶苏，又囚禁了将军蒙恬，但戍边将士仍然拥戴蒙恬[2]，所以不敢由云中南下上郡，而由九原取新辟的直道返回。秦亡以后，直道仍然发挥着重要作用。

西汉初年，匈奴贵族势力曾两度试图进犯关中，一次在上郡，一次大入萧关，经过彭阳，候骑到了雍县和甘泉。进入上郡的一次，只是缘边骚扰性质。至于大入萧关，直抵雍县和甘泉，就已是严重的进攻。既然匈奴奴隶主有意窥伺甘泉，为什么不从九原直接南下，却远远绕到六盘山下？在子午岭东西，是洛河河谷和马莲河河谷。游牧民族南下进犯，一般都取路于河谷。而当时洛河河谷和马莲河河谷都没有受到骚扰，这又是什么原因？推究实际，这正是子午岭添了一条直道，使匈奴贵族不能不有所顾虑。他们虽暂时控制了河南地，也不敢长期盘踞。那时候匈奴右贤王曾一度占据阴山、河套，但不久又复撤走，就是这个缘故。[3] 元封元年（公元前 110 年），汉武帝"自泰山复东至海上，至碣石，自辽西历北边九原，

---

[1]《汉书·贾山传》。
[2]《史记·蒙恬列传》。
[3]《史记·匈奴列传》。

归于甘泉"①，所走的正是直道。这次巡幸，司马迁曾经随行，故而对直道的起讫地点能够明确记载下来。西汉对直道的建设也曾有所着力，《汉书·地理志》中记载的北地郡新增的直路县和除道县，正分别位于子午岭段直道的南北两端。

唐朝都于长安，强大的突厥族雄峙漠北，频繁南侵关中。唐太宗时期，突厥一次进犯，10 万铁骑直达渭河岸边，兵锋威逼长安。后来唐王朝转守为攻，再夺河南地，设东、中、西三受降城控扼阴山防线，直道联系北边诸军事要镇的作用仍显而易见。

据乾隆《正宁县志》："此路一往康庄，修整之则可通车辙。明时以其直抵银夏，故商贾经行。今则塘汛废弛，通衢化为榛莽"。另外，正宁刘家店子林区工人见告，听前辈老人说，这条道路直向西北通到定边，平常驴驮马载，络绎不绝。旬邑石门关当地人回忆说，距今数十年前，由石门关至马栏河一段子午岭的主脉凤子梁，正是关中棉花向北运输的道路。每当运花季节，梁上路旁的灌木枝上，粘花带絮，一路皆白。解放战争前，石门关是陕甘宁边区后部分，为储粮仓库所在地，凤子梁更成为转运粮草的大路。这些事实都说明，自唐代以后，随着政治中心的转移，交通格局发生了巨变，但直道仍在沟通陕、甘、宁诸省区的经济交流方面发挥着作用。历代断断续续加以开发利用，这也正是秦直道遗迹得以保留的主要原因。

总之，公元前 212 年至前 207 年所修的秦直道，是中国历史上乃至世界历史上的一次壮举。这条道路的筑成，不仅对维护诞生伊始的秦帝国的宏伟大厦和统一安定的政治局面具有极其重要的战略意义，而且在此后相当长时间内，在促进直道辐射地区的经济、文化繁荣发展以及增进汉民族与北方少数民族之间的融合、交流方面也发挥着积极的作用。千百年来，朝代更替，沧海桑田，昔日高筑于子午岭峰巅的宽路通衢已化作历史的陈迹而隐没在茫茫丛林之中，像一条满身伤痕、正在呻吟呼唤的巨龙，期待着后人的珍惜和保护，期待着我们的开发和利用，以复原其本来的面目，重放昔日的光辉。

（原载《秦文化论丛》第 5 辑，西北大学出版社 1997 年版，第 13—18 页）

---

① 《汉书·武帝纪》。

古桥门与秦直道考

王北辰

我国陕西省的渭河平原又称关中平原，"关中"这个名称由来甚古，然则古代所谓"关中"是指哪几个"关"之中的地区而言？

战国时期，今关中平原属于秦国，《战国策》载苏秦说秦惠王云："（秦）西有巴、蜀、汉中之利，北有胡貊代马之用，南有巫山黔中之限，东有殽函之固……"范雎对秦昭王问则说："大王之国，四塞以为固，北有甘泉、谷口，南带泾渭，右陇、蜀，左关阪。"其时尚未使用"关中"之称，而四塞中较明确的是东边的函谷关（《史记·楚世家》又记有武关）。逮至秦末，各地起兵反秦，楚怀王与诸侯相约："先入定关中者王之"，才使用了"关中"这个名称。其时的关是指函谷关与武关，起义诸军中的刘邦一路由武关先入关中，而项羽一路则破函谷关而后入关中。汉兴，天下为一，司马迁著《货殖列传》，区划全国经济地理为若干区，叙关中地区则云："关中自汧、雍以东至河、华……故关中之地，于天下三分之一"，但也未指明各关为何。

汉代以降，各朝史家、注释家对"关中"的范围作过各种注释，高诱在《战国策》秦策注中引徐广曰："东函谷、南武关、西散关、北萧关。"宋王应麟、胡三省引晋潘岳《关中记》云："东自函关弘农郡灵宝县界，西至陇关汧阳郡汧源县界，二关之间谓之关中，东西千余里。"唐张守节《史记正义》云："东有函谷、蒲津，西有散关、陇山，南有崤山、武关，北有萧关。"胡三省注《资治通鉴》集前人诸说：

"秦地西有陇关，东有函谷关，南有武关，北有临晋关，西南有散关，秦地居其中，故谓之关中。"①明人张自烈的《正字通》则记："今陕西，东有函谷关，南有崤关、武关，西有散关，北有萧关，居四关之中，故曰关中。"

通观古代诸家注释，基本一致，都以萧关为关中地区的北门。萧关故址，在今宁夏固原西南三十多里。在古代，秦都咸阳，汉唐都长安，所以咸阳、长安应是关中地区的核心，然则从方位上看，说萧关是关中的北门并不恰当，它应该是西北门。至于胡三省说北有临晋关，就更加牵强，其关又名蒲关，故址在今陕西大荔县东、黄河蒲州渡口处，说它是东门则可，说是北门却决难相称。战国游说之士谓秦之北塞是甘泉、谷口，查甘泉在当时指山名，在今陕西淳化县北，谷口指今淳化县南、泾水出山的谷口。②甘泉与谷口在当时虽也较为险要，但其地自古并无关口，且距咸阳、长安很近，范雎在始皇统一六国之前，说它是秦之北塞虽未为不可，但若说它是历史上关中地区的北门，那却不妥。

在上引历代注释家举出的北门之外，实际上有没有另一个真正的北门？当然是有的，这个北门自秦汉以来就是关中地区交通北方的门户，是历代南北大路必经的关隘，它的地址和作用虽在历代史籍中都有记载，但却未被注释家们注意到。本文起稿的目的，就是要辑缀若干史料，从历史地理角度，考求一下古关中地区的北门，并试论其作用。

桥门考

秦国在渭河平原的兴起，系在周室被戎族所逼，国都东迁之后。据《史记》《汉书》，秦国的北边及西北边邻接诸戎，陇西有绵诸、畎、狄原之戎，岐、梁、泾、漆之北有义渠、大荔、乌氏、朐衍之戎，其中以义渠戎为强大，"义渠之戎，筑城郭以自守，而秦稍蚕食之，至于惠王遂拔义渠二十五城"，秦昭王时，灭义渠而有诸戎之地。③

秦得戎地后，为了防御匈奴、巩固边疆，乃在北境上筑起一条长城，于城内

---

① 《资治通鉴》卷八《秦纪三》"楚怀王与诸将约：先入定关中者王之"句下注。
② 谷口见《元和郡县图志》（以下简称《元和志》）卷一京兆府醴泉县条及泾水条。甘泉见同书卷一京兆府云阳县条。
③ 《史记·秦本纪》《汉书·匈奴传》，《后汉书·西羌传》："至王赧四十三年（公元前272年），宣太后诱杀义渠王于甘泉宫"。

自西而东设置了陇西、北地、上郡。长城起自陇西，逶迤东北行抵于黄河，在当时它是秦之北境，也是关中地区最早建的边墙，具有很重要的历史地理意义。关于它的地址及意义，本文暂不叙论。在整条长城上，当然会有几座关口，然则在秦都咸阳的正北方，有无一座关口？这却不见于《史记》与《汉书》，直到《后汉书》中才出现了有关的记载。《后汉书·段颎传》载有段颎击羌一事，文云：

建宁元年（公元168年）……夏，颎复追羌，出桥门至走马水上。（注引《东观记·段颎传》曰："出桥门谷也。"）寻闻虜在奢延泽，乃将轻兵兼行一日一夜二百余里，晨及贼，击破之。

史文所记桥门、走马水、奢延泽等地，在与范晔著书同时期的郦道元所撰《水经注》中有明白记叙，其河水三奢延水条下云：

（奢延水）又东，走马水注之，水出西南长城北，阳周县故城南桥山……其水东流，昔段颎追羌，出桥门至走马水，闻羌在奢延泽即此处也，门即桥山之长城门也。

奢延水至唐改称无定河[①]，即今陕北无定河，其上游今称红柳河。红柳河南岸的第一条大支流今称芦河，从地理形势看，芦河正相当古之走马水。依《水经注》文，走马水出自它与奢延水会口的西南方、秦长城北之桥山，今芦河与红柳河会口西南方的山地正是芦河所出，其山今名白于山，即古之桥山，今白于山上之明长城旧迹，应即秦长城的后身。芦河自西南而东北流，穿白于山而出，河谷两岸崖壁陡峭，谷口两峰夹峙，出谷即是平地，长城至此中断如阙，形成隘口，口外即今镇靖公社，其势正与桥门之称相符。芦河谷即《东观记》所谓之桥门谷，其谷口必即古之桥门。

注文所记阳周县故城，乃汉上郡阳周县城址。依文意，城在走马水上游桥山、桥门之北。结合地理，其址必在芦河谷口外今靖边县一带（遗址尚未发现）。奢延泽遗迹在今靖边县东北、城川古城迤东。

桥门的地址，有一条更晚出的史料尤足为证。《资治通鉴》卷二七八，记长兴四年后唐遣药彦稠将兵，自延州向北征讨夏州事，文云：

（夏州）李彝超不奉诏，遣其兄阿啰王守青岭门（胡注：青岭门，盖汉上郡桥山之长城门也，东北过奢延泽至夏州。），集境内党项诸胡

[①] 《元和志》卷四夏州无定河条。

以自救。药彦稠等进屯芦关（胡注：……赵珣《聚米图经》曰：芦关在延州塞门寨北十五里。），彝超遣党项抄粮运及攻具，官军自芦关退保金明（胡注：……赵珣《聚米图经》曰：自芦关南入塞门即金明路。陈执中曰：塞门至金明二百里。）。

自北魏下迄唐宋之夏州城，皆即十六国时期赫连勃勃之统万城，其址为今红柳河上游北岸乌审旗、河南公社境内的白城子废墟。① 芦关亦作芦子关，故址在今陕西安塞县北约七十公里，靠近靖边县境，其关分建在芦河两岸山上，东西相对如门，当地今称其山为芦关梁（岭）②。当时由于李彝超已预遣其兄扼守青岭门，故后唐官军进抵芦关即不能更前，两军遥相对持。依所叙形势，可知在芦关之北另有青岭门，它是从芦关去夏州的必经隘口。从地理看，芦关北的青岭门，正是今镇靖公社所在的芦河谷口。胡三省注云："青岭门，盖汉上郡桥山之长城门也。"因而可以肯定芦河谷口在后唐时称青岭门，也即汉上郡之桥门。

上引三段史料证明，公元前3世纪，在秦都咸阳正北方的长城上开有一个门阙，它至晚到汉代已称桥门，按照方位，它正是秦之北门。

桥门一经考定，接着就不能不提出两个问题：一、秦人为什么选在其地开辟桥门？二、桥门在历史上的作用如何？

关于第一个问题，要从自然地理和社会历史两方面考虑。从自然地理看，自咸阳向北，沿今之洛河、延河、芦河河谷，正是一条天然通道，其北口即芦河谷口，秦人傍山筑城，至芦河谷口而辟留城门，那是顺乎地形的；从社会历史看，留门之处反映了它是经行已久的路口，设计师不会在一条冷僻路口开门，是否如此，要待历史作证。

第二个问题，也即桥门是否堪称北门的问题。一个城门是否重要，不单要看它的地理位置，尤其要看它在历史上的作用，桥门是否堪称北门也全凭历史事实来衡量。

---

① 俞少逸执笔：《统万城遗址调查》，载《文物参考资料》1957年第10期。侯仁之：《从红柳河上的古城废墟看毛乌素沙漠的变迁》，载《文物》1973年第1期，又收在作者的《历史地理学的理论与实践》文集内。

② 《延安府志》卷五十关梁门。《靖边志稿》卷一古迹门。国家文物事业管理局编：《中国名胜词典》陕西省芦关条，上海辞书出版社，1981年。

秦汉的"直道"与桥门

桥门的历史可以上溯到西周时期。据《史记》的《周本纪》《秦本纪》《匈奴列传》及《汉书·匈奴传》记载，周武王在推翻殷王朝后，曾乘胜出兵驱逐狁狁。周懿王时，内政不修，狁狁南侵周土，史称其"暴虐中国，中国受其苦"，诗人疾而歌之曰："靡室靡家，狁狁之故"（《诗·小雅·采薇》），"狁狁匪如，整居焦获，侵镐及方，至于泾阳"（《诗·小雅·六月》），其时狁狁南侵到了泾河下游、渭河北岸。

周宣王时（公元前9世纪），内政修治，号称中兴，出兵驱逐狁狁，北征"至于大原"，"大原"应指今之鄂尔多斯高原，并在大原北境上修筑了朔方城，驻军戍守，以御狁狁。诗人歌颂北征的功绩云："王命南仲，往城于方。出车彭彭，旂旐央央。天子命我，城彼朔方。赫赫南仲，狁狁于襄。"（《诗·小雅·出车》）朔方城是见诸史文的鄂尔多斯地区最古的城，其址应在今杭锦旗北境独贵特拉一带。① 周军自镐京一带出发，取哪条路北征，史文固无记载，但其路应是捷径而不会迂回到西北去。

下至战国时期，《战国策·燕策》记："苏秦将为从，北说燕文侯曰：……且夫秦之攻燕也，逾云中、九原，过代、上谷，弥地踵道数千里，虽得燕城，秦计固不能守也"，这是苏秦说燕抗秦。接着，张仪又说燕："大王不事秦，秦下甲云中、九原，驱赵而攻燕，则易水、长城非大王之有也"，这是说燕从秦。苏、张所云虽系游说之词，但总有事实根据，否则曷足以动人？其说词固未实现，却反映出秦军有可能从九原（今包头市附近②），经云中（今托克托附近），过代郡（今河北蔚县境）、上谷（今河北怀来县、北京延庆县境）以攻燕。其时秦国尚未得"新秦中"，其出兵路线当然要从咸阳向北，穿过今鄂尔多斯高原而指九原或云中。

其后不多年，赵武灵王传国于子，"身胡服，将士大夫西北略胡地，将自云中、九原南袭咸阳，于是诈为使者入秦，欲以观秦地形及秦王之为人，秦王不知，

---

① 见本稿第四部分的什贲故城条。
② 《元和志》卷四："中受降城，本秦九原郡地，汉武帝元朔二年更名五原"，"敬本故城，在中城北四十里……贾耽《古今述》曰：以地理求之，前代九原郡城也。"同书记，中受降城在东受降城西三百里，其东城又在唐榆林县东北八里。唐胜州榆林县，在今托克托对岸之十二连城，然则东受降城应在今托克托附近。粗略推算，托克托以西三百里之唐中受降城、秦九原郡城，应在今包头市北某地。

已而怪其状甚伟，非人臣之度，使人逐之，主父行已脱关矣"①。这段史文表明，赵主父确已从云中或九原南下，沿途观察地形，了解情况后进入了咸阳，会见了秦王。及其目的已达，脱出咸阳急返赵国，所循也必原路，不会是东出函谷关。

上引两段史文证明，早在秦统一六国前，在秦取得"新秦中"前，咸阳、九原间已有直通的古路了。

公元前221年，秦统一全国，秦始皇乘战胜之威，派蒙恬率军北征，驱逐匈奴，夺得了长城以北直到阴山的广阔土地，其地也即周代所谓的"大原"，今之鄂尔多斯高原和前、后套平原，秦把新得的土地泛称为"新秦中"。为了巩固北边，秦朝开始在黄河北河沿岸设置郡县，移民实边，驻兵戍守。为加强北边与咸阳间的联系，命蒙恬督率军民修筑"直道"。在"直道"尚未完工前，始皇出巡途上殁于沙丘，其尸体即入井陉，经九原，通过直道而运回咸阳。

关于直道所经地点，史书记载简略，只作"自九原，至云阳"。九原在今包头市北（已见前），云阳乃秦汉县名，地在今淳化县西北。《括地志》②云：云阳县"秦始皇作甘泉宫……秦皇帝以来祭天圜丘处"。遗憾的是在九原、云阳间未记其它地点，各代史家又无注释，这就给后人留下了疑惑。

关于直道所经，有一个现象值得注意，即蒙恬的驻地。当时身率三十万大军、统治新秦中四十四县、北御匈奴的主帅蒙恬，史称其"常居上郡"，又记始皇使扶苏监其军于上郡。张守节引《括地志》谓在唐之绥州，即今榆林县东南。始皇殁，赵高、李斯诈立胡亥，又使人诈杀扶苏与蒙恬。对此，史书明记蒙恬死于阳周，阳周在今靖边县境（已见前）。这里有一个疑问，蒙恬到底常驻何处？如果认为他驻于上郡郡城，何以又被害于阳周？在紧急之际，赵高使者已诈害扶苏，曷能把蒙恬转到阳周去？此实不可解。合理的解释应是蒙恬本驻阳周，扶苏监军及二人被害也在阳周，因阳周属于上郡，史家对此只记郡名而省略县名罢了。从地理背景看，阳周位于桥门之外，向北可以控制新秦中，向南则可联系咸阳，蒙恬选驻其地是易于理解的。蒙恬驻地问题和秦"直道"经过地点关系密切，这个问题将在下文进一步讨论。

---

① 《资治通鉴》卷三赧王十六年（公元前299年）。
② 《括地志辑校》卷一云阳县，中华书局，1980年。

秦汉之际，匈奴乘机南侵，其前锋去长安不过骑兵一昼夜的路程。[①] 汉武帝元朔二年（公元前127年）出兵北击匈奴，收复秦时故地，称之为"河南地"。不多年后，武帝的出巡活动进一步反映了直道所经。《史记·封禅书》记元封元年活动云：

  其来年冬，上议曰：古者先振兵释旅，然后封禅。乃遂北巡朔方，勒兵十余万，还，祭黄帝冢桥山，释兵须如……既至甘泉，为且用事泰山。

对此，《汉书·武帝纪》则记云：

  亲帅师焉。行自云阳，北历上郡、西河、五原，出长城，北登单于台，至朔方，临北河，勒兵十八万骑，旌旗径千余里，威震匈奴……还，祠黄帝于桥山，乃归甘泉。

两段史文记叙的是，元封元年武帝巡行北边，耀兵以威慑匈奴，归途则渡北河而南，过"河南地"，经桥山、祭黄帝冢，至须如休兵，最后返抵甘泉宫。耀兵北巡后，再度东巡封禅泰山，事毕继续北巡，《史记·孝武本纪》及《汉书·郊祀志》云：

  乃复东至海上……并海上，北至碣石，巡自辽西，历北边，至九原，五月返至甘泉。

这次出巡的归路与上次相同，自九原渡河而南返抵甘泉。

上引史文中的甘泉是山名、宫名。《括地志》记：山在汉云阳县，"《关中记》云'甘泉宫在甘泉山上'……云阳宫，秦之林光宫，汉之甘泉……武帝以五月避暑，八月乃还也"。其地即秦之云阳县，有行宫为秦皇、汉武避暑祭天之地。特别值得注意的是，上引史文记出了九原—云阳路上有桥山、黄帝冢。关此，《史记·五帝本纪》云："黄帝崩，葬桥山"，其葬处按《汉书·地理志》上郡条下记："阳周：桥山在南，有黄帝冢"；《水经注》河水三奢延水支流走马水条下记："水出西南长城北，阳周县故城南桥山，昔二世赐蒙恬死此，王莽更名上陵畤，山上有黄帝冢故也。"这些记载证明：武帝自九原归来顺路致祭的黄帝陵，乃在阳周县南桥山上，即今靖边县南白于山上。桥山黄帝陵地址一经证明，武帝北巡归路经过问题也就豁然开朗，其乃自九原，穿行"河南地"，入桥门而上山致祭，南返云阳。

《史记·太史公自序》记，武帝封禅泰山继以北巡时，司马迁职在郎中故得侍从，他沿途采访过阪泉之野与涿鹿古城，最后循直道返回云阳。记有云："吾

[①] 《汉书·娄敬传》，娄敬出使匈奴，归来报告。

适北边，自直道归，行观蒙恬所为秦筑长城亭障，堑山堙谷通直道，固轻百姓力矣。"这进一步证明，武帝所经行者正是秦之"直道"。

至此，本文前述的几个历史问题终于全部得到了澄清：首先明确的是，秦"直道"乃自云阳北行，出桥门，过"新秦中"，抵达九原；其次，搞清了直道并非蒙恬凿空开辟，它不过是历史古路的修治，上引诸记中的黄帝巡行与崩葬桥山、周军之北伐"大原"、赵主父的南下探察等等，都是通过此路；第三，可以肯定，正是基于历史地理因素，秦人修筑长城之时才选在路口辟设了桥门，蒙恬夺得"新秦中"才选定桥山外的阳周县为驻防地。

问题辨析

关于桥山、黄帝冢与桥门所在，《史记》《汉书》《水经注》诸书所记本甚明白，但从北魏起，这个问题却被搞乱了。西晋末年，中原政局分裂，割据兴替既然纷纭，郡县析并改名也较繁杂。元魏统一北方，在汉北地郡故地改置豳州，在汉泥阳县故地置阳周县，其地即今甘肃省庆阳地区之正宁县。这样，元魏就把前汉设在今陕北靖边县的阳周县县名，移用到了今甘肃正宁县来了。改置郡县，移用县名本是常事，也并无过错，问题在于县名可移用，但各地的地理和发生过的历史事件却决不可乱搬，否则就会使张冠李戴，记事的空间错乱。而《魏书·地形志》就恰恰在这个问题上犯了错误，其在豳州赵兴郡阳周县下记："阳周，前汉属上郡，后汉、晋罢，后复属。有桥山、黄帝冢、泥阳城、高平城、秋水。"这样就把发生在汉上郡阳周县（今靖边）的史实和地理，都搬到本是汉北地郡的泥阳县（今正宁）来，造成了北南相距约五百里的空间记事错乱。

魏收的误记，导致了后来的一系列误记。首先，唐初《括地志》的编者们，既未搞清北魏时的郡县改易，又不能像郦道元那样严谨治学，乃竟沿袭魏收之误，在唐代的宁州条下记："罗川县，在州东南七十里，汉阳周县……黄帝陵在宁州罗川县东八十里子午山，《地理志》云，上郡阳周县，桥山南有黄帝冢。"殊不知，唐之宁州罗川县乃北魏之阳周，并非前汉阳周故地。继《括地志》之后，《通典》在彭原郡宁州罗川县条下也沿袭了旧误。更晚些年成书的《元和郡县图志》不但照搬前书而且更加补充，在宁州真宁县下记："蒙恬为秦将，北逐戎人，开榆中地数千里，竟斩阳周，谓此县也……《史记》曰，汉武帝北巡朔方，还祭黄帝冢于桥山……"又在襄乐县下记:"秦故道,在县东八十里子午山,始皇三十年(公元前217年),向九原抵云阳,即此道也。"这样就把蒙恬死处和秦直道都移到宁州来了。错误的记载愈多,其贻误于后人者也就愈大,诸如解放前的宁县城西有扶苏墓,当地传说合水县东子午岭上有秦直道,以至现在学界仍有同志主张秦直道经过正宁县等等。

对于上引各书的误记,除据前引《史记》《汉书》《水经注》各书作了正面论证外,兹再对几个问题辨析如下。一、从误记本身看,《括地志》早已散佚,不能更见其全文,但就《元和郡县图志》而论,其卷三关内道三宁州的沿革记叙却是自相矛盾的,文有云"始皇分三十六郡,此为北地郡,即义渠旧地也,汉氏因之"。既云汉北地郡故地,境内曷能又有上郡之阳周县?二、从地理位置看,今之正宁县东邻陕西省宜君、黄陵县,北邻本地区的庆阳、环县。查黄陵县旧名中部县,即唐之坊州、中部县,前汉左冯翊的翟道县;而环县及庆阳县在唐为方渠县及顺化县,在前汉为北地郡之马岭县。这样看来,正宁县在汉代东北两方都不邻接上郡,它与上郡之间,东隔翟道县、北隔马岭县,然则上郡岂能在北地郡内领有一块飞地阳周县?三、设若今之正宁为古之阳周,则蒙恬与扶苏也即常驻此地,那就很难理解,他们是如何遥控新秦中与朔方郡的?为什么选在这样一个既远且僻的地方遥控新秦中?四、有人或者会认为,今之马莲河即汉之马岭水,沿马岭水而西北行,正是当时通西北的大路,现在《中华人民共和国地图集》(地图出版社,1979年)的甘肃或陕西省幅,在环县上游都印有萧关即其一证。诚然,自咸阳、长安沿泾河而西北行,确为一条古道,但循此路去新秦中,须先趋马岭县(今环县),再转北以赴九原,这样走颇难符合"直道"之名。更大的问题在于马岭水流域全属北地郡,而《汉书·地理志》则明记阳周、桥山黄帝冢皆在上郡,两者之间无法调和,这就使得秦直道经马岭之说难以成立了。至于萧关的故址,据考应在今宁夏固原县西南的开城附近①,地当古高平川水(今清水河)流域,去马岭水甚远,现代地图集把它印在环江上游乃是一个误记。

除上述各项外,关于前汉阳周县的地址还有几个问题。《元和郡县图志》中华书局点校排印本(1980年)卷三校勘记第52条,引清人张驹贤《元和郡县图志考证》谓:"阳周,汉属上郡,其故城宜在唐绥州大斌县境。"查《元和志》

---

① 王北辰:《汉朝那、萧关考》,载《宁夏史志研究》1986年第3期。

卷四，大斌县在绥州西一百一十里，唐绥州理龙泉县，其地为今陕西绥德县。依张说，则汉阳周县略在今绥德西百多里、淮宁河北岸某地。

又，《水经注疏》河水三奢延水支流走马水条下，熊会贞疏云："今水曰淮宁河，出安定县东北。"安定县是今陕西子长县（瓦窑堡，其西有旧安定）。熊氏既以淮宁河当古之走马水，乃从而推定汉阳周县在淮宁河上游北岸。张、熊二氏之说，可能本于《嘉庆重修一统志》卷二三三延安府山川条。新编《中国历史地图集》所绘同于上说。臧励和等编撰的《中国古今地名大辞典》则记在安定县北。

上举张、熊两说均难于成立。按《元和志》卷四绥州大斌县下记，本秦肤施县之地，并非阳周；又《读史方舆纪要》卷五七陕西绥德州下，仅记大斌废县在州西南，并未记其曾为汉阳周县。然则张氏何所据而云？关于熊氏疏文，应按《水经注》原文加以权衡，《水经注》文云，走马水上游有长城，其水东北流入长城，又东北注奢延水。查今淮宁河上游并无长城遗迹，下游也未再入长城；河之上游既无相当于桥门谷、桥门的地形，更无芦子关故址。设以淮宁河当古之走马水，则对段颎之出桥门，后唐官军之取金明路出芦关等历史事件，将如何作出地理解释？淮宁河若不得为走马水，则汉阳周县在淮宁河上游之说也岂能成立？看来，《大清一统志》及以后的几种说法都是难以令人置信的。

桥山、桥门、阳周等问题一经解决，则黄帝陵的所在问题也就大致澄清了。关于黄帝陵问题，请看拙作《桥山黄帝陵考辨》（刊在《地名知识》1983年第1期），《黄帝史迹考》（刊在《北京史苑》第3辑，北京出版社，1985年11月）。

统万城与桥门

西晋末十六国时期，在秦长城、桥门外也出现了割据角逐之势，经过几年争夺，于晋义熙三年（公元407年）出现一个地方割据政权，号称夏国，系匈奴血统的赫连勃勃所建。赫连建国初期并不奠都，采取了游掠马岭（今甘肃环江西岸山地）以北，积蓄力量伺机南侵的策略。晋义熙九年、夏凤翔元年（公元413年）才选址建都。其时桥门外的阳周县早已撤废，桥门东北的奢延县尚在，勃勃乃发役民众十多万，大规模地扩建改建了奢延故城，定为国都，改其名为统万城。[1]

---

[1] 据《水经注》河水三奢延水注，叙及奢延县故城句下，"改筑大城，名曰统万城"，既非新筑，也非别筑，可证是改筑了奢延故城。且，若非改筑故城，则郦道元必在统万城外另记有奢延故城，注文在奢延水北、黑水之南只记一城而另无他记，可证二城实为一地。

勃勃何以选在奢延故址建都？从他的言论和行动中可以看出，其与桥门的关系至为密切。勃勃早期袭击抄掠的重点是今泾河上游的固原、平凉一带①，其时部下曾劝他建都高平（今宁夏固原），若然即可沿泾河而下，进窥长安。他未纳其议，并说："姚兴亦一时之雄，诸将用命，关中未可图也……待兴既死，嗣子暗弱，徐取长安在吾计中矣。"可是六年之后，他势力已强，建都条件已备之时，却不选高平而选奢延，这暗示了他不拟从高平进取长安而改从奢延入桥门以窥关中的意图，后来的行动证明了此点。

417年，东晋刘裕率军北征，攻灭姚泓进入长安，继则留其子于长安而撤军南归。勃勃见时机已到，乃大举南下，夺得了长安并在长安称帝。有迹象表明夏军南下曾入桥门、经洛交（今富县）。《元和志》卷三鄜州洛交县条下记："伪夏太后城，在县西三十六里。赫连勃勃闻刘裕灭姚泓，命其子义真等守长安，大悦，自将兵入长安，留太后于此，筑城以居。"自统万入桥门，经鄜县（今富县）趋长安，这正是秦汉以来直道之一段。

勃勃得长安时，臣下又请都长安，勃勃答曰："朕岂不知长安历世帝王之都，沃饶险固？然晋人僻远，终不能为吾患，魏与我风俗略同，土壤邻接，自统万距魏境裁百余里，朕在长安，统万必危，若在统万，魏必不敢济河而西，诸卿适未见此耳。"勃勃之如此重视统万，岂不正因为它扼控桥门，兼通南北，位置有利？

勃勃死后，北魏军果然从云中君子津（今河套东北角托克托）渡河来

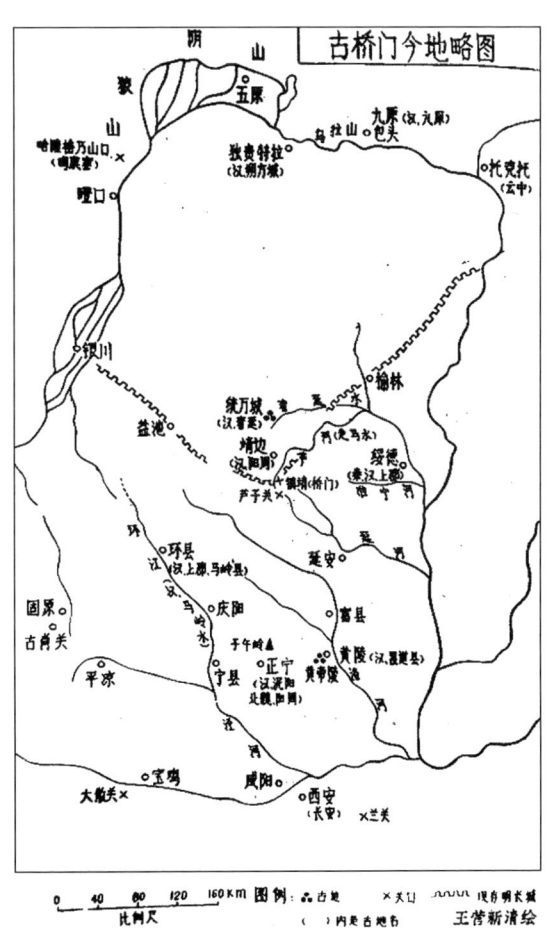

古桥门今地略图

---

① 据《晋书·赫连勃勃载记》《魏书·铁弗刘虎传》《北史·僭伪附庸传夏》《资治通鉴》等。

攻，427年北魏攻克统万城，改其地为统万镇，后改夏州。其后，北魏、北周都以夏州为"被边重要"之地，都选用亲信能臣驻守，宇文泰曾任夏州刺史即是一例。

本文粗浅地论证了古桥门与秦直道，并赘叙了塞外名城统万城与桥门的关系。至于古桥门及通过桥门的交通，在南北朝以后的形势如何，有无发展，因篇幅所限，愿另草文以就正于学界。

［原载《北京大学学报》（哲学社会科学版）1988年第1期，收入所著《王北辰西北历史地理论文集》，学苑出版社2000年版，第101—116页。今据《王北辰西北历史地理论文集》收入］

秦直道歧义辨析

吕卓民

直道,即秦南自云阳(今陕西淳化县北)北达九原(今内蒙古自治区包头市西)的交通大道,是秦始皇统一六国后为北防匈奴而从事的一项规模宏大的军事工程,在阻遏匈奴贵族势力的军事南侵、巩固新生统一国家的国防方面具有十分重要的战略意义。这一点,近年关于直道的研究和争论文章都再三论及,称道不已。但在直道的具体经行路线上则出现了分歧,笔者读了有关文章后,产生了一些想法和疑问,为有助于澄清史实,本文试就直道出现的歧义问题进行一些探讨和辨析,以求正于学界方家。

一、直道走向分歧的由来

早在1975年,史念海先生根据文献记载,结合实地考察,撰写了《秦始皇直道遗迹的探索》一文,首先在《陕西师大学报》1975年第3期发表,不久又为《文物》1975年第10期转载。史念海先生认为:秦直道由秦林光宫(汉甘泉宫,在今淳化县北梁武帝村)起,沿子午岭主脉北行,经位于今旬邑县境的石门关、雕岭关、黄陵县的艾蒿店、陕、甘两省交界的五里墩、兴隆关(今沮源关)、午亭子,再稍偏西北行,过甘肃华池县东的间水坡岭、黄草崾岘、麻子崾岘、老爷岭、铁角城,又直北至今定边县,然后折向东北,经今内蒙古乌审旗侧,伊金霍洛旗南红庆河旁,东胜县西南90里的海子湾,到达黄河南岸昭君坟附近,即今包头市西南，渡过黄河就是秦九原郡治地。首次完整地勾画出了一条秦直道经行路线。

1984年8月19日《光明日报》、1984年第43期《瞭望》周刊，先后发表了新华社记者卜昭文撰写的新闻专稿，报道了画家靳之林在陕北下乡作画并发现了秦直道遗迹以及不畏艰辛徒步对直道进行了全面考察的事迹。报道云：靳之林在考察起自今淳化县北梁武帝村秦故林光宫至今陕北安塞县的"秦直道"时，又发现了"在甘肃一侧还有一条与陕北直道相平行的古道"。为了摸清哪条是直道，靳之林决心两条路都走。从1984年农历正月初五开始，他先用了一个多月的时间，在风雪迷漫的子午岭上步行800里，走过了一段途经甘肃境内的古道，后因中途生病，还未能走完全程，便中辍返回了延安。同年5、6月份，靳之林重整行装，但他这次没有继续去走尚未走完的所谓甘肃境内北向的古道，而是从今安塞出发，向北寻觅"直道"去了。最后，靳之林得出结论：走今陕北一侧的道路是秦直道，而另一条沿子午岭主脉折向甘肃的古道则可能是秦通向西北的故道，而不是直道。报道后面还附了一张由靳之林所绘的秦直道示意图，画出了一条由今淳化县梁武帝村直经旬邑、黄陵、富县、甘泉、志丹、安塞一直向北伸延，直达内蒙古包头市西的秦直道经行路线图。从此，秦直道出现了两条经地相异的路线。

按理说，记者卜昭文的报道是简略的，靳之林论证秦直道的依据也是不充分的，他只证实了史念海先生所论证的秦直道的存在，而并未论证其所以不是，自己立论之所以是。但这种轻易的不求审慎的结论，在见诸报道之后，则产生了一定的舆论效果。尤其是在陕北境内发现了秦直道的消息，对一些从事陕西史地工作的人起了很大的兴奋作用。于是一些人继踵其后，又是考察，又是撰写文章，开始津津乐道所谓陕北境内的秦直道。大概由于仁者见仁、智者见智之故，所论秦直道仍然存在着各自不相一致之处。

1986年6月中旬至7月下旬，陕西省交通史志编写委员会办公室的王开等同志，为了编写《陕西古代道路交通史》的需要，对所谓画家靳之林认定的直道路线进行了段落考察，其后，王开同志写了《"秦直道"新探》、与贺清海合撰《毛乌素沙漠中秦汉"直道"遗迹探寻》（先后发表于《西北史地》1987年第2期，1988年第2期）两文，又描绘了一条与靳之林多所不同的直道路线，其中最大的不同是：王开同志认为秦直道是经过秦上郡和阳周县的，所以，这条"直道"的走向显然要向东弯曲一些才能符合要求。

1986年10月至12月底,曾偕靳之林徒步考察秦直道的孙相武同志,再次与戴晓、白新民组成宜君秦直道考察队继续对秦直道进行了考察。1988年发表《秦直道调查记》于《文博》第4期,仅就其描述的秦直道路线而言,他不仅误把直道的起点由秦云阳林光宫南移到咸阳,在直道中途饰添了若干新发现的如"池阳宫""高奴宫"等遗址,而且所描绘的直道路线也有其他异于其师靳之林之处。如所绘直道经安塞、靖边、横山到无定河南岸今波罗乡地之后,忽急转向东行数里,大约到今响水乡附近,过无定河,又北趋所谓的位于今榆林市附近的"高奴宫"去了,又自成"一家之言"。

1987年10月至11月,延安地区文物普查队对所谓的志丹、安塞两县境内的秦直道进行了重点调查,并由姬乃军同志执笔撰写了《延安境内秦直道调查报告之一》一文[①]。文章描述了位于今陕北志丹、安塞境内的所谓秦直道遗迹及其走向,并附图于后。实际上还是靳之林、王开、孙相武等人所谓发现的秦直道遗迹的主要部分,亦即是他们论证秦直道路线的最重要的实物依据。姬文未加全面考证,盲然从之,显然是受了直道途经陕北的舆论影响。

总览有关秦直道的论述文章以后,会明显发现:继史念海先生之后的几种说法,共同存在着这样一个问题,即由于司马迁记述秦直道的文字很简略,只记载了直道两端的起讫点,未提及中间部分的任何一处地名,这就为各种推测或假设提供了可能性。于是一些大致与秦直道平行的古代道路,很容易被不求审慎的人轻易地跟直道联系起来。而陕北地区适在直道的起讫点云阳至九原之中,故这种现象的出现也是不足为怪的。相信通过尊重事实的争鸣,事实总会得到澄清。

由于讨论直道分歧的关键是:直道自秦林光宫沿子午岭北行以后,是一直遵循子午岭主脉北去,还是偏离子午岭主脉行走于陕北境内。故本文亦主要以此段为要点进行讨论。

二、存在问题辨析

有言直道或从位于黄陵县的兴隆关(又名沮源关)偏子午岭东侧进入陕北境内者,或从旬邑县马栏镇下子午岭进入陕北境内者,还有求桥门以证直道之出入

---

① 延安地区文物普查队:《延安境内秦直道调查报告之一》,载《考古与文物》1989年第1期。

者。但均没有充足的理由去否定史念海先生论证的直道路线，也没有较有力的证据来支撑自己的观点，却是明显存在着一些问题。

（一）从兴隆关（沮源关）或从马栏镇沿子午岭东侧北行的道路是否就是秦直道呢？根据靳之林、王开、孙相武、姬乃军等同志的实际考察及所描述与绘制的直道路线图看，所见道路遗迹大致皆到今安塞县与靖边县交界的地方，往北似乎均无清楚的介绍，或用虚线条标出。靳之林的调查路线，报道简略，语焉不详；孙相武详为补充，撰《调查记》一文，亦是"从墩家窑（位今安塞县北与靖边县邻界处）进入靖边县，经青阳岔乡、张家村、段子沟，横山县双州子、艾蒿峁乡、殿市乡、八安梁、高楼崖、代庄、郑庄、大路崖、马山地、杨家湾，这段路面因水土流失严重，几乎看不到遗迹"①。所绘直道路线图也是出安塞县境，进入靖边县以后，往北皆用虚线条表示，谓之"不完整秦直道"。王开同志的调查结果则是："直道"至志丹县侯氏乡后，"折东北行，经胶泥条、刘砭、吕川入安塞县境。据说安塞县镰刀湾一带也有古道遗迹。……我们根据志丹县境内'圣人条'（王开同志认为是秦直道的俗名）的走向，及《史记》、《汉书》有关记载，认定'秦直道'出志丹县东北境后，是沿安塞、子长县北境……榆林县西境，进入鄂尔多斯草原"②。在安塞县以北没有指明任何一处直道遗迹。姬乃军描述的"直道"路线也是在安塞与靖边交界处终止。不只这些直道考察者未能在安塞与靖边交界线以北发现有道路遗迹，就是1987年春季陕西省文管会组织的庞大的文物普查队也没有在此一线找到任何道路痕迹。这一现象决不是偶然的，而正是反映了历史事实，即这条道路再没有向北延伸，因而也不可能有北达九原的直道。

查阅史书，宋《太平寰宇记》卷三七保安军条记载了一条大夏赫连勃勃修筑的道路，后人俗称"圣人道"。载文云："圣人道，在军城东七里，从蕃界末移家族来，经军界一百五里，入敷政县界，即赫连勃勃起自夏台入长安时，平山谷开此道。土人呼为圣人道。"宋保安军即今志丹县，敷政县大致在保安军与金明县之间。宋筑军事城垒招安寨（即今安塞县西南招安乡所在地）于浑州川（今杏子河）北岸，筑万安寨（在今安塞县南宋家沟村）于今西川河侧，两寨皆隶属敷

---

① 孙相武：《秦直道调查记》，载《文博》1988年第4期。
② 王开：《"秦直道"新探》，载《西北史地》1987年第2期。

政县①。敷政县所在地大约在今甘泉县西北洛河流域的下寺湾附近。这样，敷政县的辖境大体相当于今安塞县南部、志丹县东南部、甘泉县西北部地区。因此，《太平寰宇记》记载的这条由赫连勃勃修筑的道路正与靳之林、王开、孙相武、姬乃军等同志所调查的直道路线位置大体相当。遗憾的是：上述几位同志在探讨其所调查的古道遗迹时，多数未能与《太平寰宇记》的记载相联系。惟姬乃军的文章略有涉及，但却认为：赫连夏是一个小国，不会有足够的人力、物力在短时期内完成这一巨大工程。此一说法，是过分低估了大夏的力量。其实，只要看看赫连勃勃修建的国都——统万城，那宏伟规模、磅礴气势，甚至中原帝京还略逊一等，怎么能说他没有力量修筑一条道路呢？

其次，《宋史》卷二五三《李继周传》载：宋太宗淳化五年，宋廷谋划讨伐反叛宋廷的党项族首领李继迁，遂先命金明县都监李继周"开治塞门、鸦儿两路"。宋金明县即今安塞县南沿河湾，塞门、鸦儿两路皆是自延州通往夏人老巢夏州（今靖边县北白城子）的道路。李继周不仅修治了道路，而且还在道旁修筑了塞门、卢关、阿都关等寨城。李继周所为，必然也会在此留下古道遗迹。尤其是李继周所开凿的鸦儿路，当即是通过位于今安塞县北境的鸦行山的道路。鸦儿与鸦行音近，可能互为转音，这从今天当地人在读鸦行的发音中所带的"安"音中可找到说明这一现象的根据。孙相武、姬乃军的文章中均提到经过鸦行山的"直道"及其旁侧的军事设施即所谓兵站遗址，如果这些遗迹与遗址果真与直道有关，无疑当是重大发现。反过来说，如果对李继周所修的宋代道路不加察辨，误指为直道，那就大谬不然了。

所谓赫连勃勃的夏台即其统治中心统万城，亦即宋代党项族李继迁割据的夏州，因此，无论是赫连勃勃入长安时修筑的道路，还是宋李继周为讨伐李继迁所开凿的道路，大致都是由南往北翻过横山以后，折向西北通往统万城或夏州的。而横山的山背线恰好在今安塞县与靖边县交界处。所以，靳之林、王开、孙相武等人在横山岭脊以北，沿着直北方向再没有发现古道遗迹，可能是反映了这一历史事实。

（二）王开、孙相武、姬乃军等人的文章中，多处运用秦汉遗迹、遗物来证明秦直道。毋庸讳言，在一条道路修成之后，沿途必然会增建居民点，居住在当

---

① 《宋史·地理志三》

地的人或往来过境行旅也是会留下一些遗物的。但这些遗迹与遗物只能作为参考，不能直接用来说明直道，尤其是寥寥数片瓦片，更不能作为直接的证明物。否则，必须讲明这些遗迹或遗物与秦直道间直接的或必然的联系。因此，在陕北地区发现的秦汉遗迹或遗物，尚有以下几点需要辨明。

其一，早在秦昭王时期，为了北防匈奴的侵扰，在北边修筑了一道东西向的长城，如今这道长城适当陕北境内。根据考古调查资料，在今陕北的吴旗、靖边、子长等县都发现有秦长城遗址。如笔者在1987春随陕西省文管会组织的文物普查队在陕北榆林地区搞普查时，就曾在靖边县南周河乡与新城乡之间的横山岭脊上发现了一段秦长城遗迹。此处正当南自延安沿周河川路北越横山进入无定河川的通道，亦即宋人所说的长城岭。又在靖边县南大路沟乡北面的柴崾岘发现一段长城遗迹，这段长城遗迹附近的秦汉瓦片极多，我们当时都为普查队采集了标本。此外，其他同志在靖边县天赐湾乡南面也发现了秦长城遗迹。姬乃军同志文章中所说的位于今子长县石家湾乡曹家坬村的所谓阳周城，可能也是一段长城遗迹。据在曹家坬村进行实地调查的齐鸿浩同志讲，在此发现的仅是一道东西长1000多米的城墙，其他遗迹、遗物不多，当地群众称之为城墙梁山，城墙东向为石家湾河所截断，南北面为山坡沟谷。若说此处是阳周城址，似与《水经·河水注》记载的走马水"出西南长城北，阳周县故城南桥山"的地理环境也不符。如果说此为长城遗迹，则正好西与靖边县南周河乡、大路沟乡、天赐湾乡所发现的长城遗迹连接了横山岭脊一线。

长城是一项大型防御工程，又是一种建筑形式，除主体建筑外，其侧近还会兴建一些辅助设施。其次，修长城需要数十万的人力、物力来完成，又会在沿长城一线形成许多短期居民点，这些都可能或多或少使用砖瓦。而属于这方面的遗迹、遗物当归属长城体系，不与直道直接相关。

孙相武同志在文章中还提到大约在横山岭脊附近发现烽火台遗址，如他所列举的位于今安塞县与靖边县交界处的黄毛塔至沈家园子一带，几乎每2.5公里就有一个烽火台。事实上横山岭脊一线的烽火台是非常多的，秦长城从此一线经过，烽火台是长城的配套设施，笔者在靖边县考察时，也发现了很多烽火台址，但它是与秦长城相联系的，比直道的修筑时间也要早。

此外，沿今横山岭脊一线，在北宋相当长一段时期内，一直是宋、夏两国对峙的分界线，宋、夏两国，尤其是北宋，在此一线"卓立封堠，修建堡铺"①，也有不少兴作。这些属于秦长城体系的烽火台和宋、夏边界一线的烽台堠燧，是不可不细察明辨的。其实，只要孙相武同志从他发现烽火台的地方，沿横山岭脊东西走一走，就会明白其中的道理。

其二，秦汉时期是陕北地区社会、经济发展的最重要时期。秦在统一六国不久，始皇即派遣大将军蒙恬率领三十万众，北逐匈奴，收复河南地，并因河制塞，有力地打击了匈奴奴隶主贵族势力的骚扰和南侵，保卫了边地安宁，同时也将边界线向北推移了数百里。西汉至武帝时期，卫青、霍去病二将大败匈奴，匈奴远遁漠北，从而"漠南无王庭"②。边地的安宁，给了陕北地区社会、经济发展的机会。刘邦、项羽灭秦，项羽封原秦旧将章邯、司马欣、董翳为关中三王，其中董翳为翟王，驻高奴（今延安附近），大致管辖着今延安南北广大地区。王者，王其民也，说明当时陕北地区已有了殷繁的人口，且把延安地区视同关中，亦说明这一地区社会经济有了一定的发展。西汉时期更重视移民实边政策，多次徙关东贫民以实之③，且利用边防戍卒在边地屯田④，进一步开发了陕北地区。当时上郡（治今榆林市南鱼河堡附近）已辖县二十三，有"户十万三千六百八十三，口六十万六千六百五十八"⑤。东汉时人张奂，曾为将军在陕北地区抗击过先零羌的南侵，他描述位于今陕北地区的走马水（今大理河）西至洛河之间这一陕北地区山最高、沟最深的贫瘠地区，在当时已是"故官县邑，更相通属"⑥。上述完全可以说明，秦汉时期陕北地区的民居、村落应是较为稠密的，分布是广阔的，孙相武、姬乃军等同志所见的秦汉遗址范围无例外也应包括在内。因此，孙相武、姬乃军等同志似应把属于秦汉时期先民们开发建设陕北遗留下来的遗迹、遗物与修直道有关的遗迹、遗物相区别，并能充分说明这些遗址、遗物所以证明直道的理由，特别是判定为兵站遗址的理由。否则，就不足为证。

（三）王开同志认为秦直道自云阳出发，北经阳周、上郡到达九原郡。以史

---

① 《续资治通鉴长编》卷四三九元祐五年三月条。
② 《汉书·武帝纪》。
③ 《汉书·武帝纪》。《汉书·食货志》。
④ 《汉书·食货志》。
⑤ 《汉书·地理志》。
⑥ 《后汉书·张奂传》。

证之，非也。据《史记·李斯传》载，秦始皇于三十七年最后一次出巡，历东南会稽、山东琅邪等地，在回归途中，病重沙丘，遂"命赵高为书赐公子扶苏曰：'以兵属蒙恬，与丧会咸阳而葬'"。当时扶苏在上郡为监军，而赵高等人及其运载始皇遗体的辒辌车，则是"从井陉，抵九原……行从直道至咸阳"①。如果上郡在直道途中，那么，始皇令赵高所为公子扶苏书，应当让扶苏迎道上郡，然后扶柩回咸阳，才合乎情理。不言此而言让公子扶苏会丧咸阳，其意即直道经途不与上郡至咸阳同道了然至明。

其次，司马迁在《史记》中多次所提到的直道，只有南北两个起讫点。《秦始皇本纪》："三十五年，除道，道九原，抵云阳，堑山堙谷，直通之。"随秦始皇最后一次出行的赵高等人，自九原"行从直道至咸阳"。《六国年表》："为直道，道九原，通甘泉。"《匈奴列传》："通直道，自九原至云阳。"《蒙恬列传》："始皇……乃使蒙恬通道，自九原抵甘泉，堑山堙谷，千八百里。"于是，有人就以司马迁没有记直道沿途所经的重要城邑名称而感到遗憾。是否由于司马迁疏忽呢？司马迁一生治学谨严，行文周密。若直道果真经过像上郡那样重要的地方，司马迁是决不会漏记的。司马迁在记载修筑直道的文字中没有留下中途经过的重要地名，记载秦始皇三十七年那次出巡，虽始皇病逝中途，但赵高等随从的行程还是自九原走直道回到咸阳的，亦未记过往之地。尤其是他本人曾亲自沿直道一线走了一遍，也是但见长城亭障而已。这与司马迁在其他一些记述中，如"始皇巡陇西、北地，出鸡头山，过回中焉"，"始皇东行郡县，上邹峄山。……于是乃并渤海以东，过黄、腄，穷成山，登之罘。……还，过彭城……乃西南渡淮水，之衡山、南郡……自南郡由武关归"，对途中的一些重要地名皆娓娓道来是不同的。原因当是直道途中并不经过一些重要的城邑、地名如上郡、阳周等。

王开同志还用秦始皇于三十二年出巡碣石，"道上郡入"②，汉文帝在其即位的第三年"自甘泉之高奴，因幸太原"③，武帝于元封元年"行自云阳，北历上郡、西河、五原……至朔方"④等记载来说明秦直道是经过今陕北地区和秦上郡的。实际上是把其他北行道路与直道混为一谈。像上郡、高奴两城，早就是秦在北方

---

① 《史记·秦始皇本纪》。
② 《史记·秦始皇本纪》。
③ 《汉书·文帝纪》。
④ 《汉书·武帝纪》。

的军事重镇，秦在此两处重兵设防，必然需要有道路与内地相联系。像这些道路均是在直道修筑之前就存在的。何况修筑直道，是为了紧急军事行动的需要，即能以最快的速度从关中出兵北达九原边塞，故而不会过多考虑迁就原有的道路。至于汉武帝的北巡路线，班固并未言走直道。若汉武帝果真行走于直道，那么，班固只要用"行从直道"一句，简短几字就会给这次北巡增添许多美意。然班固没有这样，大概应是没有这样的事实。因此，从汉武帝元封元年北巡的行踪看，除推测其大方向大致与秦直道相同外，说汉武帝走的就是直道，似乎并没有充分的理由。

（四）北京大学王北辰先生先后撰写了《桥山黄帝陵考辨》（发表于《地名知识》1983年第1期）、《古桥门与秦直道考》（发表于《北京大学学报》1988年第1期）两文，在论证了走马水、桥山、桥门、黄帝陵等历史地名以后，认为桥门是从关中北上出长城的唯一通道，即长城门，而长城门的位置则规定了秦直道的走向。其论据与观点均值得商榷。

第一，秦长城是否从今靖边县镇靖镇经过呢？上文曾提及，秦在陕北横山地区修筑的长城，根据野外实地考察，其遗址、遗迹在今吴旗县北、靖边县南、子长县北均有发现，大致呈东西向横亘于横山岭脊一线。利用这样的地形条件修筑防御工程，从军事角度讲，是十分科学合理的。对于镇靖镇附近的长城遗址，我们也曾作了详细调查，但未发现任何早期遗迹，完全属明代所为。王北辰先生说镇靖镇附近的明长城即是秦长城的后身，不知何据。通过调查，我们认为这一说法的理由不够充分。

第二，走马水是奢延水即今无定河的哪一条支流呢？《水经注》在记述奢延水的流道及其支流方面是较为详细和清楚的，尤其是还有奢延水侧的统万城即今白城子这一明确固定的坐标及其明确易究的帝原水作参照系，对弄清楚故支流是今天哪一条河流还是不大困难的。根据《水经注》记载，奢延水流经统万故城后，依次向东与温泉、黑水、交兰水、镜波水、帝原水、平水、走马水、白羊水相汇，然后注入黄河。在上述诸水中，帝原水的位置比较明确。帝原水汉时已称其名，《汉书·地理志》载帝原水在上郡肤施县。《水经注》云奢延水东流经肤施县南与出自故龟兹县、呈西北东南向流来的帝原水合。汉故龟兹县在今榆林市北，肤施县在今榆林市南鱼河堡附近。从帝原水的流向、经地及与奢延水交汇的位置等看都与今榆溪河相同，这一点是史地学界所认同的，故帝原水即今榆溪河是没有问题的。帝原水位置一定，其西的镜波水即应当为今芦河。《水经注》云镜波水源出南邪山南谷，东北流注于奢延水，又东即帝原水汇入奢延水处。今芦河发源于靖边县境白于山，呈西南东北流向汇入无定河，其流向及位置与《水经注》所记镜波水是完全符合的。芦河西至今白城子恰还有三条水，与《水经注》的记载相符。但有一点小问题，即《水经注》记黑水呈东南向流入奢延水，根据笔者实地考察，黑水应是今发源于靖边县境东北流入无定河的黑河，在黑河上源有相当长一段河床从煤层流过，当地群众从河底挑挖煤质层（煤化程度不高）晒干粪田，这里当是《水经注》所说的黑水所出的"黑涧"。《水经注》云黑水东南流当是东北流之误。这样，源于内蒙古境内的海流兔河、纳林河分别为《水经注》所记的交兰水、温泉水，现实流道与文献记载达到了完全统一，走马水在帝原水东南，平水与白羊水之间，以今水度之，应当是今大理河。熊会贞《水经注疏》云平水为今大理河，走马水为淮宁河，则白羊水便无着落。如果以走马水为今大理河，白羊水则为淮宁河，平水乃出自今榆林市境的小川沟水适以当之。因此，大理河为古走马水要更合理一些。王北辰先生云走马水为今芦河，那么，以《水经注》所记，则在其汇入的奢延水的上游，平水、帝原水、镜波水、交兰水、黑水等便不知所出，以下，《水经注》仅记白羊一水，而现实则颇多支流，似不符。

以上两点说明，秦长城并不从今靖边县镇靖镇经过，走马水也非出自白于山经过镇靖镇北流的芦河，桥山、黄帝陵亦当不在这一带，从而镇靖镇附近不可能存在古长城门或桥门，以之论证秦直道即此而过亦自然不能成立。

第三，前文已有过论证，《汉书·武帝纪》记载的汉武帝于元封元年十月北巡边一事，不能说明武帝走的就是直道。然王北辰先生又云：汉武帝五次出巡，司马迁曾为随行，司马迁所云："吾适北边，自直道归"[①]，既说明司马迁走了一遍直道，亦证明汉武帝走的也是直道。其实，这两条记载根本看不出司马迁与班固讲的是发生在同一时间、空间内的事情，也看不出司马迁自直道归来的旅途即是随武帝出巡的行程。司马迁曾遍游名山大川，为撰写《史记》而掌握了许多珍贵的第一手资料。他的出游，除跟随武帝巡狩、奉命出使以外，更重要的则是独自出游考察。他在20岁时，曾"南游江、淮，上会稽，探禹穴，窥九疑，浮于沅、湘，

---

① 《史记·蒙恬列传》。

北涉汶、泗，讲业齐、鲁之都，观孔子之遗风，乡射邹、峄，厄困鄱、薛、彭城，过梁、楚以为归"①。当时司马迁尚未出仕，也就是在这次出游归来以后才补擢为郎中的。所以上述游踪所至皆当以考察为目的。司马迁游历的踪迹，见于《史记》其他各篇的还有，诸如"适长沙，观屈原所自沉渊"②，"适丰沛，问其遗老，观故萧、曹、樊哙、滕公之家"③等。这些皆是为其撰史搜集资料的活动，是在随武帝出巡过程中很难兼顾的，也当是司马迁的独自考察活动。王北辰先生认为司马迁考察直道一事与随武帝出巡相联系，似乎还找不出有力证据。

三、正确的结论

通过上述对秦直道探索和研究中存在的问题进行讨论和分析，我们认为：史念海先生所探索的直道路线仍然是正确的。之所以正确，根本在于它有史料，有实据，路线的选择科学合理。下试论之。

1. 既符合历史记载，又有故迹相印证

关于秦直道的具体走向，《史记》记载很简略，只有南北两个起讫点，其中间段落不详。唐人《括地志》云："秦故道，在庆州华池县西四十五里子午山上，自九原至云阳，千八百里。"④《元和郡县志》卷三关内道三宁州襄乐县条又云："秦故道，在县东八十里子午山，始皇三十年，向九原抵云阳，即此道也。"

这两条记载很明确地讲了秦直道中途的两处具体位置。唐庆州华池县即今甘肃省华池县东的华池镇，唐宁州襄乐县即今甘肃宁县襄乐镇，由今华池镇向西45里，襄乐镇向东80里适为子午岭脊。根据史念海先生实地考察，在此一线发现了大段的古道遗迹，完全可与历史记载相符。靳之林同志在子午岭上步行800里，所寻找的古道遗迹，也是对上述古道的进一步证实。王开同志也不得不承认这里有一条古代道路。遗憾的是他们的结论都错了，靳之林认为这是与秦直道分异的另一条秦故道，王开同志则说这可能是宋代道路。但他们都没有说出其理由，对上述历史记载也未置可否，就轻易简单化地作了否定。而对自己所论证的秦直道

---

① 《史记·太史公自序》。
② 《史记·屈原贾生列传》。
③ 《史记·樊郦滕灌列传》。
④ 《史记·匈奴列传·正义》引《括地志》。

似乎也没有列出一条有力的历史依据来。

位于子午岭上的古道遗迹，近代地方志也有一些零星记载。清康熙《鄜州志》在解释秦始皇修筑直道一事时说："州西百余里有圣人条（指道路），宽阔可并行车三二辆，蜿蜒转折，南通嵯峨，西达庆阳，疑即（蒙）恬所开者。"同书《古迹篇》又说："圣人条，州西子午岭。"《鄜州志》所云圣人条即是通行在子午岭上的一条大道，亦即古直道。这条道路在清代前还曾被利用，乾隆《正宁县志》也有类似的记载，说是"此路一往康庄，修整之则可通车辙。明时以其直抵银夏，故商贾经行。今则塘汛废弛，通衢化为榛莽"。事实说明，直道在秦始皇修筑以后，历代还曾断断续续加以使用，遗迹也因之得以保留下来。关于这段古道遗迹，据史念海先生实地踏察和具体丈量，"正宁县刘家店子以北的黑马湾、野狐崾岘、南店梁子和旬邑县雕岭关南北两端，以及合水县间水坡岭和黄草崾岘之间等处的直道遗迹都是宽四米半"①。由正宁县的刘家店子到合水县的间水坡岭直线距离将及200里，在如此绵长的距离内发现的古道遗迹都是4.5米宽，这种严格规整的现象，很可能与秦直道的修筑标准有关。

回过头再及历史记载，《史记》记载直道只有南北两个起讫点，从九原至云阳（或云甘泉）"直通之"，中途未及其他城邑，而唐人之书则指出了可反映直道中途某些段落位置的城邑名称，大致因为秦时子午岭地区还很荒僻，直道行于子午岭上，近处没有什么城邑，远处又过分遥远，故而无从记起。所谓"直通之"，当是直道从九原直达云阳之意，似不可简单理解为笔直相通。到了唐代，由于社会经济的发展，子午岭地区的人口也逐渐增多起来，并在这一地区相应增设了郡县，如襄乐、华池两县均为直道修筑以后相继设置，襄乐置于汉，华池置于隋。直道附近形成的城邑便成为直道位置的相对坐标，为记载直道位置提供了依据。这种情况，恐怕也反映了一定的历史事实。

2. 路线选择的科学合理性

在把各家所说的自兴隆关或马栏镇偏子午岭东侧进入陕北境内的道路遗迹判定为古代道路的前提下，似与沿子午岭主脉北行的道路作一下比较，就可以看出，直道若选线于子午岭主脉，具有很大的科学合理性。子午岭脊坡势平缓，利用岭

---

① 史念海：《秦始皇直道遗迹的探索》。

脊线修筑道路，既省人力、物力，又便于行旅。如果下子午岭取道陕北一侧则不然，陕北地区的地形特点是西北高、东南低，因而发源于白于山地，流经陕北地区的河流皆呈西北东南流向入注黄河，把陕北黄土高原或黄土丘陵地带横向分割成几个部分。再加上黄土高原的水土流失相当严重，又形成许许多多纵横交错的大小沟壑。这种地形条件，必然会给南北交通带来很大困难。正如王开同志在描述他所调查的"直道"遗迹时借一起参加调查的富县文化馆干部陈耀邦的话说："每遇到河沟，直道下了山就上梁"。从靳之林、王开、孙相武、姬乃军等同志所勾画的直道路线图看，这条"直道"翻山越岭，正好与现在陕北地区的大小河流纵贯交错，且还须横越高大险峻的横山山脉，不特工程异常艰巨，行旅道此亦特辛苦难支。从军事方面着眼，秦始皇修直道的一个重要目的即是便于调兵北上，巩固北陲边防，追求的是能够发挥最好的军事效应，即能以最快的速度从关中出兵到达当时的北方重镇九原郡。为此目的修筑的道路，就不能不考虑尽量避免一些地形方面的不利因素，选择更为适当的路线。前文曾说过，秦始皇在直道选线上没有迁就旧有的北向道路，可能就是这个原因。

总之，上述分析讨论再次证明史念海先生关于直道的认识是正确的："秦始皇所修筑的直道的遗迹所在，虽有争论，但这条道路仍当是肇始于今陕西淳化县北梁武帝村，由此登上子午岭，顺岭北行，经过今陕西定边县和内蒙古自治区东胜县，而至于包头市西。舍此别无他途。"[①]

（原载《中国历史地理论丛》1990年第1辑，收入所著《西北史地论稿》，中国社会科学出版社2011年版，第3—16页。今据《西北史地论稿》收入）

[①] 史念海：《直道和甘泉宫遗迹质疑》，载《中国历史地理论丛》1988年第3辑。

再论秦直道

吕卓民

著名历史地理学家史念海先生在 70 年代首先发表《秦始皇直道遗迹的探索》一文，立刻在海内外学界引起极大关注。尔后，随着我国科学文化事业的繁荣及其秦直道研究的现实意义，此一问题又涉及多方面和多学科。如文物工作者要编绘历史文物地图集需要了解它，交通部门为编写交通史志也需要了解它，甚至连画家靳之林先生也选择了沿秦直道写生作画的课题，以反映秦直道沿途的不同景观与风俗。现实需要和学者们的热情，有力推动了秦直道的研究，但也产生了很大分歧。分歧的焦点在于直道的南半段，即直道一直是沿子午岭脊走向，还是直道在北出云阳（今陕西淳化县北梁武帝村一带）不久，向东偏下子午岭穿行于今陕北境内。为此，笔者曾撰写《秦直道歧义辨析》一文[①]，试图通过这一分歧点进行剖析，以澄清是非。然争论还没有结束，最近姬乃军同志又撰写《秦直道走向考辨》一文[②]，再次论述了所谓陕北境内的秦直道。笔者读后，觉得姬文还是缺乏扎实有力的证据，对一些问题的解释也嫌主观武断，不能令人信服。在此想再谈一谈自己的一些粗浅看法，诚望方家同仁指正。

---

① 载《中国历史地理论丛》1990 年第 1 辑。
② 1993 年西安国际周秦文化学术会议论文。

一、关于秦直道的走向

公元前 212 年，秦始皇下令修筑南起云阳北达九原（今内蒙古包头市西）的道路，名曰直道，其目的与北筑长城一样，均是抵御北方匈奴族的军事南侵。然九原与上郡当时俱为秦北方两大军事重镇，固已有道路与都城咸阳相通。就是在九原尚属赵国时，赵武灵王就曾"欲从云中、九原直南袭秦"①。公元前 228 年，秦灭之赵国，九原郡遂为秦所因袭。秦统一全国，秦始皇又命大将蒙恬率三十万大军北逐匈奴，并"城河上为塞"②，即修筑了北边一线的长城。赵武灵王要自九原南下袭秦，似已说明当时已有从九原南向秦政治中心咸阳的道路。九原入秦，同上郡并为秦北方南北一线两大军事要地，或许也可以说其时秦北面的军事重镇已有了从上郡北移到九原的趋势。此时的九原无疑应有道路与首都咸阳相联系。公元前 215 年，秦始皇的第四次出巡，是东到碣石，然后"巡北边，从上郡入"③。有咸阳至上郡的道路，史载确然，了无疑义。那么，有无咸阳到九原的道路呢？回答还是肯定的。秦始皇第四次出巡，东自碣石，"巡北边"且回，按当时秦之疆域，秦北边主要有以下几个重要郡治，即右北平（今天津市蓟县）、渔阳（今北京市密云县西南）、上谷（今河北怀来县东南）、代郡（今河北蔚县东北）、雁门（今山西左玉县）、云中（今内蒙古托克托县东北）、九原（今内蒙古包头市西）等。九原处于秦北方匈奴的战略要地，始皇三十二年（公元前 215 年）收复河南地，三十三年北逐匈奴后，九原的地位更加重要，并成为秦北边最重要的军事重镇。故在始皇三十五年（公元前 212 年），秦即作出修筑自九原南通关中的直道的决定。从九原的战略地位及其秦始皇旨在巩固边防的巡边意图推测，始皇这次巡边可能是先从碣石西到九原，然后南下经上郡回到咸阳的。总之，九原作为秦之边郡，秦王朝要有效地控制这一地区，诸如官吏之任免、诏令文书的往来传递，都需要道路相通。尤其是蒙恬率数十万大军于九原地经营边防工程，其军需补给都需要从关中运往，如果说此间没有道路委实于理不通的。因此可以说，秦在修筑直道之前，九原与关中之间不仅是有道路的，而且还是具有相当规模的道路的。再从诸多因素推知，这条道路就是从关中通往上郡道路的延伸，即由咸

---

① 《史记》卷四三《赵世家》。
② 《史记》卷六《秦始皇本纪》。
③ 《史记》卷六《秦始皇本纪》。

阳经云阳过上郡而达九原。

既然从关中到九原固已有道路相通，为何还要另修一条直道呢？直道又是否是对固有道路的缮治？从史料分析，直道并非是对固有关中到九原道路的修葺，而是重新开筑的一条道路，至少在其南段是这样的。太史公司马迁在《史记》中有多处关于秦直道的记载和描述，但均只道及了直道的两个起讫点①，中间经地无一说来。这当为实际使然。反过来说，直道若是经过了像上郡那样的重要地点，太史公是不会忽略的。因此笔者推断直道是不经过上郡的，也就是说直道和咸阳经上郡至九原的故道是殊途同归的两条道路。

秦直道的修筑主要是出于军事目的，即为巩固北陲边防的需要。秦北邻之匈奴族，自战国时期以来，势力已很强大。在东面，屡屡骚扰燕、赵诸国；在西部，其控制区亦南达朝那、肤施一线，严重威胁着秦国的安全。秦统一全国后，虽相继于始皇三十二年、三十三年收复河南地和却匈奴于阴山之北，但匈奴的军事势力并没有很大衰落，只是相对稍弱于秦。所以秦对北面的防御极为重视，采取了积极防御的军事战略，以九原为军事重镇，城河为塞，以抵御匈奴的入侵。修直道即是秦积极防御战略的一部分。秦抛开关中历上郡至九原的固有道路，而重开一条直接连接两地的直道，肯定是直道在某些方面要优于固有道路。否则秦是不会妄自兴工的。从"直通之"②一语理解，新修的直道当为从关中至九原郡的最为便捷的道路。如果匈奴贵族军事势力再次发动骚扰，秦就可以用最快的速度从关中调兵北达九原郡，对匈奴进行抗击，以巩固北陲边防的安宁。

其次，直道"直通之"的另一含义也可以理解为是九原和云阳南北两地直接通接，没有途中经过一些重要的可以重来的地点，也就是直达之意。秦始皇的最后一次出巡，赵高、胡亥等人从九原"行从直道至咸阳"即是此意。太史公也曾亲自走了一遍直道，描述沿途景观，但见"长城亭障，堑山堙谷"③而已，更可看出直道在军事方面的作用。换句话说，直道的主要用途，即是一条服务于北面边陲的军事专用线。太史公以其亲身经历也没有提到所经过的某个地点，是谓直道的两旁尚无一些可资参照的地点为信然。

太史公因时因区只记述了直道南北的两个起讫点。据此要在遥遥千里之间探

---

① 《史记》卷六《秦始皇本纪》。
② 《史记》卷六《秦始皇本纪》。
③ 《史记》卷八八《蒙恬列传》。

寻和复原直道的路线不能不说不无困难。这也正是直道所以产生歧义的重要原因。如果在九原至云阳间有一第三点为固定坐标点，则直道的路线问题还是易于解决的。关于此点，唐人的记载为我们提供了不可多得的珍贵资料。唐李泰《括地志》云："秦故道，在庆州华池县西四十五里子午山上，自九原至云阳，千八百里。"①李吉甫《元和郡县图志》卷三《关内道·宁州襄乐县》下又云："秦故道，在县东八十里子午山，始皇三十年，向九原抵云阳，即此道也。"从上述两条秦故道的文字内容看，显然是秦直道而言，且明确指出唐庆州华池县和宁州襄乐县与秦直道的相对位置及里距，为我们提供了寻找秦直道所在的固定坐标，确实难能可贵。唐庆州华池县即今甘肃省华池县东华池镇；唐宁州襄乐县即今甘肃宁县的襄乐镇。从今华池镇向西 45 里，襄乐镇向东 80 里适当子午岭脊。据史念海先生实际考察和靳之林先生的徒步踏勘，以及 1989 年庆阳师专、庆阳地区博物馆李仲立、刘得祯等同志的专题调查，皆证实沿子午岭脊一线为一条古代道路，到目前道路遗迹仍清楚可见。在清代地方志中，康熙《鄜州志》和乾隆《正宁县志》都分别对子午岭上的道路有记载。《鄜州志》称子午岭上的古道为圣人条，且云"疑即恬所开者"，即是提出了圣人条应是秦直道的看法。《正宁县志》更说这条古道是"一往康庄，修整之则可通车辙"，说明子午岭上的道路在很长的历史时期内一直是被断断续续加以沿用的。一句话，若唐人的记载不谬，加上近人的考察证实，子午岭上的古代道路为秦直道遗迹非不信然。

二、唐人关于秦直道的记载是否信实？是否可以轻易舍弃？

要说唐代人关于秦直道的记载不错，还需要作一番辨析。

秦于公元前 221 年（秦始皇二十六年）统一全国。第二年，秦始皇即下令在全国修筑驰道，目的在于消除战国时期因分裂割据造成的交通障碍，从而使咸阳通往全国各地的道路畅通无阻，以便中央政令的通行和对全国各地的有效统治，故驰道的修筑主要是对旧有道路的缮治。而直道则是为了巩固北方边陲，重新开凿了一条连接北边与关中的通道。直道工程巨大，耗费弥多，太史公所谓："堑山堙谷，千八百里。""通直道，固轻百姓力矣！"②如此巨大的工程，不管从

---

① 《史记》卷一一〇《匈奴列传》。
② 《史记》卷八八《蒙恬列传》。

它的战略意义还是道路本身讲，都是不会轻易湮废不闻的。

在西汉初期，汉朝与北方匈奴族的关系尚不及秦，这是由于秦末战争的消耗，国家元气大伤，短时期内尚不能复原。而匈奴贵族的军事势力还很强大，常常入侵汉朝的边境。西汉政府无力北顾，只好对匈奴采取妥协政策，送公主出塞和亲，以换取边境的暂时安宁。但汉朝对匈奴的骚扰也不是不想有所作为的。公元前200年，汉高祖刘邦曾亲率三十余万大军在平定韩王信叛乱后，遂乘胜向北进击匈奴。但这次战争没有取得胜利，反蒙受了汉朝天子被匈奴骑兵围困七天七夜的耻辱。为了国家的安全，汉王朝也不能不重视北方边境的防御，其时秦始皇专为抗击匈奴而修筑的直道亦当可以利用和发挥作用。汉文帝时期，虽然汉已失去了河南地，汉与秦在北面的防御形势有了若干变化。但到武帝时期，西汉的国力已经恢复，并达到了强盛的顶峰，再加上汉武帝具有雄才大略的个人素质。此时的汉王朝对于匈奴的政策一改过去的妥协退让，代之而用的是实行坚决的抗击。随着汉对匈奴的军事胜利，河南地又重新并入汉朝版图。于是西汉又在此一线"筑朔方，复缮故秦时蒙恬所为塞，因河为固"①，形势又仿佛秦时。通过上述记载还可以看出，西汉仍是继承了秦时蒙恬以备匈奴的防御措施，作为与"河上塞"相配套的直道工程亦不能不再次受到重视。虽然尚未看到有汉朝军队直接利用秦直道的文字记载，但从太史公司马迁的"吾适北边，自直道归"②一语，可以知道此时直道是畅通的。直道所联系的北边，也正是直道的作用所在。因此我们可以说直道在西汉时期仍然通行和发挥着作用。

唐朝建立，都长安；北方所面临的形势并不比秦汉时好。迅速崛起而又十分强大的突厥族雄峙漠北，频繁的南侵成为唐王朝最大的外患。唐太宗时期，突厥军事势力一次南侵深入，十万铁骑直达渭河岸边，兵锋直逼长安，严重威胁着长安城的安全。作为唐王朝来说，对突厥的军事防御策略就不能不讲，对秦汉以来的北方防御体系亦不能不重视。虽然唐朝与秦汉时期所处的军事形势肯定会有若干变化，然相仿佛的态势还是可以相比的。秦汉于九原郡地筑高阙，以河为塞，目的在于控制阴山山脉，阻遏匈奴军事势力南下。唐王朝也同样在黄河北岸置河外五城（定远、丰安二军和东、中、西受降城），其中东、中、西三受降城仍是

---

① 《史记》卷一一〇《匈奴列传》。
② 《史记》卷八八《蒙恬列传》。

控制阴山一线的重要举措。仿佛的军事形势，唐人能对先朝的经验不进行吸取和借鉴？李泰《括地志》载有秦直道的位置，当是唐时对秦直道的作用不会没有讲求，对直道的位置不会没有案寻，或者说是直道当时还并没有湮废，尚有过往者的足迹。再是李吉甫《元和郡县图志》。李吉甫曾在唐宪宗元和年间二度为相，他熟谙国家图籍，通晓山川形势利害。因感发于元和年间藩镇割据、异族侵入、封疆日蹙、户口沦陷的严重现实，遂撰《元和郡县图志》一书，以提醒朝廷，所谓"此微臣之所以精研，圣后之所宜周览也"①。《元和郡县图志》为李吉甫刻意之作，目的盖在经世致用。虽然元和年间唐王朝的版图不若盛唐的规模，但李吉甫仍以十道叙之，意在循名核实，恢复归土之志可见也。李吉甫还在为相期间，经画过恢复天德军旧城、置新宥州等重要军事措施②，这就是李吉甫撰《元和郡县图志》时尤重于"兵镶山川，攻守利害"③等军事地理方面内容的重要原因。此外，李吉甫还撰有《古今地名》一书④。据此可以认为李吉甫是不会不究或道不清秦直道所在的，《元和郡县图志》所记载的秦直道的位置也不是无据可依的。故今人研究秦直道引用唐《括地志》和《元和郡县图志》的有关记载亦非不慎。

姬乃军同志再三著文论及秦直道，但都回避了《括地志》和《元和郡县图志》关于秦直道的重要记载，只是在《延安境内秦直道调查报告之二》一文中这样提到："史念海先生的另一个重要论据是：'据唐代初年记载，庆州华池县四十五里子午山有秦时的故道。'这段记载是《史记·匈奴列传·正义》：'秦故道，在庆州华池县西四十五里子午山上'。唐时华池县即今华池县东华池镇，东华池西45里，正是麻子嵝岘一带。我们认为，寻求问题解决的症结应该实际踏勘，而不能仅仅停留在文献考证上。"然凡是读过史念海先生的《秦始皇直道遗迹的探索》⑤一文的人，无不知晓这篇论文正是文献考证和实际考察的结晶。姬乃军说史念海先生"仅仅停留在文献考证上"是很不确切的。反过来说，姬乃军同志没有重视唐代有关秦直道的珍贵资料，倒成为他在秦直道研究方面的严重缺陷。不知姬乃军同志是如何理解唐人有关秦直道的记载的。当然对前人的不正确的东西，也需

---

① 《元和郡县图志》序及前言。
② 《元和郡县图志》卷四《关内道四》。
③ 《元和郡县图志》序及前言。
④ 《元和郡县图志》序及前言。
⑤ 载《陕西师大学报》1975年第3期，又载《文物》1975年第10期，后收入《河山集》四集。

要驳谬正误，但必须有周密的考证以明其所以然。这也是对学术研究的贡献。若只根据自己的观点取其所需，不利于自己的证据盖舍弃不用，则其所占有的材料自然不全面，论证也只能是片面的，不能令人信服的，甚至有恣意解释之嫌。这些均为学人所忌。

三、关于对陕北境内古道遗迹的认识

如前所述，早在秦修直道之前，位当今陕北境内已有了自咸阳北达上郡的道路，后来又与九原等地相贯通。上郡为秦惠文王十年（公元前328年）置①。在此置郡，必有道路相联系，所以至迟在秦惠文王十年已有了咸阳至上郡的道路（为了行文方便，姑先称之为上郡道）。这条道路从秦都咸阳出发，经云阳然后北向上郡。始皇三十五年修筑的秦直道也正是从这条道上有分歧的。在秦汉数百年间，此道一直是统治中心关中与北方重镇上郡等地联系的重要道路，其实际发挥的作用是比直道还要大的。

秦昭王首先走了这条道路。据《史记·秦本纪》载，昭王二十年（公元前287年），王"之上郡、北河"，北河更在上郡以北，其具体地点虽不能详细说来，但可以肯定是指秦北边的黄河而言的。之后，秦始皇只走过这条路。始皇第四次出巡，是东至碣石，然后"巡北边，从上郡入"②，蒙恬为秦将，曾率数十万大军驻防上郡，其军需给养，皆仰给关中输往。故上郡道的修治自是非常重要的。

西汉时期，上郡仍不失北边重镇的地位，上郡道的作用亦未削减。汉文帝前元三年（公元前177年）五月，匈奴入侵上郡，文帝命丞相灌婴为统帅，前往高奴（今延安西北），发边境八万骑兵迎击匈奴军。随后，汉文帝本人也"自甘泉之高奴，因幸太原"③。高奴为上郡属县，位于上郡之南，当云阳至上郡中途，不会再有他道更筑。故汉文帝从甘泉（汉甘泉宫即秦林光宫，与云阳同地）至高奴，走的亦当是上郡道。

其次，汉武帝于元封元年（公元前110年）北巡狩"行自云阳，北历上郡、西河、五原……至朔方"④。很显然，汉武帝走的亦是上郡道。汉五原即秦时九原郡，

---

① 曹尔琴：《论秦郡及其分布》，载《中国历史地理论丛》1990年第4辑。
② 《史记》卷六《秦始皇本纪》。
③ 《史记》卷一〇《孝文本纪》。
④ 《汉书》卷六《武帝纪》。

这次汉武帝的足迹北及秦时之九原，走的正是从云阳经上郡达九原的南北大道。何况汉武帝在过上郡以后，还要东偏绕道西河（今内蒙古准格尔旗西北）再到九原，谓非直道，明乎昭然。

王开同志撰《"秦直道"新探》一文，将上郡道与秦直道混为一谈，姬乃军同志的文章则是对此道忽略而不曾道及。其实，究清此道的踪迹也是非功不浅的。

王开、姬乃军等同志所谓的秦直道遗迹，可能部分段落有上郡道的踪迹，但由于受他们一味追求秦直道遗迹的主观意志所驱使，其探索道路的整个走向就不能不出现问题。结果其探索道路既非秦直道又不全是上郡道，有些段落经仔细分析，竟是大夏统治者赫连勃勃所开凿的道路。相混如斯，不亦惑乎！

实际上，在陕北地区还有许多古代道路，如隋唐时期，从关中北经延州达夏州的道路和经延州及绥、银的道路，东西向有鄜延西至庆州、东到河东的道路。北宋时期由金明都监李继周开治的塞门、鸦儿道[①]，庞籍知延州，开凿的钣名、平戎道[②]，曲珍开通的安定堡至黑水堡路等，其路线经途在哪里，都需要搞清楚。我在读了王开、姬乃军等同志有关秦直道的研究文章后，觉得都有搞得不清楚的问题。除了把大夏赫连勃勃修筑的道路混为秦直道外，还有关于鸦行山的道路遗迹，指曰直道，也有很多疑点。宋李继周开治的鸦儿道，大致是自宋金明县（今安塞县沿河湾）北沿今桥子川（延河上游东侧支流）逾越鸦行山进入大理河谷的通道。其得名可能就与过鸦行山有关。宋初修此道的目的是北伐盘踞夏州的李继迁，但由于李继迁的势力越来越强大，后来反转而不断地南侵宋境，于是李继周又在鸦儿道上修筑阿都关城以守卫此道。鸦行山的道路遗迹，能排除与此道有关吗？因此，弄清各条道路的兴废因袭关系及其位置所在，都会对秦直道的研究有所帮助。

再次，我想说的是，野外实际考察或用考古手段所获取的实物资料，虽具有证史和补充史料不足的功用，但如果缺乏与之相互印证的文献资料不能把问题说很清楚，或者有孤证之嫌不能令人信服时，最好不要轻易下结论。我认为在这种情况下，还是应像解决郑国渠坝基遗址和沙河桥遗址的办法比较好。上述二遗址的始发现，都产生了轰动效应。但由于尚嫌资供参考的文献资料不足，于是由有关部门组织了一批专家学者对之进行现场考察和科学论证，结果发现，遗址发现

---

① 《宋史》卷二五三《李继周传》。
② 《宋史》卷三一一《庞籍传》。

时的初步提法是不够确切的,其准确定性还需进一步研究。这一慎重的学术态度是值得赞赏的。因此,如能对陕北境内的古代道路遗迹也这样做,仍不失为一种责任感和好方法。

四、《秦直道走向考辨》一文存在的几个具体问题

细读姬乃军同志《秦直道走向考辨》(下简称《考辨》)一文,虽为作者的鸿篇巨论而感怀,但又有多处疑窦不能后释。

(一)《考辨》一文认为今陕北境内的古道遗迹均宽约 15 米至 20 米,而子午岭上的道路遗迹宽度仅为 5~6 米。因而断言宽者为直道干线,窄者为直道支线,于是直道在此变成了两条,不知何据?笔者认为秦直道只有一条,不闻也不可能有两条。古道的宽窄程度与直道并不能说有直接的关系,至于直道之干线、支线说更属乌有。反过来说,《考辨》作者在此似承认了子午岭古道为直道的,然作者在后面又否定其为直道或者直道干线。文意之含混故不先论,退一步讲,假定直道有干线和支线之分,那么,为什么要分干、支线呢?彼此的功用又是什么呢?作者规磨不能自圆,也让读者思而不得其解,陷入了浑然状之中。

再是《考辨》作者认为是秦直道或秦直道干线的一个重要证据就是道路遗迹宽阔,修筑工程量大,而子午岭上的古道遗迹因路面仅宽 5~6 米,故不能相称。但作者又说,直道的分歧是从兴隆关(今名沮源关)开始的,兴隆关以南是没有歧义的。看来兴隆关以南的道路遗迹是大家公认的直道。然根据史念海先生和李仲立、刘得祯等同志实际考察,兴隆关以南的直道遗迹亦只有 4 米半或 4~5 米宽①。那么,这段道路是否符合姬乃军同志所认为的秦直道的标准呢?又是如何把两段宽窄相殊的道路衔接在一起了呢?虽然姬乃军同志自己讲兴隆关以南的直道遗迹是宽 3~30 米,似解决了文字上的矛盾。但读者还是不禁要问,为何同是实地考察,其结果又相差那么大呢?这一重要的问题,《考辨》应该不回避地加以解决,怎么能忽略而过呢?

(二)《考辨》认为秦从咸阳北至上郡等地的道路,不应称之为驰道,而驰道只是汉代贾山所谓的"东穷燕齐,南极吴楚"②的道路,即是专用名词。此一

---

① 史念海:《秦始皇直道遗迹的探索》,载《陕西师大学报》1975 年第 3 期,又载《文物》1975 年第 10 期,后收入《河山集》四集;李仲立、刘得祯:《甘肃庆阳地区秦直道调查记》,载《考古与文物》1991 年第 5 期。
② 《汉书》卷五一《贾山传》。

解释，似嫌偏狭。众所周知，秦统一全国后，即实行了统一文字、统一度量衡、统一道路的重要措施，以巩固新诞生的统一政权。"治驰道"即其统一道路的措施，故驰道显然是指全国的道路系统。根据《汉书》卷五一《贾山传》的记载，也根本得不出贾山认为驰道是专指从咸阳"东穷燕齐，南极吴楚"两道的。若是，贾山为何要说秦"为驰道于天下"①呢？此天下不是指秦之版图所至吗？至于"东穷燕齐，南极吴楚"一句只不过是贾山语中所运用的一种修辞手法，即是举其极端一例，便可类推其他。怎能理解为只有这两条道才是驰道呢？难道贾山没有提到的就不能算是驰道了吗？何况贾山是在为汉文帝言治乱之道，以秦时为谕，言及驰道的，并非专题言之，怎能苛求贾山之语没有遗漏而全面谈及呢？《考辨》一文正是出于对贾山语理解上的偏狭，遂出现了不该成问题的疑问。

（三）《考辨》以所谓实际考察发现的"行宫"遗址来论证秦直道所在。不知《考辨》作者是如何确定这就是秦始皇"行宫"遗址的，而确定行宫的标准又是什么？行宫又是什么时间修筑的，能断定在秦始皇三十五年以后吗？因为直道是秦始皇三十五年才下令修筑的，作为直道上的行宫亦当只能是在直道修筑以后或修筑期间修建的。否则将与直道毫无相干。

（四）前已述及，从秦咸阳经上郡北到九原的道路，是很早就有的，至迟也在九原设郡以后就有了。作为军事需要，或许这条道路还存在着若干不便之处，于是秦始皇三十五年下令修筑直道，即新筑一条从关中通往九原的道路。若如《考辨》所言，直道是经过上郡的，那么，原有的上郡道又怎么样了？直道又是否是对原有道路的缮治呢？从太史公的多处记载看，均只记了直道的南北两个起讫点，再未见其他途经地的地名。太史公治史严谨，述事周密详赡，若直道果真经过上郡，太史公是不会忽略不记的。以此可以断定直道是没有经过上郡的，也不是对旧有道路的缮治。再说，如果秦再在原有道路之旁修筑一条直道，不徒劳民伤财，也是没有意义的。故《考辨》在论述直道与上郡的关系时，似也有别扭之感，虽广征博引，说了一大堆，但总觉得牵牵强强而不及要害，迂远而无力。

（五）关于阳周城问题，笔者曾在《秦直道歧义辨析》一文中认为姬乃军同志所讲的秦阳周城故址有疑问，当是秦长城的一段遗迹。②笔者的材料来源在1987年底参加延安地区文物普查验收时，遇到在子长县进行文物普查的齐鸿浩同

---

① 《汉书》卷五一《贾山传》。
② 载《中国历史地理论丛》1990年第1辑。

志向省文管会的张在明等领导同志汇报普查工作情况,当时谈到了阳周城,我就把一些详细情况记了下来。之后,我在某些问题的探索中,把所谓阳周城的遗迹情况与西面靖边县境所发现的长城遗迹相联系,推断此处也可能是一段长城遗迹。但姬乃军同志在《考辨》一文中则说我是"把一位因下雪而根本没有到达阳周城(子长县石家湾村曹家圪村境内)的文物工作者的'描述'写了进去,并作为自己的论据……"。为了尊重事实,为了对自己的文字负责,最近我又去了趟省文博中心(省文物普查资料均在此保管并整理),查看了子长县文物普查登记表。原始登记表证明,所谓的阳周城遗址,确实是由齐鸿浩和张晓贵二位同志调查的,齐鸿浩同志还给遗址拍了照,张晓贵同志作了文字记录。张晓贵同志的记录是:"(遗址)位于曹家圪村西半山坡上,东临石家湾河,北临山沟,西接山坡,南临山沟,仅留一道北城墙。其长 1500 米,高 1—4 米,厚 0.4—2 米。依山顺势修筑","城墙截面呈梯形,夯土层厚 15—20 厘米,夯窝痕迹不明显,破坏严重"。这张登记表的责任校核正是姬乃军本人和焦南峰同志。姬乃军同志为什么要不顾这些事实呢!科学研究必须实事求是,切忌虚构情节的文学创作手法。因为这样做,对学术研究有百害而无一利。姬乃军同志如此为文,着实令人感到遗憾。至于姬乃军同志说我为何要在他们认定的秦直道普查表上签字,我可以坦爽地告诉他,这在我们验收工作进行前是协商过的,即对一些难以准确定性的遗址、遗迹、遗物可以先放置存疑,留待最后统一整理资料时再确定或再改动。我对所谓秦直道遗址登记表也是先保留考察者的意见的,所以这是不足怪的。再说,关于秦直道,我也是在充分占有资料并经过认真分析的基础上形成自己的看法的。在当时来说,即使在所谓直道遗迹登记表上签字也根本不能看成是我的已确定的观点。因此,在《考辨》行文中有这些内容也实在是于问题无补的。

总而言之,《秦直道走向考辨》等文,根本无法推倒史念海先生关于秦直道的论述,反而在事实面前显得漏洞百出,矛盾互见,给读者留下一连串的疑问和思考。

(原载《文博》1994 年第 2 期,收入所著《西北史地论稿》,中国社会科学出版社 2011 年版,第 17—28 页。今据《西北史地论稿》收入)

甘肃境内秦直道管见

李仲立

一、问题的提出

史籍对秦直道的文字记载不多,《史记·秦始皇本纪》中载有两条:"三十五年,除道。道九原,抵云阳,堑山堙谷,直通之。""三十七年,始皇出游。……七月丙寅,始皇崩于沙丘平台。……行,遂从井陉,抵九原……行从直道至咸阳,发丧。"《史记·六国年表》:"三十五年,为直道,道九原,通甘泉。"《史记·蒙恬列传》记有两条:"始皇欲游天下,道九原,直抵甘泉,乃使蒙恬通道,自九原抵甘泉,堑山堙谷,千八百里。""太史公曰:吾适北边,自直道归,行观蒙恬所为秦筑长城亭障,堑山堙谷,通直道,固轻百姓力矣。"《史记·匈奴列传》:"通直道,自九原至云阳。"从以上六条可知,秦王朝在公元前212年(始皇三十五年)开始令蒙恬负责修筑从九原(今内蒙古自治区包头市西)到云阳(今陕西省淳化县)这条直道。秦始皇去世后,其辒辌车是从井陉至九原行经直道回咸阳发丧。故在公元前210年(始皇三十七年)直道已全部竣工。全程1800里。司马迁曾从直道返回长安。但是直道经过哪些地方、具体修筑情况、路面宽度等均未提及。为了搞清秦直道的历史面目,从本世纪70年代起一些史学家和有关学者进行了考察。史念海教授通过实地考察得知了秦直道的行经路线,认为秦直道由秦林光宫(汉甘泉宫——今陕西淳化县北梁武帝村)开始,沿子午岭主脉北行,经旬邑县石门关入今甘肃境，出华池县至陕西定边县，然后到达内蒙古自治区包头市西。① 另外一些学者则认为秦直道未经过今甘肃境内，其理由是："甘肃一侧的古道在地图上的位置，则是绕了一个大弯，不能说是'直道'。按规模，甘肃一侧的古道标准宽度只有四米左右，可走一辆卡车；陕西一侧的古道标准宽度为十三米，可并行三辆卡车，规模要宏伟得多。尤为重要的是甘肃古道两侧发现的多是宋代历史文化遗迹；而陕西古道两侧多为秦汉历史文化遗址。""沿子午岭主脉折向甘肃的古道可能是秦通向西北的故道，而不是'秦直道'。"② 王开先生也有类似的主张，他说："子午岭东侧的路线，一般都在 30 米至 45 米之间，比子午岭西侧的路线，路宽多一至三倍。""'秦直道'路线，是经由子午岭东侧，横山南侧，大半路段在陕西省境内。"③ 由是观之，在秦直道是否经过甘肃境内问题上，尚存在着一定分歧，本文就此谈一些认识，以供研讨。

二、地方志记载甘肃境内有秦直道

在地方志书中载有秦直道行经今甘肃省陇东庆阳地区境内的有《括地志》《元和郡县图志》《读史方舆纪要》等著作。《括地志》原本遗失，但《史记·匈奴列传》《正义》引《括地志》云："秦故道在庆州华池县西四十五里子午山上，自九原至云阳，千八百里。"《元和郡县图志·关内道三》载唐朝襄乐县（今宁县襄乐）条下有"秦故道，在县东八十里子午山，始皇三十年（应为三十五年——引者注），向九原抵云阳，即此道也"。《读史方舆纪要》卷五十七，记真宁县（今正宁县）内有"雕岭"，"县东五十里，绵延高耸，亦即子午山之别阜矣。上有秦时驰道，今有雕岭巡司，在县东百里"。

清人赵本植氏编纂的《庆阳府志》也有多处记载。该志卷四十一引李梦阳著《华池杂记》云："华池古乐蟠县也。……故城川蒙恬斩（堑）山堙谷处也，今驰道存焉。"卷七载正宁县雕岭"在县东五十里，即子午山别阜，上有秦筑驰道"。卷十一载合水县有"圣人条，自子午岭起，南通潼关，北至草地，相传秦始皇筑长城开运粮道处"。"驰道，在县东百余里，相传蒙恬堑山堙谷，上通上郡，下

---

① 史念海：《秦始皇直道遗迹的探索》，载《文物》1975 年第 10 期。
② 卜昭文：《靳之林徒步考察秦直道记》，载《瞭望》1984 年第 43 期。
③ 王开：《"秦直道"新探》，载《西北史地》1987 年第 2 期。

达咸阳及（编者按：当作"即"）其地"。又载正宁县"秦故道，在县东九十里，《元和志》：在襄乐县东八十里子午山，始皇自九原抵云阳，即此道也。县志在雕岭上，俗名圣人道，秦以天子为圣，故名"。上述所列地方志书中的记载虽然有"故道""圣人条""圣人道""驰道"等名称的含混，但从记载的起止之地和蒙恬修建等史实看，可以肯定所言系指"秦直道"无疑。志书对秦直道的记载尽管不甚详细，但都是按当时的地方行政区划所辖地域范围记述的。一般地说，地方志都是偏重于记述某一特定地区内所发生的一些重大事情。正因为这样，地方志才被认为是地方历史地理的重要历史文献，所以将地方志中对秦直道的记述只认为是"点出一个大概方位"[①]是不够妥当的。即使是大概方位，也是在一定行政区域内的方位，故不难看出上述方志中所载秦直道所在之地，除去历史上行政地域区划的变更因素外，可以肯定仍是今甘肃境内的正宁县、宁县、合水、华池等县所辖之地。这就是说甘肃境内有秦直道。

三、甘肃境内的秦直道遗迹和遗址

为了进一步弄清秦直道是否经过甘肃境内，特在庆阳地区进行了重点考察。

秦直道由陕西淳化县北梁武帝村开始，进入子午岭南端山梁——甘泉山，由旬邑县石门关入正宁县刘家店。我们的考察也就从正宁县开始。

经实地考察，在甘肃境内存在着秦直道遗迹和遗址。

直道进入正宁县刘家店、黑马湾后，沿陕甘两省分界线（以子午岭主脉为界，其东侧为陕西省，其西侧为甘肃省，又称分水岭。在清代以前，没有这种划分）达雕岭关（调令关）。

雕岭关是关隘要道。现在仍是陕西铜川到甘肃正宁公路的必经之地。它位于正宁县东南，现在残窑洞两层，秦直道从第二层窑洞前的宽阔地边通过。在其崾岘南侧，还保留一段早期城墙，长约30米，残高3~7米，基宽约5米，夯土层厚6~7厘米，夯窝不明显，为五花土质，内含大量炭块。地表布满瓦片，断面所见文化层厚达3米，有粗绳纹板瓦和筒瓦，较完整的汉瓦长31、宽15、厚2厘米，凸面光平，凹面为布纹，另外，还有宋以后的陶瓷器残片。从实物得知是秦汉时建筑物，可能是一个重要的哨所，以后历代沿用。

---

① 王开：《"秦直道"新探》，载《西北史地》1987年第2期。

直道从雕岭关北上，到高庄。高庄附近距雕岭关约20里处的崾岘中，也发现有不少的粗绳纹板瓦残片，筒瓦凸面多饰细绳纹，头部11厘米为光面，凹面饰芝麻纹，直径13厘米，仍为秦汉遗物。从瓦片分布可以看出，建筑物坐东向西，南北呈"一"字形，可能是驿站。直道从门前经过，到艾蒿店。

在正宁县和陕西黄陵县接界处，正宁县辖的艾蒿店附近，在直道大转变的崾岘之东峁西侧，断面所见文化层厚为1~3米，内含相当丰富，有大量粗、细绳纹板、筒瓦和汉代布纹瓦片，另外明清的脊兽、瓦当之类，遍地皆是，这也是一处建于秦汉、后代沿用的建筑物，可能是一个哨所。崾岘长约150米，两端山峁高大，直道沿山峁东侧台地修筑，过烧锅梁出正宁县境，全长约70公里。

刘家店海拔1600多米，雕岭关海拔1775米，山势起伏较大，直道行进为慢上坡。艾蒿店海拔1772米，从雕岭关到艾蒿店，山势平缓，为慢下坡。

由于水土流失，部分直道路面4米左右，今人沿用；部分路面废弃，已长满灌木，但路迹仍清晰可辨，最宽处有5米左右。

直道从烧锅梁进入宁县境的五里墩，经芦邑庄、吊庄、鲁堡、南桂花园、北桂花园、兴隆关、兔崾岘、七里店到合水县的午亭子，长约60公里。五里墩到午亭子海拔高度基本一致，为1560米左右，山势起伏不大，路面平坦，梁峁上许多平地已开垦耕种，大部分直道改修成6米多宽的汽车土路，仅留转弯处和山峁上部分直道遗迹，一般宽在5米左右，沟壑间森林茂密，灌木丛生。

午亭子位于宁县、合水县两县交界处，属合水县辖。这里古道有南北、东西两条，绕中间山峁交叉，呈"十"字状。东西向者为陕西富县通往合水、庆阳的一条古道。南北向者为秦直道。这里是重要的交通枢纽之地。在中间山峁上有20亩左右的平顶。高出直道平面约200米，左右山峁高出约百米。在中间山峁南侧上，（以直道为中心）现有四层残窑洞，下有八层窑洞，窑洞前都有较为广阔的台地，其面积大者约40亩，小者也在10亩左右；左右山峁各有两层残窑洞，瓦片遍地皆是，文化层厚约3~7米，内含主要是粗、细绳纹板瓦、筒瓦。瓦头凸面1~2厘米的光面，纹饰有纵的、横的，以及印压纹瓦片。汉代残砖破瓦极为丰富。表明秦汉时有较大的建筑物，可能是一个大的兵站。另外还有相当多的宋代瓷片，明清遗物也处处可见。

在中间山峁西侧近直道处，留有早期残墙一段，绕山峁呈弧形，长约150米，基宽约 6 米，残高 0.5~1.5 米，夯土层厚 6~7 厘米。直道从残墙的壑口处通过，向北纵穿合水县境。经土桥、槐树原、马连崾岘、朱家老湾、娘母子弯、油房庄、涧水坡岭（洞口）、黄草崾岘到青龙山。槐树原附近海拔 1652 米，黄草崾岘海拔 1624 米，所以这段直道向北稍为倾斜，长约 50 公里。由于在 60 年代修有近 8 米宽的土路一条，90% 的直道被破坏，仅留起伏山脊上的残段，在灌木丛中直道遗迹仍清晰可辨，路面呈凹形，宽 5 米左右。

直道从青龙山起，沿合水、华池两县分水岭向西北方向延伸，到华池县的麻芝崾岘，然后纵穿华池县境。经大红庄、墩梁、老爷岭、新庄畔、羊沟畔、黄蒿地畔、深崾岘、高崾岘、墩儿山、雷崾岘、五里湾、张新庄、田掌，进入陕甘两省交界的丁崾岘、墩梁，直达营崾岘。营崾岘是直道与长城重合之处，也是一处交叉的十字路口，直道沿长城内侧向西北方向行进，到营盘梁。

营盘梁位于华池元城乡吕沟嘴村，地处分水岭的一个圆山峁上。这里的长城沿山峁筑成半圆形，直道沿长城内侧也形成弧状，在半圆形南侧有一块平地，面积约 4200 平方米，地内布满粗、细绳纹瓦，还出土一件空心铁铲，刃长 13.5 厘米，宽 5 厘米。此处障墙保存较好，长约 50 米，高 4.5~5.2 米之间，基宽 5 米左右，夯土层厚薄不一，约 7~15 厘米。由是观之，修筑直道为长城守兵运送粮食、兵器，足见直道与长城关系密切。

直道从营盘梁到南湾、箱子湾、白碱出长城，入陕西定边县的马崾岘（在铁角城以东的分水岭上）。直道与长城重合之处约 20 公里，在华池县内长约 110 公里，青龙山海拔 1633 米，老爷岭海拔 1672 米，两边相距约 40 公里，这段直道向北是慢上坡。墩儿山附近海拔 1400 米，故从老爷岭到墩儿山为慢下坡。山势起伏较大，道路崎岖，路面呈凹形，宽约 5 米，因梁峁多为蒿草，人烟稀少，直道基本保存完好。

经实地考察，直道始终沿子午岭主脉由南向北经过庆阳地区四县。

从考察中得知的直道遗迹和遗址，既证明了地方志的记述是可信的，同时也否定了所谓子午岭"西侧发现的多是宋代历史文化遗迹"的论断。至于在今宁县和合水午亭子以北一段直道上未发现秦汉时的遗物和遗址，其主要原因是直道破坏严重，有不少地方被修成了简易公路。不能以此概全，否定直道在甘肃境内的存在。事实上从前面的叙述可以看到，不论是保留比较完好的直道的路面，还是遭到破坏后，在一些山脊上保留的残段和灌木丛中留下的直道遗迹，其路面宽度均在 5 米左右，这也说明直道路线的存在。直道路面的宽度也并非 13 米或 30 米至 45 米间。直道路面的宽度不仅在甘肃庆阳地区四县境内是 5 米左右，就是从雕岭关往南到旬邑县博物馆立碑论定秦直道一号兵站的四十亩台的直道路面宽度仍是 5 米左右，论者如何得知直道的宽度有十几米或几十米呢？秦王朝建立后，除在宫廷中修的复道外，还修建了驰道、直道、五尺道、新道等等。在我国历史上秦始皇对公路建设是有重大贡献的。秦王朝所修的各种道路，应该说有不同的宽度标准。驰道，以咸阳为中心，向东、向南，通向过去燕齐和吴楚之地，路宽 50 步，道旁每隔 3 丈种青松一株。驰道路面之所以宽广，《史记》《集解》应劭曰："天子道也。"五尺道，是秦朝在云南、贵州一带修建的，云贵多为山丘之地，所以路面宽仅 5 尺。直道，大部分道路是在子午岭主脊上行进，而且主要是供军事所需，所以路面比较窄，仅 5 米左右的宽度；秦直道是在子午山上原有道路基础上修建的。直道，并非道路笔直，应该说是秦王朝统治中心咸阳通向西北方面的一条近道；更重要的是《史记》《索隐》苏林云"正南北相直道也"，直道是由南向北的通道之意。所以不能因为直道经过甘肃境内的四县，绕了一个弯而对直道产生怀疑。

有的同志提出秦直道过沮源关（兴隆关）后，即折由"古道岭"向东北方向走去，进入今陕西富县境内的甘泉、志丹，然后进入横山地区，而否认直道经过甘肃的合水、华池县境内，这一观点也是不能成立的。因为很明显这是用子午岭的支脉去代替子午岭的主脉，正南北方向改变为东北方向，是与直道的行进方向不相符合，而且子午岭支脉甚多，必然要下山、上山或过河，诸多不便，只有子午岭主脉才能贯通。这个问题，史念海教授在他的文章中已做了很好的说明。

陕西富县直罗镇是所谓直路县或"直路"音的讹传之说，证据比较单薄。李吉甫《元和郡县图志·关内道三》载："直罗县，本汉雕阴县地，后汉因之，魏省雕阴县，晋时戎狄所居，后魏置三川郡。隋开皇三年，使户部尚书崔仲方筑城以居之，城枕罗原水，其川平直，故名直罗城。"顾祖禹《读史方舆纪要》卷五十七，在鄜州洛交废县后也有类似记载："直罗城，在州西百二十里，志云：以城枕罗水而名。"由是观之，直罗城得名，与直路县没有什么联系。顾祖禹在中部县下书有"直路城，在中部县西北 200 里，汉县，属北地郡"。所谓保安县（即今志丹县)的"圣人道",《读史方舆纪要》载:"赫连勃勃起自夏台入长安,芟平山谷所开道也,欲伪为圣人道。"因此,将志丹县的"圣人道"说成是秦直道也是以讹传讹,不可信据。

总之,秦直道沿着子午岭主脊由南向北,路经甘肃境内,这也许才是历史的本来面目。

(原载《人文杂志》1993年第3期)

论秦直道与秦长城的关系

李仲立

《史记·秦始皇本纪》载：始皇三十三年（公元前214年）"西北斥逐匈奴"，"筑亭障以逐戎人"。三十四年"筑长城"。三十五年"除道，道九原，抵云阳，堑山堙谷，直通之"。为什么在筑长城后，秦始皇还要建直道？筑长城与建直道的目的意图和作用是否完全一致呢？只有回答了这些问题，才能深刻理解秦直道与秦长城的关系。

一、筑长城是一项重要的军事设施

这里所说的筑长城是指秦统一六国后所筑的"万里长城"。秦始皇时期在缘边地带修筑长城是一项重要的军事设施，其根本目的在于加强秦王朝的防御力量，抵抗游牧民族的侵扰，保证内地人民的正常生产和安定生活。

秦始皇之所以把筑长城作为一项重要的军事设施，这是秦国长期进行军事斗争的经验的概括和总结。从秦国发展壮大的历史来看，可以说是与在军事上采取修筑长城这一重要军事设施是密切相关的。战国时期，魏、赵、韩、燕、齐、楚、秦等国为加强自身的军事防御力量，各自都利用一些关隘、山河等险要的地形修筑长城。秦国筑长城的历史比较悠久。在商鞅变法以前，秦国力十分薄弱。《史记·秦本纪》载："往者厉、躁、简公、出子之不宁，国家内忧，未遑外事，三晋攻夺我先君河西地，诸侯卑秦，丑莫大焉。"秦国对加强自身防御力量的要求更为急迫，因此，秦国最早采取修筑长城这一军事设施。秦简公时"堑洛，城重泉"。据《史记·六国年表》,"堑洛"为简公七年(公元前408年)。"堑"是挖的意思,"堑洛"就是挖掘洛河岸边的山崖。"洛",是指今陕西渭水以北的洛河,不是今河南洛水。这条长城南至华山下的华阴,北至黄龙山下。这是秦国筑的第一条长城。

秦始皇修筑"万里长城"已是秦人第四次修筑长城。秦国历史上多次修筑长城的记录,反映着秦国军事力量的上升和领土的扩大,反映着秦国统一战争在不同历史阶段中所取得的胜利。

采取筑长城这一军事设施,在当时历史条件下不仅在统一战争中对付中原各国行之有效,而且也是阻止游牧民族侵扰的有力举措。

居住在我国北部地区蒙古高原一带的游牧族——匈奴族,是一个具有悠久历史的古老的部族。《史记·匈奴列传》称:"匈奴,其先祖夏后氏之苗裔也,曰淳维。……居于北蛮",长期过着游牧生活,"随畜牧而转移,其畜之所多则马、牛、羊……逐水草迁徙,毋城郭常处耕田之业,然亦各有分地"。但也并不是说毫无农业经济之存在。在已发掘的匈奴古墓中,不但出土有大量的马、牛、羊骨和箭镞、马衔等,而且也有农业工具。在蒙古各地古代匈奴的方形石墓中,发现了公元前7—前3世纪石臼等器物。[①]不过,农业经济在匈奴族中占的比重是很小的(了解这一点是很重要的,以后还要讲到),所以是以善骑射、攻战和掳掠为其特征,正如《史记·匈奴列传》所述:"儿能骑羊,引弓射鸟鼠,少长则射狐兔,用为食。士力能弯弓,尽为甲骑","宽则随畜,因射猎禽兽为生业,急则人习战攻以侵伐……利则进,不利则退"。

历史进入战国时期,匈奴各部逐渐走向统一,建立了奴隶制国家,军事力量也逐渐强大了起来,大致在公元前4世纪末,匈奴族就与中原发生了关系。刘向《说苑》(卷一)载燕昭王元年(公元前311年)昭王问政于郭隗曰:"匈奴驱驰楼烦之下"。这时,匈奴的骑兵出现在楼烦一带,经常给燕、赵以很大威胁。到公元前3世纪时,匈奴已开始进入铁器时代,有铁马嚼、铁镞、铁刀、铁剑、炼铁炉,还有铁镰、铁铧等,[②]武力更为强大,《战国策·燕策》载:公元前228年燕国曾西约三晋,南连齐、楚,北媾于匈奴以图秦。总之,到战国中期以后,匈奴经常南侵,多次与秦、赵、燕三国发生战争。《史记·匈奴列传》说:"当

[①] 林幹:《匈奴社会制度初探》,见《匈奴史论文选集(1919—1966)》,蒙古语言文学历史研究所历史研究室,1977年。

[②] 林幹:《匈奴史》,内蒙古人民出版社,1977年。

是之时，冠带战国七，而三国边于匈奴。"当时，秦、赵、燕三国正忙于统一战争，对匈奴族的南侵主要是采取守势，修筑长城，驻兵戍守。如秦昭王灭义渠后，置陇西、北地、上郡，"筑长城以拒胡"，阻止匈奴南下关中。赵武灵王"变俗胡服，习骑射"，曾打败匈奴及其所属的林胡、楼烦等部，疆域达到了阴山，并在这一地区设置了云中、雁门、代三郡。自代郡沿阴山而西，至高阙，筑长城以拒匈奴。燕国将领秦开曾在东胡为质，回燕国后，率军大破东胡，"东胡却千余里"，设置了上谷、渔阳、右北平、辽西、辽东五个郡，并"筑长城，自造阳至襄平"，以拒匈奴。这些长城的修筑，大大地抑制了匈奴的侵扰。后来，只是在赵、燕、秦三国兼并战争处于白热化情况下，北部边防松弛之时，匈奴族利用可乘之机，才得以进占了河南地（今内蒙古伊克昭盟）。这些事实，使秦国进一步认识了阻止游牧民族侵扰的经验教训。

秦统一六国后，对秦王朝巩固和统一构成的最大威胁之一，就是匈奴族的势力已深入河套地区一带，拥有骑兵数十万，它以河套为据点，随时都可能南下关中，直抵咸阳。为解除其威胁，秦始皇不得不改变策略，主动出击。二十七年（公元前220年），秦始皇对维系关中安危的陇西、北地两郡进行视察。三十二年（公元前215年）秦始皇再一次对北方边境进行巡视，表明出击匈奴的决心。

接着便令蒙恬率30万大军进行军事攻击。北逐匈奴（《史记·匈奴列传》载10万大军，今从《史记·秦始皇本纪》说），迅速地收回了河南地，并在这一带设置了34县（《史记·匈奴列传》称44县，今从《史记·秦始皇本纪》说），筑了县城，设置九原郡管辖这一地区。还将一些有罪的官吏及中原地区部分人民群众迁徙到这些地方，开垦种植，充实边郡。第二年，秦军北渡黄河，攻克高阙、阳山、北段等地，利用地形、地貌，修缮、增补秦、赵、燕原有长城。三十四年（公元前213年）秦王朝又将秦、赵、燕三国原有的长城连接起来，修筑起一条长达5000余里，西起陇西郡的临洮（甘肃岷县），东至辽东郡内的长城，即通称之"万里长城"。这也是在当时抵抗匈奴入侵的一条军事城防线。在长城要塞秦王朝派兵戍守，垦荒种地，加强了秦的军事防御力量。

秦王朝筑长城后，"却匈奴七百余里，胡人不敢南下而牧马，士不敢弯弓而报怨"（《史记·秦始皇本纪》）。秦军"暴师于外十余年"，"是时蒙恬威振匈奴"（《史记·蒙恬列传》）。匈奴单于"头曼不胜秦，北徙"（《史记·匈奴列传》）。事实表明，长城的修筑收到了很好的效果，起到了抵御匈奴奴隶主贵族的侵扰，保证内地人民的安定生活和和平环境的重大作用。

二、建直道与筑长城间的内在联系

秦始皇筑长城完全出于军事上的需要，是一项巨大的军事防御工程，前面已做了分析论证。同时，在史籍中也有简要记载。《史记·秦始皇本纪》曰："筑亭障以逐戎人。"而建直道目的何在？《史记》载曰：始皇三十五年（公元前212年）"除道，道九原，抵云阳，堑山堙谷，直通之"（《秦始皇本纪》）。又曰："始皇欲游天下，道九原，直抵甘泉，乃使蒙恬通道，自九原抵甘泉，堑山堙谷，千八百里"（《蒙恬列传》）。上述两条对直道的记载，除"始皇欲游天下"可以看出其目的意图外，其它的文字都没有讲到军事意图。那么，秦始皇在筑长城后又要急于修直道，道理何在？难道直道与长城之间没有什么关系吗？不是的。只要我们仔细研究，弄清楚秦长城与秦直道的内在联系，这个问题就会迎刃而解的。

秦始皇所修"万里长城"西端的起点是现在甘肃岷县之西至今临洮县，是沿用秦昭王时的旧城，沿黄河和洮河而修筑的，而阴山山脉的长城，原战国时燕、赵早就修有长城，秦加以连接和修缮而成的。"实际上当时的新献只是由现在甘肃临洮县境到阴山山脉的西端。因为赵长城早已达到了高阙……"[1] 更详细地说："其（秦）最北界之长城，悉因燕赵之旧，西起高阙，东至造阳，与燕旧时之长城相接，再东，则因燕长城之旧，而东达辽阳之东。……至其内边，在西北部者有二：一为自今兰州东至包头，沿河而置之一边；一为因秦昭王之长城而缮治者，起自今甘肃之岷县，东至今陕西绥德之东北达于黄河。……其北部之内边，则在山西朔县一带之地，其东亦或与赵肃侯在雁门与飞狐一带所建之长城相接。"[2] 这里特别值得注意的是提到秦昭王时所筑长城。秦昭王灭义渠戎后修筑了一条长城，这是秦国第三次修长城。这次修筑的长城比秦国前两次修筑长城规模都要大，路途也较长，专门是阻止匈奴入侵而修筑的。这条长城"首起于今甘肃岷县（秦时为临洮县——引者注）之西南，北行，经临洮（时为狄道县，陇西郡治所——引者注）、渭源之境，直达皋兰。再由皋兰东行，越陇山，入固原县境。复东北

---

[1] 史念海：《黄河中游战国及秦时诸长城遗迹的探索》，见《中国长城遗迹调查报告集》，文物出版社，1981年。

[2] 张维华：《中国长城建置考》，见《中国长城遗迹调查报告集》，文物出版社，1981年。（编者按：原文注误，当作：张维华：《中国长城建置考》，中华书局，1979年）

行,入合水县与环县之境。自此再东北行,入今陕西之鄜县境。再东北,经延安县而入绥德县境。再东行,达于黄河西岸而止"①。该文所述"入固原县境。复东北行,入合水县与环县之境"不尽详。东汉初年班彪曾由长安西北行,到了固原(那时叫平高县)、彭阳县沿长城西行(见班彪作《北征赋》)。彭阳县故城,即今甘肃镇原县东南茹河北岸的井陈家村,长城正在茹河北岸。据庆阳地区博物馆调查,长城出固原县入甘肃镇原县武沟乡孟庄村、韩家台入马渠乡、山岔等地。在今镇原县境长城约39公里长。②唐代《元和郡县志》载:庆州马岭县西北有长城遗址。马岭县,今甘肃庆阳县西北马岭镇。长城在今环县北。据实地调查,长城从镇原三岔镇周庄村的城墙湾进入环县演武乡吴家原村上畔、旧庄等地,再由演武乡堡子山进入合道乡赵台村的庙咀沟、李堡子山等地,又从何坪乡的大稍咀入虎洞乡境,抵半个城,沿西川河南岸东行,再过西川河到城子岗,再东跨环江,过环县城北之沈家沟门等地到麻渠原,然后出环县城辖地东北入樊川乡李家原,抵长城原北折至刘阳湾。长城在环县境内长140公里。③《宋史·刘绍能传》记,在大顺城北有长城遗地。大顺城故地在华池县东北的大顺川旁,即今华池县东北与志丹县吴堡乡交界处的二将川上游老爷岭附近。据调查,长城从环县刘阳湾进入华池县曹咀子崾岘,北上吊墩岭,再东行王边台,跨过乔川河,沿红大梁营盘山、转鱼儿掌东至箱子湾,再经元城乡营盘梁、营崾岘,东入吴旗县。长城在华池县内长约63公里。④在庆阳境内所存长城遗迹,系秦昭王时所建之长城。据前所述秦昭王之建长城,秦始皇时曾修缮,仍加利用,并成为"万里长城"之一部分。庆阳境内秦昭王时所建之长城遗迹之存在,为我们论述直道与长城的关系提供了难得的线索和依据。华池县的营崾岘和箱子湾等处的长城遗址,正处在马连河支流元城川与洛河支流二道川、三道川的分水岭间,长城就筑在分水岭上。如今人们站在分水岭上还可以清晰地看到古长城的雄姿,犹如一条巨龙蜿蜒在连绵的山脊之上,呼唤着沉睡的山岗。这条分水岭是子午岭的一段,这就是说这段长城建筑在子午岭上。

秦始皇所修建的直道是南北走向,从今陕西省淳化县梁武帝村(甘泉宫)至

---

① 张维华:《中国长城建置考》,见《中国长城遗迹调查报告集》,文物出版社,1981年。(编者按:原文注误,当作:张维华:《中国长城建置考》,中华书局,1979年)
② 李红雄:《甘肃庆阳地区境内长城调查与探索》,载《考古与文物》1990年第6期。
③ 李红雄:《甘肃庆阳地区境内长城调查与探索》,载《考古与文物》1990年第6期。
④ 李红雄:《甘肃庆阳地区境内长城调查与探索》,载《考古与文物》1990年第6期。

九原郡（今内蒙古自治区包头市附近）。据我们实地考察，中经子午岭主峰而过，特别还经过华池县的营崾岘和箱子湾等处。"营崾岘是直道与长城重合之处，也是一处交叉的十字路口，直道沿长城内侧向西北方向延伸，经营盘梁、南湾、箱子湾到白硷出长城……重合之处长约20公里"①。直道与长城的重合地段正是直道与长城关系的结合点（见图②）。这个重合地段的出现决不是偶然的，这正好回答了为什么秦始皇在修长城后又要修直道，回答了为什么直道必须沿子午岭主峰行进等问题。大家知道，秦长城既是一条城防线，同时长城沿线也是一条交通通道。但是如果按照长城沿线的交通道行进，由于路途遥远，长城所需兵员及军用物资、生活用品的运输则需要较长的时间和耗费较多的钱财。因此急需要一条近道来解决这个重大问题，子午岭秦直道的修筑正是解决这个问题的最佳方案。通过直道可以直接将士兵、军需用品和生活用品等及时地运送到营崾岘、箱子湾等处长城要塞上去，并且还可以通过营崾岘、箱子湾等处转运到以西的环县、固原以及陕西北部的长城设防之处，这就直接为秦长城的军需供应提供了运输上的保证。这就是为什么秦始皇在筑长城后还要修筑直道，并且对秦昭王时所修长城加以修缮、利用的道理之所在。这也给我们正确地揭示出了秦直道与秦长城不可分割的有机联系。

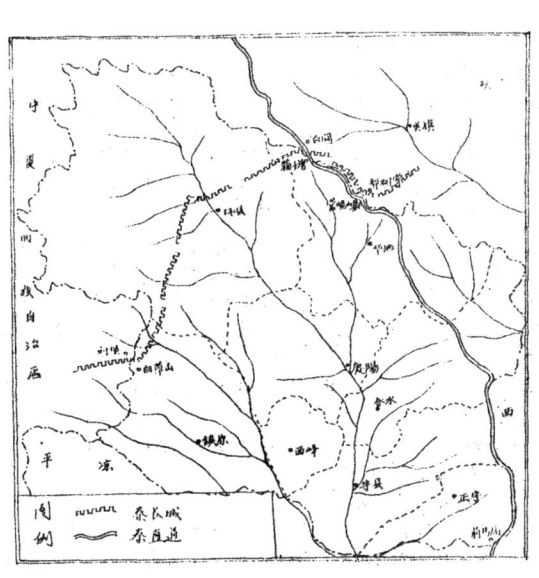

甘肃省庆阳地区秦长城、秦直道示意图

长城与直道的有机联系还表现在强化秦对匈奴的军事防御体系方面。就军事防御体系而言，秦长城无疑是自成体系的，这不仅在筑造和地形的选择上体现了军事防御的要求，如在筑造上往往是就地取材，石筑、土筑或土石并举，筑成城墙，在地形、地貌上"因边山险"，"因河为固"，"因地形，用制险塞"，形成天然屏障，而且在长城沿线设置烽台、城郭、城址等建筑物。烽台往往设置在地势较高之处，以瞭望报警，传递信息。障，山中小城或者说是城堡、关隘一类。城

---

① 李仲立、刘得祯：《甘肃庆阳地区秦直道考察报告》，载《甘肃社会科学》1991年第3期。
② 图系刘得祯同志绘制。

址是较大的城，驻兵屯戍。子午岭秦直道沿线也设置有严密的、完整的军事防御设施，如关隘、烽墩、兵站等。今甘肃庆阳地区境内的直道线上，我们已发现秦时兵站3处、关隘4处、烽墩17处，用以屯兵扎营，储存军事物资，传递军事信息。秦长城与秦直道间各自形成的军事防御体系，在一旦发生战争的情况下，它们间相互作用，相互联系，相互影响，相互促进，则大大地强化了秦对匈奴的抵御能力，强化了秦王朝的军事防御体系。从这个意义上讲，秦直道是一条抵御匈奴奴隶主贵族入侵的军事要道，起着与秦长城同样重要的作用。这一点，东西汉时期，在西汉王朝与匈奴的战争中表现得非常突出。

三、秦直道对促进政令畅通及经济文化交流的作用

我们承认秦直道与秦长城间的有机的联系，肯定秦直道在秦王朝军事防御中的作用。但并不是要把秦直道与秦长城等同起来，视为一种单纯的军事工程。秦直道毕竟是一条交通要道，甚至可以视为当时的一条高速公路。同时，因为有一半路程是在子午岭主脉上行进，也可以称之为山区的公路。司马迁在《史记》中讲到直道时，也是从交通的意义上去认识的。他说："始皇欲游天下……乃使蒙恬通道"。在封建中央集权专制主义制度下，皇帝被视为国家，国家被视为皇帝。秦始皇在位期间，曾五次外出巡游，以示国威。秦直道的修筑把关中地区与蒙古高原地带连接了起来，使秦王朝的政令、统一措施迅速地畅通到阴山脚下，并贯彻实施。1975年在奈曼旗善宝营子古城遗址中曾出土过两件秦陶量，器身断续保存着秦始皇二十六年诏书印文。在赤峰县三眼井公社出土了一件完整的秦铁权，器身通体铸造阳文二十六年诏书。在四家子公社老虎山大队小八盖子村先后出土过完整的秦铁权、秦半两小圆钱等。[①]1976年和1977年冬分别在河北省围场县大兴永东台子和小锥山，发现刻有二十六年诏书的铁石权三枚。小锥山秦权诏文为"廿六年皇帝尽并兼天下诸侯，黔首大安，立号为皇帝，乃诏丞相状、绾，法度量则不壹，歉疑者皆明壹之"。权重32.6~32.65公斤。[②] 这些文物的出土，证明了秦王朝实施的统一措施，如统一度量衡制度、统一货币制度、统一法令、统一文字等已在原匈奴统治区内草原地带得到了推广与落实。当然，这些制度的推广

---

① 项春松：《昭乌达盟燕秦长城遗址调查报告》，见《中国长城遗迹调查报告集》，文物出版社，1981年。
② 郑绍宗：《河北省战国、秦、汉时期古长城和城障遗址》，见《中国长城遗迹调查报告集》，文物出版社，1981年。

与落实，不能完全视为直道的作用，也可能与筑长城有关。但作为一条交通线，直道的作用是不应当忽视的。特别是由于交通路线的开通，冲破了地区的封锁态势，国家的政令更为畅通，人们在观念上、心理上增强了对民族和国家统一的凝聚力和向心力。

秦直道对经济文化的交流还起着重大作用。长期以来，中国以黄河流域、长江流域为中心形成为农业为主的经济，在以阴山为中心包括大漠南北的蒙古高原则形成为牧业为主的经济。这两种经济形态是由生产力发展水平和自然条件所决定的。这两种经济既是相对独立的，又是有联系的。从经济发展需要的角度讲，必然要求得到交流，并互相影响，相互促进。前面已提到在匈奴族中已发现有农业经济的存在，表明居住在草原上的匈奴族虽然在生活上以肉和乳食为主，但不能没有一定的粮食作为补充。可是，草原上稀少的农业生产满足不了广大牧民的需要。因此，他们希望得到更多的农产品和农业生产工具。另一方面，黄河、长江流域地区的人民，也希望获得牧产品，以提高生产力和调剂生活。所以牧区与农耕区进行产品交流，互通有无，是人民生活和生产发展的客观要求。正是这样，长城的修筑，从来也未曾使两种经济区的经济联系中断，相反，则成为经济文化交流的纽带。直道的修筑无疑强化了这种纽带作用，使之在直道沿线的更大地域内交换农牧产品和其它生产生活用品。尽管当时的封建统治者，包括秦始皇在内根本不能认识到这一点，甚至采取种种措施来限制这种交流，但经济发展的客观规律是不由人的意志为转移的，主观的力量是无法阻止的。在今内蒙古地区，甚至吉林、河北等地都出土了不少的秦王朝时期的铁制生产工具和兵器。一些先进的生产技术传播到了蒙古高原。

秦直道在秦以后的历代王朝中仍继续使用，其经济、文化交流方面的作用和影响则越来越大，这是毫无疑问的。

综上所述，在筑长城后，秦始皇又令蒙恬修直道，两者目的不完全是一致的，它们间既有联系又是有区别的。秦直道除具有军事意义，增强秦王朝军事防御体系力量外，还有更为重大的政治、经济、文化方面的战略上的意义。不能将秦直道的修建简单地、单纯地视为一项军事工程和军事方面的一项举措，只有这样才能真正认识秦直道的价值，才能阐明秦直道与秦长城的关系。

[原载《庆阳师专学报》（社会科学版）1994年第1期]

西周、战国时期秦直道子午岭路段已成型

李仲立

通直道,是秦始皇时期在修驰道和筑长城后的又一重大举措,并在秦王朝及其以后的中国历史上都产生过巨大影响和作用。但是,直道是否为秦始皇时期新修的一条南北交通要道呢?据实地考察,我们认为秦直道的子午岭路段早在秦始皇之前业已成型。

一、直道的路段问题

有关"直道"的文字记载,仅《史记》中有寥寥数语,我们只知其概略:一是秦始皇三十五年(前212年)令蒙恬修建直道,到始皇三十七年(前210年)全线竣工,始皇帝出游,病逝沙丘后,其辒车由井陉至九原,从直道返回咸阳发丧;二是自九原(今内蒙古自治区包头市西)至云阳(今陕西淳化县)甘泉宫(秦林光宫,今陕西淳化县北梁武帝村)为直道起讫点,全长1800里;三是司马迁亲自走完了直道的全程。

史籍中对直道所经之地及路段问题全无记载。今人史念海教授对秦直道进行过考察,弄清了直道的具体走向、所经之地及其路段问题。他说:秦直道"由陕西淳化县北梁武帝村秦林光宫遗址北行,至子午岭上,循主脉北行,直到定边县南,再由此东北行,进入鄂尔多斯草原,过乌审旗北,经东胜县西南,在昭君坟附近渡过黄河,到达包头市西南秦九原郡治所。一半路程修筑在山头岭上,一半路程

修筑在平原草地"①。史念海先生从地理地形地貌角度提出了直道的两个大的路段问题，即子午岭路段和草原路段。

二、子午岭车道始于西周

笔者在1989年4—5月对秦直道子午岭路段进行过考察，写有考察报告②。通过实地考察，我们认为秦直道的子午岭路段在秦始皇当政前早已存在于世，并为人们所利用。

子午岭，亦称子午山，因为这条黄土山梁是南北走向而得名。又名桥山，因沮水穿山而过如桥状而得名。黄帝（中华民族的人文初祖）陵就在这座山上。《正义》引《括地志》云："黄帝陵在宁州罗川县（今正宁县境）东八十里子午山。"

子午岭北入大漠，南至关中，直南直北长千余里，皆随地异名。它是泾、洛二水的分水岭，也是今陕、甘两省的分界线，其东侧隶属陕西省，西侧为甘肃省之正宁、宁县、合水、华池四县属地。

从远古以来就有人类生息繁衍在子午岭中。在考察中，直道沿线我们发现了多处新石器时代的文化遗址。如调令关新石器时代遗址，在子午岭上调令关（正宁县辖地）发现了一段早期土墙，内含大量的仰韶文化红、黄陶片，在靠直道东边的台地内还找到许多红陶片，因花木杂草茂密，对文化层厚度及范围大小未能搞清楚，可辨器形只有红陶钵，文化遗址破坏十分严重，然而属新石器仰韶文化遗址无疑。在考察中，曾在今宁县罗山府林场辖地，子午岭西侧沟底，距直道约5公里的介家川和冯西沟川小河交汇的台地内又发现一处新石器时代遗址。遗址面积约15000平方米，文化层厚1~2米，地表散布大量的彩陶盆、尖底瓶、细泥红陶钵、罐等的陶片及网坠、纺轮、兽骨、骨镞之类，并有黑色陶环、残石锛、斧等器物，是一处仰韶文化遗存。在华池县麻籽崾岘北端一长梁中部的小山峁南边，直道从中穿过，在路面上发现红陶及褐色陶片，同时在道路两边及山峁南侧的坡地内还发现了许多陶片，可辨器形有罐、盆、残石斧、弹丸等，这是一处齐家文化遗址。在华池县黄蒿地畔直道东侧一崾岘北端小山峁上，峁顶部有秦时修筑的烽火台，在山峁西南侧，从峁顶以下第三、四层台地，其面积约150×100

---

① 史念海：《秦始皇直道遗迹的探索》，载《文物》1975年第10期。
② 李仲立、刘得祯：《甘肃庆阳地区秦直道考察报告》，载《甘肃社会科学》1991年第3期。

平方米。因修台地，挖出许多陶片，遍布地内，可辨器形有红色大口罐、盆、红陶钵、线纺轮、陶刀等，这是一处仰韶至齐家文化遗址。上述几处遗址证实在公元前6000年至前2000年先民们就生活在这一带，并且居住时间较长。子午岭自生林十分茂密，野生果类满山皆是，飞禽走兽种类繁多，这条长梁为先民们创造了良好的生态环境，是先民们生活的最好乐园。冬春之季，他们主要以狩猎为主，遗址中出现的骨镞、弹丸、网坠就是真实的写照；夏秋之季主要以采集为生，那些残石斧、石锛、陶刀的出现，记录了他们的辛勤劳作。路在人脚下，由于采集和狩猎的需要，子午岭上下的道路由于人们的踏踩而逐渐形成。

历史进入到了西周，子午岭上下居住的人越来越多。1984年在合水县文夏村兔儿沟发现了先周及西周时期的文化遗址。这处遗址与直道仅一沟之隔，相距约50里，可直通宁县境内直道上的五里墩。遗址面积达10000平方米，山下近水处有两个较大的住宅，半山腰至塬畔是墓葬区，从四座残墓中出土了先周陶鬲及彩绘折肩灰陶罐等器物。① 在考察中，在直道沿线还发现了几处周代文化遗址。如宁县兴隆关周代遗址，分布于直道西侧约20米处的小山峁上，遗址南北长约150米，东西宽约100米，地表布有大量的粗细绳纹夹砂灰、红陶片，可辨器形有陶鬲、豆、罐之类。在正宁县有高庄遗址，距调令关约20公里处，遗址位于南北长约100米、宽约40米的崾岘之中，范围约70×30平方米，该遗址内除有大量的秦汉瓦片外，还有周代的陶片，可辨器形有褐色夹砂残陶鬲、罐、灰色陶豆、残石斧等。这是在直道上从周代到秦汉沿用的一座建筑物，直道从门前经过，崾岘两边为深谷，地势十分险要，既可供食宿，又是要塞。合水县午亭子周代遗址，位于午亭子以南约1里处，在直道西侧山梁上，面积约100×50平方米，遍布夹砂灰、褐色陶片，可辨器形有鬲、罐等物。华池县老爷岭周代遗址，位于直道西侧约100米的山梁上，布于烽燧四周，面积约100×50平方米，地表散布周代陶器残片，可辨器形有夹砂陶鬲、罐、豆等物，同时，还有大量的秦汉瓦片。宁县七里店遗址，位于直道东侧约10米的一块台地内，面积为150×100平方米，内含大量周代陶片。

此外，庆阳地区博物馆近年来先后在子午岭西侧5至30公里范围内发现了多处西周中晚期遗址。如正宁县的杨家台、宁县的湘乐宇村、合水县的兔儿沟等处西周墓葬群，先后出土了许多青铜礼器、车马器、服饰。在宁县罗山府近直道

---

① 许俊臣、刘得祯：《甘肃合水、庆阳县出土早周陶器》，载《考古》1987年第7期。

处，1992年4月林场工人植树时挖出了一件短胡一穿戈，内胡肥大，有中脊，通长21.3厘米，内长4.5厘米，宽栏长9.5厘米，实属西周早中期遗物。直道沿线与直道周围发现的周代遗址、墓葬，表明周人在子午岭一带生活时间较长，特别是青铜器、车马饰的出现，证明周人已经使用过这条车道，并在车道上建造有供食宿用的建筑物。

这条车道周人已经使用，还有文字记载可做印证。《诗·小雅·吉日》曰："吉日维戊，既伯既祷。田车既好，四牡孔阜。升彼大阜，从其群丑。吉日庚午，既差我马……"诗中说周王选择了戊辰这个好日子，先去祭祀马神，然后出去打猎，乘着四匹高大雄马拉着的车子跑到那高山上去，追赶一群野兽。周王选择了庚午这个好日子，先把马匹挑选停当，去那野兽聚集的地方，有许多雌鹿走着，这地方就是漆沮河的岸边，天子做了打猎之所……诗中所说的漆沮河就是战国以后所称的洛水，沮水源于子午岭，诗中所讲的山是与漆沮河有关的山；宁县境内的子午岭上有兴隆关，古称沮源关，是因沮水出子午岭东，流向洛河而得名，而且诗中说到的鹿、野猪等亦是子午岭上常见的猎物。如是观之，子午岭主脉上在西周时已存在着一条可供四匹马拉着车子行走的车道。《诗经》中有关周王或周的大臣在子午岭一带活动的记载，还有《小雅·瞻彼洛矣》《小雅·六月》等篇。《诗·小雅·六月》记载了尹吉甫奉周宣王之令北伐狎狁，取得胜利的情景。曰："薄伐狎狁，至于大原。"大原即今之陇东董志塬（关于大原所指，另文论述）。1983年，庆阳地区博物馆在宁县五里墩西约20公里的湘乐宇村谢家庄发现了一处西周中晚期遗址，遗址地处宇村塬西北塬畔，北起农民李得玉住宅，南至谢家二队，西至沟畔，东到马路，总面积约15000平方米，文化层厚约1米，断面已暴露出住室二处、灰坑三处，一农民在遗址东北部修庄时距地表1.5米处挖出一座古墓，出土大小青铜器22件，有"中生父"鬲、"眰伯"盨、尊、虎符、虎饰、兵器及车马等。① 从器形和饰纹被断为周宣王时代。1973年合水县文夏大队在兔儿沟平田整地时发现一处西周墓群，被破坏的古墓有三四座，其中一座出土青铜器4件，有铜鼎、簋、戈等。鼎直耳，三柱足，腹饰雷纹和饕餮纹三组，通高21厘米；簋通高15厘米，腹饰饕餮二组，足饰夔龙纹四组，与甘肃灵台白草坡出土的基本一致，属穆恭王时期遗物。这两处遗址均处于直道西侧的要道上，与直

---

① 许俊臣、刘得祯：《甘肃宁县宇村出土西周青铜器》，载《考古》1985年第4期。

道相对峙。出土的器物反映出墓主人生前社会地位十分显赫，是掌管兵权的重要人物；从另一方面可看出，在西周中晚期，子午岭上的车道是周王朝北抗狎狁等少数民族的重要通道。

三、子午岭车道是战国秦长城的运输线

西周灭亡后，泾北有义渠之戎兴起，义渠戎国的国都就在今庆阳地区境内。义渠戎在庆阳一带活动时间比较长，曾与周人有过联合和斗争，战国时期又与秦国抗衡，主要活动在关中一带。通向关中的子午岭车道为义渠戎所控制，据庆阳地区博物馆1984年普查，正宁县的月明、柴桥、后庄距子午岭最远的不超过20公里，宁县罗山府、盘克、袁家村距子午岭有的仅2~3公里，最远的也不超过40公里，都出土有戎族遗物。位于秦直道西侧10多公里处的后庄村，发现墓葬和葬马坑各一处，出土器物32件[①]，其中兵器有铜戈、铜柄铁剑、铜刀柄等，特别是车马器铜铃、车軎、銮铃、当卢等的出现，进一步证明战国时期子午岭车道仍被继续使用，并为戎人所控制，成为义渠戎国与秦国争夺的主要交通线。《西羌传》"昭王立，义渠王朝秦"，乃至到昭王三十五年（周赧王四十三年）"宣太后诱杀义渠王于甘泉宫，因起兵灭之"，都可能走的是子午岭车道。因为甘泉宫就在子午岭车道南端的甘泉山上，不用翻山越岭，沿子午岭主脊可直达。

《史记》载：秦昭王三十五年灭义渠戎后，置陇西、北地、上郡，并"筑长城以拒胡"，阻止匈奴族南下关中。秦昭王时所修长城从陇西郡开始，经过北地、上郡等地。今庆阳地区境内的镇原县、环县、华池县境内均有秦昭王时所修长城的遗迹。华池县境的营崾岘和箱子湾等处的长城遗址，正处在马莲河支流元城川与洛河支流二道川、三道川的分水岭间。这条分水岭是子午岭的北段，表明在这里长城之所以筑在子午岭上，正是要与子午岭车道接轨。考察中发现，营崾岘正是秦直道与秦昭王时所修长城的重合处。这里，也是一处交叉的十字路口，直道沿长城内侧向西北方向延伸，经营盘梁、南湾、箱子湾到白磁出长城，入陕西定边县的马崾岘（在铁角城以东的分水岭上），重合之处约20公里。秦直道与秦昭王时所修长城的重合这一事实说明了秦昭王时子午岭车道已达到营崾岘，成为秦战国时期所筑长城防御体系的组成部分，通过子午岭车道为长城提供运输保障，

---

① 刘得祯、许俊臣：《甘肃庆阳春秋战国墓葬的清理》，载《考古》1988年第5期。

长城所需军用物资、士兵及日常生活用品可以由关中通过子午岭车道以较短的时间，以较快的速度运往长城沿线。因此，子午岭车道成为秦战国长城的一条十分重要的运输线。

四、直道是子午岭车路的完善和延伸

前面已经论证了在秦直道修筑之前，从西周到战国时期，子午岭上已经存在着一条具有一定规模的车道，成为西周、秦国联结关中与陇东的交通干线。秦始皇时期所修"直道"，是在原子午岭车道基础上进行的，是子午岭车道的完善和延伸。仔细推敲史籍中有关修筑秦直道的记载也会发现这个问题。《史记·秦始皇本纪》载："三十五年，除道。道九原，抵云阳，堑山堙谷，直通之。""除"，《说文解字》注曰："殿陛也"，"凡去旧更新皆曰除"，"从阜，取以渐而高之意"。从文字上讲，称"直道"为"除道"，其意思是用新的名曰直道的路去代替旧有的道路。《辞源》"除道，修治道路"，即在旧道路基础上进行整修治理。

秦直道，《史记索隐》苏林云："正南北相直道也。"子午岭以子为北，午为南，南北走向山岭之意。秦直道与子午岭山脉走向一致，秦始皇令蒙恬修直道，完全可以利用子午岭车道路段，在此基础上采用土筑、加宽、削山、铲平等方法进行整治修缮，并出陕西定边，向北延伸，进而贯通鄂尔多斯草原，达九原郡（今内蒙古包头市西），使之直通。如若不是这样，秦始皇时期在两年之内新筑一条从今陕西淳化县梁武帝村（甘泉宫）至内蒙古自治区包头市附近长达1800里的车道，而且要经过子午岭主峰，在当时生产力发展水平和科学技术条件下是不大可能的。以鄂尔多斯草原而论，多为山丘盆地及广阔的草地，多有小河沼泽，直道多半是沿较高的丘陵山梁向东北方向延伸，修筑困难就不小，更何况子午岭森林密布，除一条主山岭之外，东西两边天然形成了无数条横岭，横岭末端均为崎岖的山谷，今人若不熟悉地理地形，上了山不知从何处下山，走错一条山梁，就很难返回原处，因此道路勘测水平要求很高，稍有误差，就会偏离主峰，误入深谷。在这样复杂的地形地貌情况下，两年时间新修一条直道是很难完成的。

（原载罗世烈、林向、彭邦本等主编：《先秦史与巴蜀文化论集》，历史教学社1995年版，收入李仲立：《先秦历史文化探微》，甘肃人民出版社2006年版，第184—191页。今据《先秦历史文化探微》收入）

秦直道新论

李仲立

秦直道，是秦始皇时期在修驰道和筑长城后的又一重大举措，并在秦王朝及其以后的中国历史上都产生过巨大影响和作用。直至今天，直道遗迹还清晰可辨，历历在目。但是，如何认识和理解秦直道这一历史现象，在一些史学论著中仍有不同的说法和结论，感到莫衷一是。笔者撰写本文的目的是希望通过进一步的研究和客观的、实事求是的论证，得出恰当的结论。

一、秦直道路段的形成

有关"直道"的记载，仅《史记》中有寥寥数语，我们只知其概略。一是秦始皇三十五年（公元前212年）令蒙恬负责修建直道，到始皇三十七年（公元前210年）全线竣工，始皇帝出游，病逝沙丘后，其辒辌车由井陉至九原从直道返回咸阳发丧；二是自九原（今内蒙古自治区包头市西）至云阳（今陕西淳化县）甘泉宫（秦林光宫，今陕西淳化县北梁武帝村）为直道起讫点，全长1800里；三是司马迁亲自走完了直道的全程。

今人史念海教授曾对秦直道进行过考察，弄清了秦直道的具体走向，即"由陕西淳化县北梁武帝村秦林光宫遗址北行，至子午岭上，循主脉北行，直到定边县南，再由此东北行，进入鄂尔多斯草原，过乌审旗北，经东胜县西南，在昭君坟附近渡过黄河，到达包头市西南秦九原郡治所。一半路程修筑在山头岭上，一半路程修筑在平原草地"①。笔者在 1989 年 4—5 月对秦直道子午岭路段也做过考察，根据考察情况写有考察报告。② 通过实地考察，我们认为，这条道路虽然被命名为直道，始于秦始皇时期，但作为交通线的一些路段早已存在于世，并为人们所利用。在考察中，我们曾在今宁县罗山府林场辖地子午岭西侧沟底，距直道约 5 公里的介家川和冯西沟川小河交汇的台地内发现一处新石器时代遗址，遗址面积约 15000 平方米，文化层厚 1~2 米，地表散布大量的彩陶盆、尖底瓶、细泥红陶钵、罐等陶片以及夹砂红陶器物残片，并出土有黑色陶环、残石钵等器物，属仰韶到齐家文化类型。此外，在直道沿线的宁县兴隆关发现了齐家文化遗址，在华池县的黄蒿地畔有仰韶文化遗存。地下文化遗存表明，在公元前 5000—前 3000 年左右就有先民生活在子午岭的山上山下，并且居住时间较长。先民们常到子午岭上去采集和猎取食物，这样子午岭上下的道路由于人们的踏踩而逐渐形成了。

历史进入西周，子午岭上下居住的人越来越多。1984 年在合水县文夏村兔儿沟发现了先周及西周时期的文化遗址。这处遗址与直道一沟之隔，相距约 40 公里，可直通宁县直道上的五里墩。遗址面积达 1000 平方米，山下近水处有两个较大的住室，半山腰至原畔是墓葬区，从四座残墓中出土了先周陶鬲及彩绘折肩灰陶罐等器物。③ 在直道沿线也存在不少周代遗址，如兴隆关周代遗址分布于直道西侧约 20 米处的小山峁上，遗址南北长约 300 米，东西宽约 100 米，地表布有大量的粗、细绳纹夹砂灰、红陶片，可辨器物有陶鬲、豆、罐之类，内含周代器物相当丰富。高庄遗址，在正宁县内距调令关约 20 公里处，位于长约 100 米、宽约 40 米的崾岘之中，范围约为 70 米 × 30 米。该遗址内除有大量的秦代瓦片外，还有周代的陶片，这是在直道上从周到秦沿用的一座建筑，直道从门前经过，崾岘两边为深谷，地势十分险要，既可供食宿，又是要塞。华池县老爷岭遗址，位于直道西侧 100 米的山岭上，布于烽燧四周，面积约为 100 米 × 50 米，地表到处可见周代陶器残片。宁县七里店遗址，位于直道东侧约 10 米的一块台地内，面积为 150 米 × 100 米，内含大量的周代陶片。直道沿线发现的遗址表明，周人在子午岭上生活的时间较

---

① 史念海：《秦始皇直道遗迹的探索》，载《文物》1975 年第 10 期。
② 李仲立、刘得祯：《甘肃庆阳地区秦直道考察报告》，载《甘肃社会科学》1991 年第 3 期。
③ 许俊臣、刘得祯：《甘肃合水、庆阳县出土早周陶器》，载《考古》1987 年第 7 期。

长，可能是周人已经使用这条车道，并在车道上建筑供食宿用的建筑物。

这条车道周人已经使用，还有文字记载可做印证。《诗·小雅·吉日》曰："吉日维戊，既伯既祷，田车既好，四牡孔阜。升彼大阜，从其群丑。吉日庚午，既差我马。兽之所同，麀鹿麌麌，漆沮之从，天子之所。瞻彼中原，其祁孔有。儦儦俟俟，或群或友。悉率左右，以燕天子，既张我弓，既挟我矢。发彼小豝，殪此大兕，以御宾客，且以酌醴。"诗中说周王选择了戊辰这个好日子，先去祭祀马神，然后出去打猎，乘着四匹高大雄马拉着的车跑到那高山上去，追赶一群野兽。周王选择了庚午这个好日子，先把马匹挑选停当，去到那野兽聚集的地方，有许多雌鹿走着，这地方就是漆沮河的岸边，天子做了打猎之所……诗中所说的漆沮河就是战国以后所称的洛水，沮水源于子午岭，子午岭是一座高大的山，又称桥山，可能是山的形状如桥而得名，也有人谓沮水穿过这条山，而称为桥山。诗中所讲的山是与漆沮水有关的山，当然应为子午岭（桥山）是无疑的，而且诗中说到的鹿、野猪等亦是子午岭上常见的猎物。如是观之，子午岭主脉上在西周时已存在着一条可供四匹马拉着车子行走的车道。《诗经》中有关周王或周的大臣在子午岭一带活动的记载，还有《小雅·瞻彼洛矣》《小雅·六月》等篇。

西周灭亡后，泾北有义渠之戎兴起，义渠戎国的国都就在今庆阳地区境内，通向关中的子午岭车道为义渠戎所控制，在子午岭车道附近的一些地方，如正宁县月明乡柴桥村、山河乡后庄等地都发现了春秋战国时期戎人的一些墓葬。位于秦直道西侧10多公里处的后庄村发现墓葬和葬马坑各一处，出土器物32件[①]，其中兵器有铜戈、铜柄铁剑、铜刀柄等，特别是车马器铜铃、车軎、銮铃、当卢等的出现，进一步说明战国时期子午岭车道仍继续使用，并为戎人所控制，成为义渠戎国与秦国争夺的重要交通线。《西羌传》"昭王立，义渠王朝秦"乃至到昭王三十五年（周赧王四十三年）"宣太后诱杀义渠王于甘泉宫，因起兵灭之"，都可能走的是子午岭车道。因为甘泉宫就在子午岭南端甘泉山上，是子午岭车道的起点，也是秦直道的起点。均为南北方向，且在子午岭主脉上，可见子午岭车道和秦直道必然重合。《史记》载：秦昭王三十五年灭义渠戎后，置陇西、北地、上郡，"筑长城以拒胡"，阻止匈奴族南下关中。秦昭王时所修长城从陇西郡址开始，经过北地、上郡等地。今庆阳地区境内的镇原县、环县、华池县均有秦昭

---

① 刘得祯、许俊臣：《甘肃庆阳春秋战国墓葬的清理》，载《考古》1988年第5期。

王时所筑长城的遗迹。华池县的营崾岘和箱子湾等处的长城遗址，正处在马莲河支流元城川与洛河支流二道川、三道川的分水岭间，长城筑在分水岭上，这条分水岭是子午岭的北段，这就是说长城筑在子午岭上。我们在考察中发现，营崾岘正是秦直道与秦昭王时所筑长城的重合处。这里，也是一处交叉的十字路口，直道沿长城内侧向西北方向延伸，经营盘梁、南湾、箱子湾到白硷出长城，入陕西定边县的马崾岘（在铁角城以东的分水岭上），重合之处长约20公里。秦直道与秦昭王时所筑长城的重合，也正说明秦昭王时，子午岭车道已达到营崾岘，成为秦昭王所筑长城的防御体系的组成部分，因为通过子午岭车道，可为长城提供运输保障。这又一次证明子午岭车道在秦昭王时期仍继续使用，并发挥其重要的运输作用。所以秦直道子午岭路段，早在西周、战国时期就已经成型。秦始皇时期所修直道的子午岭段是在原子午岭车道基础上进行的。文献记载也说明了这个问题，《史记·秦始皇本纪》载："三十五年，除道，道九原，抵云阳，堑山堙谷，直通之。""除"，《说文解字注》曰："殿陛也"，"凡去旧更新皆曰除"，"从阜，取以渐而高之意"。从文字上讲，称直道为除道，其意思是用新的名曰直道的路去代替旧有的道路是很明确的。《辞源》："除道：修治道路"，即在旧道路的基础上进行整修治理。

秦直道，《史记索隐》苏林云："正南北相直道也。"子午岭以子为北，午为南，南北走向的山岭之意。秦直道与子午岭山脉走向一致，秦始皇令蒙恬负责筑直道，完全可以利用子午岭车道路段，在此基础上采用土筑、加宽、削山等方法进行整治修缮，再向北延伸，进而贯通鄂尔多斯草原，达九原郡郡址（今内蒙古包头市西）之路段，使之直通而成，这便是秦直道修建的基本方略。

二、秦直道是秦王朝沟通北部草原地区的交通要道

秦直道从九原抵云阳，是当时秦王朝都城咸阳与北部草原地区的交通要道，秦直道是一条交通线，这本来是很清楚的。郭沫若先生主编的《中国史稿》，认为修直道"在一定程度上便利了当时的交通"。朱绍侯教授主编的《中国古代史》也认为修直道是巩固统一的措施之一，说："一个以咸阳为中心的四通八达的交通网，把全国各地联系在一起了。"刘泽华等教授编著的《中国古代史》认为修直道"加强了两族人民（指汉族和匈奴族——引者注）经济、文化的融和和交流"。

但是在另外的一些论著中则提出了不同的看法，认为"专为加强北面的边防而开通"直道①，或者说修直道"以加强北方的边防安全"②，有的还认为秦直道是一条"军用公路"③，是"国防工程建设"④，等等。我们认为郭沫若、朱绍侯、刘泽华等先生的看法是很有见地的。秦始皇统一六国，建立起封建中央君主集权制度后，无论是修驰道或者直道都是为了巩固统一，加强在秦王朝统制下的各地区的经济、政治、文化的联系，增强人们维护统一团结的观念和意识。

众所周知，生活在我国北部草原地带的少数族——匈奴族，是一个具有悠久历史的游牧民族，以善骑射、攻战和掳掠为其特征。到公元前4世纪初，匈奴族就与中原发生了关系，经常给燕、赵以很大的威胁。到公元前3世纪时，匈奴族的军事力量有很大增长，多次与秦、赵、燕三国发生军事冲突。《史记·匈奴列传》载："当是之时，冠带战国七，而三国边于匈奴。"那时匈奴族的势力已进占了河南地（今内蒙古伊克昭盟）。在秦统一六国后，匈奴族又逐渐南下，进入河套地区，一度对秦王朝构成较大的威胁。秦始皇当机立断，在始皇三十二年（公元前215年）派将军蒙恬率30万军队（又一说10万）北逐匈奴，迅速地收复了河套南北的广大地区，并沿黄河以北直到阴山广大地区内设置了34县（一说44县），重设九原郡统辖。同时又将内地的部分人民群众及一些有罪的官吏迁徙到那些地方去垦地生产，充实边郡，发展经济，交流文化。秦王朝对匈奴奴隶主的侵扰所进行的打击，取得了重大胜利。在这之后，秦王朝于公元前212年开始修筑直道，如果说是由于军事斗争的需要，防止匈奴的再次入侵，倒不如说是适应内地和边郡地区加强政治、经济、文化联系的需要，巩固国家统一的需要而修建直道的。这是因为经济的发展总是有着外在的和内在的互相联系的因素。人们在生活上的追求也是多方面的。自古以来，华夏族的文明主要发源于黄河流域、长江流域一带。黄河流域、长江流域，由于自然条件的关系，形成了以农业为主的经济结构，在以阴山为中心包括大漠南北的蒙古高原，以及其它诸如西藏高原等地则形成为牧业为主的经济模式。这两种自然经济既相对立，又是相互联系的，从发展经济的角度讲，它们间又是相互补充的，互相促进。任何部族、民族的经

---

① 张传玺：《中国古代史纲》，北京大学出版社，1985年。
② 张思恩主编：《简明中国古代史》，陕西人民教育出版社，1988年。
③ 吉川中夫：《秦始皇》，纪太平译，三秦出版社，1989年。
④ 王开：《"秦直道"新探》，载《成都大学学报》（社科版）1989年第1期。

济不可能做到绝对单一，或者说纯而又纯。就以匈奴族这个游牧民族来说，在蒙古各地古代的方形石墓中，发现了公元前7—前3世纪时的石臼等器物和农业生产工具[①]。这就告诉我们，居住在草原上的匈奴族虽然以肉和乳食为其主要生活食品，但也需要粮食作物作为补充。随着畜牧经济的发展，他们对粮食作物的需要更为迫切，可是又受到自然条件的种种限制，对粮食作物的需求更渴望于通过交换来实现。另一方面，居住在黄河流域和长江流域等地的人民也需要得到牧产品来调剂生活，需要畜力来提高劳动生产率。所以牧区与农耕区进行产品交换，互通有无，是人民生活和生产发展的客观需要。这是经济发展的客观规律所决定的，虽然当时秦始皇并不可能认识到这一点，但是经济发展的规律是不以人的意志为转移的，在经济发展过程中时隐时现地起作用。产品交换的工具就是交通。道路、车辆等是交通的载体，是保证经济、文化交流的客观条件。有了直道，通过运输物资和人口流动，便开始打破地域间的封闭态势，使农耕文化和草原文化间的交流、关中地区和边郡地区间物资的交换都得到了促进和加强。在今内蒙古地区出土了不少铁制生产工具、兵器等就是很好的说明，一些先进的生产技术传播到了蒙古高原。

直道既为一条南北走向的道路，又是一条近道、捷道。因为有一半路程是在子午岭主脉上行进，也可称为山区公路。司马迁在《史记》中也认为直道并不是一项军事工程，并不是军事道路，而是一条南北交通路线。是满足秦王朝统治者出游的需要而修了直道。他说："始皇欲游天下，道九原，直抵甘泉，乃使蒙恬通道……"（《史记·秦始皇本纪》）在封建中央集权专制主义制度下，皇帝被视为国家的象征，国家被视为皇帝的私产。秦始皇是一位精明能干的皇帝，是一位很有谋略的政治家，他在建立统一国家、维护国家统一方面做出了卓越贡献。在位期间，他曾五次外出巡游（不能单纯视为游山玩水），刻石颂功，以示国威，传播统一思想，检查统一措施的落实情况。秦始皇的确滥用过民力，大兴土木，营造宫殿、坟墓，但并不能以此完全否定他对经济发展所做的努力。秦始皇在收复河南地区以后，在开始修直道后，在始皇三十六年（公元前211年）从中原一带移民3万户到北河、榆中，垦地生产，使这一地区逐渐富裕起来，被人们称为"新

[①] 林幹：《匈奴社会制度初探》，见《匈奴史论文选集（1919—1966）》，蒙古语言文学历史研究所历史研究室，1977年。

秦中",直道修筑进一步开发了新秦中。"新秦中"名的使用,正是南北经济、文化交流的结晶。同时,秦直道的修筑把关中地区与蒙古高原地带连接了起来,使秦王朝的政令、统一措施、先进生产技术与工具等迅速地贯彻和传播到阴山脚下。1975 年在奈曼旗善宝营子古城遗址中曾出土过两件秦陶量,器身断续保存着秦始皇二十六年诏书印文。在赤峰县三眼井公社出土了一件完整的秦铁权,器身通身铸造阳文二十六年诏书。在四家子公社老虎山大队小八盖子村先后出土过完整秦铁权、秦半两小圆钱等。① 1976 年和 1977 年冬分别在河北省围场县大兴永东台子和小锥山发现刻有二十六年诏书的铁石权三枚。小锥山秦权诏文为"廿六年皇帝尽并兼天下诸侯,黔首大安,立号为皇帝,乃诏丞相状、绾,法度量则不壹,歉疑者皆明壹之"。权重 32.6~32.65 公斤。② 这些文物的出土,证明了秦王朝的统一措施,如统一度量衡制度、统一货币制度、统一法令、统一文字等已在原匈奴统治区内草原地带得到了推广和落实。直道这条交通路线的开通,使国家政令更畅通,增强了人们对统一国家的凝聚力和向心力。

总之,从秦直道修建的历史条件以及目的和作用等方面去考察研究,必然得出这样的结论:秦直道是秦王朝沟通南北最近的一条交通要道,而不是什么军事工程。

三、秦直道的军事战略地位

秦王朝通直道与筑长城从性质上讲是完全不同的两项工程。筑长城是出于军事斗争的需要,抵御少数民族奴隶主贵族的侵扰,可谓军事工程。直道如上所述,只能是一条交通线。当然可以运输军队和军用物资、军士们所需的生活用品等,一般地说只是在战时是这样。所以不能单纯地称为军事道路。

由于直道修建在鄂尔多斯草原中,特别是还行进在子午岭主脉上,子午岭处于洛河流域河谷大道和泾河支流马莲河流域河谷大道之间,因为它居高临下,对其两侧的河谷大道有扼控作用,子午岭的地理位置决定直道在防御匈奴族和北方少数族奴隶主入侵中具有很重要的军事战略地位。军事战略地位和军事道路是两

---

① 项春松:《昭乌达盟燕秦长城遗址调查报告》,见《中国长城遗迹调查报告集》,文物出版社,1981 年。
② 郑绍宗:《河北省战国、秦、汉时期古长城和城障遗址》,见《中国长城遗迹调查报告集》,文物出版社,1981 年。

个不同的概念，具有不同的内涵。把直道说成"军事工程""军事道路"，恐怕是同直道所具有的军事战略地位相混淆的结果。

直道的军事战略地位是指它在军事斗争中不是一时一事、一次战斗或一个战役的地位，而是指长远的、关系战争全局胜败的地位和作用。直道的军事战略地位是由它所处的地理位置、地形地貌所起的屏障和扼控作用表现出来的。

直道经鄂尔多斯草原后进入子午岭，沿子午岭主脉由北向南，直至子午岭南端的甘泉山。子午岭是一座高大的山峰，山区面积广，支岭较多，地形复杂，地势险要，是延州（今延安）、庆州以及关中的屏障，扼控着东西两侧的河谷大道，是兵家必争之地。子午岭两侧的河谷大道，即著名的延川道（由长安通向延州，再北行通向内蒙古）和马莲河道（由贺兰山下和内蒙古南下，经环县、庆阳、长武、彬县，直达关中）。河谷地带水草丰盛，游牧民族习惯来往于河谷大道，因此，它们成为古代北方游牧民族南下的主要通道。延川道河谷比较狭窄，北方游牧部族南下时困难较多，因而往往从马莲河道南下。从马莲河道南下，不仅距关中路程较近，而且多为土山丘陵地，险阻不大，容易攻略。这条路也有不利的一面，在环县和灵武间俗称"旱海"，水草缺乏，扎营行军有所不便，不过这段路程不远，影响不太大。另外还有一条道路，在马莲河道之西，六盘山下的肖关道。这条道路，比较平坦，水草也比较丰盛，更利于骑兵活动，缺点是距离关中较远，但在延川道、马莲河道受阻的情况下，北方游牧民族也常由此道南下。马莲河道、肖关道、延川道都关系着关中、延州、庆州的安危。特别是马莲河道和肖关道，自古以来，发生了不少的战争，有的还很激烈。

延川道、马莲河道、肖关道这三条河谷通道，马莲河道居其中间。三条河谷道之间还有一些道路可以互相通往，这样，马莲河道还承受着由延川道、肖关道转过来的攻击和压力，因此马莲河道所处的地位更为突出。

延川道和马莲河道分处于子午岭的东西两侧，直道在子午岭上。直道对于两侧的河谷大道起着扼控作用。如在西汉初年，汉文帝三年（公元前177年）匈奴右贤王入据河南地，攻略上郡，未能沿延川道继续南下，就是因为有直道的控制。而同时，汉文帝派丞相灌婴率军由直道行进，抗击匈奴，匈奴奴隶主很快撤出了河南地，确保了关中的安全。又如汉文帝十四年（公元前166年）匈奴族老上单于率骑兵14万入侵朝那（今甘肃平凉西北）、肖关（固原南），杀死北地都尉，掠夺了大批财富,随后又进攻彭阳(镇原县),其前锋到了雍(陕西凤翔)和甘泉(陕西淳化县)。匈奴族这次南侵来势凶猛,为什么老上单于在塞内停留一月以后又撤回塞外？为什么不走距关中较近的马莲河道,而走距关中较远的肖关道呢？就是因为直道扼制着马莲河道。

直道的扼控作用还表现在对于子午岭山脉周围交通网络的控制。子午岭东西两侧的延川道和马莲河道是两条平行的河谷道,它们之间的连接必须通过子午岭才能形成网络,互相补充,互相影响。因而在子午岭上有许多关卡都处于直道上。如沮源关(兴隆关)、雕令关、午亭子、老爷岭等处都是主要的十字交叉路口,都有一些关隘设施,控制着子午岭周围的交通网络,特别是成为控制延川道和马莲河道的重要咽喉,成为边郡重镇和关中的天然屏障。

(原载《西北史地》1997年第4期)

秦始皇直道沿线的扶苏传说

王子今　张在明

直道是秦始皇时代为加强北边防务，抵御匈奴南犯而开筑的由甘泉向北，直通长城防线上军事重镇九原的交通大道。甘泉宫遗址在今陕西淳化，九原故地在今内蒙古包头。直道直通南北，规模极其宏大。

我们在1990年夏季参加陕西省考古研究所秦汉研究室组织的秦始皇直道南段实地考察工作中，除发现大量秦代遗迹遗物之外，还惊异地发现沿途多有关于秦始皇长子公子扶苏的传说。

秦始皇这位理所当然的继承人，据说"刚毅而武勇，信人而奋士"，然而由于与秦始皇政见多有不同，曾"数直谏上"，被秦始皇派遣为将军蒙恬驻守北边的部队的监军。①《史记·秦始皇本纪》记载，扶苏与秦始皇的政治主张有原则性分歧，秦始皇三十五年，以诸生"诽谤"，"或为妖言以乱黔首"，于咸阳坑杀犯禁儒生四百六十余人，扶苏极力劝谏："天下初定，远方黔首未集，诸生皆诵法孔子，今上皆重法绳之，臣恐天下不安。唯上察之。"秦始皇震怒，于是"使扶苏北监蒙恬于上郡"。

秦始皇三十七年（公元前210年），秦始皇东巡途中至平原津而病，死于沙丘平台。逝世前，曾"为玺书赐公子扶苏曰：'与丧会咸阳而葬。'"然而中车

---

① 《史记·李斯列传》。

府令赵高与左丞相李斯密谋，伪造立少子胡亥为太子的遗诏，并"更为书赐公子扶苏、蒙恬，数以罪，赐死"。①"诏书"中写道：

> 朕巡天下，祷祠名山诸神以延寿命。今扶苏与将军蒙恬将师数十万以屯边，十有余年矣，不能进而前，士卒多耗，无尺寸之功，乃反数上书直言诽谤我所为，以不得罢归为太子，日夜怨望。扶苏为人子不孝，其赐剑以自裁！

"诏书""以皇帝玺"加封，其中还写道："将军恬与扶苏居外，不匡正，宜知其谋。为人臣不忠，其赐死。"扶苏接到使者送来的"诏书"后，"泣，入内舍，欲自杀"。蒙恬劝止说："陛下居外，未立太子，使臣将三十万众守边，公子为监，此天下重任也。今一使者来，即自杀，安知其非诈？请复请，复请而后死，未暮也。"然而使者反复催促，扶苏为人仁厚，对蒙恬说："父而赐子死，尚安复请！"于是自杀。使者还报，胡亥、赵高、李斯大喜，至咸阳为秦始皇发丧，胡亥立为二世皇帝。②蒙恬不肯死，被押解到阳周，后来也被迫于狱中吞药自杀。

载送秦始皇灵柩的车队行从直道回咸阳。可以说，胡亥、赵高、李斯策划的政变阴谋，就是在直道附近实现的。

秦二世即位之后，为清除威胁自身权位的政治力量，又杀害诸公子公主，"六公子戮死于杜"，公子将闾等三人在狱中自杀。③"公子十二人僇死咸阳市，十公主矺死于杜。"公子高则上书："请从死，愿葬郦山之足。"秦二世于是"可其书，赐钱十万以葬"。④陕西临潼秦始皇陵东侧上焦村发现17座墓葬，对其中8座进行了清理，墓葬形制均为带斜坡墓道的"甲"字形墓，采用长方形棺椁作葬具，随葬器物有金、银、铜、玉、漆器和丝绸织品。有1座墓未发现人骨，其他7座墓墓主为5男2女，骨骼零乱，有的头、躯干与四肢相互分离，有的颅骨上还插有铜镞，大致是同一时期被射杀、肢解的。考古工作者分析，这些墓葬很可能与秦二世残杀秦宗室公子公主的史实有关。⑤

在秦二世胡亥取得政权前后这场残酷的宫廷斗争中，公子扶苏的悲剧性遭遇受到世人的普遍同情。

---

① 《史记·秦始皇本纪》。
② 《史记·李斯列传》。
③ 《史记·秦始皇本纪》。
④ 《史记·李斯列传》。
⑤ 秦俑考古队：《临潼上焦村秦墓清理简报》，载《考古与文物》1980年第2期。

陈胜、吴广组织策动起义时，就曾经以"二世少子也，不当立，当立者乃公子扶苏。扶苏以数谏故，上使外将兵。今或闻无罪，二世杀之。百姓多闻其贤，未知其死也"，于是"诈自称公子扶苏"，"为天下唱（倡）"。史家以为其"诈称公子扶苏、项燕，从民欲也"。① 陈胜、吴广以戍卒身份，也风闻扶苏屈死的事实，可见扶苏在民间的影响相当广泛。

扶苏墓据传在绥德县城内的疏属山上。绥德城南 1 公里处，又有所谓"呜咽泉"，相传即扶苏赐死处。唐代诗人胡曾有《杀子谷》诗：

举国贤良尽泪垂，扶苏屈死戍边时。

至今谷口泉鸣咽，犹似秦人恨李斯。

今绥德县城西北距秦上郡治所约 65 公里，西距拘系蒙恬的阳周约 70 公里，是否确实为扶苏自杀之处已难以确考。传说中扶苏墓、杀子谷、呜咽泉等等，无非体现出民间对于扶苏的普遍的同情和长久的追忆。

值得注意的是，在北距秦时上郡治所超过 300 公里的秦直道南段的某些地方，也长期流传着关于扶苏的故事，不少山川胜迹也都有与扶苏事迹相联系的传说。有些传说又演化为动人的神话。

由陕西淳化梁武帝村（疑即《汉书·郊祀志上》所谓汉武帝"释兵凉如"之"凉如"故地②）附近的甘泉宫遗址沿直道北上，至陕西旬邑与甘肃正宁之间雕岭关，在这一路段内，有所谓"按子哇""擤子院""封子梁""猜子岭"等地名。这些地名与绥德的"杀子谷"相类，蕴含着历史故事。将它们联系起来分析，推想或许与扶苏被秦始皇猜忌，派遣北上戍边的事迹有关。

秦始皇直道途经位于今陕西旬邑境内的石门山。康熙贾汉复修的《陕西通志》说，石门山一名石阙，"相传为秦太子扶苏赐死处"。传说有碑刻，久已剥落不可考。《三水县志》记载，石门山汉时名阙，"高峻插天，对峙如门，汉武时于此立关"。邻近有"扶苏庙"。

"石阙"汉时即为名胜。扬雄《甘泉赋》有所谓"封峦石阙施靡乎延属"，刘歆《甘泉宫赋》也有"缘石阙之天梯"的文句。王褒《云阳宫记》说："甘泉宫东北有石门山，冈峦纠纷，干霄秀出，有石岩容数百人，上起甘泉观。"《元

---

① 《史记·陈涉世家》。
② 《汉书·郊祀志上》：汉武帝元封元年冬，"北巡朔方，勒兵十余万骑，还祭黄帝冢桥山，释兵凉如"。

和郡县图志·关内道三》说，石门山在三水县东五十里，"峰岩相对，望之似门"。现在来到石门关址，仰望两侧，石崖壁立，高峻如铁城，中缺如门，有大路南北相通。《淳化县志》记载："石门山在县北六十里，亦称石门关，相传始皇公子扶苏赐死处。今俗以扶苏为石门神，立庙。唐初置石门县，明初筑关。"于是文倬天《石门旧关》诗写道：

> 怪石森天辟一门，谁提十万作兵屯。
> 秦储湫浚蛟龙窟，唐帝关开虎豹垣。

所谓"秦储"，当然就是指公子扶苏。"乾湫"所在已难以确知，而"乾湫"与"甘泉"音近，"湫如甘露"以及石门"上起甘泉观"的说法也暗示二者之间的联系。而扶苏，实际上就是"此湫之神异者"。

从甘肃正宁刘家店林场秦始皇直道遗迹左近的瞭望台南望，可以看到与直道正对的雄伟的石门山。秦人历来重视门祭。例如《史记·十二诸侯年表》：秦德公二年，"初作伏，祠社，磔狗邑四门"。云梦睡虎地秦简《日书》中也有标题为"门"的内容。石门对于秦始皇直道和甘泉宫来说，显然也具有某种神秘主义的意味。石门关址至今仍可看到祭祀"石门神"的庙宇的遗迹。当地人现在仍尊称"石门神"为"石门爷"，并且都确信"石门爷"就是公子扶苏。

有人记述曾经在石门关遗址发现秦汉建筑遗物[①]，然而我们经过认真的实地勘察，发现这里堆积的瓦砾年代均在隋唐以后。这可以说明，大致在1000多年前，公子扶苏已经成为民众心目中如同石门山一般高大的神话人物了。

陕西旬邑县境内秦始皇直道遗迹旁有地名称"两女砦"，当地人有讹音"粮米菜"者。据《三水县志》记载，"两女砦山在县东北七十里，地势高耸，南望平衍，其麓有两冢，相传为秦扶苏二女葬处"。据曾经做过实地调查的同志记述，在高大的两冢周围"到处可见残断的秦汉砖瓦"[②]。

陕西黄陵也发现保存较好的秦始皇直道的遗迹。当地又有称作"插剑石"的古迹。据《中部县志》记载，"世传小秦王插剑于石上，中空彻下，恰可受剑，锋棱宛然，遇疾风雷雨则铮铮有声，火从窍出"。又录有刘钦顺《插剑石》诗：

> 气吞宇宙前无古，况复关河百二重。

[①] 孙相武：《秦直道调查记》，载《文博》1988年第4期。
[②] 王开：《"秦直道"新探》，载《西北史地》1987年第2期。

六国既收四海一，独留长剑倚晴空。

以为剑为秦皇用物，其实，所谓"小秦王"，当是指"刚毅而武勇"的秦始皇长子扶苏。

　　民间对于无罪而死，以"为人仁"[①]著称的公子扶苏的哀怜悯惜，体现出中国传统心理对于国家政治权力归属的关心，以及对于政治争斗中仁者与弱者的偏爱和同情。秦短促而亡的似乎具有偶然性的史实，又使得一代代关心政治史的人不断地猜测假若扶苏不死，历史将会走向怎样的结局。扶苏实际上又成为一种政治倾向的标范（所谓"数直谏上"），成为一种政治力量的代表（所谓"信人而奋士"），他的政治主张有亲近儒学的倾向（如"焚书坑儒"后发表为"诸生皆诵法孔子"辩护的言辞），因而为历代批评和谴责秦式暴政，主张以儒学原则作为行政指导思想的人所推重。扶苏于后世受到崇敬，其实有着特定的政治文化背景。

　　日本古籍《古事记》有应神天皇在位时（公元270至310年）秦氏之祖流迁渡来的记载。《日本书纪》应神天皇十四、十六年条，记载弓月君由百济率120县人夫归化。《新撰姓氏录》则说，秦始皇十五世孙融通君（亦即所谓弓月君）于应神天皇十四年率127县百姓归化。其部民能养蚕，善织绢帛。仁德天皇赐其子孙姓秦氏。新成大藏又赐姓大秦。这些记载，其实都具有传说性质。马非百先生在《秦集史·人物传·公子扶苏》中写道："融通王据称乃秦公子扶苏之苗裔云。此言果信，则扶苏虽不得良死，而其子孙尚能在中日两国文化史上作出巨大贡献，倘所谓'仁者必有后'者非耶？"[②]这种说法，也体现出扶苏传说流传的年代之长久与地域之广阔。

　　为什么秦公子扶苏事迹中最为悲烈的"赐死"一幕发生在上郡，然而在今陕西黄陵、旬邑、淳化境内距之甚远的秦直道沿线，却集中发现与扶苏传说有关的文化遗迹，而且有的地点也被看作"始皇公子扶苏赐死处"呢？这除了可以说明扶苏故事在民间的广泛影响而外，也应当肯定秦始皇直道作为信息传递系统的作用。由于通行效率之高，大大缩短了沿线各地之间的空间距离。

（原载《民间文学论坛》1992年第2期，收入王子今：《中国古代交通文化论丛》，中国社会科学出版社2015年版，第36—42页。今据《民间文学论坛》收入）

[①] 《史记·李斯列传》。
[②] 马非百：《秦集史》，中华书局，1982年，第127页。

秦直道石门琐议

王子今　焦南峰

《史记·六国年表》：秦始皇三十五年（前212）"为直道，道九原，通甘泉"。《史记·蒙恬列传》："始皇欲游天下，道九原，直抵甘泉，乃使蒙恬通道，自九原抵甘泉，堑山堙谷，千八百里。"直道作为贯通南北的交通干线，成为秦王朝全国交通网的主纲之一。

自史念海先生1975年以历史文献记载与实地勘察成功的结合，发表《秦始皇直道遗迹的探索》[1]一文之后，探寻秦直道的经由和走向，讨论秦直道工程的历史作用和技术水平，成为许多历史学家和考古学家瞩目的课题。据报道，后来又有靳之林等同志沿直道进行考察。[2] 王开、孙相武、姬乃军等同志的调查成果也相继发表。[3]

虽然已经进行了前后十多年的工作，可是对于秦直道的大致走向仍然存在不同的意见[4]。尽管歧义纷呈，然而大家对于秦直道由甘泉宫北上，循子午岭主脉而行，经石门、雕岭关、艾蒿店至兴隆关（沮源关）这一路段，认识大体是一致的。

---

[1] 载《陕西师大学报》1975年第3期，随即又为《文物》1975年第10期转载。
[2] 载《光明日报》1984年8月19日。
[3] 王开：《"秦直道"新探》，载《西北史地》1987年第2期；贺清海、王开：《毛乌素沙漠中秦汉"直道"遗迹探寻》，载《西北史地》1988年第2期；延安地区文物普查队（姬乃军执笔）：《延安境内秦直道调查报告之一》，载《考古与文物》1989年第1期。
[4] 参看史念海：《直道和甘泉宫遗迹质疑》，载《中国历史地理论丛》1988年第3辑；吕卓民：《秦直道歧义辨析》，载《中国历史地理论丛》1990年第1辑。

我们在 1990 年夏季参加陕西省考古研究所秦汉研究室组织的对秦直道南段的实地考察时，一路多有发现，这里谨就石门在秦直道交通系统中的作用略陈拙见，期望得到历史地理学者教正。

石门在今陕西省旬邑县境内，地当甘泉宫遗址正北。石门山海拔 1855 米，南坡稍缓，临北则山势峻拔，崴嵬陡立。《元和郡县图志·关内道三》说：石门山在三水县东五十里，"峰岩相对，望之似门"。康熙贾汉复修《陕西通志·山川》说：石门山一名"石阙"，"相传为秦太子扶苏赐死处"。传说原有碑刻，久已不可考。《三水县志》记载，石门山汉时名"石阙"，"高峻插天，对峙如门，汉武时于此立关"。乾隆《淳化县志》则说唐时方于此置关："石门山在县北六十里，亦称石门关，相传始皇公子扶苏赐死处。今俗以扶苏为石门神，立庙。唐初置石门县，初筑关。"

现在来到石门，仰望两侧，山崖壁立，肖然如铁城，中缺如门，直通南北的秦直道即由此经过。有人曾著文记述，曾经在"石门关天然'凹'形崖口""发现有水波纹、菱形（纹）秦汉瓦当"①。然而我们经过认真的实地勘察搜检，发现这里堆积的瓦砾年代均在隋唐以后，推想应是后世祭祀所谓"石门神"的庙宇的遗迹。现在当地居民仍然敬称"石门神"为"石门爷"，并传说"石门爷"就是秦始皇长子公子扶苏。在山中北约 1 公里处石门村附近的平缓地带，发现含有大量砖瓦残件等遗存的秦汉建筑遗址，估计可能是汉时所谓"石关观"遗址或秦直道上传舍所在地。

《史记·秦本纪》记载，秦献公二十一年（前 364）"与晋战于石门，斩首六万，天子贺以黼黻"。《六国年表》：秦献公二十一年，"章蟜与晋战石门，斩首六万，天子贺"。《史记·秦本纪》张守节《正义》引《括地志》云：

　　尧门山俗名石门，在雍州三原县西北三十三里，上有路，其状若门。故老云尧凿山为门，因名之。武德年中于此山南置石门县，贞观年中改为云阳县。

《资治通鉴·周纪·周显王五年》"秦献公败三晋之师于石门"，胡三省注也引用《括地志》这段话。许多地方志编纂者亦沿袭此说，以为秦晋石门之战即发生在秦直道石门。其实，秦晋之界不当远至秦中心地区西部，晋军也未曾深入至此。所谓"与晋战于石门"的"石门"，当即今山西运城与芮城之间的石门

---

① 孙相武：《秦直道调查记》，载《文博》1988 年第 4 期。

山①。其地处河汾之间，因而这一战役得以震动周王室，于是秦人有"天子贺"事可以炫耀。秦献公因此称为"伯"，显示出国力的上升。②

秦直道石门初名"石阙"。《说文·门部》："阙，门观也。"《释名·释宫室》："阙，阙也。在门两旁，中央阙然为道也。"据《史记·高祖本纪》，汉帝国定都长安初，"萧丞相营作未央宫，立东阙、北阙"，因"宫阙壮甚"曾经令刘邦不安。《三辅黄图》卷二说到未央宫有"玄武、苍龙二阙"，又可见所谓"长乐宫东阙"，建章宫则有"建章凤阙"，亦称"凤凰阙""另凤阙""折凤阙""嶕峣阙"。《太平御览》卷一七九引《关中记》："建章宫圆阙临北道，凤在上，故号曰'凤阙'也。阊阖门内东出有'折凤阙'，一名'别风'。"可见阙往往立于宫门，临于大道。《汉书·郊祀志下》说，建章宫"其东则凤阙，高二十余丈"。班固《西都赋》"树中天之华阙""设璧门之凤阙"，张衡《西京赋》"表峣阙于阊阖""圜阙竦以造天，若双碣之相望"云云，也都赞美汉宫门阙"干云雾而上达，状亭亭以苕苕"的雄伟气势。《水经注·谷水》引《汉官典职》还说到，洛阳朱雀阙"其上郁然与天连，是明峻极矣"。

阙，也是宫庙陵墓前夹道而立，以示尊贵庄重的特殊建筑形式。《白虎通》："门必有阙者何？阙者，所以饰门别尊卑也。"崔豹《古今注》卷上："阙，观也……于前所以标表宫门也。"汉时称作"石阙"的石门，当时已经是属于甘泉宫殿区的重要名胜。扬雄《甘泉赋》："逌逌离宫般以相烛兮，封峦石阙施靡乎延属。"

刘歆《甘泉宫赋》也有"缘石阙之天梯"的文句。《三辅黄图》卷五引王褒《云阳宫记》说甘泉宫形势"宫东北有石门山，冈峦纠纷，干霄秀出，有石岩容数百人，上起甘泉观"。而"阙，观也"，石门即石阙，是规模宏大的"前熛阙而后应门""闶阆阆其寥廓兮，似紫宫之峥嵘"③甘泉宫的北阙。

石阙，今本《汉书·扬雄传上》所载《甘泉赋》又作"石关"。《铙歌十八曲·上之回》："上之回，所中益。夏将至，行将北。以承甘泉宫，寒暑德。游石关，望诸国，月支臣，匈奴服。令从百官疾驱驰，千秋万岁乐无极。"

---

① 林剑鸣先生曾经指出，石门"其地有两种说法，一说在三原县西北，一说在山西运城西南。查此次战役，秦国斩首六万，同年赵曾出兵至石门救魏，当以山西之石门说为是"。见《秦史稿》，上海人民出版社，1981年，第201页。

② 《史记·周本纪》。

③ 扬雄《甘泉赋》。"闶阆阆"，形容门阙之高伟。

经"石关"可以北行。又司马相如《上林赋》："道尽涂殚，回车而还。招摇乎襄羊，降集乎北纮。率乎直指，晻乎反乡。蹷石关，历封峦，过鳷鹊，望露寒，下棠梨，息宜春。"① 扬雄《甘泉赋》也有语意相近的内容："于是事毕功弘，回车而归，度三峦②兮偈棠梨，天阃决兮地垠开。"

石门，以其天然神造之雄峻地势，被看作"天阃"之"决"、"地垠"之"开"，即被作为甘泉宫的北阙，又被作为秦直道最南端的雄关。经石门北上，可以行直道而"疾驱驰"，"率乎直指"，通于北边。

我们从甘肃正宁刘家店林场秦直道遗迹左近的瞭望台以及黑马湾林业站秦直道东侧的秦烽火台南望，能够清晰看到相距二三十公里之遥与秦直道正对的雄奇状伟的石门山，由此似乎可以意会秦直道选线与石门位置的关系。

先秦时人对于与交通活动直接有关，即往往行归之始终都必须通过的建筑形式"门"，通常明显怀有含神秘主义意味的复杂心理，而秦人尤甚。《史记·秦本纪》："德公元年，初居雍城大郑宫。""二年，初伏，以狗御蛊。"张守节《正义》："以狗张磔于郭四门，禳却热毒气也。"《十二诸侯年表》也明确记载，秦德公二年（前676）"初作伏，祠社，磔狗邑四门"。湖北云梦睡虎地出土秦简《日书》中也有标题为"门"的内容。③ 又有标示出22座城门的城郭平面简图，其中东西南北四面正门的地位最为重要，图下简文有这样的文句：

"东门是胃（谓）邦君门，贱人弗敢居，居之凶。"（848）

"失行门（西门），大凶。"（845）

"南门将军门，贱人弗敢居。"（850）

北门又称"大门"："大门利为邦门，贱人弗敢居。"（855）《史记·齐太公世家》："惠公二年，长翟来，王子城父攻杀之，埋之于北门。"《鲁周公世家》："齐惠公二年，鄋瞒伐齐，齐王子城父获其弟荣如，埋其首于北门。"看来，北门在东西南北四门正门之中，又居于更为特殊的地位。

---

① 鳷鹊、露寒等，《史记·司马相如列传》裴骃《集解》引《汉书音义》："皆甘泉宫左右观名也。"《汉书·扬雄传上》："甘泉本因秦离宫，既奢泰，而武帝复增通天、高光、迎风，宫外近则洪厓、旁皇、储胥、弩陓，远则石关、封峦、枝鹊、露寒、棠梨、师得，游观屈奇瑰玮。"《汉书·司马相如传》张揖注："此四观武帝建元中作，在云阳甘泉宫外。"

② 《文选》卷七《甘泉赋》李善注："三峦，即封峦观也。"

③ 简843页至855页，简752页（反面）至753页（反面）。此外，简800页（反面）至875页（反面）也有关于"门"的内容。

可能正是与这种观念有关，相当于甘泉北阙的石门附近多流传关于公子扶苏的故事。除相传始皇子扶苏赐死于此，于是为其立庙，表达对这位悲剧人物的同情与追念而外，当地长期流行着扶苏神话的传说。乾隆《淳化县志》录文倬天《石门旧关》诗云：

怪石森天辟一门，谁提十万作兵屯。

秦储湫浚蛟龙窟，唐帝关开虎豹垣。

所谓"秦储"，就是在当地民间被尊为所谓"石门神"的公子扶苏。据《三水县志》，"扶苏庙下有湫，祈雨虔诚则应"。

由石门向北，秦直道沿"封子梁"下马栏河川道。所谓"封子梁"，疑与汉代文献中"封峦"有关。"封子梁"一称，与邻近亦为秦直道经行的所谓"按子哇""撵子院""猜子岭"等地名相似，似应与公子扶苏被秦皇猜忌，派遣北上监蒙恬军的故事存在某种联系。而"封子梁"东侧之马栏河之流，至今仍称"王子河"。由石门向北又有地名称"两女砦"。据《三水县志》记载，"两女砦山在县东北七十里，地势高耸，南望平衍，其麓有两冢，相传为秦扶苏二女葬处"。

公子扶苏是生前曾活动于秦直道沿线的著名历史人物，文献记载死于上郡。石门附近地区民间的扶苏崇拜，除了说明秦直道作为信息传递系统的效能而外，还使人推想石门似乎具有"贱人弗敢居"的"邦门"亦即"国门"的地位，因而得有"为人仁"且"刚毅而武勇，信人而奋士"[①]的神话人物护卫。

古代交通结构的布局未必均单纯考虑实用需要与经济合理，以神秘主义为基点的观念因素也一定起到相当大的作用。由此理解经石门北上的秦直道选线时的出发点，或许可以得到新的启发。至于秦直道走向与秦人传统方位迷信的具体关系，容当另文讨论。

（原载《秦俑秦文化研究——秦俑学第五届学术讨论会论文集》，陕西人民出版社 2000 年版，第 507—510 页）

---

① 《史记·李斯列传》评说公子扶苏语。

试说秦烽燧

——以直道军事通信系统为中心

王子今

克劳塞维茨在《战争论》中指出，军队和它的基地必须看成一个整体。"交通线是这个整体的一个组成部分，它们构成基地和军队之间的联系，应该看作是军队的生命线。"交通线的构成因素颇多，其中包括"沿线"的"邮局和信差"。"只有那些专门设施的道路才构成真正的交通线体系。只有设有仓库、医院、兵站和邮局，指定有警备长、派有宪兵队和守备部队的道路，才是真正的交通线。""邮局和信差"的作用在交通线的构成中受到重视，说明军事通信系统在军事交通体系中的特殊作用。

中国古代兵学重视对敌情及时准确的了解，称之为"形人"。传诸葛亮所著《便宜十六策》第三即为《视听》，其中所说"务于多闻""察微形，听细声"，包含关注多方面信息的意思，自然也包括军事情报的收集。《孙子·军

玉门关汉烽燧遗址

争》写道："《军政》曰：'言不相闻，故为之金鼓；视不相见，故为之旌旗。'夫金鼓旌旗者，所以一人之耳目也。"杜佑注："听其音声，以为耳候。瞻其指麾，以为目候。"所谓"耳候""目候"体现的军中信息及时准确的传递，意义同样重要。《说文·人部》："候，伺望也。"银雀山汉简《孙膑兵法·陈忌问垒》："去守五里置候。"《后汉书·光武帝纪下》："遣骠骑大将军杜茂将众郡施刑屯北边，筑亭候，修烽燧。"李贤注："亭候，伺候望敌之所。""《前书音义》曰：'边方备警急，作高土台，台上作桔皋，桔皋头有兜零，以薪草置其中，常低之，有寇即燃火举之，以相告，曰烽。又多积薪，寇至即燔之，望其烟，曰燧。昼则燔燧，夜乃举烽。'"《杜茂传》："因发边卒筑亭候，修烽火。"《南匈奴列传》："增缘边兵郡数千人，大筑亭候，修烽火。"都说"亭候"作为"伺候望敌之所"，使用"烽燧""烽火"传递信息。

《墨子·号令》曾经说到军事情报信息传递的特殊方式："出候无过十里，居高便所树表，表三人守之，比至城者三表，与城上烽燧相望，昼则举烽，夜则举火。"又《墨子·杂守》："寇烽、惊烽、乱烽，传火以次应之，至主国止，其事急者引而上下之。烽火以举，辄五鼓传，又以火属之，言寇所从来者少多，旦弇还，去来属次烽勿罢。望见寇，举一烽；入境，举二烽；射妻，举三烽一蓝；郭会，举四烽二蓝；城会，举五烽五蓝；夜以火，如此数。守烽者事急。"战国时期使用烽燧备边的史例，有《史记·廉颇蔺相如列传》："李牧者，赵之北边良将也。常居代雁门，备匈奴。""习射骑，谨烽火……匈奴每入，烽火谨，辄入收保，不敢战。如是数岁，亦不亡失。"和燕赵同样"筑长城""以拒胡"的秦人，无疑也在防务制度中设置了"烽火"系统。

秦国调兵所用虎符铭文中，可以看到"燔燧"字样。如杜虎符：

> 兵甲之符，右在君，左在杜。凡用兵兴士被甲五十人以上，必会君符，乃敢行之。燔燧之事，虽毋会符，行殹。

又如新郪虎符：

> 甲兵之符，右在君，左在新郪。凡用兵兴士被甲五十人以上，必会君符，乃敢行之。燔燧之事，虽毋会符，行殹。

都说通常调兵50人以上，"必会君符，乃敢行之"，然而"燔燧之事，虽毋会符，行殹"。可见"燔燧"的意义。据陈直先生考证，这两件"秦兵甲之符""当为始皇八年以前之物"。可见秦以"燔燧"传递军事情报的制度早已成熟。

考古工作者沿秦直道或于秦直道左近地方发现了密集的烽燧遗址。这些遗址构成了体系完备的传送军事情报和战争信息的通信设施。这种通信建设大体也属于秦直道交通系统，可以在北部边疆和最高指挥中心之间迅速传递情报信息。

玉门关汉烽燧举火用的芦苇遗迹

在子午岭上的刘家店林场有一座主要用于监测林区火情的瞭望台。修建在秦汉烽燧遗址上，四坡及附近的地面有明显的秦汉建筑材料残件分布。从刘家店到雕岭关的路段，道路两侧依地势每隔相当距离就有一烽燧遗址存在。史念海在论文中写道："登上子午岭主脉路旁的制高点，极目远望，但见群峰起伏，如条条游龙分趋各方，苍翠松柏与云霞相映。"明确说到了登临烽燧遗址时的感受。

站在古烽燧当时所据制高点上，可以看到子午岭纵贯南北，形势雄壮，左右两侧，百山纵会，深谷之间，川流如线。依据这样的地形优势，烽火传递可以取得良好的视觉效应，从而增益军情上达和军令下传的效率。

在子午岭上，沿直道利用自然高地修筑的烽燧遗址形成了相次传递军事消息的通信系统。据文物工作者记录，黑麻湾林业站附近的烽燧遗址，"位于秦直道东侧的子午岭山梁上，夯筑圆台，底径8米，残高4米，夯层厚7~9厘米。附近散布绳纹砖、瓦及陶器残片"。在烽燧遗址之外，还发现有当时的居住遗址。

这样的烽燧遗址相隔一定距离就有一处，形制大致相同，有同样规模的夯土台以及散落在附近的秦砖汉瓦。据陕西文物工作者总结，直道在陕西境内遗迹总

玉门关汉长城遗址

长498公里，沿途发现秦汉时期的行宫、城址、兵站、关隘、烽燧等遗址及墓葬一共有近60处。《中国文物地图集·陕西分册》著录的旬邑石门关遗址、两女寨遗址、黑麻湾烽燧遗址、雕灵关遗址、转角烽燧遗址、土窑烽燧遗址，黄陵艾蒿店烽燧遗址、五里墩烽燧遗址、五里墩东烽燧遗址、五里墩西烽燧遗址、老芦堡烽燧遗址、桂花烽燧遗址、兴隆关烽燧遗址、富县寨子山烽燧遗址、五里铺烽燧遗址，志丹白杨树湾烽燧遗址、白草湾烽燧遗址、柠条湾烽燧遗址、杨崖根烽燧遗址、安塞堡山烽燧遗址、东里畔烽燧遗址、贺庄烽燧遗址、阳山梁烽燧遗址、高山峁烽燧遗址、新庄烽燧遗址、宋家圪烽燧遗址等，都保留有显著的痕迹。

据甘肃省文物工作者考察，"在甘肃庆阳地区境内长达290公里的秦直道沿线上，保存着大量的烽燧，经徒步认真调查，至今尚留有126座。这些烽燧多数建在直道沿线两侧的群山之巅，视野开阔；也有的建在直道大转弯的山峁上和垭口两端，互相对应。由此可知，古人修建烽燧时，对其所在地理位置是经过周密勘察的，每烽选址都是严谨审慎的"。秦直道烽燧与汉代和明代长城烽燧有明显的区别：1. 均以黄土夯筑而成，不用土坯垒筑，也不夹植物骨胎；2. 造型全部为圆形；3. 烽顶未发现女墙或掩体设置，守护士兵住宿区另建他处；4. 未见积薪。烽燧遗址现存高度为11米者1处，即黄蒿地畔烽燧，9米者有3处，即涧水坡岭障城、林沟障城、南湾四号烽燧。又白马崾岘烽燧记录高度25米，底周30米。疑数据有误。这里说到的126座直道烽燧，由于对直道线路走向的认识存在分歧，有些可能不为多数学者认可。

有的研究者总结直道附近所见烽燧遗址，称之为"五里一墩"。据说从黄毛塔下到沈家园子一段，每隔2.5公里左右就有一处烽燧遗址。其中尤以李家塔北5公里处的烽燧遗址最为完整，其高9米，底周长24米。对于这些烽燧遗址，史念海先生认为，"战国末年，秦昭襄王为了防御匈奴，曾在陇西、北地、上郡筑长城"。"事实上，横山山脉上的与秦昭襄王长城有关的烽火台还不限于这几处，其他地方也还是有所发现的。""如果这几处烽火台确非后世的建筑，其始建之年当在秦昭襄王之时。"如果事实确如史念海先生所说，则同样与我们讨论的主题相关。

有的调查者还发现直道其他有关遗迹，"现存古代窑洞近百孔"，而且"地面遗存大量粗、细绳纹板、筒瓦残片"，据推测，"这里可能是当年军营及辎重仓库，或为过往军旅驿站"。有的调查者则称之为"兵站"。

司马迁关于直道有这样的文字记录:"吾适北边,自直道归,行观蒙恬所为秦筑长城亭障,堑山堙谷,通直道,固轻百姓力矣。"直道的这种军事建筑遗址,是不是也包括当时的"亭障"呢?

我们可以参考汉代"长城亭障"的形制理解秦直道沿线的军事建筑遗存。

汉代西北边塞工程多有"亭障"。这种"亭障",当与前说"亭候"有关,既是防卫系统,也是军事通信系统。

《史记·大宛列传》司马贞《索隐》述赞说到西域的开发:"大宛之迹,元因博望。始究河源,旋窥海上。条枝西入,天马内向。葱岭无尘,盐池息浪。旷哉绝域,往往亭障。"而司马迁的记述是:"敦煌置酒泉都尉;西至盐水,往往有亭。而仑头有田卒数百人,因置使者护田积粟,以给使外国者。"《汉书·西域传下》也说:"益垦溉田,稍筑列亭,连城而西,以威西国。"这里所说的"亭",虽然有军事意义,但主要作用不是防卫,而是交通通信服务。《史记·平准书》曾经记载,汉武帝有新秦中之行,"北出萧关,从数万骑,猎新秦中,以勒边兵而归。新秦中或千里无亭徼,于是诛北地太守以下"。关于所谓"无亭徼",裴骃《集解》引瓒曰:"既无亭候,又不徼循,无卫边之备也。"

所谓"新秦中或千里无亭徼",是说整个地区防卫系统和通信系统未能完备。这里所说的通信系统,其中包括军事通信,也包括一般行政通信。这一地区因人口稀少,通信效能较为低下是势所必然的。张家山汉简《田律》说"上郡地恶",体现了总体自然形势和人文形势的落后。张家山汉简《行书律》又可见有关置邮的内容。据整理小组释文:

十里置一邮。南郡江水以南,至索(?)南水,廿里一邮。

……北地、上、陇西,卅里一邮;地险陕不可邮者,得进退就便处。……

通常"十里置一邮","廿里一邮",而北地郡、上郡、陇西郡,则"卅里一邮"。"邮"设置的密度,或许反映了常规驿行方式如步递、水驿以及使用传马的不同,然而也很自然地使人联想到,很可能也与人口的密度有密切关系。上郡"卅里一邮",且颇有"地险陕不可邮者",居民的稀少和交通的"险陕",也可以看作"上郡地恶"说的注脚。

有关边地通信系统和防卫系统的关系,《汉书·匈奴传上》的记载可能更为

玉门关汉烽燧遗址

明确:"汉使光禄徐自为出五原塞数百里,远者千里,筑城障列亭至卢朐。""障"和"亭",可能属于不同的系统,有不同的作用。"亭",或许更侧重于交通通信。

汉代西北边防的重要军事通信方式之一,是以烽火传递警备信号。专职传递这一信号的机构,是烽燧。敦煌汉简有《敦煌郡蓬火品约》,居延汉简有《塞上蓬火品约》,都规定了相应的发布军事警报的方式。汉代烽火示警的方式,据学者研究,大约有蓬、表、烟、苣火、积薪五类。每一类又可以区分为不同的型式。蓬是草编或木框架上蒙覆布帛的笼形物,表是布帛制作的旗帜,烟是烟灶高囱所生烟柱,这些都是白昼使用的信号方式。夜间使用苣火,即举燃苇束火把。积薪为巨大的草垛,白昼点燃,以其浓烟发布信息,夜间则以大火示警。据说烽燧间还使用鼓声传递警报。这种军事通信形式,很可能继承了秦时制度。

虽然有关古代烽燧制度的资料大多集中于北边特别是河西地区,但是关中地方很早就曾经使用这一制度。《史记·周本纪》记载了周王朝"为烽燧大鼓"的军事通信方式:

> 褒姒不好笑,幽王欲其笑万方,故不笑。幽王为烽燧大鼓,有寇至则举烽火。诸侯悉至,至而无寇,褒姒乃大笑。幽王说之,为数举烽火。其后不信,诸侯益亦不至。

对于这一记载,张守节《正义》的解释是:"峰遂二音。昼日燃烽以望火烟,夜举燧以望火光也。烽,土鲁也。燧,炬火也。皆山上安之,有寇举之。"所谓"皆山上安之",正与秦直道烽燧设置的情形相合。而前引秦兵甲之符所见"燔燧"事,也是战国时期秦地实行同样制度的实例。

秦时关中地区使用烽火的例证,还有《史记·封禅书》:秦以冬十月为岁首,故常以十月上宿郊见,通权火。裴骃《集解》:"张晏曰:'权火,烽火也,状若井絜皋矣。其法类称,故谓之权。欲令光明远照通祀所也。汉祠五畤于雍,五里一烽火。'"

"权火"就是"烽火",其举火形式类似井上桔槔。正如前引资料所说"台上作桔皋，桔皋头有兜零，以薪草置其中，常低之，有寇即燃火举之，以相告"。所谓"五里一烽火"，大致和秦直道烽燧设置的情形相当。

根据对古代道路的考古调查收获，"在永寿—彬县—长武一线，遗有烽燧10座，属秦汉时期关中通往西北干线上的通讯设施"。"直道东侧的子长和直道起点以南的淳化南部、泾阳等地，也发现了可连成一线的道路遗迹、烽燧及故城，应是直道的支线所在。"这一发现值得特别注意。

古代烽火传送系统的结构，往往和长城呈垂直交叉的形势。例如《中国文物地图集·陕西分册》体现的明代长城和烽火台的普查结果，就说明了这一事实。秦直道和秦长城的位置关系，恰恰也是这样的形势。前引史念海先生所说烽燧遗址与秦昭襄王长城的关系，也是值得我们重视的。

《史记·匈奴列传》载："军臣单于立四岁，匈奴复绝和亲，大入上郡、云中各三万骑，所杀略甚众而去。于是汉使三将军军屯北地，代屯句注，赵屯飞狐口，缘边亦各坚守以备胡寇。又置三将军，军长安西细柳、渭北棘门、霸上以备胡。胡骑入代句注边，烽火通于甘泉、长安。"所谓"烽火通于甘泉、长安"，应当就是利用了直道的军事通信系统，将匈奴入侵的信息传递到了直道南端的甘泉宫，进而使都城长安得到警报。《后汉书·南匈奴列传》论曰："候列郊甸，火通甘泉。"李贤注："列置候兵于近郊畿，天子在甘泉宫，而烽火时到甘泉宫也。"也说烽火传递军事信息至于甘泉宫事。所谓"火通甘泉"，自然也是经由直道军事通信系统。

看来，直道沿线烽燧设置的完备，使得直到汉文帝时代依然能够保证军情传递维持较高的效率。

《汉书·韩安国传》说，秦时蒙恬开拓北边，"辟数千里，以河为竟，累石为城，树榆为塞，匈奴不敢饮马于河，置烽燧然后敢牧马"。可见匈奴也实行烽燧制度。如果我们推测匈奴"置烽燧"是借鉴蒙恬健全长城防务时设立的烽燧通信制度，或许是符合历史真实的。

烽燧系统不仅用于防御，在战争中也可以为调动部队、指示攻击目标发挥积极的作用。《艺文类聚》卷二七引刘歆《遂初赋》写道："望亭燧之皦皦，飞旗帜之翩翩。"此所谓"旗帜"，是亭上之表。司马相如《喻告巴蜀民檄》："夫边郡之士，闻烽举燧燔，皆摄弓而驰，荷兵而走，流汗相属，唯恐居后，触白刃，

阳关墩墩山汉烽燧遗址

冒流矢，义不反顾，计不旋踵，人怀怒心，如报私仇。"烽燧不仅警报敌情，也可以激励士气，以信息传递之急疾，迅速调动军民进入紧急状态。《续汉书·百官志五》刘昭《注补》引《汉官仪》："边郡太守各将万骑，行鄣塞烽火追虏。"说明烽燧信号可用于指示敌情，也可以调动部队。秦时直道军事通信系统，也应当具备这样的功能。

（原载《文博》2004年第2期，收入所著《秦汉交通考古》，中国社会科学出版社2015年版，第49—59页。二者配图略有不同。今据《文博》收入）

秦直道的历史文化观照

王子今

在中国早期交通建设的历史记录中,秦直道是首屈一指的重要工程。作为陆路交通建设的创举,其规划、选线、设计和施工,都显示出空前的技术水准和组织效率。秦直道的开通和应用,在中国古代交通史上具有极其重要的地位。对于军事交通的发展历程而言,秦直道也表现出里程碑式的意义。史念海先生实地考察秦直道的成果《秦始皇直道遗迹的探索》发表后,引起了学界的普遍重视,此后又有一系列新的考察报告和研究论文发表[①],尽管认识未能完全一致,讨论的热烈,表现出学术空气的活跃,也为更接近历史真实的论点的推出,准备了必要的条件。[②] 我们还注意到,除了历史地理研究和交通史研究而外,以文化史考察的视角关注秦直道,也可以获得有意义的发现。

---

① 参看王开:《"秦直道"新探》,载《西北史地》1987年第2期;贺清海、王开:《毛乌素沙漠中秦汉"直道"遗迹探寻》,载《西北史地》1988年第2期;孙相武:《秦直道调查记》,载《文博》1988年第4期;延安地区文物普查队:《延安境内秦直道调查报告之一》,载《考古与文物》1989年第1期;史念海:《直道和甘泉宫遗迹质疑》,载《中国历史地理论丛》1988年第3辑,收入《河山集》四集,陕西师范大学出版社,1991年;史念海:《与王北辰先生论古桥门与秦直道书》《再与王北辰先生论古桥门与秦直道书》,均载《中国历史地理论丛》1989年第4辑,收入《河山集》四集,陕西师范大学出版社,1991年;吕卓民:《秦直道歧义辨析》,载《中国历史地理论丛》1990年第1辑。

② 参看王子今:《中国交通史研究一百年》,载《历史研究》2002年第2期。

直道：秦政的观念

直道是秦始皇时代为加强北边防务，抗击匈奴威胁而开筑的由甘泉林光宫（在今陕西淳化）向北，直通长城防线上军事重镇九原（今内蒙古包头）的交通大道。直道直通南北，规模极其宏大。秦代经营的交通大道多利用战国原有道路，只有直道是在秦统一后规划施工，开拓出可以体现秦帝国行政效率的南北大通道。①

《史记·秦始皇本纪》还记载，始皇长子扶苏就坑杀方士事件提出直接的批评，"始皇怒，使扶苏北监蒙恬于上郡"。这虽然是一种惩罚，但是就秦始皇立政所坚持的"子弟为匹夫"②的原则而言，这一举措似乎也反映了秦王朝对北边防务和直道工程的特殊重视。

司马迁在《史记·蒙恬列传》中写道："吾适北边，自直道归，行观蒙恬所为秦筑长城亭障，堑山堙谷，通直道，固轻百姓力矣。""固轻百姓力矣"，是司马迁亲自行经直道，目睹了这一非凡工程的宏大规模而发出的感叹。秦直道工程和长城工程、驰道工程、阿房宫工程以及秦始皇陵工程同样，都是当时耗费民力十分惊人的浩大工程。据粗略估算，以最保守的数字大略长度600公里，平均宽度50米，夯土路基厚50厘米计，秦直道的夯土土方量大约1500万立方米，按照汉代算术书《九章算术》中的比率③，取土工程量大约2000万立方米。就是说，秦直道工程取用和移动的土方，如果堆筑成高1米、宽1米的土墙，可以绕地球半圈。

《史记·秦始皇本纪》写道："三十五年，除道，道九原抵云阳，堑山堙谷，直通之。"《史记·六国年表》记载："（秦始皇）三十五年，为直道，道九原，通甘泉。""三十七年十月，帝之会稽、琅邪，还至沙丘崩。子胡亥立，为二世皇帝。杀蒙恬。道九原入。"关于所谓"道九原入"，《秦始皇本纪》的记载是："行从直道至咸阳，发丧。太子胡亥袭位，为二世皇帝。"可知直道主体工程的大致完成，工期只有两年左右的时间。

司马迁在《史记·蒙恬列传》中指出，直道是在"秦之初灭诸侯，天下之心未定，痍伤者未瘳"的背景下完成的工程，对于民力的过度使用，形成了社会的沉重负

---

① 参看王子今：《秦汉交通史稿》，中共中央党校出版社，1994年，第30—31页。
② 《史记·秦始皇本纪》博士齐人淳于越语。
③ 《九章算术·商功》："穿地四，为壤五，为坚三，为墟四。""以坚求穿，四之。"

担。据《史记·李斯列传》所说，直道的修筑，甚至直接导致了秦王朝统治的危局。秦二世时代，"法令诛罚日益刻深，群臣人人自危，欲畔者众。又作阿房之宫，治直道、驰道，赋敛愈重，戍徭无已。于是楚戍卒陈胜、吴广等乃作乱，起于山东，杰俊相立，自置为侯王，叛秦"。

按照《李斯列传》的说法，似乎秦直道工程在秦二世专政时期依然继续。

《史记·蒙恬列传》说，秦始皇时代直道的建设如"作阿房之宫"同样，确实尚未最终完工："始皇欲游天下，道九原，直抵甘泉，乃使蒙恬通道，自九原抵甘泉，堑山堙谷，千八百里。道未就。"

驰道的修筑，是秦交通事业最具时代特色的成就。《史记·秦始皇本纪》记载，秦始皇二十七年（前220年），"治驰道"。通过秦始皇和秦二世出巡的路线，可以知道驰道当时已经结成全国陆路交通网的基本要络。曾经作为秦王朝中央政权主要决策者之一的左丞相李斯被赵高拘执，在狱中上书自陈，历数重要功绩有七项，其中就包括"治驰道，兴游观，以见主之得意"①。而司马迁所谓"治直道、驰道，赋敛愈重，戍徭无已"，"直道"列于"驰道"之前，似乎反映对于"赋敛"和"戍徭"的调用，直道工程也更为沉重。

虽然古人关于直道的修筑，有"始皇欲游天下，道九原，直抵甘泉"的说法。直道修筑的主要动机，却并不仅仅是满足帝王巡游的欲望。司马迁"自直道归，行观蒙恬所为秦筑长城亭障"，直接说明了直道和长城边防的关系。而《史记·匈奴列传》又明确写道："后秦灭六国，而始皇帝使蒙恬将十万之众北击胡，悉收河南地。因河为塞，筑四十四县城临河，徙适戍以充之。而通直道，自九原至云阳，因边山险堑溪谷可缮者治之，起临洮至辽东万余里。又度河据阳山北假中。"开通直道的作用，与"塞""戍""据"等长城防务建设有关，也与"北击胡"，"度河"攻伐匈奴的作战行动有关。②

直道，可以看作秦政的纪念。直道的修筑，使得"赋敛愈重，戍徭无已"，民众承受了更深重的苦痛。但是另一方面，又标志着建筑规划和工程组织、劳动管理和行政效率的突出的历史性进步。

---

① 《史记·李斯列传》。
② 参看宋超：《汉匈战争三百年》，华夏出版社，1996年，第10—11页。

从相关历史迹象看，直道工程应当是以军事化的形式组织施工的。[①] 秦王朝的军事体系和战争机器的完备，通过秦直道的建设也可以得到体现。

直道·子午岭—子午道·直河

《史记·秦始皇本纪》记载，秦始皇三十二年（前215年），"巡北边，从上郡入。燕人卢生使入海还，以鬼神事，因奏录图书，曰：'亡秦者胡也。'始皇乃使将军蒙恬发兵三十万人北击胡，略取河南地"。北击匈奴的军事行动的直接动因，竟然是富有神秘主义色彩的一句"亡秦者胡也"的谶言。秦始皇三十三年（前214年）又有"西北斥逐匈奴"的大规模的军事行动，并且积极进行了相应的边地建设："自榆中并河以东，属之阴山，以为四十四县，城河上为塞。又使蒙恬渡河取高阙、阳山、北假中，筑亭障以逐戎人。徙谪，实之初县。"三十四年（前213年），又组织了大规模"筑长城"的工程。在"三十五年，除道，道九原抵云阳，堑山堙谷，直通之"的记载之后，司马迁接着还写道："于是始皇以为咸阳人多，先王之宫廷小，吾闻周文王都丰，武王都镐，丰镐之间，帝王之都也。乃营作朝宫渭南上林苑中。先作前殿阿房，东西五百步，南北五十丈，上可以坐万人，下可以建五丈旗。周驰为阁道，自殿下直抵南山，表南山之颠以为阙。"可见，直道的修筑和咸阳宫殿区的规划建设，也有一定的联系。直通北边的直道，很可能又与所谓"表南山之颠以为阙"形成了遥远的对应。

秦直道从秦甘泉宫北上，经过马栏河川道，即登上作为陕西、甘肃省界的子午岭，循岭脊北行。"子午"，是确定正南正北的方位基线。"子午"和"直"，后者可以理解为前者的快读合音。而"子午"和"直"的方位定义，既是对甘泉而言的，而且基本上也是对咸阳—长安而言的。

值得注意的是，秦始皇规划咸阳的建设时，曾经有"周驰为阁道，自（阿房）殿下直抵南山，表南山之颠以为阙"的设想。所谓"表南山之颠以为阙"，说明

[①] 《史记·秦始皇本纪》："（二世）二年冬，陈涉所遣周章等将西至戏，兵数十万。二世大惊，与群臣谋曰：'奈何？'少府章邯曰：'盗已至，众强，今发近县不及矣。郦山徒多，请赦之，授兵以击之。'二世乃大赦天下，使章邯将，击破周章军而走，遂杀章曹阳。二世益遣长史司马欣、董翳佐章邯击盗，杀陈胜城父，破项梁定陶，灭魏咎临济。楚地盗名将已死，章邯乃北渡河，击赵王歇等于巨鹿。"郦山徒由章邯迅速编集成军队，并具有相当强的战斗力的事实，可以说明秦代大规模徭役劳作的组织形式往往有明显的军事化的特点。

秦都咸阳有南行的重要通路，也说明当时的建筑蓝图包含有贯通南北，联系子午的意识。

在咸阳、长安以南，确实有"子午道"通往汉中巴蜀。

《史记·高祖本纪》说，汉王之国，"从杜南入蚀中"。程大昌《雍录》卷五"汉高帝入关"条说："关中南面皆碍南山，不可直达，其有微径可达汉中者，惟子午关。子午关在长安正南。""此之蚀中，若非骆谷，即是子午也。"《资治通鉴》胡三省注、《读史方舆纪要》、《史记会注考证》等都据《司隶校尉杨君孟文石门颂序》所谓"高祖受命，兴于汉中，道由子午，出散入秦"，以为"蚀中"可能就是子午谷。《三国志·蜀书·魏延传》记述魏延向诸葛亮建议，"欲请兵万人，与亮异道会于潼关，如韩信故事"。裴松之注引《魏略》说，其具体路线是"直从褒中出，循秦岭而东，当子午而北"，直抵长安。由三国时人所谓"韩信故事"，可知"道由子午，出散入秦"或许确是刘邦北定三秦的路线。

看来，子午道在秦汉之际已经通行大致是没有疑义的。

《汉书·王莽传上》又写道："（元始四年）其秋，（王）莽以皇后有子孙瑞，通子午道。子午道从杜陵直绝南山，径汉中。"皇后，即汉平帝王皇后。《汉书·外戚传下》："孝平王皇后，安汉公太傅大司马（王）莽女也。平帝即位，年九岁，成帝母太皇太后称制，而莽秉政。莽欲依霍光故事，以女配帝，太后意不欲也。莽设变诈，令女必入，因以自重"，"太后不得已而许之"。道路的开通和"皇后有子孙瑞"有什么关系呢？颜师古注引张晏曰："时年十四，始有妇人之道也。子，水；午，火也。水以天一为牡，火以地二为牝，故火为水妃，今通子午以协之。"颜师古说："子，北方也。午，南方也。言通南北道相当，故谓之'子午'耳。今京城直南山有谷通梁、汉道者，名'子午谷'。又宜州西界，庆州东界，有山名'子午岭'，计南北直相当。此则北山者是'子'，南山者是'午'，共为'子午道'。"黄盛璋先生认为："此次开凿或即沿汉高祖由汉中之旧路，但本意并非为交通之便而开。"[①]《元和郡县图志》卷一《关内道一》说："子午关，在县南百里。王莽通子午道，因置此关。"看来，王莽"通子午道"，当是修整了通行道路，加强了交通管理。

一般所说"子午道"，是指长安南山通往汉水流域的道路。东汉末年，关中

---

① 黄盛璋：《川陕交通的历史发展》，见《历史地理论集》，人民出版社，1982年。

流民多由子午道南下汉中。① 曹魏军也曾经由子午道伐蜀。② 李之勤先生曾经对子午道的历史变迁进行过深入的考证。③ 我们在对子午道秦岭北段遗迹进行实地考察时，也发现了相当丰富的古栈道的遗存。④

颜师古将"子午岭"和"子午道"并说，这位唐代学者应当引起我们重视的意见，还有将直道所循子午岭和子午道所循子午谷"计南北直相当"者联系在一起的说法，即所谓"此则北山者是'子'，南山者是'午'，共为'子午道'"。

确实，如我们在前面所说到的，秦直道循子午岭北行，而"直"正是"子午"的快读合音，由杜陵南行直通梁、汉的子午道也有类似的情形。宋敏求《长安志·万年》写道："福水即交水也。《水经注》曰：'上承樊川、御宿诸水，出县南山石壁谷⑤南三十里，与直谷⑥水合，亦曰子午谷水。'"⑦ 又《长安志·长安》："豹林谷⑧水出南山，北流三里有竹谷水自南来会，又北流二里有子午谷水自东来会⑨，自北以下亦谓之子午谷水。""直谷"应当也是"子午谷"的快读合音。⑩ 另外，还特别值得我们注意的是，汉魏子午道秦岭南段又曾经沿池河南下汉江川道。"池"或为"直"之音转。也就是说，很可能子午道循行的河道，也曾经被称作"直河"。

与"表南山之颠以为阙"相对应，秦直道的石门，也可以看作甘泉宫的"北山"之"阙"。《元和郡县图志·关内道三》说：石门山在三水县东五十里，"峰岩相对，望之似门"。贾汉复修康熙《陕西通志·山川》说：石门山一名"石阙"。

---

① 《三国志·魏书·张鲁传》："韩遂、马超之乱，关西民从子午谷奔之者数万家。"
② 《三国志·魏书·曹真传》："(曹)真以八月发长安，从子午道南入。"《三国志·魏书·华歆传》："太和中，遣曹真从子午道伐蜀。"《三国志·魏书·陈群传》："(曹)真复表从子午道，(陈)群又陈其不便，并言军事用度之计，诏以群议下真，真据之遂行。"《三国志·魏书·夏侯渊传》注引《魏略》和《三国志·魏书·王基传》注引司马彪《战略》都说到"子午之役"。《三国志·蜀书·后主传》：建兴八年（230年），"秋，魏使司马懿由西城，张郃由子午，曹真由斜谷，欲攻汉中"。《三国志·魏书·钟会传》记载景元四年（263年）伐蜀之役，也写道："魏兴太守刘钦趣子午谷，诸军数道平行，至汉中。"
③ 李之勤：《历史上的子午道》，载《西北大学学报》（哲学社会科学版）1981年第2期。
④ 王子今、周苏平：《子午道秦岭北段栈道遗迹调查简报》，载《文博》1987年第4期。
⑤ 今按：亦作石鳖谷，今称石砭峪。
⑥ 今按：今子午谷。
⑦ 今本《水经注》无此文。《太平寰宇记》文与此同，而不云出《水经注》。
⑧ 今按：今称抱龙峪。
⑨ 今按："自东来会"疑当作"自西来会"。
⑩ 《咸宁县志》卷一《南山诸谷图》中，"石鳖峪"旁侧标注"竹"，由此可以推想"竹谷"或许也应从音读的线索考虑与"子午谷"的关系。

《三水县志》记载，石门山汉时名"石阙"，"高峻插天，对峙如门"。其实，"石阙"之称，汉代已经使用。扬雄《甘泉赋》写道："遧遧离宫般以相烛兮，封峦石阙施靡乎延属。"刘歆《甘泉宫赋》也有"缘石阙之天梯"的文句。都说到甘泉宫的"石阙"。秦直道石门即石阙。扬雄《甘泉赋》对于甘泉宫有"前熛阙而后应门""閌阆阆其寥廓兮，似紫宫之峥嵘"的描写。"閌阆阆"，形容门阙高伟。秦直道石门，正是甘泉宫的北阙。①

子午岭—直道，子午道—直河，在咸阳—长安正北正南形成了纵贯千里的轴线。这一现象，体现出秦汉都城规划的基本特点。另一组对应关系，表现为直道的起点—石门—甘泉宫北阙与子午道的起点—"南山之颠"—阿房宫南阙。这一认识，也是和秦始皇以甘泉宫、咸阳宫、阿房宫共同作为秦宫主体结构的构想相一致的。秦始皇都城建设规划所体现的有关天文地理与人事的关系的观念，也是我们考察和理解秦汉历史文化时，不能不予以充分重视的。

有学者指出，以西汉长安为中心，存在着一条南北向超长建筑基线。②其位置与我们讨论的子午岭—子午道、直道—直河轴线有所不同。看来相关问题的继续讨论还是必要的。尽管当时人的地理意识和方位观念中的神秘主义内涵今人尚难以完全确知，不过，对于秦直道的修筑，似乎不宜简单做出"本意并非为交通之便而开"的判断。

秦直道的通行条件

目前尚不能明确直道的规划是否有更深层的文化动机，但是从直道的实用价值看，首先是联系北边和秦王朝中枢所在的最便利的军事交通路线。

《史记·秦始皇本纪》记载，秦始皇二十七年（前220年），"巡陇西、北地，出鸡头山，过回中"。鸡头山在今六盘山一带。回中，在今陕西陇县西北。帝车的轨迹，可能已经西至于今甘肃临洮。也就是说，在统一全国的第二年，秦始皇就开始关注北边防务，亲自行临长城西端的起点。同年，秦始皇开始"治驰道"。秦始皇二十八年（前219年）第二次出巡，即"东行郡县"，以东方新占领区为方向。

---

① 王子今、焦南峰：《秦直道石门琐议》，见《秦俑秦文化研究——秦俑学第五届学术讨论会论文集》，陕西人民出版社，2000年。
② 秦建明、张在明、杨政：《陕西发现以汉长安城为中心的西汉南北向超长建筑基线》，载《文物》1995年第3期。

二十九年（前218年），秦始皇第三次出巡，登临位于今山东烟台的之罘山，又经过琅邪（今山东胶南南），由上党（郡治在今山西长治西）返回关中。此后第三年，秦始皇再一次东巡，亲临碣石。又巡视北边，从上郡（郡治在今陕西榆林南）返回咸阳。也许就是在此次出巡经过上郡地方的行程中，初拟了建设直道的规划。秦始皇最后一次出巡，是在秦始皇三十七年（前210年）。他行至云梦，望祀虞舜于九疑山，又浮江而下，过丹阳（今安徽马鞍山东），至钱唐（今浙江杭州西），临浙江，上会稽山，祭大禹，望于南海，又还过吴（今江苏苏州），沿海岸北上，最终在沙丘平台（今河北广宗西北）病逝。

秦始皇的逝世，宣告秦人叱咤风云，号令天下的英雄时代的终结。而这位后来得到"千古一帝"称誉的王者，人生历程虽然已经结束，然而回到关中入葬丽山之前，依然有重要的交通经历。

《史记·秦始皇本纪》写道："七月丙寅，始皇崩于沙丘平台。丞相（李）斯为上崩在外，恐诸公子及天下有变，乃秘之，不发丧。棺载辒凉车中，故幸宦者参乘，所至上食。百官奏事如故，宦者辄从辒凉车中可其奏事。独子胡亥、赵高及所幸宦者五六人知上死。赵高故尝教胡亥书及狱律令法事，胡亥私幸之。高乃与公子胡亥、丞相斯阴谋破去始皇所封书赐公子扶苏者，而更诈为丞相斯受始皇遗诏沙丘，立子胡亥为太子。更为书赐公子扶苏、蒙恬，数以罪，赐死。""行，遂从井陉抵九原。会暑，上辒车臭，乃诏从官令车载一石鲍鱼，以乱其臭。"秦始皇死后，左丞相李斯和中车府令赵高与秦始皇少子胡亥合谋，伪造秦始皇遗诏，立公子胡亥为太子。他们担心天下可能发生变乱，于是秘不发丧。将秦始皇遗体载于可以密封车厢的辒辌车中，百官奏事，宦者进食，都一如往日。时值暑季，尸车散发出恶臭，赵高等人又吩咐车队加载一石鲍鱼，以掩盖其气味。

赵高和李斯假借秦始皇名义，逼死将军蒙恬和本来应当继承帝位的公子扶苏。当这支一路散发出政治阴谋的腐恶气息的车队回到咸阳之后，秦二世胡亥正式继位。这正是秦始皇去世之后的第七十二天。

护拥着秦始皇尸身的车队，是经由著名的直道返回咸阳的。

也就是说，直道当时已经具备通行帝王乘舆的交通条件。

秦二世胡亥仿效秦始皇，也有政治表演性质的出巡实践。① 其出行路线，据说东至海滨，又沿海岸南下，再北行，"遂至辽东而还"，最后"还至咸阳"。取"咸阳→碣石→泰山→之罘→琅邪→朐→会稽→辽东→咸阳"②的路线。最终由辽东至咸阳行程，不能完全排除经由直道的可能。

《史记·秦始皇本纪》和《蒙恬列传》关于直道修筑之所谓"堑山堙谷"，记录了工程的异常艰巨。考察直道遗迹，可以看到许多路段确实有"堑山堙谷"的痕迹。"堙谷"的路段，有清晰的夯层。"堑山堙谷"的意义，是为了减小道路的坡度，以便利通行。我们知道，秦代车辆即使如秦始皇陵铜车马那样体现当时制车技术顶峰的车型，也是不具备制动装置的。如果道路坡度过大，不仅限制上坡的通行效率，也不能保证下坡的安全。

《汉书·贾山传》："为驰道于天下，东穷燕齐，南极吴楚，江湖之上，濒海之观毕至。道广五十步，三丈而树，厚筑其外，隐以金椎，树以青松。为驰道之丽至于此，使其后世曾不得邪径而托足焉。"秦直道的规模，应当不逊于一般的驰道。以秦代尺度计算，"道广五十步"，相当于69.3米。也就是说，秦直道的规划宽度，应当是大致与此接近的。据考古学者、交通史学者和历史地理学者考察，现今地面可以看到的秦直道遗迹，其保留宽度大略与此相当。

秦直道的沿用记录

汉文帝三年（前177年）五月，匈奴南侵。汉文帝亲自来到甘泉宫进行防御部署。《史记·孝文本纪》记载："五月，匈奴入北地，居河南为寇。帝初幸甘泉。"六月，汉文帝谴责匈奴"入盗，甚敖无道，非约也"，发边吏骑八万五千诣高奴，遣丞相颍阴侯灌婴击匈奴。匈奴退去。当月的辛卯日，汉文帝又亲自从甘泉前往高奴（今陕西延安）。汉文帝北上，有可能行经秦直道的部分路段。③

《史记·匈奴列传》还有这样的记载。汉文帝十四年（前166年），匈奴单于十四万骑入侵，又以"奇兵"突袭内地，据说"候骑至雍甘泉"。也就是说，匈奴轻骑前锋的侦察部队，已经到了甘泉宫。匈奴军队的这次南进，有可能利用

---

① 《史记·秦始皇本纪》："二世与赵高谋曰：'朕年少，初即位，黔首未集附。先帝巡行郡县，以示强，威服海内。今晏然不巡行，即见弱，毋以臣畜天下。'"
② 参看王子今：《秦二世元年东巡史事考略》，见《秦文化论丛》第3辑，西北大学出版社，1994年。
③ 王子今：《论汉文帝三年太原之行》，载《晋阳学刊》2005年第4期。

了直道便利的交通条件。

汉武帝元封元年（前110年），曾经有亲率十八万骑兵巡行北边，向匈奴炫耀武力的举动。《史记·匈奴列传》："是时天子巡边，至朔方，勒兵十八万骑以见武节。而使郭吉风告单于。"《史记·封禅书》："其来年冬，上议曰：'古者先振兵泽旅，然后封禅。'乃遂北巡朔方，勒兵十余万，还祭黄帝冢桥山，释兵须如。……既至甘泉，为且用事泰山，先类祠太一。"《汉书·武帝纪》："元封元年冬十月，诏曰：'南越、东瓯咸伏其辜，西蛮北夷颇未辑睦，朕将巡边垂，择兵振旅，躬秉武节，置十二部将军，亲帅师焉。'行自云阳，北历上郡、西河、五原，出长城，北登单于台，至朔方，临北河。勒兵十八万骑，旌旗径千余里，威震匈奴。遣使者告单于曰：'南越王头已县于汉北阙矣。单于能战，天子自将待边；不能，亟来臣服。何但亡匿幕北寒苦之地为！'匈奴詟焉。还，祠黄帝于桥山，乃归甘泉。"汉武帝"巡边垂，择兵振旅"，"行自云阳，北历上郡"，又"归甘泉"，推想秦直道的若干路段，都有汉武帝的车列和大队汉军铁骑经过。

还是在这一年，汉武帝竟再一次行历直道。《汉书·武帝纪》记载："行自泰山，复东巡海上，至碣石。自辽西历北边九原，归于甘泉。"也许司马迁说"吾适北边，自直道归"，就是指这一次随汉武帝巡行的经历。

秦直道的军事交通效用，还表现在沿线的烽燧通信系统承担着军事信息传递的功能。[①] 这一功能，在汉代似乎依然发挥着作用。

中国古代的佛教遗存，往往依交通干线而设置，往往因交通活动而繁盛。秦直道附近魏晋南北朝时代以及唐宋时代的石窟遗迹，也可以说明这条道路长期使用的历史事实。[②]

秦直道的许多地段，现在仍然可以通行。子午岭上的秦直道，曾经是交通甘肃、宁夏的贸易通路。清乾隆《正宁县志》记载："此路一往康庄，修整之则可通车辙。明时以其直抵银夏，故商贾经行。"封子梁上的秦直道，曾经作为关中棉花向北运输的主要道路。据说运花时节，道路两旁的灌木枝上，粘花带絮，一路皆白。

---

① 王子今：《试说秦烽燧——以直道军事通信系统为中心》，载《文博》2004年第2期。
② 参看王子今：《北朝石窟分布的交通地理学考察》，见《北朝史研究：中国魏晋南北朝史国际学术研讨会论文集》，商务印书馆，2004年。

在陕甘宁边区的时代，这条古道也曾经作为转运粮草的大路。①

秦直道沿线漫长的地域中，以传说为主要形式的民间文学自成系统，而又显示出共同关注点的现象，也值得我们注意。例如沿线集中发现与扶苏传说有关的文化遗迹，而且若干地点同时被看作"始皇公子扶苏赐死处"。这除了可以说明扶苏故事在民间的广泛影响而外，也应当肯定秦直道作为信息传递系统的作用。由于通行的方便，大大缩短了沿线各地之间的空间距离，为文化的交汇和同一提供了必要的条件。②

秦直道与甘泉宫

唐人薛奇童的《塞下曲》写道："骄虏初南下，烟尘暗国中。独召李将军，夜开甘泉宫。"③注意到甘泉宫作为抗御"骄虏"的军事指挥中心的作用。后人诗作如唐人刘济《出塞曲》："将军在重围，音信绝不通。羽书如流星，飞入甘泉宫。"④明人章懋《送武宁侯出塞》："单于猎骑惊云中，羽书夜入甘泉宫。君王抚髀思颇牧，将军勇略千人雄。"⑤也说进行战争总动员，调发天下兵力的号令，应是发布于位于直道南端的甘泉宫。对于"羽书"的历史记忆，是符合直道交通军事信息传递的实际状况的。

《宋书·乐志四》载《汉鼓吹铙歌十八曲》，陈直先生以为，"综合推测，有属于军乐者，有属于宴饮乐者，亦有属于赏赐诸侯王乐者。类型既杂，时代又不一致，但最迟者，不出于西汉宣元之际"。其中《上之回曲》："上之回，所中益。夏将至，行将北。以承甘泉宫，寒暑德。游石关，望诸国，月支臣，匈奴服。令从百官疾驱驰，千秋万岁乐无极。"其中有"游石关"文字。陈直先生参考崔豹《古今注》、智匠《古今乐录》，读作："上之回所中，益夏将至，将北以承甘泉宫。寒暑德，游石关，望诸国，月支臣，匈奴服，合从百官疾驱驰，千秋万岁乐无极。"又以汉武帝元封四年"通回中道，遂北出萧关"事解释"上之回所中"。

---

① 史念海：《秦始皇直道遗迹的探索》，载《陕西师大学报》1975年第3期，又载《文物》1975年第10期，收入《河山集》四集，陕西师范大学出版社，1991年。
② 王子今、张在明：《秦始皇直道沿线的扶苏传说》，载《民间文学论坛》1992年第2期。
③ 《石仓历代诗选》卷四六。
④ 《乐府诗集》卷二二。《全唐诗》卷一八作者署名刘济，卷一九六则作刘湾诗。
⑤ 《石仓历代诗选》卷四〇六。

陈直先生还写道:"益夏将至。闻氏云①:益夏,疑谓盛夏,《广雅·释诂》云:'溢,盛也。'""游石关。直按:司马相如《上林赋》云:'蹶石关,历封峦'是也。"②可知作为直道终点的甘泉宫有"望诸国,月支臣,匈奴服"的军事外交的意义。《汉书·武帝纪》记载:"(太始)三年春正月,行幸甘泉宫,飨外国客。"据《汉书·匈奴传下》,汉宣帝时,"呼韩邪单于款五原塞,愿朝三年正月。汉遣车骑都尉韩昌迎,发过所七郡郡二千骑,为陈道上。单于正月朝天子于甘泉宫"。西汉五原,也就是秦的九原。关于所谓"发过所七郡郡二千骑,为陈道上",颜师古注:"所过之郡,每为发兵陈列于道,以为宠卫也。"王先谦《汉书补注》:"《通鉴》胡注:'七郡',谓过五原、朔方、西河、上郡、北地、冯翊,而后至长安者也。"看来,汉王朝护迎匈奴呼韩邪单于调发骑兵"为陈道上"的"道上",应当是包括直道的。《汉书·郊祀志下》还记载,汉宣帝晚年,曾经在甘泉宫会见匈奴单于:"上郊泰畤,因朝单于于甘泉宫。后间岁,改元为黄龙。正月,复幸甘泉,郊泰畤,又朝单于于甘泉宫。"而甘泉宫在外交史中的特殊地位,与直道的军事交通作用有密切的关系。

(原载《人文杂志》2005年第5期)

---

① 闻一多:《乐府诗笺》。
② 陈直:《汉铙歌十八曲新解》,见《文史考古论丛》,天津古籍出版社,1988年,第69、74页。

秦直道九原"度河"方式探讨

王子今

《史记》卷六《秦始皇本纪》写道:"三十五年,除道,道九原抵云阳,堑山堙谷,直通之。"《史记》卷一五《六国年表》记载:"(秦始皇)三十五年,为直道,道九原,通甘泉。""三十七年十月,帝之会稽、琅邪,还至沙丘崩。子胡亥立,为二世皇帝。杀蒙恬。道九原入。"司马迁在《史记》卷八八《蒙恬列传》中写道:"吾适北边,自直道归,行观蒙恬所为秦筑长城亭障,堑山堙谷,通直道,固轻百姓力矣。"在中国早期交通建设的历史记录中,秦直道是首屈一指的重要工程。其规划、选线、设计和施工,显示出空前的技术水准和组织效率。秦直道的开通和应用,在中国古代交通史上具有极其重要的地位。对于军事交通的发展历程而言,秦直道也表现出里程碑式的意义。这条重要陆路干线"道九原抵云阳"而"直通之"的交通功能和文化意义,已经受到历史地理学者和交通史学者的重视。[①] 然而直道的形制和作用,还有诸多问题等待研究和说明。例如于九原地方"度河"的方式,就需要认真探讨。

[①] 关于直道研究,可参看史念海:《秦始皇直道遗迹的探索》,载《陕西师大学报》1975年第3期,又载《文物》1975年第10期,收入《河山集》四集,陕西师范大学出版社,1991年;王子今:《秦直道的历史文化观照》,载《人文杂志》2005年第5期;辛德勇:《秦汉直道研究与直道遗迹的历史价值》,载《中国历史地理论丛》2006年第1辑,收入《秦汉政区与边界地理研究》,中华书局,2009年。

"秦直道沿途所经最大的一条河流"

作为《中国考古学》（九卷本）中的一卷，《中国考古学·秦汉卷》是一部成功地总结秦汉考古成就和考古方法的论著。其工作的目的，论者明确地指出，是使得"秦汉考古""在秦汉社会历史和秦汉文明的全面揭示和深入研究中作出应有的贡献"（第17页）。全书贯彻这一宗旨，体现出秦汉考古研究与秦汉史研究相结合的学术成功。在许多方面有所创新，推进了对秦汉历史文化的认识。例如，直道是秦始皇时代为加强北边防务，抵御匈奴南犯而开筑的连通长城防线上军事重镇九原与行政中心甘泉的交通大道。秦代经营的交通大道多利用战国原有道路，只有直道是在秦统一后规划施工，开拓出可以体现秦帝国行政效率的南北大通道。对于秦直道的走向，学界认识未能完全一致，讨论的热烈，表现出学术空气的活跃，也为更接近历史真实的论点的推出，准备了必要的条件。《中国考古学·秦汉卷》对于秦直道的重视，超过了以往同类著作。撰写者对争议各方的意见分别有所介绍，而最终的取舍，倾向于多数考古学者基于文物资料的判断。[①] 这种尊重一线考古工作收获的态度，是正确的。这部书定稿之后的考古发掘，使得这一认识的学术基础更为坚实可靠。

由于对秦汉考古进行全面论说涉及面广阔，工作难度非常大，又因集体操作，协调不易，难免千虑一失，《中国考古学·秦汉卷》亦存在微瑕。如"秦直道"一节关于"秦直道的修筑技术"，撰写者提出了这样的问题："乌兰木伦河是秦直道沿途所经最大的一条河流，河床宽达100米，深20米，秦直道在此惟一的通过方式是架桥，当时是用什么方式、什么材料来架桥的？这些问题都有待于今后的考古工作来解答。"[②] 提出秦直道通过河流的方式这样的问题有重要意义，不过，上文已经写道："（秦直道）北至九原（今内蒙古包头市西）"，"直道大致在黄河南岸昭君坟附近过河，终止于秦九原郡治所在地，即今包头市西南麻池古城"。[③] 此处所谓"过河"自然是过黄河。

事实上，"秦直道沿途所经最大的一条河流"是黄河，而并非"乌兰木伦河"。

[①] 中国社会科学院考古研究所编著：《中国考古学·秦汉卷》，刘庆柱、白云翔主编，中国社会科学出版社，2010年，第72页。

[②]《中国考古学·秦汉卷》，第75页。

[③]《中国考古学·秦汉卷》，第70—71页。

秦直道过黄河的方式，值得研究者关注。

陕西考古学者对于秦直道调查和发掘的收获，提供了直道通过洛河（陕西甘泉）和葫芦河（陕西富县）方式的信息，对于我们认识直道通行条件和工程质量有重要的意义。相关信息也有益于研究直道通过黄河的方式时参考。

周穆王"沈璧于河"

直道线路经过黄河的河段，其实很早就为政治家、军事家注意。

《穆天子传》记载周穆王率领有关官员和七萃之士，驾乘八骏，由最出色的驭手造父等御车，由柏夭担任向导，从处于河洛之地的宗周出发，经由河宗、阳纡之山、西夏氏、河首、群玉山等地，西行来到西王母的邦国，与西王母互致友好之辞，宴饮唱和，并一同登山刻石纪念，又继续向西北行进，在大旷原围猎，然后千里驰行，返回宗周的事迹。许多研究者认为，周穆王西巡行程的终极，按照这部书的记述，大致已经到达中亚吉尔吉斯斯坦的草原地区。有的学者甚至认为，穆天子西行可能已经在欧洲中部留下了足迹。① 现在看来，把《穆天子传》看作"最早记录中原与西域交往的史诗"② 的观点，大致是可以成立的。

关于《穆天子传》的性质，历来存在不同的认识。有人把它归入"起居注类"，有人则把它列为"别史类"，或者"传记类"。大致一般都将其看作史书。然而清人编纂的《四库全书》却又将其改隶"小说家类"，并陈述其根据："案《穆天子传》旧皆入'起居注类'，徒以编年纪月，叙述西游之事，体近乎起居注耳。实则恍惚无征，又非《逸周书》之比。以为古书而存之可也，以为信史而录之，则史体杂、史例破矣。今退置于'小说家'，义求其当，无庸以变古为嫌也。"③ 不过，许多学者注意到《穆天子传》中记录的名物制度一般都与古代礼书的内容大致相合，其中记事记言，形式颇"与后世皇帝之《起居注》及《实录》相当"，

---

① 顾实《穆天子传西征讲疏》："六师毕至于旷原，即至于西北大旷原也。况西王母之邦在今波斯西北。更欲自西王母之邦，至于旷原之野，则非自今波斯而北至欧洲大平原也，将焉至哉！故推定旷原者，包有今南俄大平原，及更北而欧洲大平原亦在内，万无可疑矣。"所谓"羽陵"，"当在今波兰 Poland 华沙 Warsaw 之间乎？"中国书店，1990 年，第 174—175 页。
② 鲁南：《最早记录中原与西域交往的史诗〈穆天子传〉》，载《新疆日报》1982 年 10 月 9 日。
③ 《四库全书总目》卷一四二《子部五十二·小说家类三》。

因此认为"此等记录，殆无可疑"。① 可能正是出于这样的考虑，《四部丛刊》和《四部备要》仍然把《穆天子传》归入"史部"之中。有的学者不仅并不把它看作小说，甚至更视其为一部"其叙简而法，其谣雅而风，其事侈而核"②的历史典籍。事实上，周穆王西行事迹，在其他史学经典中是有踪迹可察的。《左传·昭公十二年》说到周穆王"周行天下"的事迹。与《穆天子传》同出于汲冢的《竹书纪年》也有周穆王西征的明确记载。③ 司马迁在《史记》卷五《秦本纪》和卷四三《赵世家》中，也记述了造父为周穆王驾车西行巡狩，见西王母，乐而忘归的故事。④

《穆天子传》卷一记述周穆王与河宗柏夭相会的情形，又有祭祀行为："天子授河宗璧。河宗柏夭受璧，西向沈璧于河，再拜稽首。祝沈马牛豕羊。"周穆王在河宗柏夭配合下"沈璧于河"的所在，正是在今内蒙古包头地方。《史记》卷四三《赵世家》："奄有河宗。"张守节《正义》："《穆天子传》云：'河宗之子孙鄂柏絮。'按：盖在龙门河之上流，岚、胜二州之地也。"《穆天子传》卷一会河宗之前"于邦之南"，"行于阳纡之山"。或以为与"阳山"有关。又引《水经注》曰："高阙以东，夹山带河，阳山以往，皆北假也。"⑤《史记》卷一一〇《匈奴列传》曾经说到九原、直道与"阳山北假"的关系："后秦灭六国，而始皇帝使蒙恬将十万之众北击胡，悉收河南地。因河为塞，筑四十四县城临河，徙适戍以充之。而通直道，自九原至云阳，因边山险堑溪谷可缮者治之，起临洮至辽东万余里。又度河据阳山北假中。"《汉书》卷九九中《王莽传中》记载：始建国三年（11），"遣尚书大夫赵并使劳北边，还言五原北假膏壤殖谷，异时常置田官。乃以并为田禾将军，发戍卒屯田北假，以助军粮"。也说明了同样的事实。

周穆王西行并没有在"河宗氏"地方渡河。但是对这一地区的特殊关注，对这里黄河河道的倾心崇敬，值得我们注意。

对于《穆天子传》的成书年代，不少学者推定为文化空前活跃的战国时期。顾颉刚则认为，"《穆天子传》的著作背景即是赵武灵王的西北略地"。⑥

---

① ［日］小川琢治：《〈穆天子传〉考》，见江侠庵编译：《先秦经籍考》下册，商务印书馆，1931年，第93—241页。
② 〔明〕胡应麟：《少室山房笔丛·三坟补逸》。
③ 参看王子今：《20世纪中国历史文献研究》，清华大学出版社，2002年，第343—348页。
④ 参看王子今：《穆天子神话和早期中西交通》，载《学习时报》2001年6月11日。
⑤ 顾实：《穆天子传西征讲疏》，第23页。
⑥ 顾颉刚：《〈穆天子传〉及其著作年代》，载《文史哲》1951年第1卷第2期。

赵武灵王经营北河与"直南袭秦"计划

据《战国策·赵策二》记载，赵武灵王与臣下肥义商议国是，表示了继承先祖事业的决心，最初提出了"胡服"的设想。随后，"王北略中山之地，至于房子，遂之代，北至无穷，西至河，登黄华之上"。赵武灵王"胡服骑射"这一具有"革政"意义的变法运动的成功，使得赵国强盛一时，"攘地北至燕、代，西至云中、九原。"《史记》卷四三《赵世家》还记载："武灵王自号为主父。主父欲令子主治国，而身胡服将士大夫西北略胡地，而欲从云中、九原直南袭秦，于是诈自为使者入秦。秦昭王不知，已而怪其状甚伟，非人臣之度，使人逐之，而主父驰已脱关矣。审问之，乃主父也。秦人大惊。主父所以入秦者，欲自略地形，因观秦王之为人也。"

刘师培《九盦集》卷五《秦四十郡考》"附秦郡建置沿革考"说，九原郡"秦得之赵"。[①] 史念海指出，九原本来是赵国旧有边郡。[②] 这一意见有学者支持。[③] 辛德勇指出："史氏所说，信而有征，可以信从。九原是赵国西北角上的边郡。"[④] 又说，据《史记》卷四三《赵世家》，"'云中'与'九原'并列，依此，似乎应该把'九原'，理解成为与'云中'同一等级的郡名，即赵武灵王时战国已经设立九原郡。""秦九原郡应当是直接承袭战国赵九原郡而来。既然如此，赵国的西北边境，就很有可能与秦朝一样，抵达狼山山脉一带。"[⑤] 这样的分析给予我们有意义的启示。考古学者对阴山南麓赵长城的考察，证实了《水经注·河水三》的记录："芒干水又西南径白道南谷口，有城在右，萦带长城……顾瞻左右，山椒之上，有垣若颓基焉。沿溪亘岭，东西无极，疑赵武灵王之所筑也。"[⑥] 也就是说，赵武灵王时代已经将势力扩展到北河地区，其九原行政，既享有"河"之水利对农耕发展的恩惠，同时也不得不面对"河"之天险对交通进步的阻障。

---

① 《刘师培全集》第3册，中共中央党校出版社，1997年，第60页。
② 史念海：《论秦九原郡始置的年代》，见《河山集》七集，陕西师范大学出版社，1999年，第376—384页。
③ 陈仓：《战国赵九原郡补说》，载《中国历史地理论丛》1994年第2辑。
④ 辛德勇：《张家山汉简所示汉初西北隅边境解析——附论秦昭襄王长城北端走向与九原云中两郡战略地位》，载《历史研究》2006年第1期，收入《秦汉政区与边界地理研究》，第267页。
⑤ 辛德勇：《阴山高阙与阳山高阙辨析》，载《文史》2005年第3辑，收入《秦汉政区与边界地理研究》，第187页。
⑥ 盖山林、陆思贤：《阴山南麓的赵长城》，见《中国长城遗迹调查报告集》，文物出版社，1981年，第21—24页。

赵武灵王曾经亲自来到九原地区，又有"欲从云中、九原直南袭秦"的战略谋划。赵武灵王从九原南向袭击秦国的路线和所谓"诈自为使者入秦"的路线，应当与后来的秦直道走向大体一致。赵武灵王"诈自为使者入秦"的特殊行为，应当有南渡黄河的实践经历。而他"欲从云中、九原直南袭秦"的预想，也必然有关于远征军渡河方式的设计。

战国策士关于"秦下甲云中、九原"的设想

与赵武灵王"欲从云中、九原直南袭秦"的思路相同，秦人似乎也有"直北"利用九原战略地位的设想。① 而这样的军事行动，同样需要经历在九原"度河"的行动。

《战国策·燕策一》记载："苏秦将为从，北说燕文侯曰：'燕东有朝鲜、辽东，北有林胡、娄烦，西有云中、九原，南有呼沱、易水。地方二千余里，带甲数十万，车七百乘，骑六千疋，粟支十年。南有碣石、雁门之饶，北有枣粟之利，民虽不由田作，枣粟之实，足食于民矣。此所谓天府也。'"燕国"西有云中、九原"，应主要是指黄河以北地区。苏秦又有秦军控制"云中、九原"继续东进的假想："秦之攻燕也，逾云中、九原，过代、上谷，弥堑踵道数千里。"秦"攻燕"远征军"逾云中、九原"，当有"度河"的行动。

而"张仪为秦破从连横"，威胁燕王，也有"大王不事秦，秦下甲云中、九原，驱赵而攻燕，则易水、长城非王之有也"的恐吓。这样的威胁果然奏效，据说，"燕王曰：'寡人蛮夷辟处，虽大男子，裁如婴儿，言不足以求正，谋不足以决事。今大客幸而教之，请奉社稷西面而事秦，献常山之尾五城。'"看来，张仪"秦下甲云中、九原"之说，并不是全无根据的虚言。而秦人用兵云中、九原，必定需要在九原"度河"。

"河"与蒙恬九原军事建设

《史记》卷八八《蒙恬列传》说蒙恬经营北边："秦已并天下，乃使蒙恬将三十万众北逐戎狄，收河南。筑长城，因地形，用制险塞，起临洮，至辽东，延

---

① 由赵武灵王"直南袭秦"战略和有关秦军相反方向运动即"直北"的设想，或可推想"直道"定名"直"与这种空间意识有关的可能。

袤万余里。于是渡河，据阳山，逶蛇而北。"其中"渡河"的记录值得特别注意。《史记》卷一一〇《匈奴列传》记载："后秦灭六国，而始皇帝使蒙恬将十万之众北击胡，悉收河南地。因河为塞，筑四十四县城临河，徙适戍以充之。而通直道，自九原至云阳，因边山险堑溪谷可缮者治之，起临洮至辽东万余里。又度河据阳山北假中。"所谓"因河为塞"与"临河""渡河""度河"的记录，体现蒙恬对北边的辛苦经营，对于"河"可以阻遏敌骑，同时又对自己的军事行动亦不免有所限制的作用，是予以重视的。

辛德勇指出："就在秦始皇三十三年建构起黄河—阴山防线的当年，始皇帝嬴政便把寻求垦殖基地的目光，投向河套地区[①]，指令蒙恬，'渡河，据阳山'[②]，并在山上'筑亭障以逐戎人'[③]。阳山即今狼山山脉，其西段正围绕着河套平原的西部和北部。早在 20 世纪 70 年代，唐晓峰即以考察探明，在今狼山山脉及其迤西的乌拉后山北坡，残存有明显的秦代长城。[④]""这道阳山长城的作用，主要是防护河套垦区不受匈奴的侵害。"[⑤] 有学者考论秦代政区地理，以为"秦九原郡置县可证者有武都、河阴、九原、南舆、曼柏、莫黮、西安阳、稒阳，共 8 县"。又说："其中秦九原郡所属县武都、河阴、南舆、曼柏、莫黮、西安阳、稒阳等县，传统文献多认为是西汉所设县，现在考证可知均为秦县，同时将这些地方设县的时间上推至秦，甚至战国时，可补史料之缺轶。"按照论者的意见，武都"故址大致在托克托县西，具体地望无考"，河阴"故址在今包头市西"，九原故址即"内蒙古包头市南郊麻池古城"，南舆"故址地望在今内蒙古自治区准格尔旗东南"，曼柏"故址地望在今内蒙古自治区东胜市东北"，莫黮"地望无考"，西安阳"故址在今内蒙古自治区五原县东南"，稒阳"即今内蒙古自治区固阳县"。[⑥] 关于秦九原郡辖县故址的推定多论证不足，而当时九原郡下的一些县应非"西汉所设县"的意见可以参考。

[①] 原注：《史记》卷一一二《平津侯主父列传》。
[②] 原注：《史记》卷八八《蒙恬列传》。
[③] 原注：《史记》卷六《秦始皇本纪》。
[④] 原注：唐晓峰：《内蒙古西北部秦汉长城调查记》，载《文物》1977 年第 5 期；李逸友：《中国北方长城考述》，载《内蒙古文物考古》2004 年第 1 期。
[⑤] 辛德勇：《张家山汉简所示汉初西北隅边境解析——附论秦昭襄王长城北端走向与九原云中两郡战略地位》，载《历史研究》2006 年第 1 期，收入《秦汉政区与边界地理研究》，第 263 页。
[⑥] 后晓荣：《秦代政区地理》，社会科学文献出版社，2009 年，第 180—182 页。

显然，秦九原郡是跨河而治的特殊的行政区域。这一情形，一如西汉时期的西河郡。① 这种比较少见的行政区域划分形式，必然是以方便的"度河"方式为重要条件的。

直道"度河"的可能形式

《史记》卷六《秦始皇本纪》记载："三十五年，除道，道九原抵云阳，堑山堙谷，直通之。"《史记》卷一五《六国年表》也写道："（秦始皇）三十五年，为直道，道九原，通甘泉。""三十七年十月，帝之会稽、琅邪，还至沙丘崩。子胡亥立，为二世皇帝。杀蒙恬。道九原入。"九原作为直道的北端，是明确无疑的。而直道的畅通，必然有便捷的"度河"形式。

秦代明确的高等级的"度河"记录，如《史记》卷六《秦始皇本纪》关于秦始皇二十八年（前219）"渡淮水"及著名的至湘山祠"几不得渡"的故事："始皇还，过彭城……乃西南渡淮水，之衡山、南郡。浮江，至湘山祠。逢大风，几不得渡。上问博士曰：'湘君何神？'博士对曰：'闻之，尧女，舜之妻，而葬此。'于是始皇大怒，使刑徒三千人皆伐湘山树，赭其山。上自南郡由武关归。"又秦始皇三十七年（前210），"十一月，行至云梦，望祀虞舜于九疑山。浮江下，观籍柯，渡海渚。过丹阳，至钱唐。临浙江，水波恶，乃西百二十里从狭中渡"。这些关于秦始皇车队"渡"的记载，应当都是利用舟船的济渡。

秦穆公时代在殽之战惨败后伐晋复仇，是秦史中的著名战事，《左传·文公三年》："秦伯伐晋，济河焚舟，取王官，及郊。晋人不出，遂自茅津济，封殽尸而还。"秦军进入晋地，两次"济河"，使用的是舟船。"济河焚舟"，《史记》卷五《秦本纪》作"渡河焚船"："（秦穆公）三十六年，缪公复益厚孟明等，使将兵伐晋，渡河焚船，大败晋人，取王官及鄗，以报殽之役。晋人皆城守不敢出。于是缪公乃自茅津渡河，封殽中尸，为发丧，哭之三日。"所谓"济河焚舟"故事发生在被看作英雄主义典范的项羽破釜沉舟事416年之前。② 而我们更为注意的，是秦人征战中通常的"济河""渡河"方式是使用舟船。

---

① 参看王子今：《西河郡建置与汉代山陕交通》，载《晋阳学刊》1990年第6期。
② 《史记》卷七《项羽本纪》："项羽已杀卿子冠军，威震楚国，名闻诸侯。乃遣当阳君、蒲将军将卒二万渡河，救巨鹿。战少利，陈余复请兵。项羽乃悉引兵渡河，皆沈船，破釜甑，烧庐舍，持三日粮，以示士卒必死，无一还心。"

然而当时以架设浮桥作为"度河"的交通方式，已经有比较成熟的技术保证。殷商时代已经有架设浮桥记录。卜辞可见㫃、㫃等字，郭沫若《金文丛考》均释为"造"，即一出舟船并靠连接构成浮桥。卜辞可见"川于之（兹）"（《人》2146），即谓于此地造设舟桥以济川。《诗·大雅·大明》记述大约发生于公元前12世纪的周文王娶亲史事，有"文定厥祥，亲迎于渭；造舟为梁，不显其光"语。毛亨《传》："言受命之宜王基乃始于是也。天子造舟，诸侯维舟，大夫方舟，士特舟。造舟，然后可以显其光辉。"《说文·辵部》："造，就也。从辵，告声。""艁，古文造，从舟。"陆德明《经典释文》卷七《毛诗音义下》对"造"的解释说："《广雅》音'艁'，音同。"朱骏声《说文通训定声》卷六则以为"又为'桥'"，是"造"字假借之义之一。《说文·非部》："靠，相韦也。从非，告声。"段玉裁注作这样的解释："相韦者，相背也。故从非。今俗谓相依曰靠，古人谓相背曰靠，其义一也。犹分之合之皆曰离。"实际上，"造舟"之"造"以及"艁"，都可以从"靠"字发现其原始之义。所谓"造舟"或"艁舟"，其实就是以舟船比靠联并构成浮桥。《方言》卷九："艁舟，谓之浮梁。"郭璞注："即今浮桥。"张衡《东京赋》："造舟清池，惟水泱泱。"薛综也解释说："造舟，以舟相比次为桥也。"①《尔雅·释水》郭璞注：造舟，"比舡为桥"。邢昺疏："言造舟者，比舡于水，加版于上，即今之浮桥。"

秦直道"度河"，会不会采用利用浮桥的形式呢？根据秦人交通开发的积极性和交通技术的成熟程度，可以推想这一可能性是相当大的。

秦人有重视交通的传统。秦国之所以能够实现统一，与交通方面的优势有重要关系。②回顾秦交通史，可以看到，春秋时期，秦晋之间的黄河水面曾架设临时的浮桥。秦后子鍼"享晋侯，造舟于河，十里舍车，自雍及绛。归取酬币，终事八反"。事载《左传·昭公元年》。《史记》卷五《秦本纪》：秦景公三十六年（前541）"景公母弟后子鍼有宠，景公母弟富，或谮之，恐诛，乃奔晋，车重千乘"。所谓"车重千乘"，可能是"造舟于河"，架设浮桥的原因。《元和郡县图志·关内道二》："（朝邑县）河桥，本秦后子奔晋，造舟于河，通秦、晋之道。"黄河历史上第一座常设的浮桥，也是秦国修建，即《史记》卷五《秦

---

① 参看王子今：《"造舟为梁"及早期浮桥史探考》，载《文博》1998年第4期。
② 参看王子今：《秦国交通的发展与秦的统一》，载《史林》1989年第4期；《秦统一原因的技术层面考察》，载《社会科学战线》2009年第9期。

本纪》所见秦昭襄王五十年（前 257）"初作河桥"。张守节《正义》："此桥在同州临晋县东，渡河至蒲州，今蒲津桥也。"①

秦人建造这两座黄河浮桥的年代与蒙恬经营北河时比较，秦昭襄王"初作河桥"事在 36 年前②，后子鍼"造舟于河"事则在 320 年前。蒙恬时代的桥梁建造技术应当更为成熟。而包头河段的黄河水量远逊于大荔、华阴、潼关与永济间河段。秦人在九原"造舟于河"，不应有太大的困难。考虑到直道的战略地位和通行等级，"度河"方式或许已经有常设的浮桥即秦昭襄王"初作河桥"的"河桥"。

关于卫青"梁北河"

汉武帝元朔二年（前 127）回击匈奴对辽西、渔阳的侵犯，组织了向匈奴的全面进攻，取得空前的胜利。《史记》卷一一一《卫将军骠骑列传》记载："汉令将军李息击之，出代；令车骑将军青出云中以西至高阙。遂略河南地，至于陇西，捕首虏数千，畜数十万，走白羊、楼烦王。遂以河南地为朔方郡。以三千八百户封青为长平侯。青校尉苏建有功，以千一百户封建为平陵侯。使建筑朔方城。青校尉张次公有功，封为岸头侯。"汉武帝宣布了对卫青的奖励："今车骑将军青度西河至高阙，获首虏二千三百级，车辎畜产毕收为卤，已封为列侯，遂西定河南地，按榆溪旧塞，绝梓领，梁北河，讨蒲泥，破符离，斩轻锐之卒，捕伏听者三千七十一级，执讯获丑，驱马牛羊百有余万，全甲兵而还，益封青三千户。"所谓"梁北河"，用以表彰卫青的突出功绩。曹丕《汉武帝论》写道："自元光以迄征和四十五载之间，征匈奴四十余举。逾广漠，绝梓岭，封狼居胥，禅姑峰，梁北河，观兵瀚海。刈单于之旗，剿阏氏之首，探符离之窟，扫五王之庭，纳休屠昆邪之附，获祭天金人之宝。斩名王以十数，馘首虏以万计。既穷追其败亡，又摧破其积聚。"③"梁北河"，成为赞美汉武帝武功的颂词。

所谓"梁北河"，裴骃《集解》引录如淳的解释："为北河作桥梁。"《汉书》卷五五《卫青传》颜师古注引如淳曰："为北河作桥梁也。"这里所说的"为

---

① 〔明〕丘濬：《大学衍义补》卷九九《治国平天下之要·备规制·道涂之备》："《史记》：秦昭襄王五十年十二月，初作河桥。盖桥作于河也。然是时秦未有孟津之地，而所作之桥不在此尔。"

② 《艺文类聚》卷九引《史记》："秦昭王四十九年，初作河桥。"〔宋〕祝穆《古今事文类聚》续集卷一〇《居处部·桥》引文同。则又更早一年。

③ 〔明〕张溥辑：《汉魏六朝百三家集》卷二四《魏文帝集·论》，文渊阁《四库全书》本。《艺文类聚》卷一二及《太平御览》卷八八引《典论》均作"斩名王以千数"。

北河作桥梁"，很可能是常设的浮桥，亦不排除架构浮桥的可能。

《史记》卷一一一《卫将军骠骑列传》张守节《正义》："'梁北河'，在灵州界也。"《太平寰宇记》卷三六《关西道·灵州》："《水经》云：河西溢于窳浑泽。《汉书》卫青'绝梓岭，梁北河'，谓此处也。"按照《水经注·河水三》的记述，则"梁北河"的方位大概还要偏东一些："河水又屈而东流为北河。汉武帝元朔二年大将军卫青'绝梓岭，梁北河'是也。东径高阙南。《史记》赵武灵王既袭胡服，自代并阴山下，至高阙为塞。山下有长城，长城之际，连山刺天，其山中断，两岸双阙，善能云举，望若阙焉。即状表目，故有'高阙'之名也。自阙北出荒中，阙口有城，跨山结局，谓之'高阙戍'。自古迄今，常置重捍，以防塞道。汉元朔四年，卫青将十万人败右贤王于高阙，即此处也。"

卫青于朔方"梁北河"，分析道路规划的可能走向，很可能是对应高阙的交通建设。其实，直道"度河"，应当有更高等级的桥梁。辛德勇在分析"九原、云中两郡在西汉政治与军事地理格局中的地位"时强调："云中、九原两郡南部的东流黄河河段，流速舒缓，岸线平坦，是展开大规模渡河军事行动的理想地点，九原、云中两郡，便是控制这一战略要津的桥头堡。"又说："这两个郡……其位居交通要津，控制着东出'关东'以及北出塞外的渡口……九原、云中一带，一向是朝廷重兵所在的地方"，"九原和云中，具有非同寻常的军事地理地位；特别是九原，不仅控制着黄河渡口，同时还控制着重要的战略通道直道，地位尤其重要"。[1] 显然，对于北边军事道路"度河"的交通规划来说，九原自有最重要的战略地位和最优越的总体条件。难以想象当时思考对匈奴战略的军事家会考虑在九原以外的其他地方组织最高等级的"度河"工程的建设。即使卫青"梁北河"如一些学者判断，确实在朔方地区，那么，有理由推想，九原服务于直道的河桥营造，应体现更典型的国家级交通设施的标准。

王莽"填河亭"地名的理解

《汉书》卷二八下《地理志下》关于五原郡行政建置的文字，县名"河阴""河目"之定义或许与"河"有某种关系：

---

[1] 辛德勇：《张家山汉简所示汉初西北隅边境解析——附论秦昭襄王长城北端走向与九原云中两郡战略地位》，载《历史研究》2006年第1期，收入《秦汉政区与边界地理研究》，第278、281页。

五原郡，秦九原郡，武帝元朔二年更名。东部都尉治稒阳。莽曰获降。属并州。户三万九千三百二十二，口二十三万一千三百二十八。县十六：九原，莽曰成平。固陵，莽曰固调。五原，莽曰填河亭。临沃，莽曰振武。文国，莽曰繁聚。河阴，蒱泽，属国都尉治。南兴，莽曰南利。武都，莽曰桓都。宜梁，曼柏，莽曰延柏。成宜，中部都尉治原高，西部都尉治田辟。有盐官。莽曰艾虏。稒阳，北出石门障得光禄城，又西北得支就城，又西北得头曼城，又西北得虖河城，又西得宿虏城。莽曰固阴。莫黳，西安阳，莽曰鄣安。河目。

特别是其中的"五原"县，王莽改称"填河亭"。"填河"，可以理解为"镇河"，即维护水文条件的稳定以避免水害。王莽使用的这一新地名，看来有可能与"度河"地点有关。不过，谭其骧主编《中国历史地图集》标示远在"九原"县西北的"五原"县位置，与"河"之间的直线距离大约在10公里以上。①

《水经注》卷三《河水三》："（河水）又东径九原县故城南，秦始皇置九原郡，治此。汉武帝元朔二年，更名五原也。王莽之获降郡、成平县矣。西北接对一城，盖五原县之故城也，王莽之填河亭也。《竹书纪年》，魏襄王十七年，邯郸命吏大夫奴迁于九原，又命将军大夫適子戍吏，皆貉服矣。其城南面长河，北背连山。秦始皇逐匈奴，并河以东，属之阴山，筑亭障为河上塞。徐广《史记音义》曰：阴山在五原北。即此山也。始皇三十三年，起自临洮，东暨辽海，西并阴山，筑长城及开南越地，昼警夜作，民劳怨苦。故杨泉《物理论》曰：秦始皇使蒙恬筑长城，死者相属。民歌曰：生男慎勿举，生女哺用脯，不见长城下，尸骸相支拄。其冤痛如此矣。蒙恬临死曰：夫起临洮，属辽东，城堑万余里，不能不绝地脉，此固当死也。"说"五原县之故城也，王莽之填河亭也"，"其城南面长河，北背连山"，在此意义上理解"填河"，应即"筑亭障为河上塞"。然而雍正《陕西通志》卷三《建置第二》"汉朔方郡·九原"条引《水经注》："九原县西北接对一城，盖五原县故城，王莽填河亭也。其城南面长河，北背连山。"然而又写道："按：五原在神木北河北岸。"则似可看作仍以为五原县即"填河亭"临河。

"填河"的另一种理解，是"河"上"成桥"。《白孔六帖》卷九五《鹊》"填河"条："《淮南子》：乌鹊填河成桥，渡织女。"牛郎织女传说在汉代已经普

---

① 谭其骧主编：《中国历史地图集》第2册，中国地图出版社，1982年，第17—18页。

遍流行。鹊桥神话如果确实出自《淮南子》，应是最早的线索。然而今本《淮南子》已不见此文。《四库全书总目》卷一一七《淮南子》："晁公武《读书志》称《崇文总目》亡三篇。李淑《邯郸图书志》亡二篇。其家本惟存……十七篇，亡其四篇。高似孙《子略》称读《淮南》二十篇。是在宋已鲜完本。惟洪迈《容斋随笔》称今所存者二十一卷，与今本同。然白居易《六帖》引乌鹊填河事，云出《淮南子》而今本无之，则尚有脱文也。"①人们似乎还相信"乌鹊填河事"确实出自《淮南子》。宋人王观国《学林》卷四"牛女"条写道："世传织女嫁牵牛渡河相会。观国案：《史记》汉晋《天文书》，河鼓星随织女星、牵牛星之间。世俗因傅会为渡河之说。渫渎上象，无所根据。惟《淮南子》云乌鹊填河成桥而渡女，其说怪诞不足信。"虽指出俗说"怪诞"，却相信事出《淮南子》。将"填河"理解为"成桥"，也是相当普遍的认识。《古今注》卷下"鹊"条："俗云七月填河成桥。"《山堂肆考》卷二《天文》"鹊桥"条："《淮南子》曰：乌鹊七月七夕填河而度织女。"卷二一四《羽虫》"填河"条："《淮南子》曰：乌鹊填河成桥而渡织女。"如果以"成桥"理解"填河"，则王莽"填河亭"之五原命名，自然可以作为我们讨论直道在这一地方"度河"方式的参考信息。

"宜梁"县名推想

《汉书》卷二八下《地理志下》"五原郡""县十六"中，在九原、固陵、五原、临沃、文国、河阴、蒲泽、南兴、武都之后，列"宜梁"县。

《水经注·河水三》："河水又东径宜梁县之故城南。阚骃曰：五原西南六十里，今世谓之石崖城。"胡渭《禹贡锥指》卷一三上："今在废丰州东。"雍正《陕西通志》卷三《建置第二·汉·五原郡》"宜梁"条："按：宜梁在榆林府北河北岸。"同卷《建置第二·后汉·五原郡》"宜梁"条据《水经注》，谓"宜梁在五原西南六十里"。按语称："宜梁在榆林府西北河北岸。"同书卷一三《山川六·边外·黄河》："宜梁县在五原西南六十里废丰州东，今榆林府北。"《嘉庆重修一统志》卷四〇八《乌喇忒·古迹》："宜梁故城，在故九原城西。汉置，属五原郡，后汉末省。"②

---

① 〔清〕永瑢等：《四库全书总目》上册，中华书局，1965年，第1009页。
② 雍正《陕西通志》卷三《建置第二·后汉·五原郡》"宜梁"条："建安中省。"

对于汉"宜梁"县地望，雍正《陕西通志》或云"榆林府北"，或云"榆林府西北"，方位并不一致。则或以为在九原附近，或以为偏西。《嘉庆重修一统志》所谓"宜梁故城，在故九原城西"，以"故九原城"作为说明"宜梁故城"位置的坐标，相互距离应当不会太远。《水经注》引阚骃"五原西南六十里"之说，则显然偏西。然而阚骃又说："今世谓之石崖城。""石崖城"或与"石崖山"有某种关联。嘉靖《陕西通志》卷一〇《土地十·河套山川》："石崖山山文有战马之状。"① 似可理解为岩画史料。而相应方位乌拉山岩画发现，西在今乌拉特前旗有哈拉盖山口岩画②，东在今包头九原西南"昭君渡"正北有包尔汉图岩画③，后者特别引起我们的注意。然而以"石崖山山文"作为判定"石崖城"及"宜梁"县位置的参考，也依然不能提出确证。

对汉五原郡宜梁县所在的认识或有分歧，然而对于"河北岸"大致没有疑义。"宜梁"命名应与架设"度河"桥梁的条件有关，大概是合理的推定。

如果"宜梁"位置确实与"九原"有一定距离，则可说明汉代"北河"的"梁"可能有多处。这当然是汉五原郡能够成功实现跨"河"治理的基本条件。我们在思考秦直道九原"度河"方式时，也应当注意到这一史实。

（原载《2012·中国"秦汉时期的九原"学术论坛专家论文集》，内蒙古人民出版社2012年版，第128—141页）

---

① 三秦出版社，2006年，第470页。
② 国家文物局主编：《中国文物地图集·内蒙古自治区分册》上册，西安地图出版社，2003年，第270—271页。
③ 《中国文物地图集·内蒙古自治区分册》，第126—127页。

关于王昭君北行路线的推定

王子今

王昭君故事在中华民族的历史文化记忆中留有深刻印迹。对于王昭君行迹的全面真切的考察，不仅是民族关系史研究的重要课题，也是交通地理学研究的重要课题。王昭君入长安的路线，以经武关道进入关中的可能性最大。在进入丹江流域之前，应主要利用江汉水路交通条件。新出秦及西汉前期简牍资料提供的信息特别值得研究者关注。考论王昭君自长安北上出塞路线，则应当重视呼韩邪时代单于庭的地理方位。考虑到道路选择首先应追求便捷和安全，自然会取长安至呼韩邪单于庭最便捷的路线。亦应参考呼韩邪时代汉匈交往与匈奴单于"来朝""出塞"路线。对于"右皋林王伊邪莫演等奉献朝正月"，"遣使者送至蒲反"之"至蒲反"的理解，应注意《汉书》文献史"蒲泽"或作"蒱"或"蒲"的情形。进行王昭君北行路线的推定，可以参考后世传说保存在方志中的资料，但是应当进行认真的比对甄别，做出清醒的判断。

一、昭君入长安路线推定：南郡南阳驿路与武关道

王昭君是以"郡国献女"的形式至长安入宫的。[①] 沿途交通方式应当充分利

[①]《汉书》卷九《元帝纪》："竟宁元年春正月，匈奴呼韩邪单于来朝。诏曰：'匈奴郅支单于背叛礼义，既伏其辜，呼韩邪单于不忘恩德，乡慕礼义，复修朝贺之礼，愿保塞传之无穷，边垂长无兵革之事。其改元为竟宁，赐单于待诏掖庭王樯为阏氏。'"颜师古注："应劭曰：'郡国献女未御见，须命于掖庭，故曰待诏。王樯，王氏女，名樯，字昭君。'文颖曰：'本南郡秭归人也。'苏林曰：'阏氏音焉支，如汉皇后也。'"

用驿传系统。

秦及西汉前期的简牍资料为今人了解当时南郡、洞庭郡地方的驿传交通体系提供了很好的条件。① 而江汉地区秦人征服更早，交通通信系统的建设有更好的基础。秦始皇反复经行南郡，至"湘山"则有特殊表现②，也可以看作这一情形的反映。

鄂君启节文字和清华简《楚居》有关于这一地区早期交通的信息。对于包山楚简、睡虎地秦简、龙岗秦简、里耶秦简、岳麓秦简、周家台秦简、北大秦简、张家山汉简中的相关内容，已经有学者进行过战国秦汉交通路线的考察。③ 讨论中对地名的判定和路线的分析存在不同意见，但是相关探索依然深化了对江汉地方交通结构的认识。

辛德勇有关这一主题进行的全面细致的研究，可以为考察王昭君经行路线提供更重要的参考。④ 所论交通线路的选择在有的地段或有多种可能性的情形，也许需要通过进一步的思索方能得出接近历史真实的判断。

马非百据《史记》卷八《高祖本纪》陈恢说刘邦曰"宛，大郡之都也……积蓄多"，认为这里有重要粮仓，用于通过武关一路向关中转运粮食："宛仓者，亦京师漕运之一路矣。"⑤ 辛德勇则持疑："马氏所说转运路径需要穿越秦岭山脉，山高路险，艰难至极，非万不得已，似难以为之。"他考论武庚至阆荡路线，以为应由宛北上洛阳，"秦朝南郡及其迤南很多地区输送给朝廷的粮食以及刍稿等物资，至少有很大一部分，应该是经由这条通道，漕运敖仓，或是在敖仓附近再转而向西运送"，而并非"穿越秦岭险阻，经由武关，直接输往关中"。⑥

然而就驿传通路而言，自宛西北至长安，显然不必迂回至洛阳。武关道是

---

① 王子今：《秦汉时期湘江洞庭水路邮驿的初步考察——以里耶秦简和张家山汉简为视窗》，载《湖南社会科学》2004年第5期。
② 《史记》卷六《秦始皇本纪》："始皇还，……乃西南渡淮水，之衡山、南郡。浮江，至湘山祠。逢大风，几不得渡。上问博士曰：'湘君何神？'博士对曰：'闻之，尧女，舜之妻，而葬此。'于是始皇大怒，使刑徒三千人皆伐湘山树，赭其山。上自南郡由武关归。"
③ 相关讨论论著颇多，如黄盛璋：《关于鄂君启节地理考证与交通路线复原问题》，载《中华文史论丛》1964年第5辑，收入《历史地理论集》，人民出版社，1982年；黄盛璋：《再论鄂君启节交通路线复原与历史地理问题》，载《安徽史学》1988年第2期；赵平安：《〈楚居〉"为郢"考》，载《中国史研究》2012年第4期；陈伟：《岳麓秦简〈三十五年质日〉地名小考》，载《历史地理》2012年第26辑。
④ 辛德勇：《北京大学藏秦水陆里程简册初步研究》，见《出土文献》第4辑，中西书局，2013年。
⑤ 马非百：《秦集史》，中华书局，1982年，第945—950页。
⑥ 辛德勇：《北京大学藏秦水陆里程简册初步研究》，见《出土文献》第4辑，中西书局，2013年。

上古时期联系秦地和楚地的重要通道。由江汉平原至关中平原，这是最方便的路线。史念海说，此即"秦始皇二十八年北归及三十七年南游之途也"①。秦始皇二十八年（前219）之行，得到睡虎地秦简《编年记》"【廿八年】今过安陆"②（三五贰）的证实。其实，在实现统一之前，秦王政二十三年（前224），"秦王游至郢陈"③，很可能也经由此道。也就是说，这条道路秦始皇或许曾三次经行。秦末，刘邦由这条道路先项羽入关。周亚夫平定吴楚七国之乱，亦由此道行洛阳。由《史记》卷一二九《货殖列传》"南阳西通武关"可知，因南阳地方"成为当时联络南北地区的最大商业城市和经济重心"，这条道路形成"交通盛况"。④

王昭君至长安入宫，沿途应满足高度缜密和绝对安全的要求，必然依赖驿传体系的交通保障。经行武关道应当是合理的选择。而武关道的通行条件，当时已达到最高等级的水准。⑤

二、昭君出塞路线推定之一：匈奴单于庭方位

王昭君以汉宫女子身份，用青春和生命作为联系汉民族和匈奴民族的中介，成就了民族和好与文化交流的新局面。⑥她的人生最闪亮的光点，在于"出塞""宁胡"⑦的交通行为。

考察王昭君自长安北上的路线，自然应当关注呼韩邪时代单于庭的地理方位，了解长安至呼韩邪单于庭最便捷的道路。

《汉书》卷九四下《匈奴传下》记载："郅支既诛，呼韩邪单于且喜且惧，

---

① 史念海：《秦汉时代国内之交通路线》，见《河山集》四集，陕西师范大学出版社，1991年。
② 睡虎地秦墓竹简整理小组编：《睡虎地秦墓竹简》，文物出版社，1990年，释文第7页。
③ 司马迁：《史记》卷六《秦始皇本纪》，中华书局，1959年。
④ 王文楚：《历史时期南阳盆地与中原地区间的交通发展》，见《古代交通地理丛考》，中华书局，1996年。
⑤ 战国秦汉时期武关道交通考察收获，参见王子今、焦南峰：《古武关道栈道遗迹调查简报》，载《考古与文物》1986年第2期；王子今、周苏平、焦南峰：《陕西丹凤商邑遗址》，载《考古》1989年第7期；王子今：《武关道蓝桥河栈道形制及设计通行能力的推想》，见《栈道历史研究与3S技术应用国际学术研讨会论文集》，陕西人民教育出版社，2008年；王子今：《"武候"瓦当与战国秦汉武关道交通》，载《文博》2013年第6期。
⑥ 关于昭君出塞和亲的意义，历代评价甚多。近年学界的论说，有桂胜、张友云：《昭君出塞与汉匈社会民生之考察》，载《中南民族大学学报》（人文社会科学版）2008年第4期。
⑦ 吴师道《昭君出塞图二首》其一："平城围后几和亲，不断边烽与战尘。一出宁胡终汉世，论功端合胜前人。"丘濬《题明妃图三首》之三："功德施夷夏，声名播古今。人言汉恩浅，妾感汉恩深。"见《历代题画诗类》卷四二，文渊阁《四库全书》本。

上书言曰：'常愿谒见天子，诚以郅支在西方，恐其与乌孙俱来击臣，以故未得至汉。今郅支已伏诛，愿入朝见。'竟宁元年，单于复入朝，礼赐如初，加衣服锦帛絮，皆倍于黄龙时。单于自言愿婿汉氏以自亲。元帝以后宫良家子王嫱字昭君赐单于。单于欢喜，上书愿保塞上谷以西至敦煌，传之无穷，请罢边备塞吏卒，以休天子人民。"呼韩邪单于提出"愿保塞"即为汉王朝守备长城防线的承诺，请汉帝复员北边"备塞吏卒"。但是所说"边""塞"，却并不是长城防线的全部，只是"上谷以西至敦煌"这一区段，并不包括长城防线的东段即渔阳、右北平、辽西、辽东、玄菟、乐浪诸郡。可知呼韩邪单于所统领部众的主要居地，应当接近"上谷以西至敦煌"长城中段和西段的中点。

据谭其骧主编《中国历史地图集》，西汉时期匈奴单于庭的方位，在今蒙古乌兰巴托。①

呼韩邪单于与汉王朝起初表示亲近倾向时，其活动"南近塞"。但是王昭君北上时，呼韩邪单于已经"北归庭"。

三、昭君出塞路线推定之二：呼韩邪来朝归国行迹

汉宣帝甘露元年（前53），呼韩邪单于决意在内乱中"事汉"自保，于是"引众南近塞"。春正月，遣子右贤王铢娄渠堂入侍汉。冬，遣弟左贤王朝汉。甘露二年冬十二月，"呼韩邪单于款五原塞，愿朝三年正月。汉遣车骑都尉韩昌迎，发过所七郡郡二千骑，为陈道上。单于正月朝天子于甘泉宫，汉宠以殊礼，位在诸侯王上"。"使使者道单于先行，宿长平。上自甘泉宿池阳宫。上登长平，诏单于毋谒，其左右当户之群臣皆得列观，及诸蛮夷君长王侯数万，咸迎于渭桥下，夹道陈。上登渭桥，咸称万岁。单于就邸，留月余，遣归国。单于自请愿留居光禄塞下，有急保汉受降城。汉遣长乐卫尉高昌侯董忠、车骑都尉韩昌将骑万六千，又发边郡士马以千数，送单于出朔方鸡鹿塞。"由甘泉宫、池阳宫、长平、渭桥等经行地点，推知呼韩邪单于应从直道南下。由"光禄塞""鸡鹿塞""受降城"地名，也可以认识其路线。② 关于"发过所七郡郡二千骑，为陈

---

① 谭其骧主编：《中国历史地图集》第2册，中国地图出版社，1982年，第17—18页。
② 据谭其骧主编《中国历史地图集》第2册第17—18页，光禄城在今内蒙古固阳西南，鸡鹿塞在今内蒙古杭锦后旗西南，受降城在今内蒙古白云鄂博西。

道上",颜师古注:"所过之郡,每为发兵陈列于道,以为宠卫也。"《资治通鉴》卷二七"汉宣帝甘露二年"记述此事,胡三省注:"七郡,谓过五原、朔方、西河、上郡、北地、冯翊而后至长安也。"林幹据此以为:"那七郡就是五原、朔方、西河、上郡、北地、冯翊,而至国都长安。若以当时各郡治所为准,则所经约今内蒙古的包头市、杭锦旗、东胜县、陕西榆林县、甘肃庆阳县,而至陕西西安市。"①"明年,呼韩邪单于复入朝,礼赐如初……以有屯兵,故不复发骑为送。"②所谓"以当时各郡治所为准"的意见,显然不足取。而论者指出呼韩邪南下路线,大致沿直道走向。

《汉书》卷九四下《匈奴传下》记载:"元帝初即位,呼韩邪单于复上书,言民众困乏。汉诏云中、五原郡转谷二万斛以给焉。"可知这一时期呼韩邪单于部众活动于"云中、五原郡"以北地方。时在汉元帝初元元年(前48)。次年,"汉遣车骑都尉韩昌、光禄大夫张猛送呼韩邪单于侍子","昌、猛与单于及大臣俱登匈奴诺水东山,刑白马,单于以径路刀金留犂挠酒,以老上单于所破月氏王头为饮器者共饮血盟"。颜师古注:"诺水即今突厥地诺真水也。"对于"诺水"和"诺真水",史为乐主编《中国历史地名大辞典》的解释是"今内蒙古达尔罕茂明安联合旗(百灵庙镇)东北之艾不盖河"③。"其后呼韩邪竟北归庭,人众稍稍归之,国中遂定。"此后,"竟宁元年,单于复入朝,礼赐如初,加衣服锦帛絮,皆倍于黄龙时。单于自言愿婿汉氏以自亲。元帝以后宫良家子王嫱字昭君赐单于"。"入朝"的起点和王昭君北上的终点,都已经在单于庭。但是来往道路的走向应当与此前并无大的变化。

《资治通鉴》卷二七"汉宣帝甘露二年"胡三省注以为"发过所七郡二千骑,为陈道上"之所谓"七郡","谓过五原、朔方、西河、上郡、北地、冯翊而后至长安也"。多年从事匈奴史研究的前辈学者林幹以此作为分析王昭君出塞路径的参考。林幹认为,王昭君随呼韩邪返回漠北单于庭,首先从汉都长安出发,过左冯翊(长安东北),然后经北地(今甘肃庆阳县)、上郡(今陕西榆林县)、

---

① 林幹等编著:《昭君与昭君墓》,内蒙古人民出版社,1979年,第4页。林幹《匈奴历史年表》也持此说,然"杭锦旗"改作"乌拉特前旗"。中华书局,1984年,第53页。林幹《试论王昭君艺术形象的塑造》又重申了这样的意见,载《内蒙古大学学报》(哲学社会科学版)1986年第3期。
② 班固:《汉书》卷九四下《匈奴传下》,中华书局,1962年。
③ 史为乐主编:《中国历史地名大辞典》,中国社会科学出版社,2005年,第2238页。

西河（今内蒙古东胜市）、朔方（今内蒙古杭锦旗），至五原（今包头市），出五原向西至朔方郡临河县（今内蒙古临河市东北），渡北河（今乌加河），向西北出高阙（今石兰计山口），越过长城，便离开了汉地，进入匈奴辖区。由于从阴山北去单于庭的道路被瀚海（大戈壁滩）所阻，故不得不绕道西行至休屯井，从休屯井北渡车田卢水，西北行至范夫人城，过浚稽山，到姑且水。然后沿姑且水东岸北上，转东行，可以顺利直达单于庭（今蒙古国首都乌兰巴托附近）。[①]

王昭君经行直道之说，林幹较早提出。张文德说"王昭君出塞的行走路线，虽史无明文"，但林幹的意见循《资治通鉴》胡三省注的思路"予以考证"，"此说有据，可从"。[②] 这一见解，还得到侯广峰、马冀、杨笑寒、崔明德、郝诚之等学者的赞同[③]。当然，林幹等学者向"长安东北""过左冯翊"的意见，可能基于"过所七郡""以当时各郡治所为准"的误解，我们是不同意的。

四、昭君出塞路线推定之三：后呼韩邪时代的汉匈交往

呼韩邪单于去世后，"复株絫若鞮单于立，遣子右致卢儿王醯谐屠奴侯入侍"。他前往长安的路线不得而知。

此后，匈奴贵族入侍或奉献来朝，并没有交通路线的记录。"河平元年，单于遣右皋林王伊邪莫演等奉献朝正月。既罢，遣使者送至蒲反。"此行来朝路线不明朗，回程则许多学者以为经由今山西。"蒲反"，颜师古注："河东之县也。"王先谦《汉书补注》："官本作'蒲阪'。"[④] 林幹的解释是"今山西永济县西"[⑤]。如果注家意见可靠，这似乎是历史文献中唯一一例可以支持汉匈正式交往经由今山西地方之判断的可靠资料。

[①] 林幹、马骥：《民族友好使者——王昭君》，内蒙古人民出版社，1994年，第36—38页。据"内蒙古大学人文学院学者卡片：马冀"（http://www.imu.edu.cn/departments/rwxy/base/teachers.htm），此书署名形式为"本人执笔，林幹审定"。

[②] 张文德：《王昭君故事的传承与嬗变》，学林出版社，2008年，第27—28页。

[③] 参看侯广峰：《昭君史略》，呼和浩特市文物事业管理处，1984年，第126页；马冀、杨笑寒：《昭君文化研究》，内蒙古人民出版社，2004年，第22页；崔明德：《关于王昭君的几个问题》，见《昭君论文选》，内蒙古人民出版社，2004年，第202页；郝诚之编著：《昭君文化与民族经济》，内蒙古人民出版社，2004年，第93—94页。

[④] 王先谦：《汉书补注》，中华书局据光绪二十六年虚受堂刊本影印，1983年，第1584页。

[⑤] 林幹：《匈奴历史年表》，中华书局，1984年，第60页。

不过，对于《汉书》卷九四下《匈奴传下》"遣使者送至蒱反"记载的理解，其实还是可以再作思考的。所谓"遣使者送至蒱反"，也可以读作派遣使者护送右皋林王伊邪莫演等至"蒱"返回。《汉书》卷二八下《地理志下》"五原郡"条有"蒱泽，属国都尉治"的记载。这是安置匈奴降附人众的地方，王莽改五原郡为"获降"，应当与此有关。① 那么，"蒱泽"是否可能省称为"蒱"呢？

我们确实看到了这样的实例。"蒱泽"又作"蒲泽"，这是大家都知道的。宋王应麟《困学纪闻》讨论"五属国"问题，写道："五原治蒲泽。"② 王先谦《汉书补注》："钱大昭曰：南监本、闽本作'蒲泽'。"《汉书地理志校本》："案：蒲，毛本作'蒱'，正统本作'蒲'。"③《汉书补注》又说，"蒱泽""蒲泽"又写作"蒲"。"朱一新曰：汪本、正统本作'蒲'。先谦曰：官本作'蒲'。"④ 张元济《汉书校勘记》说百衲本、汲古阁本作"蒲泽"，殿本、北监本、汪文盛本作"蒲"。⑤ 可知《汉书》多种版本"蒱泽""蒲泽"只作"蒲"。那么，依"蒱泽"可作"蒲泽"之例，则"蒱泽""蒲泽"省称为"蒲"的可能性也是存在的。而"遣使者送至蒱反"也就是送至"蒱泽"这一匈奴人聚居的地方然后返回，使者的护送任务确实也完成了。而正在这时，右皋林王伊邪莫演有"欲降"的表态。

关于"蒲泽"，《汉书地理志详释》："在固陵东南有蒲河，东北潴为蒲池。今名呼苏台泊。'呼苏'，蒲苇之属也。'台'有也。蒙古语。"⑥ 可知清代依然存在"蒲池"。而谭其骧主编《中国历史地图集》"蒲泽"列为"无考县名"。⑦ 臧励龢等编《中国古今地名大辞典》"蒲泽县"条："亦作蒱泽。汉置。后汉省。今阙。当在陕西省榆林府境。"⑧ 史为乐主编《中国历史地名大辞典》则说西汉

---

① 《汉书》卷二八下《地理志下》："五原郡，秦九原郡，武帝元朔二年更名。东部都尉治稒阳。莽曰获降。"王绍兰《汉书地理志校注》"五原郡莽曰获降"条："王莽每郡置卒正。《莽传》有'五原卒正鲁匡'，在改郡名之后。据《志》，五原郡莽已改为获降，则莽时别分有五原，故有五原卒正。而《志》于五原郡下无分郡之文，盖阙。"见二十五史刊行委员会编：《二十五史补编》第1册，中华书局，1955年，第500页。

② 王应麟著，翁元圻等注，栾保群、田松青、吕宗力校点：《困学纪闻》（全校本），上海古籍出版社，2008年，第1429页。

③ 汪远孙：《汉书地理志校本》，见《二十五史补编》，中华书局，1955年，第446页。

④ 王先谦：《汉书补注》，中华书局据光绪二十六年虚受堂刊本影印，1983年，第807页。

⑤ 张元济：《百衲本二十四史校勘记·汉书校勘记》，商务印书馆，1999年，第105页。

⑥ 吕吴调阳：《汉书地理志详释》，见《二十五史补编》，中华书局，1955年，第1231页。

⑦ 谭其骧主编：《中国历史地图集》第2册，中国地图出版社，1982年，第17—18页附文。

⑧ 臧励龢等编：《中国古今地名大辞典》，商务印书馆，1931年，第1126页。

五原郡蒲泽县"治所在今内蒙古达拉特、准格尔两旗境"①。然而按照《中国历史地图集》的标示，达拉特旗在五原郡南境，准格尔旗则在西河郡。②

如果"遣使者送至蒲反"，即派遣使者护送至"蒲"返回这一理解可以成立，则汉与匈奴往来的主要通路仍然取直道方向的认识又可以得到新的证据。

《汉书》卷九四下《匈奴传下》："元寿二年，单于来朝，上以太岁厌胜所在，舍之上林苑蒲陶宫。告之以加敬于单于，单于知之。加赐衣三百七十袭，锦绣缯帛三万匹，絮三万斤，它如河平时。既罢，遣中郎将韩况送单于。单于出塞，到休屯井，北度车田卢水，道里回远。况等乏食，单于乃给其粮，失期不还五十余日。"这一历史记录中"休屯井"及"车田卢水"地望不明确，未可帮助我们认识此次匈奴"单于来朝"及"单于出塞"的路线。

五、昭君出塞路线推定之四："西河虎猛制虏塞下"的和亲故事

《汉书》卷九四下《匈奴传下》记载："乌珠留单于立二十一岁，建国五年死。匈奴用事大臣右骨都侯须卜当，即王昭君女伊墨居次云之婿也。云常欲与中国和亲，又素与咸厚善，见咸前后为莽所拜，故遂越舆而立咸为乌累若鞮单于。乌累单于咸立……云、当遂劝咸和亲。"我们注意到，此次"和亲"的促成者，多与王昭君有血缘关系。

《汉书》的执笔者写道："天凤元年，云、当遣人之西河虎猛制虏塞下，告塞吏曰欲见和亲侯。和亲侯王歙者，王昭君兄子也。中部都尉以闻。莽遣歙、歙弟骑都尉展德侯飒使匈奴，贺单于初立，赐黄金衣被缯帛，绐言侍子登在，因购求陈良、终带等。单于尽收四人及手杀校尉刀护贼芝音妻子以下二十七人，皆械槛付使者，遣厨唯姑夕王富等四十人送歙、飒。莽作焚如之刑，烧杀陈良等，罢诸将率屯兵，但置游击都尉。"

值得我们特别注意的是，"和亲"议定地点，即所谓"西河虎猛制虏塞下"。颜师古的注文解释："虎猛，县名，制虏塞在其界。"据谭其骧主编《中国历史地图集》，西河郡西部都尉所在虎猛县的位置，在今内蒙古伊金霍洛旗西南，正临近秦始皇修筑的直道。

---

① 史为乐主编：《中国历史地名大辞典》，中国社会科学出版社，2005年，第2659页。
② 谭其骧主编：《中国历史地图集》第2册，中国地图出版社，1982年，第17—18页。

讨论王昭君出塞路线，也可以参考 47 年之后"王昭君女伊墨居次云之婿""匈奴用事大臣右骨都侯须卜当"与"王昭君兄子""和亲侯王歙"相议"和亲"地点"西河虎猛制虏塞下"的交通地理位置。

六、对于方志资料与传说予以认真甄别的必要

对于历史信息予以分析，是学术研究的基本要求，也是中国史学的传统性规范。梁启超在介绍清代实证之学之"科学的研究法""科学的研究精神"时，总结了十条基本原则。其中前三条强调："一、凡立一义，必凭证据；无证据而以臆度者，在所必摈。二、选择证据，以古为尚。以汉唐证据难宋明，不以宋明证据难汉唐；据汉魏可以难唐，据汉可以难魏晋，据先秦西汉可以难东汉。以经证经，可以难一切传记。三、孤证不为定说。其无反证者姑存之，得有续证则渐信之，遇有力之反证则弃之。"① 其中"选择证据，以古为尚"的原则，显然是我们处理晚出方志资料时应当认真记取的。

王昭君故事得以广泛长久地传播，自有社会文化背景，特别是历代民众对于民族和睦的热诚向往是重要的心理基因。但是传说因此可能动摇历史的真实。吴小如指出，《后汉书》卷八九《南匈奴列传》的相关内容，"已经是吸收了民间传说的结果，像文学描写而不像历史实录，带有浓厚的想象虚构成分了"②。有学者也说，其中有些内容，"实出于《琴操》、《西京杂记》等野史杂撰和小说传闻，虚妄迂诞，乖剌实甚，迥与历史事实不侔"③。成书更晚的方志资料可能包含更"浓厚的想象虚构成分"。

靳生禾《昭君出塞与蹄窟岭刍议》认为："昭君与呼韩邪由长安至单于庭的路线，当东渡黄河北上，循涑水、汾河、桑干河三河河谷一线，经蹄窟岭至杀虎口出塞，是蹄窟岭、红沙岩口实属很可珍贵的历史文化资源与可资开发的旅游资源。"④ 刘志尧《昭君经武州塞出塞考释》也说："昭君出塞之'塞'当是武州塞，即今山西左云县，昭君之行走通塞中路，过雁门关北行，到达平城（大同），曾

---

① 梁启超：《清代学术概论》，见《梁启超论清学史二种》，复旦大学出版社，1985 年，第 36—39 页。
② 吴小如：《古典小说漫稿》，上海古籍出版社，1982 年，第 178—179 页。
③ 张文德：《王昭君故事的传承与嬗变》，学林出版社，2008 年，第 91 页。
④ 靳生禾：《昭君出塞与蹄窟岭刍议》，载《湖北民族学院学报》（哲学社会科学版）2009 年第 6 期。

路经云冈峪、红沙岩口、蹄窟岭、杀虎口，曾住高山堡和白羊城。"① 刘溢海《昭君出塞路线考》也论定："昭君出塞只能走山西境的通塞中路。"② 持此论点的还有王桢、古鸿飞等学者。③ 论者对家乡历史文化的热爱令人感动，所进行的讨论也应当有助于深化对王昭君北上路线这一学术主题的认识。不过遗憾的是，论文中提出这条路线是"最安全其实也是最便捷的"，这一选择"是十分顺理成章的乃至几乎舍此莫属的"，然而论者主要以"传说"为依据，能够支持这一论点的资料，均来自雍正《朔平府志》、光绪《山西通志》这些晚出方志文献④。刘溢海《昭君出塞路线考》提出的最早的论证"经通塞中路山西雁门关、雁门郡出杀虎口"的依据，是"唐无名氏《王昭君变文》（说唱）：'单于：忆昔辞銮殿，相将出雁门。'"⑤《王昭君变文》确实可见涉及"雁门"的文字："单于答曰：'忆昔辞鸾（銮）殿，相将出雁门……'"其实上文也有出现"雁门"字样的文句："（酒）泉路远穿龙勒，石堡云山接雁门。蓦水频过及敕成，（望）见可岚屯。"除"雁门"外，"可岚屯"即"岢岚"地名也可以支持所谓"通塞中路"之说。不过，相互连句言"酒泉""龙勒"及上下文所见"焖焰山"即"胭脂山"或作"焉支山"，以及"轮台"等，均极其遥远，而彼此间跳跃性相当强，非能连贯成线，可知所言地方均非确指。正如刘溢海文中所否定李白、上官仪等《王昭君》诗所言"玉关"⑥ 以为"肯定是错误的"⑦ 同样，这些地名只是文学语言，在这里不可以作为交通史料。顾炎武《日知录》卷二一"李太白诗误"已经指出这是相当普

---

① 刘志尧：《昭君经武州塞出塞考释》，载《三峡论坛》2010年第3期。
② 刘溢海：《昭君出塞路线考》，载《三峡论坛》2012年第6期。
③ 参看王桢：《大同史话》，大同市地方史志办公室，1999年；古鸿飞：《昭君出塞与在左云的传说》，载《大同今古》2008年第5期。
④ 较早版次的《山西通志》又有乾隆《山西通志》卷二二《山川六·朔平府右玉县》："蹄窟岭……相传王昭君出塞道经此岭，有马蹄迹至今尚存。"同卷《宁武府偏关县》："昭君坞在县西北二十里。相传明妃经此，一足迹留石磐上。"卷五八《古迹二·朔平府宣德县》："明妃遗迹。西北三十里蹄窟岭，相传明妃出塞经此，石上有马蹄痕。"卷五九《古迹三·宁武府偏关县》："昭君坞西北二十里。相传明妃过此，遗一足痕于石盘。"文渊阁《四库全书》本。
⑤ 刘溢海：《昭君出塞路线考》，载《三峡论坛》2012年第6期。
⑥ 李白《王昭君》："汉家秦地月，流影照明妃。一上玉关道，天涯去不归。"见《李白文集》卷三。上官仪《王昭君》："玉关春色晓，金河路几千。琴悲桂条上，笛怨柳花前。"见《乐府诗集》卷二九。
⑦ 刘溢海：《昭君出塞路线考》，载《三峡论坛》2012年第6期。

遍的文学现象:"文人之病盖有同者。"①

其实,文学作品中透露的信息往往有史学价值,但是需要以历史主义眼光认真审视和甄别。传说的生成和影响是值得重视的文化现象。然是否符合历史真实,也需要仔细地考察和鉴别。正如靳生禾文中所指出的,传说中的昭君遗迹颇多,例如"在内蒙古西部传为青冢者犹有数处——若达拉特旗境黄河南岸就尚有昭君坟"②。对于这些文化存在,自然不可以全都信以为真。

七、关于王昭君经行直道可能性之否定意见的澄清

靳生禾写道:"当年昭君与呼韩邪单于北上出塞,可选择的不外有东、中、西三条路线。""(一)东路,由中原循太行山东麓即大凡今京广线参差北上,至井陉口折西北至勾注(今雁门关)直至西口(杀虎口)出塞";"(二)中路,由关中(咸阳、长安)东来,经蒲津(今山西永济西蒲州镇与陕西大荔朝邑镇间)东渡黄河,循涑水河、汾河、桑干河等三河谷道北上,经勾注、杀虎口出塞";"(三)西路,由咸阳(今陕西咸阳西北)、长安循泾水河谷西北行,至云阳(今陕西淳化西北)取秦直道北上,经当今陕、甘交界的子午岭至五原北去"。靳生禾认为,"若取东路,显然屈曲悬远","属不可取,亦即不可能"。他认为,"当年呼韩邪偕昭君取中路"。林幹的推定,即靳文所谓"西路"。靳生禾说:"比较中西两路,则西路距离、行程近于中路,却横亘有广袤的毛乌素沙漠,人畜行旅维艰③,还必须得乘舟北渡黄河天堑,'无风三尺浪',冒有风险。中路则行程稍远于西路,惟由蒲津东渡黄河,早在战国后叶已构筑有桥梁,史载秦昭襄王五十年(前257)'初

---

① 顾炎武《日知录》卷二一"李太白诗误":"李太白诗:'汉家秦地月,流影照明妃。一上玉关道,天涯去不归。'按《史记》言,匈奴左方王将直上谷以东,右方王将直上郡以西,而单于之庭直代云中。《汉书》言呼韩邪单于自请留居光禄塞下,又言天子遣使送单于出朔方鸡鹿塞(自注:今在河套内),后单于竟北归庭。乃知汉与匈奴往来之道,大抵从云中、五原、朔方,明妃之行亦必出此。故江淹之赋李陵,但云'情往上郡,心留雁门'。而玉关与西域相通,自是公主嫁乌孙所经,太白误矣。《颜氏家训》谓:'文章地理必须惬当。'其论梁简文《雁门太守行》,而言'日逐康居、大宛、月氏',萧子晖《陇头水》,而云'北注黄龙,东流白马'。沈存中论白乐天《长恨歌》'峨眉山下少人行',谓峨眉在嘉州,非幸蜀路。文人之病盖有同者。梁徐悱《登琅邪城》诗:'甘泉警烽候,上谷抵楼兰。'上谷在居庸之北,而楼兰为西域之国,在玉门关外。即此一句之中,文理已自不通,其不切琅邪城又无论也。"顾炎武著,黄汝成集释,秦克诚点校:《日知录集释》,岳麓书社,1994年,第750页。

② 靳生禾:《昭君出塞与踣窟岭刍议》,载《湖北民族学院学报》(哲学社会科学版)2009年第6期。

③ 刘溢海《昭君出塞路线考》也说"经陕北的直道""多有高山深谷沙漠险阻","是一条山高河深,又多河谷与沙漠的艰险之路"。"直道的北段还要经过两处气候恶劣人迹罕至的大沙漠(毛乌素沙漠与库布齐沙漠)。即便在当今,这里仍是沙丘移动狂风肆虐的地区。"

作河桥',即此。"①

首先应予澄清,林幹推定的路线,并不可以说"横亘有广袤的毛乌素沙漠,人畜行旅维艰"。秦直道是最高等级的交通道路,具有可以通行帝王乘舆的条件,不宜说"行旅维艰"。这条路线今天只是经过毛乌素沙漠的边缘,而当时沙漠化的形势未可与现今相比。侯仁之、俞伟超等对乌兰布和沙漠附近汉代垦区进行考察时发现,在屯垦军民撤出之后,生态环境形势严重恶化:"随着社会秩序的破坏,汉族人口终于全部退却,广大地区之内,田野荒芜,这就造成了非常严重的后果,因为这时地表已无任何作物的覆盖,从而大大助长了强烈的风蚀作用,终于使大面积表土破坏,覆沙飞扬,逐渐导致了这一地区沙漠的形成。"②史念海曾经指出,西汉一代在鄂尔多斯高原所设的县达 20 多个,这个数字尚不包括一些未知确地的县。当时的县址,有 1 处今天已经在沙漠之中,有 7 处已经接近沙漠。"应当有理由说,在西汉初在这里设县时,还没有库布齐沙漠。至于毛乌素沙漠,暂置其南部不论,其北部若乌审旗和伊金霍洛旗在当时也应该是没有沙漠的。"土壤大面积沙化的情形各有其具体的原因,但是至少农林牧分布地区的演变也是一个促进的因素。"草原的载畜量过高,也会促使草原的破坏。草原破坏,必然助长风蚀的力量,促成当地的沙化。"③而植被恶化的显著表现,是在东汉以后发生的。

在西汉时期气候较现今温暖湿润的情况下④,直道北段因为"沙漠"以致"人畜行旅维艰"的想象并不符合历史真实。

至于"西路""还必须得乘舟北渡黄河天堑"的说法,也是缺乏说服力的。所谓"由蒲津东渡黄河,早在战国后叶已构筑有桥梁"确实是事实,但是所谓"秦昭襄王五十年(前 257)'初作河桥',即此",却不能证明秦昭襄王时代建造的浮桥 200 余年始终在使用。黄河在九原是"天堑",在蒲津更是"天堑",就河面宽度、水量和流速的比较而言,"'无风三尺浪',冒有风险"的情形,后者应当更为严重。直道在九原的黄河渡口,今天仍然在地图上可以看到标识为"昭

---

① 靳生禾:《昭君出塞与蹄窟岭刍议》,载《湖北民族学院学报》(哲学社会科学版)2009 年第 6 期。
② 侯仁之、俞伟超、李宝田:《乌兰布和沙漠北部的汉代垦区》,见《治沙研究》第 7 号,科学出版社,1965 年。
③ 史念海:《两千三百年来鄂尔多斯高原和河套平原农林牧地区的分布及其变迁》,见《河山集》三集,人民出版社,1988 年。
④ 竺可桢:《中国近五千年来气候变迁的初步研究》,载《考古学报》1972 年第 1 期;王子今:《秦汉时期气候变迁的历史学考察》,载《历史研究》1995 年第 2 期;王子今:《秦汉长城的生态史考察》,见《中国(香港)长城历史文化研讨会论文集》,长城(香港)文化出版公司,2002 年。

君渡"的地名。当时的"度河"方式，却未必一定要"乘舟北渡"。以交通史的视角考察秦汉桥梁建造技术，可以推知当时应当已经有黄河浮桥沟通南北，而使得九原与云阳实现高效率的交通连接。汉武帝诏称卫青"梁北河"①，这一记录在交通史上有重要的意义。可以说明当时北边因军事需要"度河"，已经有常设的梁桥以为便捷的条件。卫青于朔方"梁北河"，分析道路规划的可能走向，很可能是对应高阙的交通建设。其实，直道"度河"，应当有更高等级的桥梁。辛德勇在分析"九原、云中两郡在西汉政治与军事地理格局中的地位"时强调："云中、九原两郡南部的东流黄河河段，流速舒缓，岸线平坦，是展开大规模渡河军事行动的理想地点，九原、云中两郡，便是控制这一战略要津的桥头堡。"又说"这两个郡……其位居交通要津，控制着东出'关东'以及北出塞外的渡口……九原、云中一带，一向是朝廷重兵所在的地方"，"九原和云中，具有非同寻常的军事地理地位；特别是九原，不仅控制着黄河渡口，同时还控制着重要的战略通道直道，地位尤其重要"。②显然，对于北边军事道路"度河"的交通规划来说，九原自有最重要的战略地位和最优越的总体条件。难以想象当时思考设计对匈奴战略的军事家会考虑在九原以外的其他地方组织最高等级的"度河"工程的建设。即使卫青"梁北河"如一些学者判断，确实在朔方地区，那么，有理由推想，九原服务于直道的河桥营造，应体现更典型的国家级交通设施的标准。王莽时代更改地名，五原郡五原县改称"填河亭"，也很有可能与"度河"方式有关。汉五原郡"宜梁"③县名的意义，也值得关注。④

显然，靳生禾等学者"比较中西两路"，以为"西路"交通条件劣于"距离、行程"较为迂远的"中路"的论点，现在看来是缺乏说服力的。

[原载《西北大学学报》（哲学社会科学版）2014年第3期]

---

① 司马迁：《史记》卷一一一《卫将军骠骑列传》，中华书局，1959年。所谓"梁北河"，裴骃《集解》引录如淳的解释："为北河作桥梁。"《汉书》卷五五《卫青传》颜师古注引如淳曰："为北河作桥梁也。"这里所说的"为北河作桥梁"，很可能是常设的浮桥，亦不排除架桥的可能。

② 辛德勇：《张家山汉简所示汉初西北隅边境解析——附论秦昭襄王长城北端走向与九原云中两郡战略地位》，载《历史研究》2006年第1期。

③ 班固：《汉书》卷二八下《地理志下》，中华书局，1962年。

④ 王子今：《秦直道九原"度河"方式探讨》，见《2012·中国"秦汉时期的九原"学术论坛专家论文集》，内蒙古人民出版社，2012年。

秦直道走向考辨

姬乃军

公元前221年，秦王政灭齐。一个空前统一的秦帝国出现在华夏大地上。作为专制主义者的秦始皇帝，在秦帝国建立的第二年，公元前220年，便命筑驰道，"东穷燕齐，南极吴楚。江湖之上，滨海之观毕至。道广五十步，三丈而树。厚筑其外，隐以金椎，树以青松"（《汉书·贾山传》）。公元前212年，秦始皇又命蒙恬"除道，道九原，抵云阳，堑山堙谷，直通之"（《史记·秦始皇本纪》）。直道的开凿工程十分浩大，"堑山堙谷，千八百里"，但其工程尚未最后完成。曾亲自走过直道全程的司马迁记述说："道未就。"（《史记·蒙恬列传》）虽然如此，直道已可全线通车。公元前210年9月（编者按：当作"七月"），秦始皇病死于巡游途中的沙丘（今河北省广宗县西北），运载他的尸体的辒辌车就从直道回咸阳。

秦直道的开凿是一个伟大的历史奇迹，足以与长城、秦始皇陵、阿房宫和驰道等工程相提并论。但两千多年以来，人们对直道的具体情况却知之甚少，难言其详，遂成为千古之谜。

1975年第3期《陕西师大学报》上发表了著名历史地理学家史念海先生的大作《秦始皇直道遗迹的探索》（以下简称《探索》）。史先生卓有成效的研究成果，开了科学考察和研究秦直道之谜的先河。同年第10期《文物》月刊，全文转载了《探索》一文，从而更加引起了海内外学者的瞩目。自是而后，学者专家，纷纷考察探索，撰文研讨。1981年和1982年，延安地区文物工作者在文物普查与复查工作中，对秦直道在延安境内的路段进行了初步的考察。此次考察结果，笔者在《秦直道的开凿及其历史作用》（载《陕西交通史志通讯》1986年第5期）一文中作了简要阐述。1984年8月19日《光明日报》在第2版上刊登了新华社一位记者题为《为摸清秦代另一巨大的国防工程故迹，画家靳之林徒步三千里考察秦始皇直道》的报道，介绍了靳之林考察直道的有关情况。报道称，靳之林"沿途详细地画了图和作了文字记载，拍了两千多张照片，丈量了现存古道的宽度"。但时至今日，未见靳之林同志的调查报道或专著面世，故无从论起，姑置之不论。1986年6月至8月，陕西省交通史志编委会王开等同志曾对直道进行了断断续续的考察，并和沿途有关地（市）县的文物工作者、交通史工作者进行了座谈。考察结果，王开同志撰写了《"秦直道"新探》，先后在《陕西交通史志通讯》1986年第5期和《西北史地》1987年第2期上刊出。1988年第1期《北京大学学报》社科版刊登了王北辰先生大作《古桥门与秦直道考》。史念海先生于次年7月撰写了《与王北辰先生论古桥门与秦直道书》（以下简称《与王北辰书》），并刊登在《中国历史地理论丛》1989年第4辑上。同辑《中国历史地理论丛》上还附载了王北辰先生的复函和史念海先生的《再与王北辰先生论古桥门与秦直道书》。1988年第4期《文博》刊登了孙相武同志《秦直道调查记》。同年6月24日《人民日报》（海外版）第4版刊登了《陕北发现秦直道遗迹》的消息，报道了贺清海先生在陕北榆林毛乌素沙漠中考察直道的结果。与此同时，延安地区文物工作者在全区第二次文物普查中，分段对延安境内的秦直道进行了认真的考察和复查工作，考察结果由笔者执笔，撰写了《延安境内秦直道调查报告之一》和《延安境内秦直道调查报告之二》，先后在《考古与文物》1989年第1期和1991年第5期上刊出。史念海先生考证秦直道的又一篇力作《直道和甘泉宫遗迹质疑》（以下简称《质疑》）在《中国历史地理论丛》1988年第3辑刊出。吕卓民同志也撰写了一篇《秦直道歧义辨析》（以下简称《辨析》），在《中国历史地理论丛》1990年第1辑刊出。《考古与文物》1991年第5期刊发了《甘肃庆阳地区秦直道调查记》（以下简称《庆阳直道》）。此文由庆阳师专和庆阳地区博物馆的李仲立、刘得祯撰写。《考古》1992年第10期刊发了笔者所写《陕西志丹县永宁乡发现秦直道行宫遗址》一文。以上所举各文，虽然观点有所不同，但却呈现出了一种空前的对秦直道的注意与研究,的确是可喜可贺的。

关于秦直道的起讫之地,司马迁早在两千年以前就已阐明:"始皇欲游天下,道九原,直抵甘泉,乃使蒙恬通道,自九原抵甘泉,堑山堙谷,千八百里。道未就。"(《史记·蒙恬列传》)《资治通鉴·秦纪二》也载:"(秦始皇)三十五年,使蒙恬除直道,道九原,抵云阳,堑山堙谷,千八百里。数年不就。"九原,在今内蒙古自治区包头市以西。甘泉,即今陕西省淳化县西北甘泉山,秦时在此设林光宫。起讫地点,除个别人故弄玄虚,生造出一条南起于咸阳的直道外,其余诸家,对此均无疑义。对秦直道的历史作用,诸家也论之

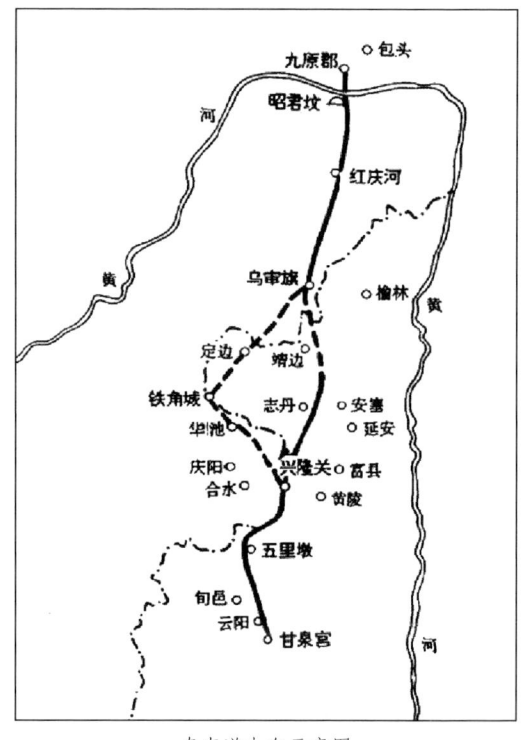

秦直道走向示意图

颇多。本文限于篇幅,仅就秦直道实际走向、文献记载中的秦直道和秦直道与赫连勃勃的关系这三个问题,作一论述,以就教于诸位方家。

一、秦直道的实际走向

史念海先生在《探索》一文中,为我们这样描述直道全线的线路:"(直道)由陕西淳化县北梁武帝村秦林光宫遗址北行,至子午岭上,循主脉北行,直到定边县南,再由此东北行,进入鄂尔多斯草原,过乌审旗北,经东胜县西南,在昭君坟附近渡过黄河,到达包头市西南秦九原郡治所。"这条线路的南段,经陕西咸阳地区、延安地区和甘肃庆阳地区的文物工作者考察,其基本走向为:秦直道南起淳化县铁王乡梁武帝村、董家村和卜家乡城前头村一带的秦林光宫、汉甘泉宫所在地,经英烈山、马槽梁、好花圪瘩山、鬼门口、艾蒿湾、乏牛坡,过蝎子掌进入旬邑县境。之后,经庙沟口、石门关、碾子院、卧牛石等地(此段山岭统称"凤子梁",又名"枫树梁"),越马栏河,复上子午岭杨家胡同梁,又经刘家店子、黑马湾、凋灵关等地,进入黄陵县境内。又经艾蒿店、油房湾、瓦窑庄、南五里墩、

高庄子、烧锅梁、东菜子岭、西菜子岭等地，到达五里墩。五里墩海拔1626米。直道由五里墩向北延伸，经刘家洼、芦邑庄、老芦邑庄、东吊庄、西吊庄、北草湾、芦堡、老芦堡、东南桂花、西南桂花、窑庄子、北桂花，到达兴隆关（也即沮源关）。兴隆关以南直道线路基本上沿子午岭主脉修筑。关于兴隆关以南的直道走向，应该说是基本上没有分歧，已成定论的。直道至兴隆关后，分为两条岔路，一条沿子午岭主脉向西北方向延伸，一条沿古道岭折向东北。所谓秦直道基本走向的分歧，就缘这两条岔路而起。关于这个问题，笔者在《延安境内秦直道调查报告之二》中已有论证，兹不赘述。简言之，直道干线至海拔1687米的兴隆关后，即离开了子午岭主脉，沿古道岭向东北方向延伸，其路面宽度为15~20米。而向西北方向沿子午岭主脉延伸的为直道支线，其路面宽度仅为5~6米。

直道至古道岭后，先后经富县、甘泉、志丹、安塞县境，北入靖边县境。关于这一段直道的具体走向，笔者已分别在《延安境内秦直道调查报告之一》和《调查报告之二》中作了详细论述。由于工作关系，我们秦直道考察工作仅止于本区辖境。而从内蒙古自治区乌审旗以北，经红庆河、二顷半、海子湾、城梁、昭君坟等地，穿越黄河，到达包头市西一段直道，笔者虽未涉足，但觉得史念海先生的考察和探索是可信的。那么，从乌审旗南下至靖边县小河乡郑石湾村一段直道的具体走向究竟如何，由于笔者目前所见发表材料或语不甚详，或缺乏足够证据，故难下结论。但是，之间的直道不可能中断，却是无可置疑。吕卓民同志在《辨析》一文中所谓"不只这些直道考察者未能在安塞与靖边交界线以北发现有道路遗迹，就是1987年春季陕西省文管会组织的庞大的文物普查队也没有在此一线找到任何道路痕迹。这一现象决不是偶然的，而正是反映了历史事实，即是这条道路再没有向北延伸，因而也不可能有北达九原的直道"的结论，却是不能令人信服的。关于靖边境内的直道问题，本文将在讨论秦直道与赫连勃勃的关系时予以专门探讨，暂且搁过。

现在让我们再回过头来看一下甘肃庆阳地区的秦"直道"走向。据《庆阳直道》称，直道由兴隆关起，经"兔崾岘、七里店到合水县的午亭子"。又"经（合水县境内的）土桥、槐树原、马连崾岘、朱家老湾、娘母子湾、油房庄、涧水坡岭、黄草崾岘到青龙山"。报告继续说："直道从青龙山起沿合水、华池两县分水岭向西北方向延伸，到华池县的麻子崾岘，然后纵穿华池县境。经大红庄、墩梁、老爷岭、新庄畔、羊沟畔、黄蒿地畔、深崾岘、墩儿山，过打扮梁的雷崾岘、五里湾、张新庄、田掌，进入（陕、甘）两省交界的丁崾岘、墩梁，直达营崾岘。营崾岘是直道与长城重合之处，也是一处交叉的十字路口，直道沿长城内侧向西北方向延伸，经营盘梁、南湾、箱子湾到白涧出长城，入陕西定边县的马崾岘（在铁角城以东的分水岭上）。"这就是庆阳师专和庆阳地区博物馆同志们调查"直道"后得出的基本走向。关于"直道"的宽度，《庆阳直道》称，宁县境内的"大部分直道改成6米多宽的土汽车路，仅留转弯处和山峁上部分直道遗迹，一般宽在5米左右"。合水县境内的"直道"宽度也大致相当。"因运输出山木材，今沿古道修近8米宽的土路一条，百分之九十的古道被破坏，仅留起伏山脊上的残段，在灌木丛中直道痕迹仍清晰可见，路面呈凹形，宽约5米左右。"在华池县境内的"直道"基本上也为"路面呈凹形，宽约5米。因峁梁多为蒿草，人烟稀少，古道基本保存完好"。

笔者不厌其烦地引用了大段原调查报告的原文，以便读者对这段"直道"走向有一个概括的了解。但问题的关键在于，认定这段道路为"直道"的依据何在，研读原报告再三，却不甚了了。《庆阳直道》指出的"直道"沿线秦、汉遗址，仅有三处。所谓"直道"与长城汇合后发现的"重要遗迹"即有两处，笔者和同仁1988年1月，曾对吴旗、志丹境内的战国秦长城进行了徒步考察，从瓦渣崾岘（即《庆阳直道》中所称营崾岘）到白涧一段均为秦昭襄王二十五年（公元前282年）年所筑长城，与秦始皇无关。且障城遗址现存遗物均为战国秦遗存，也与秦直道无涉，故不足为证。（请参阅笔者所撰《延安地区战国秦长城考察简报》，载《考古与文物》1990年第6期。）唯合水县午亭子遗址"瓦片遍地皆是，文化层厚约3至7米，内含主要是粗绳纹板、筒瓦"（《庆阳直道》）很值得注意，但可惜的是遗址面积竟有多大，文化层内涵究竟为战国，还是秦，还是汉，作者并没有涉及，令人遗憾。而且这里距我们认定的秦直道干线和支线的分歧点兴隆关又较近，所以不能以此来认定秦直道的走向。姑存疑。

综上所述，所谓甘肃庆阳地区境内的"秦直道"干线的论据是欠充分的，因而也不能令人信服。至于"5米宽"的"直道"更令人感到诧异。有关秦直道的宽度，笔者在《延安境内秦直道调查报告之一》中已有论及，本文在后文中也将涉及，此处不论。

概言之，秦直道的基本走向应该是由陕西省淳化县北上，经旬邑、黄陵、富县、甘泉、志丹、安塞、靖边，进入内蒙古自治区境内，进而到达包头市以西。

二、有关文献记载的考证

考古学作为历史学的重要分支，起着证史、补史的重要作用。如前文所述，实地考古调查工作已证明了秦直道的基本走向。而重新探讨有关历史文献记载，将更能说明这一基本走向的可信性和真实性。

（1）陕北境内有秦驰道吗？

秦始皇二十七年（公元前220年），"治驰道"（《史记·秦始皇本纪》）。《史记·集解》曰："应劭曰，驰道，天子道也。道若今之中道然。"驰道工程由丞相李斯主持。秦二世二年（公元前208年）八月，秦二世听信郎中令赵高之谗言，下李斯于狱。李斯在狱中上书二世，为己辩解，其中有语："治驰道，兴游观，以见主之得意。"《汉书·贾山传》中记载有贾山的论述："（秦）为驰道于天下，东穷燕齐，南极吴楚，江湖之上，滨海之观毕至。道广五十步，三丈而树，厚筑其外，隐以金椎，树以青松。为驰道之丽至于此，使其后世曾不得邪径而托足焉。"贾山此段议论是在汉文帝二年（公元前178年），去秦治驰道之际不过42年，应该是确凿可信的。那么，我们探讨秦驰道的布局只能依此为据。从贾山的论述中可以看到，秦驰道只是修筑在秦帝国的东部和东南部，而并没有通往秦帝国所有郡治所在地。

秦驰道修筑以后，秦始皇的出巡并没有到过西北和西南地区。而唯一与陕北有联系的一次出巡，就是秦始皇三十二年（公元前215年），"始皇之碣石……始皇巡北边，从上郡入"（《史记·秦始皇本纪》）。史念海先生在《质疑》一文中对秦始皇的巡行路线这样描述说："始皇三十二年的巡边，自是由碣石西行，历上谷、云中诸郡，直至九原郡始折而南行，入于上郡。"史先生在《与王北辰书》中，对《秦始皇本纪》的这一记载进一步分析说："这虽是一条简短的记载，却可说明两种情况：其一是始皇由上郡南归，所走的就是赵武灵王和秦昭王所走的老路。其二，这虽是一条老路，却是在全国的驰道系统之中，是在老路的基础上经过维修的。它的规模应如贾山所说的：'道广五十步，三丈而树，厚筑其外，隐以金椎，树以青松'。因为既是始皇巡行郡县所行的道路，全国都应该是一样的。"史先生的论述有这样两点疑问，使笔者难以理解。其一，上郡郡治肤施位于今榆林市鱼河堡（据史先生考证）。从肤施南行，直达咸阳的驰道是如何修筑的，其走向又如何呢？其二，既然在秦始皇二十七年已修筑了一条"道广五十步"的由咸阳直通九原郡的驰道，为什么仍要在秦始皇三十五年修筑一条起云阳（甘泉），抵九原的宽仅"五六米"（据史先生考证）的直道呢？答案仍然是肯定的——在陕北境内决没有这样一条"道广五十步"的秦驰道！

（2）《史记》中关于直道的文献记载

《史记·秦始皇本纪》载："三十五年，除道，道九原抵云阳，堑山堙谷，直通之。"《史记·六国年表》载：秦始皇三十五年"为直道，道九原，抵甘泉"。《史记·蒙恬列传》载："始皇欲游天下，道九原，直抵甘泉，乃使蒙恬通道，自九原，抵甘泉，堑山堙谷，千八百里。道未就。"司马迁在《蒙恬列传》中还这样评述曰："吾适北边，自直道归，行观蒙恬所为秦筑长城亭障，堑山堙谷，通直道，固轻百姓力矣。"《史记·匈奴列传》也载："而通直道，自九原，至云阳"。

综观司马迁的这些记载，可以得出这样几条结论：其一，这条道路名为"直道"，并无其他名称。其二，直道南起云阳，北达九原，道长1800余里。其三，直道工程由蒙恬主持。其四，直道工程堑山堙谷，异常艰巨。其五，直道工程并未最后完工。史先生在《探索》一文，认为秦直道仅可容两辆车并行，而且子午岭上大多数"直道遗迹都是宽四米半"。史先生在《与王北辰书》一文中说："因为既是始皇巡行郡县所行走的道路，全国都应该是一样的。"史先生在《质疑》一文中还指出："秦法极严，皇帝车驾经过的御道是不会得不到修治的。"那么，我们要问了，《蒙恬列传》明明指出："始皇欲游天下，道九原，直抵甘泉，乃使蒙恬通道"。在"秦法极严"的专制主义强大压力下，蒙恬何敢冒天下之大不韪，仅修了一条宽不到五六米，远远不能和秦驰道"道广五十步"的规模相比较的直道呢？此其一。根据史先生的考证，"秦始皇所修筑的直道的遗迹所在，虽有争论，但这条道路仍当是肇始于今陕西淳化县北梁武帝村，由此登上子午岭，顺岭北行，经过今陕西定边县和内蒙古自治区东胜县，而至于包头市西。舍此别无他途"。倘若这条线路属实，那么《史记》中所谓的"堑山堙谷"的记载又从何谈起呢？此其二。其三，根据史先生的考证，秦始皇"二十七年始修驰道，二十八年即开始巡行天下，可见驰道不仅壮丽，而且完工也相当迅速"（《质疑》）。驰道的总里程，史书没有记载，但其由咸阳出发，"东穷燕齐，南极吴楚"，规模远远超过"千八百里"的直道，却是不容置疑的。那么，何以驰道在一年多的时间里即已竣工，而规模远远逊于驰道的直道工程却历时两年多而尚未最后完工呢？综述之，史念海先生的考证与司马迁的记载难以吻合，因而也是不符合历史的真实的。

（3）秦直道与上郡肤施、阳周的关系

《史记·蒙恬列传》载："始皇二十六年，蒙恬因家世得为秦将，攻齐，大破之，拜为内史。秦已并天下，乃使蒙恬将三十万众北逐戎狄，收河南。筑长城，因地形，用制险塞，起临洮，至辽东，延袤万余里。于是渡河，据阳山，逶蛇北行。暴师于外十余年，居上郡。"上郡郡治肤施，位于无定河和榆溪河汇合处的榆林市鱼河堡。阳周为上郡属县。胡亥命"使者以蒙恬属吏，更置"，"囚蒙恬于阳周"，并在阳周"吞药自杀"。（引同上）阳周地望，据《水经注·河水三》载，位于走马水源头之北，并称"昔二世赐蒙恬死于此"。走马水即今无定河支流淮宁河，上游叫涧峪岔河。据笔者和同仁考证，当即今子长县石家湾乡曹家洼村城墙梁山（详见拙著《高柏山黄帝陵考》，该文被收入1992内部出版的《子长风物》一书）。秦直道既然为蒙恬主持修筑，必然与肤施和阳周有着一定的联系，至少有道路与之相通。不然的话，是难以理解的。

秦始皇最后一次出巡是三十七年（公元前210年）。他至平原津（今山东德州南）而病。始皇病重，"乃为玺书赐公子扶苏曰：'与丧，会咸阳而葬。'书已封，在中车府令赵高行符玺事所，未授使者"。但不管怎样，"七月丙寅，始皇崩于沙丘平台（今河北省广宗县西北）"（《史记·秦始皇本纪》）。始皇死在巡行途中，"独子胡亥、丞相李斯、赵高及幸宦者五六人知始皇崩，余群臣皆莫知也"（《史记·李斯列传》）。赵高乘机与胡亥、李斯密谋，篡改始皇诏书，赐扶苏与蒙恬自裁。并"封其书以皇帝玺，遣胡亥客奉书赐扶苏于上郡"（引同上）。胡亥、李斯、赵高等"遂从井陉，抵九原"（《史记·秦始皇本纪》）。胡亥使者至上郡后，扶苏自裁，蒙恬被囚。"（使者）还报，胡亥、斯、（赵）高大喜。"（《史记·李斯列传》）胡亥等奉运载始皇尸体的辒辌车，"行从直道，至咸阳发丧"（《史记·秦始皇本纪》）。仔细地分析这段历史，我们从中探微索隐，发现秦直道与肤施、阳周的一些联系。秦始皇病逝于沙丘，这里与上郡治所肤施、秦都咸阳形成一个大三角形。秦始皇既然赐远在肤施的扶苏书，命他"与丧，会咸阳而葬"，那就说明他决不会命令巡行车队北赴九原，进而"行从直道"，返回咸阳。胡亥、赵高、李斯等"遂从井陉，抵九原"，然后"行从直道，至咸阳"，绕了一个大三角形的路线，正说明了直道与肤施、阳周的密切关系。退而言之，肤施、阳周距直道干线不会太远，两地与直道之间也必然有道路相连接。

综述之，对文献记载的研究更加证实了秦直道基本走向的正确和可信。

三、秦直道与赫连勃勃的关系

史念海先生在《质疑》一文中指出："经过今富县、志丹、安塞等县的圣人道为赫连勃勃所修筑，并非秦始皇的直道"。史先生的论据主要有两条。其一，《太平寰宇记·保安军》载，圣人道，在"（保安）军城东七里，从蕃界末艃家族来，经（保安）军界一百五里，入敷政县界，即赫连勃勃起自夏台入长安时，平山谷开此道。土人呼为圣人道"。其二，《元和郡县图志·鄜州》载："伪夏太后城在（鄜州洛交）县西三十六里。赫连勃勃闻刘裕灭姚泓，命其子义真等守长安，大悦，自将兵入长安，留太后于此，筑城以居。"史先生根据这两条记载，这样论述说："富县城西夏太后城的位置，显示出赫连勃勃所修的圣人道，就止于其地。赫连勃勃为其太后筑城，可以想见赫连勃勃修筑圣人道是为了他的母亲行路的安谧。赫连勃勃这次南征是为了争夺长安。他虽有取胜的信心，但军情也是会随时有所变化的。他为太后筑城居守，圣人道也无必要再向前修筑。富县槐树庄以北有圣人道那是不足为奇的。槐树庄附近及其以南再没有发现圣人道，可见圣人道再没有向南伸延了。"（引自《质疑》）

史先生的论述是有商榷余地的。为了搞清楚这一历史事实，有必要先确定这两条文献记载中涉及的一些地名的所在位置。夏台，即统万城，位于靖边县红墩界乡白城子村。保安军，即今志丹县城。敷政县，位于今甘泉县下寺湾乡西县城子村。洛交县，即今富县县城。夏太后城位于洛交（今富县城）县西36里，据方位考，当在今富县北道德乡照八寺一带。而富县城西的圣人道（即秦直道），却远在78公里外的坡根底车路梁。史先生所谓"圣人道，就止于其地（夏太后城）"。《晋书》《北史》《资治通鉴》中没有赫连勃勃主持修筑"圣人道"的记载。《晋书·赫连勃勃载记》提到赫连勃勃闻刘裕将克长安时，记载勃勃在杏城（今陕西黄陵县境内），"笑谓群臣曰：'刘裕伐秦，水陆兼进，且裕有高世之略，姚泓岂能自固！

吾验以天时人事，必当克之。又其兄弟内叛，安可以距人！裕既克长安，利在速返，正可留子弟及诸将守关中。待裕发轫，吾取之若拾芥耳，不足复劳吾士马。'于是秣马厉兵，休养士卒"。《晋书·赫连勃勃载记》继续写道："既而勃勃还统万，裕留子义真镇长安而还。勃勃闻之，大悦……以子璝都督前锋诸军事，领抚军大将军，率骑二万南伐长安。"《资治通鉴·晋纪》的记载基本与之相同。《北史·赫连屈丐传》记载此事则更为简单，仅言及："晋将刘裕攻长安，屈丐闻而喜曰：'姚泓岂能拒裕？裕必克之。待裕去后，吾取之如拾遗耳。'于是秣马厉兵，休养士卒。及刘裕擒泓，留子义真守长安。屈丐伐之，大破义真……"当然，引用这些记载并不是说，赫连勃勃并没有修缮和利用过秦直道，当系此等修缮和利用不值得史官记述一笔的。其三，《太平寰宇记》所载，当为赫连勃勃修缮和利用秦直道故路。谓为不信，以大夏一区区小国，何能在不到一年的时间里修通这样一段工程艰巨的道路呢？吕卓民同志要说了："此一说法，是过分低估了大夏的力量。其实，只要看看赫连勃勃修建的国都——统万城，那宏伟规模、磅礴气势，甚至中原帝京还略逊一筹，怎么能说他没有力量修筑一条道路呢？"（《辨析》）那么，就让我们来看看统万城修建的时间吧！《晋书·赫连勃勃载记》载："以叱干阿利领将作大匠，发岭北夷夏十万人，于朔方水北、黑水之南营起都城。"此举始于夏凤翔元年（公元413年）三月。以10万人之众营造的统万城及其宫室，至夏真兴元年（公元419年）二月，始告竣工——"勃勃（由长安）还统万，以宫殿大成，于是赦其境内，又改元曰真兴。刻石都南，颂其功德"（《晋书·赫连勃勃载记》）。统万城的建设前后延续了整整6年，大夏财力、物力和人力的有限不是可见一斑吗？其四，倘如史先生所言，圣人道系赫连勃勃修筑，并北起自夏台，南止于夏太后城，那么，何以独独在靖边县小河乡郑石湾村以北至统万城一段不见"圣人道"的遗迹呢？综上所述，赫连勃勃并未发轫开凿过一条北起夏台，南至夏太后城的"圣人道"，而只能是对秦直道故道的修缮和利用。史念海先生所谓"赫连勃勃南下的道路是他自己修筑的"（据《与王北辰书》）的结论也是没有说服力的。

如果说以上论述尚不能令人信服的话，那么，我区文物工作者在"圣人道"新发现的两处秦直道大型行宫遗址，则是更有力的证据。1989年4月下旬，志丹县文管所宿玉成同志在本县永宁乡任窑子村进行田野调查时，发现了一处大型秦代遗址，并采集了一些遗物。5月下旬，笔者闻讯后，即与宿玉成同志一起进行了复查。这处遗址位于秦直道东侧，在任窑子村西约200米处。为一高出地面15米的夯土台基，南北长约350米，东西宽约80米，总面积约2.8万平方米。夯层厚7、8、9、10、12、15厘米不等，其西侧断面略呈垂直状，其余三面皆呈三级台阶状。遗址四周断面和地表均可发现大量的建筑遗物，如素面方砖、回纹砖、月牙形砖、板瓦、筒瓦、内向卷云纹瓦当、交错绳纹陶井圈、陶水管等。这些遗物具有明显的秦代遗物特点（详见笔者所撰《陕西志丹县永宁乡发现秦直道行宫遗址》，载《考古》1992年第10期）。笔者故初步肯定此遗址为行宫遗址之一。无独有偶，1991年3月，安塞县文物管理所谢妮娅同志在本县化子坪乡红花园村进行文物调查时，也发现了一处重要的遗址。据谢妮娅同志为《延安文物动态》第47期撰写的稿件说："遗址东西长1000米，南北宽500米，中间高，四周低，遗址内有大量夯土台基，台基以坚实细密的夯土构成，夯土层厚10~30厘米不等。夯土最高处可达10米。在遗址地表分布着大量秦代筒瓦、板瓦、瓦当残片、回纹铺地方砖、几何纹条砖、空心砖、圆形陶水管等建筑构件和大量带有陶文的器物残片。"笔者曾对谢妮娅采集回的标本进行了鉴定，认为系秦代遗物无疑，这处遗址也当为秦直道沿途行宫遗址之一。

因之，笔者认为，圣人道即秦直道。大夏赫连勃勃在公元418年南下进攻长安时，曾对直道故道进行了修缮和利用。

总结全文，秦直道南起陕西淳化县甘泉宫，经旬邑、黄陵、富县、甘泉、志丹、安塞、靖边等地，入内蒙古自治区乌审旗，又经东胜，过黄河而北达包头市西的基本走向，无论于文献、于史实、于遗迹、于遗物考证，都是确凿无疑的。尽管靖边县境内的一段直道遗迹还有待发现，但却无碍秦直道基本走向的格局。同时，秦直道也绝不是一条宽仅五六米的简易大道，而是堪与"道广五十步"的驰道相媲美的伟大历史奇迹。

以上所见，尚祈史念海先生和诸位方家正之。

（原载《秦文化论丛》第2辑，西北大学出版社1993年版，第241—256页，收入《周秦文化研究》，陕西人民出版社1998年版，第674—683页。今据《秦文化论丛》收入）

秦直道修筑的起讫时间与工程分期

吴宏岐

秦直道南起云阳（今陕西淳化县北），北抵九原（今内蒙古包头市西），是秦始皇大治驰道后，为便于巡狩北边而又另修的一条国防大道。关于秦直道的始筑时间，《史记·秦始皇本纪》和《史记·六国年表》皆有明文记载，谓在始皇三十五年（前212年），当了无疑问。不过秦直道完工于何时，总共用了多少年份，由于史籍语焉不详，学界于此多有歧义。据《史记·秦始皇本纪》始皇三十七年（前210年）出游，七月丙寅"崩于沙丘平台"，胡亥、李斯、赵高等随装载始皇尸体的辒辌车"遂从井陉抵九原"，"行从直道至咸阳"，"九月，葬始皇郦山"。如此，则始皇三十七年七、八月间，胡亥等人曾经由直道南返咸阳。目前，研究秦直道的诸多学者，多据此一记载而断定秦直道即竣工于这一年。实则这样的结论并非合乎历史实际。《史记·蒙恬列传》云："始皇欲游天下，道九原，直抵甘泉，乃使蒙恬通道，自九原抵甘泉，堑山堙谷，千八百里。道未就。"太史公既说"道未就"，则可见当始皇崩逝沙丘、蒙恬含冤而死之际，直道并未完全竣工。这样的推论还可以找到另外的证据。据《史记·李斯列传》，二世矫诏僭立后，"法令诛罚日益刻深，群臣人人自危，欲畔者众。又作阿房之宫，治直道、驰道，赋敛愈重，戍徭（编者按：当作"繇"）无已"。这说明发端于秦始皇的直道工程，实与阿房宫工程一样，一直持续至二世时期。结合始皇三十七年夏直道已可通车马的情况来看，秦直道工程乃是肇于始皇而成于二世，从秦始皇三十五年（前

212年)至秦二世三年(前207年),一共修筑了约5年之久。其中前2年多为第一期工程,虽粗可使用,但仍然"道未就";后2年多为第二期工程。另据《史记·秦始皇本纪》,秦始皇在二十七年(前220年)(《六国年表》作二十八年)修驰道,次年就可"东行郡县"。何以直道工程历时稍长于驰道?实际上,秦直道与在六国旧道上整修的驰道不同,完全是新开的道路(从史念海先生说),加之修筑于子午岭峰巅,"堑山堙谷",工程相当繁杂艰巨,故而历时稍久。正因如此,蒙恬兴师动众,花费了2年多的时间仍未能将其修筑为坦途。直道虽由始皇肇建,但始皇在生前却未曾一用。当始皇崩逝以后,戍守上郡(治肤施,在今陕西榆林县南)的扶苏、蒙恬仍手握重兵,颇为部下所拥戴(《史记·蒙恬列传》),二世等人为避其锋芒,只得就取"道未就"的直道,而别遣使者对付扶苏和蒙恬。清人顾炎武《日知录·史记注》条曰:"始皇崩于沙丘,乃又从井陉抵九原,然后从直道以至咸阳,回绕三四千里而归者,盖始皇先使蒙恬通道,自九原抵甘泉,堑山堙谷,千八百里。若径归咸阳,不果行游,恐人疑揣,故载辒辌而北行,但欲以欺天下,虽君父之尸臭腐车中而不顾,亦残忍无人心之极矣。"看来秦始皇之所以通直道,原本也有从直道南返咸阳的打算,但东游途中暴死沙丘则为其所始料未及。二世为避天下疑揣,选择尚未完全竣工的直道南归,确也为当时情势所逼。大约是亲历直道后,颇尝其中颠簸之苦,所以二世日后才有续修直道之举。

秦直道既然分为二期工程,则其主持工作者当也有相应的变化。当直道始筑之时,将军蒙恬戍守上郡,太子扶苏为护军,是此项工程二人皆得参与,不过最为用力者,仍当是蒙恬本人,所以太史公记作"乃使蒙恬通道","行观蒙恬所为秦筑长城亭障,堑山堙谷,通直道,固轻百姓力矣"云云(《史记·蒙恬列传》及"太史公曰")。始皇死后,二世遣"使者以蒙恬属吏,更置"(《史记·蒙恬列传》)。代蒙恬将兵上郡的人选史有明文,说是"以兵属裨将王离"(《史记·李斯列传》)。当此之时,扶苏已死,所以"胡亥以李斯舍人为护军"(《史记·蒙恬列传》)。王离为秦名将王翦之孙、王贲之子,既是蒙恬之裨将,则本已参与过直道修筑事。所谓"李斯舍人",史失其名,不知何人。但李斯为"修筑驰道之主要主持人"(马非百《秦集史·国防志》),其舍人或也懂得修路之事。如此,则秦直道第二期工程之负责人则非王离与李斯舍人莫属。

(原载《中国历史地理论丛》1996年第3辑)

秦直道及其历史意义

吴宏岐

秦始皇在统一全国后,为了维护安定统一的政治局面,加强中央政府对全国各地的控制和联系,十分重视全国的水陆交通建设,除了以秦国和山东六国故地的旧有道路为基础广治驰道以外,还陆续兴修了南起云阳(今陕西省淳化县北)北抵九原(今内蒙古自治区包头市西)的直道、联系西南夷地区的五尺道和沟通岭南地区的兴安运河(灵渠)等一系列水陆交通路线。目前,秦直道已成为学术界的一个研究热点,但在修筑的起讫时间与工程分期、经由路线及其历史意义等一些基本问题上尚存在诸多不同看法,值得进一步深入研究和探讨。

一、秦直道修筑的起讫时间与工程分期

直道与驰道虽然都是秦王朝全国陆路交通网的重要组成部分,但二者之间却有很大的不同,驰道是秦始皇二十七年(前220年)在秦故地与六国境内的旧道基础上兴修的道路网,而直道则是三十五年(前212年)为防御匈奴新建的专用军事交通线。但目前学术界多将直道与驰道混为一谈,简单地认为直道是秦驰道网中的一条道路,甚至于有人以秦直道为秦将蒙恬所修则必经蒙恬驻地上郡(治肤施)为由,断定秦直道是由秦代经过上郡的驰道改建而来[①]。其实,正如蒙恬

---

① 王开主编:《陕西古代道路交通史》,人民交通出版社,1989年。

曾经在上郡监修秦万里长城而长城并不经过上郡一样，秦直道不仅不经过上郡，更不是由秦代经过上郡的驰道改建而来，而完全是秦始皇在完成了兴治驰道工作后另外选线新建的一条道路。

关于秦直道的始筑时间，《史记·秦始皇本纪》和《史记·六国年表》皆有明文记载，谓在秦始皇三十五年（前212年），当了无疑问。不过秦直道究竟完工于何时？修筑秦直道总共用了多少年？史籍语焉不详，需要依据相关记载进行细致分析。学界一般根据秦始皇三十七年（前210年）七、八月间胡亥等人曾经由直道南返咸阳事断定秦直道即竣工于这一年，也就是认为秦代修筑直道只用了两年半时间[①]。实则这样的结论并非合乎历史事实。《史记·蒙恬列传》云："始皇欲游天下，道九原，直抵甘泉，乃使蒙恬通道，自九原抵甘泉，堑山堙谷，千八百里。道未就。"司马迁既然明确说"道未就"，则可见当秦始皇崩逝沙丘、蒙恬含冤而死之际，直道并没有竣工。这样的推论还可以找到其他的证据。据《史记·李斯列传》，秦二世矫诏僭立后，"法令诛罚日益刻深，群臣人人自危，欲畔者众。又作阿房之宫，治直道、驰道，赋敛愈重，戍徭无已"。这说明发端于秦始皇的直道工程，实与阿房宫工程一样，一直持续到二世时期。清人顾炎武《日知录·史记注》条谓："始皇崩于沙丘，乃又从井陉抵九原，然后从直道以至咸阳，回绕三四千里而归者，盖始皇先使蒙恬通道，自九原抵甘泉，堑山堙谷，千八百里。若径归咸阳，不果行游，恐人疑揣，故载辒辌而北行，但欲以欺天下，虽君父之尸臭腐车中而不顾，亦残忍无人心之极矣。"顾氏之语虽然尖刻，但却道出了当时的实情。看来秦始皇三十七年（前210年）出巡天下时，原本可能也有从新开辟的河南地南返咸阳并检察直道工程进展情况的打算，但东游途中暴崩沙丘则为其始料所未及。二世为避天下疑揣，选择尚未竣工的直道南归，确为当时具体情势所迫。大约是亲历直道过程中，颇受其中颠簸之苦，秦二世日后才有了续修直道的举措。

结合秦始皇三十七年（前210年）夏直道已经可以粗通车马的情况来看，秦直道工程乃是肇于始皇而成于二世，从秦始皇三十五年（前212年）至秦二世三年（前207年），总共历时约五年之久。其中前二年多为第一期工程，虽粗可使用，但仍然"道未就"；后二年则多为第二期工程，修缮之后，直道才完全竣工。

---

① 王开主编：《陕西古代道路交通史》，人民交通出版社，1989年。

秦始皇二十七年（前220年）兴修驰道，次年即可"东行郡县"①。驰道网如此迅速就得以形成，主要是借助了秦故地与六国境内的旧道基础。直道则明显不同，因为完全是新开的道路，加之修筑于子午岭峰巅之上，"堑山堙谷"，工程相当繁杂艰巨，故而修筑工作历时稍长于驰道。

秦直道既然分为两期工程，则其主持修筑工作者当也有相应的变化。直道始筑之时，将军蒙恬戍守上郡，太子扶苏为监军，说明此项工程二人皆得参与，不过最为用力者仍当是蒙恬本人，所以司马迁在为蒙恬作传时称秦始皇"乃使蒙恬通道"，司马迁自己"行观蒙恬所为秦筑长城亭障，堑山堙谷，通直道，固轻百姓力矣"云云②。秦始皇死后，二世遣"使者以蒙恬属吏，更置"③。代蒙恬将兵上郡的人选史有明文，说是"以兵属裨将王离"④。当此之时，扶苏已死，"胡亥以李斯舍人为护军"⑤。王离为秦名将王翦之孙、王贲之子，既是蒙恬的裨将，则本已参与过直道的修筑。所谓"李斯舍人"，史失其名，不知为何许人，然而据有关学者研究，李斯为"修筑驰道之主要主持人"⑥。那么李斯的舍人应当参与过驰道的兴筑，估计也懂得修路之事。如此，则秦直道第二期工程的负责人则非王离与李斯舍人莫属。

二、秦直道的经由路线

司马迁虽然明确记载了秦直道的起讫地点和里程，但遍检《史记》全书，却未见云阳与九原之间任何其他的具体经由地点，这为后人留下了一桩千古遗案。所幸后来的地理志还保留了一些相关记载。据唐代初年成书的《括地志》记载，庆州华池县（今甘肃省华池县东华池镇）西45里子午山上有秦时的故道。唐中后期的李吉甫所撰的《元和郡县图志》中也说："秦故道，在县东八十里子午山，始皇三十年（引者按：当作三十五年），向九原抵云阳，即此道也。"1980年中国科学院地理研究所编制的百分之一O.N.C（Operational Navigation Chart）片上，

---

① 司马迁：《史记·秦始皇本纪》，中华书局，1982年。
② 司马迁：《史记·蒙恬列传》，中华书局，1982年。
③ 司马迁：《史记·蒙恬列传》，中华书局，1982年。
④ 司马迁：《史记·李斯列传》，中华书局，1982年。
⑤ 司马迁：《史记·蒙恬列传》，中华书局，1982年。
⑥ 马非百：《秦集史·国防志》，中华书局，1982年。

显示出陕甘两省交界的子午岭山脊上确有古道路存在，这应是《括地志》和《元和郡县图志》所说的"秦故道"，亦即秦直道。经过二十多年来历史地理学者和考古工作者实地调查，秦直道的具体走向和经由路线已基本清楚。秦直道由林光宫开始，就进到甘泉山。甘泉山为子午岭南端的一个分支。也就是说，直道离开林光宫后就进到子午岭中，循岭北行。经今陕西省旬邑县东的石门关，北行至凤子梁，再经今甘肃省正宁县刘家庙子林场、黑马湾、野狐崾岘、南站梁，而至今陕西省旬邑县雕岭关。从雕岭关开始，直道循子午岭主脊，大致呈西北走向，过陕西省黄陵县艾蒿店、甘肃省襄乐县五里墩，到达兴隆关，再经甘肃省合水县的黄草崾岘到青龙山，沿合水、华池两县分水岭向西北延伸，到华池县的麻芝崾岘，然后纵穿华池县境，经大红庄、墩梁、老爷岭、新庄畔、羊沟畔、黄蒿池畔、深崾岘、高崾岘、墩儿山，过打扮梁的雷崾岘、五里湾、张新庄、田掌，进入陕甘两省交界的丁崾岘、墩梁，直达营崾岘。营崾岘是秦直道与明长城的重合之处，也是一处交叉的十字路口。直道沿明长城内侧向西北延伸，经营盘梁、南湾、箱子湾到白硷出长城，入陕西省定边县的马崾岘，重合之处长达20公里。从定边县南境起，直道折向东北，经今内蒙古自治区乌审旗、红庆河，再转向北行，过东胜市西的二顷半、海子湾、城梁，直抵黄河南岸的昭君坟，在此渡过黄河，就是今包头市西的秦九原郡治所在地。①

以上证据充分表明，秦直道确实与秦上郡驰道无关。秦直道作为一条新修的特殊道路，是由九原直通云阳，并未绕道经过上郡，全长"千八百里"，合今700余公里，其道路北口与南口大体南北相对，所以才有"直道"的名称。

秦直道的南段因为选择了子午岭的主脊，所以道路的走向稍偏向西北。这样的选线是极有科学性的。从地形上来说，陕北和陇东属于黄土梁峁沟壑区，子午岭主脊海拔稍高，但地势起伏变化较小，地形亦相对平坦，宜于修筑道路。如果下子午岭取道陕北的上郡，则要经过许多纵横交错的大小沟壑，必然会增加修筑道路的难度，同时也给南北交通带来困难，无法达到迅速调兵北上的目的，相应地就违背了将直道修筑为一条国防大道的初衷。据实地勘测，子午岭主脊上的秦

---

① 史念海：《秦始皇直道遗迹的探索》，载《文物》1975年第10期；李仲立、刘得祯：《甘肃庆阳地区秦直道调查记》，载《考古与文物》1991年第5期；史念海、吴宏岐：《略论秦直道》，见《秦文化论丛》第5辑，西北大学出版社，1997年。

直道宽度在 5 米左右，二三辆大车可并行其间。从定边到东胜的直道北段，地势较为平衍，路面宽度则在 22 米左右，更非一般道路所可及。史载秦修驰道时"厚筑其外，隐以金椎"①，对于道路质量是十分讲究的。从考古遗迹来看，蒙恬修筑秦直道时当也采用了同样的方法，并且还需"堑山堙谷"，工程之艰巨、复杂，由此可见一斑。这充分说明，秦直道选线的科学合理、工程的艰巨、规模的宏伟、筑路技术的高超，都是同时期世界其他国家难以望其项背的，在中外交通史上占有非同寻常的地位。

三、秦直道的历史意义

秦直道是秦始皇为抵御匈奴势力南侵而兴筑的，所以与秦长城一样，都是具有战略意义的国防工程。早在秦昭王时期，秦国的北部边界就已扩展至黄河南岸，与黄河之北赵国的云中郡隔河相望。为了巩固边防，秦昭王曾在秦国北陲修筑长城，由临洮（今甘肃省岷县）东北行经过上郡之北，又东北蜿蜒至于今内蒙古自治区准格尔旗十二连城。②在秦人之前，赵武灵王已开通了从云中南下上郡的道路，从云中西去赵九原郡也有道路可通。赵武灵王以后，赵国国势渐弱，赵将李牧的防线东退至云中，赵武灵王新开的九原郡也为匈奴所攻占。至秦始皇三十二年（前 215 年），因为国力强盛，为消除边患，遂使秦将蒙恬将兵三十万北击匈奴，尽取河南地，设为 44 县，重置九原郡。次年，又使蒙恬渡河取高阙、阴山、北假，阴山以南皆为秦土。版图既已扩展，旧日的长城随即失去了本来的作用。这时匈奴的气焰还没有完全低落，于是秦又新筑长城，西段沿用秦昭王旧城，中段和东段则因用赵、燕长城的故迹加以增葺，首自临洮，循贺兰山、阴山山脉，东至辽东，东西绵延万余里，创造了世界奇迹。三十五年（前 212 年）又使蒙恬修筑直道，不迂回上郡和云中，而由云阳北出直抵九原。新筑的直道与新修的长城呈丁字相交，加强了秦都咸阳所在的京畿关中与北方河套地区的联系，使得匈奴不敢轻易南下进犯。

秦朝灭亡以后，直道仍然发挥着重要的作用。西汉初年，匈奴贵族势力曾两

---

① 班固：《汉书·贾山传》，中华书局，1962 年。
② 史念海：《黄河中游战国及秦时诸长城遗迹的探索》，见《河山集》二集，生活·读书·新知三联书店，1981 年。

度试图进犯关中，一次南入上郡，另一次大入萧关，经过彭阳，候骑到了雍县和甘泉。[①]进入上郡的那次，只是缘边骚扰性质，至于大入萧关，直抵雍县和甘泉，就已是严重的进攻。既然匈奴奴隶主有意窥伺甘泉，为什么不从九原直接南下，却要远道绕行六盘山下？在子午岭的东西，分别是洛河河谷和马莲河河谷。游牧民族南向侵犯中原地区，一般都是取道河谷。而当时洛河河谷和马莲河河谷都没有受到骚扰，这又是什么原因？推究其实际情况，正是子午岭上增添了一条直道，使得匈奴贵族不能不有所顾虑。他们虽然暂时控制了河南地，也不敢长期盘踞。当时匈奴左贤王曾一度占据阴山和河套地区，但不久又复撤走，就是这个缘故。西汉时期不仅积极利用秦时所修的直道防御匈奴南犯，而且对于直道的维护也曾有所着力。据《汉书·地理志》记载，当时在北地郡新增了直路县和除道县，这两县正分别设在子午岭段直道的南北两端，显然是为了加强对直道的控制。

唐朝建都于长安，强大的突厥族雄峙于漠北，频繁南侵关中。唐太宗时期，突厥一次进犯，十万铁骑直达渭河岸边，兵锋威逼长安。后来唐王朝转守为攻，再夺河南地，设置东、中、西三个受降城控制阴山防线，直道联系北边诸军事要镇的作用仍显而易见。

一直到了明代，直道仍旧是一条通途，清朝初年才渐趋湮塞。乾隆《正宁县志》："此路一往康庄，修整之则可通车辙。明时以其直抵银夏，故商贾经行。今则塘汛废弛，通衢化为榛莽。"不过又据正宁刘家店子林区和旬邑石门关的当地老人回忆说，数十年前，刘家店子林区的古道一直通向定边，平时驴驮马载，络绎不绝；石门关至马莲河一段子午岭的主脊凤子梁，正是关中棉花向北运输的必经之路。每年运花季节，梁上路旁的灌木枝上，粘花带絮，一路皆白。解放战争前，石门关为陕甘宁边区后勤部所在地，设有大型储粮仓库，凤子梁更成为转运军需粮草的大路。这些事实说明，自唐代以后，随着政治中心的转移，西北地区的交通道路格局相应发生了巨大变化，但直道仍在沟通陕、甘、宁诸省区的经济交流方面发挥着作用。历代断断续续地加以开发利用，这也正是秦直道遗迹得以保留至今的主要原因。

总之，公元前212年至前207年所修筑的秦直道，是中国历史上乃至世界历史上的一次壮举。这条道路的筑成，不仅对维护诞生伊始的秦帝国的宏伟大厦和

[①] 班固：《汉书·文帝纪》，中华书局，1962年。

统一安定的政治局面具有极其重要的战略意义，而且在此后相当长时间内，在促进国家稳定、中原内地与北方少数民族地区以及陕、甘、宁诸省区之间的经济与文化交流方面均起着积极的作用。千百年来，朝代更替，沧海桑田，昔日高筑于子午岭峰巅的秦直道已由宽路通衢化作历史的陈迹而隐没在茫茫丛林之中，像一条满身伤痕、正在呻吟呼唤的巨龙，期待着人们的珍惜和保护，更期待着合理的开发和利用。目前全国经济战略重心转移，政府已发出了"西北大开发"的号召，并提出了"再造一个山川秀美的黄土高原"的宏伟构想。如何把握机遇，重新整治秦直道，开发其独具特色的人文旅游资源和商贸交通功能，无疑对促进西北地区社会与经济的可持续发展具有重要的现实意义。

（原载《陕西师范大学继续教育学报》2000年第1期）

秦直道不经过上郡及其属县阳周的证据与原因

吴宏岐

秦直道，即南起云阳（今陕西省淳化县北）北抵九原（今内蒙古自治区包头市西）的交通大道，是秦始皇在扫灭六国后为防御匈奴势力的南侵而兴修的一项规模宏大的军事工程。这条道路的完成，对巩固秦帝国的北边国防、维护全国安定统一的政治局面、促进华夏民族与周边少数民族的经济文化交流均具有极其重要的意义。近些年来，秦直道一直是秦文化研究中的一个热点问题，但在秦直道的具体走向问题上，尚存在若干不同的看法，其中争论的焦点之一就是秦直道是否经过当时的上郡及其属县阳周。这一问题不仅与秦直道的具体走向有关，而且事涉秦直道的筑路技术与历史作用，所以值得进一步深入地研究和探讨。

一、秦直道经由上郡及其属县阳周说的主要立论依据

关于秦直道问题，早在 20 世纪 70 年代中叶，已故著名历史地理学家史念海教授就曾根据有关历史文献记载并结合野外实地考察，对其进行了系统研究。在《陕西师大学报》1975 年第 3 期上发表的《秦始皇直道遗迹的探索》一文（此文不久又为《文物》1975 年第 10 期转载）中，史念海教授比较全面地论述了直道修筑的战略意义、直道的起点、子午岭南段上的直道及其遗迹、子午岭北段上的

直道及其遗迹、鄂尔多斯草原及其遗迹和直道的修成及所起的作用等相关问题，并首次大致勾画了直道的全部路线，即："由陕西淳化县北梁武帝村秦林光宫遗址北行，至子午岭上，循主脉北行，直到定边县南，再由此东北行，进入鄂尔多斯草原，过乌审旗北，经东胜县西南，在昭君坟附近渡过黄河，到达包头市西南秦九原郡治所。一半路程修筑在山头岭上，一半路程修筑在平原草地。"史念海教授这一研究成果发表后不久，即为学术界所广泛采用[1]，当然后来也有学者对史先生文章中因考察未及而论述相对粗略的部分做了一定的补充[2]，使秦直道的全部经由路线更为清楚明晰（详后）。

然而自从1984年起，关于秦直道具体经由路线问题就开始出现了诸多不同的观点。1984年8月19日，《光明日报》第二版以《为摸清秦代另一巨大的国防工程故迹，画家靳之林徒步三千里考察秦始皇直道》为题，报道了靳之林考察秦直道的经过情形，报道后面还附有一张由靳之林所绘的《秦始皇直道路线图》，画出由"淳化县梁武帝村，再经旬邑、黄陵、富县、甘泉、志丹、安塞一直向北伸延，直达内蒙古包头西的秦直道走向位置"。随后，王开、贺清海、孙相武、姬乃军、王北辰等先生都发表了相关文章[3]，陈述了各自对秦直道走向问题的看法。王开等先生的文章虽互有出入，但都有某些共同之处，就是不仅所定的"秦直道"的南段与靳之林所绘的一样，大部分段落是要经过今陕北地区，而且与后者相比较，其具体走向更向东弯曲一些。靳之林先生为一画家，虽然曾徒步考察了秦直道，但一直未见其有分量的调查报告或论文问世，他所绘的秦直道示意图也颇似写意之笔，自然是不可轻信的。不过王开先生是陕西交通史志专家，贺清海、孙相武、姬乃军等先生曾多次考察过秦直道遗迹，王北辰先生更是相当有成就的历史地理学者，他们对于秦直道的歧义观点，虽较靳之林晚出，但却形成了一定

---

[1] 如马正林主编：《中国历史地理简论》，陕西人民出版社，1987年，第412页；谭其骧主编：《中国历史地图集》第2册，中国地图出版社，1982年，第5—6页；刘庆柱：《秦汉考古五十年》，载《考古》1999年第9期。

[2] 李仲立、刘得祯：《甘肃庆阳地区秦直道调查记》，载《考古与文物》1991年第5期。

[3] 王开：《"秦直道"新探》，载《西北史地》1987年第2期；贺清海、王开：《毛乌素沙漠中秦汉"直道"遗迹探寻》，载《西北史地》1988年第2期；孙相武：《秦直道调查记》，载《文博》1988年第4期；延安地区文物普查队（姬乃军执笔）：《延安境内秦直道调查报告之一》《延安境内秦直道调查报告之二》，分别载《考古与文物》1989年第1期、1991年第5期；姬乃军：《陕西志丹县永宁乡发现秦直道行宫遗址》，载《考古与文物》1992年第10期；姬乃军：《秦直道走向考辨》，见《秦文化论丛》第2辑，西北大学出版社，1993年；王北辰：《古桥门与秦直道考》，载《北京大学学报》（哲学社会科学版）1988年第1期。

的学术影响，尤其以王开先生的《"秦直道"新探》一文影响更大一些，例如最近出版的不少论著就采用了王开先生的观点①。

综合起来看，王开等先生似乎都有一个比较一致的说法，即认为秦直道是经过上郡及其属县阳周的。他们的主要依据，概括起来讲大致有如下几端：

（1）认为秦直道是由战国后期经由上郡的旧道改建、扩充而来。如王开先生在《"秦直道"新探》一文中即说："战国中后期，九原、上郡、云阳、咸阳间，即有一条南北大通道，大将蒙恬是在旧道的基础上加以改建、扩充，而成为一条沿子午岭山脊而行的，宽达30米以上的，大体是直南直北方向的'直道'，并非是蒙恬新勘测的路线。"王北辰先生在《古桥门与秦直道考》一文中也认为："直道并非蒙恬凿空开辟，它不过是历史古路的修治。"

（2）认为直道必经蒙恬的驻地。如王北辰先生在《古桥门与秦直道考》一文中即谓："蒙恬驻地问题和秦'直道'经过地点关系密切"，并且蒙恬不是常驻"上郡城中"，而是"本驻阳周，扶苏监军及二人被害也在阳周，因阳周属于上郡，史家对此只记郡名而省略县名罢了"。姬乃军《秦直道走向考辨》也说："秦直道既然为蒙恬主持修筑，必然与肤施和阳周有着一定的联系，至少有道路与之相通。不然的话，是难以理解的。"

（3）上郡、九原间有"直道遗迹"，并且"直道遗迹"上见有秦汉时期的文物古迹，甚至发现了"秦直道行宫遗址""兵站遗址"和"烽火台"。如贺清海、王开《毛乌素沙漠中秦汉"直道"遗迹探寻》一文中指出上郡、九原间所谓直道的路线，是"自今榆林县红石峡东4公里的走马梁西侧开阔地出长城，经龟兹和上郡属国都尉城址西侧，呈西北方向沿榆溪河东侧800余米距离而上，经头道河、二道河、三道河、四道河、红河梁，旋河诸支流约70公里至刀兔海子；又直北接内蒙古伊金霍洛旗西南24公里处红庆河'直道'遗迹和东胜市西赖乡'直道'遗迹，再北，达包头市西侧的秦九原郡、汉五原郡治所九原县"，并说在所谓的"直道遗迹"上，见有秦汉时期残断的砖瓦、陶器碎片，其侧近有众多古城遗迹。姬乃军《秦直道走向考辨》一文则坚持认为志丹县永宁乡任窑子村和安塞县化子坪乡红花园村的两处遗址是"秦直道大型行宫遗址"。而孙相武在《秦直道调查

---

① 王开主编：《陕西古代道路交通史》，人民交通出版社，1989年，第49—63页；王学理主编：《秦物质文化史》，三秦出版社，1994年，第212—214页。

记》中又谓他"发现"了五座行宫遗址和九个兵站遗址,其中五座行宫遗址是指秦咸阳宫殿、池阳宫、秦林光宫、高奴宫和九原宫,九个兵站遗址分别是在马栏镇100米处、上畛子东1000米处的二级台上、古罗河南侧300米的二级台上、安家沟北约200米的洛河边、白杨树湾村南1公里处大垭口南下坡的地方、鹰咀上卧虎湾山顶垭口南边、冯家岔村脑畔、瓦渣梁的鸦巷山和伊金霍洛旗的红庆河南。另外,该文还提到从今安塞县与靖边县交界处的黄毛塔至沈家园子一带,几乎每2.5公里就有一个烽火台,并也将其视为秦直道上的遗迹。

应当指出的是,上述秦直道经由上郡及其属县阳周说的依据其实都是靠不住的。其中的道理如下:

直道与驰道虽然都是秦王朝全国陆路交通网的重要组成部分,但二者之间却有很大的不同,驰道是秦始皇二十七年(前220年)在秦故地与六国境内的旧道基础上兴修的道路网,而直道则是三十五年(前212年)为防御匈奴新筑的专用军用交通线,是不能简简单单地将两者混为一谈的。至少从战国时期开始,就已开通了由关中北经上郡而达于河套地区的交通大道,因为据《史记·赵世家》记载,赵武灵王攘地西至云中、九原后,就欲从云中、九原直南袭秦,并曾诈为使者入秦。另据《史记·秦本纪》,"(秦昭王)二十年,王……之上郡北河",说明赵武灵王之后,秦昭王也走过这条道路。而据《史记·秦始皇本纪》,秦始皇本人也曾两次走过上郡。一次是在十九年(前228年)平定赵地后,"秦王还,从太原、上郡归";另一次是在三十二年(前215年),"始皇巡北边,从上郡入"。据《史记·秦始皇本纪》,秦始皇二十七年(前220年)"始治驰道"。这是为此后巡行天下而兴起的全国性大工程,当时经由上郡的旧道应是一并重新整治过的,从而使其成为全国驰道网的一个组成部分,这从三十二年(前215年)"始皇巡北边,从上郡入"一事中也可得到印证。如果硬说三十五年(前212年)所开的直道是在这条已重修过的旧道基础上再次翻修扩建而来,不仅在史料中找不到任何证据,而且似乎也于情理有所不通。这正如史念海先生早已指出的那样:"通过上郡的道路是秦时驰道的一个组成部分,而驰道的修筑是相当壮丽的,也是十分艰巨的。后来到了汉初,一些人还认为修筑驰道是导致秦朝灭亡的暴政之一。秦始皇于三十二年行过这条道路,中间只隔了两年,到三十五年又要翻修改建,秦政虽然烦苛，但象这样不尽情理的事情还是少见的。"①

至于认为秦直道既然为蒙恬主持修筑，这条道路就必然要经蒙恬的驻地上郡及其属县阳周说法，看似有些道理，其实也未必一定正确无误。因为这除了同样在史料中找不到证据外，也与其它的史实相冲突。众所周知，秦朝大将蒙恬在秦始皇三十二年和三十三年间发兵北击匈奴，尽取河南地后，曾主持了两项重大的国防工程，一是在秦始皇三十五年修筑秦直道，二是在此前即三十三年因战国诸雄所筑长城之旧新筑了秦万里长城。秦万里长城不经过上郡，而且与上郡治所肤施（治在今陕西榆林县南）及其属县阳周（治在今陕西子长县西北）还有相当远的距离，这一点无人会有疑问。如果以蒙恬是驻防的上郡（王北辰先生认为是驻防在上郡属县阳周）为由，而认为蒙恬所修直道就必经上郡的话，那么是否可以推测蒙恬所督修的长城也必定要经过上郡呢？这样的推测显然是与史实不相符合的，从而也就说明，在无其它佐证的情况下，以蒙恬驻防上郡同时又修筑了直道为由，就认定秦直道必经上郡，是将问题太简单化了一些，论述的逻辑性也稍欠周密。

关于陕北秦直道遗迹及相关遗址问题，也有进一步讨论之必要。应当承认，王开等先生在研究秦直道问题时，对于有关遗迹和遗址的考察十分重视，这种研究态度和研究方法是可取的，也是值得称道的，这也是他们的秦直道经由上郡及其属县阳周说得以引起考古学界和秦汉史学界关注的主要原因之一。然而必须指出的是，对于考古发现和出土文物的利用，应当建立在科学的方法基础上，也就是必须结合历史文献进行综合分析，因为从目前在陕北地区所出土文物来看，均无文字铭记，尽管通过考古年代学的分析手段，可以断定其为秦汉时代的遗物，与当时的道路有一定的联系，但不能一口认定那一定是秦直道上的遗物，而且客观地说，有些出土文物或遗址与秦汉时期的古道路似并无太大的关系。如贺清海、王开二先生所探寻出的由榆林县北走马梁庙至刀兔海子一段道路，"如果确是秦汉时期的道路，那应是秦时驰道的遗迹，而非直道的遗迹。能探寻出秦时驰道的遗迹，也是值得称道的。秦驰道遗迹中杂有汉代遗物，那是正常的现象，因为这条道路迄至汉时仍为通往五原郡的大道"②。姬乃军先生对于其津津乐道的新发

---

① 史念海：《直道和甘泉宫遗迹质疑》，载《中国历史地理论丛》1988年第3辑。
② 史念海：《直道和甘泉宫遗迹质疑》，载《中国历史地理论丛》1988年第3辑。

现的"两处秦直道大型行宫遗址"的认定也缺乏坚实可信的论据，更不能以之来论秦直道的所在。例如，吕卓民先生就曾撰文质询了一系列问题："作者是如何确定这就是秦始皇'行宫'遗址的，而确定行宫的标准又是什么？行宫又是什么时候修筑的，能断定在秦始皇三十五年以后吗？"[1] 孙相武先生的所谓调查发现，更是令人疑惑丛生。咸阳为秦朝都城所在，自秦孝公起就在这里建都，下迄二世而亡，前后约有114年，而孙相武先生竟将秦咸阳宫殿列入其所发现的五座行宫之中，并以此为依据，又将秦直道的起点从林光宫东南移至咸阳，这显然是画蛇添足之举，因而不仅无法取代史念海先生的观点，就是与之一样持秦直道经由上郡说的姬乃军先生，也只好用"个别人故弄玄虚"[2]一语以蔽之。孙相武先生在其《秦直道调查记》中又曾详细列出了他发现的九个兵站，但却同样也不能够提出其断定那些遗迹之所以为兵站的证据来。至于他所说的烽火台遗址，很明显是将秦昭王时期秦长城体系中的烽火台和宋、夏边界一线的烽台堠燧，误以为是秦直道上的烽火台遗址[3]，自然也就更不能取信于人了。

二、秦直道不经上郡及其属县阳周的证据

从前面的论述可以看出，持秦直道经由上郡及其属县阳周说者虽然都曾提出过一些依据，但那些所谓的依据都是在先入为主的思维模式下提出的，均无法得到历史文献方面的印证，因而经不起细致的推敲。其实秦直道与驰道是有区别的，并不是秦驰道网中的一条道路，而完全是一条新建的道路，既不经过上郡，更不是由秦代经过上郡的驰道改建而来，却可从《史记》《汉书》等历史文献中找到如下证据：

（1）《史记》中凡是提到修筑或行经直道的时候，均不见涉及上郡；反之，凡是提到行经上郡之时，也均不见言及直道。关于秦始皇三十五年（前212年）开直道事，《史记·秦始皇本纪》记作"除道，道九原，抵云阳，堑山堙谷，直通之"，同时《匈奴列传》说是"道九原，抵云阳"，同书《蒙恬列传》则谓"自九原至云阳"，《六国年表》又云"道九原，通甘泉"。秦云阳县北有甘泉山，

---

[1] 吕卓民：《再论秦直道》，载《文博》1994年第2期。
[2] 姬乃军：《秦直道走向考辨》，见《秦文化论丛》第2辑，西北大学出版社，1993年。
[3] 吕卓民：《再论秦直道》，载《文博》1994年第2期。

山上建有林光宫（汉时改名为甘泉宫），在今陕西省淳化县北 40 里梁武帝村。以上诸种说法用词虽稍有差别，但语义基本相同，都是只提及直道的起讫地点，而未曾说到其间具体经过的地点，更没有提到上郡。又据《秦始皇本纪》，三十七年（前 210 年）秦始皇崩于沙丘后，秦二世、赵高、李斯等人"遂从井陉抵九原……行从直道至咸阳，发丧"（《六国年表》记作"道九原入"，略同），也未见言及上郡。多次提到直道而均不言及上郡，可见这不会是司马迁的疏忽，而只能是直道并不经过上郡的缘故。

另据《汉书·武帝纪》：元封元年（前 110 年），冬十月，汉武帝"行自云阳，北历上郡、西河、五原。……还祠黄帝于桥山，乃归甘泉"。这次汉武帝北巡，虽然到了五原（即秦之九原）和云阳（甘泉），但走的却不完全是直道（仅南段一小部分是经由直道），而是经由直道兴筑以前就开通的要经过上郡的旧路，所以虽然提及上郡，却未曾云及直道。但其实就在这一年，汉武帝是曾经两次到五原（九原）和云阳（甘泉）的，另一次则是取道直道而行。《汉书·武帝纪》于元封元年（前 110 年）又记："自泰山复东巡海上，至碣石，自辽西历北边九原，归于甘泉。"同书《郊祀志》记载的更为详细："天子既已封泰山……并海上，北至碣石，巡自辽西，历北边至九原。五月，乃至甘泉，周万八千里。"从时间上来看，汉武帝这一次的东巡之后经历北边九原而归，应在春夏之际，与前述的那一次不同，虽然既未提到直道，但此次扈从武帝巡狩的司马迁于《史记·蒙恬列传》里却说到"吾适北边，自直道归"。可见汉武帝这一次确实是取道于直道而南返的。从直道南归而不提及上郡，说明汉时仍然沿用的秦直道也并不经过上郡。

（2）秦二世与赵高、李斯密谋矫诏后，一行人"行从直道至咸阳"的同时，又别遣使者至上郡及其属县阳周，此事《史记》有关篇章皆有明确记载。《秦始皇本纪》言："高乃与公子胡亥、丞相斯阴谋破去始皇所封书赐公子扶苏者，而更诈为丞相斯受始皇遗诏沙丘，立子胡亥为太子。更为书赐公子扶苏、蒙恬，数以罪，赐死。"《蒙恬列传》亦云："太子已立，遣使者以罪赐公子扶苏、蒙恬死。"《李斯列传》记载的更为清楚："封其书以皇帝玺，遣胡亥客奉书赐扶苏于上郡。使者至，发书，扶苏泣，入内舍……即自杀。蒙恬不肯死，使者即以属吏，系于阳周。使者还报，胡亥、斯、高大喜，至咸阳，发丧，太子立为二世皇帝。"

从以上记载不难看出，沙丘之谋后，胡亥一行人与其所遣至上郡的使者分别走的是不同的路线，使者到了上郡和阳周，而胡亥等人则未至此二地，否则的话，《李斯列传》不会有"使者还报"之类的词句。胡亥等人如《秦始皇本纪》所说的是"行从直道至咸阳"，但又未至上郡、阳周，可见秦直道确实是不经上郡及其属县阳周的。

（3）据《史记·蒙恬列传》，秦二世曾两度派遣使者至上郡，第一次如上文所说是派遣使者赐死扶苏于上郡，而将蒙恬囚系于阳周城中。"使者还报，胡亥已闻扶苏死，即欲释蒙恬。"但因"赵高恐蒙氏复贵而用事，怨之"，故二世既杀蒙恬，"又遣使者之阳周"。二世第二次派遣去上郡阳周的使者奉诏行事，无非是再次数落蒙氏兄弟的罪状，但蒙恬的答辞却耐人寻味："自吾先人，及至子孙，积功信于秦三世矣。今臣将兵三十余万，身虽囚系，其势足以倍畔。然自知必死而守义者，不敢辱先人之教，以不忘先王也。"蒙恬兵权被夺，身陷囹圄，尚说自己"其势足以倍畔"，可见当初颇为上郡将士所拥戴，势力之大，足以威慑国主。二世等人矫诏擅行废立，心怀鬼胎，当绝无经上郡南归，自陷于不利环境的可能。此为秦直道不会经过上郡及其属县阳周的又一力证。

（4）秦直道在秦始皇在世时并未完全竣工，证明这是一条新筑的交通大道。关于秦直道的始筑时间，《史记·秦始皇本纪》和《史记·六国年表》皆明文记载，谓在秦始皇三十五年（前212年），当了无疑问。不过秦直道究竟完工于何时，修筑秦直道总共用了多少年份，史籍语焉不详，需要依据相关记载进行细致分析。学界一般根据秦始皇三十七年（前210年）七、八月间胡亥等人曾经由直道南返咸阳事断定秦直道即竣工于这一年，也就是认为秦代修筑直道只用了两年半时间。[①] 实则这样的结论并非合乎历史情况。《史记·蒙恬列传》云："始皇欲游天下，道九原，直抵甘泉，乃使蒙恬通道，自九原抵甘泉，堑山堙谷，千八百里。道未就。"太史公既明说"道未就"，则可见当秦始皇崩逝沙丘、蒙恬含冤而死之际，直道并没有竣工。这样的推论还可以找到其它的证据。据《史记·李斯列传》，秦二世矫诏僭立后，"法令诛罚日益刻深，群臣人人自危，欲畔者众。又作阿房之宫，治直道、驰道，赋敛愈重，戍繇无已"。这说明发端于秦始皇的直道工程，实与阿房宫工程一样，一直持续到二世时期。清人顾炎武《日知录·史记注》条谓：

---

① 王开主编：《陕西古代道路交通史》，人民交通出版社，1989年，第50页。

"始皇崩于沙丘,乃又从井陉抵九原,然后从直道以至咸阳,回绕三四千里而归者,盖始皇先使蒙恬通道,自九原抵甘泉,堑山堙谷,千八百里。若径归咸阳,不果行游,恐人疑揣,故载辒辌而北行,但欲以欺天下,虽君父之尸臭腐车中而不顾,亦残忍无人心之极矣。"顾氏之语虽然尖刻,但道出了当时的实情。看来秦始皇三十七年(前 210 年)出巡天下时,原本可能也有从新辟的河南地南返咸阳并检查直道工程进展情况的打算,但东游途中暴崩沙丘则为其始料所未及。二世为避天下疑揣,选择尚未竣工的直道南归,确为当时具体情势所迫。大约是亲历直道后,颇受其中颠簸之苦,秦二世日后才有了续修直道的举措。

(5)结合秦始皇三十七年(前 210 年)夏直道已经可以粗通车马的情况来看,秦直道工程乃是肇于始皇而成于二世,从秦始皇三十五年(前 212 年)至秦二世三年(前 207 年),总共历时约五年之久。其中前二年多为第一期工程,虽粗可使用,但仍然"道未就";后二年多为第二期工程,修缮之后,直道才完全竣工。据《史记·秦始皇本纪》,秦始皇二十七年(前 220 年)兴修驰道,次年即可"东行郡道"。驰道网如此迅速就得以形成,主要是借助了秦故地与六国境内的旧道基础。直道则明显不同,因为完全是新开的道路,加之修筑于子午岭巅之上,"堑山堙谷",工程相当繁杂艰巨,故而修筑工作历时稍长于驰道。[①]

以上证据充分表明,秦直道确实与秦上郡驰道无关。秦直道作为一条新修的特殊道路,是由九原直通云阳,并未绕道经过上郡。

三、秦直道的具体经由路线及其不经上郡及其属县阳周的原因

司马迁虽然明确地记载了秦直道的起讫地点和里程,但遍检《史记》全书,却无法发现云阳与九原之间任何其它的具体经由地点,这为后人留下了一桩千古疑案。所幸后来的地理志还保留了一些相关记载。据《史记·匈奴列传·正义》引唐人李泰所编的《括地志》,庆州华池县(今甘肃省华池县东华池镇)西 45 里子午山上有秦时的故道。唐人李吉甫《元和郡县图志》卷三《宁州》襄乐县条下也说:"秦故道,在县东八十里子午山,始皇三十年(引者按:当作三十五年),向九原抵云阳,即此道也。"1980 年中国科学院地理研究所编制的百分之一 O.N.C(Operational Navigation Chart)片上,显示出陕甘两省交界的子午岭山脊上确有

---

① 吴宏岐:《秦直道修筑的起讫时间与工程分期》,载《中国历史地理论丛》1996 年第 3 辑。

古道路存在，这应是《括地志》和《元和郡县图志》所说的"秦故道"，亦即秦直道。经过二十多年来历史地理学者和考古工作者的多次实地调查，秦直道的具体走向和经由路线已基本清楚。秦直道由云阳林光宫首途，就进入甘泉山。甘泉山为子午岭南端的一个分支。也就是说，直道离开林光宫后就进入子午岭中，循岭北行。经今陕西省旬邑县东的石门关，北行至凤子梁，再经今甘肃省正宁县刘家庙子林场、黑马湾、野狐崾岘、南站梁，而至今陕西省旬邑县雕岭关。从雕岭关开始，直道循子午岭主脊，大致呈西北走向，过陕西省黄陵县艾蒿店、甘肃省襄乐县五里墩，到达兴隆关，再经甘肃省合水县的黄草崾岘到青龙山，沿合水、华池两县分水岭向西北延伸，到华池县的麻芝崾岘，然后纵穿华池县境，经大红庄、墩梁、老爷岭、新庄畔、羊沟畔、黄蒿池畔、深崾岘、高崾岘、墩儿山，过打扮梁的雷崾岘、五里湾、张新庄、田掌，进入陕甘两省交界的丁崾岘、墩梁，直达营崾岘。营崾岘是秦直道与明长城的重合之处，也是一处交叉的十字路口。直道沿长城内侧向西北延伸，经营盘梁、南湾、箱子湾到白硵出长城，入陕西省定边县的马崾岘，重合之处长达20公里。从定边县南境起，直道折向东北，经内蒙古自治区乌审旗、红庆河，再转向北行，过东胜市西的二顷半、海子湾、城梁，直达黄河南岸的昭君坟，在此渡过黄河，就是今包头市西的秦九原郡治所在地。①

秦直道是秦始皇为抵御匈奴势力南侵而兴筑的，所以与秦长城一样，都是具有战略意义的国防工程。早在秦昭王时期，秦国的北部边界就已扩展至黄河南岸，与黄河之北的赵国的云中郡隔河相望。为了巩固边防，秦昭王曾在秦国北陲修筑长城，由临洮（今甘肃省岷县）东北行经过上郡之北，又东北蜿蜒至于今内蒙古自治区准格尔旗十二连城。② 在秦人之前，赵武灵王已开通了从云中南下上郡的道路，从云阳西去赵九原郡也有道路可通。赵武灵王以后，赵国国势渐弱，赵将李牧的防线东退至云中，赵武灵王新开的九原郡也为匈奴所攻占。至秦始皇三十二年（前215年），使秦将蒙恬将兵30万北击匈奴，尽取河南地，设为44县，重置九原郡。次年，又使蒙恬渡河取高阙、阴山、北假，阴山以南皆为秦土。版图既已扩展，旧日的长城随即失去了本来的作用。这时匈奴的气焰还没有完全低

---

① 史念海、吴宏岐：《略论秦直道》，见《秦文化论丛》第5辑，西北大学出版社，1997年。
② 史念海：《黄河中游战国及秦时诸长城遗迹的探索》《鄂尔多斯高原东部战国时期秦长城遗迹探索记》，见《河山集》二集，生活·读书·新知三联书店，1981年。

落,于是秦又新筑长城,西段沿用秦昭王旧城,中段和东段则因用赵、燕长城的故迹加以增葺,首自临洮,循贺兰山、阴山山脉,东至辽东,东西绵延万余里,创造了世界奇迹。秦始皇三十五年(前212年)又使蒙恬修筑直道,就是为了不再迂回上郡和云中,而由云阳北出直抵九原。新筑的直道与新筑的长城呈丁字相交,加强了秦都咸阳所在的京畿关中与北方河套地区的联系。

另外,秦直道如史念海先生所说是"一半路程修筑在山头岭上,一半路程修筑在平原草地",其南段因为选择了子午岭的主脊,所以道路的走向稍向西北。这样的选线是极有科学性的。从地形上来说,陕北和陇东属于黄土梁峁沟壑区,子午岭主脊海拔稍高,但地势起伏变化较小,地形亦相对平坦,宜于修筑道路。如果下子午岭取道陕北的上郡,则要经过许多纵横交错的大小沟壑,必然会增加修筑道路的难度,也给南北交通带来困难,无法达到迅速调兵北上的目的,相应地就违背了将直道修筑为一条国防大道的初衷。据实地勘测,子午岭主脊上的秦直道宽度在5米左右,二三辆大车可并行其间。从定边到东胜的直道北段,地势较为平衍,路面宽度则在22米左右,更非一般道路可及。《汉书·贾山传》载秦修驰道时"厚筑其外,隐以金椎",对于道路质量是十分讲究的。从考古遗迹来看,蒙恬修筑秦直道时当也采用了同样的方法,并且还需"堑山堙谷",工程之艰巨、复杂,由此可见一斑。这充分说明,秦直道选线的科学合理、工程的艰巨、规模的宏伟、筑路技术的高超,都是同时期世界其它国家难望其项背的,在中外交通史上占据着非同寻常的地位。

(原载《秦都咸阳与秦文化研究》,陕西人民教育出版社2003年版,第417—432页)

秦直道与甘泉宫

姚生民

秦直道是关中通往北方的重要交通干线,是陕西境内的一条重要的古道路遗迹,堪与长城、秦皇陵相提并论。近年学者对秦直道的考察研究卓有成效,两千年前我国劳动人民用智慧和血汗浇筑的直道,虽然旷远迷茫,目前存在经地相异的路线分歧。但是,神秘面纱彻底揭开的日子已为时不远。

秦直道由云阳(今陕西淳化县北部汉甘泉宫遗址所在)至九原郡(今内蒙古自治区包头市西)。起点云阳,秦汉建甘泉宫,在我国道路交通史上占据着重要的地位,发挥了重大作用。本文就秦直道与甘泉宫相关的几个问题,作以论述。

一、秦直道起点在云阳甘泉

学者对秦直道起点的勘察,结论基本是一致的,即秦直道肇始于云阳甘泉。孙相武先生1984、1986年考察秦直道后,著《秦直道调查记》,附《秦直道考察路线图》中绘出的直道是从咸阳宫到九原郡宫,向北延伸至白云鄂博。[①] 宏观秦直道,孙相武先生的标记也是不错的,因为直道沟通了咸阳与北地。就直道这条专线而言,说起点在咸阳,却有商榷余地。《史记·蒙恬列传》这样记述直道:"乃使蒙恬通道,自九原,抵甘泉。"又记:"始皇欲游天下,道九原,直抵甘

---

① 孙相武:《秦直道调查记》,载《文博》1988年第4期。

泉。"《史记·秦始皇本纪》载:"三十五年,除道,道九原,抵云阳。"《史记·六国年表》载:"三十五年,为直道,道九原,通甘泉。"北宋司马光《资治通鉴·秦纪二》载:"三十五年,使蒙恬除直道,道九原,抵云阳。"司马迁著史记,成书于前104—前91年间,距秦始皇三十五年(前212)仅百余年。司马迁于汉武帝元封元年(前110),随汉武帝亲自统率的十八万大军巡北边,沿直道走过一遍,他在《史记》中对直道起讫地的记述,无疑是正确的。史念海教授确定的秦直道是由陕西淳化县北凉武帝村林光宫遗址北行。[①] 王开先生考察后著文曰:直道"起点确实在甘泉宫(秦林光宫),终点在九原郡九原县"。[②] 丁晨先生实地考察后,写有《直道散记》,文中写道:"今淳化县北铁王乡凉武帝村,是秦直道的发端点。"[③] 李进先生在《秦"直道"考察记》中写道:"直道起点古云阳城附近"。[④] 这些专家、学者的实际考察结论与文献著录相合。

文献记载直道"自咸阳通九原"的,如民国二十四年重印《中部县志》记:"子午岭,(中部)县西北一百八十里,南北绵亘千余里,隔界延(安)庆(阳)二府,自咸阳通九原直道,蒙恬堑山堙谷,即此岭也。"另,《河套图志·五·秦汉塞道》记载:"今以秦入塞直道考之,自九原起,南至甘泉,堑山堙谷,千八百里,则今之泾阳至延(安)榆(林),北达乌剌忒旗之五原县,皆秦建筑古道。"在此记述的直道,起讫是泾阳、九原。泾阳在甘泉(淳化)南,咸阳北。直道"自咸阳通九原"和自泾阳至九原说,笔者理解为宏观、泛指,意在说明直道是连接咸阳与北地的道路。

二、直道与驰道

秦直道的修筑,当时主要是为了阻遏匈奴奴隶主贵族向南骚扰,它是一条专用的交通干线,只"道九原,抵云阳"。九原与云阳南北遥遥相对,其间道路大体相直,故谓直道。正如唐代司马贞在《史记·索隐》中所云:"正南北相直道也。"云阳至秦国都咸阳行走的是驰道。秦始皇二十七年(前220)第一次出巡,深切感到交通对维护中央集权的有效统治,是至关重要的。下令"治驰道"。驰

[①] 史念海:《秦始皇直道遗迹的探索》,载《文物》1975年第10期。
[②] 王开:《"秦直道"新探》,载《陕西交通史志通讯》1986年第5期。
[③] 载《陕西交通史志通讯》1986年第5期。
[④] 载《陕西交通史志通讯》1986年第5期。

道是车马能高速行驶的道路，道中央三丈辟为"御道"，一般人不能逾越。西汉时，武帝长子刘据家使乘车马行于驰道，被侍从武帝在甘泉宫外游猎的江充扣了车马，就因违犯禁止逾越御道的律条。以咸阳为中心，向外辐射的驰道有：通洛阳的东方大道；通南阳的武关道；通太原、河东郡的临晋道；通汉中、蜀郡的秦蜀栈道；通陇西郡的西方大道等。《汉书·贾山传》云：秦"为驰道于天下，东穷燕齐，南极吴楚，江湖之上，滨海之观毕至。道广五十步，三丈而树，厚筑其外，隐以金椎，树以青松"。驰道的恢弘，由此可见。直道也有"驰道"之谓，《黄陵县志》引明代贡生刘倬《子午岭》诗，有"桥陵今古在，驰道有无间"句，诗中的"驰道"，显然指直道。当代学者杨宽著《战国史》，也称直道曰"驰道"。这是因为直道是咸阳去北地驰道的延续。

三、甘泉地区秦直道遗迹

当代学者对秦直道的实地考察，首先是 1974 年陕西师大史念海先生进行的，随后有不少学者相继考察研究。学者们考察著文记述直道起点在云阳甘泉，却没有言定具体地点。80 年代为了编写《淳化县文物志》，我多次踏查，结合直道在甘泉山向南的走向、甘泉宫北门和南门遗址位置和遗迹，确定秦直道肇始于汉甘泉宫北门遗址。既然是秦直道，为何发端于汉甘泉宫城北门？是汉甘泉宫沿用秦林光宫，还是汉甘泉宫北门恰好筑在秦直道起点上，这个问题有待科学发掘研究确定。

甘泉山秦直道鬼门口

两千余年的流水冲刷，使秦直道起点今成一小沟道。向北过北庄子村，上英烈山。英烈山巍巍突兀原面中央，登山南望，直道遗迹清晰，甘泉宫遗址通天台首映眼帘，景象妖娆。越英烈山、马槽梁，依甘泉山南麓匍匐上行，穿鬼门口。鬼门口乃古今道路必经之地，直道在此遗迹宽 20 米。北峰上有秦汉建筑台基，出土"卫""甘林""长生未央"文字瓦当和云纹瓦当，铜弩机、铺地砖等建筑材料。这一遗址海拔高 1808.9 米，是甘泉山最高处。居高临下，俯瞰四方，所在位置表明是直道旁防卫建筑。鬼门口过后，经乏牛坡、蝎子掌，到电杆梁。电杆梁上直道遗迹明显，部分段落宽 15 米。向北是七里川，直道从此出甘泉（淳化）地区，直道起点至七里川 15 公里。向前是旬邑县庙沟村，北行穿天堑石门关，沿子午岭主脉正脊行进，达黄陵县兴隆关，过富县、甘泉、志丹，进榆林县，入内蒙古红庆河，经东胜县西，昭君坟东，终秦九原郡。

四、秦直道为什么起云阳甘泉

《史记·赵世家》载："主父（赵武灵王自号主父）欲令子主治国，而身胡服将士大夫西北略胡地，而欲从云中、九原直南袭秦"。《史记·苏秦列传》载："且夫秦之攻燕也，逾云中、九原，过代、上谷，弥地数千里……"云中郡在今内蒙古托克托县东北，九原郡在内蒙古包头市西，代郡在河北蔚县西南，上谷郡在河北怀来县东南。秦逾云中、九原过代攻燕国；赵国"欲从云中、九原直南袭秦"，说明在战国时期，咸阳北上至云中、九原间有可供行军打仗的道路。公元前 215 年，秦始皇第四次出巡，由碣石（今河北省昌黎县西北仙台山）"巡北边，从上郡入"。这次出巡，回咸阳经过云中、上郡（陕西榆林）。证明云中、上郡与咸阳间有规模较大的道路。秦始皇从上郡入和秦攻燕国、赵国袭秦，实际指一条路，也是当时南北唯一的一条大道。这条大道为直道"道九原，通甘泉"的基础。蒙恬在故道的基础上扩充、改进，成为沿子午岭山脊而行的大体南北相直的"直道"。这是直道起云阳甘泉的历史原因。

其次，甘泉山的特殊位置和要塞作用，使秦直道肇始其地。山曰甘泉为秦汉之称，当时又名石鼓原、磨石岭，今俗谓好花圪垯山、黄花山。山在淳化县北 30 公里，北距旬邑县石门关约 10 公里。山南麓为秦林光宫、汉甘泉宫遗址所在。甘泉山诸峰矗立，沟壑交错，森林密布，山高气爽，是天然避暑胜地。山腰鬼门口，乍看不甚险要，却是甘泉山一关卡。《中国古今地名词典》和《淳化县志》有著录，称"鬼谷"，记载云"地形险易"。甘泉山素以险要著称，远在战国时期，甘泉与谷口（在陕西泾阳县北）就起着屏蔽咸阳的作用。《史记·范雎蔡泽列传》载："范雎曰：'大王之国，四塞以为固，北有甘泉、谷口……奋击百万，战车千乘，利则出攻，不利则入守，此王者之地也。'"与甘泉山毗邻的石门山，《史记·秦本纪》云："（献公）二十一年与晋战于石门。"乾隆《淳化县志·山川记》："相传始皇公子扶苏赐死处"在石门。此地唐初置石门县，明初筑关。咸阳去北地甚远，甘泉在两地间，又是军事要塞。在此建林光宫，起修直道，这与收河南地（今黄河河套地区），置九原郡，扩建秦、赵、燕北边的长城，是秦始皇抵御匈奴等外患的一整套战略措施。秦始皇利用了旧有的大道，选中屏蔽咸阳的甘泉山始筑直道，这从当时的地理条件、阻击匈奴的形势需要看，都在情理之中。

五、秦直道起点，甘泉宫的历史作用

甘泉宫所在初为匈奴祭天处。《汉书·地理志》载："云阳，有休屠、金人及径路神祠三所"。《三辅黄图》引《音义》云："匈奴祭天处，本云阳甘泉山下，秦夺其地，徙休屠右地。"休屠是匈奴王的称号，作金人以为天神主而祭，径路神是匈奴祭祀的神祠。匈奴休屠王都，在今甘肃武威县北，居右方，所以说秦夺甘泉地后，将休屠徙往右地。

秦始皇三十二年（前215）第四次出巡，经过甘泉回咸阳。公元前210年，秦始皇第五次出巡，病死沙丘平台，其辒辌也是经直道运回咸阳的。汉代皇帝到甘泉宫，史有明载："高祖时五来，文帝二十六来，武帝七十五来，宣帝二十五来，初元元年以来亦二十来。"① 秦汉帝王多次往返甘泉宫，固然有游猎、避暑、祭天神、议论国家大事等等，而防外侮、安边始终是主要目的。

公元前177年，匈奴进驻河南地，攻击上郡。文帝刘恒到甘泉宫，命宰相灌婴派步骑兵八万五千人北上增援，又集强弓射手在长安布防。匈奴汗国右贤王得讯，撤出边塞。②

公元前110年，汉武帝亲自指挥，统兵十八万，自云阳出发北上经上郡、西河、五原，出长城，过黄河，旌旗千里，军威显赫，震慑匈奴。③

汉武帝取得反击匈奴贵族战争胜利后，开辟了长安通西域的道路。长安通西域，汉初多取回中道，后有南经大震关、北经萧关两条道路。另外，由甘泉宫西去，经泥阳（今甘肃正宁县西）、彭阳（甘肃镇原县东），至安定郡高平（宁夏固原

---

① 《汉书·郊祀志》。
② 《史记·孝文帝本纪》。
③ 《汉书·武帝纪》。

县），通姑臧（甘肃武威），入河西走廊。河西走廊被阻时，经秦直道绕行灵武（今宁夏银川市北），至武威郡（甘肃武威）、张掖郡（甘肃张掖县西北），接合西域通道。①

公元前 51 年，呼韩邪单于经五原朝见汉天子，汉以车骑都尉韩昌迎接。"发过所七郡，郡二千骑，为陈道上。"呼韩邪单于正月到甘泉宫，"汉宠以殊礼"。②

唐代初，突厥颉利可汗，沿直道而下南侵。公元 724 年，唐玄宗李隆基北征，经甘泉沿直道入河套，捉拿颉利可汗。

秦直道除抵御匈奴侵扰，在历史上对于政令通行、促进文化交流、维护国家统一、保护边地人民的安全都起了重要作用。直道特别对于南北交通、民用和发展贸易，有重要贡献。在我国历史上，秦直道发挥了重大作用，而直道起点甘泉宫，始终为其枢纽。

（原载《文博》1997 年第 5 期）

---

① 王开主编：《陕西古代道路交通史》第三章，人民交通出版社，1989 年。
② 《汉书·匈奴传下》。

秦直道起点及相关问题

姚生民

秦直道自秦汉云阳县甘泉山至九原郡。起点甘泉山。秦汉时期有云阳宫、林光宫和甘泉宫，其地在我国防御外侮和道路交通史上占据着重要地位，发挥过重大作用。本文就秦直道的起点及相关问题，予以讨论。

一、秦直道的起点

秦直道发端于云阳甘泉。云阳，秦属内史郡，汉属左冯翊。秦汉宫殿建筑在甘泉山南麓。邢承宗《西征赋》注云："甘泉，山名。"《史记·孝文本纪》索隐引臣瓒云："甘泉，山名。"这是由甘泉水以名山，之后宫殿又以山名甘泉宫。秦汉时期的甘泉宫早已圮毁，遗迹尚存，今淳化县北部铁王乡凉武帝村一带，即是所在。甘泉宫遗址及至今尚存的通天台等建筑台基、城墙等，我在《汉甘泉宫遗址勘查记》一文中附图记述。北城墙在凉武帝村北被北来的小沟道切割，由此向南穿凉武帝村至南城墙。1979年调查时，其间为深2米、宽3米余通衢，南城墙在此有宽20余米缺口，是南门所在；北城墙被小沟道切割处，正是北门旧遗。北门外地面渐高，雨水汇入道路南流，使门一带冲刷为沟道。小沟道就是秦直道的起点。学者考察著文记述秦直道起点在云阳甘泉，无一确指肇始。20世纪80年代末为了编写《淳化县文物志》，我偕友踏查，结合直道在甘泉山向南走向、城墙北门和南门位置遗迹，初定秦直道发端于汉甘泉宫北城门。秦直道为何发端于汉甘泉宫北城门，是汉甘泉宫城墙北门筑在秦直道起点，还是汉城沿用秦城？这一问题，只有待科学发掘研究确定。

秦直道从它的起点发起后，北行至北庄子村，沟道深渐收敛。上行1公里，沟道消失。至英烈山，直道遗迹宽17米。越英烈山，达马槽梁，依甘泉麓匐匐上行，至鬼门口，直道遗迹宽约20米。鬼门口地形险易，海拔1769米。《史记·甘茂列传》记述苏代游说秦昭王，迎接甘茂安置鬼谷，即此。鬼门口北峰有汉代遗迹，原有一圆锥形台基，残高3米，底围30余米，内含秦汉瓦件。

1986年解放军空军某部在此施工，台基被毁。其地出土卫、甘林、长生未央和云纹瓦当，以及铺地砖、空心砖、铜弩机和带钩等文物。遗址居甘泉山主峰上，海拔1808.9米，居高临下，俯瞰四方，应是直道旁防卫设施。直道向东北前行至艾蒿湾、乏牛坡、蝎子掌，到电杆梁，路迹宽15米。向北过旬邑、淳化和耀县分界的七里川，到达旬邑县石门乡庙沟村、石门，两地均有秦汉遗址，遗物丰富。直道穿石门后，上子午岭，至沮源关（在黄陵县）、上郡（在榆林县）、红庆河（在内蒙古伊克昭盟），北迤至九原郡（在内蒙古包头市西）。秦直道在淳化县境长约15公里。

二、秦直道，自云阳至九原

旧文献记述秦直道是"道九原，抵云阳"。秦筑直道，应自以云阳至九原说为确切，民国二十四年重印《中部县志》记秦直道是"自咸阳通九原直道"；今人孙相武《秦直道调查记》附《秦直道考察路线图》绘出的秦直道从咸阳宫到九原郡宫。

宏观秦直道，以上两记述大体是不错的，因为直道沟通了咸阳与北地。而就直道专线而言，说起点在咸阳，与文献著录与当代勘查相悖。《史记·蒙恬列传》记云："始皇欲游天下，道九原，直抵甘泉……堑山堙谷，千八百里。"《史记·秦始皇本纪》云："三十五年，除道，道九原，抵云阳，堑山堙谷，直通之。"《史记·六国年表》记："三十五年，为直道，道九原，通甘泉。"《史记·匈奴列传》记："而通直道，自九原至云阳……"迨至北宋司马光《资治通鉴·秦纪》中云："三十五年，使蒙恬除直道，道九原，抵云阳。堑山堙谷千八百里，数年不就。"这些对中国历史有深远影响的著述，记秦直道是九原至云阳甘泉。

当代学者史念海先生考察确认的秦直道是由陕西淳化县北凉武帝村林光宫遗址北行，王开先生在《"秦直道"新探》一文中云："'秦直道'的起点确实在甘泉宫，终点在九原郡九原县。"丁晨《直道散记》云："今淳化县北铁王乡凉武帝村，是秦直道的发端点。"李进在《秦"直道"考察记》中写道："直道起点古云阳城附近"。专家、学者的实际考察结论，与史书记载相合。

司马迁在《史记·蒙恬列传》文末写道："吾适北边，自直道归，行观蒙恬所为秦筑长城亭障，堑山堙谷，通直道，固轻百姓力矣。"《史记》成书于公元前104年至前91年间，距秦始皇三十五年（公元前212年）仅百余年。西汉元封元年（公元前110年）司马迁随汉武帝统率的十八万兵，自云阳北历上郡、西河、五原，出长城，北登单于台，至朔方，临北河，自九原沿直道归于甘泉。(《汉书·武帝纪》)司马迁沿直道走过一遍，他对秦直道起讫地的记述，准确性应是无疑的。《河套图志·秦汉塞道》云："今以秦入塞直道考之，自九原起，南至甘泉，堑山堙谷，千八百里，则今之泾阳至延（安）榆（林），北达乌剌忒旗之五原县，皆秦建筑古道。"秦直道自咸阳通九原和自泾阳至九原说，是宏观和泛指，意在表明直道是连接咸阳和北地的道路。

秦始皇修筑直道，主要是为了防御北方异族入侵，以求巩固其中央集权制的统治，保卫秦山河。秦直道是一条专用的交通干线，只"道九原，抵云阳"。云阳甘泉至秦国都咸阳，为驰道；汉都长安至云阳甘泉，沿用了秦驰道。《史记·秦始皇本纪》著云：始皇二十七年（公元前220年）"治驰道"。（《六国年表》记治驰道在始皇二十八年，即公元前219年；《李斯列传》记秦二世时也治直道、驰道）驰道是车马能高速驰行的大道，道中央三丈辟为"御道"，常人不能逾越。《汉书·江充传》记载，西汉武帝长子刘据家使，乘车马于驰道，被侍从武帝在甘泉宫外游猎的江充扣了车马，就因违犯禁止逾越驰道的律条。江充因此大受武帝赞赏："'人臣当如是矣。'大见信用，威震京师。"以咸阳为中心，向外辐射的驰道有多条。咸阳向北至云阳甘泉的驰道走向是：从咸阳西北行，经秦望夷宫，西至长平观（馆），北下长平坂，越泾河，至池阳，再至云阳甘泉。这条驰道路线，文献著录与今人考察，有不少佐证材料。《太平御览》卷五三引《郡国志》云："雍州咸阳县北十五里长平坂，汉武帝幸甘泉驰道，有虫复地……"同书卷六二引《益部耆旧传》云："汉武祀甘泉至泾桥，有女子浴于泾水……"宣统辛亥（公元 1911 年）《重修泾阳县志·地理志·殿下桥》云："王志在嵯峨山前冶峪河北岸上，汉时有殿，武帝幸甘泉尝宿于此……"

《汉书·匈奴传下》记载汉宣帝甘露三年（公元前 51 年），呼韩邪单于由五原塞到甘泉宫朝拜汉天子。礼毕，单于先行，宿长平观；宣帝自甘泉宿池阳宫，登长平坂，单于遂于长平坂谒见汉宣帝。汉宣帝与呼韩邪单于是自甘泉行驰道到达长平坂的。乾隆《淳化县志·圣济桥记》云：桥（旧址在淳化县石桥乡圣人桥村，今仍使用）"肇于汉建元时，孝武避暑甘泉以称制而得名也"。泾阳县口镇发现大面积秦汉建筑遗址，有夯土墙，带"宫"字瓦当和空心砖等，咸阳市文物普查队 1989 年 4 月勘察核定为汉谷口宫遗址。南宋薛尚功《历代钟鼎款识》卷第十八记有汉昭帝始元四年（公元前 83 年）"谷口铜甬"，1976 年淳化县出土"谷口宫元康二年造"铭文鼎。《三辅黄图》卷之四上林苑，陈直校本按引《关中记》云：谷口宫在冯翊。汉代谷口宫已明。淳化县城汉代为梨园镇，有棠梨宫。棠梨宫与谷口宫、池阳宫和长平观，是秦汉帝王幸甘泉途中的小憩之所。

以上记述表明，驰道从咸阳至池阳宫后，入谷口（冶峪口，泾阳县口镇），经圣济桥，至棠梨宫，上车箱坂，到甘泉宫。这一推测，与今咸阳至甘泉的道路，在长平坂以北，大体重合。咸阳往甘泉的驰道，由于在云阳甘泉山地区衔接秦直道，因而有称直道为"驰道"。《中部县志》记明代嘉靖年间，中部（今黄陵县）贡生刘倬《子午岭》五言律诗中"驰道有无间"句的"驰道"，显然指直道，杨宽《战国史》也称直道为"驰道"，这是因为直道是咸阳去北地驰道的延续。

三、秦直道起云阳甘泉之原因

玁狁是我国古代北方的少数民族，《诗·小雅·采薇》云："靡室靡家，玁狁之故。"是说玁狁逐水草游牧，没有固定的家室。"玁狁"，《史记·五帝本纪》作"荤粥"，《周本纪》作"薰育"，《匈奴列传》作"猃狁"，实匈奴之先。《匈奴列传·集解》晋灼云："尧时曰荤粥，周曰猃狁，秦曰匈奴。"传说的"鬼方"，春秋战国时代的狄和胡，秦汉时代的匈奴，大抵先为一宗。殷周时代，殷周两族不断与之斗争。玁狁在周初，经常出没于镐京的西北方。康王时，伐"鬼方"，获大胜；穆王时，又征伐，把他们赶走。陕西北部的榆溪河、无定河和洛河流域，是玁狁常出没地带。上郡南北的道路，早在西周时期，就由玁狁和周军长期鏖战中勘踏出来了。

《史记·赵世家》云："主父（赵武灵王自号主父）欲令子主治国，而身胡服将士大夫西北略胡地，而欲从云中、九原直南袭秦。"《史记·苏秦列传》记："且夫秦之攻燕也，逾云中、九原，过代、上谷，弥地数千里……"这两条著录，说明在战国时代，咸阳至云中（郡治在内蒙古托克托县东北）、九原间有可供进军的道路。公元前215年，秦始皇第四次出巡，"从上郡入"，表明上郡与咸阳间有规模较大的道路。秦始皇从上郡入和秦攻燕、赵袭秦，实走了同一大道，是当时咸阳北去的唯一大道。这条道路，沿用了猃狁与周对抗中踏勘的旧道，为"道九原，通甘泉"的基础。蒙恬扩充、改进旧有道路，成为沿子午岭山脊而行的大体南北相直的"直道"。以上是秦直道起于甘泉的历史原因。

其次，甘泉山的特殊位置和要塞作用，使秦直道肇始其地，也是秦代在此建林光宫，汉又继秦建甘泉宫的要旨。山曰"甘泉"，为秦汉之称，时又有石鼓原、磨石岭、连山之谓。今俗称黄花山、好花圪垯山，为子午岭的余脉，居于淳化县城北30公里。甘泉山诸峰矗立，盘桓坑谷，林木荫蔽；山高气爽，朱明盛暑，亦觉寒凉，是天然避暑胜地。甘泉山素以险要著称。远在战国时期，甘泉与谷口（在泾阳县北），就起着屏蔽咸阳的作用。《史记·范雎列传》记云："范雎曰：'大王之国，四塞以为固，北有甘泉、谷口……奋击百万，战车千乘，利则出攻，不利则入守，此王者之地也。'"咸阳去北地甚远，甘泉山在两地间，又是军事要塞，在此建宫殿，起修直道，这与收河南地（黄河河套地区），置九原郡，扩建秦、赵、燕北边的长城，是秦始皇抵御异族入侵的一整套战略措施。秦始皇选择旧有大道，依屏蔽咸阳的甘泉山起修直道，这从当时阻击外侮的形势需要和地理条件分析，都是势在必行。

四、甘泉宫，秦直道的枢纽

秦直道起点甘泉山，历史很是久远，相传黄帝在此治明堂为布政之宫，甘泉又是黄帝祭天处。《汉书·郊祀志上》著云："黄帝接万灵明庭。明庭者，甘泉也。"雍正《陕西通志·古迹》著云："合宫在淳化县北五十里甘泉山，黄帝治万国，朝诸侯，乃作合宫兼明庭布政于甘泉。"《三辅黄图》著云，甘泉宫是"黄帝以来圜丘祭天处"。下降至氏族时期，甘泉山是云阳氏常居之地，"云阳氏是为阳帝……都于雍之甘泉"。古云阳一名之由来，与此相关。

秦汉时期，经甘泉从直道的大事，相继迭出。秦始皇二十七年（公元前220年）

第一次出巡，由咸阳到云阳林光宫，再西去达北地郡（郡治义渠，今甘肃庆阳县西南）。秦始皇三十二年（公元前 215 年）第四次出巡，"从上郡入"，实经甘泉回咸阳。公元前 210 年，秦始皇第五次出巡，死于沙丘平台，载尸的辒辌车，沿直道运回咸阳。秦时咸阳去陇西，曾由咸阳至云阳甘泉，后西北行，经北地郡治义渠县，西行达鸡头山（六盘山），至陇西郡。汉高祖刘邦七年（公元前 200 年），"帝幸甘泉，以备匈奴"。公元前 177 年，匈奴进驻河南地，攻击上郡。汉文帝刘恒到甘泉宫，命宰相灌婴派步、骑兵八万五千人北上增援。匈奴汗国右贤王撤出边塞。西汉建元三年（公元前 138 年），汉武帝在甘泉宫送博望侯张骞通往西域。元狩四年（公元前 119 年）张骞又一次出使西域。张骞出使西域，打通了中西交通路线，促进了中西文化交流。汉朝把这件大事盛称"凿空西域"。《太平御览》卷五十《石门山》记云："汉武元狩三年，骠骑将军霍去病出陇西，至皋兰，谓是山之关塞矣。"霍去病沿直道过石门塞，出陇西。公元前 110 年，汉武帝统兵十八万，自云阳，经上郡、西河、五原，出长城，过黄河，军威显赫，震慑匈奴。丝绸之路行进的长安—萧关道，一条是自长安到云阳甘泉宫，经旬邑、泥阳（甘肃省宁县东）、彭阳（甘肃省镇原县东）、朝那（宁夏固原县东南）萧关。萧关设在朝那的长城，称朝那塞。公元前 51 年，匈奴呼韩邪单于由五原沿直道到云阳甘泉宫朝见汉天子，汉以车骑都尉韩昌迎接，"宠以殊礼"。秦汉皇帝往返甘泉宫，有游猎、避暑、祭天神诸务，尤以议论国家大事、接见外国使节和安边为其主要目的。降至唐武德四年（公元 621 年），秦王李世民率兵沿直道北上，出征朔方，途鄜州直罗县和尚原王昌寺。唐贞观二十年（公元 646 年），李世民前往灵州（宁夏灵武县），八月十三日到达汉故甘泉宫，下诏书布告天下。九月，至灵州。

匈奴族长期以来是中国北方的劲敌。秦汉帝国为抵御匈奴的侵略，利于军队调动和军用物资运输，以国防为主要目的而开辟的秦直道，是秦汉政权十分关注和积极实施的项目。秦直道又是秦代劳动人民创造的一个奇迹，它以巨大的代价，用较短的时间（自公元前 212 年至公元前 210 年）修筑的"千八百里"的军用道路，换来了北部边防的相对安全。秦直道在秦汉时期发挥了巨大作用，成为我国道路史上的明珠。秦汉以后，秦直道对于南北交通、文化交流、贸易发展，都有重要贡献。

（原载《咸阳师范学院学报》2002 年第 1 期）

昭君出塞经地考

姚生民

春秋末期的西施、西汉时的王昭君、三国时的貂蝉和唐代的杨贵妃,并称我国古代"四大美女",其中王昭君的影响最大。在中国古代和亲史上,公主或王公贵族之女充当和亲角色的不下十余人,而王昭君独享千古尊荣,留下"昭君出塞"的佳话,受到人们的怀念和敬仰,今以"昭君文化"蜚声于世。史学家翦伯赞在《内蒙访古》一文中写道:"在大青山脚下,只有一个古迹是永远不会废弃的,那就是被称为青冢的昭君墓。因为在内蒙人民的心中,王昭君已经不是一个人物,而是一个象征,一个民族友好的象征;昭君墓也不是一个坟墓,而是一座民族友好的历史纪念塔。"王昭君的出塞和亲,巩固了汉匈之间的和平友好关系,加强了双方的联系和相互了解,使得其出塞后60余年间,"边城晏闭,牛马布野,三世无犬吠之警,黎庶亡干戈之役"[①]。

王昭君,名嫱,字昭君,晋避司马昭讳,改称为明妃或明君。西汉南郡秭归县(今属湖北省)人。父王穰,昭君入宫后封为越州太尉,母周氏。西汉元帝建昭三年(前36),王昭君因"颜色皎洁,闻于国中",以良家子选入后宫,为掖庭待诏。竟宁元年(前33)春正月,"匈奴呼韩邪单于来朝,诏曰:'匈奴郅支单于背叛礼义,既伏其辜,呼韩邪单于不忘恩德,乡慕礼义,复修朝贺之礼,愿保塞传之无穷,

---

① 班固:《汉书》,中华书局,1962年,第3832—3833页。

边垂长无兵革之事。其改元为竟宁，赐单于待诏掖庭王樯为阏氏。'"① 对于王昭君的姿色与和亲过程，《后汉书·南匈奴传》有更为详细的记载："昭君入宫数岁，不得见御，积悲怨，乃请掖庭令求行。呼韩邪临辞大会，帝召五女以示之。昭君丰容靓饰，光明汉宫，顾景裴回，竦动左右。帝见大惊，意欲留之，而难于失信，遂与匈奴。"② 汉匈和亲，昭君入塞，呼韩邪单于颇为重视，封其为"宁胡阏氏"，从此汉匈边界形成"三世无犬吠之警，黎庶亡干戈之役"的和平局面。昭君之兄有二子：王歙、王飒。王莽当政时，王歙被封为和亲侯，王飒被封为展德侯，都与昭君出塞和亲有关。昭君的两侄曾四次出使匈奴，昭君一家为汉匈和平友好做出了贡献。昭君文化涵盖多矣，兹不赘述，只就昭君出塞的经地寻考，与同好磋商。

一、昭君出塞经地两说

我国古代文学作品中以昭君出塞为素材者颇多，对昭君出塞的路线亦有所提及，如唐代李白《王昭君》诗："汉家秦地月，流影照明妃。一上玉关道，天涯去不归。"③ 上官仪《王昭君》诗："玉关春色晚，金河路几千。琴悲桂条上，笛怨柳花前。"④ 明代李濂《明妃曲》和汪循《明妃》两诗，亦云昭君经玉门关出塞。玉门关位于西北，与单于庭相去甚远，昭君出塞绝不会经玉门关。诗人所谓"玉关"及"玉门关"当代指关塞，不可引以为据。当今学术界，关于昭君出塞的经地，主要有"经陕西秦直道"和"经山西雁门关"两说。

1. 经陕西秦直道说

林幹《试论王昭君艺术形象的塑造》一文，写护送昭君出塞的经地是"从汉都长安（今陕西西安市）出发，先过左冯翊（属三辅，在长安东北），然后经北地（今甘肃庆阳县）、上郡（今陕西榆林县）、西河（今内蒙古东胜县）、朔方（今乌拉特前旗），而至五原（今包头市；以上各地，以当时郡治为准）。从五原再往西行，至朔方郡临河县（今内蒙古临河县东北，靠近乌加河南岸），渡北河（今

---

① 班固：《汉书》，中华书局，1962年，第297页。
② 范晔：《后汉书》，中华书局，1965年，第2941页。
③ 彭定求：《全唐诗》，中华书局，1960年，第1691页。
④ 彭定求：《全唐诗》，中华书局，1960年，第507页。

乌加河），向西北方向出高阙（今石兰计山口），越过长城，便算是离开汉地（出了塞），进入匈奴所辖地区"[①]。

崔明德《关于王昭君的几个问题》中写道：王昭君"向西北进发。经冯翊，过北地，然后路过上郡北上，到达西河；自此西行抵朔方；由此再往东北折去，到达五原"[②]。

郝诚之在《秦代直道的和平功能与昭君出塞的旅游价值》一文中写道："在和平时期，秦直道沟通南北，促进了中原文化与游牧文化的融合，汉代的王昭君和匈奴首领呼韩邪单于自愿和亲出塞北上时，曾经秦直道到漠北。"[③]

另有侯广峰、贺清海、姬乃军等人的文章，记昭君出塞的经地亦循秦直道走向。

2. 经山西雁门关说

靳生禾在《昭君出塞与蹄窟岭刍议》中云："当年呼韩邪偕昭君既取中路，那么最安全也最便捷的，就是经勾注塞西出红沙岩口、蹄窟岭，循欧家村河—沧头河河谷至杀虎口出塞了。这是十分顺理成章的，乃至几乎舍此莫属的。"[④]

王桢《大同史话》云："王昭君出塞的路线，既不能绕道西出玉门关，也不能走陕北伊盟，而应是由长安、太原经雁门关而平城、右玉、和林、托克托县的可能性最大。"

刘溢海《昭君出塞路线考》一文的结论是"昭君出塞走雁门"。文章列举了大量地方志文献，如清代《朔平府志·左云县》："蹄窟岭，在县西北十里。俗传啼哭，讹也。明妃何处不啼哭，盖因出塞，道经此岭，岭路石山有马蹄痕迹。"同书右玉县条："东古城，在县东南五十里。相传汉王昭君栖迟之迹。"民国《左云县志》："蹄窟岭……相传昭君出塞道经此岭。"《左云县要览》："有蹄窟岭，在县属饮马泉村，系汉明妃出塞道经此岭，留有马蹄之窟。"《山西通志》蹄窟岭条云："高山岭上有三峰，相传昭君出塞道经此。"最终认为"昭君出塞走的是通塞中路，即由风陵渡入山西境，过雁门关，经大同、左云、杀虎口出塞至匈

[①] 林幹：《试论王昭君艺术形象的塑造》，载《内蒙古大学学报》（哲学社会科学版）1986年第3期，第1—15页。

[②] 崔明德：《关于王昭君的几个问题》，见巴特尔编选：《昭君论文选》，内蒙古人民出版社，2004年，第202页。

[③] 郝诚之：《秦代直道的和平功能与昭君出塞的旅游价值》，载《阴山学刊》2006年第1期，第59—64页。

[④] 靳生禾：《昭君出塞与蹄窟岭刍议》，载《太原大学学报》2009年第1期，第68—71页。

奴龙庭",并称汉武帝前几位公主出塞与匈奴和亲也都应该是走此路。秦直道,无论如何都不可能是昭君出塞之路。①

二、王昭君经秦直道出塞

呼韩邪单于公元前60年继位,之后"五单于争立",各单于率部相互攻击,呼韩邪艰难应对。其兄郅支骨都侯又自立为单于,进攻呼韩邪。呼韩邪单于被击败,引众南近塞,遣子入汉,对汉称臣,欲借汉朝之力保全自己。西汉以客礼待呼韩邪,发兵谷助之。郅支怨汉拥立呼韩邪,杀害了送郅支子北归的谷吉。汉政府于是遣西域都护骑都尉甘延寿和副校尉陈汤,联合乌孙等击杀郅支,匈奴内乱平息。呼韩邪感怀汉朝之恩,三次朝汉,谒见汉天子。

汉元帝竟宁元年春正月,呼韩邪单于第三次朝汉,"自言愿婿汉氏以自亲。元帝以后宫良家子王嫱字昭君赐单于。单于欢喜,上书愿保塞上谷以西至敦煌,传之无穷"②。关于昭君出塞的历史事实,史书记载颇为详细,但对于昭君出塞的路线,史书却未言明,因此便有了前文所述"经陕西秦直道出塞"和"经山西雁门关出塞"两说。其实,仔细考查分析史料可知,昭君当由秦直道出塞无疑。

第一,秦直道是秦汉时期中原政权与匈奴之间的主要通道。秦直道南起云阳林光宫(今陕西淳化县凉武帝村),北至九原郡(今内蒙古包头市),是秦始皇为了抵御匈奴南侵而修建的军事要道。秦亡以后,秦直道为汉政府所沿用。据王子今考证,汉文帝时期曾多次利用秦直道对匈奴南侵进行防御部署,汉武帝还利用秦直道北巡,向匈奴炫耀武力。③汉文帝十四年(前166),匈奴14万铁骑突然进犯,前锋侦察部队直抵甘泉宫,速度如此迅速,可能利用的就是秦直道。又《汉书·武帝纪》:"元封元年冬十月……(汉武帝)行自云阳,北历上郡、西河、五原,出长城,北登单于台,至朔方,临北河。勒兵十八万骑,旌旗径千余里,威震匈奴。"④所经路线亦沿秦直道。此外,吴宏岐认为:"西汉时期不仅积极利用秦时所修的直道防御匈奴南犯,而且对于直道的维护也曾有所着力,据《汉书·地理志》记载,当时在北地郡新增了直路县和除道县,这两县正分别设在子午岭段直道的南

---

① 刘溢海:《昭君出塞路线考》,载《三峡论坛》2012年第6期,第13—24页。
② 班固:《汉书》,中华书局,1962年,第3803页。
③ 王子今:《秦直道的历史文化观照》,载《人文杂志》2005年第5期,第107—112页。
④ 班固:《汉书》,中华书局,1962年,第189页。

北两端，显然是为了加强对直道的控制。"① 可见，西汉对秦直道不仅没有废弃，而且还对原道路积极维护，因而此时秦直道的通行状况应该是良好的。呼韩邪单于拜谒汉元帝，迎娶王昭君，当选最为便捷、最常通行的道路，秦直道应为首选。

第二，呼韩邪单于三次拜谒汉庭当取同一路线，即取道秦直道。甘露三年（前51）、黄龙元年（前49）、竟宁元年，呼韩邪单于先后三次来朝。史书对呼韩邪第一次谒见宣帝的情形叙述得十分详细。《汉书·匈奴列传》载："明年（甘露二年），呼韩邪单于款五原塞，愿朝三年正月，汉遣车骑都尉韩昌迎，发过所七郡郡二千骑，为陈道上。单于正月朝天子于甘泉宫，汉宠以殊礼，位在诸侯王上，赞谒称臣而不名。……礼毕，使使者道单于先行，宿长平。上自甘泉宿池阳宫。上登长平，诏单于毋谒，其左右当户之群臣皆得列观，及诸蛮夷君长王侯数万，咸迎于渭桥下，夹道陈。上登渭桥，咸称万岁。单于就邸，留月余，遣归国。单于自请愿留居光禄塞下，有急保汉受降城。汉遣长乐卫尉高昌侯董忠、车骑都尉韩昌将骑万六千，又发边郡士马以千数，送单于出朔方鸡鹿塞。"② 呼韩邪第一次朝汉经地文献记载较详，呼韩邪朝汉所过七郡，五原外有朔方（在内蒙古杭锦旗西北黄河南岸）、西河（今内蒙古鄂尔多斯市东胜区境）、上郡（今陕西榆林市榆阳区）、北地（今甘肃庆城县西南）、冯翊（今陕西西安市西北）和长安，多是循秦直道行进的。③ 单于归国，汉"又发边郡士马以千数"的"边郡"，应是单于来时"所过七郡"的边郡。也就是说，呼韩邪单于第一次朝汉，往返走的是同一条路线。呼韩邪第二次朝汉比第一次晚2年，第三次在第二次后16年，其时匈奴境较平静，呼韩邪偕王昭君焉能不走近捷的原道？若出长安，东过黄河经太原、雁门关（在今山西代县）出塞，这个圈子绕得太大。有云呼韩邪偕王昭君经山西左云县蹄窟岭出塞，是"最安全也最便捷的"。光禄塞即光禄城，在今包头市西北，与长安基本在同一条经线上，若绕道山西，并不便捷。至于安全，其时忧患仍在北方，呼韩邪不会置王庭一带不平静而历时数月访汉。此外，宣帝送呼韩邪归国时发"骑万六千，又发边郡士马以千数"，这次是王昭君出塞和亲，元帝遣重兵护送自不待言，其时必定安排周详，只是史书未记而已。

---

① 吴宏岐：《秦直道及其历史意义》，载《陕西师范大学继续教育学报》2000年第1期，第75—78页。
② 班固：《汉书》，中华书局，1962年，第3798页。
③ 近年考察确定的秦直道，自陕西淳化县至内蒙古包头市西，不涉甘肃庆城县。

综上，王昭君与呼韩邪的结合，不单是一桩婚姻，而且是搭起了两个民族友谊的桥梁。王昭君不是国使，实为国使，这就是她在"四大美女"中影响最大、在古代和亲史上独享尊荣的原因。持昭君出塞"走雁门"说者，列举的多为山西当地明清以来的方志记载及民间传说，其可信度无法与古代的历史文献相比。包括秦直道经地黄陵县五里堆（编者按："五里堆"即"五里墩"）附近的绣花楼，相传是民女为昭君和亲绣花装的地方，实际上也是不可信的。

（原载《咸阳师范学院学报》2015 年第 1 期）

秦直道不经上郡的证据

陈　静　文　启

见载于司马迁《史记》中的秦直道，是秦始皇在统一六国后为防御匈奴势力南侵而兴修的一条国防大道。关于这条道路的具体走向，早在 70 年代中期，著名历史地理学家史念海教授经过实地考察并结合有关文献记载，已将其基本复原清楚（史念海《秦始皇直道遗迹的探索》，刊《陕西师大学报》1975 年第 3 期和《文物》1975 年第 10 期）。史念海教授的研究成果显示，秦直道完全是秦始皇新筑的一条道路，并不经过当时的上郡（治肤施，在今陕西榆林南）。可是近些年来，仍有不少研究者以秦直道必经蒙恬驻地上郡为由，断定秦直道是由秦代经过上郡的驰道扩建改筑而来，以致将秦直道与上郡道混为一谈。实则正如秦万里长城不经上郡一样，同为蒙恬负责兴筑的秦直道也并不经由上郡。这可从《史记》中找到以下三个内证：

一、上郡为秦北方重镇，在直道未开以前，秦出兵进攻燕、赵等国，多取上郡道。秦始皇本人曾两次走过上郡，一次是在始皇十九年平定赵地后，"秦王还，从太原、上郡归"；另一次在三十二年，"始皇巡北边，从上郡入"。这都见于《史记·秦始皇本纪》。《秦始皇本纪》记述开直道事云："三十五年，除道，道九原，抵云阳，堑山堙谷，直通之。"而三十二年始皇崩于沙丘后，二世、赵高诸人"遂从井陉抵九原。……行从直道至咸阳，发丧"（《六国年表》作"道九原入"）。这两次事件均未言及上郡，可见直道并不经过上郡。也正因直道不经过以往要走的上郡，是由九原直通云阳，所以才有了"直道"的名称。

二、二世与赵高、李斯密谋矫诏后，一行人"行从直道至咸阳"的同时，又别遣使者至上郡及其属县阳周，此事《史记》有关篇章皆有明确记载。《秦始皇本纪》言："高乃与公子胡亥、丞相斯阴谋破去始皇所封书赐公子扶苏者，而更诈为丞相斯受始皇遗诏沙丘，立子胡亥为太子。更为书赐公子扶苏、蒙恬，数以罪，赐死。"《蒙恬列传》亦云："太子已立，遣使者以罪赐公子扶苏、蒙恬死。"《李斯列传》记载的更加清楚："封其书以皇帝玺，遣胡亥客奉书赐扶苏于上郡。使者至，发书，扶苏泣，入内舍，欲自杀。……即自杀。蒙恬不肯死，使者即以属吏，系于阳周。使者还报，胡亥、斯、高大喜。至咸阳，发丧，太子立为二世皇帝。"从以上引文不难看出，沙丘之谋后，胡亥一行与其所派至上郡的使者分别走的是不同的路线，使者到了上郡和阳周，而胡亥等人则未至此二地，否则《李斯列传》不会有"使者还报"之类的词句。胡亥等人如《秦始皇本纪》所说是"行从直道至咸阳"，但又未至上郡、阳周，可见秦直道确实是不经上郡及其属县阳周的。

三、据《蒙恬列传》，二世曾两次遣使至上郡，第一次如上所说是派使者赐死扶苏于上郡，而将蒙恬囚系于阳周。"使者还报，胡亥已闻扶苏死，即欲释蒙恬。"但因"赵高恐蒙氏复贵而用事，怨之"，所以极力怂恿二世除掉蒙氏兄弟。故二世既杀蒙毅，"又遣使者之阳周"。二世第二次派遣去上郡阳周的使者与蒙恬有一段耐人寻味的对话，使者奉诏行事，无非是再次数落蒙氏兄弟之罪状，但蒙恬则别有答辞："自吾先人，及至子孙，积功信于秦三世矣。今臣将兵三十余万，身虽囚系，其势足以倍畔。然自知必死而守义者，不敢辱先人之教，以不忘先王也。"蒙恬兵权被夺，身陷囹圄，尚说自己"其势足以倍畔"，可见当初颇为上郡将士所拥戴，势力之大，足以威慑国主，二世等人矫诏擅行废立，心怀鬼胎，当绝无自上郡南归，自陷于不利环境的可能。此为直道不经上郡及其属县阳周最为有力的一个证明。

以上三证，足以说明秦直道完全是一条在秦始皇三十五年新筑的道路，绝非由过去经由上郡的驰道改筑扩建而成。持秦直道经过上郡说者，完全置《史记》的基本史料于不顾，虚为置辞，岂足以取信于当世学林乎？

（原载《中国历史地理论丛》1998年第1辑）

秦直道与子午岭地区的佛教遗存

刘治立

佛教文化的东渐，交通是重要因素之一。佛教沿着古代丝绸之路进入中原，这是众所周知的事实。丝绸之路东部线路有固定的几条，但人们往往忽略了秦直道在这条经济、文化古道中的地位和影响，对于秦直道的重要地段——子午岭地区的佛教文化缺乏足够的认识。本文主要就秦直道对于沟通南北交通、东西联系的作用以及佛教在子午岭地区的传播和影响作一点粗浅的探讨。

一

子午岭位于陕西省陕北、关中和甘肃省陇东之间，北起陕西省定边、吴旗和志丹等县，南至陕西省铜川、耀县、淳化、旬邑等县，东有陕西省甘泉、富县、黄陵、宜君诸县，西有甘肃省华池、合水、正宁、宁县大部分或部分。秦始皇三十五年（前212），为了防御北方匈奴族的侵扰，诏令大将蒙恬修筑一条贯通南北的直道，两年半后即告竣工。《史记·秦始皇本纪》记载："三十五年，除道，道九原，抵云阳，堑山堙谷，直通之。"直道从咸阳出发，经今淳化县北行，至子午岭上，循主脉再北行，直到定边县南，由此向东北进入鄂尔多斯草原，过乌审旗北，经东胜县西南，在今昭君墓附近渡过黄河，到达包头市西南秦九原郡治所，全长1800里（合今750公里左右）。据考古调查，子午岭上的秦直道道路遗迹宽4.5米，有些地段宽5米左右。沿线设置严密的军事防御设施，如关隘、烽燧、兵站等，使秦中央政府能以最快的速度把军队和物资运送到北方边境。秦始皇去世后，车也是从井陉至九原，然后沿着直道返回咸阳的，"行从直道至咸阳，发丧"。司马迁青年时期壮游，也曾经到过秦直道，他说："吾适北边，自直道归，行观蒙恬所为秦筑长城亭障，堑山堙谷，通直道，固轻百姓力矣。"① 在此后的历史中，直道对于经济发展、促进各地的文化交流具有积极的推动作用。上个世纪的八九十年代，一些史学工作者沿着秦直道进行实地考察，沿途发现了秦汉、隋唐以及北宋时期人们活动的大量遗迹，说明这条历史古道在此后的一千年间仍然发挥作用，李仲立先生据此提出："秦直道在秦以后的历代王朝中仍继续使用，其经济、文化交流方面的作用和影响则越来越大"②。宽敞的路面和较为完善的保护设施，为来往商旅的安全提供了保障，因此这条路千年不衰。实地考察所得资料表明，秦直道的交通功能持续到北宋时期③，这与南方海上丝绸之路的兴起和北方丝绸之路的衰落的历史实际相符合。

西汉时期，随着张骞对中原和西域政治、经济、文化的联系的凿空，西域的物品纷纷涌入中原。陇东地区处于中西交通的孔道上，所以很多西域作物迅速在这一带传播开来，唐人颜师古说："今北道诸州旧安定、北地之境，往往有苜蓿者，皆汉时所种也。"④ 苜蓿等作物就是沿着秦直道、萧关古道等路进入陇东，然后又进入关中的。西汉以后，中原与西域经济、文化联系加强，"殊方异物，四面而至"⑤，说明丝绸之路并不像后人所说的仅有几条通道，而是有许多通道，只有这样外来文化才可以"四面而至"。人们还提出草原丝绸之路的观点，认为除了绿洲丝路以外，还有一条从蒙古高原沿欧亚草原延伸到西方去的草原道，北方少数民族在遭遇天灾或人祸时，往往沿草原道向中原迁徙。⑥ 秦直道就是草原丝路进入关中的重要通道。东晋十六国时期，赫连勃勃来往于直道，后来在直道附近建立起大夏政权，再后来又沿着直道南下攻入长安。赫连勃勃修筑的都城——统万城（今名白城子，在今陕西省靖边县东北）就在秦直道附近。1957 年，陕北

---

① 《史记·蒙恬列传》。
② 李仲立：《论秦直道与秦长城的关系》，载《庆阳师专学报》（社会科学版）1994 年第 1 期。
③ 李仲立、刘得祯：《甘肃庆阳地区秦直道考察报告》，载《甘肃社会科学》1991 年第 3 期。
④ 《汉书·西域传》注。
⑤ 《汉书·西域传》。
⑥ ［苏］E.N. 陆柏－列斯尼钦科：《伟大的丝绸之路》，贺兴平译，载《西北史地》1987 年第 2 期；陈良伟：《试论北亚诸文化圈与晚古草原丝道》，载《西北史地》1987 年第 4 期。

文物调查征集组的《统万城遗址调查》中记载：统万城在内蒙古和陕西的交界上，遗址出土有驸马都尉铜印、铜镜、铜壶形押、瓷狮、箭镞、花方砖、大瓦、瓦当、铜佛像、陶罐等，"多半是赫连夏以后各代的遗物"。[①] 铜佛像的发现说明佛教对这座塞上城池也曾经产生过影响，正好表明佛教信仰在直道的南北端遥相呼应，从而告诉我们秦直道也在丝绸之路经济和文化交流中尤其是佛教文化的传播和交流发挥重要的作用。

二

石窟造像是佛教的产物，它发源于印度，大约在阿育王时代就有了。魏晋南北朝时期，随着佛教在中国的流传以及佛教与中国文化的融合，佛像也开始中国化，其特点是鼻梁降低，耳轮增大，大多为长脸细颈，成为汉民族心目中的"福相"。同时，衣褶繁复有飘动感，其神情安详宁静，飘逸自得，给人一种去尽人间烟火之感觉。这是中国人宗教意识的反映，也是佛教中国化在佛像上的具体体现。子午岭地区地处秦直道边缘，在中西交通上具有得天独厚的地位，因而在接受和传播佛教文化方面也具有重要的地位，产生了众多的石窟（详见附表一）。这些石窟具有以下突出的特点：

第一，规模较小，但地域集中，大多集中在甘肃省合水县和陕西省耀县。张家沟门石窟、保全寺石窟、莲花寺石窟、千佛砭石窟、马勺场石窟、瓦窑背石窟等都分布在平定川一带，而上述地区恰好都靠近直道，说明直道对它们的传播有着重要的影响。从现存石窟的规模来看，这一地域多数是小型石窟，多数属于子午岭地区下层社会的善男信女自发开凿的。当时刻上去的几条铭文也能反映这种情况，如张家沟门石窟第2、3龛间的铭文："太和十五年岁在癸未己朔三月十五日佛弟子程弘庆供养佛时刻石坎佛一躯"；莲花寺石窟3号龛右侧题记："维咸亨五年岁次甲戌八月戊寅八日乙酉……张长才第□等为之父及弟张敬敬造向（像）……拨发愿文记述"；安平寺石窟窟门东壁题记："华池寨主汉蕃本门人马巡检李大夫先于阜昌□年自发虔心请到延长县青石匠王志英□为渊抚琪李打造石空（窟）佛像一堂……"。从以上所引的几条功德主发愿文可以看出，他们的文化程度不是很高，应当属于社会的中下层。

---

① 陕北文物调查征集组：《统万城遗址调查》，载《文物参考资料》1957年第10期。

第二，时代较早。张家沟门石窟开凿于北魏太和十五年（491），仅仅晚于云冈石窟30年。子午岭一带的石窟虽然规模并不是很大，窟龛也不是很多，但所保留的早期建窟纪年，为我国西北地区石窟分期以及中印佛教风格的互动提供了第一手资料。兰州大学敦煌学研究所杜斗城教授《再论陇山左右的北魏石窟及其向西的影响》一文考察了陇东南北石窟及合水张家沟门、保全寺石窟的造像特征后指出：北魏孝文帝改革后，"褒衣博带""秀骨清相"式造像风格由东向西渐次传播；从陇东到河西，造龛题记以从早到晚的序列出现。[①] 可见子午岭地区的石窟是中原风格向西部扩散的重要区域。

第三，持续时间长。子午岭地区的石窟最早开凿于北魏孝文帝太和十五年，最晚的到了明清时期，前后持续时间达一千多年，说明在这一带佛教信仰流传时间久长，并且有着广泛的信仰基础。

三

塔几乎与寺同时存在，中国佛塔的建筑形式丰富多彩。佛塔起初以楼阁式、亭阁式居多，到唐、宋、元时又出现了密檐式、覆钵式，发展到明清时期，相继出现一些其他的形制，漫长的历史变迁使这种外来的建筑逐渐同化为具有中国民族风格的建筑样式。自从出现了寺塔等建筑物之后，在中国的建筑史上，也就开拓出一个新的领域，从而使得古代建筑文化更加丰富多彩。在子午岭地区遗留下了唐、宋、金、明等历史时期各式各样的古塔（详见附表二）。从子午岭地区现存佛塔的情况来看，我们不难发现：

第一，分布密集。这一地区的塔的数量和规模要大于其他地区。据文物工作者统计，庆阳市七县一区共有古代佛塔15座，而在子午岭沿线就分布了9座，占总数的60%。在子午岭东侧的陕西省诸县，佛塔也有着较为密集的分布。

第二，种类繁多，内容丰富。所存的16座佛塔有四方形、六角形、八角形等形制。从高度分层情况来看，有三层、四层、七层、九层、十一层、十三层等。从内容来看，许多佛塔上刻绘了众多的佛教素材的浮雕，如雄踞子午岭上的华池

[①] 杜斗城：《再论陇山左右的北魏石窟及其向西的影响》，见兰州大学敦煌学研究所、天水麦积山石窟艺术研究所、庆阳师专编：《麦积山石窟艺术与丝绸之路佛教文化国际学术研讨会论文摘要》（打印稿），2002年7月。

县双塔寺一号塔通体浮雕佛像约 3500 躯，二号塔一至四层浮雕佛像约 600 躯，华池县脚扎川万佛塔有浮雕佛像 1200 躯。

第三，从时代分布来看，该地区的佛塔以宋代居多。在与辽、西夏的对峙中，宋朝经常处于被动挨打的位置，上层统治者采取了保守退缩的政策。处在角声漫天秋色里和无可奈何花落去的气氛中，佛教思想很容易抬头。宋真宗说："其教尚忍，则国君含垢，亦其义也。"① 他希望通过佛教来麻醉不断骚扰边界的少数民族政权，"戎羯之人，崇尚释教，亦中国之利"②。当时北宋与西夏在子午岭一带对抗，这里成为宋朝的战略要地。频繁的战争使民众感到恐惧，战死沙场也是常有的事情，所以当地民众广造佛塔或求得平安，或追荐死者。

四

造像碑是中国古代寺院的造像的主要形式，它的主要特点是既造像又刊铭，在佛教宣传上具有直观的效果。子午岭地区的佛教造像碑主要集中在甘肃省合水县和陕西省耀县一带，耀县博物馆收藏的造像碑有 70 多通。从历史上讲，这两个地区不仅分别处于子午岭的东西两侧，相距较近，而且其居民也有很密切的联系。东汉后期，羌人起义接连发生，陇东一带被东西羌人所占据，东汉政府不得不多次将北地郡和安定郡的居民迁徙到陕西。东汉顺帝永和六年（141）北地郡失守后，内徙冯翊，魏晋时期长期未变，北地郡"统县二，户二千六百"③。所统二县为泥阳和富平，泥阳为郡的治所，在今耀县东南。因此，魏晋以后两地的信仰相同、造像风格相近也就不足为奇，乃是居民之间互动的结果。

从附表三所反映的情况，可以看出：

第一，子午岭地区有着浓厚的净土信仰气息。所谓"净土"即西方极乐世界，又称极乐净土，是佛教宣传者所虚构的一块毫无苦疾杂染、唯有法性之乐的无上殊能的清净乐土。净土信仰在南北朝时期已经得到广泛的传播，到唐朝时期形成了重要的佛教宗派。净土信仰的两种重要倾向——弥勒信仰和阿弥陀佛信仰在子午岭地区都有所反映。首先是弥勒信仰。附表中有 7 方造像碑以弥勒交脚菩萨为

---

① 《续资治通鉴长编》卷六十六景德四年九月。
② 《续资治通鉴长编》卷七十二大中祥符二年十一月。
③ 《晋书·地理志》。

主尊，可见弥勒菩萨受到信仰的程度。《魏书·释老志》中讲："释迦前有六佛，释迦继六佛而成道，处今贤劫文言，将来有弥勒，方继释迦而降世。"这说明七佛与弥勒有前后继承的关系。庆阳北石窟寺属于北魏时代的第165窟有七佛及两身弥勒菩萨，任继愈认为"165窟等所要表达的中心思想是北魏流行的《妙法莲花经》中释迦继过去诸佛出世，释迦入灭弥勒出世说"①，子午岭地区的弥勒信仰体现了《妙法莲花经》对关中区和陇东区佛教信仰的影响，而从时间上看，陇东早于关中，似乎应是从陇东沿着秦直道进入关中。李静杰先生说："关中地区北魏中期即存在交脚像，而且陇东、河西本身是交脚像流行区域，关中区北魏交脚像的产生与陇东区关系可能更为密切。"②

其次是阿弥陀佛信仰。阿弥陀佛信仰在唐朝盛极一时，庆阳北石窟寺的唐朝造像中有很多是以阿弥陀佛为主尊，张宝玺先生分析指出："造像功德主都是地方中、小官吏和一般平民，大多雕造阿弥陀佛，显然有超生西方净土的愿望。"③合水莲花寺石窟的2号龛所供主尊也是阿弥陀佛，佛座题记说："敬造阿弥陀佛一铺……云妙乐净土□□之先雕刻容像无量因沉至圣之轨流俗则焉瞻仰敬信福下唐□天宝十载岁次辛卯三月□午六日己壬□□□之文。"合水板桥乡孙家嘴北宋崇宁三年（1104）碑以阿弥陀佛为主尊，说明阿弥陀信仰在陇东已经深入人心，到宋朝仍有余绪。

第二，有着明显的佛道合一趋势。佛教在传入中国后，为了赢得更多的信徒，不断调整自身，日益民间化、世俗化。明朝高僧德清竭力调和儒、释、道，宣扬"孔、老即佛之化身"，他说："为学有三要，所谓不知《春秋》，不能涉世；不精《老》、《庄》，不能忘世；不参禅，不能出世。"④儒佛一贯、佛道一贯的现象在子午岭地区的佛教造像碑中非常普遍。许多造像碑同时供奉着佛道二教的教主。如耀县北周保定二年（562）李昙信碑阴阳部分分别刻太上老君与释迦，左右侧面分别为佛、菩萨。佛道教主并坐的情况在子午岭地区乃至陇东地区石窟中也屡见不鲜。如合水莲花寺石窟的一方铭文写道："庆州合水县王□惠家庄弟

---

① 任继愈：《中国佛教史》第3卷，中国社会科学出版社，1988年，第677页。
② 李静杰：《佛教造像碑尊像雕刻》，载《敦煌学辑刊》1996年第2期。本文附表中的部分资料参阅了该文以及《佛教造像碑》，载《敦煌学辑刊》1998年第1期。
③ 《陇东石窟》，文物出版社，1987年，第6页。
④ 《憨山大师梦游全集·说·学要》。

子惠文发心于绍圣二年口月十日癸亥岁自发心向面前石窟口内修盖造石素五百罗汉毕三教诸佛毕终"。"三教诸佛"造像保存完好，龛中雕一坐佛，两侧坐像各一身，分别是老子和孔子。北石窟寺也曾经同时供奉着佛道两教的神位，乾隆年间的《重修石窟寺诸神庙碑记》记载："大佛殿前中置观音大士、左关帝、右二郎，旁对显圣、龙王阅数载而告成焉。"佛教与道教在七月十五日的鬼神崇拜和民间俗信的内容上得以融合，因而在寺中出现了观音与关帝、二郎神并坐的状况。莲花寺石窟铭文与北石窟寺乾隆碑记印证了造像碑所体现出的子午岭地区佛道信仰合流的趋势。

附表一　子午岭地区石窟情况一览表

石窟名称	地点	时代	窟龛编号数	造像数（尊）
保全寺石窟	甘肃合水	北魏	29	156
张家沟门石窟	甘肃合水	北魏	8	38
马勺场石窟	甘肃合水	北魏	4	12
千佛砭石窟	甘肃合水	北魏	5	1025
福地石窟	陕西宜君	北魏		
石泓寺石窟	陕西富县	隋、唐、宋、元、明、清	7	
莲花寺石窟	甘肃合水	唐、宋	18	64
石空寺石窟	陕西黄陵	北宋	1	
安平寺石窟	甘肃合水	金	1	554
李家庄石窟	甘肃合水	金	1	1
杨华寺石窟	甘肃合水	金		
瓦窑背石窟	甘肃合水	金	1	51
东关石窟	甘肃合水	明		
黑石沟石窟	甘肃合水	明		
店沟口石窟	甘肃合水	明		
李家庄石窟	甘肃合水	明		
菩萨崖石窟	甘肃合水	明		
滴水崖石窟	甘肃合水	明		
阳坡石窟	甘肃合水	明		
邵庄石窟	甘肃合水	明		
药王山石窟	陕西耀县	北魏、西魏、隋、唐		

附表二　子午岭地区佛塔一览表

名称	地点	形制及造像内容	时代
政平砖塔	甘肃宁县	四方形七层	唐
盘克塔儿庄砖塔	甘肃宁县	四方形楼阁式三层	唐
富县塔	陕西富县	四边形十层	唐
柏山寺塔	陕西富县	八角形十一层	唐、宋
湘乐砖塔	甘肃宁县	六角形七层	宋
东华池砖塔	甘肃华池	八角形七层	宋
重兴寺塔	陕西铜川	六角形七层	宋
泰塔	陕西旬邑	八角形七层，楼阁式砖塔	宋
耀县塔	陕西耀县	六角形九层	宋
万佛寺砖塔	陕西耀县	六角形九层	宋
白马石造像塔	甘肃华池	六角形七层，浮雕佛像47躯	宋
脚扎川万佛塔	甘肃华池	八角形九层，浮雕佛像1200躯	宋
塔儿湾石造像塔	甘肃合水	八角形十三层，第一层浮雕佛像约600躯	宋
双塔寺石造像塔	甘肃华池	两座塔均为八角形十一层，一号塔通体浮雕佛像约3500躯，二号塔一至四层浮雕佛像约600躯	宋、金
万佛寺石塔	陕西耀县	四方形十层	金
八卦寺砖塔	甘肃合水	共三座	明

附表三　子午岭地区造像碑一览表

名称	造像内容	铭记
耀县始光元年（424）碑	碑阳主龛左佛、右天尊，阴主龛为思维菩萨，左右侧面为佛、天尊像	魏文朗……为男女造佛道像一躯，供养平等，每过自然
耀县神龟元年（518）碑	碑阳刻佛像，碑阴刻天尊	大圣幽俨，以虚寂为旨，生口万物功在不已，纤莫通微，咸无不周……张安世体识苦空，识真口法，灭割家珥，张安世人身造石像一区
耀县大统四年（538）碑		
耀县大统十二年（546）碑		
合水老城镇全巷北魏碑	碑阳大龛刻一交脚菩萨、二胁侍、二卧狮	
合水店子乡长崇寺北魏碑	碑阳大龛刻一交脚菩萨、二胁侍、二卧狮	
合水太莪乡老庄寺北魏碑	碑阳大龛刻一交脚菩萨	

续表

名称	造像内容	铭记
耀县大统十四年（548）碑	碑阳为天尊，碑阴为佛	重利群生，教与仙药。精成（诚）则白日升天，岂非人元神尊，福起九劫矣。是以合邑七十人等，轮有缘，值遇至法，识信按宝，思建供效……造大道如来二圣真容……为……，得兔（免）三恶，常居人道
耀县大统十五年（549）碑	主尊为交脚菩萨	
耀县武成元年（559）碑	碑阳左右分别为佛与天尊像，碑阴及左侧面刻佛，右侧面刻天尊	
耀县保定二年（562）李昙信碑	碑阴阳分别刻太上老君与释迦，左右侧面分别为佛、菩萨	佛弟子李昙信兄弟等，灭割家珥，敬造释迦、太上老君、诸尊菩萨石像一区，……成无上道，所原从心
耀县天和元年（566）碑	弥勒菩萨	
耀县开皇十年（590）苏丰国碑	释迦佛	
耀县开皇十一年（591）碑	弥勒菩萨	
合水太莪乡老庄寺宣和二年（1120）碑	一佛二弟子	
合水板桥乡孙家嘴崇宁三年（1104）碑	阳刻主尊为阿弥陀佛	
合水板桥乡清凉寺金代碑	坐佛四尊，胁侍立像一尊，弟子三身	
合水吉岘乡佛洞寺金代碑	坐佛一尊，力士二身	
合水太白乡清凉寺金泰和四年（1204）经幢碑	一至六面阳刻汉、梵文互相对应的《佛顶尊胜陀罗尼经》，第七面为住持的祭文，第八面为僧侣世袭图	

（原载《敦煌学辑刊》2003年第2期）

略论秦汉时期的云阳

王雪岩

云阳是一个古老的地名,在今陕西省淳化县西北,其地东南方向为关中平原,西北则与山地相接。云阳于秦时始设为县,西汉因之,隶属于三辅之一的左冯翊。晋以后时有废置,直至元朝至元初年被并入泾阳,云阳作为一个独立的县才最终消失。①

作为秦汉时期毗邻中心统治区的一个小县,云阳却又承载了相对丰富的历史内容:匈奴曾在这里祭天;秦汉时期通往九原的直道以这里为起点;无数的刑徒在这里服劳役;大批的居民被迁徙到这里定居;文武百官的邸舍在山巅修筑;皇帝多次巡幸至此,他们在甘泉山

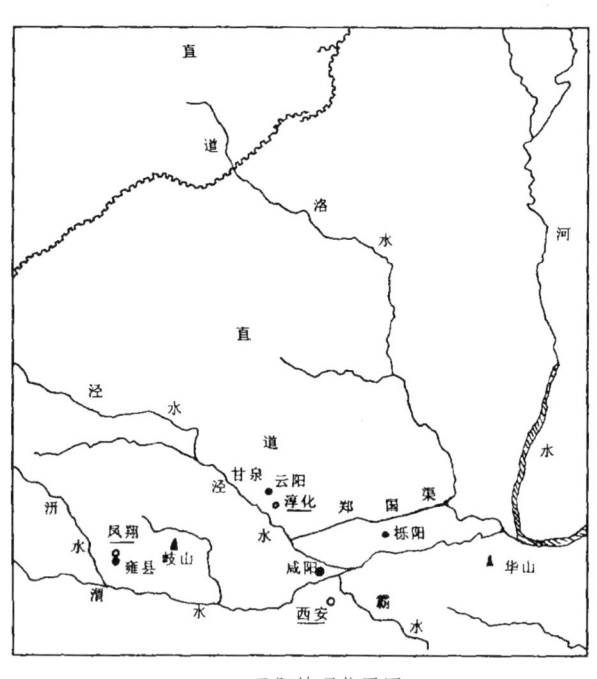

云阳地理位置图

---

① 顾祖禹:《读史方舆纪要》,见《续修四库全书》,上海古籍出版社,2003年。

上建造了规模庞大、雄伟壮观的离宫，避暑于此，乐而忘返……但在传世文献中，关于云阳的记载只有分散的只语片言，难以形成完整的概念。学界鲜见关于云阳问题的专论，仅在一些有关直道问题的研究中偶有提及。所以，至今古云阳的轮廓仍然不甚清晰。本文拟在前人研究的基础上，以目前所掌握的资料为基础，力图比较完整地认识并公允地评价秦与西汉时期的云阳历史。

云阳在秦汉时期颇为兴盛，为云阳的地方历史留下了浓墨重彩的一笔。但云阳可追溯的历史当更早。《汉仪注》中记载甘泉为黄帝以来圜丘祭天处。云阳被纳入秦汉历史始于秦从匈奴手中夺得云阳，但具体时间已不可考。此后，云阳的历史由于以下几个重要的史实而呈现出一些特点：它是通往九原的直道的起点；因县旁甘泉山上的行宫而成为皇帝屡幸之地；它还是汉统治者祭祀的重地。此外，大量刑徒不断地被发配到此服劳役，大规模徙民于云阳也有数次。

一、作为直道端点的云阳

匈奴族是我国北方形成较早且势力比较强大的少数民族，惯于游牧生活，逐水草而居。漠北经常发生的自然灾害，如干旱、严寒和暴风雪等都会严重影响匈奴族的正常游牧生活。因此，匈奴族经常觊觎大漠以南相对自然条件较好的土地，不断南侵，给中原政权带来威胁。秦汉之际，匈奴族已建立起一个强大的奴隶制政权。"精兵四十万骑"[①]（《史记·匈奴列传》），势力的强大也使其野心渐渐增大，南侵的欲望愈发膨胀。这就使中原政权感到了非常明显的军事威胁，因而常年戒备，以防其南侵寇边。在双方的对峙中，中原政权筑长城，通直道，开始积极准备防御。

秦始皇为了沟通关中中心统治区和北部边境（阴山以南）各郡，便于运兵转饷，防止匈奴的进攻，命大将蒙恬修筑由九原（今内蒙古自治区包头市西）直抵甘泉（即云阳）的直道，全长"千八百里"[②]。《史记·秦始皇本纪》中记载："三十五年，除道，道九原抵云阳，堑山堙谷，直通之。"直道与全国各地四通八达的驰道不同，仅有一条，非但路途遥远，且所经过的地区地形亦不平坦，要打通山岭，因此其修筑是必须耗费大量的人力和物力的。直道全线贯通以后，其路线大致"由

---

① 司马迁：《史记》，中华书局，1975年。
② 司马迁：《史记》，中华书局，1975年。

陕西淳化县北梁武帝村秦林光宫遗址北行，至子午岭上，循它的主脉北行，直到定边县南，再由此东北行，进入鄂尔多斯草原，过乌审旗北，经东胜县西南，在昭君坟附近渡过黄河，达到包头市西南秦九原郡治所"。半程筑于子午岭上，半程筑于沙漠草原之上，二年半时间完成了选线和施工，不能不说是个奇迹。① 司马迁认为直道的修筑是"固轻百姓力矣"②。这条军事交通线直到汉武帝时还发挥着联系关中和北部边疆的重要作用，卫青、霍去病进击匈奴就曾取道直道。

但就是这样一个交通发达的地方，却没有在史书中留下经济繁荣的记载。而同是由小县城发展起来的地区经济中心雍（今陕西凤翔县南）和栎阳（今陕西临潼区渭河北），在秦汉时期的经济生活中发挥着重要的作用，繁忙的景象在史书中可见一斑。这样鲜明的对比值得我们探讨，为什么比雍和栎阳还要有发展理由的云阳并没有太大的作为呢？关于这个问题，史念海先生认为虽然云阳具有优越的交通条件，且在秦汉时期一直是皇帝的离宫所在地，但"云阳近于山区，已在关中富庶地区的边缘，难得象雍和栎邑得到充分的发展"。云阳"固然是直道的起点，但它和咸阳或者长安之间的交通是十分方便的，它实际只是北边各地货物运到都城时的一个过站，不能同雍和栎邑相比拟"。③ 本文认为云阳未成为区域经济中心的原因有多方面，尚可进一步探讨。

确实，云阳地近山区，已经处于关中富庶地区的边缘。从地图④上可以看出，云阳的地理位置已经远离了关中以长安为核心的密集的城市和城镇群，独立于西北一隅，再加上西北部丘陵沟壑地形，已经不可能在周围形成具有一定规模的城市群了。这样，即便云阳具有交通便利的优点，却不具有地缘的优势，毕竟已经远离了人口稠密的关中经济生活区。就云阳本身而言，由于山地地形条件的限制，作为我国古代社会经济基础的农业耕作也必然受到影响，规模无法扩大，制约了云阳经济的发展。而且以云阳为端点的直道的作用主要是加强阴山以南的北部边疆和关中的联系，防止和抵御匈奴的进攻，这里的活动更多地被浸染了政治和军事的色彩。

---

① 史念海：《秦始皇直道遗迹的探索》，载《陕西师大学报》1975年第3期，第91页。
② 司马迁：《史记》，中华书局，1975年。
③ 史念海：《战国秦汉时期黄河流域及其附近各地经济的变迁和发展》，见史念海：《河山集》三集，人民出版社，1988年，第112页。
④ 谭其骧主编：《中国历史地图集》第2册，中国地图出版社，1982年，第15—16页。

二、作为离宫所在地的云阳

位于云阳城西北方向不远的甘泉山被秦汉两朝的皇帝选中为离宫所在地①，先后建立了林光宫和甘泉宫②（《雍录》卷二），并以汉代的宫殿建筑群规模为大。③（《雍录》卷二）秦之林光宫至汉时仍可以使用，在元封二年以前，根据史料记载，文帝和景帝都曾经临幸甘泉，但未提及临幸甘泉宫，此时应该是秦林光宫尚完好可用，而甘泉宫尚无。④（《雍录》卷二）直至汉武帝时另起甘泉宫后，林光宫仍在。汉代"甘泉宫"称呼的首次出现是在汉武帝元封二年六月，其时汉武帝下诏说："甘泉宫内中产芝，九茎连叶。上帝博临，不异下房，赐朕弘休。其赦天下，赐云阳都百户牛酒。"《读史方舆纪要》载："汉武帝元封二年，于林光宫旁更作甘泉宫，自是屡幸焉。"此说不知确否，但可以肯定的是至晚在汉武帝元封二年已经有甘泉宫存在。秦一贯大兴土木，林光宫只是冰山一角而已。到汉代，又在长安及其周边地区兴建了多处大型宫殿建筑群，甘泉宫的位置离长安稍远，大约"南距长安已三百里，而能望见长安城堞"，"其上有通天台，云雨悉在台下"。扬雄在《甘泉赋》中说："是时未轃夫甘泉也，乃望通天之绎绎。下阴潜以惨廪兮，上洪纷而相错；直峣峣以造天兮，厥高庆而不可乎疆度。"⑤（《汉书·扬雄传》）汉武帝建造甘泉宫不仅仅是为了游眺，更是"采信方士明庭之语，求以自通于仙，故增之又增之，如泰畤，如仙掌露盘，及泰一诸画象，尽在其上也"，最终其规模达"宫周十九里"，"略与建章相比"。不仅如此，文武百官在这里也都建有邸舍。由此可见，在这高山之巅建有规模极其庞大的宫殿建筑群⑥，加上百官的邸舍，工程相当浩大，因地形复杂，工程的难度可以想见。《元和郡县志》曰：当其登山，必自车箱阪而上，阪在云阳县"西北三十八里，萦纡曲折，单轨才通"，由登山之难，可见甘泉山之险。登上车箱阪后则是"平原宏敞，楼观相属"了。汉武帝"以五月避暑于此，八月乃归"，"匈奴入寇而烽火通甘泉、长安两地者，

---

① 顾祖禹：《读史方舆纪要》，见《续修四库全书》，上海古籍出版社，2003年。
② 程大昌：《雍录》，中华书局，2002年。
③ 程大昌：《雍录》，中华书局，2002年。
④ 程大昌：《雍录》，中华书局，2002年。
⑤ 班固：《汉书》，中华书局，1962年。
⑥ 史念海：《战国秦汉时期黄河流域及其附近各地经济的变迁和发展》，见史念海：《河山集》三集，人民出版社，1988年，第112页。

以人主时往甘泉，不敢主定其处，故烽火两通也"。由于汉武帝夏季长期避暑于云阳甘泉宫，这里也就成了夏季事实上的西汉政治中枢所在地。此后西汉皇帝屡幸甘泉宫，在这里朝诸侯，会群臣，宴匈奴，"甘泉"字样遂频繁出现在史官的笔下，但关涉具体内容则鲜有详细记载。

值得注意的是，在上文提到的汉武帝元封二年六月的那条诏令中，称云阳为"云阳都"。对于这个颇能抬高云阳地位的"都"的理解，晋灼认为："云阳、甘泉，黄帝以来祭天圜丘处也。武帝常以避暑，有宫观，故称都也。"颜师古则认为此说不确，他认为："都谓县之所居在宫侧者耳。赐不偏其境内，故指称其都，非谓天子之都也。若以有宫观称都，则非止云阳矣。"诚然，如果有宫即可称都，则绝不止云阳一地。但也不能不看到，在众多远离长安的外地离宫中，甘泉宫当首屈一指，不论是皇帝临幸的次数还是停留的时间，都是其他离宫无法相比的。所以，称云阳为云阳都也有其更深层的寓意，即凸现了云阳在某种意义上的重要性和特殊性，以及其地位的与众不同。

夏季五至八月，中央决策机构经常转移至云阳，使得云阳这个并不大的小城变得紧张而繁忙。我们不妨设想那时的场景，甘泉山上下戒备森严，岗哨林立，云阳城通往甘泉山的路上穿梭着大小官吏、役夫、兵将，车水马龙的场面也许并不稀罕。由于政权机关不可能全部移驻甘泉，长安与云阳的联系必然频繁，往来公文传递、讯息相通，自是必不可少。边关的烽火时不时传来，又不知此时皇帝在哪里，只好把边疆急警分传长安、甘泉两地。此时的云阳，哪里还会有太多的民间商贾往来！此外，秦汉史料中记载中原与长城一带北部边境的笔墨并不多，即便有商贾往来贩运，也多是与筹措军队边民的粮饷有关，民间自然的经济交流不多，对匈奴更是防范有加，少有经济交往。这样一来，云阳即便是交通便利，地位重要，也不容易像雍县和栎阳那样成为区域经济的中心。

总的说来，秦汉时期兴建林光、甘泉二宫的政治和军事意义是最主要的，秦汉两朝皇帝在甘泉山修筑庞大的离宫并不是仅为了来消夏避暑，更主要的是坐镇直道一端，以起到震慑北方少数民族，抑制其南下的作用。

三、充满神秘祭祀色彩的云阳

《汉仪注》中记载甘泉为黄帝以来圜丘祭天处。《陕西通志》中也有"圜丘在甘泉山下，黄帝祭天处也"的记载。虽然不能论证这则记载确否，但它至少可以说明在秦汉以前，甚至也许是在氏族社会后期，接近国家雏形形成的时候，云阳的这种神秘属性就已经发端了。这可称为史料中关于云阳最早历史的记录，这个记载颇有些神秘的色彩。接下来的记载继续着这种神秘，《汉书·地理志》中对云阳的描述是："有休屠、金人及径路神祠三所，越巫䄱鄡祠三所。"孟康的注中说"䄱"是"越人祠也"。① 后人经考证认为"休屠金人"就是佛像。② 可见，云阳竟然曾经成为黄帝、匈奴和越人进行祭祀活动的地方。这种情况直到秦汉政权夺得云阳以后才改变。《汉书音义》中记载："匈奴祭天处本云阳甘泉山下，秦夺其地后徙休屠右地。"颜师古注中说："汉武帝得休屠祭天金人，祠诸甘泉，以为天神主。"可见云阳早期的历史由于祭祀活动而被蒙上了一层神秘面纱。

这时的云阳少有中原各族的活动，主要是因为云阳还未处于中原各族的控制范围之内，这里被视为文明区域和社会的边缘，甚至已经在这个边缘以外了。秦从匈奴手中夺得云阳使得云阳的历史从此和中原王朝联系在一起，虽然对云阳的控制权易手了，云阳在发展形态有了新的因素，但在云阳神秘的祭祀活动依然被承袭下来，并且在秦汉时期被推向高峰。一般来说，能够被选择来祭天的地方都会在某些方面具有灵异现象或者在地理条件上被青睐，云阳概莫能外。但应该如何理解古人对于祭祀地点的选择，则比较复杂了，本文于此不作过深探讨。

西汉时期于云阳甘泉祭祀活动之频繁在《汉书》记载中可见一斑。

"（元鼎五年）十一月辛巳朔旦，冬至。立泰畤于甘泉。天子亲郊见，朝日夕月。"这是汉代在云阳祭祀的开端，此后以"郊泰畤"为主要内容的祭祀活动渐趋频繁。仅皇帝亲临郊泰畤的就有：

"（元封）五年夏四月，还幸甘泉，郊泰畤"；

"天汉元年春正月，行幸甘泉，郊泰畤"；

"后元元年春正月，行幸甘泉，郊泰畤"；

"神爵元年春正月，行幸甘泉，郊泰畤"；

"五凤元年春正月，行幸甘泉，郊泰畤"；

"甘露元年春正月，行幸甘泉，郊泰畤"；

---

① 班固：《汉书》，中华书局，1962年。
② 吴卓信：《汉书地理志补注》，见《二十五史补编》，中华书局，1955年。

"（甘露）三年春正月，行幸甘泉，郊泰畤"；

"黄龙元年春正月，行幸甘泉，郊泰畤"；

"（元帝初元）二年春正月，行幸甘泉，郊泰畤"；

"（初元）四年春正月，行幸甘泉，郊泰畤"；

"永光元年春正月，行幸甘泉，郊泰畤"；

"（永光）五年春正月，行幸甘泉，郊泰畤"；

"建昭二年春正月，行幸甘泉，郊泰畤"。

元帝即位后更是宣布要隔岁临幸甘泉并郊泰畤一次。[1]由于匡衡的建议，成帝建始元年十二月曾在长安南北郊祀，而罢甘泉、汾阴祠，结果当天里"大风坏甘泉竹宫，折拔畤中树木十围以上百余"，因而成帝"恨之"。永始三年冬十月，皇太后诏有司"复甘泉泰畤、汾阴后土如故，及雍五畤、陈宝祠在陈仓者"。天子也"复亲郊礼如前"。此后，"（永始）四年春正月，行幸甘泉，郊泰畤"；"（元延）二年春正月，行幸甘泉，郊泰畤"；"（元延）四年春正月，行幸甘泉，郊泰畤"；"（绥和）二年春正月，行幸甘泉，郊泰畤"。[2]（《汉书·郊祀志》）

成帝驾崩，皇太后认为复甘泉泰畤等也未给皇帝带来福佑，于是又罢甘泉泰畤等，以"顺皇帝之意也"。"（哀帝三年）冬十一月壬子，复甘泉泰畤、汾阴后土祠，罢南北郊。"[3]（《汉书·哀帝纪》）只是哀帝在位短暂又虚弱多病，只得遣有司代为祭祀。从武帝到哀帝，甘泉泰畤一直是皇室祭祀必至的，也正由于正月里"郊泰畤"渐渐成为一种惯例，西汉皇帝巡幸云阳的目的则除了避暑又多了祭祀，加上朝诸侯、单于等大小活动，使得云阳热闹非常。

回顾古云阳的历史，可以发现笼罩在其上的强烈的政治和军事色彩，加之些许祭祀的神秘，使这个秦汉时期的小城有了重镇的味道。与史料中所显示的交通特别发达的特征相比，云阳的经济状况未有明确记载，而显得有些滞后。但从上文所述的几个突出特征来看，作为发展其他要素的基础，云阳的经济也不会成为盲点，还是应有一定发展水平的。而要对云阳经济作出更为直观明确的描述，则尚须发掘新的史料。云阳在秦汉时期的建设和发展方向和中原王朝的战略思想密

---

[1] 班固：《汉书》，中华书局，1962年。
[2] 班固：《汉书》，中华书局，1962年。
[3] 班固：《汉书》，中华书局，1962年。

切相关。秦与西汉时期,中原王朝的统治中心在关中平原,而此时北方匈奴族的活动十分频繁,匈奴族的强大已经构成了对中原政权的威胁。恰处在关中平原西北边缘且与边陲重镇九原有直道相连的云阳则显得地位尤为重要,无疑是卫护关中腹地的一道重要屏障。至东汉时期,随着国都东迁洛阳,云阳对国都的屏蔽作用已不存在,而此前来自北方的军事威胁也因为匈奴的内部分裂和力量衰弱而基本解除。云阳渐渐退出了历史舞台。

(原载《陕西教育学院学报》2005年第2期)

秦汉直道研究与直道遗迹的历史价值

辛德勇

直道是秦始皇统一全国后，在始皇三十五年修筑的一条重要战略通道，用以连接都城咸阳与北部边防前沿。① 直道对于巩固和建设秦朝北方边防地区的作用，犹如灵渠对于秦朝经营岭南地区的作用一样重要。

由于史籍记载简略，对于这条道路的具体走向，学术界一直不甚清楚。1975年，史念海发表《秦始皇直道遗迹的探索》一文，结合对相关遗迹和现代地理形势的实地考察，提出了比较具体的直道路线复原方案，即秦直道南端，起始于泾、洛两河分水岭子午岭南端的秦云阳甘泉宫（今陕西淳化西北），循子午岭山脊西北行，至今甘肃定边一带，再经鄂尔多斯高原，转趋东北，越过黄河，至秦九原郡治九原县（今内蒙古包头附近）。② 沿途几乎没有经过任何已经确定的秦朝县级以上行政设置。在同年出版的《中国历史地图集》内部发行本上，所绘直道走向，与史念海复原的路线，基本相同；及至1982年，《中国历史地图集》出版正式

---

① 《史记》卷一一〇《匈奴列传》（中华书局，1982年，第2885—2886页）记述修筑直道一事，将铺设直道与修建万里长城并列，明确显现出直道的修筑与秦北方边防体系的建设具有直接关联。

② 史念海：《秦始皇直道遗迹的探索》，原载《陕西师大学报》1975年第3期。此据作者文集《河山集》四集，陕西师范大学出版社，1991年，第435—453页。

发行本时，依然沿承了这一绘法。① 所以，这一观点，可以说代表了中国历史地理学界的主流看法。不知这是在地图集付印之前，吸收了史氏的讲解，还是依据同样史料所得出的相近结论。

史念海的文章发表后，引起各方面普遍关注，一些不同领域的人士，在此基础上，更进一步深入考察研究了这条道路。据云，画家靳之林，在20世纪80年代，徒步行走三千里，逐一考察了直道全线所经行的地点。② 稍后，考古工作者贺清海与交通史研究者王开，也考察研究了直道的路线，并发表了相关研究成果。③ 与贺清海、王开二人约略同时，历史地理学者王北辰，也对直道提出了自己的研究看法。④ 曾经协同靳之林一道考察直道遗迹的孙相武，随之也刊布了相关考察内容。⑤

虽然上述靳之林、王开等学者所复原的直道路线，并不完全相同，但基本上都是通过或贴近秦汉上郡的肤施、阳周两地，大体可以将其归为一派。这一派拟定的直道路线，与史念海确定的路线相比，要偏东很多，相对而言，不妨姑且将这两类复原方案分别称为东线和西线。

东线方案提出后，史念海又相继撰写一组文章，与诸家商榷，并进一步阐释了自己的见解。⑥ 另有吕卓民撰写专文，评判诸家说法，结论仍是全面维护史念海的观点。⑦ 然而，另一方面，至1998年底，《中国文物地图集·陕西分册》出版，编绘者根据更为深入、具体的考古学考察，绘出了直道在今陕西境内大部分路段

---

① 中国历史地图集编辑组编辑：《中国历史地图集》第2册秦《关中诸郡》图，中华地图学社，1975年，第5—6页。又谭其骧主编：《中国历史地图集》第2册秦《关中诸郡》图，中国地图出版社，1982年，第5—6页。

② 《为摸清秦代另一巨大的国防工程故迹，画家靳之林徒步三千里考察秦始皇直道》，载《光明日报》1984年8月19日第2版。

③ 王开：《"秦直道"新探》，载《西北史地》1987年第2期，第11—21页；贺清海、王开：《毛乌素沙漠中秦汉"直道"遗迹探寻》，载《西北史地》1988年第2期，第73—76页；《陕北发现秦直道遗迹》，载《人民日报》（海外版）1988年6月24日。

④ 王北辰：《古桥门与秦直道考》，原载《北京大学学报》（哲学社会科学版）1988年第1期，此据作者文集《王北辰西北历史地理论文集》，学苑出版社，2000年，第101—116页。

⑤ 孙相武：《秦直道调查记》，载《文博》1988年第4期，第15—20页。

⑥ 史念海：《直道和甘泉宫遗迹质疑》，原载《中国历史地理论丛》1988年第3辑，此据作者文集《河山集》四集，第455—499页；又史念海：《与王北辰先生论古桥门与秦直道书》《再与王北辰先生论古桥门与秦直道书》，俱原载《中国历史地理论丛》1989年第4辑，此据作者文集《河山集》四集，第500—515、516—520页。

⑦ 吕卓民：《秦直道歧义辨析》，载《中国历史地理论丛》1990年第1辑，第89—105页。

的经行地点,结论则复与王开等人一派的东线方案,大体相近。①

上述论述和讨论,对于阐明秦直道的历史状况,起到了重大作用,特别是对直道南北两端地段的研究,已经比较清楚地复原出这条道路的经行地点。但是,就直道的总体状况而言,其基本走势,目前似乎还不足以做出完全肯定的最终结论。下面,即通过重新审视关于直道的早期文献记载,来说明依据可靠文献记载来确定直道路线的重要性及其所存在的实际困难,以及目前在已有研究的基础上,可以进一步做出哪些探索;同时,谈谈在这一背景之下,切实保护已经查明的直道遗迹,以及以此为基础进一步深入考察直道遗迹,在直道研究中的重要性。

一、关于直道经行地点的早期直接记载

要想复原秦朝的直道,首先必须以可靠的早期文献记载为基础。脱离文献记载,单纯依赖野外考察,根本无法确定秦直道遗迹,并且也无从复原直道所经行的地点。通观以往有关秦直道讨论中所引述的历史文献,可知除了《史记》《汉书》以外,其他涉及直道的晚出记载,如唐代著述,史料价值相对要偏低一些,特别是明清以来的相关记载,可以说,基本上没有什么史料价值。因此,准确理解《史记》《汉书》相关记载的含义,乃是直道研究最重要的基础。

《史记·秦始皇本纪》记述直道之修筑经过云:

> 三十五年,除道,道九原抵云阳,堑山堙谷,直通之。②

《史记·六国年表》记同事曰:

> (秦始皇三十五年)为直道,道九原,通甘泉。③

又《史记·蒙恬列传》亦有记述云:

> 始皇欲游天下,道九原,直抵甘泉,乃使蒙恬通道,自九原抵甘泉,堑山堙谷,千百八里。道未就。④

类似的记述,尚别见于《史记·匈奴列传》:

> 秦灭六国,而始皇帝使蒙恬……通直道,自九原至云阳。⑤

---

① 张在明主编:《中国文物地图集·陕西分册》上册《陕西省古道路、桥梁遗存图》,西安地图出版社,1998年,第74—75页。
② 《史记》卷六《秦始皇本纪》,第256页。
③ 《史记》卷一五《六国年表》,第758页。
④ 《史记》卷八八《蒙恬列传》,第2566—2567页。
⑤ 《史记》卷一一〇《匈奴列传》,第2886页。

关于秦始皇修筑直道的直接记载只有这些。后世同类记述，基本上都是由此衍生而出，一般来说，并不具有用作复原依据的史料价值。

由于《史记·蒙恬列传》记有"道未就"一语，很容易使人产生终秦之世亦未尝筑成直道的看法。然而，《蒙恬列传》这一记述，并不确切。因为《史记·秦始皇本纪》明确记载，在直道修筑两年后，秦始皇死于东巡途中，胡亥与赵高等就是取途直道，率巡行队伍返回都城咸阳：

> （秦始皇三十七年）七月丙寅，始皇崩于沙丘平台。……行，遂从井陉抵九原。……行从直道至咸阳，发丧。①

后来在汉武帝时，司马迁也曾走过这条道路，并在《史记·秦始皇本纪》中留下了很明确的记述：

> 太史公曰：吾适北边，自直道归，行观蒙恬所为秦筑长城亭障，堑山堙谷，通直道，固轻百姓力矣。②

可见，直道不仅已经修成，而且其延续使用的时间，至少也要持续到西汉武帝时期，说明当时施工，殊非草草了事。若再考虑到秦末至汉武帝元朔二年，有很长一个时期，直道中间有相当长一段路段，沦没于塞外匈奴控制区域，得不到正常情况下所应有的养护③，而到汉武帝时期，却仍然可以继续使用，由此愈可见秦人所筑直道，不仅按计划完工，而且工程质量也是相当好。所以，《史记·蒙恬列传》关于秦直道"道未就"的记载，显然不够准确。不过，据《史记·李斯列传》记载，至秦二世时期，仍在修治直道，说明直道在秦始皇去世前后虽已全线贯通行用，但工程并没有全部结束，而剩下的应当只是一些非常次要的辅助工程。这或许就是《史记·蒙恬列传》谓蒙恬时尚且"道未就"的缘由。④

二、释直道南端何以起始于甘泉

按照前引诸书的记载，直道的北端在九原，这一点没有歧异；而直道的南端起点，却有云阳和甘泉两种不同说法，对此，需要予以说明。

---

① 《史记》卷六《秦始皇本纪》，第264—265页。
② 《史记》卷八八《蒙恬列传》，第2570页。
③ 详见拙稿《张家山汉简所示汉初西北隅边境解析》。
④ 《史记》卷八七《李斯列传》，第2553页。按此点参考了王子今在鄂尔多斯东胜"中国·秦直道与草原文化研讨会"（2005年7月27日至30日）上提交的论文《秦直道的历史文化观照》。

九原是秦朝的县名，为九原郡治所，这在《汉书·地理志》当中，有清楚的脉络可以追寻。① 与此相应，云阳也是秦朝县名，这一点可以由出土的多方秦"云阳丞印"封泥② 得到确证。

　　至于甘泉，则本是云阳县境内一座山的名称。今本《三辅黄图》记甘泉山云：

　　　　《关辅记》曰："林光宫，一曰甘泉宫，秦所造，在今池阳县西，故甘泉山，宫以山为名。"③

此《关辅记》，北宋宋敏求《长安志》引作《关中记》④，应是。《关中记》为晋人潘岳所著。因今本《三辅黄图》为唐人所纂辑，故引及此书。曹魏至十六国期间，云阳县省罢不置⑤，故《关中记》谓甘泉山在池阳县西，而没有提及云阳。《三辅黄图》原本撰著于东汉末年，所以，今本中仍保存当时固有面目的另一些内容，记载甘泉山位于云阳县境内：

　　　　甘泉有高光宫，又有林光宫，有长定宫、竹宫、通天台、通灵台。
　　　　武帝作迎风馆于甘泉山，后加露寒、储胥二馆，皆在云阳。⑥

在今本《三辅黄图》中，还可以找到其他类似的记载⑦，而同样的记述，也见于《汉书音义》⑧，因此，可以确证，甘泉山应在云阳县辖境。

　　上引《关中记》谓秦林光宫一名甘泉宫，而这两个宫名之间，是否存有前后承递的关系，不甚清楚。从唐初人颜师古注《汉书》和李泰撰《括地志》开始，出现了林光宫为秦朝宫名、汉代始增建或是改称甘泉宫的说法。颜师古曰：

　　　　林光，秦离宫名也。汉又于其旁起甘泉宫，非一名也。⑨

李泰曰：

---

① 《汉书》卷二八下《地理志下》，第1619页。按《汉书·地理志》记西汉五原郡乃"秦九原郡，武帝元朔二年更名"。又秦汉郡名往往与郡治所在县相同，如九原郡的邻郡云中郡，治所即设在云中县，据此推测，汉五原郡治九原县，应是由秦朝沿袭而来，即秦九原郡治九原县。

② 周晓陆、路东之编著：《秦封泥集》，三秦出版社，2000年，第278页。

③ 今本《三辅黄图》卷二，中华书局，2005年，何清谷《三辅黄图校释》本，第138页。

④ 宋敏求《长安志》卷四"宫室"二，中华书局，1990年，《宋元方志丛刊》本影印清毕沅刻本，第93页。另外，《史记》卷九《范睢蔡泽列传》正义引《关中记》（第2409页），说法也比较接近。

⑤ 李吉甫：《元和郡县图志》卷一京兆府云阳县，中华书局，1983年，第10页。

⑥ 今本《三辅黄图》卷二，第143页。

⑦ 如今本《三辅黄图》卷六，第376页。

⑧ 《史记》卷一一〇《匈奴列传》集解引《汉书音义》，第2909页。

⑨ 《汉书》卷二五下《郊祀志下》唐颜师古注，第1263页。

> 秦之林光宫，汉之甘泉（宫）。①

不管是在林光宫之外另行新建甘泉宫，还是林光宫改名为甘泉宫，总之，秦朝在甘泉山上，还没有甘泉宫这一宫名。其后，唐元和时人李吉甫②、南宋学者程大昌③，乃至现代学者史念海等④，除了个别一些人如元人王士点等⑤，大多都沿袭了这一说法。这种说法，其实大可斟酌。

据《史记·秦始皇本纪》记载，至迟在秦王政十年，秦国即已建有甘泉宫⑥：

> （秦王政）十年，相国吕不韦坐嫪毐免。……齐、赵来置酒。齐人茅焦说秦王曰："秦方以天下为事，而大王有迁母太后之名，恐诸侯闻之，由此倍秦也。"秦王乃迎太后于雍而入咸阳，复居甘泉宫。大索，逐客。⑦

此甘泉宫所在，史籍中没有具体记载，刘宋徐广谓"表云咸阳南宫也"⑧。徐广所说的"表"，应当是指《史记·六国年表》。今本《史记·六国年表》在这一年下的相应记载为：

> 相国吕不韦免。……太后入咸阳。大索。⑨

并没有提及咸阳南宫。看来，徐广所见《史记》，与今本不同，"咸阳"下乃有"南宫"二字。

《史记》在流传过程中，产生过许多文字讹误。那么，今本《史记·六国年表》

---

① 《史记》卷一一〇《匈奴列传》正义引唐李泰《括地志》，第2902页。
② 李吉甫：《元和郡县图志》卷一京兆府云阳县，第12页。
③ 程大昌：《雍录》卷二"甘泉宫"条，中华书局，2002年，第42—43页。
④ 史念海：《秦始皇直道遗迹的探索》，据作者文集《河山集》四集，第438页。何清谷：《三辅黄图校释》卷一《秦宫》"林光宫"条，中华书局，2005年，第62页。按史念海随后在《直道和甘泉宫遗迹质疑》（据作者文集《河山集》四集，第483—490页）一文中，复又援依《三辅黄图》的记述，谓甘泉宫为秦始皇所建造，但没有展开具体论述。
⑤ 王士点《禁扁》（古书流通处，民国影印清康熙曹寅刻《楝亭十二种》本）卷甲"宫"类"秦云阳宫"条（第2a页），谓"林光宫一名甘泉，二世作"，与通行说法不同。
⑥ 徐善同《读史记秦始皇本纪》（原载台北《大陆杂志》第41卷第1期，此据大陆杂志社印行《大陆杂志史学丛书》第4辑第2册，第445页）一文，已经指出这一点，但没有详细论述。
⑦ 《史记》卷六《秦始皇本纪》，第227—230页。按《后汉书》卷八七《西羌传》（第2874页），在记述秦昭王母宣太后与义渠王私通事时谈到"及昭王立，义渠王朝秦，遂于昭王母宣太后通，生二子。至王报四十三年，宣太后诱杀义渠王于甘泉宫，因起兵灭之"。据此，似乎在秦昭襄王时期，已经建有甘泉宫。但是，《史记》卷一一〇《匈奴列传》（第2885页）记同事本作"杀义渠戎王于甘泉"，无"宫"字。《后汉书》时代偏晚，甘泉宫在秦昭襄王时期是否已经兴建，姑且存疑。
⑧ 《史记》卷六《秦始皇本纪》集解，第230页。
⑨ 《史记》卷一五《六国年表》，第753页。

"太后入咸阳"下面的"大索"二字，有没有可能是"南宫"的讹误呢？参稽《史记·秦始皇本纪》的记载，同样记有"大索"史事，可证《史记·六国年表》之"大索"无误。"大索"与"南宫"在字形上有些相接近的地方，颇疑徐广所据《史记》，系"大索"二字有阙泐后，传录者因涉上文之"入咸阳"而错误地臆测补完为"南宫"二字，并不是较今本另多出有"南宫"二字。

前引唐人李泰的《括地志》，虽然有"秦之林光宫"即"汉之甘泉（宫）"的说法，但同时在《括地志》书中，也另有记述云：

云阳宫，秦之甘泉宫。在雍州云阳县西北八十里。秦始皇作甘泉宫，去长安三百里，黄帝以来祭圜丘处也。①

像《括地志》这类地理总志，本是"博采方志，得于旧闻，旁求故老"②，抄撮以往地志杂说纂辑而成，书中并存互不相同的说法，本不足为怪。处理这些不同来源矛盾记载的正确方法，是以之与相对可信的历史记载相验证，而《括地志》中秦始皇建造甘泉宫的说法，恰好与《史记·秦始皇本纪》关于甘泉宫的记载相吻合。二者相互印证，可以确认，《史记·秦始皇本纪》所说"复居甘泉宫"，应当就是指秦王政在甘泉山上建造的宫殿③。

徐广以并不可靠的"咸阳南宫"，来疏释秦王政太后入居的甘泉宫，除了版本上的依据之外，很可能与他对《史记》上文记述之"复居甘泉宫"一句话的理解有关。徐广很可能是将这里所说"复居甘泉宫"的人，连上文理解为皇太后；今中华书局本《史记》之点校者，似亦同样理解此文，所以，在"秦王乃迎太后于雍而入咸阳"句下，逗而不句。按照这样的理解，秦王政迎接其母皇太后，乃是入居咸阳之甘泉宫。

可是，甘泉山不在咸阳城近旁，若太后所居之甘泉宫是在距咸阳三百里远的甘泉山上，就很难解释秦王政特地迎接其母由雍而返回咸阳的记载；而若将甘泉宫视作"咸阳南宫"，则显得似乎比较合乎情理。因此，南宋程大昌复发挥徐广

---

① 《史记》卷四九《外戚世家》正义引《括地志》，第1986页；又《史记》卷六《秦始皇本纪》正义引唐李泰《括地志》（第232页）同谓云阳有"秦始皇甘泉宫"。
② 王应麟：《玉海》卷一五《地理·地理书》"唐括地志"条，江苏古籍出版社、上海书店，1987年，第288页。
③ 此外，《汉书》卷八七上《扬雄传上》（第3534页）记述说，西汉之"甘泉（宫）"，本秦离宫"，也透露出秦时即有甘泉宫一名，可以与《史记》和《括地志》的记载相印证。

此说,谓:"秦时咸阳跨渭南北,则此宫不在渭北之咸阳,而在渭南之咸阳也。"①今徐卫民复引据出土之秦"南宫郎丞"封泥,与徐广所说的"咸阳南宫"相印证,试图证实"秦甘泉宫又名咸阳南宫"②。

要想确认秦甘泉宫坐落在甘泉山上,就不得不花费一些笔墨,对这一问题做出合理的解答。

据《史记·吕不韦列传》等记载,秦王政母在这次返回咸阳之前,居于雍城(今陕西凤翔附近),是因为此前在秦王政九年,她与吕不韦、嫪毐的私情败露,嫪毐"矫王玉玺及太后玺"以发兵叛乱,嬴政平定事变后,"夷嫪毐三族,杀太后所生两子,而遂迁太后于雍"。嬴政本来想一同杀掉丞相吕不韦,但"为其奉先王功大,及宾客辩士为游说者众",所以,才"不忍致法"。③

为吕不韦充当说客的"宾客辩士",大多应是吕氏门下豢养的食客。史载:"当是时,魏有信陵君,楚有春申君,赵有平原君,齐有孟尝君,皆下士喜宾客以相倾。吕不韦以秦之强,羞不如,亦招致士,厚遇之,至食客三千人。"吕不韦撰著《吕氏春秋》,即"使其客人人著所闻"而成书。④当时秦国文化远较关东落后,观商鞅、甘茂、范雎、蒙骜、荀况、蔡泽、张仪、韩非、李斯、尉缭等关东士人,皆入秦以谋取权位,而未闻秦国有士人得以游食于关东,可以推测,吕不韦所招徕的三千食客,大多也必然出自关东列国。

吕不韦招致这些客卿,并不仅仅是要赖其著书立说,而且是想要利用他们作为自己的政治工具,"欲以并天下"⑤。显然,这批人绝不仅仅是一些徒事空谈的游说之士,其间很多人应当怀有强烈的政治抱负。秦始皇在诛除嫪毐时,释吕不韦而不杀,所谓顾念其"奉先王功大",只是表面上的说辞;其真实的原因,应是顾虑吕氏门下豢养的这些"宾客辩士"。身份卑微的嫪毐,因借重太后的权势,竟蓄有"家僮数千人",此外,尚有"诸客求宦为嫪毐舍人千余人"⑥,骤然除之,

---

① 程大昌:《雍录》卷二"甘泉宫"条,第42—43页。
② 徐卫民:《秦甘泉宫所在位置辨》,原载《陕西历史博物馆馆刊》第5辑(1998年),此据作者文集《秦汉历史地理研究》,三秦出版社,2005年,第41—48页。
③ 《史记》卷八五《吕不韦列传》,第2512页;又卷六《秦始皇本纪》,第227页。
④ 《史记》卷八五《吕不韦列传》,第2510页。
⑤ 《史记》卷六《秦始皇本纪》,第223页。
⑥ 《史记》卷八五《吕不韦列传》,第2511页。

已非易事，当时嫪毐抢先发难，竟险些得逞①，若再同时诛除把持朝政将近十年的吕不韦及其党羽，难免会有不测。所以，秦王政才不得不对吕不韦暂时隐忍不发。

待到局面稍稍稳定之后，秦王政便在第二年（秦王政十年），罢免吕不韦的相位，同时放逐其离开京城咸阳，去往河南的封国。正因为已经将心腹大患吕不韦逐出都城，秦王政这才听从齐人茅焦的劝告，准备迎接其母回京。吕不韦本人，虽然已经远离京城，但是他所豢养的大批门客，仍然是威胁嬴政的重大隐患，太后回到咸阳城后，这些人仍有可能串通太后，犯难作乱。

在这种情况下，为预防不测，对于秦王政来说，暂时避居于都城附近的甘泉宫中，应当是一种比较稳妥的选择。此前嫪毐拟发兵反叛时，嬴政即因正居住在雍地的祈年宫内，从而得以从容调度人马，在咸阳城中先发制人，一举粉碎叛乱。与祈年宫相比，甘泉宫更接近咸阳，便于进退回旋，控制局面。

所以，《史记·秦始皇本纪》所说"复居甘泉宫"，应当是讲嬴政，而不是其母太后；而所谓"复居甘泉宫"的"复"字，早已有人指出，正是相对于此前秦王政离开京城所居之祈年宫而言。②另外，从句法上看，若是将"复居甘泉宫"一句话的主语，理解为秦王政，那么，这句话上承"秦王乃迎太后于雍而入咸阳"，下连"大索，逐客"，都是以"秦王"二字为主语，文句也最通顺。

这样一来，即使徐广所说的太后入居"咸阳南宫"，确是别有善本可据，它与秦王政本人复居于云阳甘泉宫一事，也并没有什么抵牾。

嬴政在把太后接回咸阳、自己避居甘泉宫后，随之即下达逐客令，大肆搜索驱逐关东客卿。过去论述秦王政颁布逐客令的原因，一般都是沿袭《史记·李斯列传》的说法，谓因韩国派遣水工郑国为间谍，鼓动秦国开凿水渠以疲秦，使其无力东顾，秦人觉察后，"宗室大臣皆言秦王曰：'诸侯人来事秦者，大抵为其主游间于秦耳，请一切逐客。'"故秦王政始有逐客之令。③郑国阴谋的败露，固然是触发秦人全面逐客的直接契机，但联系前面谈到的政治背景，秦始皇下达

---

① 《史记》卷六《秦始皇本纪》，第227页。
② 徐善同：《读史记秦始皇本纪》（据大陆杂志社印行《大陆杂志史学丛书》第4辑第2册，第443页）。按徐文对这段文字的句读形式，做有专门论述，徐氏即谓文中"复居甘泉宫"一句，与太后无涉，应当是指秦王政本人。
③ 《史记》卷八七《李斯列传》，第2541页。

逐客令的深层动机，恐怕应该是趁机剪除吕不韦的党羽①，譬如逐客令下达后上书劝谏嬴政改变对待客卿策略的李斯，原本就是投拜在吕不韦门下的舍人②。后来秦王政听从李斯的建议，改驱逐为利用，不过是因为如李斯等中坚分子已经改换门庭，效忠秦王，无须多事顾虑而已。秦王政逐客之举，适可说明他对咸阳城以及秦国安全的顾虑。

了解到上述重大政治背景，就可以理解，秦王政在迎接其母后返回咸阳城后，自己随即躲到云阳甘泉宫中居住，是在当时特殊的政治形势下所采取的一项特别措施，不必因此而怀疑秦甘泉宫位于云阳甘泉山上的记载。

事实上，不仅甘泉宫不是林光宫之更名，或是汉代在林光宫旁所始建，而且林光宫的兴建，还要晚于秦始皇所建造的甘泉宫。《汉宫阙疏》有记载曰：

> 甘泉林光宫，秦二世造。③

可见，甘泉宫和林光宫这两座宫殿兴建的先后时间次序，与唐代以来的通行说法恰好相反，是甘泉宫在先，林光宫居后。

《史记·六国年表》和《史记·蒙恬列传》记述直道的南端为甘泉，并不是泛指云阳甘泉山，而是具体指称甘泉宫。秦朝修筑直道，置都城咸阳于不顾，而径以甘泉宫为起点，这不管是从朝廷连通北部边防前沿的具体战略需求来考虑，还是从《史记·蒙恬列传》所记载的"始皇欲游天下"的表面原因来分析④，似乎都不够合乎情理。这是因为，在此之前，在咸阳至甘泉宫之间，已经建成一条高质量的通道。

这条道路见于《史记·秦始皇本纪》：

> 二十七年，始皇……作信宫渭南，已更命信宫为极庙，象天极。自极庙道通郦山，作甘泉前殿。筑甬道，自咸阳属之。⑤

以上引文，句读完全依照今中华书局点校本。按照这样的读法，文中"甘泉前殿"

---

① 黄永年《李斯上书谏逐客事考辨》一文，早已指出："逐客之议，实始发于不韦之免相"。此文原载《天津民国日报·史与地》第23期，1947年6月23日，此据作者文集《文史存稿》，三秦出版社，2004年，第37—40页。
② 《史记》卷八七《李斯列传》，第2540—2546页。
③ 萧统《文选》卷一班固《西都赋》唐李善注引《汉宫阙疏》，中华书局，1977年，第24页。又今本《三辅黄图》卷一《秦宫》"林光宫"条（第62页），也记载说林光宫为秦二世帝"胡亥所造"。
④ 秦始皇巡游天下，本身也是一种严肃而重大的政治行为，用以体现其统治权威，并非徒事游山玩水。
⑤ 《史记》卷六《秦始皇本纪》，第241页。

的位置，似乎是在郦山。《太平御览》引《史记》此文，在"极庙道通郦山"句下，多出一"上"字①，若还是依照今中华书局点校本《史记》的句读，则此句应作："自极庙道通郦山上，作甘泉前殿。"《太平御览》的引文，看起来似乎可以进一步坐实甘泉前殿就在郦山之上。

但是，信宫亦即极庙本位于渭河南岸，尽管其具体位置，在史籍中没有留下记载，但斟酌推敲《史记》的文字，信宫应是隔渭水与咸阳城相对。因此，"自极庙道通郦山"，亦即如同"自咸阳道通郦山"。假若甘泉前殿果真是在郦山上面，极庙与郦山之间的通道，已经将其与咸阳城连接在一起，又何必再"筑甬道，自咸阳属之"呢？这种句读方式，显然不够合理。

由于没有其他文献能够证实另有甘泉宫存在，这里所说的甘泉前殿，还是应当理解为云阳甘泉宫的建筑。按照这样的理解，《史记·秦始皇本纪》这段文字，可以做如下标点：

> 二十七年，始皇……作信宫渭南。已而更命信宫为极庙②，象天极，自极庙道通郦山③。作甘泉前殿，筑甬道，自咸阳属之。④

依此，秦始皇二十七年，秦朝在渭河南北两岸，同时兴建了两处宫殿建筑，并修筑了两条重要道路，分别与之相连接：在渭河南岸，与咸阳城隔河相望，兴建了象征天极的极庙，以极庙为起点，修筑道路，通往郦山；在渭河北岸，在云阳甘泉山上，兴建了甘泉前殿，修筑甬道，连接咸阳城与甘泉宫。

极庙乃是秦始皇为他自己预先安排的用于死后祭祀的宗庙，而郦山则是他自登基之始即开始兴工建造的陵园。⑤因此，"自极庙道通郦山"，是秦始皇为其死后灵魂由郦山陵园中出游到宗庙里去接受祭祀的典礼而预先设置的通道⑥。

---

① 宋官修《太平御览》卷八六《皇王部一一》"始皇帝"条引《史记》，中华书局，1960年，影印宋本，第408页。

② 按"已而"之"而"字，为今本《史记》所脱佚。宋官修《太平御览》卷八六《皇王部一一》"始皇帝"条（第408页）引《史记》作"已来"，"来"字亦不通，此据《雍录》卷二"甘泉宫"条（第42页）引文补。又《三辅黄图》卷一（第21页）所承用之《史记》这段记载，同作"已而"。

③ 宋官修《太平御览》引文"郦山上"之"上"字，疑衍，故不从；唯据《御览》增补此字亦通，不影响本文所论述的问题。

④ 《史记》卷六《秦始皇本纪》，第241页。按徐善同《读史记秦始皇本纪》（据大陆杂志社印行《大陆杂志史学丛书》第4辑第2册，第445页）一文已经指出，此"甘泉前殿"应即云阳甘泉宫的前殿。

⑤ 《史记》卷六《秦始皇本纪》，第265—266页。

⑥ 参据杨宽：《中国古代陵寝制度史研究》下编二《秦始皇陵园布局结构的探讨》，上海古籍出版社，1985年，第192—193页。

与此相应，甘泉宫也不仅仅是徒供游玩的离宫，而且是一个具有神圣意义的处所。前引唐李泰《括地志》已经谈到："秦之甘泉宫……黄帝以来祭圜丘处也。"圜丘即后世通俗所云天坛，为祭天的礼仪建筑。黄帝之事，虽无从稽考，但这里本是匈奴祭天的场所，却有明文可征①。后来汉武帝屡屡在此举行求神问仙的祭祀活动，而齐人公孙卿对他说："黄帝接万灵明廷。"又曰："黄帝乃治明廷。"而"明廷者，甘泉也"。其他方士亦"多言古帝王有都甘泉者"。② 所以，汉人后来形成定制，"三岁一祭于云阳宫甘泉坛。以冬至日祭天，天神下"③。这说明在秦汉人看来，甘泉确实是一个可以与黄帝等天神沟通并追随其升仙的地方。

了解到当时人这样一种观念，就会很容易明白，秦始皇在建造极庙并铺设道路连通郦山陵园的同时，兴工建造甘泉前殿并修筑连通甘泉宫与都城咸阳的道路，乃是出自同样的心理需要，即都是在为他的灵魂寻求去路和归宿。这样也就不至于再将二者错误地混为一事，从而弄清秦始皇直道以甘泉为其南端具体起点的地理原因。

司马迁创立的纪传体史书，在纪、传、书（志）、表四种记述形式当中，本纪叙事，最为庄重谨饬，所以，《秦始皇本纪》叙述直道起讫地点，采用"道九原抵云阳"的说法，南北两端，都同样用所在县的名称来表述；而《六国年表》和《蒙恬列传》将云阳记作甘泉，则是不计云阳与九原的对等地位，从实记述其具体地点。

按照上文所做考述，从秦朝的整个交通地理格局上看，甘泉宫实际上只是咸阳至九原间以直道为主体的这一整条战略通道上的一处中继站。不过，尽管如此，却依然不能减低甘泉宫在这条通道上的枢纽地位。这是因为甘泉宫所在的甘泉山，除了是黄帝祭圜丘的处所这类人神沟通的信仰圣地之外，同时也是一处屏蔽关中腹地的战略要地。

战国时范雎尝说秦昭襄王，曰：

> 大王之国，四塞以为固，北有甘泉、谷口，南带泾、渭，右陇、蜀，

---

① 《史记》卷一一〇《匈奴列传》集解引《汉书音义》，第2909页。
② 《史记》卷一二《孝武本纪》，第467—468、482页。
③ 欧阳询：《艺文类聚》卷三八《礼部上》"郊丘"条引东汉卫宏《汉旧仪》佚文，上海古籍出版社，1982年，第682页。

左关、坂，奋击百万，战车千乘，利则出攻，不利则入守，此王者之地也。①

这里所提到的一部分地名，如泾、渭二水，自然算不上险阻，但甘泉、谷口两地，却应当是指秦国在其腹心地域关中平原北部赖以"利则出攻，不利则入守"的要害之地。因为稍后在秦王政秉政时，燕太子丹父鞠武，更明确地对燕太子丹谈到，秦"北有甘泉、谷口之固"②。"利则出攻，不利则入守"，这样的战略要地，又可以称为锁钥之地，也就是出入的门户。因此，谷口与甘泉两地，肯定是与重要的交通道路具有关联。

谷口又作瓠口，即郑国渠浚引泾水引水口所在的地点③，是泾水即将流出陕北高原而进入关中平原之前的山口，也就是说，它正控扼着泾水谷地通道。由关中平原特别是咸阳城所在的核心地带北出，泾水谷地是最重要的一条川谷通道，谷口成为关中北部的攻防要地，原因即在于此。

利用河川谷地开辟通道，是大多数地区的普遍做法。但是，正如史念海已经指出的那样，在陕北陇东黄土高原地区，由于其独特的黄土原、梁地貌，使得当地在开辟交通道路时，除了利用河川谷地之外，还常常选择在黄土原面或是梁面上修筑道路。渭河北岸的泾水与洛水两大支流之间所间隔的子午岭，据史念海考察所见，其南段为土石山区，但山脉主脊却很平坦，"并没有倏高忽低的现象"，其北段为"黄土梁状丘陵"，应是以黄土梁或黄土原为主，地形更为坦夷。显然，这道山岭，很适于开辟成为进出关中腹地的南北通道，而甘泉宫所在的甘泉山，则属于子午岭的南端部分，是控制这条通道的关键地点。这就是甘泉山或者甘泉宫成为关中北部要隘的地理因素。

显而易见，在谷口与甘泉南侧的关中平原，不论攻守，都要倚重这两处要塞之地。对于防守来说，对手一旦越过甘泉和谷口，突入关中平原，通行就不再有地形限制，可以肆意畅行；对于进攻来说，由于关中平原内部往来便利，不仅仅局限于都城咸阳，关中各地的兵马和军需物资，都很容易集中到这里，再向北进发或者是转运。

正是基于甘泉的重要战略地位，就在修筑直道的同时，秦始皇向云阳县内大

---

① 《史记》卷七九《范雎蔡泽列传》，第2408页。
② 《史记》卷八六《刺客列传》，第2528页。
③ 《史记》卷二九《河渠书》并唐司马贞索隐，第1408页。

规模移民：

> （秦始皇三十五年）因徙三万家丽邑，五万家云阳，皆复不事十岁。①

在这同一年内，除了征发劳役，修筑直道以外，秦始皇复又调集"隐宫徒刑者七十余万人，乃分作阿房宫，或作丽山"②，人力应当非常紧张。可是，就是在这种情况下，朝廷还是移民五万户到云阳，并免除其十年赋役，这应是缘于直道建成后，甘泉战略地位又将大幅度提升，朝廷不能不设法增强当地的实力。类似的措施，也见于直道北端的九原。一年之后（即秦始皇三十六年），秦廷复又"迁北河榆中三万家，拜爵一级"③。所谓"北河榆中"，即包括九原县所在地区在内。④这两次移民，应包含有相似的用意。

三、汉唐间其他相关记载与直道的复原

在早期的文献记载中，东汉时成书的《汉书·地理志》，在北地郡属下，列有两个县名，前人往往以为其得名与直道有关，并将其用作探寻直道走向的依据。这两个县名，一个是直路，一个是除道。⑤

除道县位置不详。另外，秦汉时期在边地异族聚居区所设县级政区，是以"道"字为通名，即所谓"有蛮夷曰道"⑥。北地郡为汉戎杂居的边郡，见于《汉书·地理志》记载的即别有略畔道、义渠道两个"道"⑦。所以，北地郡除道之"道"，也有可能只是这样的县级地名通名，而并不一定是与具体的某一条道路具有关联。这样，在目前情况下，"除道"这一地名，还不宜用作确定直道走向的依据。

从字面上看，直路县的得名，很可能与直道有关。现在比较通行的谭其骧主

---

① 《史记》卷六《秦始皇本纪》，第256页。
② 《史记》卷六《秦始皇本纪》，第256页。
③ 《史记》卷六《秦始皇本纪》，第259页。
④ 《汉书》卷三一《项籍传》唐颜师古注，第1806页。《史记》卷四三《赵世家》并唐张守节正义，第1811页。
⑤ 《汉书》卷二八下《地理志下》，第1616页。
⑥ 《汉书》卷一九上《百官公卿表上》，第742页。又东汉卫宏《汉官旧仪》卷下谓"内郡为县，三边为道"，中华书局，1990年，《汉官六种》本，第50页。秦时即设有此等以"道"为名的政区，可见之于湖北云梦龙岗秦简和睡虎地秦简中大量县、道并称的法律条文。参见中国文物研究所、湖北省文物考古研究所编：《龙岗秦简》，中华书局，2001年，第73—74、81页等；睡虎地秦墓竹简整理小组编：《睡虎地秦墓竹简》之《语书》，文物出版社，1978年，第15页。
⑦ 《汉书》卷二八下《地理志下》，第1616页。

编《中国历史地图集》，标绘直路县于陕西富县西侧的洛河支流葫芦河畔[1]。这样绘制，似乎不够准确。

按照《汉书·地理志》的记载，有沮水发源于直路县西，东流汇入洛水[2]，而《水经·沮水注》记述沮水的流路，其下游乃是流经汉高祖刘邦之太上皇陵，汇入郑国渠后，再东流汇入洛河[3]。

汉太上皇陵在陕西临潼县北面与富平县交界处。[4] 符合这一记载的河流，应当是今石川河上游之沮河。史念海推测，沮水源头应当在陕西耀县西北柳林镇的西北[5]，所说大体可从。这一地点，南距甘泉宫不远。沮水源头和直路县的具体位置，虽然还可以再进一步仔细斟酌，但绝不会逸出于这一范围很多。依据《水经注》的这一记载，将直路县的治所，拟定在甘泉宫北侧不远的子午岭东坡，应当没有什么问题。不过，根据直路县的所在，只能推断出直道由甘泉宫北上后起初是沿子午岭延伸。而甘泉宫的位置所在，决定了直道在这一地段，只能如此行走，这几乎是一个根本不需要证明的问题。

这样看来，仅仅是除道和直路这两个西汉时期的县级政区名称，并不能为复原直道的路线提供多少有用的证据。

现在能够见到的最早的明确记述直道经行地点的文献，已经迟至唐代。这也是史念海在复原直道的走向时所得以利用的直接史料。唐代文献中的这种相关记载，只有两条：一条见于贞观年间编纂的《括地志》，一条见于元和年间撰著的《元和郡县图志》。

《括地志》原书久已佚失，这条记述见于唐张守节《史记正义》征引。张守节在疏释《史记·匈奴列传》所记秦始皇修筑直道一事时释云：

> 《括地志》……云："秦故道在庆州华池县西四十五里子午山上。自九原至云阳，千八百里。"[6]

---

[1] 谭其骧主编：《中国历史地图集》第2册西汉《并州、朔方刺史部》图，第17—18页。
[2] 《汉书》卷二八下《地理志下》，第1616页。
[3] 郦道元：《水经·沮水注》，据清王先谦《合校水经注》卷一六，中华书局，民国排印《四部备要》本，第24b—27a页。
[4] 刘庆柱、李毓芳：《西汉十一陵》第十二章第一节"汉太上皇陵"，陕西人民出版社，1987年，第127页。
[5] 史念海：《直道和甘泉宫遗迹质疑》，据作者文集《河山集》四集，第477—478页。
[6] 《史记》卷一一〇《匈奴列传·正义》，第2886—2887页。

《元和郡县图志》在宁州襄乐县下记曰：

> 秦故道，在县东八十里子午山。始皇三十（五）年，向九原抵云阳，即此道也。①

史念海研究上述记载后指出，唐襄乐县即今甘肃宁县襄乐镇。襄乐镇东侧的子午岭地段，距秦甘泉宫旧址，至少要有七八十公里远，方向已稍向西北偏移。史念海复又指出，唐华池县即今甘肃华池县的东华池镇。这里离开秦甘泉宫旧址已经有一百四十公里上下，而且方向已是明显趋向西北，直道若果真已经延伸到这里，从地形上判断，似乎理应沿泾、洛二水的分水岭继续向西北延伸，不大可能再由此转向正北或是东北方向。这两条史料，应该是史念海复原直道走向最重要的依据②。

单纯从文献学角度看，唐人在编纂《括地志》和《元和郡县图志》等地理书时，完全可能拥有东汉以来的文献作资料依据，这些文献，来源有早有晚，其可信性有大有小，唐朝的编纂者既然没有注明，现在已经无从一一辨识。假如没有其他与此相违异的史料，完全可以依据唐朝人的记载，来复原相关秦汉地理内容。

另外，附带在这里举述一条明末清初的史料，作为佐证，来补充证实《括地志》和《元和郡县图志》的记载。若干年前，曾见有明末清初人文应熊（字平人）伪撰之《古乐经》一书，书中有文氏自序云："寒族名曰直道，隶三水之西原六里许。"③依此，明代三水县亦即今旬邑县西侧，当时仍存有直道这一地名（当然，以"直道"地名作为这一文氏家族支派的名称，来源可能更早），说明秦直道很可能经过这里。这里比东线方案所定直道由甘泉北行转而东折的地点"石门关遗址"，要偏向西北约五十里左右④，表明在"石门关遗址"东转的直道复原方案，并不符合历史文献的记载。

不过后来有些人在研究直道问题时，提出战国秦汉间有些历史活动涉及直道，而这些活动反映出，上述文献所记载的直道走向，不尽可信。因此，依此复原的直道，是否合乎历史实际，就还需要通过相关历史活动加以检验。

---

① 李吉甫：《元和郡县图志》卷三宁州襄乐县，第66页。
② 史念海：《秦始皇直道遗迹的探索》，据作者文集《河山集》四集，第441—449页。
③ 按此书罕见，通行书目，未见著录，我见到的是民国萧之葆抄本，今藏陕西旬邑县文化馆。数年前，陕西省地方志办公室的王京阳先生，携此书复印本来京，出示令协助判断其是否为久已失传的先秦《古乐经》，因涉及直道走向，当时特摘录文氏自序数语。
④ 见张在明主编：《中国文物地图集·陕西分册》上册《陕西省古道路、桥梁遗存图》，第74—75页。

四、战国秦汉间相关历史活动与直道的走向

研究者用以论述直道走向的历史活动，从战国到西汉武帝时期，前后共有许多次。但是，其中史籍明确记载是经行直道的事件，只有两次，其他事件与直道的关联，完全出于研究者的推测。尽管如此，提出这些问题，仍然具有一定学术意义，这不仅有助于更准确地复原直道的路线，而且会加深对直道性质的认识。

史籍中明确记载经行直道的两项事件，前面第一节在论述直道确实筑成并曾在秦汉两朝行用时，都曾经引述过，即秦始皇死后，胡亥等经直道返回咸阳，以及汉武帝时司马迁由北边经此路进入都城。

秦始皇死后，胡亥、赵高、李斯等秘不发丧，伪装始皇健在，循直道返回咸阳，是一项很耐人寻味的事件。嬴政病故之沙丘，位于今河北巨鹿、广宗一带，按照正常的情理，本应由此循太行山前大道，转经函谷关，返回咸阳（或者是西越太行山，取道蒲坂，西入关中），可是，胡亥等却舍近求远，绕了一个很大的圈子，沿北边代郡、雁门、云中、九原诸郡，经过直道，回到都城。对此，前人一向没有合理的说明，最近程龙撰文，始阐释清楚胡亥等人的意图，是想借此稳定和控制秦朝最强大的武装力量北方边防军，以扫清其篡位的障碍。①

当时，统领秦朝北方边防军的主帅，是名将蒙恬，太子扶苏监军，其行辕俱驻于上郡。胡亥等在抵达九原之前，持伪造之秦始皇玺书，遣使者至上郡，赐二人以死，结果扶苏自杀于上郡，蒙恬被拘捕并遇害于上郡郡治肤施邻近的属县阳周。② 今王北辰等据此以为胡亥等所经直道，亦应经过上郡之阳周一带。③

秦上郡治所肤施，在今陕西榆林南侧的无定河畔，阳周县在今陕西绥德西侧的大理河畔，④ 这两个地点，都比史念海复原的直道路线，要偏东很多。不管直道是经过肤施，还是阳周，都与史念海所复原的直道路线，相差很远，二者显然不能兼容并存。

虽然蒙恬驻扎上郡，但这里只是北方边防军的指挥中心，而不是兵力布防的重心。秦北方边防军，应当主要驻守在九原、云中等边郡上。程龙在研究中已经

---

① 程龙：《论秦始皇灵柩何以经九原归咸阳》，待刊。
② 《史记》卷八七《李斯列传》，第2548—2552页；又卷八八《蒙恬列传》，第2567—2570页。
③ 王北辰：《古桥门与秦直道考》，据作者文集《王北辰西北历史地理论文集》，第106—110页。
④ 参据谭其骧主编：《中国历史地图集》第2册秦《关中诸郡》图，第5—6页。

指出，胡亥、赵高等人在抵达代郡之前，已经得知他们逼迫扶苏自杀得逞，蒙恬也按照他们的指令，被囚禁在狱。这时，北方边防军的主帅，已经被胡亥等更换为蒙恬的裨将王离。所以，胡亥等只要假冒秦始皇的名义，巡行沿边诸郡，就可以起到威慑这支军队的作用，并不是非到上郡走一遭不可。

假若史念海复原的直道路线准确无误，那么，在已经实现预定的图谋之后，走这条可以尽量避开沿途郡县官员耳目的道路，尽快返回咸阳，应该更符合胡亥、赵高和李斯等人的愿望。当然，反过来看，胡亥等人所走的"直道"，也完全有可能就是这条道路。

这样看来，胡亥、赵高等由九原经直道南下咸阳的具体路径还完全弄不清楚，它并不能为复原直道的路线，提供任何新的线索。

西汉时司马迁经行直道一事，《史记》中的记载叙述更为简单，如前列引文所见，原文只是说"吾适北边，自直道归"。王北辰等人以为，司马迁此行，应是在元封元年陪侍汉武帝封禅泰山之后，继以北巡；而汉武帝此番巡视北边，是"还，祠黄帝于桥山，乃归甘泉"①。依据《汉书·地理志》的记载，桥山黄帝陵本在囚禁蒙恬的上郡阳周县②，所以，王氏推断，直道一定是通过这一带来连接甘泉与九原③。

今按元封元年汉武帝巡行北边，前后共有两次。第一次是在年初十月间，"行自云阳，北历上郡、西河、五原，出长城，北登单于台，至朔方，临北河。勒兵十八万骑，旌旗径千余里，威震匈奴"。就是在这次回师时，途中祠黄帝于桥山，并经此归于甘泉。第二次是在半年之后的这一年四月，在登封泰山之后，"行自泰山，复东巡海上，至碣石。自辽西历北边九原，归于甘泉"。④

司马迁陪侍汉武帝自直道归还，如果只是在第二次东封泰山之后，那么，关于汉武帝这次巡行由九原南返的路线，文献中也只有自九原归于甘泉的记载，并没有提到中途经停的任何地点。也就是说，司马迁虽然亲身走过了这条直道，但是，

---

① 《汉书》卷六《武帝纪》，第189页。
② 《汉书》卷二八下《地理志下》，第1617页。
③ 王北辰：《古桥门与秦直道考》，据作者文集《王北辰西北历史地理论文集》，第106—110页。另外，郭沫若主编《中国史稿地图集》（上册，地图出版社，1979年）之《秦统一图》（第23—24页）所标绘直道走向，与王北辰等基本相同，依据的应是同样史料。
④ 《汉书》卷六《武帝纪》，第189、192页。《史记》卷二八《封禅书》（第1396—1399页），卷一二《孝武本纪》（第472—476页）所记略同。

根据留存至今的文献记载，仍然只能知晓直道南北两端的端点甘泉和九原，他的这次经历，并没有能为确定直道的具体走向，留下更多的资料。

汉武帝东封泰山时，司马迁刚刚奉命出使西南归来。这次出使西南，乃是"奉使西征巴、蜀以南，南略邛、笮、昆明"①，已至今云南中部，路途遥远，往返需要很长时间。因此，估计司马迁在这一年年初就应当已经出发，不大可能另有时间在年初十月间随汉武帝巡历上郡诸地；而司马迁随侍汉武帝封禅泰山并随之巡行海上，则见于太史公本人自述②，由此可以论定，司马迁随侍汉武帝"适北边，自直道归"，只能是在这次从泰山返回咸阳之时。③ 这样一来，便依然无法依据汉武帝和司马迁这次行程，来复原直道在途中的经行地点。

下面再来看看已有的间接推测，是否合理。

文献中最早提到的相关历史活动，是战国时赵武灵王曾试图由云中、九原南袭秦国。赵武灵王于二十七年，传位于子，此即赵惠文王，而赵武灵王本人则自号主父。《史记·赵世家》记载：

> 主父欲令子主治国，而身胡服将士大夫西北略胡地，而欲从云中、九原直南袭秦，于是诈自为使者入秦。……主父所以入秦者，欲自略地形，因观秦王之为人也。④

王北辰认为，联系苏秦与张仪游说燕王时所述秦人会取道云中、九原以攻燕的说法⑤，赵武灵王由九原南下秦国这一事件，说明直道并非蒙恬凿空开辟，早在秦王政统一六国之前，在咸阳至九原之间，即已有直通的古路，所谓直道，不过是对这条古路的修治而已，而后来汉武帝巡历北边，往返于九原、甘泉之间，同样也是通过这条道路。⑥

前述元封元年十月汉武帝巡行北边，自云阳北历上郡，以及这次回师时，经桥山而至甘泉，说明在甘泉与九原间，似乎大致有两种走法：一是史念海所说由

---

① 《史记》卷一三〇《太史公自序》，第3293—3295页。
② 《史记》卷二八《封禅书》，第1404页；又卷三二《齐太公世家》，第1513页。参据王国维：《观堂集林》卷一一《太史公行年考》，第490—492页。
③ 参见史念海《与王北辰先生论古桥门与秦直道书》（据作者文集《河山集》四集，第511—514页）一文对此所做考述。
④ 《史记》卷四三《赵世家》，第1812—1813页。
⑤ 事见《战国策》卷二九《燕策一》"苏秦将为纵北说燕文侯"条，上海古籍出版社，1985年，第1039—1040页；又同卷"张仪为秦破纵连横谓燕王"条，第1052页。
⑥ 王北辰：《古桥门与秦直道考》，据作者文集《王北辰西北历史地理论文集》，第106—110页。

甘泉沿子午岭西北行再转趋东北以至九原，一是由甘泉东北行经上郡再北趋九原。不过，在王北辰看来，则似乎只有后一种走法，也就是说这是一条唯一的干道。

王氏提出，在直道开通之前，九原与甘泉之间就有道路相通，这一点很有意义。不过，前面在论述甘泉地理位置的重要性时，已经谈到，战国时秦"北有甘泉、谷口之固"的说法，即已表明甘泉很早就是关中北侧的门户之地。只是当时交通道路的形式，与后来的直道应当有所差别。

不论是南入关中，还是北出关中，在直道开通之前，在甘泉北面的游牧民族控制区域内，恐怕更多采用骑行或是步行，而直道是修筑在秦朝国境之内的战略通道，除了步、骑之外，还要更多地满足车行的需要，这是两种性质完全不同的道路。前者受地理条件制约小，易于开辟，也易于根据实际交通需要而另辟分支或是改变路线；后者受地理条件制约大，修筑困难，一旦建成，轻易不会改变。在秦始皇修筑直道之前，由甘泉北出的这类仅供骑行或是步行的通道，恐怕不止一条，会有很多分支。所以，不宜据此来揣测直道的经行地点。况且秦人据有上郡之地是在秦昭襄王三年①，亦即赵武灵王二十二年，而赵国开拓云中、九原，是在赵武灵王二十六年②，赵武灵王要想实现袭击秦国的突然性并获得更好的战果，避开上郡，从九原直接南下，以袭击关中，恐怕也是一种很合理的选择。总之，赵武灵王的南下路线，并无助于确定直道的走向。

前人在研究中提到的间接推测，还有很多，但更为缺乏实际联系，这里便不予详细讨论。需要说明的是，史念海认为，经过上郡治所肤施等地的大道，才是赵武灵王南下时行用过的旧有道路，也是秦始皇在全国所建驰道网的组成部分。驰道修筑于始皇二十七年，直道修筑于始皇三十五年，秦政虽苛，亦不至于这样频繁地施工于同一条道路，因而，经过上郡肤施的这条道路，肯定与直道无关。③

赵武灵王的南下路线，现在还无法确定，对此，上文已有论述；而秦始皇驰

---

① 郦道元：《水经·河水注》，据清王先谦：《合校水经注》卷三，第18b页。
② 《史记》卷四三《赵世家》，第1811页。
③ 史念海：《直道和甘泉宫遗迹质疑》，据作者文集《河山集》四集，第459—470页。按史氏本谓秦始皇三十二年"始皇巡北边，从上郡入"（《史记》卷六《秦始皇本纪》，第252页），即走经过肤施的道路，所以，秦人无由至三十五年便又重新翻修这条道路。但秦始皇三十二年这次巡行"从上郡入"的具体路线，史籍没有明确记载，这种推论，似乎还需要慎重对待。

道网络的构成情况，则在文献当中并没有明确记载。《史记·秦始皇本纪》在述及此事时，只记有"治驰道"①寥寥三个字；《汉书·贾山传》移录贾山《至言》，对此记述稍详，乃谓：

> （秦）为驰道于天下，东穷燕齐，南极吴楚，江湖之上，濒海之观毕至。道广五十步，三丈而树，厚筑其外，隐以金椎，树以青松。为驰道之丽至于此，使其后世曾不得邪径而托足焉。②

但据此仍然无法弄清驰道网络的具体构成状况。在这种情况下，秦始皇所建驰道网络，是否包含咸阳—甘泉—肤施—九原间道路在内，现在还不能完全肯定，因而，也不宜依据这一点，来绝对排除直道经行肤施的可能。

上郡及其治所肤施所处的地理位置，决定了经由此地连接九原、甘泉乃至咸阳的南北通道是一条相当重要的道路，而目前所知秦汉时期往返于咸阳、甘泉与九原之间，途中经行地点明确的历史活动，都是经由上郡，如前文所引述之汉武帝元封元年年初自云阳北历上郡而至五原、朔方，复又途经桥山返回甘泉的记载，即是如此。在这种情况下，在确定直道的走向时，还是需要充分考虑经行上郡肤施一带的可能性。

五、结语：直道遗迹的保护与考察在直道研究中的重要价值

以上对有关直道文献记载的分析，反映出直道南端起始于甘泉，是以甘泉至咸阳间的已有道路为基础，这条道路的南端起点，实质上应是咸阳。根据唐代以前比较可靠的文献记载，目前只能完全肯定直道乃是连通云阳（甘泉）和九原两地，但是，这两地之间，具体究竟怎样连接，并没有特别可靠的证据足以复原。史念海主要依据唐代文献记载对直道路线所做的复原，亦即西线方案，反对者并没有能够提出有力的文献依据，所以，在目前看来，还是一种相对比较可信的说法。

但是，由于这些唐代的记载，年代偏晚，其可信性远不如《史记》《汉书》这类早期记载，而秦汉时期的一些重大历史活动，又反映出另有一条途经上郡治所肤施一带的南北干道，可以承负与直道相近的交通功能，《史记》《汉书》的相关记载，既不能肯定也不能否定其为秦始皇直道。因此，最终确定直道的走向，

---

① 《史记》卷六《秦始皇本纪》，第241页。
② 《汉书》卷五一《贾山传》，第2328页。

还不宜将其弃置不顾；也就是说，目前还不能轻易排除东线方案存在的可能性。

在这种情况下，切实保护好已经得到学术界确认的秦九原和甘泉宫附近的直道遗迹，再以此为参照基础，进一步深入、细致地对比考察中间地段的直道遗迹，辨识其在道路规制、施工技术以及内含文物方面的异同，就成为最终确定直道走向的关键措施。

特别需要指出的是，现在有人折中诸说，以为直道并存有东、西两条支线[①]，这种看法，与《史记》等书关于直道乃是在九原、云阳之间"直通之"的记载相背戾，似乎不宜依此思路，来看待直道的走向。只有扎扎实实地做好相关路段的考古学对比分析，找出二者之间在道路规制和修筑方式上的异同，才有助于最终解决直道的走向问题。

（原载《中国历史地理论丛》2006年第1辑，修订稿收入所著《秦汉政区与边界地理研究》，中华书局2009年版，第285—306页。今据《秦汉政区与边界地理研究》收入）

---

① 今内蒙古鄂尔多斯市东胜秦直道遗址的陈列，即做如此标示。

秦直道研究二题

孙家洲

秦直道在历史文献上的记载,只不过寥寥数语,但它确实是可以与长城媲美的秦代国防工程。相对于长城的闻名遐迩,直道却逐渐孤寂无闻了。在历史风云的激荡之下,秦直道淡出了人们的视野和记忆,甚至历史学家都忽略了它的存在。偶尔有人论及,也是把它视为长城的附庸。[1] 而最近二十年间,以对秦直道遗址的田野勘查为契机,相关的学术研究不断深入。[2] 此次"中国·秦直道与草原文

---

[1] 如顾炎武论及直道,就置于秦长城的范围之内。参见《日知录集释》卷三十一"长城"条,岳麓书社,1994年,第1132页。

[2] 参看王开:《"秦直道"新探》,载《西北史地》1987年第2期;贺清海、王开:《毛乌素沙漠中秦汉"直道"遗迹探寻》,载《西北史地》1988年第2期;孙相武:《秦直道调查记》,载《文博》1988年第4期;史念海:《秦始皇直道遗迹的探索》《直道和甘泉宫遗迹质疑》《与王北辰先生论古桥门与秦直道书》《再与王北辰先生论古桥门与直道书》,四文均收入《河山集》四集,陕西师范大学出版社,1991年;吕卓民:《秦直道歧义辨析》,载《中国历史地理论丛》1990年第1辑;王子今、张在明:《秦始皇直道沿线的扶苏传说》,载《民间文学论坛》1992年第2期;王子今、焦南峰:《秦直道石门琐议》,见《秦俑秦文化研究——秦俑学第五届学术讨论会论文集》,陕西人民出版社,2000年;吴宏岐:《秦直道及其历史意义》,载《陕西师范大学继续教育学报》2000年第1期;吴宏岐:《秦直道及其兴废历程》,故乡网站(www.guxiang.com),发布日期:2002年10月9日。部分网友关于"秦直道"的讨论文章,令人有耳目一新之感。参见林小牧:《秦直道——世界上最古老的高速公路》,铁杆网(www.tiegan.net),发布日期:2005年5月10日。另有王子今所著《秦汉交通史稿》,在充分吸收今人研究成果的基础之上,指出:秦代经营的交通大道多利用战国原有道路,只有直道是在秦统一后规划施工,开拓出可以体现秦帝国行政效率的南北大通道(中共中央党校出版社,1994年,第31页)。

化研讨会"的召开，必定推动该课题的研究进入新的阶段，取得新的收获。谨以本文参与讨论，希望得到与会学者的批评指正。

一、秦直道评价中的两种价值取向

纵观对秦直道的评价，大概可以区分为两种价值取向：

其一，从反对滥用民力的角度，对兴建直道之举予以嘲讽与批判。典型代表人物就是司马迁。

在记述秦二世的暴政时，除了"法令诛罚日益刻深，群臣人人自危，欲畔者众"之外，司马迁还特意强调："又作阿房之宫，治直道、驰道，赋敛愈重，戍徭无已。"①（准此，直道的兴建，是秦始皇与秦二世父子相承的事业。）司马迁批评的意图已经十分明确。更为直接的批评，见之于对蒙恬的史论。秦之名将蒙恬，在领兵出击匈奴、收取河套之后，长期驻守北部边防，是修筑长城、兴建直道的实际指挥者。②但后来，蒙恬兄弟被秦二世所杀。蒙恬受诛之前反复思忖，认定自己有功于秦反受诛戮的原因，或许是修筑长城而得罪于天地，"此其中不能无绝地脉哉？此乃恬之罪也"。司马迁在评价这位名将时，却不存同情之心，而是使用了严峻的笔调，指斥蒙恬主持兴建直道影响民众生计，已有取死之道："吾适北边，自直道归，行观蒙恬所为秦筑长城亭障，堑山堙谷，通直道，固轻百姓力矣。夫秦之初灭诸侯，天下之心未定，痍伤者未瘳，而恬为名将，不以此时强谏，振百姓之急，养老存孤，务修众庶之和，而阿意兴功，此其兄弟遇诛，不亦宜乎？何乃罪地脉哉？"太史公之意，不在评价蒙恬一人之功过，而在抨击秦朝的害民之政贻害酷烈。太史公的"民本"思想得以闪耀。

与司马迁的上述观点相近，西汉的思想家淮南王刘安，也曾对国家兴建大规模的土木工程表示深切的担忧，视为乱国耗财的祸根。"凡乱之所由生者，皆在流遁"。他把"流遁"与"五行"之说相联系，其中的"土遁"的主要内容是："高筑城郭，设树险阻，崇台榭之隆，侈苑囿之大，以穷要妙之望，魏阙之高，上际青云，

---

① 《史记》卷八十七《李斯列传》。
② 《史记》卷一百一十《匈奴列传》称："秦灭六国，而始皇帝使蒙恬将十万之众北击胡，悉收河南地。因河为塞，筑四十四县城临河，徙适戍以充之。而通直道，自九原至云阳，因边山险堑溪谷可缮者治之，起临洮至辽东万余里。"蒙恬在北部边疆以及主持兴建直道中的特殊地位，无可怀疑。

大厦曾加，拟于昆仑，修为墙垣，甬道相连，残高增下，积土为山，接径历远，直道夷险，终日驰骛，而无迹蹈之患，此遁于土也。"①此处文本中的"直道"，应该是一个动宾搭配词组，但是刘安此言的批评对象是明指秦始皇而寓意劝谏汉武帝的。因此，把它理解为对秦兴修直道的抨击，亦无不可。此类大型土木工程，在极短的时间之内完成，劳民伤财之弊确实是难以避免的。

其二，从国家利益出发，充分肯定秦直道在维护北部边疆安全方面所发挥的作用。汉代政论家贾谊的《过秦论》，本来主旨在于评述秦政的过失，而对于派遣蒙恬率军出击匈奴的正面意义，则给予肯定："使蒙恬北筑长城而守藩篱，却匈奴七百余里，胡人不敢南下而牧马，士不敢弯弓而报怨。"②所谓的"北筑长城而守藩篱"相当于现在所常说的"系统工程"，直道应该是包括在内的。起于战国，止于秦汉，中原地区一直受到来自匈奴的军事威胁。秦朝在袭夺河套之后，如果仅仅施以长城设防、精兵屯守之策，还无法适应大规模作战的需要。大量增兵、保持军需品的及时供应，对边防交通条件提出了苛刻的要求。直道的兴建，就解决了这一难题。直道南起距离秦都咸阳不远的云阳县甘泉山（今陕西省淳化县北），纵穿陕北黄土高原直至九原郡（今内蒙古包头市西孟家湾），全长700余公里。它路线便捷，路面宽阔，施工质量上乘，作用相当于现在的高速公路，可以称为世界上第一条高速国防公路。一旦前线告急，秦朝的骑兵，循直道驰援，从腹心之地甘泉山到达与匈奴作战的最前线，只需要三昼夜左右。这样的机动作战能力，使得秦军在面对游牧民族组成的敌军时，并不处于下风。有了直道的支撑，秦朝的全方位防御体系才得以确立，其进退有据的战略优势才得以形成。这对于缓解北部边防危机，是产生了有效作用的。近年间学者的讨论文章，大多持此种意见。

两种判断，各有其历史依据；态度各异，只是因为价值取向不同。论史者不得不面临一个严峻的选择：在评价重大历史事件、重要历史人物时，我们是首先关注人民大众的生命安危和负荷轻重，还是首先关注国家命运的盛衰强弱？特别是两种评判的价值取向之间出现了冲突之时，选择就更容易陷入尴尬。历史上的统治者，以残酷奴役民众的手段，达到了提升国力的目的，而与此同时广大民众

---

① 《淮南鸿烈集解》卷八《本经训》，中华书局，1989年，第262—263页。
② 《史记》卷六《秦始皇本纪》引贾谊《过秦论》。

却被迫付出惨重的代价。对于这样的现象，当今的论史者，又应该如何取舍？如果一味地对"有为雄主"加以歌颂，是否接近于肯定暴政？

其实，类似这样的两难选择，我们是会时常面对的。只是我们有意无意之中选择了回避而已。如：如何评价秦始皇的功业与秦陵地下世界的辉煌？我们似乎已经习惯了歌功颂德式的评价，而在"千古一帝""世界第八奇迹"的盛誉背后，秦朝的民众付出了何等巨大的代价，又有谁真正给以关注了呢？ 2005年春季，国民党主席连战先生到秦俑博物馆参观之时，留下了这样的题词："游秦冢而悯万民，跨海峡为创双赢。"下联是现实政治问题，无须在此处置评。上联至少在字面上说来属于历史观问题。除了感慨历史文化是联系海峡两岸的心理纽带之外，我们是否也应该认真思量：作为一个有人文关怀的学者，在讨论历史问题之时，究竟应该把万民的地位放在何处？

二、直道的作用与影响

直道提高了秦朝北部边防的防御和威慑能力，是毋庸置疑的。它起于云阳甘泉山，取大致南北直行的方位，由云阳北出直抵九原。而且直道与长城呈丁字相交，加强了关中与河套地区的交通联系。匈奴意识到这一运输大动脉的军事意义，从而不得不收敛南下进犯的欲望。

伴随着秦直道走向的基本确认，我们应该注意到这样的一个事实：蒙恬既是秦朝负责北部边防的最高军事长官，同时也是兴修直道的负责人，他的指挥机构设在上郡（驻屯军队的主力当也在上郡），按照常规，直道经由上郡应该是情理中事。但是直道的选址设计并没有取道上郡，而是由关中北部的云阳甘泉山直达九原。因此，它的设计思想，不在于整合北部驻屯军的联合作战能力，而是提高关中与九原边地的运输能力。

直道的南部起点，选定在甘泉山，是大有深意的。因为早在战国后期，甘泉山就被视为秦国的北部要塞。[①] 随着秦朝北部边疆的成功开拓，如何让甘泉山一线继续发挥其关中屏障的作用，就会提上议事日程。选定甘泉山作为直道的起点，

---

① 作为秦国的敌人，燕太子丹询问其师傅鞠武以抗秦之策。鞠武对曰："秦地遍天下，威胁韩、魏、赵氏。北有甘泉、谷口之固"。（见《史记》卷八十六《刺客列传》）入秦求宦的范雎对秦王说："大王之国，四塞以为固，北有甘泉、谷口"。（见《史记》卷七十九《范雎列传》，大致相同的记载，又见于《战国策》卷五《秦策三》"范雎至秦"条）

确实可以解决这个问题。直道把秦的北部边防线推进了700多公里，而赋予甘泉山的新形象，可以证明它依然是拱卫京城的关键所在。

直道建成之后，在秦朝是否发挥过切实的作用？历史上有明确记载的材料有限。最典型的材料是，秦始皇巡游途中死于沙丘，赵高与公子胡亥、丞相李斯定策，秘不发丧，并篡改始皇遗诏，立胡亥为太子，将公子扶苏、蒙恬赐死。为了掩盖秦始皇去世的真相，遂绕行数千里，从井陉抵九原。时值盛暑，为了掩盖秦始皇尸身的腐臭之味，"乃诏从官令车载一石鲍鱼，以乱其臭"。随后，"行从直道至咸阳，发丧"。①秦二世此举被明清之际的思想家顾炎武大加斥责："始皇崩于沙丘，乃又从井陉抵九原，然后从直道以至咸阳，回绕三四千里而归者。盖始皇先使蒙恬通道，自九原抵甘泉，堑山堙谷千八百里。若径归咸阳，不果行游，恐人疑揣，故载辒辌而北行。但欲以欺天下，虽君父之尸臭腐车中而不顾，亦残忍无人心之极矣。"②暂且抛开道德评判，借重秦始皇的威名，奉其尸身经由直道自北边返还关中，是秦二世、李斯等人的应变长策，也是直道被用于稳定政局的一次明确记载。

秦末义兵蜂起，扰及关中腹心之地，秦的统治根基受到冲击。为了挽救危机，紧急调动屯守长城的精兵入援，实属情理之中。而最为便捷的运兵路线，自然首推直道。可惜的是，史书没有留下具体记载。但是，支撑这一推论的旁证材料，还是有迹可循的。

镇压陈胜、吴广义兵的秦军统帅章邯，在用兵之初，关中没有精兵可以征调，只好临时征用修陵役夫上阵参战。这是治史者所熟知的。但是，如果据此认为，此后章邯的军队主力一直是役夫，那就大错特错了。以役夫组建军队，是在事出仓促的特定环境下的应急之策，在击溃吴广的军队之后，形势得以缓解，秦朝是完全有条件调兵增援的。细读《史记》，我们可以发现，章邯在袭杀项梁之前，确实得到了增援兵力；而且在稍后发生的"巨鹿之战"中，包围巨鹿的秦将是王离。"秦益章邯兵，夜衔枚击项梁，大破之定陶，项梁死。……章邯已破项梁军，则以为楚地兵不足忧，乃渡河北击赵，大破之。当是之时，赵歇为王，秦将王离围之巨鹿城，此所谓河北之军也。……楚军出兵击王离，大破之。"而且从片段的

---

① 《史记》卷六《秦始皇本纪》。
② 《日知录集释》卷二十七"史记注"条，岳麓书社，1994年，第947页。

记载，还可以得出下述印象：在"巨鹿之战"中，项羽真正的劲敌不是章邯而是王离所率领的秦军。史称："陈胜之反秦，秦使王翦之孙王离击赵，围赵王及张耳巨鹿城。或曰：'王离，秦之名将也。今将强秦之兵，攻新造之赵，举之必矣。'"①王离，祖孙三代皆为秦的名将，而且在秦二世诛杀蒙恬之时，传旨将原来由蒙恬掌握的军事指挥权转交王离。由此可见，王离是在蒙恬之后总摄北部军事指挥权的高级将领。那么，王离在"巨鹿之战"中率领的"强秦之兵"，极有可能就是原来驻防长城的秦军精锐。如果这一推论可以成立，那么，秦军千里回援，为了保证大部队的高速运动，自然应该循直道由北南下。

入汉之后，直道依然在与匈奴的战争中，发挥着作用。

文帝三年（前177年）五月，"匈奴右贤王入居河南地，侵盗上郡葆塞蛮夷，杀略人民。于是孝文帝诏丞相灌婴发车骑八万五千，诣高奴，击右贤王。右贤王走出塞"②。此役是西汉前期与匈奴争夺河套地区的一次大规模作战，以汉军驱逐匈奴出塞而告结束。灌婴征发的车骑数量高达85000，运兵途径显然也要借重直道。

汉武帝元封元年（前110年），"行自泰山，复东巡海上，至碣石。自辽西历北边九原，归于甘泉"③。汉武帝的这次出巡，动用了18万骑兵，是为了向匈奴炫耀军事力量。返程由九原到甘泉，显然走的是直道。卫青、霍去病领兵出击匈奴，肯定也会利用直道。

讨论秦直道对于后世的影响，除了探索后人继续沿用使之照旧发挥作用之外，还有另外的一种思路：后人是否借鉴秦朝统治者的思路，以类似的方法，开通敏感地区的交通干线，借以谋求稳定统治秩序？在正史中恰恰就有这样的记载：北魏天兴元年（398年），魏王拓跋珪（即后来的道武帝）派兵攻占邺城（今河北磁县东南）。"帝至邺，巡登台榭，遍览宫城，将有定都之意"。在从邺城北还中山（今河北定县）之前，"发卒万人治直道，自望都铁关凿恒岭至代五百余里"。④

---

① 《史记》卷七十三《王翦列传》。相关的记载还有《史记》卷七《项羽本纪》："当此时，赵歇为王，陈余为将，张耳为相，皆走入巨鹿城。章邯令王离、涉间围巨鹿，章邯军其南，筑甬道而输之粟。"《史记》卷八十九《张耳陈余列传》："张耳与赵王歇走入巨鹿城，王离围之。……王离兵食多，急攻巨鹿。……项羽悉引兵渡河，遂破章邯。章邯引兵解，诸侯军乃敢击围巨鹿秦军，遂虏王离。"
② 《史记》卷一百一十《匈奴列传》。
③ 《汉书》卷六《武帝纪》。
④ 《魏书》卷二《太祖道武帝纪》，并参见《北史》卷一《魏本纪·序纪》。

望都恒岭在今河北曲阳西北，代地位于今山西代县。北魏时期开设的这一"直道"，从选址而言，与秦直道并不重合；但是，拓跋珪径自称之为"直道"，似乎可以理解为当年秦直道对北方游牧民族影响深远的一个例证。

因此，秦直道的影响所及，应该放置于"长时段"的视野之下来考察，才会看得更为清楚。

（原载张光耀主编：《秦直道探索与研究》，内蒙古人民出版社 2006 年版，第 160—168 页）

直道与汉匈战争

宋　超

秦始皇统一六国后,为了缓解来自北境匈奴方面的军事压力,于三十三年(公元前214年)命蒙恬统率三十万大军攻逐匈奴,将匈奴逐出毗邻内史的河南地,建置郡县,徙民实边,修筑长城。三十五年(公元前212年),蒙恬又主持监建工程浩大的直道工程。至此,长城、直道的修筑开通与大规模的徙民实边行动,标志着在秦帝国北部边境已经构筑起一道坚固的防线,确保了帝国都城咸阳所在内史地区的安宁。入汉之后,汉匈战争全面爆发,直道的修筑更为汉军的调动提供了便利,在汉匈战争发挥了重要的作用。

一

早在战国时期,秦孝王定都咸阳后,重视对北境的防范就是秦的一项重要国策。秦昭王时,秦置陇西、北地、上郡三郡,除陇西郡位于秦都咸阳的西部外,北地、上郡二郡的北境都直逼北河地区,体现出秦国对来自北河地区游牧民族侵扰的重视。是时,秦国所筑的"拒胡"长城,西起今甘肃岷县,北至今内蒙古托克托,贯穿陇西、北地、上郡三郡,对于秦国都城咸阳所在的内史地区是一道有效的屏障。但从秦长城由西而北的走向看,仅其长城北端深入北河地区,其中段与西段距北河地区则相对较为遥远。从中似乎可以表明,是时活动于北河地区的胡人,尚不足以对秦国构成实质性的威胁。况且是时秦国的主要国策是兼并山东六国,兵锋东指，对防范位于其北境的胡人，自然要放于一个较为次要的地位。

秦始皇统一六国后，其北境形势亦发生重大变化，匈奴首位单于头曼应于此时或早些就已出现于历史舞台之上，匈奴族当时实际活动区域主要在北河地区一带，并且渡过北河占据河南地。① 由于河南地直接迫近秦帝国政治重心所在咸阳，这一态势自然为秦始皇所不能容忍，也为其后秦人攻逐匈奴埋下了伏笔。

秦始皇于统一后次年首度出巡，"巡陇西、北地，出鸡头山，过回中"②。秦始皇此次出巡的真实目的史载不详，但此次仅巡二郡，可见路途不远，所需时间亦短，又不像其余诸次出巡，每于所经之地刻石铸辞，昭颂秦德，示强海内，即向新统一的山东六国展示秦之强盛，以消弭六国遗民反抗的企图。而陇西、北地均是秦国故郡，"示强"的对象当然不同于其余诸次出巡。因此，始皇首次北巡的针对的目标，应是活动于河南地的匈奴。尽管此时匈奴并没有侵掠秦国边境的实力，并且在短时期内也没有出现可能侵掠的迹象。因此，秦始皇此次北巡陇西、北地，很可能是与安排防御匈奴的部署有关，虽然这种部署最多是预防性。

始皇三十三年，秦始皇终于将北攻逐匈奴的政策付诸实践，"西北斥逐匈奴"后，于新夺河南地新置九原郡，秦人与匈奴的关系从此发生重大变化。

蒙恬北逐匈奴的军事行动进展相当顺利，是时匈奴的实力以及控制的区域恐怕相当有限，《史记·匈奴列传》所谓："当是之时，东胡强而月氏盛"，匈奴单于头曼甚至不得不遣子月氏为质，以缓解来自月氏的威胁。似可表明匈奴当时身受来自东西两方面的压力，其活动空间似乎主要局限于河南地一带。因此，在强大的秦军攻击下，"却匈奴七百余里，胡人不敢南下而牧马，士不敢弯弓而报怨"，贾谊在《过秦论》中所说的正是匈奴当时窘境的真实写照。然而，对秦廷而言，如何经营新夺取的河南地，则是较军事打击更为重要，同时也是更加消耗人力物力的任务。

《史记·秦始皇本纪》载，秦人"西北斥逐匈奴"后，立即着手经营河南地，"自

---

① 匈奴头曼单于在位时间史载不详，陈序经先生认为："头曼是被蒙恬所攻击而北徙。头曼既不能胜秦，北徙十余年，那么头曼在秦始皇未统一之前已立为单于当无可疑。"见陈序经：《匈奴史稿》，天津古籍出版社，1989年，第154页。匈奴族活动于河南地的时间，史书记载同样不详。秦昭王时修"防胡"的长城时，将秦国北境的防线南移，从北河至秦长城这一广袤的区域，正是所谓的河南地，似可表明是时匈奴已经渡过北河，进居河南地，故秦筑长城以防范之。

② 《史记·秦始皇本纪》。

榆中并河以东，属之阴山，以为四十四县，城河上为塞。又使蒙恬渡河取高阙阳山北假中，筑亭障以逐戎人。徙谪，实之初县"。在采取修缮位于"河上"长城、移民实边、置初县实郡等一系列措施外，修筑一条新的交通道路，以便有效地沟通九原郡与都城咸阳的联系，成为秦廷急需解决的一个重要问题。就在蒙恬初定河南地的次年，即始皇三十五年，直道的修筑就在蒙恬的监控下全面展开。历经二年多时间的修筑，这项浩大的道路工程基本完成。① 秦直道全长700多公里，② 由于大体南北相直，故称"直道"。

关于直道具体走向，史书多统言之"九原至云阳"，途经地点则记载不详。据著名学者史念海先生研究，直道南起秦林光宫，沿子午岭主脉北行，经旬邑县石关，黄陵县艾蒿店，陕、甘交界处的五里墩，至黄陵县兴隆关（沮源关）后，沿子午岭主脉西侧的甘肃省华池县东，至铁角城、张家崾岘，又直北经陕西省定边县东南，复折东北方向达内蒙古乌审旗红庆河、东胜县西，昭君墓东，至九原郡治所九原县（今内蒙古包头西）。③ 史先生的研究结果，基本上为学界所认同。

直道的修筑沿途开山填谷，克服种种艰难险阻，在没有旧道可以利用的情况下，硬是从崇山峻岭之中、广漠的鄂尔多斯草原之上开辟出一条新的联系南北交通的大道。为加强中央政府与北边防区的联系，及时颁布政令，调动军队，巩固北部边防线提供了可靠的保证。长城的修筑及直道的开通，标志着在秦帝国北部边境已经构筑起一道坚固的防线，确保帝国都城咸阳的安宁。

二

对于直道这样一条沟通北境与都城联系的重要交通道路，从历史遗留下来的资料看，除了关于直道起修的时间及起讫点有明确记录外，如《史记·秦始皇本纪》记曰"三十五年，除道，道九原抵云阳，堑山堙谷，直通之"，《匈奴列传》记曰"而通直道，自九原至云阳"，对其修筑的目的性似乎没有明确的表示，《史记·蒙恬列传》载："始皇欲游天下，道九原，直抵甘泉，乃使蒙恬通道，自九

---

① 所谓直道基本完成，是指其勉强具备通行条件，所以始皇三十七年，李斯等人得以辒辌车载始皇尸经直道趋归咸阳，故《史记·蒙恬列传》又有"道未就"之语。

② 史书记载直道"堑山堙谷，千八百里"。此处言700多公里，取今实测距离。参见王云度、张文立主编：《秦帝国史》，陕西人民教育出版社，1997年，第49页。

③ 参见史念海：《秦始皇直道遗迹的探索》，载《文物》1975年第10期。

原抵甘泉,堑山堙谷,千八百里。道未就。"将直道的修筑与始皇二十七年后在全国范围内所修驰道等同起来。① 而驰道的修筑,在汉人的眼中,特别是汉初"过秦"思想的影响下,除惊叹驰道之修工程浩大、形制华丽之外,更多是与秦之暴政联系起来,如《汉书·贾山传》所曰:

> (秦)为驰道于天下,东穷燕齐,南极吴楚,江湖之上,滨海之观毕至。道广五十步,三丈而树,厚筑其外,隐以金椎,树以青松。为驰道之丽至于此,使其后世曾不得邪径而托足焉。

具体到直道,司马迁在《史记·蒙恬列传》"太史公曰"中的著名评论更为治史者所习知:

> 吾适北边,自直道归,行观蒙恬所为秦筑长城亭障,堑山堙谷,通直道,固轻百姓力矣。夫秦之初灭诸侯,天下之心未定,痍伤者未瘳,而恬为名将,不以此时强谏,振百姓之急,养老存孤,务修众庶之和,而阿意兴功,此其兄弟遇诛,不亦宜乎!何乃罪地脉哉?

或许正是受这种"过秦"言论的影响,仅就直道而论,汉人似乎更关注的是"始皇欲游天下",以及主修者蒙恬"固轻百姓力"与"阿意兴功"的一面。

在汉人诸多的"过秦"言论中,强调以秦政为鉴,提倡"与民休息",避免重蹈亡秦覆辙,这一点无疑是正确的。但从中也反映出当时的许多人,包括像司马迁这样的有识之士,对于秦始皇决策攻逐匈奴、修筑长城、修治直道的必要性缺乏全面的认识;而且从秦人与匈奴的关系方面考察,史料中确实也没有发现匈奴对秦廷产生实质性威胁的记录。② 从《史记·秦始皇本纪》所载秦统一后两次重要朝议结果看:一是在二十六年(公元前221年),始皇将丞相绾等请立诸子为王的奏言下群臣议,最终采纳廷尉李斯"皆为郡县"的建议,"分天下为

---

① 《史记会注考证》卷八十八《蒙恬列传》引清人曾国藩语曰:"《始皇纪》二十七年治驰道,《六国表》三十五年为直道,道九原通甘泉。直道与驰道不同也。"曾氏之语似可表明,在相当长的一段时间内,将直道等同于驰道的观点是相当普遍的。

② 参见拙作《秦人与匈奴关系考察——以汉人"过秦"言论为中心》,见《秦都咸阳与秦文化研究》,陕西人民教育出版社,2003年,第546—565页。《史记·主父偃列传》载,主父偃于汉武帝时上书"谏伐匈奴",曾引李斯谏阻秦始皇攻逐匈奴语:"匈奴无城郭之居,委积之守,迁徙鸟举,难得而制也……靡敝中国,快心匈奴,非长策也"云云。此语是否出于李斯之口,后人基本持否定态度。《史记会注考证》"考证"引吕祖谦语:"李斯方助始皇为虐,必无此谏。"徐孚远则曰:"李斯谏伐胡,本传不载,非实事也。"二世时,李斯曾从狱中上书,名为谢罪,实为陈功,有"地非不广,又北逐胡、貉,南定百越,以见秦之强。罪二矣"云云,亦证本人也以攻逐匈奴为己功。

三十六郡";二是在三十三年,始皇召群臣议博士淳于越"师古"说,复纳丞相李斯的建议:"史官非秦记皆烧之……若欲有学法令,以吏为师。"前者为帝国确定单一的郡县体制,后者则确定了"以法治国"的统治思想。而对于修筑长城、直道与攻逐匈奴这样统一之后规模最大的军事征伐行动,却没有留下秦廷君臣朝议的任何议论。而始皇"信图谶而击胡",则成为汉人的主要诠释。① 司马迁将修筑直道的目的归结为"始皇欲游天下"与蒙恬"阿意兴功",似乎也可以从中感受"过秦"思想之影响。

司马迁之所以对直道如此评价,一个重要原因是在始皇三十三年,秦军北逐匈奴,修治河上长城,移民实边,于九原郡设置四十四初县的行动已经全面展开,三十四年,"適治狱吏不直者,筑长城及南越地"。三十六年,"迁北河榆中三万户",而此时直道尚未修治,或正在修治之中。显然,是时应有其他道路支持这样大规模的人力物力转输。而且,负责监控匈奴、主修直道的秦军统帅蒙恬驻守上郡,太子扶苏也于上郡监军,再联系三十二年始皇第四次出巡,"巡北边,从上郡入"之史实,证明上郡早就与咸阳有便利的交通道路,可供皇帝出巡及军队民役的调动征伐所使用。②

九原郡虽是秦国新置之郡,但在战国时则属于赵国的势力范围。《史记·赵世家》记载了这样一段故事:赵武灵王二十七年(公元前299年),"主父(即赵武灵王)欲令子主治国,而身胡服将士大夫西北略胡地,而欲从云中九原直南袭秦,于是诈自为使者入秦。秦昭王不知,已而怪其状甚伟,非人臣之度,使人逐之,而主父驰已脱关矣。审问之,乃主父也。秦人大惊。主父所以入秦者,欲自略地形,因观秦王之为人也"。此处所云九原、云中,正是秦九原郡治九原及云中郡治云中(今内蒙古托克托东北),是时均为赵国的边塞重城,③ 尽管我们不清楚赵武灵王入秦的具体路径,但从"直南袭秦"的角度看,由九原经上郡郡

---

① 《史记·秦始皇本纪》载:"始皇巡北边,从上郡入。燕人卢生使入海还,以鬼神事,因奏录图书,曰'亡秦者胡也'。始皇乃使将军蒙恬发兵三十万人北击胡,略取河南地。"《淮南子·人间训》亦载:"秦皇挟录图,见其传曰:'亡秦者胡也。'因发卒五十万,使蒙公、杨翁子将筑修城"云云,当是汉人的普遍看法。

② 参看王开:《"秦直道"新探》,载《西北史地》1987年第2期;姬乃军:《秦直道走向考辨》,见《秦文化论丛》第2辑,西北大学出版社,1993年;吕卓民:《再论秦直道》,载《文博》1994年第2期;陈静、文启:《秦直道不经上郡的证据》,载《中国历史地理论丛》1998年第1辑。

③ 参见沈长云等:《赵国史稿》第七章第三节"武灵王时期的领土扩张",中华书局,2000年,第168—171页。

治肤施直趋咸阳则更为迅捷。显然，在直道尚未开通之前，由咸阳经上郡至九原已有相当规模的道路可供军队调动、民役征发之需，蒙恬经营九原郡的诸多举措也是通过道路进行的。或许也正因如此，有些学者主张直道的某些路段是由原有道路修缮而成，特别直道经上郡之说法，并非完全没有事实之根据。①

司马迁将直道与"始皇欲游天下"联系起来的另一重要原因，直道基本筑就后，首次全程通行就与始皇第五次巡行相关。值得注意的，秦统一后始皇的五次巡行，前四次分别集中于二十七年与三十二年六年之中，与第五次巡行时间相隔有五年之久，这一段时间正是始皇全力经营北边的重要时期，逐匈奴、置郡县、修长城、筑直道，均是在这一时期内展开。在经过五年时间之准备，北边经营已具规模后，三十七年十月，始皇开始其一生最后一次，行程最远，也是最重要的一次巡行。《史记·秦始皇本纪》载此次巡行："三十七年十月癸丑，始皇出游……上会稽，祭大禹，望于南海，而立石刻颂秦德……并海上，北至琅邪……至平原津而病……七月丙寅，始皇崩于沙丘平台。丞相斯为上崩在外，恐诸公子及天下有变，乃秘之，不发丧。棺载辒凉车中……遂从井陉抵九原……行从直道至咸阳，发丧。太子胡亥袭位，为二世皇帝。九月，葬始皇郦山。"途中始皇病卒于沙丘（今河北广宗西北），随行李斯等人秘不发丧，特意绕道北边经直道归，"显然是循行秦始皇生前确定的路线以稳定政局"。清人顾炎武对直道与始皇巡行的关系表述得更为明确，《日知录》卷二十七《史记注》条曰："始皇崩于沙邱，乃又从井陉抵九原，然后从直道以至咸阳，回绕三四千里而归者。盖始皇先使蒙恬通道，自九原抵甘泉，堑山堙谷千八百里。若径归咸阳，不果行游，恐人疑揣，故载辒辌而北行。"

始皇此次巡行东南之目的非常明确，如《史记·高祖本纪》所云："'东南有天子气'，于是因东游以厌之。"并于会稽留下长篇刻石，昭颂"义威诛之，殄熄暴悖，乱贼灭亡。圣德广密，六合之中，被泽无疆"之"秦德"。北上琅邪，则是与始皇羡慕神仙、企求不死仙药的心态相关。而可能是此次巡行中最为重要的北边及直道之行，则因始皇卒于途中而没有留下相关记载，但从李斯等人从稳定政局的角度出发，以辒辌车载尸按始皇原定路北行，"回绕三四千里"从直道趋归咸阳看，始皇此次的北边之行，当有向是时唯一可能对帝国构成威胁的匈奴人"示强"的意图在内。无独有偶，司马迁笔下"吾适北边，自直道归"的经历，

---

① 王子今：《秦汉交通史稿》第九章第六节"北边交通"，中央党校出版社，1994年，第307页。

可能与元封元年（公元前110年）汉武帝"勒兵十八万骑，旌旗径千余里，威震匈奴"的北边之行有关："（武帝）行自云阳，北历上郡、西河、五原，出长城，北登单于台，至朔方，临北河……还……乃归甘泉。"此时形势与秦时相类，匈奴已经被逐出河南地，汉廷于秦九原郡分置朔方、五原郡，直道又成为帝辇北边巡行后趋归京城的最迅捷之通道。

鉴于上述两个原因，直道修筑的主要目的当然有"始皇欲游天下"之因素，但由于秦北边郡始终面临着匈奴之威胁，其用于军事之目的亦在情理之中。因此，直道的筑就，与原有通过上郡与九原相通的道路，同时构成秦廷经营北边的两条重要通道。特别是秦直道，北起九原，南迄云阳甘泉宫，又以"直"为特点，成为较原有道路能更为迅捷地联系北边与朝廷的一条新的通道。

三

直道虽然在始皇末年基本筑就，成为沟通朝廷与北边郡联系的一条重要道路，但就在其筑就之时，秦与匈奴关系又发生重大变化。秦二世夺位后，蒙恬被迫自杀，秦人经营多年的北境防御体系崩溃，匈奴趁机重夺河南地。《史记·匈奴列传》载："蒙恬死，诸侯畔秦，中国扰乱，诸秦所徙適戍边者皆复去，于是匈奴得宽，复稍度河南与中国界于故塞。"

公元前202年，汉王刘邦称帝，而匈奴的势力渐趋强盛。如果说对初都于雒阳的汉廷，匈奴的侵扰尚未构成太大威胁；然而在刘邦迁都长安后，活跃于河南地的匈奴人的威胁立即就凸现出来。高祖九年（公元前198年），前往匈奴约定和亲的刘敬曾从河南地返归长安，报告匈奴形势云："匈奴河南白羊、楼烦王，去长安近者七百里，轻骑一日一夜可以至秦中……"[①]"秦中"即指原为秦人所控制的关中地区。刘敬出使匈奴，是否经过直道某些路段，史载不详，但从刘敬亲历匈奴的情况看，位于河南地的直道北段，此时已经被匈奴人所控制，这对于位于直道南端起点的云阳甘泉宫，较直道未通之前无疑是一个更为现实的威胁。

早在直道始筑之时，始皇就徙民"五万家云阳"[②]，表现出对直道南端起点云阳的重视。云阳又是著名的甘泉宫所在地，对秦汉及匈奴双方均有重要的意义。

---

① 《史记·刘敬叔孙通列传》。
② 《史记·秦始皇本纪》。

《史记·匈奴列传》"集解"引《汉书音义》曰:"匈奴祭天处本在云阳甘泉山下,秦夺其地,后徙之休屠王右地,故休屠有祭天金人,象祭天人也。""正义"引《括地志》云:"径路祠神在雍州云阳县西北九十里甘泉山下,本匈奴祭天处,秦夺其地,后徙休屠右地。"此说不确。《史记会注考证》引沈钦韩语曰:"云阳为秦地久矣……本以得金人(指霍去病夺休屠金人事)而有其祠,说者反谓匈奴祭天之处,颠矣。"然而,诸多说家所以持云阳为匈奴祭天处说,似乎并非无根之谈,云阳地早期确与所谓"胡人"有密切关系,《史记·匈奴列传》载,秦昭王时,"义渠戎王与宣太后乱,有二子。宣太后诈而杀义渠戎王于甘泉,遂起兵伐残义渠。于是秦有陇西、北地、上郡,筑长城以拒胡"。由于云阳较为邻近胡地,宣太后才可能消除义渠戎王的疑虑,将其诈杀于甘泉,此后方有置郡筑城"以拒胡"的措施实行。

甘泉宫作为秦汉朝廷处理北边事务的一个重要政治中心,许多与匈奴相关的重大举措多在此处展开,上述宣太后诈杀义渠戎王即是一例。二十七年始皇首次北巡,"作甘泉前殿,筑甬道,自咸阳属之",使咸阳与甘泉宫的交通更为便捷。三十二年,始皇第四次出巡是经甘泉回归咸阳。加之上述三十七年始皇第五次巡行,其辒辌车由刚刚筑就的直道经甘泉返回咸阳。十年之中,始皇一是扩建甘泉宫,修治甘泉宫与咸阳交通,二是两次北巡均行经甘泉宫,一次是在决策北逐匈奴之前不久的第四次巡行,二次是在北边郡经营初具规模之后的第五次巡行,只是始皇病卒于途中,不得亲行而已,从中体现出甘泉宫作为直道的南端起点,确实起到了沟通咸阳与北边郡联系的重要的中转作用。

入汉之后,汉帝更加频繁地往返于甘泉与长安之间,其中虽然不乏游冶之事,但更多的是与处理北方事务有关。特别是在元朔二年(公元前127年)卫青收复河南地之前,甘泉宫作为最邻近北边的指挥中心发挥重大的作用。其中最为典型的事例,则是文帝三年(公元前177年)与十四年(公元前166年)匈奴大规模入侵事件,均与直道南端起点的甘泉宫有某种关联。

史载,文帝三年五月,"匈奴右贤王入居河南地,侵盗上郡葆塞蛮夷,杀略人民。于是孝文帝诏丞相灌婴发车骑八万五千,诣高奴,击右贤王。右贤王走出塞"。为部署反击匈奴事宜,文帝初临甘泉宫。在匈奴退兵后,六月,汉文帝又亲自从甘泉前往高奴(今陕西延安),"因幸太原……留游太原十余日"。汉文帝从甘泉宫北上高奴之太原,"有可能行经秦直道的部分路段"。而发生在文帝十四年的匈奴入侵事件，则是匈奴出动兵力最多、入侵程度最为严重的一次。《史记·匈奴列传》载："匈奴单于十四万骑入朝那、萧关，杀北地都尉卬，虏人民畜产甚多，遂至彭阳。使奇兵入烧回中宫，候骑至雍、甘泉。于是文帝以中尉周舍、郎中令张武为将军，发车千乘，骑十万，军长安旁以备胡寇……单于留塞内月余乃去，汉逐出塞即还，不能有所杀。"此次入侵，匈奴单于率部主要活动于北地郡，匈奴快骑竟然快速深入雍县（今陕西凤翔）与甘泉宫，似乎不能排除利用直道南端某些路段进逼甘泉宫的可能。

匈奴利用河南地屡次发动大规模侵扰的行为，促使深受其害的汉廷君臣不得不重新考虑抗击匈奴的策略，而秦人对待匈奴的一些具体措施，特别是蒙恬对河南地的经营，成为汉人效法的蓝本。当汉武帝决策反击匈奴后，对匈奴首次具有决定意义的战役，就是转绕着河南地的争夺展开的。

元朔二年，汉武帝不为匈奴在东部边郡上谷、渔阳等地连续侵掠所动，采取匈奴东击，汉军西进的方针，发动河南之役。史称"卫青复出云中以西至陇西，击胡之楼烦、白羊王于河南，得胡首虏数千，牛羊百余万。于是汉遂取河南地"。汉军攻占河南地之后，武帝采纳谋士主父偃的建议，在秦原九原郡分置朔方（治朔方，今内蒙古杭锦旗北）与五原（治九原，今内蒙古包头西北）二郡，重新修缮秦时所筑长城，同时从内地徙民十多万人充实朔方。至此，直道全程再度为汉廷所控制，重新成为沟通边郡与中央联系的通道。

河南之战后，汉军数次出击匈奴的行动，都是通过朔方、五原二郡发动的，如：元朔五年（公元前124年），"汉以卫青为大将军，将六将军，十余万人，出朔方、高阙击胡"；元封元年（公元前110年），"汉已灭南越，遣故太仆贺将万五千骑出九原二千余里，至浮苴井而还，不见匈奴一人"；太初二年（公元前103年），"汉使浞野侯破奴将二万余骑出朔方西北二千余里，期至浚稽山而还……还，未至受降城四百里，匈奴兵八万骑围之"；太初三年，"汉使光禄徐自为出五原塞数百里，远者千余里，筑城鄣列亭至庐朐"；征和三年（公元前90年），"匈奴入五原、酒泉，杀两都尉。三月，遣李广利将七万人出五原……击匈奴"；等等。[1] 汉军这些军事行动以朔方、五原为出发地，从中似乎看不出与直道存在某种联系，但大批汉军的调动、所需物资的准备，显然不是地广人稀又饱经战事的边郡所能独

---

[1] 分见《史记·匈奴列传》、《资治通鉴》卷二十二。

立支持的，其中许多军事行动，应是通过直道来完成军队的调动及物资转输的。

在汉匈民族经过多年的冲突与战争之后，宣帝年间汉匈关系进入一个重新调整的时期。甘露二年（公元前52年），"呼韩邪单于款五原塞，愿朝三年正月。汉遣车骑都尉韩昌迎，发过所七郡郡二千骑，为陈道上。单于正月朝天子于甘泉宫，汉宠以殊礼，位在诸侯王上，赞谒称臣而不名……上自甘泉宿池阳宫。上登长平，诏单于毋谒，其左右当户之群臣皆得列观，及诸蛮夷君长王侯数万，咸迎于渭桥下，夹道陈。上登渭桥，咸称万岁。单于就邸，留月余，遣归国"[①]。从呼韩邪单于入汉的行途看，"五原塞"正是秦直道的北端起点，途中所过七郡，《资治通鉴》"汉纪十九"胡注曰："谓过五原、朔方、西河、上郡、北地、冯翊，而后至长安也。"除长安外，其余六郡均在秦直道所经过的区域内，汉宣帝则在直道的南端起点甘泉宫迎接呼韩邪单于入汉。通过已筑就一百五十多年秦直道的沟通，汉匈民族终于从"胡笳互动，牧马悲鸣"的境地中摆脱出来，迎来了一个"三世无犬吠之警，黎庶亡干戈之役"的时代，而遗存至今的秦直道，正是这段历史默默无语的见证者。

（原载张光耀主编：《秦直道探索与研究》，内蒙古人民出版社2006年版，第169—182页）

---

① 《汉书·匈奴传》。

秦直道与秦始皇归丧咸阳

刘华祝

秦直道的修筑与开通，在秦王朝是一项与筑长城、修驰道、建阿房宫和秦始皇陵等重大工程齐名的重要工程。它在中国古代军事史上和交通史上都具有极其重要的作用与地位。而因《史记》《汉书》等文献的记载不详，加之考古工作的滞缓，故学界直至上世纪70年代中才先由著名史地学家史念海先生经过对文献的稽考和实地考察，发表了令人关注的研究直道的成果——《秦始皇直道遗迹的探索》[1]一文。此后，又有多篇实地考察报告和研究论文相继刊布[2]。学者间的意见虽颇有分歧，但我们相信经过商榷讨论，在崇尚实证的历史地理和交通史的研究方面一定会因新的考古发现而有所突破。本小文只想就直道的选线和秦始皇死

---

[1] 该文原刊《陕西师大学报》1975年第3期，并被同年的《文物》第10期转载，后收入《河山集》四集，陕西师范大学出版社，1991年。

[2] 参见王开：《"秦直道"新探》，载《西北史地》1987年第2期；王北辰：《古桥门与秦直道考》，载《北京大学学报》（哲学社会科学版）1988年第1期；贺清海、王开：《毛乌素沙漠中秦汉"直道"遗迹探寻》，载《成都大学学报》（社科版）1989年第1期；孙相武：《秦直道调查记》，载《文博》1988年第4期；延安地区文物普查队：《延安境内秦直道调查报告之一》，载《考古与文物》1989年第1期；史念海：《直道和甘泉宫遗迹质疑》，载《中国历史地理论丛》1988年第3辑，《与王北辰先生论古桥门与秦直道书》《再与王北辰先生论古桥门与秦直道书》，均载《中国历史地理论丛》1989年第4辑，都收入《河山集》四集，陕西师范大学出版社，1991年；吕卓民：《秦直道歧义辨析》，载《中国历史地理论丛》1990年第1辑；王子今、焦南峰：《秦直道石门琐议》，见《秦俑秦文化研究——秦俑学第五届学术讨论会论文集》，陕西人民出版社，2000年；王子今：《试说秦烽燧——以直道军事通信系统为中心》，载《文博》2004年第2期。

后归丧咸阳的原因谈点不成熟的想法，疏漏难免，尚祈方家指正。

一、秦直道的选线

《史记·秦始皇本纪》记载："三十五年，除道，道九原抵云阳，堑山堙谷，直通之。"同书《六国年表》又云："（秦始皇）三十五年，为直道，道九原，通甘泉。"又同书《匈奴列传》曰："通直道，自九原至云阳。"九原郡的治所在九原县，在黄河北岸的今内蒙古包头市西北。云阳、甘泉，是一宫二名，都在今陕西淳化县西北甘泉山上。司马迁在《史记·蒙恬列传》文末说："吾适北边，自直道归，行观蒙恬所为秦筑长城亭障，堑山堙谷，通直道，固轻百姓力矣。"对自己走过的直道，司马迁关于其起讫地的记叙是准确的，我们不必有疑问。①

正因为史书只记载了直道的起讫地，故学界对它的途经路线存在正常的不同意见。史念海先生认为直道"是肇始于今陕西淳化县北梁武帝村，由此登上子午岭，顺岭北行，经过今陕西定边县和内蒙古自治区东胜县，而至于包头市西。舍此别无他途"②。而上世纪80年代中以后，王开、贺清海、孙相武、王北辰等先生或通过实地考察，或经过文献的考证，大多倾向于秦直道必经过秦上郡（今陕西榆林东南）、阳周（今陕西子长县西北）、高奴（今陕西延安市）等地，即陕北地区。③他们的意见虽也稍有分歧，似仍可以姚生民先生的看法为代表。姚先生说："秦直道肇始于汉甘泉宫城北门遗址附近。……向东北上行至甘泉山南麓，穿鬼门口……过耀县、旬邑、淳化县交界七里川。……向北至今旬邑县石门乡庙沟村，再穿天堑石门关，沿子午岭主脉北行，过黄陵县兴隆关（沮源关）、富县、甘泉县、志丹县，入榆林市，至内蒙古红庆河，经东胜县西，昭君坟东，过黄河，终秦九原郡。"④这样，兴隆关（沮源关）以南，内蒙古伊金霍洛旗南红庆河以北

---

① 孙相武在《秦直道调查记》（载《文博》1988年第4期）一文中谓直道是从咸阳到九原郡，似是把从咸阳到甘泉的驰道当直道，故不依从。
② 史念海：《直道和甘泉宫遗迹质疑》，载《中国历史地理论丛》1988年第3辑，后收入《河山集》四集，陕西师范大学出版社，1991年。
③ 参见王开：《"秦直道"新探》，载《西北史地》1987年第2期；王北辰：《古桥门与秦直道考》，载《北京大学学报》（哲学社会科学版）1988年第1期；贺清海、王开：《毛乌素沙漠中秦汉"直道"遗迹探寻》，载《成都大学学报》（社科版）1989年第1期；孙相武：《秦直道调查记》，载《文博》1988年第4期。
④ 姚生民：《甘泉宫志》，三秦出版社，2003年，第107—110页。

的直道路线，史、姚（包括前列诸先生）二家的意见基本一致。而中间一大段，是像史先生所说的从兴隆关再偏西北行，过甘肃华池县东的间水坡岭、黄草嶕岘、老爷岭、铁角城等，再直北至今定边县，然后折向东北，经今内蒙古乌审旗侧到红庆河呢，还是像姚先生等认为的从兴隆关向东到富县，然后向北经今甘泉县、志丹县入榆林市，再至红庆河呢？吕卓民先生在《秦直道歧义辨析》①一文中已做了详细的论证，其结论是同意史先生的意见。吕先生的看法是正确的，我们大都赞同。为免重复并节省篇幅，现归纳几条理由如下：

第一，直道是秦统一六国后北击匈奴、收复九原郡后，为配合以前的"治驰道"（公元前220年）、筑长城（公元前217年）工程而于秦始皇三十五年（公元前212年）进行的又一项宏大的国防工程。它的目的就是尽可能地迅速快捷地从都城发兵或转运战备物资到九原边塞，以加强边防，阻遏匈奴的南侵。

匈奴自古即雄踞北边。战国中后期，随着秦国实力的强大，在其西边先后置陇西郡、北地郡，北边兼并赵地置上郡，匈奴的势力稍往西北转移。陇西郡的治所在狄道（今甘肃临洮县），辖地包括今甘肃东南部；北地郡的治所在义渠（今甘肃庆阳西南），辖地包括今甘肃庆阳地区和宁夏固原地区的南部；上郡的治所在肤施（今陕西榆林东南），辖地包括今陕北大部分地区。此后，秦与匈奴的边界在较长一段时间就维持在狄道、朝那（今宁夏固原东南）、肤施一带，当时，秦的长城也是沿着这一线而修筑的。"后秦灭六国，而始皇帝使蒙恬将十万之众北击胡，悉收河南地。因河为塞，筑四十四县城临河，徙适戍以充之。而通直道，自九原至云阳，因边山险堑溪谷可缮者治之，起临洮至辽东万余里。又度河据阳山北假中。"②于是秦与匈奴的边界又往北移，恢复到了先前赵与匈奴的边界的状况。为了巩固阴山以南的大片新占地，在通直道的同时，也修缮或新筑了原先赵国在阴山一带的长城。可见，修直道与筑长城一样，也是攻击匈奴并阻止其南扰的军事工程。

众所周知，秦驰道的修筑在始皇二十七年（公元前220年），直道的修筑在始皇三十五年（公元前212年），前后相差八年，故咸阳通往前述陇西、北地、上郡等全国各地的驰道早就修通。正如有的学者所说的："秦代经营的交通大道

---

① 载《中国历史地理论丛》1990年第1辑。
② 《史记·匈奴列传》。

多利用战国原有道路,只有直道是在秦统一后规划施工,开拓出可以体现秦帝国行政效率的南北大通道。"① 也就是说,直道是新辟的与驰道施工要求可等量齐观的大通道,不可能与早就通往上郡等今陕北地区的驰道相重叠。

第二,司马迁著史严谨,尤对城邑、关塞等地名特别重视。如他在《自序》中记为郎中前的游历经过是:"二十而南游江、淮,上会稽,探禹穴,窥九疑,浮于沅、湘;北涉汶、泗,讲业齐、鲁之都,观孔子之遗风,乡射邹、峄,厄困鄱、薛、彭城,过梁、楚以归。"又如记秦始皇的第一次出巡,说:"始皇巡陇西、北地,出鸡头山,过回中焉。"鸡头山在今六盘山一带;回中,在今陕西陇县西北。这样的例子在《史记》中比比皆是。直道途中没有重要地名,是不是司马迁的疏忽漏记?前面我们已经说过,对他的记载我们不应怀疑。唯一的理由就是直道途中不存在重要的城邑、地名,起码当时是这样的。所以不会像持陕北直道说的先生们认为的那样,直道会经过阳周、上郡等地。司马迁走完直道的全程后,只记了蒙恬修的长城亭障,这恐怕不单指阴山一带的长城亭障,还应包括前面提到的从今陕西定边折向东北方向的直道旁的原有的长城亭障。

第三,唐代人的记载虽隔得远了点,但还是可以作为旁证的。《史记·匈奴列传》"正义"注引《括地志》曰:"秦故道在庆州华池县西四十五里子午山上。自九原至云阳,千八百里。"唐庆州华池县在今甘肃华池县东华池镇,其西45里为子午岭。又《元和郡县志》卷三关内道三宁州"襄乐县"条:"秦故道在县东八十里子午山。始皇三十(五)年,向九原抵云阳,即此道也。"唐宁州襄乐县在今甘肃宁县襄乐镇,其东80里也是子午岭。据史念海在《秦始皇直道遗迹的探索》一文的介绍,他经实地考察,发现的直道遗迹与唐人的记载相符。

总之,在没有新的考古发现的情况下,对秦直道的路线,我们只能依照前述史念海先生的选线来理解。

二、秦始皇归丧咸阳

《史记·秦始皇本纪》记载:始皇三十七年(公元前210年)"七月丙寅,始皇崩于沙丘平台。丞相(李)斯为上崩在外,恐诸公子及天下有变,乃秘之,不发丧。棺载辒凉车中,故幸宦者参乘,所至上食。百官奏事如故,宦者辄从辒

---

① 王子今:《秦汉交通史稿》,中共中央党校出版社,1994年,第30页。

凉车中可其奏事。独子胡亥、赵高及所幸宦者五六人知上死。赵高故尝教胡亥书及狱律令法事，胡亥私幸之。高乃与公子胡亥、丞相斯阴谋破去始皇所封书赐公子扶苏者，而更诈为丞相斯受始皇遗诏沙丘，立子胡亥为太子。更为书赐公子扶苏、蒙恬，数以罪，（其）赐死。……行，遂从井陉抵九原。会暑，上辒车臭，乃诏从官令车载一石鲍鱼，以乱其臭。行从直道至咸阳，发丧。太子胡亥袭位，为二世皇帝。九月，葬始皇郦山。""千古一帝"的秦始皇因暴亡于巡行的道上，随从官员如丞相李斯、中车府令赵高、始皇少子胡亥合谋采取了几条应急措施：一是怕宗室与天下可能突发事变，为稳定局势秘不发丧；二是矫造遗诏，立公子胡亥为太子，并伪造遗书赐始皇长子扶苏与领兵驻守上郡的将军蒙恬死，以剪除政敌；三是以臭鲍鱼掩盖始皇尸车的恶臭，以欺瞒天下。这虽是阴谋小人所为，但也是专制皇权下皇帝死后的悲剧。

撇开秦始皇死后围绕皇位继承等政治阴谋不说，装载秦始皇尸身的辒辌车及随从车队为什么要从井陉抵九原后从直道回咸阳呢？井陉指井陉关，在今河北井陉县西北井陉山上，处于太行山区进入华北平原的要隘。秦始皇病死沙丘平台，即今河北广宗西北。这里离井陉关不远。从井陉本可经太原郡（今山西太原西南）往离石渡黄河由高奴（今延安市北）回咸阳，或从太原到河东郡（今山西夏县西北）往蒲坂（今山西永济西北）渡黄河再往咸阳。这两条道路都有驰道可通，往咸阳更为便捷。但在盛暑之际不顾尸体发臭而绕行九原走直道，有学者虽否定了早先研究者的"等待扶苏的消息"[①]一说，但仍认为"赵高等人在晋阳附近得知扶苏、蒙恬的消息后，蒙毅转而成为他们篡位最大的障碍，因此，赵、李等人才不得不又率车驾北上去解决蒙毅"[②]。但在胡已听信赵高的谗言"而系蒙毅于代"[③]后，为什么秦始皇灵车队伍没有从代郡（治今河北蔚县西南）到太原郡，然后由前述第二条路线回咸阳，而是从代郡向西，经雁门郡（治今山西右玉县东南）往云中郡（治今内蒙古托克托县东北）再到九原郡，略为迂远地由直道回咸阳呢？程龙认为："一方面是由于直道的路况较好，行进速度较快；另一方面，则可能是要

---

① 林剑鸣：《秦史稿》，上海人民出版社，1981年，第401页。
② 程龙：《论秦始皇灵柩何以经九原归咸阳》，"中国·秦直道与草原文化研讨会"论文，鄂尔多斯，2005年7月。
③ 《史记·蒙恬列传》。

对驻守九原、上郡地区的边防军进行安抚和震慑。"①这种意见是值得商榷的。理由很简单：第一，从代郡到九原已是迂回曲折不说，直道的路况虽可与驰道相提并论，但怎么也不会好于"道广五十步，三丈而树，厚筑其外，隐以金椎，树以青松"②的驰道。因此，也就不存在所谓"行进速度较快"的可能。第二，前面已说过，直道不经过上郡，也就不存在像他所说的安抚"上郡地区的边防军"的问题。人所熟知，蒙恬驻守上郡，秦的边防军主力也当在上郡，九原多为负责防御的戍守之师。一旦发生战事，只能依靠上郡驻军。在扶苏自杀、蒙恬被囚于阳周（今陕西子长县西北）后，秦北部驻军的军事指挥权已移交给王离。③ 如果借重秦始皇的威名，奉其尸身去安抚边防军，怎么会避开上郡与王离呢？可见护始皇灵柩的车队途经没有名城大邑的直道，不是为了安抚边防军，而是要躲避朝拜、掩人耳目并迅速归咸阳。

因此，明清之际的思想家顾炎武在《日知录》卷二十七"史记注"条说："始皇崩于沙丘，乃又从井陉抵九原，然后从直道以至咸阳，回绕三四千里而归者。盖始皇先使蒙恬通道，自九原抵甘泉，堑山堙谷千八百里。若径归咸阳，不果行游，恐人疑揣，故载辒辌而北行。但欲以欺天下，虽君父之尸臭腐车中而不顾，亦残忍无人心之极矣。"姑且不论顾氏以人伦孝道对胡亥的斥责，但他对秦始皇灵车队伍绕行直道的目的之论是很有见地的。近年，又有学者说"显然是循行秦始皇生前确定的路线以稳定政局"。这一分析很精当，我们从秦始皇在统一六国后的五次出巡中即可了解其政治意图。

据《史记·秦始皇本纪》记载，秦始皇的第一次出巡是在统一全国的第二年（公元前220年），"巡陇西、北地，出鸡头山，过回中"。这主要关注的是对匈奴的边防，故亲临长城的西端点。次年（公元前219年），"始皇东行郡县，上邹峄山。……乃遂上泰山，立石，封，祠祀。……禅梁父。……过彭城，斋戒祷祠，欲出周鼎泗水。……乃西南渡淮水，之衡山、南郡。浮江，至湘山祠。……上自南郡由武关归"。这次出巡的目的地是新占领区齐、楚，并在泰山进行祭天告成功的封禅礼，又祷祠泗水、湘山等名山大川。始皇二十九年（公元前218年），

---

① 程龙：《论秦始皇灵柩何以经九原归咸阳》，"中国·秦直道与草原文化研讨会"论文，鄂尔多斯，2005年7月。
② 《汉书·贾山传》。
③ 见《史记·李斯列传》。

秦始皇第三次出巡，登临之罘山（今山东烟台），经琅邪（今山东胶南南），由上党郡（治所在今山西长治西）回咸阳。始皇三十二年（公元前215年），秦始皇第四次出巡，临碣石，巡北边，从上郡（治所在今陕西榆林南）返回咸阳。正因为巡北边，并得到"亡秦者胡也"的谶言，于是派蒙恬领兵三十万北击匈奴，收取河南地。又筑长城亭障，徙民实边，以防备匈奴的南侵。前面提到始皇三十七年（公元前210年）在巡视途中病死沙丘平台的那一次，是秦始皇第五次也是最后一次出巡。这时距下令修直道已两年左右，工程的主体大致完成，已基本具备通行帝王乘舆的条件。秦始皇原打算巡视北边，向匈奴示威权，并亲身体验走一遭新修的直道的感觉。结果却不是活人，而是辒辌车所载的秦始皇遗体。正因为秦始皇生前决定了出巡走直道返回咸阳，故胡亥、赵高、李斯等人怕天下人心变动，在秦始皇死后护卫着他的尸身乘舆走"直道"这一既定路线。

（原载张光耀主编：《秦直道探索与研究》，内蒙古人民出版社2006年版，第183—191页）

秦直道与九原地望

廖文俊

一、秦直道的修筑与废弃

秦朝自始皇二十六年（公元前 221 年）统一全国后，即把军事活动的重点，转向北方边疆。当时匈奴头曼单于，也在着手大漠南北的统一，国力日张。

始皇三十二年（公元前 215 年），蒙恬统率大军"三十万人，北击胡，略取河南地"①。一战而把匈奴的势力，驱逐出黄河②以南地区。三十三年（公元前 214 年），秦始皇"又使蒙恬渡河，取高阙、陶山（'陶'为'阳'字之误。阳山，即今狼山）北假中"③。又进而把匈奴的势力，逼到阴山以北。"三十四年（公元前 213 年），適（同'谪'，意为责罚、贬官）治狱吏不直者，筑长城"④。蒙恬主持修筑的秦长城，内蒙古地区东起呼和浩特市北郊的坡根底，和赵长城衔接后，西北向穿越大青山到武川的什尔登古城向西，一直到临河市北石兰计山口北侧的小黄山顶部。⑤为了确保新筑的秦长城的安全，在阴山南麓设一新郡。新郡以赵九原为郡治，故名之为九原郡。

---

① 《史记·秦始皇纪》，上海古籍出版社，1986 年，《二十五史》本，第 30 页。
② 古时黄河主航道为北河，亦即今乌加河。
③ 《史记·秦始皇纪》，上海古籍出版社，1986 年，《二十五史》本，第 30 页。
④ 《史记·秦始皇纪》，上海古籍出版社，1986 年，《二十五史》本，第 30 页。
⑤ 鲍桐：《蒙恬修筑的阴山北麓秦长城考察记》，载《长城学刊》1991 年创刊号。

阴山北麓秦长城的修筑，标志着中原封建政权第一次把行政区域推到了阴山以北，九原郡也就成了秦设在北方边疆最北的一个郡，和原来北方边郡上郡（治肤施，今陕西榆林南）相距近千里之遥。而以公子扶苏为监军的蒙恬所率30万大军的统帅机关又恰在上郡。几经权衡，秦始皇遂于三十五年（公元前212年）下令"除道，道九原，抵云阳，堑山堙谷，直通之"①。《史记·蒙恬传》则说"始皇欲游天下，道九原，直抵甘泉。乃使蒙恬通道，自九原抵甘泉，堑山堙谷，千八百里"②。这样就把北疆边防最前沿的九原郡，经上郡蒙恬的司令机关，直南到都城咸阳附近的云阳甘泉宫，以一条"千八百里"的直道连接起来。对当时北方边疆的巩固和开发影响深远。可以说阴山北麓秦长城的修筑、九原郡的设置和直道的开通，是秦朝用来巩固北方边疆三个不可或缺的环节。

然而，始皇三十七年（公元前210年），秦始皇在出巡途中，却暴死于"沙丘平台（今河北平乡）"。随同出行的少子胡亥、左丞相李斯和中车府令赵高，因"上崩在外，恐诸公子及天下有变，乃秘之，不发丧"。经密谋决定"行，遂从井陉抵九原"，"从直道至咸阳，发丧"。③ 他们应是史籍记载中第一次走完直道全程的人。

《史记·蒙恬传》里，明确记载"道未就"④。秦直道的整个工程，并未竣工。那么，像秦始皇出巡郡县那样庞大的车队，何以能通过？这就使人们想起历史上的一件往事。赵武灵王二十七年（公元前299年），这位赵国君王把王位传给儿子何而自号主父以后，"身胡服，将士大夫西北略胡地，而欲从云中、九原直南袭秦。于是诈自为使者入秦"⑤。可见，早在赵武灵王西向经营九原时，就已经探明从九原到咸阳，有一条"直南"路可供通行。秦始皇"自九原抵云阳，直通之"的诏令，绝不是空穴来风。虽然"道未就"却可顺利通行。应当说当年赵武灵王"从云中、九原直南"入秦都咸阳的直南路，是秦直道的滥觞。

修通了直道，还没有发挥它的作用，秦朝就在农民起义中灰飞烟灭。直道原本是用来防匈奴的，在秦始皇死后，反倒成了匈奴战骑南下的捷径。因为始皇死

---

① 《史记·秦始皇纪》，上海古籍出版社，1986年，《二十五史》本，第31页。
② 《史记·蒙恬传》，上海古籍出版社，1986年，《二十五史》本，第288页。
③ 《史记·秦始皇纪》，上海古籍出版社，1986年，《二十五史》本，第31页。
④ 《史记·蒙恬传》，上海古籍出版社，1986年，《二十五史》本，第288页。
⑤ 《史记·赵世家》，上海古籍出版社，1986年，《二十五史》本，第215页。

后不久，"蒙恬死，诸侯畔秦，中国扰乱，诸秦所徙適戍边者，皆复去。于是匈奴得宽，复稍度河南，与中国界于故塞"①。这里所说的"故塞"，是指战国时代秦昭襄王所筑"陇西、北地、上郡"长城。秦直道北段，都处于匈奴单于国的控制范围内。秦二世胡亥元年（公元前209年），冒顿单于杀父篡位以后，向东击灭东胡，向西跨过阿尔泰山，"定楼兰、乌孙、呼揭及其旁二十六国，皆以为匈奴。诸引弓之民，并为一家"。②汉文帝十四年（公元前166年），匈奴又大举入寇，"候骑至雍甘泉"宫。文帝"乃遣三将军陇西、北地、上郡"。还竟然表示要"自将击匈奴"。③直到皇太后出面干涉，才没有成行。后元二年（公元前162年），文帝在给单于的回信中，还不得不承认："长城以北，引弓之国，受命单于；长城以内，冠带之室，朕亦制之。"④可见汉初，由于失去对直道的控制，加重了匈奴对关中的巨大威胁，从而更显示出秦始皇当年下令修直道识见的高远。

汉武帝（公元前140—前87年在位）时代，是秦始皇修筑的直道军事功能得到充分发挥的时代。雄才大略的汉武帝刘彻，不仅多次利用直道的便捷，组织对匈奴的大规模反击战，而且还于元朔二年（公元前127年），在有效控制阴山南北以后，改秦九原郡为五原郡，使直道重新得以全线贯通。他自己也不止一次地驱车奔驰于直道上，只是再也没有沿用直道之名而已。

元封元年（公元前110年），十月，汉武帝下诏说："南越、东瓯咸伏其辜，西蛮、北夷颇未辑睦。朕将巡边垂，择兵振旅，躬秉武节，置十二部将军，亲帅师焉。""行，自云阳，北历上郡、西河、五原。出长城，北登单于台。至朔方，临北河。勒兵十八万骑，旌旗径千余里，威震匈奴。"然后，"还，祠黄帝于桥山，乃归甘泉"。⑤汉武帝这次往返五原和甘泉时，所走的路线，应就是秦直道。

同年，汉武帝登封泰山之后，"行自泰山，复东巡海上，至碣石。自辽西历北边九原，归于甘泉"⑥。同样，这次走的路线，也仍然应是秦直道。

司马迁在《史记·蒙恬传》赞语中说："吾适北边，自直道归。行观蒙恬所

---

① 《史记·匈奴传》，上海古籍出版社，1986年，《二十五史》本，第319页。
② 《史记·匈奴传》，上海古籍出版社，1986年，《二十五史》本，第318—320页。
③ 《史记·孝文纪》，上海古籍出版社，1986年，《二十五史》本，第48页。
④ 《史记·匈奴传》，上海古籍出版社，1986年，《二十五史》本，第320页。
⑤ 《前汉书·武帝纪》，上海古籍出版社，1986年，《二十五史》本，第385页。
⑥ 《前汉书·武帝纪》，上海古籍出版社，1986年，《二十五史》本，第385页。

为秦筑长城亭障，堑山堙谷，通直道。固轻百姓力矣。"①这是一代史学宗师对蒙恬主持修建的北疆边防两大工程（秦长城和秦直道）亲身踏查后最早也是唯一的记载。可惜，司马迁除感叹蒙恬们"固轻民力"以外，对两大工程本身，竟未写一字。

但是，当战争一旦过去，汉匈关系化干戈为玉帛而友好往来时，军事大道也就相应地转化为友谊之路。

《前汉书·匈奴传》载：汉孝宣帝甘露二年（公元前52年），匈奴"呼韩邪单于款五原塞，愿朝三年正月。汉遣车骑都尉韩昌迎，发过所七郡，郡二千骑为陈道上"。甘露三年（公元前51年）正月，呼韩邪单于"朝天子于甘泉宫"。②引文中提到的五原塞，据考证为今内蒙古包头市达茂旗境内汉长城侧畔的德成永古城。发"过所七郡"的"过所"，陈直教授在《汉书新证》中说："过所之名，在西汉中晚期已开始，沿用至唐时不废。"其意即"谓发通行证于七郡，使士兵往来无阻也"。③七郡，据《资治通鉴》胡三省注文说："谓过五原、朔方、西河、上郡、北地、冯翊而后至长安也。"④这是直道沿途所经所有各郡。在呼韩邪以后，直至终西汉一代，直道就一直发挥着汉匈两大民族间友好交往的纽带作用。

王莽篡汉（公元8年）以后，汉匈关系交恶，直道交通中断。

建武元年（公元25年），刘秀称帝重建刘汉朝廷，定都洛阳。中原朝廷和大漠南北的交往，多取河东道。建武二十四年（公元48年），匈奴分裂为南北两部。稍后，南匈奴内迁，建单于庭于美稷（今鄂尔多斯市准格尔旗纳林乡古城），连同直道北段在内的整个漠南地区，都成了南匈奴人的驻牧区。他们和朝廷的交往，由关中的长安转到关东的洛阳。从此，直道在史籍中消失。

继匈奴之后成为漠南地区主体民族的鲜卑人，在建立国家政权初期，定都盛乐（今内蒙古和林格尔县北古城）。道武帝登国年间（公元386—395年），或从金津（今鄂尔多斯市达拉特旗昭君坟渡口）或从君子津（今清水河县喇嘛湾渡口）渡河，经河南宫（今鄂尔多斯市准格尔旗境内）往返于黑盐池（今陕西定边县）和盛乐之间。这无疑要沿用直道的某些路段，但未见直道之名。

---

① 《史记·蒙恬传》，上海古籍出版社，1986年，《二十五史》本，第289页。
② 《前汉书·匈奴传》，上海古籍出版社，1986年，《二十五史》本，第716页。
③ 陈直：《汉书新证》，天津人民出版社，1979年第2版，第448页。
④ 《资治通鉴》卷二十七《汉纪》十九，中华书局标点本，1956年，第886页。

赫连勃勃建夏（公元407年），于凤翔元年（公元413年）建统万城（今陕西靖边县白城子古城）而都，于长安设南台，以儿子赫连璝为录南台尚书事，留守关中。自此，统万城成为南去关中北向通往大漠南北的一大交通枢纽。终两晋、南北朝时期，史籍中仍无直道踪迹。

相继兴起的隋唐两代，都以关中的长安为都城，又都面临来自雄踞蒙古高原的突厥汗国的严重威胁。从关中北出经鄂尔多斯到大漠南北的军事征战、使节往返、物资运输，远比秦汉时代更频繁，规模也更大。但所使用的却是夏州道而非秦直道。据《新唐书·地理志》的记载：贯通鄂尔多斯高原的夏州道，南起夏州（今陕西靖边县白城子古城），中经宥州（今鄂尔多斯市鄂托克前旗境内），北到天德军（今内蒙古乌拉特前旗乌梁素海东南的额尔登布拉格苏木），都在直道北段南起上郡中经红庆河到九原路线的西面。唐人李吉甫在所撰《元和郡县图志·关内道·襄乐县》条下，记载说："秦故道，在县东八十里子午山。始皇三十（五）年，向九原抵云阳，即此道也。"① 这是直道南段在古籍中偶尔露出的一斑。至于它的北段，自东汉以后长期为少数民族政权所据，在古籍中竟连一斑也难以寻觅。一条直接关系着秦汉两代北疆安危得失的军事交通大道，确实被历史所湮没。

二、秦直道的探索与研究

著名的历史地理学家史念海教授，在《文物》1975年第10期上，发表《秦始皇直道遗迹的探索》，引起学术界的广泛注意。因为这是司马迁之后又一位史学家对秦直道做实地踏查（虽然只是它的南段），并且第一次绘出秦始皇直道示意图公布于世。但是《史记》中，关于直道的著录总共百多字，直道所经过的地区，历经两千多年的变迁，又多半面目全非。从1975年以后，有关秦直道的走向和途径，出现多种不同意见。逐一辨析这些不同意见，找出分歧的实质，方能廓清各种歧见，逐步接近和触摸秦直道的历史真实。

史先生提出的秦直道，从云阳林光宫北行，循子午岭向北延伸到合水县涧水坡梁和黄草崾崄以后，就"随子午岭主脉转向西北"而行，"直至定边县南"，然后再折向东北进入鄂尔多斯高原，经乌审旗到伊金霍洛旗的红庆河镇。从红庆河镇直北，经东胜西南的二顷半村、东胜市西的城梁古城，直北到黄河南岸的昭

---

① 李吉甫：《元和郡县图志》，贺次君点校，中华书局，1983年，第66页。

君坟渡口，渡河后到秦九原郡治所在的今包头市西侧。

1979年郭沫若主编的《中国史稿地图集》出版。在该书中所绘的《秦统一图》中，也标出了秦直道的走向和途径：从云阳北出后，即循北稍偏东方向而行，途经高奴、阳周和上郡，然后直北延伸到秦九原郡所在的今包头市西。这看来是据《史记》《汉书》的有关纪、传绘制的。他们所绘出的秦直道的走向和途径，和史先生秦始皇直道示意图，差别颇大。

著名历史地理学家谭其骧先生主持编纂的《中国历史地图集》第二册于1982年由中国地图出版社出版。在秦《关中诸郡》图中，采用史念海先生的直道示意图，但只在三个不同路段，分别标写"直道"两字，并未绘出直道路线。

台湾大学陈正祥教授在《中国历史·文化地理图册》里的秦直道图和相应的说明，虽没有就所据资料做相关注释，但直接脱胎于史先生的《秦始皇直道遗迹的探索》，则毋庸置疑。有意思的是，陈先生在同一书的《前汉之城市与交通》中，绘有一条由云阳北出，经高奴、阳周直抵九原的道路，又和《中国史稿地图集》所绘的秦直道一致。① 如果以此说明汉从云阳直北到九原的路线是秦直道的沿用，无疑是对的。但他的秦直道又明显脱胎于史先生的《秦始皇直道遗迹的探索》，自陷于难以解脱的矛盾中。

1986年日本吉川中夫教授所著《秦始皇》一书，对秦直道也有所叙述，并附有《秦直道图》，亦都采用史念海先生《秦始皇直道遗迹的探索》，只是没有做必要的说明和注释。②

进入上世纪80年代以后，对秦直道的探索和研究，都转向实地考察。显然，人们都意识到，仅凭《史记》百几十个字的简略记载，很难触摸到秦直道的历史风貌，亦无法绘制与历史实际接近的直道图略。

1984年5月，中央美术学院靳之林教授，徒步考察秦直道全程。虽然未见有相应的论著发表，但《光明日报》和《瞭望》杂志都刊出了新华社记者卜昭文所做专题报道，并配发秦直道全程示意图。③ 靳先生所做直道图的走向和途径，既与《中国史稿地图集》不尽相同，亦与史先生所绘直道图颇异其趣。孰是孰非，

---

① 陈正祥编著：《中国历史·文化地理图册》，日本东京原书房，1982年（昭和五十七年），第21页。
② 吉川中夫：《秦始皇》，纪太平译，三秦出版社，1989年，第119—120、166页。
③ 《光明日报》1984年8月19日；《瞭望》1984年第43期。

当然引起更多人的瞩目。

1986年6月，陕西省交通史志编写办公室，因编写省古代道路交通史的需要，邀集省和有关地、县的交通史志编写人员以及文物、文化部门的相关人士，组成秦直道实地考察组，对陕西省境内两地六县辖区的秦直道遗迹进行实地踏查，历时23天。《陕西交通史志通讯》还出了"秦直道实地考察专辑"。

实地踏查后他们发现，史念海和靳之林两教授关于秦直道不同走向的分歧点在陕西黄陵县的沮源关。史先生认为直道从云阳北出发，循子午岭山脊到沮源关后，继续循子午岭主脉偏向西北行，直到定边县南。而靳先生认为直道到沮源关后，向北稍偏东行，然后经黄陵县、富县、甘泉、延安、榆林地区进入内蒙古鄂尔多斯高原，再直北到包头西侧九原郡，而后继续北行，直抵固阳县北。两种走向都各有古路遗迹为依据，而他们对东西两边的古路遗迹都做了考察，发现向西北行的古路路面，远不及北稍偏东行的路面宽。所以，他们"认为'秦直道'至沮源关后，是折由'古道岭'东北行，经富县槐树庄西侧北去"。而且富县境内的直道遗迹，都还较完好，路面"宽度均在30米至50米间"。①

此外，见于报章杂志的还有陕西《文博》1988年第4期上孙相武的《秦直道调查记》和《榆林日报》记者张边林写的《古代人类文明史上的又一奇迹——我区毛乌素沙漠发现秦"直道"遗址》的报道。

孙相武的《秦直道调查记》所附《秦直道考察路线图》，把直道路线和考察路线混在一起，分别标以"完整秦直道"和"不完整秦直道"，多数地段和现行公路走向、途次完全一致。他竟然"发现了五座行宫、九个兵站遗址和许多的'五里一墩'的烽火台"。但附图中只标了个红庆河兵站，行宫和烽火台全都付阙。

《榆林日报》记者张边林所做报道称：在毛乌素沙漠中发现的"这段秦'直道'从横山县白界起，沿古榆林涧（亦称古榆谷）向北至口子村出涧，折东经榆林县红石峡、镇北台南至走马梁西出长城，再沿榆溪河高岸东侧800余米的平行线北上，至神木县昌鸡兔附近，全长约120公里。其中，古榆林涧'直道'路宽80余米，长城以北的路面宽达164米"。而且至今"保存完整的路段数公里，高出地表9—11米，远远望去，犹如笔直的白色大坝，十分壮观"。然而，这会是秦直道？使人难以接受。

---

① 王开：《"秦直道"新探》，载《陕西交通史志通讯》1986年第5期。

经过对诸多不同意见的分析，我们认为：第一，不同时期修筑的道路肯定不少，特别是陕西境内，但秦直道只能有一条。误认其他古道为直道，是歧见迭出的主要原因。第二，直道最基本的特征是"直"，"堑山堙谷"的目的是保证"直通之"的"直"。第三，直道全程是"千八百里"，少许差异可能，但绝不会太多。《史记·匈奴传·索隐》所引苏林"正南北相直道也"一语，和司马迁所说"千八百里"是制约秦直道两相依存的条件，不可轻看。

三、对直道的实地考察

1989年内蒙古交通厅编史办组成秦直道考察组，对内蒙古境内的秦直道遗迹做实地考察。考察组一行八人，从8月25日到9月6日，进行了为期13天的考察，大大深化了对秦直道的认识。就"千八百里"的秦直道而言，大体可分南北两段：陕西省境内的可视为南段，内蒙古境内的则为北段。南北两段直道所处的自然环境和人文环境，差别极大，秦直道遗迹的考察与辨别，难易程度悬殊。

内蒙古境内的秦直道北段，只要抓住达拉特旗的布尔什兔、东胜西的城梁、伊金霍洛旗的掌岗图和红庆河古城，就能对直道的走向、途次和路面结构看得十分清楚。

东胜市西31公里处的城梁古城址，是鄂尔多斯高原的最高点，海拔1553米。若以此为准画一直线向直北延伸，直北抵包头市，直南到红庆河镇，恰好似鄂尔多斯高原之脊背。城梁古城地表文物散布范围很广，在略呈方形的古建筑台基及其四周，各种陶器残片到处可见，尤其引人注目的是大型板瓦、筒瓦和铺地用的回纹空心砖、下水管残件。断城梁古城为秦汉时期的行宫遗址，当不为谬。

古城西侧不远处，有一被当地居民称为"古路豁子"的遗址，应是当年"堑山堙谷"形成直道通过小山丘时留下的一个豁口。宽50米左右。登上豁口东侧据高点，向北极目眺望，一连三个宽窄一致、间距不一的豁口，相连成串。转身向南，又有两个豁口，连同身旁的一个，在数十里之内，一连六个方向一致、宽窄相等而间距不一的豁口，贯通一气，不仅可以看出苏林所说"正南北相直道也"的秦直道雄浑状貌，就连"千古一帝"的秦始皇气吞山河的气势，亦能领略得到。而且更让人触摸到"堑山堙谷，直通之"的"直"，乃是秦直道最基本的特征。

循城梁遗址所能看到的三豁口，直北而上，途经班家沟、布尔什兔沟、查罕沟、黄石崖渠、黑格尔沟、高头窑、吴四圪堵。沿途属高原丘陵，直道通过每一个山丘时，无不留下一处处"堑山"形成的豁口。豁口南北都保留有长短不一的一段直道路面遗迹。路面宽窄和豁口宽窄一致，均为50米左右。像布尔什兔沟豁口，南北都各有100多米的路面相连。从豁口中的缓坡爬上两侧的山丘上，南北都有相同的豁口收入眼底。身临其境，遥想当年嬴政、蒙恬们那种"堑山堙谷"的气概，令人真有几许敬畏。

城梁古城直南的伊金霍洛旗境内的掌岗图遗址，虽很少有地表遗物，但这里的直道遗迹，是人们认识秦直道结构的绝好去处。

掌岗图是前面所说鄂尔多斯高原脊背上的又一据高点，海拔1399米。直道遗址从南面的豁口以缓坡状向北延伸，长约300米。在它的200多米处，被雨水侵蚀出一条深沟，把直道遗迹切割成南北两截。因修建乡间公路，把直道路面南半截的北端几乎削掉一半，并把南半截直道东北角宽约13米的路面孤悬于现行公路的拐角处。构成路面的填方和铺垫的卵石，都很清楚地突显在人们面前。遗迹北半截因水土流失不很严重，近100米长呈拱形的路面，继续以缓坡状向北伸展，直到与地面取平后消失。

循掌岗图南面豁口的缓坡南去，经张家湾到公尼召，直道遗迹虽不如豁口的北面那样清晰，就连铺垫的卵石都历历可数，但直道向南延伸的轨迹，还可以跟寻到公尼召。公尼召继续南行不远，便是红庆河古城遗址。

红庆河原名红城河，直道遗迹并不明显。但它是掌岗图、公尼召直南最大的一处秦汉古城遗址，地表遗存极为丰富，各种建筑用陶和日用陶器残片，随处可见，铜镞和五铢钱亦能从当地居民中得到。古城遗址地处鄂尔多斯高原和毛乌素沙漠的衔接处，粗略估计，其规模远大于城梁古城。况且，榆林市古道研究室的贺清海在考察时，发现带有"中坊宫"戳记的陶瓷残片，不仅表明红庆河古城为中坊城，而且有行宫建筑。它是秦直道上又一重要遗址，亦当无疑。

总之，内蒙古境内鄂尔多斯高原上的秦直道，从现存遗迹看，路形南北顺直，路面宽窄一致，都为50米左右。直道通过山丘时，挖开豁口，挖出的土方顺便推向豁口的南北两头，铺垫成拱形路面；挖多少垫多少，很少另行取土。所以，每一豁口南北路面都呈缓坡状，当然坡度大小不一。而正南北的直道，以波浪形由北而南延伸。

陕西省境内的直道南段遗迹，探寻难度大，分歧意见亦大。1991年6月，榆林市古道研究室邀请陕西、内蒙古的几位同仁，其中有陕西省考古研究所秦汉室主任王学理、《光明日报》驻陕西记者站考古专业记者白建钢副站长、陕西省交通厅《陕西古代道路交通史》主编王开、陕西省考古研究所秦汉研究室段清波和我，共五人组成专家组，对由他们主持的秦直道考察与研究课题组历经几年的努力所确定的秦直道的走向和途径，做重点复核并做相应的论证。而我又应约提前几天先去榆林市交通局，阅读了古道研究室为这次复核和论证准备的有关材料，特别是他们标在五万分之一航测地形图上的秦直道全程路线，匡算大致里程。然后去西安和专家组的其他成员会合，又一起对标在五万分之一航测地形图上的秦直道路线商定复核重点。

陕西省境内的秦直道南段，从云阳秦林光宫（汉甘泉宫，今陕西淳化县西北）循子午岭主脉北行，到今富县沮源关路段，各专家意见没有分歧。自沮源关以北，是继续沿子午岭主脉西北行，还是从子午岭支脉北稍偏东行，是史念海先生《秦始皇直道遗迹的探索》所附直道图（略）与其他各专家直道图（略）的主要分歧点。其实，从五万分之一的航测地形图上看，自沮源关以北的富县北稍偏东行的古路遗迹，所标的名称就是"始皇路"，全长10多公里。在"始皇路"北端西北不远处，葫芦河南岸是汉直路县和"始皇路"相连的古路遗迹，地形图上所标名称为"圣人条"，并一直向北延伸到洛河南岸。据此，秦直道出沮源关后，循子午岭支脉北稍偏东行，和继续循子午岭主脉北偏西行的走向相比，更符合"正南北相直道也"的古文献记载。只是一些地段，因两千多年的反复垦殖，再加风雨侵蚀，像内蒙古境内直道北段规格大体一致均为50米左右的路面遗迹，已难寻找得到。

富县北行途中的车路梁，是陕西省境内秦直道遗迹保存较好的路段。直道以缓坡状爬升到鸦行山西侧，为保持走向的顺直，鸦行山西侧山体被削近30米，削下的土方向西推平，形成近50米左右的路面，南北绵延数公里。

从鸦行山继续北行，明显的直道路面遗迹已不易探寻。但古墩堡等多处秦汉时代的烽燧遗址，指示着直道的方向。北上途中，还有几处被盗掘过的古墓存留物，亦可做参照物。如阳（或羊）山帮村后的一座被盗墓现场，在杂乱的砖土堆积中，就发现刻有"居摄元年十月廿八日立"的一方墓志砖。而这一带及附近地区，历史上并无行政建置，汉墓当和附近通过的直道有关。因为从古墩台北行为马鞍梁、杨条等遗址，恰好在"正南北相直道也"的直线上，横山县境内的直道走向，也就可以大致推定。

从横山县北行经康梁墩到榆林下石峁西湾，南北都有秦汉时代烽燧遗址，而且南北呈直线排列，直道北行的途径，亦能大体判明。

从榆林市北行不远处，就是马合镇的瓦片梁遗址。从地表文物看，应是一处秦汉时期的建筑基址，紧傍其旁的杨家湾村，不少村民家中持有汉五铢钱、小半两钱和大小不等的陶罐。附近残存的一段古城墙，和正北面不远处的红庆河古城残墙，极为相似。这样，陕西境内的南段直道遗迹和内蒙古境内的北段直道遗迹，就贯通一气。而内蒙古境内秦直道北段的走向和途径，和前面所述意见一致。

秦直道从陕北的瓦片梁附近直北到内蒙古伊金霍洛旗红庆河，逐一经过公尼召、掌岗图、古路壕、二顷半、城梁古城、班家沟、布尔什兔沟、查罕沟、黄石崖渠、黑格尔沟、高头窑、马圈库垒到吴四圪堵。从吴四圪堵略偏西北行，到昭君坟渡河，稍向东北经二道梁直对包头市南郊的麻池古城。所以，从实地踏查秦直道的走向看，秦九原郡的郡治就是今麻池古城。全程走向顺直畅通，很难有别的选择。

四、九原地望

司马迁的《史记》，凡提及秦直道修筑时，都自北而南，写作"道九原，抵云阳"，"自九原抵甘泉"。就是写后来行驰直道的人，亦多数自北向南。第一次驱车通行直道全程的秦始皇运尸车队，是"从直道至咸阳"。司马迁自己则是"吾适北边，自直道归"。两次驱车奔驰于直道的汉武帝，也明确记载："祠黄帝于桥山，乃归甘泉。""历北边九原，归于甘泉。"所以秦直道的探索和研究，秦九原郡治地望的考察，就成为必不可少的一环。因为秦九原郡治地望的确定，既关系到直道"正南北相直道也"的走向，也关系到"千八百里"的总里程。

秦九原郡治的九原城，原是赵武灵王二十六年（公元前300年）"攘地北至燕、代，西至云中、九原"以后不久修建的军事重镇。特别是第二年，让位给儿子惠文王而自号"主父"以后，九原城更是他"身胡服，将士大夫西北略胡地，而欲从云中、九原直南袭秦"[①]的战略支撑点，连同南渡黄河渡口一起，进行过刻意营建。秦统一以后，也很自然会以九原城为中心，设置北疆重地九原郡。而

---

① 《史记·赵世家》，上海古籍出版社，1986年，《二十五史》本，第215页。

汉武帝元朔二年（公元前127年），又改秦九原郡为五原郡，仍以九原城为郡治。东汉因之未改。直到建安二十年（公元215年），"省云中、定襄、五原、朔方郡；郡置一县，领其民，合以为新兴郡"①。九原城作为赵、秦和两汉北疆边防重镇，前后达五百多年，焉能不让治史者瞩目。

然而恰好是对秦九原郡治的地望，多年来有两种不同意见。一种意见认为秦九原郡治在今乌拉特前旗的三顶帐房古城（以下简称为三顶帐房说）；另一种意见认为在今包头市南郊的麻池古城（以下简称为麻池古城说）。两种意见，孰是孰非？

九原城古址三顶帐房说，提出于1956年的《包兰路河套地区及乌拉山南历史文物的分布情况调查》②，影响所及范围极广，凡绘九原于今包头西的，都源于三顶帐房说，而且至今也不断被诸多论著的作者所引用。但这只是文物调查所得出的初步结论，并没有做进一步考古发掘和全面论证。

仅就1993年以后陆续出版的"内蒙古历史文化丛书"看，既有三顶帐房说，也有包头说（但并未直接指明为麻池古城）。"丛书"中考古研究所丁学芸先生的《内蒙古历史文化遗迹》就主三顶帐房说③。而"丛书"主编林幹先生的《民族友好使者——王昭君》则主"今包头市"和"包头市境内"说④。另外，值得一提的是内蒙古大学周清澍教授主编的《内蒙古历史地理》亦主三顶帐房说⑤。

对三顶帐房说做具体论述的，只有李逸友先生的《内蒙古历史名城·九原城》⑥。他提出："九原城是战国时期赵国在其西北边境兴筑的军事重镇，秦汉时代在这里设置了五原郡，因此以五原之名闻名于世。"（引文出自上述同一书，不再作注，下同）但是，从地表看"现今城垣废墟已不太清楚"，人们"仅能从地面看到残高约1米的城墙，全城平面为方形，每面长约1000米，城内2—3米以下才能找到遗迹和遗物"。看来并无足以证明三顶帐房古城就是赵九原城的遗物。因为古城遗址，至今没有做考古发掘，书中亦确实没有列出一件相关文物。

---

① 《三国志·魏·武帝纪》，上海古籍出版社，1986年，《二十五史》本，第1073页。
② 载《文物参考资料》1956年第6期，第76页。
③ 丁学芸编著：《内蒙古历史文化遗迹》，内蒙古人民出版社，1994年，第78、83—84页。
④ 林幹、马骥编著：《民族友好使者——王昭君》，内蒙古人民出版社，1994年，第36页。
⑤ 周清澍主编：《内蒙古历史地理》，内蒙古大学出版社，1994年，第23、26、27、319页。
⑥ 李逸友编著：《内蒙古历史名城》，内蒙古人民出版社，1993年，第20—22页。

三顶帐房古城为赵九原城，主要是依据古城所处地理位置。李逸友先生说：赵武灵王向西扩展领土时，把林胡、楼烦人都驱赶到黄河以南的鄂尔多斯高原，乌拉山以北则为匈奴人的驻牧区。"赵国为了保住新开拓的领土，就必须用重兵防守南北两面游牧民族的反击，南面有黄河险阻，除冰冻期外无须重兵把守，北面是东西横亘的乌拉山，就是沿山麓修筑一条防守用的长城，并在山谷口外修筑军事设施的障城。"乌拉山诸多山口中，"最大的一处山谷是今称为哈德门沟的大沟，是通往山后的最主要的通道。因此九原城便在山谷口南兴筑，成为赵国西北方的军事重镇"。顺理成章的是秦在（赵）九原城设置了九原郡，"并修筑有专为对付匈奴的直道，一旦发生军事行动，便可从国都派出大军应战。直道起自咸阳北面的甘泉宫（今陕西省泾阳县北），向北直通至九原郡所在地九原城"。这就是李逸友先生的主要论据。应该说并无说服力。

如若把赵九原城、秦九原郡和汉五原郡治所在地，如实地考察在今包头市南郊的麻池镇麻池古城，相关资料就显得颇为丰富，也颇有说服力。

无论是从地表文物，还是古城的夯筑技术，都不难看出包头市南郊的麻池古城，始建于战国，修葺、扩建于秦汉。战国布币和石质币都有出土于麻池镇境内。至于秦汉时代的文物，例如云纹瓦当和它的祖范以及其他建筑用陶、陶质生活器皿等，亦都出土于麻池古城或其周边村落。值得一提的还有难以确计其数的汉墓葬。从已经清理的汉墓看，虽多数被盗掘过，但所得文物量之多、品级之高，在整个内蒙古中西部地区也不多见，三顶帐房古城又岂能与之比肩。

麻池古城所处特殊地理位置，特别是战略攻防地位，更比三顶帐房古城显得重要和突出。麻池古城北控石门水（即昆都仑河），南临金津古渡口（今达拉特旗昭君坟附近的二狗湾渡口）。红庆河经掌岗图、城梁古城和布尔什兔等豁口北上的秦直道遗迹清清楚楚地告诉世人，在昭君坟的二狗湾北渡以后，稍偏东北过二道梁豁口，便直逼麻池古城城门。而且，二狗湾渡口的古堡，夯筑技术和地表文物又恰好和麻池古城一样，也都建于战国，修葺、扩建于秦汉。所以，只要肯定司马迁《史记》所说"除道，道九原，抵云阳"是对的，就必须同时肯定秦九原郡治在麻池古城。为此，没有任何别的地方可以替代。

麻池古城西侧的昆都仑河，古时以石门水著称，是大青山、乌拉山的界河，河谷坦直，河水流量颇丰又常年不竭，便于车通行。历史上著名的中道或稠阳道，指的就是昆都仑河谷。为确保阴山南北通道的顺畅，河谷两端北设石门障（今固阳梅岭古城），南设九原城（即麻池古城），因此成为历史上沟通阴山南北的天然通道。

乌拉特前旗的三顶帐房古城，绝非赵九原城，当然也就不是秦九原郡和汉五原郡治。古城及其周边地区，至今没有或很难发现战国和秦汉时期的重要遗址和文物，此可证明一。现存秦直道遗迹，三顶帐房古城及周边地区，没有发现。况且，如果三顶帐房古城是九原郡治的话，秦直道就得从鄂尔多斯高原的城梁城朝西北向走，三顶帐房古城直南或其附近应有一稳定渡口；须知任何跨河而行的交通路线，渡口的选择和控制，往往比渡河工具更为重要。三顶帐房古城南面的黄河两岸，自古至今都没有适当渡口，此可证明二。若说三顶帐房古城的设置，是防阴山北的匈奴人从哈德门沟南下，此说亦不具说服力。哈德门沟，确是乌拉山贯通南北的一条大沟，地处三顶帐房古城之东。但它从北偏东南行，无论是直线距离还是实际距离，到麻池古城都近在咫尺，到三顶帐房古城则近百里之遥。沟谷崎岖狭窄，沟水流量不大，又系季节性河沟。沟口东侧山坡，有一古城遗址。就军事攻防而言，麻池古城主守昆都仑沟，亦可兼防哈德门沟。就依李先生所说，设三顶帐房古城守哈德门沟，势必弃昆都仑沟于不顾，这就等于洞开大门而守旁门。若果真如此，赵武灵王、秦始皇和汉武帝们的军事见识，就只能与儿童比邻。此可证者三。从文献著录看，赵云中郡以西，只有九原城。秦设郡又以九原命名，郡治所在就不可能不是赵九原城。汉武帝元朔二年（公元前127年），改秦九原郡为汉五原郡，郡治仍沿用九原城，这在《汉书·地理志》和《后汉书·郡国志》中都有记载，毋庸置疑。东汉桓帝永寿（公元155—157年）末年，或延熹（公元158—166年）初年，崔寔曾一度出任五原郡太守。履职后发现"五原土宜麻枲而俗不知织绩，民冬月无衣，积细草而卧其中，见吏则衣草而出。寔至官，斥卖储峙，为作纺绩织纴练缊之具以教之，民得以免寒苦"①。五原渐以植麻著称。建安二十年（公元215年），汉"省云中、定襄、朔方、五原郡；郡置一县，领其民，合以为新兴郡"②，郡治九原（今内蒙古包头市西）。此后很长时期，包头地区没有再设郡县，五原之名自然因其最早种植麻枲而为麻池取代。由此可见赵九原城，经秦

---

① 《后汉书·崔骃传附孙寔》，上海古籍出版社，1986年，《二十五史》本，第955页。
② 《三国志·魏·武帝纪》，上海古籍出版社，1986年，《二十五史》本，第1073页。

九原郡的郡治九原，到两汉五原郡治五原，然后被麻池之名取代。虽然从文献里尚未找到麻池一名出现的确切时间，但麻池古城名称演进的历史轨迹十分清楚。此可证者四。据此，九原城地望就是麻池古城。

（原载张光耀主编：《秦直道探索与研究》，内蒙古人民出版社 2006 年版，第 198—217 页）

旬邑县石门关近侧大型秦汉遗址真伪辩析

贺清海

石门关位于甘泉宫之北约 20 公里处，是秦直道自南向北的第二个关隘。石门两侧，石岩绝壁，如阙刺天，宽 90 余米，为子午岭南端的自然豁口。秦直道从中通过时，下切成宽 50 余米的槽道。

石门关一带，山岭连绵，森林葱茏。素有春花、夏荫、秋果、冬雪的美景，而且古遗址错落分布，历来为访古探险者所重视。1997 年 6 月下旬，在咸阳市和旬邑县文物工作者的帮助下，笔者第四次考察了石门关一带秦直道两侧遗址。在此之前的同年 5 月，旬邑县文物工作者已在石门近侧发现了大型秦汉遗址。据该县相关报告称，新发现的遗址位于石门东峰（应是南峰）东西两侧斜坡地，峰顶为扶苏庙址。西侧斜坡地发现大量秦汉板瓦、筒瓦、云纹瓦当残片。这块耕地为斜坡地形，面积约 5 亩，在扶苏庙址不远的半山腰。各种砖块、瓦片均在耕地的 10~15 厘米浅表层，属当地农民犁地时翻出地表。散于地表的各种瓦残片，拱面均饰绳纹，内壁有的为素面，有的为布纹。还有两个云纹瓦当残片，当面中心有一个圆圈，圈内为双线十字。在扶苏庙遗址东侧（应为西北侧）下边的斜坡地上，发现了铺地砖、"长生未央"瓦当残片、巨型板瓦、陶构件等多种遗物。这块斜坡约有 3 亩。各种瓦残片散落于地表，属农民耕地时翻出。《咸阳报》于同年 6

月 17 日头版以《旬邑县发现大型秦汉遗址》为题披露了这一发现。认为该遗址"是秦时屯兵、守关、传递信息、指挥作战的重要场所，汉时演变成皇帝避暑、度假、狩猎的重要场所，并为甘泉苑的重要组成部分"。

一、子午岭秦直道的时代及性质

1994 年 9 月下旬，应榆林市古道研究会邀请，陕西师范大学教授朱士光、甘枝茂，省公路局高级工程师袁雪甦等对秦直道自南向北进行了全程考察。"在淳化县北部……详细考察了鬼门口一带砾岩风蚀层面上的古道，认为鬼门口有原来拓宽的痕迹。在甘肃正宁县刘家店林场，注意到位于子午岭主脉上古道外侧，存在有水平位置较低，路面较窄，纵向连续的槽道（当地人称老路胡同），认为它是秦直道修筑前原有的道路。其路面由于两千余年来车轮畜蹄的挤动、刨松，又经雨水冲刷而不断加深。内侧较高、较宽、纵向不连续的部分是在原道保持畅通使用的同时向里拓宽，实际未曾当作路面使用，原道与新拓修的部分未来得及整合为一。"① 这实际是"道未就"的体现。秦初，李斯上书曰："治驰道，兴游观，以见主之得意。"② 六年之后，"始皇欲游天下，道九原，直抵甘泉"。可以认为，直道是特殊的驰道，修筑目的是兴游观。那么，子午岭秦直道修筑之前的原道至迟是战国时代的或统一秦初的。

在子午岭上，"秦直道在延伸至沮源关（又名兴隆关）后，分为两条岔路，一条沿子午岭主脉向西北延伸，一条沿古道岭向东北方向延伸"。向东北延伸的"富县车路梁上的秦直道位于子午岭支脉上，长数公里，呈半路堑形。路面连续、规整，有较平缓的纵坡。古道上边坡，黄土垂直节理明显；下边坡，黄土堆积杂乱，垂直节理不明显，是'堑山堙谷'所致。专家组还注意到车路梁秦直道由北向南，路面宽度主要以秦制 6 步、18 步、24 步、36 步（1 步 =1.385 米）发生变化，认为这是'道未就'的表现"。③ 直道路宽原计划 36 步，36 内含九州四方，寓意周游天下。据此，沮源关向东北延伸穿越横山山脉、鄂尔多斯高原的古道为秦直道

---

① 榆林市古道研究会：《〈直道图志〉课题组得出阶段性研究结果》，载《榆林报》1994 年 10 月 25 日第 2 版。

② 《史记·李斯列传》。

③ 榆林市古道研究会：《〈直道图志〉课题组得出阶段性研究结果》，载《榆林报》1994 年 10 月 25 日第 2 版。

应该不成问题。

由沮源关沿子午岭主脉向西北延伸的古道，史念海先生在《秦始皇直道遗迹的探索》[1]中做了详细描述，路基宽度五六米，一直至定边。笔者认为，该道通至秦时上郡的西北界。如是，则子午岭山脊道用途十分明了：其一是维系关中与上郡西北界的通道。其二是为了获取定边丰富的池盐。沿途有村落名叫盐路庄，可见运盐历史的久远。如果能在沮源关之北子午岭主脉古道旁发现战国中期的关隘，则更能说明问题。因为公元前338年，"子惠公初称王，得上郡、西河"[2]。四年之后秦"筑上郡塞"[3]。定边之东的明大边长城沿线多有秦瓦遗存，戍守遗址上又有三重式菱形纹陶器出现，是战国中期的特点，因而它是"上郡塞"的延续。令人欣慰的是，合水县午亭子古道旁出土有瓦当。该瓦当边轮较窄，云纹边轮不甚规整，似乎较早。

二、石门及附近有关古道的遗址

秦石关宫：《汉书·扬雄传·甘泉赋》云："甘泉本因秦离宫……宫外近则洪崖、旁皇、储胥、弩陉，远则石关、封峦、枝鹊、露寒、棠梨、师得，游观屈奇瑰玮"。从游观诸宫记述文字顺序上看，石关宫是距甘泉宫较远的一列行宫中最近的一个。石关宫当然应在旬邑县石门附近求之。

上世纪70年代，宜君县文化馆孙相武先生考察石门南峰及扶苏庙址时，发现有"水波纹、菱形（纹）秦汉瓦当"[4]。中心圆中的菱形纹是秦瓦当中的常见纹饰，水波纹表示秦尚水德。此两种瓦当同时出现在一个很小的行宫遗址上，应属统一秦所造，这与三十五年"始皇欲游天下，道九原，直抵甘泉"的记载相一致。考察秦直道全程表明，沿途秦汉行宫遗址皆在高亢之地，石关宫当在南峰峰顶无疑。峰顶尚不平坦，面积小于一个篮球场，毁圮之后，建为扶苏庙。站在南峰顶上，举目四望，群山环抱，绿荫如涛，石门胜景，一览无遗。石门宫设在峰顶，足显"主之得意"。

石门关的沿革如何？《汉书·司马相如传·上林赋》："蹶石关，历封峦，

---

[1] 史念海：《秦始皇直道遗迹的探索》，载《陕西师大学报》1975年第3期。
[2] 《汉书·地理志》。
[3] 《史记·张仪列传》。
[4] 孙相武：《秦直道调查记》，载《文博》1988年第4期。

过鸧鹅,望露寒",张揖注云:"此四观,武帝建元中作,在云阳甘泉宫外。"①实址考察,扶苏庙顶未见到武帝时期建筑材料,是维修,还是增补,难下结论。东汉,朝都东移洛阳,直道沿途行宫当废不用。

先秦石关:由石门沿秦直道北行 2.2 公里至石门关村,村舍紧傍直道西畔。村舍北依山梁,山梁叫石门关山,高 20 余米,亦位于直道西畔。该山梁梁顶下 4 米半腰有一块 6×15 平方米条形台地,其上避风向阳,紧扼直道,是设置守关之屋的理想之地。登上梁顶,南北方向的直道,一目了然,车辆行人动态,难逃监视。当地村民告知,台地耕土中曾有瓦片,经探测未得,也许工作做得不够。但山梁小地名说明它可能是早于西汉的关址所在。该关址密近石门,石关由此得名。该山梁关址在其上,关山由此得名。秦石关宫又因先秦石关而得名。

三、"大型秦汉遗址"剖析

石门南峰"东侧(实为西北侧)斜坡地"

所谓遗址,实际处于南峰与东峰之间的凹地中。凹地北、东、南三面环山,西侧开口,向西下去二三十米便是石门槽道南端。凹地底部平坦,面积约 50×20 平方米,现为耕地。三面环形坡面,约 500~700 坡度,不能建房,现为耕地。

旬邑县文物工作者收集回五块西汉灰陶几何纹铺地砖,两块淡棕色西汉几何纹空心砖,四块灰陶西汉早期"长生未央"瓦当。当时与咸阳文物工作者实址考察,凹地及东南坡上布有绳纹板瓦,遗物占地面积约 30×30 平方米。

分析与结论:

1. 五块几何纹铺地砖或陶质或规制或纹饰有异,两块几何纹空心砖纹饰有异,四块文字内容相同的瓦当或陶质或规制或字体上有异,这对于一个 30×30 平方米的宫殿建筑来说是不可能的。诚如我们今天建一间砖房,如果每一块砖都各不相同,这可能吗?

2. 五块几何纹铺地砖中,有的自然剥蚀严重,又有犁刃之伤,表明先是长期暴露于地表,后又处于耕土层中,也未曾长期暴露于地表。几何纹铺地砖右上角不是犁刃之伤,而是重物击伤。上述宫殿建材不能同时处于同一遗址的地表之上。

---

① 《三辅黄图校正》卷五《观》。

3. 前文已述，秦帝国时已在石门南峰峰顶建有行宫。西汉早期特别是文帝时期，国弱财乏，厉行节俭，绝对不可能在秦行宫之旁增扩行宫。

4. 这块三面环山的狭小凹地，虽然冬暖夏凉，但这里与秦汉宫殿所需地处高亢、视野开阔的条件完全相反，因而绝不是行宫所在。

以上所述宫殿材料全部是近期异地移来之物。

综上考察研究，此地属没有人工建筑的自然山坡，其后变为耕地。

石门南峰"西侧斜坡地"

旬邑县文物工作者从此地收集回西汉早期云纹瓦当两块，统一秦板瓦五件，筒瓦两件。实址考察，遗址地表及地表之下20厘米的耕土层中遍布秦瓦，地表又见西汉淡棕色几何纹空心砖、乳钉纹铺地砖各一块。又，笔者于斜坡地南头地表下30~40厘米的土层中探掘到七件西汉前期褚红色粗绳纹板瓦。遗址地表未见西汉板瓦、筒瓦，旬邑文物工作者也未见收集回。

分析与结论：

1. 西汉早期台地的性质

①云纹瓦当泥质灰陶，有犁刃之伤，自然剥蚀严重，表明它们长期处于地表，后又处于耕土层中。淡棕色几何纹空心砖、乳钉纹铺地砖没有明显的自然剥蚀痕迹，表明它们不曾长期暴露于地表。七件褚红色西汉板瓦中，五件没有犁刃之伤。另外两件有划痕，不像刃伤。七件板瓦残块纹饰清晰、完整，没有剥蚀之迹，不应该是耕土中的。

上述西汉云纹瓦当、几何纹砖、西汉早期褚红色绳纹板瓦不能属于同一遗址。

②前文已述，秦直道沿途行宫皆在高亢之地，此处却在南峰半腰。前文已述，西汉早期厉行节俭，根本不可能在秦行宫旁增扩行宫，而此处却在秦石关宫之下出现西汉早期宫殿建材。

以上所述旬邑文物工作者收集的，当时地表存留云纹瓦当、几何纹铺地砖及笔者所掘西汉早期板瓦等建材全部是近期异地移来之物。

2. 统一秦时台地的性质

①旬邑文物工作者收集的五块统一秦灰陶板瓦，纹饰（含内外）均异，细观之陶质也有异。所收集的两块筒瓦，内、外没有犁刃之伤，也没有自然剥蚀的痕迹，表明它既未长期暴露，也未曾处于耕土层中。瓦筒较短者，靠近瓦头的地方有两

块明显的磕伤之斑，但却有油垢在其上，表明伤痕不是在耕土中形成的。

上述板瓦、筒瓦在陶质、形制、纹饰、损伤方式等方面的多样性，表明它们不能出现在同一个 20×50 平方米遗址上。这些板瓦、筒瓦是在近期从多个遗址、多种层位中被人为地拼凑到这个台地上来的。

②台地耕土表面和地表下 20 厘米中遍布秦瓦，其中有不少大块者。这块台地耕耘历史的久远已无从考究。耕土中既遍布瓦片，大块者损伤犁刃，农夫即将其捡出，堆于田埂或堆于坡下，而当时田埂或坡下又不见堆积。细观其暴露的瓦片，又无明显的犁刃之伤。说明耕土中的秦瓦，是在之前几年中，一次性从异地移来，分点埋入，又被农耕搅和，而后又在其上置放西汉建材。

③这块台地的耕土中，仅见秦瓦身，却没秦瓦当；地表之上仅见西汉瓦当或铺地砖，却未见西汉瓦身。矛盾百出，漏洞百出。

④前文已述，秦直道沿途行宫皆在高亢之处，而这块台地却在南峰半腰，断然不是行宫所在。

⑤石门南峰高出秦直道路面 70 余米，这块斜坡地低于峰顶 10 余米。此地虽然高居，却由于山顶收分，看不到附近直道路面，难做关址。

又，旬邑县原建设局负责人罗俊儒先生在 1997 年之前，也从石门南峰西麓下收集到两块"长生未央"文字瓦当。经内蒙古考古研究所研究员陆思贤先生鉴定，认为是赫连勃勃时代的。其问题如下：

①如果赫连勃勃在南峰之上筑有行宫，峰顶上是否还有其余北朝建筑遗物？

②赫连勃勃如果使用秦直道，那么就不仅仅只有石关这一个点有行宫，志丹县以南段落应该还有不少，但多年来未见有报导。

③细观该瓦当，当面没有犁痕，并非南峰半腰斜坡地耕土之中所存。如果说来自南峰峰顶，半腰又有斜坡地（此坡地是南北向倾斜，而非东西向倾斜）阻挡，落不到南峰西麓。可见这两块赫连勃勃时代的文字瓦当，也是异地之客。

综合考察研究，这块斜坡地最早的历史只能是一块庙耕地，未曾有过人工建筑。

（原载张光耀主编：《秦直道探索与研究》，内蒙古人民出版社 2006 年版，第 233—240 页）

榆林境内秦直道与南北文化交流

王富春

秦直道是秦始皇统一全国后，为对付匈奴南侵，于公元前212—前210年派大将蒙恬，役使数十万民众，用不到两年半时间，修筑的一条南起咸阳北抵云阳林光宫，北至内蒙古包头西的九原郡，全长1800里（合今742.5公里）的军事大道。秦直道的走向及所经路线，史籍记载非常简略，不足百字，再加上两千多年环境的变迁，给后世研究者带来诸多不便，也使人们对它的走向产生了很多分歧。所幸的是经过近二十年有关专家、学者不断的踏勘、考证、研究，基本搞清了南段云阳林光宫至子午岭、延安段以及北段内蒙古红庆河至包头九原郡的大致路线。而榆林境内秦直道，众说纷纭，莫衷一是，存在较大的出入，归纳起来主要有三种不同的意见：其一是1975年史念海教授《秦始皇直道遗迹的探索》[①]，认为秦直道从云阳北的林光宫北出发后，循子午岭北去，到合水县间水坡梁和黄草嶑岘北随着子午岭主脉转向西北，一直到达定边县南再折向东北行，进入鄂尔多斯高原，经乌审旗到达伊金霍洛旗的红庆河乡，终止于秦九原郡。其二是1979年郭沫若主编的《秦统一图》[②]中的秦直道路线，从云阳北出循东北经高奴、阳周、上郡，后直北达秦九原郡。其三是1984年5月，靳之林教授对秦直道做全程徒

---

① 载《文物》1975年第10期。
② 见《中国史稿地图集》上册，地图出版社，1979年。

步考察，新华社记者卜昭文刊发《靳之林徒步考察秦直道记》①，文中提到是靳教授和他的另一名学生孙相武，用两个月的时间，步行1200里，考察了他以前没有走完的陕北安塞至内蒙古包头西的一段古道。靳教授找出一条由陕西淳化县梁武帝村，经旬邑、黄陵、富县、甘泉、志丹、安塞、榆林、内蒙古包头的秦直道线路。

我赞同内蒙古交通厅考察组张洪川先生的意见②，认为靳教授所绘的秦直道路线图榆林段大致是对的，但靳先生为何至今未发表任何有关秦直道的文章呢？记者卜昭文对榆林境内的秦直道的具体走向也只字未提，而靳先生的学生孙相武在1988年发表的《秦直道调查记》③却又否定了靳先生榆林境内秦直道的路线，认同郭沫若先生秦直道路线图了。

大家也都知道，榆林的地貌大致以明长城为界，北部为风沙草滩区，属毛乌素沙漠的南缘，沙丘、沙地延绵不断，相对高差在10~50米之间，经过两千多年自然和人为的破坏，要找到秦直道遗迹，实属不易；南部为黄土丘陵沟壑区，梁峁起伏，地面支离破碎，水土流失非常严重，再加上历代的垦屯，秦直道踪影难寻。所幸的是经过榆林文物部门数年的考古勘察、发掘，对榆林境内的秦直道也有了初步的认识。下面我就榆林境内秦直道的走向、秦直道沿线的重要城址及墓群出土文物，来谈秦直道对南北文化交流所起的作用。

一、榆林境内秦直道

1. 榆林境内秦直道的入口

秦直道是从哪里进入榆林境内的呢？当前史学界主要有三种不同的说法，有定边说，阳周、上郡说和靖边说。根据查阅史料及各种资料，我的判断是秦直道是由安塞进入靖边的。2005年7月11日，笔者与几位同仁驱车前往靖边县小河乡，徒步找寻秦直道遗迹。

靖边县的小河乡与安塞县的镰刀湾乡相接壤，这里山大沟深，水土流失严重，

---

① 载《瞭望》1984年第43期。
② 张洪川执笔：《内蒙古自治区境内秦直道遗迹考察纪实》，见《内蒙古公路交通史·资料选辑》第14期，1991年。
③ 载《文博》1988年第4期。

山上植被茂盛，山下庄稼长势喜人。秦直道均沿着半山腰，"堑山堙谷"一直北上。我们在镰刀湾乡的宋家洼村，找到了几小段秦直道的遗迹，又到了小河乡的郑石湾村，找到了四段秦直道遗迹，即一号点小地名为死人咀子，是秦直道从安塞进入榆林的入口点。寻找半天，地面遗迹不明显。我们又随即来到二号点，小地名叫后崾岘壕，在一号点北约300米名叫盘龙山的两座大山之间，有一条人工修筑的道路，由南向北斜坡而下，宽6米，长200余米，山两壁可见人工劈削的痕迹。三号点小地名叫后郑石湾，南距二号点500多米，也是从半山中劈开的一条路，宽22米，长100余米，呈半弧形转了一个大弯，由南向北斜坡而下，现在乡村土路沿用，占去6米多。四号点小地名叫背台，南距三号点约800米，是一块比较平整的大土台子，为一块农田，种着土豆。道路步测长120米，宽44米，路边畔有两处雨水冲毁的豁子，露出了路的断面，可见10多厘米的耕土层下有厚70厘米的道路填土（五花土），路面经过碾压，密实度较高，土色灰黄，土质坚硬，与老土有明显的区别，填土分层不明显。两处豁子相距10多米，情况基本相同。

靖边县小河乡郑石湾村秦直道的总长度大约是5公里，基本是由南向北、由高向低斜坡而下。沿线没有发现任何秦汉时期的其他遗迹、遗物。

2. 榆林境内秦直道的出口

榆林境内的秦直道究竟从何处出榆林境的？靳教授的秦直道路线图大致是从榆林城西北的马合乡进入内蒙古的，马洪川（编者按：当作"张洪川"）、鲍桐等先生经过实地考察，也认为是从马合乡或马合乡附近北上[1]，他们的观点是非常正确的。但具体位置、走向如何？马合乡范围又很大，有无秦直道遗存呢？2005年7月14日，笔者带着诸多疑问，与几位同仁驱车前往马合乡，在达拉石村与麻生圐圙村之间，徒步寻找，所幸的是在达拉石村东、河口水库西石灰窖梁的两个山梁间找到了一段长521米、宽45米的秦直道遗迹，这里北距榆林城约53公里，再向北便进入内蒙古境。

马合乡的杨家滩村瓦片梁，遗存许多汉代板瓦及陶器残片。内蒙古考察组的同志也发现了村东口残存的古城墙遗迹，证实此处为汉代城址。石灰窖梁为两个南北狭长、高约6米的山丘，因土质间有细小生石灰而得名。两山顶部及背阴向

---

[1] 鲍桐：《鄂尔多斯秦直道遗迹的考察与研究》，见《内蒙古公路交通史·资料选辑》第14期，1991年。

阳处遗有大量汉墓。1984年公布为县级重点文保单位。

石灰窖梁南距瓦片梁不足3公里，可以肯定它是瓦片梁汉代古城的墓葬区，近年大量汉墓被盗掘，地表遗有许多盗坑，暴露出砌砖拱券式墓穴，地面可见被盗掘者遗弃的汉代子母砖、彩绘陶瓶、陶罐等残器。

在石灰窖梁的两个山丘间，有一条灰白色的路面由南向北延伸，GPS测北偏东38°，南北长521米，东西宽45米，厚86厘米，填方中可见清晰的分层（可见5层），为8~12厘米，最厚达21厘米。路面每层均经过碾压，密实度较高，土质坚硬，呈灰白色，成分为黄沙土夹细小生石灰。路基下层为纯净粗黄沙。在路东有一条长120米、宽1~3米、高5~30厘米的黑垆土台基，与直道平行，其南头还有一条长6米多、宽1米余、高10~95厘米的黑垆土台基，二者均土质坚硬，分层明显。

该道路两侧小山丘植被多为沙柳、柠条、沙蒿，且较为茂密，而路面坚如砂岩，寸草不生，只是在有积沙处，少有几丛沙蒿。

路面的填方用土，同被盗墓中土质相同，路东南的黑垆土，也是在距东侧30米处所取，所以说它的填方用土，是就近取材。

从该路所处的位置、方向、填层、宽度，以及附近的汉代城址综合分析，它为秦直道确定无疑，也即是秦直道从榆林到内蒙古的出口。至于秦直道东侧的遗迹，是兵站？驿站？还是烽火台？因再无其他遗物佐证，不敢轻下结论，还有待进一步的研究探讨。

3. 榆林境内秦直道的走向

笔者通过实地踏勘，查阅史料，再结合考古资料，初步认为秦直道在榆林境内所经过的路线大致是：由延安市的安塞县镰刀湾乡宋家圪村进入靖边县的小河乡郑石湾村，向北经柳湾村、石峁则村，进入龙洲乡的老庄村西，经坪庄村进入沙漠地区，再经高家沟乡的常塔村东，再经杨桥畔镇西的贾家沟村西，再经草沟村西进入横山县境内，经塔湾镇的清河村东，经庞庄到赵石畔镇的水掌村，穿越秦长城，到英塌村，穿过横山镇的张家沟村、曹家畔村，再经雷龙湾乡酒房沟村东、沙峁村西，再经榆阳区红石桥乡的肖家峁村西北的柳卜台村，经闹牛海子村西，再经巴拉素镇的白家海则村西，经大旭吕村东，北上再经小纪汗乡大海子村东，最后进入马合乡，经杨家滩村西，从达拉石村东邱二小宅西侧入内蒙古境，穿过乌审旗黄陶鲁盖乡黄陶鲁盖村,斜东北向达红庆河。从图上来看,榆林境内的秦直道经过了3县12乡(镇)23村,全程长约151公里,占整个秦直道长度的20.3%。

4. 对榆林境内秦直道的几点认识

(1)秦直道每个路段宽度不同,它是根据地形的实际情况而决定的。如靖边小河秦直道最窄处仅6米,榆林马合秦直道最宽处达45米。

(2)丘陵沟壑区水土流失等自然力对秦直道的破坏是比较严重的,而风沙草滩区沙漠移动和垦屯等人为破坏也比较严重。

(3)秦直道的走向总体是直的,是相对的直,不能误认为是绝对的直。如靖边小河后郑石湾处的秦直道,就沿山势走向转了个大弯。

二、榆林境内秦直道沿线的几个重要城址与墓群

榆林境内的秦汉古城,多带有军事性质,主要分布在秦直道、秦故道及河谷两岸的山峁或高地上。一般城址面积不大,边长和直径多在500米以内,小者仅百余米,城垣多为黄土、黑垆土夯筑而成,地表常见遗物为筒瓦、板瓦及各类陶器残片。墓群多在城址2~3公里以外背阴向阳的高坡上,墓葬结构早期多为竖穴土坑式,汉代中晚期多砖砌拱券式。经1987年文物普查,榆林全市有秦汉城址10余处,古墓葬100多处。现为大家简要介绍几处秦直道沿线的重要城址与墓群。

1. 上郡肤施城与秦墓群

上郡为秦始皇统一全国后所置的三十六郡之一,下辖二十三县,地域包括今延安北部、榆林大部。秦大将蒙恬率三十万大军驻守上郡十余年,筑长城,修直道,北逐匈奴,开拓河内,后被害于阳周。秦公子扶苏监军于上郡,传说屈死于绥德的呜咽泉边。可究竟有无上郡城,它的城址又在何处,目前史学界还无定论。陕西靖边的文史专家郭正都先生,认为靖边县的杨桥畔古城址即秦上郡城,也是秦和西汉时的阳周城。[①] 我认为不太确切。而内蒙古的王北辰先生在《古桥门与秦直道考》[②] 一文中,认为"蒙恬本驻阳周,扶苏监军及二人被害也在阳周,因

---

① 郭正都:《古代的上郡、阳周就在现今的杨桥畔》,载《三边文学》,2004年,秋之卷,靖边县文联主办。

② 见《内蒙古公路交通史·资料选辑》第14期,1991年。

阳周属于上郡，史家对此只记郡名而省略县名罢了"。他所说的有一定道理，但也不确切。我认为上郡城可能不存在，它的郡治是肤施县，在今榆林城南鱼河镇米家园子村。

据《陕西通志》记载，上郡治所设在肤施，辖肤施、高奴、雕阴、阳周等五县。史称蒙恬"常居上郡"，"始皇使扶苏监其军于上郡"。那他俩的驻地应同在上郡的治所肤施城。肤施城位于米家园子村东南500米处的台地上，北距榆林20公里，西北距秦直道仅40多公里。它西临榆溪河，南为深沟，有九股泉水从地下涌出，城址大部分被黄沙埋压，平面呈长方形，南北长600多米，东西宽500余米，其北部建有一郭城，南北长200米，东西宽100余米，郭城北垣略呈弧形。各处城垣下部均黄土夯筑而成，上部用片石叠砌，现在古城的北城垣及郭城保存较好，残高1~2米。城内最高处遗有一覆斗形高台，底边长30米，顶边宽15米，残高16米，夯土以黄砂土和黏土相间而筑成，黄砂土夯层厚8~10厘米，黏土夯层厚2~3厘米。台下暴露有灰层、红烧土。在城内采集到绳纹筒瓦、板瓦、陶盆、钵、罐等残片及铁器残片。

黑鹰梁秦墓群位于米家园子村东南，北距肤施城2公里，为肤施城的墓葬区，神延铁路从墓群西300米处经过。1999年夏榆林市文管办清理发掘墓葬8座，均为竖穴土坑墓，墓葬上部为竖穴土坑，下部四周留有生土二层台，中间形成椁室。多为单人仰身曲肢、折肢、直肢和侧身曲肢葬，出土了陶器、铜器、铁器30余件。从墓葬的形制、葬式及出土文物分析，再与关中秦墓相比较，断定墓群年代为战国晚期—秦，在榆林属首次发现。

米家园子古城地形险要，构筑特殊，从城内遗物、城垣夯层再结合墓葬时代分析，该城似为秦代肤施城。绳纹筒瓦建筑等级较高，蒙恬为保证扶苏安全，与扶苏驻扎在距秦直道约40公里的此城，也有一定道理的。至于蒙恬被害于阳周，史料有记载，扶苏死于何处，尚无定论，我认为扶苏屈死于肤施城内也是很有可能的。

2. 龟兹城与汉墓群

龟兹国原为西汉时期西域三十六国之一，在新疆库车与沙雅二县间，汉武帝时（公元前140—前87年）一部分龟兹人内附，武帝在今陕西省榆林城北置龟兹县，为上郡属国都尉治。

在榆林城北 10 里处的牛家梁镇古城滩村，因有古城遗址而得村名。古城坐落在村子的东南处，北依长城，怀抱草原，东临榆溪，西北距秦直道约 30 公里。城遗轮廓清晰可辨。部分地段残垣尚存，城内地面残砖断瓦成堆，陶器残片遍地，瓦背多饰粗绳纹，陶器多为素面。

北魏郦道元《水经注》载："帝原水西北出龟兹县东南流。县因处龟兹降胡著称。又东南注奢延水"。杨守敬在《水经注疏》中考证："帝原水即今之榆城西河，亦名榆林河，奢延水即今之无定河。"说明龟兹城在榆溪河中部。《陕西通志》《延绥镇志》均载："龟兹在（榆林）城北十里。"当代学者范文澜、史念海教授也认为榆林城北的古城滩村侧的古城，是西汉时置的龟兹县故城。东汉末年，匈奴族兴起，上郡、龟兹即为所据，东汉建安二十二年（公元 217 年），曹操下令撤废历时三百余年的龟兹城。

走马梁汉墓群，位于古城滩村东南 2 公里处的明长城内外两侧，占地约 8 平方公里，为龟兹城的墓葬区。1996 年以来有 200 余座墓葬被盗掘。1999 年夏，榆林市文管办抢救清理古墓 3 座，出土铜器、铁器、陶器等文物 28 件，许多文物带有西域少数民族风格，为研究南北文化交流提供了重要依据。

3. 阳周城与汉墓群

阳周为秦上郡所辖县之一，在历史上发生过非常重大的一件事，即秦大将蒙恬被二世害死于此。阳周县的具体位置，郭沫若、谭其骧在图上均标注在延安市子长县与榆林市子洲县间，近年来有内蒙古王北辰先生、靖边县的郭正都先生、榆林的张泊先生等考证，阳周县在榆林市靖边县杨桥畔，我认为是正确的。

杨桥畔村的龙眼古城即秦和西汉时期的阳周县故城，该城位于芦河龙眼峡东岸的高墩山之阳，面积很大，但大部分被黄沙埋压，现存城垣南段长 100 余米，高约 6 米，黄土夯筑，夯层厚 8~12 厘米，城内外残砖碎瓦成堆，时有汉"五铢"、王莽"大泉五十"等钱币出土，发现有钱币陶范数块。1985 年引水拉沙造田时，拉出数万枚钱币。该城位于秦长城线上，又临近秦直道，芦河依城而过，南有白于山脉，符合史料记载古之阳周县的地望，确认为阳周县故城是可行的。

阳周城的墓葬区有两处：一处为城东北 5 公里处，名为老坟梁，汉墓多为竖穴坑式，多出土陶器及少量钱币；另一处为杨桥畔乡政府西南 2 公里处。1997 年夏榆林市文管办抢救清理汉墓 3 座，2 座为竖穴土坑墓，长斜坡墓道，墓坑均留有生土二层台，带有东西耳室，其中俗称"王埋墓"的2号墓规模较大，为砖砌拱券式墓，长斜坡墓道。地面上有封土堆，底径约25米，残高4米。墓室距地表11米。出土文物较多，有铜剑、鼎、博山炉、陶仓、罐、动物俑及玉蝉、七窍塞、饰片等。时代为新莽—东汉早期。

另外在杨桥畔墓葬区，近年又出土了1件汉代陶罐，为泥质灰陶，高30多厘米，上腹部阴刻"阳周塞司马"五字。大家知道，钢、铁、玉等器物在购买、馈赠中一般流动性较大，而陶器易碎，多为当地窑烧制，一般流动性不大。这件器物的出土，为证明阳周古城在杨桥畔提供了一个实物佐证。

4. 大保当古城与汉墓群

大保当古城位于神木大保当镇任家伙场村老米圪台附近，东距大保当镇1公里。1998年夏，陕西省考古所和榆林市文管办联合考古勘查、试掘。城址由西、北、东南、东北和南面共五面城垣组成。平面布局呈五边形。北城垣长510米，宽3.8米；西城垣长410米。城内堆积有外饰绳纹的筒瓦、板瓦，陶器残片等。在城内还发现有汉代建筑基址一处、汉代水井一口，城址时代为西汉晚期至东汉早期。

汉墓群位于大保当汉城的南、西南、东南的广大区域内，分布有敖包、高羔兔、木柱梁、田家圪台、汉画像石墓及大坝梁汉墓群，所有墓葬均位于地势较高的小台地上，现已基本被流沙覆盖。1996—1998年，陕西省考古所和榆林市文管办共发掘墓葬26座，其中14座发现有汉画像石，出土各类题材的画像石66块。其中98M2出土的器物较为特殊，有着明显的匈奴族风格。

三、从榆林出土文物看汉代南北文化交流

榆林地区在远古的时候，就与中原有着不可分割的关系，神木石峁新石器时代遗址①，就是突例。到了商时期，这里生活着一个强悍的游牧民族——鬼方，在清涧李家崖发现的古城，即为鬼方国的城址；西周时期这里大部分被猃狁占据，春秋时为林胡占据。据王国维先生考证，以上先民均为匈奴族的先祖。②他们自周以来就经常与中原发生战争，特别是秦汉时期，匈奴部族基本统一，不断壮大，榆林及以北地区更成为匈奴等北方游牧民族与中原政府争夺的焦点地区。秦王朝为

---

① 戴应新：《陕西神木县石峁龙山文化遗址调查》，载《考古》1977年第3期。
② 王国维：《观堂集林·鬼方昆夷猃狁考》，中华书局，1959年。

了防御匈奴族的南下侵扰，构筑了万里长城，修通了千八百里的军事大道——秦直道。但汉朝政府与匈奴的关系不是总以战争形式呈现的，许多时期是"匈奴自单于以下皆亲汉，往来长城下"①，汉与匈奴等北方游牧民族和睦相处，南北文化交流频繁，促进了民族关系发展，在历史的长河中留下了可歌可泣的一页。下面就以榆林出土的文物从另一个侧面来加以说明：

（1）上郡肤施城秦墓群出土的器物，有陶釜、陶鍪及带着"囷"字的陶仓为典型的秦代器物，说明了通过蒙恬北逐匈奴，秦直道周边郡县的人民群众生产、生活处于安定状态，民族交往还没有真正形成。

（2）龟兹城南墓葬区出土的文物，有铜釜甑、盆、鼎、镜、温鍪、耳杯、朱雀镇、提梁卣、铁壶、燎炉、臼、剑、铜、戟等，均为汉族典型器物。另外，有一些带有西域少数民族风格的器物，如鱼首皮囊壶、卧牛席镇、鹿足盆、浮雕动物博山炉，特别是有一件筒状骨饰为国内首次发现，有很高的艺术价值。说明龟兹人内附后，汉、龟民族互相学习，互相影响。

（3）阳周城南墓葬区"王埋墓"，出土了从小到大12个彩绘陶仓、10个陶羊俑、4个陶牛角及牧羊犬俑、鱼俑、鸳鸯俑等，说明了西汉晚期到东汉早期，阳周城一带水草丰美，牛羊成群，稻谷飘香，湖泊较多，湖面上鸳鸯戏水，湖面下鱼翻虾跳。羊俑的体态特征属于北方游牧民族放牧的羯羊类型，说明了北方匈奴等少数民族的放牧、畜养技术传到了中原，促进了汉族畜牧业的发展。而汉族的农耕、种植、手工艺术等对北方游牧民族也产生了巨大影响，如神木纳木高兔匈奴墓出土的鎏金银怪兽，有专家认为是匈奴王冠。银卧鹿、动物牌饰等造型生动、优美，即为吸收了汉族先进文化而产生的艺术品。

（4）大保当墓群出土各类器物几百件，大多为汉族墓葬出土的冥器，主要是仿生前各类生活用品，如陶案、几、耳杯、虎子、壶、井等。但98M2出土的器物带有典型的匈奴器物风格，如合金针砭器、包金耳环、包金扣饰、水波纹陶罐、双壁陶灯、陶小罐、陶瓶等，陶器底均有"⊠"字形戳印。特别是有一件龙柄骨铲，为国内首次发现，有很高的艺术价值。在出土的66块彩绘画像石中，有6块横眉石绘有狩猎场面，与内蒙古鄂托克旗乌兰镇发现的东汉壁画中的狩猎场面极为相似。这些富有浓郁草原气息的图画，正是当时活动于鄂尔多斯广大地区的

---

① 《汉书·匈奴传》。

南匈奴和汉民族人民友好交往的见证。

总之，秦直道不但是一条军事大道，也是一条南北文化交流的大道，它对促进汉与北方游牧民族共同繁荣和发展起到了积极的作用，它同万里长城一样，将成为中华民族的瑰宝，永载于史册。

（原载张光耀主编：《秦直道探索与研究》，内蒙古人民出版社 2006 年版，第 258—269 页）

论秦始皇灵柩何以经九原归咸阳

程 龙

秦始皇吞并六国一统天下以后,从公元前220年到公元前210年的10年间,接连五次巡游天下,并在最后一次巡幸东方的归途中抱病身亡。秦始皇死后,赵高、李斯等人谋立胡亥,篡改诏书,秘不发丧,并携带始皇灵柩从沙丘平台(今河北省广宗县境)经井陉、九原(今内蒙古包头附近)取直道返回咸阳。对于赵高、李斯等人绕行九原"行从直道至咸阳"的反常举动[①],曾有学者予以解释说:"他们故意从北边转一大圈,为的是掩人耳目,也为等待扶苏的消息"[②];也有学者认为,这是秦始皇事先安排好的巡行路线,赵高、李斯等人在逼迫扶苏自杀后,"仍按原计划巡行,从井陉、抵九原,行经直道回到咸阳"[③]。然而,这两种解释似乎都有违情理,前者"等待扶苏的消息"的论断更是值得商榷;而后者在没有文献证据的情况下认为这是事先的计划则略显草率。此外,二者在赵高等人何时得到扶苏消息的问题上存在分歧,也需要一个孰是孰非的评判。为此,本文拟进一步详述秦始皇灵柩何以经九原归咸阳。

---

① 《史记》卷六《秦始皇本纪》。
② 林剑鸣:《秦史稿》,上海人民出版社,1981年,第401页。
③ 田昌五、安作璋:《秦汉史》,人民出版社,1993年,第68页。

一、传统解释之有违情理

秦始皇的这次巡行始于始皇三十七年（公元前210年）十月，行游路线是由咸阳出武关经汉水至云梦泽，然后浮江东下抵达会稽，在祭过大禹后又北上琅邪，辗转至荣成、之罘今山东沿海一带。大概在三十八年（公元前209年）（编者按：当作"三十七年"）的夏季，秦始皇率车驾西行，从平原津渡黄河，也正是在这里，他身染重病。虽然禁止群臣谈论他的病情，但秦始皇心里清楚，自己已时日无多，于是便"为玺书赐公子扶苏曰：'与丧，会咸阳而葬'"①。秦始皇的意图比较明确，即无论原本做了怎样的行程安排，此时他只想速回咸阳，完成权力的交接，由他的长子扶苏来处理后事。此外，他还做了一项重大决定，"使蒙毅还祷山川"②，即让随行的蒙恬之弟蒙毅代替他继续完成祭祀山川的任务。可见，秦始皇已无意巡游，身体条件也不允许他继续下面的行程，他在临终时所做的几项安排足以说明他希望中断巡行，早日回到咸阳。

祭祀山川在秦代是非常重大的事情，理应由天子亲往，前此，从未有过秦始皇派人代行祭祀之礼的先例。"使蒙毅还祷山川"，仅此一点，就足以令天下对秦始皇的健康问题产生怀疑，加之临时取消巡行计划返归咸阳，朝野上下无论如何要对秦始皇的生死有所猜测。然而，即便有这样的负面影响，秦始皇还是做了上述决定，可见，他已经顾不得天下人的怀疑，真正令他担心的，也是他死后临时掌握权力的李斯所担心的，是出现"上在外崩，无真太子"③的局面，从而导致"诸公子及天下有变"④。那么，要防止发生变故，秦始皇就必须速回咸阳，就是死也要死在咸阳，决不能"在外崩"。李斯甚至包括秦始皇本人都认为，只要回到咸阳，有了合法的继承人，即使秦始皇的死讯传出，也不至引起太大震动。实际上，在秦始皇的临终决定做出之后，怀疑和猜测已经在朝野产生，但只要秦始皇回咸阳的速度越快、选择的路线越近，那么留给天下人去怀疑和猜测的时间也就越短。应该肯定，秦始皇不顾朝野的猜忌，中断行程、速回咸阳的决定有利于政治的稳定，是明智之举。

秦始皇死后，李斯也是本着同样的出发点来行事的。他秘不发丧，伪造了一

---

① 《史记》卷六《秦始皇本纪》。
② 《史记》卷八八《蒙恬列传》。
③ 《史记》卷八七《李斯列传》。
④ 《史记》卷六《秦始皇本纪》。

些掩人耳目的假象，如"百官奏事上食如故，宦者辄从辒辌车中可诸奏事"①等等，也是为了避免"上在外崩"的消息泄漏，避免动乱的发生。李斯固然知道秦始皇的死不可能永远掩盖下去，他只要将车驾送到咸阳，造成"上崩于内"且"有真太子"的假象就算完成了任务。因此，于情理推断，李斯也是要急于返回咸阳的，他没有必要延长"秦始皇"在外巡游的时间去乱人耳目。正相反，随着巡游时间的延长，他做的那些手脚还会欲盖弥彰，随时都有被拆穿的可能。不仅如此，沿途遇盗和逢名山大川秦始皇不能亲行祭祀之礼都将给他带来无尽的麻烦。所以，缩短从沙丘到咸阳的时间，尽快返回国都才是上策。退一步讲，即使绕行九原是原来的计划，也应该放弃，秦始皇已经做了这样的决定，李斯断不会随便更改，因为这样做不但不能掩人耳目，还可能加速事情的败露。可以肯定地讲，如果没有后来赵高等人策动的政变，秦始皇灵柩当以最快的速度、走最近的道路返回咸阳。因此，关于秦始皇灵柩绕行九原是为了掩人耳目的解释不能令人信服。

传统解释关于车驾绕行九原是为了等待扶苏消息的论断同样有违情理。赵高说服李斯谋立胡亥，遣使者将伪造的诏书发往上郡之后，形势立刻变得紧张起来。扶苏接到诏书后会做何反应，这是赵高、李斯等人十分关心，却又无法预测的。依照扶苏仁孝的性格，其从容就范的可能性稍大，但这毕竟是以生命相迫，赵、李等人也没有十分的把握。如果扶苏提出异议，请求面圣或举兵反抗，则局势将失去控制。在不知扶苏消息的情况下，赵、李等人决无道理绕行九原归咸阳，因为这途中恰好要经过扶苏、蒙恬所驻守的上郡，要知道，蒙恬手下有近30万边防军，一旦发生变故，赵、李等人的车驾卫队决不是30万大军的对手。未知扶苏消息而行经上郡，风险极大，无异于自投罗网、以卵击石。

等待扶苏消息的解释从道理上讲不通，在事实上也完全站不住脚。其实，赵、李等人早在车驾抵达代（今河北蔚县附近）之前就已经得知扶苏自杀的消息了，其行经九原从直道返回咸阳可以说与扶苏没有任何关系。

据《史记·蒙恬列传》记载，当秦始皇灵柩行至代郡附近时，曾被派去祭祀山川的蒙毅返回了车驾。因为他是蒙恬的弟弟，赵高"为胡亥忠计，欲以灭蒙氏"，胡亥则"听而系蒙毅于代"，把蒙毅就地羁押起来。《史记·蒙恬列传》在此后

---

① 《史记》卷八七《李斯列传》。

又补充说明："前已囚蒙恬于阳周。"① 可见，在秦始皇灵柩抵达代郡之前，赵、李等人已经得知扶苏自杀、蒙恬被拘，所以，此后车驾从九原绕行也就不存在等待扶苏消息的问题了，而必有其他原因。有些学者将赵高、李斯等人得到扶苏消息的时间确定为"由九原沿直道抵咸阳时"②，这显然与事实不相符合。

二、秦始皇灵柩何以经九原归咸阳

传统解释或有违情理或与事实不符，均难以令人接受。我认为，秦始皇灵柩北行九原归咸阳有其更为深刻的原因，这是赵高、李斯等人面对当时政治、军事形势所能做出的唯一选择。

如前所述，秦始皇死后，如果没有赵高、胡亥所策动的这场政变，李斯一定会率车驾迅速西归咸阳。很显然，这场突如其来的变故是导致秦始皇灵柩没有速归咸阳的决定性因素。那么，赵、李等人将伪造的诏书发往上郡后，情况与此前有了哪些变化呢？这便是赵高等人在得到扶苏消息之前已不宜返回咸阳。因为车驾一旦返回国都，秦始皇驾崩的消息便很难再隐瞒。在巡行途中，李斯尚可以做些手脚掩人耳目，毕竟，车驾扈从人员数量有限，官职也大多较李斯卑微，基本上没有与秦始皇近身的机会，李斯等人可以从容号令；若返回宫中，则百官公卿、后宫嫔妃都将提出与秦始皇会面的要求，而这些要求绝不是李斯一人可以一一回绝的。在巡行途中，"秦始皇"的起居生活可以一切从简，只在辒辌车中"可诸奏事"就能蒙混过关，而回到咸阳后，各种礼仪朝会是不可能全部回避的，李斯更无法把一石鲍鱼放入宫中去掩盖秦始皇的尸臭。所以，车驾回到咸阳，则秦始皇的死讯无疑要公诸天下，而如果此时那位投递诏书的使者还没能解决扶苏、蒙恬，则局势必然要发生动荡，这是赵高、李斯等人所不能接受的。因此，必须在得到扶苏的确切消息后，赵、李等人才能返回咸阳公布秦始皇的死讯。

赐死扶苏的诏书发出后，赵高、李斯急于得知结果的焦急心情可以想见。当使者返回报告消息时，"胡亥、斯、高大喜"③，扶苏如此快地就范出乎他们的意料，而"大喜"的反应恰恰可以印证此前他们的焦急心态。所以，当诏书发出之后，赵、李等人要努力尽早知道扶苏的消息，而绝不会被动消极地等待。从沙丘到上郡（今

---

① 《史记》卷八八《蒙恬列传》。
② 林剑鸣：《秦史稿》，上海人民出版社，1981年，第401页。
③ 《史记》卷八七《李斯列传》。

陕西米脂附近），最快捷的道路便是由井陉翻越太行山直达晋阳（今山西太原），再向西渡过黄河。于常理推断，那位投递诏书的使者就应该走这条道路前往上郡。在完成赐死扶苏的任务后，"使者还报"①，说明他又回到了赵高等人的车驾中。如前所述，赵、李等人在得知扶苏消息之前是不宜回咸阳的，因此，这位使者也不会由上郡南下归咸阳，他只能再按原路返回，至少要东渡黄河去寻找赵高、李斯的车队。对于急于得到消息的赵、李来说，与其待在沙丘原地消极等待，倒不如循沿使者的道路向西行进。这样做，一方面可以缩短使者返回车驾的路程，尽早得到消息；另一方面，如果车驾不沿使者的道路西行而向他处巡游，可以想见，那返回报信的使者又要费多大的周折才能重新找到赵、李的车队，这显然与赵、李等人急于得到消息的愿望相违背。因此，赵高、李斯率领车驾从沙丘北上由井陉口翻过太行山很可能就是为了在使者的归途中等待他的到来，以便在第一时间得到扶苏的消息。鉴于车驾抵达代郡之前，赵高、李斯已经得知扶苏、蒙恬的结局，他们极有可能是在晋阳附近遇到了东渡黄河返归的使者。现在，扶苏自杀，蒙恬被解除了兵权，拘押在上郡治所西南一个叫阳周的地方，赵高的阴谋似乎已经得逞，他们本应该迅速返回咸阳，拥戴胡亥继位，却为什么还要转而北上前往代郡呢？这是由于还有一个妨碍他们的重要人物没有除掉，而他的存在却可能威胁到赵高、胡亥等人的安危，这便是那个被秦始皇派去祭祀山川的蒙恬之弟蒙毅。

蒙氏兄弟的祖先系齐人，其祖父蒙骜"自齐事秦昭王，官至上卿"。蒙骜、蒙武父子二人先后参与了灭韩、魏和楚的战争，功勋卓著。②蒙恬成年后，"因家世得为秦将"③，逐渐成为统率秦王朝武装力量的一位重要将领。他的弟弟蒙毅也因家族的关系位至上卿，还尤其得到了秦始皇的宠信。"始皇甚尊宠蒙氏，信任贤之。而亲近蒙毅，位至上卿，出则参乘，入则御前。恬任外事而毅常为内谋，各为忠信，故虽诸将相莫敢与之争焉。"④可见，蒙氏兄弟是秦朝政坛举足轻重的人物，而蒙毅的地位尤其之高，绝不在李斯之下，秦始皇对他是恩宠有加。

这里再举几个例子来说明蒙毅政治地位之特殊。秦始皇四处巡游，蒙毅得以随行，与李斯、胡亥等人同列，此其位高权重者一。秦始皇临终前将"还祷山川"

---

① 《史记》卷八七《李斯列传》。
② 《史记》卷八八《蒙恬列传》。
③ 《史记》卷八八《蒙恬列传》。
④ 《史记》卷八八《蒙恬列传》。

这样重大的事情委托给蒙毅,说明秦始皇对他是深信不疑的,而他的资历和威望也足以完成这项重任,此其位高权重者二。蒙毅被拘捕后,赵高加给他的一个主要罪名便是曾经阻止秦始皇立胡亥为太子,赵高说:"臣闻先帝欲举贤立太子久矣,而毅谏曰:'不可。'"①胡亥还就此事派人与蒙毅当面对质过,蒙毅虽有辩解,但可知此事大致不谬。能够在立国本这样重大的问题上发表意见,且其意见又为秦始皇所采纳,此其位高权重者三。

对于这样一个在政治上颇有影响的人物,赵高、胡亥等人是有所忌惮的。即使后来蒙毅被捕下狱囚禁在代,赵高还是放心不下,他对二世胡亥表示:"蒙恬已死,蒙毅将兵居外,臣战战栗栗,唯恐不终。"②足见蒙毅的政治影响之大。这里说蒙毅"将兵居外"不免有些夸大其词,但"战战栗栗,唯恐不终"应该是赵高真实的内心反应。赵高之所以"日夜毁恶蒙氏,求其罪过"③,一方面是由于他与蒙毅曾有私人恩怨④,另一方面,也是更为主要的原因,是他忌惮蒙毅的政治影响会危害到自己的地位。

秦始皇临终时发书给扶苏要他"与丧,会咸阳而葬",这件事秦始皇身边的一些重臣应该是知晓的。如赵高在怂恿李斯立胡亥为太子时,李斯就曾义正词严地斥责说"君其反位!斯奉主之诏,听天之命,何虑之可定也"⑤,表示自己是要"奉主之诏"来行事,这说明他大体知道秦始皇遗诏的内容。假如他对于遗诏一无所知,那赵高尽可以去编造诏书的内容蒙骗李斯,也没有必要费那么大的口舌去威逼利诱他了。既然李斯知晓秦始皇遗诏的内容,那么同样位高权重的蒙毅也应该对遗诏的内容有所耳闻。

赵高、李斯等人在沙丘密谋时,蒙毅已经离开车驾去祭祀山川了,他对于时事的了解还停留在秦始皇弥留之际所做的那些决定上。他完成祭祀山川的任务后是要径直返回咸阳的,因为秦始皇当初将"还祷山川"的任务交给他,为的就是自己能脱身赶回咸阳,而蒙毅当然也要回首都去交差。在扶苏自杀、蒙恬被拘之后,对赵高、李斯来说,蒙毅成为令他们担心的不安因素。如果蒙毅先于赵高等

---

① 《史记》卷八八《蒙恬列传》。
② 《史记》卷八七《李斯列传》。
③ 《史记》卷八八《蒙恬列传》。
④ 《史记》卷八八《蒙恬列传》载:"高有大罪,秦王令蒙毅法治之,毅不敢阿法,当高罪死,除其宦籍。帝以高之敦于事也,赦之,复其官爵。"
⑤ 《史记》卷八七《李斯列传》。

人返回咸阳，他一定会惊诧于秦始皇车驾的不归，更会进一步与扶苏以及自己的兄长取得联系，询问诏书事宜并通报车驾巡行的情况，这将直接影响到赵、李等人阴谋的成功与否。如果蒙毅在与上郡联系后得到的是扶苏自杀的消息，则更会产生怀疑，那时他将采取什么行动来对付赵高等人，恐怕连赵高、李斯自己也不敢想象。如果秦始皇的灵柩抵达咸阳时，蒙毅尚未返回，情况同样棘手。前面提到，车驾一旦抵咸阳，秦始皇的死讯便要公布天下，当蒙毅在外听到继位的不是扶苏而是少子胡亥，同样要产生疑惑。如果再让他知道扶苏自杀、蒙恬被捕的消息，那后果更是不堪设想。蒙毅与李斯不同，是赵高等人无法争取过来为己用的，因此，摆在赵高、李斯面前的路只有一条，就是在半路上截住蒙毅，将他除掉。

《史记·蒙恬列传》记载了蒙毅与赵高、李斯车队相遇直到被捕的全过程：

> 毅还至，赵高因为胡亥忠计，欲以灭蒙氏，乃言曰："臣闻先帝欲举贤立太子久矣，而毅谏曰：'不可。'若知贤而俞弗立，则是不忠而惑主也。以臣愚意，不若诛之。"胡亥听而系蒙毅于代。前已囚蒙恬于阳周。

蒙毅离开车驾时并没有说明具体要去哪里"还祷山川"，从上面的记述可以看出，蒙毅甫一抵达车队，便被扣押起来。拘禁他的代郡与他和车驾相遇的地点当相去不远，或者就是一地。如此看来，蒙毅是到代或者更北的地方去祭祀山川的。

赵高等人在晋阳附近得知扶苏、蒙恬的消息后，蒙毅转而成为他们篡位最大的障碍，因此，赵、李等人才不得不又率车驾北上去解决蒙毅。蒙毅完成祭祀任务后，大概是要沿汾水谷地南下返回咸阳的，赵高等人就沿着这条路北上，二者最终在代相遇。代，张守节《史记正义》说："今代州也。因祷山川至代而系之。"这里，张守节犯了两个错误：第一，秦的代郡在今河北蔚县附近，而唐的代州却在今山西代县，二者实非一地。第二，"因祷山川至代而系之"这句话没有主语，但附在《蒙恬列传》"胡亥听而系蒙毅于代"之后，大概是说胡亥、赵高等人到代去祭祀山川而趁势囚禁蒙毅在那里。把赵高等人在秦始皇死后的行动看作是继续巡游祭祀是不合情理的，前已有论述。且对于胡亥、赵高而言，当紧的事情不是去"祷山川"，而是应该剪除一切阻力，确保篡位的成功，更何况蒙毅刚刚在那里祭祀了山川，赵高、李斯等人再行祭祀之礼，岂不令人感到十分奇怪？

总之，赵高、李斯率领车驾前往代郡，完全是出于政治形势的需要，是要除掉政治上位高权重却又有可能阻碍他们篡位的蒙毅，而不是去祭祀山川。

在代郡拘禁了蒙毅之后，应该说赵高、李斯的阴谋已经成功了一大半。他们最主要的两个敌手蒙氏家族一文一武两兄弟都已经在他们的掌控之中，这时候他们可以安安稳稳地赶回咸阳，拥戴胡亥继皇帝位了。

从代郡到咸阳，有两条路可走，一是沿汾水谷地南下从蒲坂（今山西永济）渡河，一是由代郡向西到九原从直道返回。这两条路相差无几，后者略显迂远，但直道的路况可能要稍好一些。这条路是出于军事目的而修筑的，主要用途是由关中地区向抵抗匈奴的九原郡补充兵源，提供粮食补给，因此走九原经直道返回咸阳更加快速便捷。然而这条路终究有些迂远，蒙毅从代郡返回咸阳时就拟由汾水谷地南下而不走九原直道。

面对这两条路，赵高、李斯等人选择了从九原取直道归咸阳，由于文献记载的缺乏，这一过程的具体原因已无从知晓，只能依据相关的历史事实做些合理推断。赵、李二人携带秦始皇灵柩绕行九原，一方面是由于直道的路况较好，行进速度较快；另一方面，则可能是要对驻守九原、上郡地区的边防军进行安抚和震慑。长期以来，这些士兵处在蒙恬的直接领导下，而蒙恬被拘捕以后，近30万边防军处于群龙无首的状态，如果不进行安抚和震慑，则容易出现混乱局面。由于扶苏已经自杀、蒙恬被捕，此时绕行九原、上郡的危险性已大大降低，不仅如此，这更是一个绝好的维护军队稳定的时机。很可能是出于这样的考虑，赵、李二人绕行九原从直道返归咸阳，在归途中顺便对刚刚失去统帅的数十万军队进行安抚和争取。

这样，赵高、李斯等人就基本完成了篡位谋权的各个步骤，成功夺取了秦朝政坛的最高权力，他们赶到咸阳后便立刻为秦始皇发丧，并拥戴胡亥继位。通过上面的分析我们可以看到，秦始皇灵柩从沙丘经井陉，绕行九原取直道归咸阳的全过程并不是为了掩人耳目或者按原计划巡行，而是赵高、李斯等人面对当时军事政治形势所能做出的唯一选择，也只有如此，他们才能及时得到消息、剪除异己、稳定军队，从而确保篡位的最终成功。

（原载张光耀主编：《秦直道探索与研究》，内蒙古人民出版社2006年版，第270—280页）

秦直道为重修说

曾 磊

秦直道工程和长城、阿房宫、郦山陵墓、驰道工程并列史籍，都因耗费巨大民力而成为秦代"暴政"的象征。有的学者认为直道是秦统一后全新开辟的交通大道。[1]在不到三年时间里[2]，秦王朝就能完成一条全新的高质量道路的修筑，这种速度不得不让人产生怀疑。也有学者认为秦直道并不是秦王朝全新修筑的道路，而是对原有道路进行修整而成。王开先生指出："战国中后期，九原、上郡（今榆林县南鱼河堡）、云阳（今淳化县北）、咸阳间，即有一条南北大通道，大将蒙恬是在旧道的基础上加以改建、扩充，而成为一条沿子午岭山脊而行的，宽达30米以上的，大体是直南直北方向的'直道'，并非是蒙恬新勘测的路线。"[3]王北辰先生也认为："早在秦统一六国前，在秦取得'新秦中'前，咸阳—九原间已有直通的古路了。"[4]

据《史记·秦本纪》载，惠文王曾"游至北河"。昭襄王也曾"之上郡、北

---

[1] 王子今：《秦汉交通史稿》，中共中央党校出版社，1994年，第30页；吴宏岐：《秦直道修筑的起讫时间与工程分期》，载《中国历史地理论丛》1996年第3辑，第251—252页。
[2] 关于秦直道开始修筑的时间，《史记·秦始皇本纪》载："（秦始皇）三十五年，除道，道九原抵云阳，堑山堙谷，直通之。"《史记·六国年表》作："（秦始皇）三十五年，为直道，道九原，通甘泉。"另据《史记·秦始皇本纪》，秦始皇三十七年（公元前210年）七月丙寅，秦始皇病逝沙丘。随后，巡行军队"行从直道至咸阳，发丧。……九月，葬始皇郦山"。说明秦始皇三十七年九月之前直道即可通行。
[3] 王开：《"秦直道"新探》，载《成都大学学报》1989年第1期，第36—50页。
[4] 王北辰：《古桥门与秦直道考》，载《北京大学学报》1988年第1期，第117—124页。

河"。谭其骧先生认为,古人所谓"北河",有广狭两种含义。广义为黄河自宁夏北流至碛口后,折而东流的一段东西向河道。狭义约为今内蒙古乌加河一带。①无论惠文王和昭襄王所至是广义还是狭义上的北河,他们都须自咸阳北上,这无疑都需要有畅通的道路连接。

《史记·赵世家》载:"主父欲令子主治国,而身胡服将士大夫西北略胡地,而欲从云中、九原直南袭秦,于是诈自为使者入秦。"《史记·苏秦列传》苏秦说燕文侯:"且夫秦之攻燕也,逾云中、九原,过代、上谷,弥地数千里。"张仪说燕昭王也说:"大王不事秦,秦下甲云中、九原,驱赵而攻燕,则易水、长城非大王之有也。"②这说明,在战国时代咸阳至云中、九原间就有可以通行的道路。秦始皇三十二年(公元前215年),"始皇巡北边,从上郡入"③。有的学者认为,"从上郡入",即表明上郡与咸阳之间有规模较大的交通道路。④

除了文献记载,有学者还通过实地考察发现了直道重修的历史遗迹。1994年9月下旬,陕西省榆林市《直道图志》课题组对秦直道进行了全程考察。在直道沿线的陕西省淳化县北部,考察队"详细考察了鬼门口一带砾岩风蚀层面上的古道,认为鬼门口有原来拓宽的痕迹。在甘肃正宁县刘家店林场,注意到位于子午岭主脉上古道外侧,存在有水平位置较低,路面较窄,纵向连续的槽道,认为它是秦直道修筑前原有的道路。其路面由于两千余年来车轮畜蹄的挤动、刨松,又经雨水冲刷而不断加深。内侧较高、较宽、纵向不连续的部分是在原道保持畅通使用的同时向里拓宽,实际未曾当作路面使用,原道与新拓修的部分未来得及整合为一"⑤。

需要指出的是,对于直道的具体走向,目前学界还没有定论,代表性的观点有史念海路线和王开路线两种。这两种路线并不完全相同,甚至有很大的分歧。史念海认定的直道路线为:"由陕西淳化县北梁武帝村秦林光宫遗址北行,至子午岭上,循它的主脉北行,直到定边县南,再由此东北行,进入鄂尔多斯草原,

---

① 谭其骧:《北河》,见《长水集》(下),人民出版社,1987年,第331—333页。
② 司马迁:《史记》,中华书局,1982年,第2298页。
③ 司马迁:《史记》,中华书局,1982年,第252页。
④ 姚生民:《秦直道起点及相关问题》,载《咸阳师范学院学报》2002年第1期,第8—11页;廖文俊:《秦直道与九原地望》,见《秦直道探索与研究》,内蒙古人民出版社,2006年;谭宗义:《汉代国内陆路交通考》,新亚研究所,1967年。
⑤ 榆林市古道研究会:《〈直道图志〉课题组得出阶段性研究结果》,载《榆林报》1994年10月25日。

过乌审旗北，经东胜县西南，在昭君坟附近渡过黄河，达到包头市西南秦九原郡治所。"①主直道重修说的王开认定的路线为："直道经过陕西淳化、旬邑、黄陵、富县、甘泉、志丹、安塞、子洲、榆林等县境至内蒙古包头市，大体南北相直"②。（见附图）对于这一路线，史念海认为这是"经过上郡治所肤施的大道，是秦始皇以前的旧道，也是秦始皇全国驰道的组成部分，与直道无关"③。虽然史念海认为王开认定的路线不是直道，但是也承认经过上郡治所肤施的大道是秦始皇以前的旧道。对史念海的这一观点，辛德勇指出"秦始皇所建驰道网络，是否包含咸阳—甘泉—肤施—九原间道路在内，现在还不能完全肯定，因而，也不宜依据这一点，来绝对排除直道经行肤施的可能"④。上文所举考察队认定的两个有道路拓

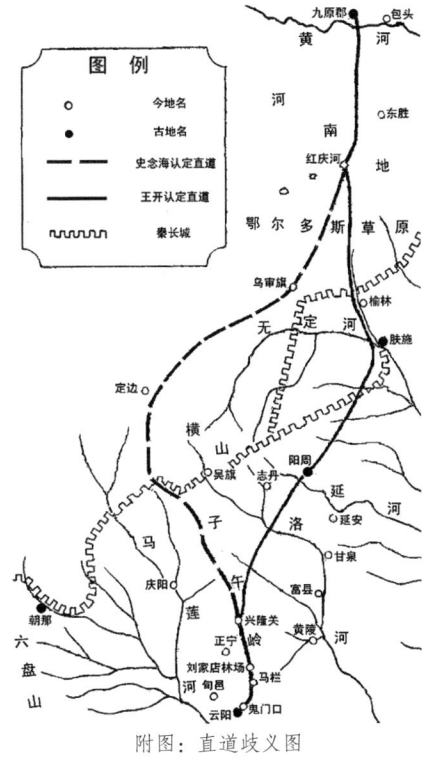

附图：直道歧义图
据史念海《直道和甘泉宫遗迹质疑》附图改绘

宽痕迹的地点，均在两种路线的重合之处。那么，我们是否可以认为史念海路线中与王开路线有分歧的路段是秦代全新开辟的呢？

李仲立和刘得祯在《甘肃庆阳地区秦直道考察报告》一文中举出三点证据，认为史念海先生认定的庆阳地区子午岭一线的直道，在秦代修筑前就原有道路可行。现摘录于下：

第一，直道所经子午岭山区是沿子午岭主峰由南向北行进的，应该说主峰上早就存在着一条小道，直道是在原有道路基础上修建的，否则这条道路的测量问题在短时期内也难以顺利进行，如果稍有一个山崾的差错，今人也很难出山。

第二，在庆阳地区内直道附近曾发现一些新石器时代遗址和先周、西周、战国时期的遗址、墓葬等。我们的先民在这一带生活，自然就有一定的道路。

---

① 史念海：《秦始皇直道遗迹的探索》，载《陕西师大学报》1975 年第 3 期，第 77—93 页。
② 王开：《"秦直道"新探》，载《成都大学学报》1989 年第 1 期，第 36—50 页。
③ 史念海：《直道和甘泉宫遗迹质疑》，载《中国历史地理论丛》1988 年第 3 辑，第 45—84 页。
④ 辛德勇：《秦汉直道研究与直道遗迹的历史价值》，载《中国历史地理论丛》2006 年第 1 辑，第 95—107 页。

第三，从现存直道路面路基的考察情况而言，直道修筑是在原路面基础上进行的，在修筑中也是就地取材进行加固的。

总之，蒙恬主持直道的修筑，最多只用了二年半的时间，又要经过子午岭山区，工程艰巨，时间短，不是在原有道路基础上进行，在当时生产力条件下也是不可能的。①

可见，两种路线都是秦代重修前人道路而成的。除此之外，我们或可以通过对直道修筑人员的活动考察，得到新的旁证。

秦始皇三十二年，秦始皇派蒙恬率军"略取河南地"②。三十三年（公元前214年），"西北斥逐匈奴。自榆中并河以东，属之阴山，以为四十四县，城河上以为塞。又使蒙恬渡河取高阙、阳山、北假中，筑亭障以逐戎人。徙谪，实之初县"。三十四年（公元前213年），又"適治狱吏不直者，筑长城及南越地"。③三十五年，筑直道，"使扶苏北监蒙恬于上郡"④。三十六年（公元前211年），"迁北河榆中三万家"⑤。自秦始皇三十二年直至秦末，秦王朝在北边边境进行了有计划的大规模拓边活动。

秦人历来重视交通道路对军事活动的战略作用。秦国还是善于远攻的国家。由于在交通条件、交通技术、运输力量等方面的优势，在并兼六国的战争中，秦国军队的战斗力始终保持强盛。⑥秦统一后的拓边活动，自然也会重视交通对军事活动的影响。蒙恬带兵北击匈奴、修筑长城⑦等一系列事件所需要的人员、物资等必定需要一条道路进行运送。而这些拓边活动均在直道修筑之前，可见当时在关中和北边边境间很可能存在一条规模可观的交通道路。

蒙恬所修长城"起临洮至辽东万余里"⑧。虽然有些路段是利用燕、赵和秦

---

① 李仲立、刘得祯：《甘肃庆阳地区秦直道考察报告》，载《甘肃社会科学》1991年第3期，第79—82页。
② 司马迁：《史记》，中华书局，1982年，第252页。
③ 司马迁：《史记》，中华书局，1982年，第253页。
④ 司马迁：《史记》，中华书局，1982年，第258页。
⑤ 司马迁：《史记》，中华书局，1982年，第259页。
⑥ 王子今：《秦汉交通史稿》，中共中央党校出版社，1994年，第17—24页；吴宏岐：《秦直道修筑的起讫时间与工程分期》，载《中国历史地理论丛》1996年第3辑，第251—252页。
⑦ 有学者认为，蒙恬所筑长城是指河套—阴山山脉地区所筑亭障和河上塞。长城起今河套东北大青山脉迤南地带，抵阴山山脉西段和乌兰布和沙漠一带。并不在传统意见认为的由今甘肃榆中县西（或兰州）沿黄河北上，至内蒙古包头以西。也就是说，蒙恬所筑长城在秦北而不在秦西。参见贾衣肯：《蒙恬所筑长城位置考》，载《中国史研究》2006年第1期，第25—45页。
⑧ 司马迁：《史记》，中华书局，1982年，第2886页。

国故长城，但再加上长"千八百里"①的直道，工程依旧十分浩大。司马迁在途经直道时就曾感叹直道工程的规模："吾适北边，自直道归，行观蒙恬所为秦筑长城亭障，堑山堙谷，通直道，固轻百姓力矣。"②"堑山堙谷"的现象，在历次直道考察中都得到考察者的认同。作为壮观的人力工程，"堑山堙谷"的工程量必然十分巨大。

史籍中还有直道工程没有完工的记载："始皇欲游天下，道九原，直抵甘泉，乃使蒙恬通道，自九原抵甘泉，堑山堙谷，千八百里。道未就。"③王子今先生认为直道工程在秦二世时还在继续。④辛德勇先生对此进行了补充："直道虽然在秦始皇身后，即已经全线贯通行用，但工程并没有全部结束，而剩下的应当只是一些非常次要的辅助工程。这或许就是《史记·蒙恬列传》谓蒙恬时尚且'道未就'的缘由。"⑤

"道未就"也从侧面反映出直道工程量的巨大。王子今先生曾做过这样的估算："以最保守的数字大略长度600公里，平均宽度50米，夯土路基厚50厘米计，秦直道的夯土土方量大约1500万立方米，按照汉代算术书《九章算术》中的比率，取土工程量大约2000万立方米。就是说，秦直道工程取用和移动的土方，如果堆筑成高1米、宽1米的土墙，可以绕地球半圈。"⑥

直道沿途复杂的地形和恶劣的地理环境也给施工造成了困难。史念海先生指出：秦朝统一这一地区之后一年内外光景，就要辨明地形，选定线路，也确是劳动人民的巨大贡献。选线不易，施工更难。"以当时的施工技术，在遍地森林的子午岭端，剪除丛生在路基上的树木，也非易事！"⑦

而劳役人员不足、工期过于紧张也是修筑长城和直道面临的难题。

秦始皇三十三年，曾"徙谪，实之初县"。三十六年，"迁北河榆中三万家"。但是史籍中并没有这些移民修筑长城和直道的记载，并且三十六年的移民距秦灭亡的时间很短，蒙恬死后，"诸侯畔秦，中国扰乱，诸秦所徙適戍边者皆

---

① 司马迁：《史记》，中华书局，1982年，第2566页。
② 司马迁：《史记》，中华书局，1982年，第2570页。
③ 司马迁：《史记》，中华书局，1982年，第2566—2567页。
④ 王子今：《秦直道的历史文化观照》，载《人文杂志》2005年第5期，第107—112页。
⑤ 辛德勇：《秦汉直道研究与直道遗迹的历史价值》，载《中国历史地理论丛》2006年第1辑，第95—107页。
⑥ 王子今：《秦直道的历史文化观照》，载《人文杂志》2005年第5期，第107—112页。
⑦ 史念海：《秦始皇直道遗迹的探索》，载《陕西师大学报》1975年第3期，第44—54页。

复去"①。即使这些移民参加了长城和直道的修筑工程，作用可能也是有限的。秦始皇三十四年，曾"適治狱吏不直者，筑长城及南越地"。这些人数无从考证，但其中一部分还要到南越服役，真正参加修筑长城的人数可能并不多。此外，我们还应该考虑劳役人员的逃亡②、伤病和物故以及降水日、土忌日等因素对工程进度造成的影响③。

除了征发劳役人员，修筑长城和直道的人员很大程度上依赖蒙恬的军队。至于蒙恬军队的数量，《史记·匈奴列传》说是"十万"，《秦始皇本纪》说是"三十万"。《史记·平津侯主父列传》也有"秦时常发三十万众筑北河"的说法，这"三十万众"应该就是指蒙恬的军队。即使以三十万人计，相比修筑郦山陵墓的七十余万刑徒也是少数④，而这两项工程的工程量可能并不小于郦山陵墓。以三十万人修筑这两项工程，劳动力是否充足也是值得怀疑的，并且三十万军队中还要抽调部分兵力负责边塞防务。

这三十万人，在蒙恬被囚之后归于王离指挥。⑤公子扶苏死后，胡亥又"以李斯舍人为护军"⑥。在东方发生农民起义之后，三十万边防军即被调往东方镇压起义。⑦这一时间，大致在秦二世元年（公元前209年）七月以后，上距开始筑长城的秦始皇三十三年大约有六年时间，距开始筑直道的秦始皇三十五年大约有四年时间。在短时间内以三十万人同时修筑两项浩大的工程，如果没有前人的基础，能否完成也是值得怀疑的。

（原载《湖南科技学院学报》2008年第7期）

---

① 司马迁：《史记》，中华书局，1982年，第2887页。
② 《史记·匈奴列传》索隐引应奉云："秦筑长城，徒役之士亡出塞外。"
③ 王子今：《秦始皇陵复土工程用工人数论证》，载《文博》1987年第1期，第59—63页。
④ 《史记·秦始皇本纪》："始皇初即位，穿治郦山，及并天下，天下徒送诣七十余万人"。"隐宫徒刑者七十余万人，乃分作阿房宫，或作丽山。"关于秦始皇陵用工人数的记载，还有《史记·黥布列传》"丽山之徒数十万人"，《汉书·贾山传》"（秦始皇）死葬乎骊山，吏徒数十万人"，《文献通考·王制考》引《汉旧仪》"使丞相李斯将天下刑人徒隶七十二万人作陵"，《水经注·渭水》"作者七十万人"，等等。据王子今先生考证，仅秦始皇陵复土工程的人数就超过七十万。参见王子今：《秦始皇陵复土工程用工人数论证》，载《文博》1987年第1期，第59—63页。
⑤ 司马迁：《史记》，中华书局，1982年，第2551页。
⑥ 司马迁：《史记》，中华书局，1982年，第2567页。
⑦ 朱绍侯：《关于秦末三十万戍守北边国防军的下落问题》，载《史学月刊》1958年第4期，第10—11页；张传玺：《关于"章邯军"与"王离军"的关系问题》，载《史学月刊》1958年第11期，第33—34页；施丁：《谈谈"章邯军"与"王离军"》，载《史学月刊》2000年第3期，第145—147页。

直道建设与秦北门规划

曾 磊

一

《史记·秦始皇本纪》说秦的疆域"地东至海暨朝鲜，西至临洮、羌中，南至北向户，北据河为塞，并阴山至辽东"。与如此宏阔的国土相应，秦代的宫室建筑也远远超出国都咸阳的边界。除了"作之咸阳北阪上"的六国宫殿区外，秦的"诸庙及章台、上林皆在渭南"。①秦始皇又新建信宫、甘泉前殿、阿房宫，再加上秦国历代国君在旧都修筑的宫殿，秦宫殿达到"东西八百里"，"离宫别馆相望属"，"穷年忘归，犹不能遍"②的惊人规模。

古人曾有意将天上星体与地上州县互相比附，以天上的二十八宿映照人间的地理分野。如《史记·天官书》张守节《正义》引张衡云："众星列布，体生于地，精成于天，列居错峙，各有所属，在野象物，在朝象官，在人象事。"《汉书·天文志》也说天上繁星"皆有州国官宫物类之象"。"取法于天"是秦始皇规划咸

---

① 《史记》卷六《秦始皇本纪》，中华书局，1959年。
② 《史记》卷六《秦始皇本纪》张守节《正义》引《庙记》。

阳布局的重要思想依据。① 秦始皇营造的宫殿，也有明显仿拟天象的痕迹。② 贾谊说秦始皇"斩华为城，因河为津"，又说他"以六合为家，殽函为宫"③，都展现了秦始皇非凡的地理意识。秦都咸阳的建筑规划，除了占据广阔的地域面积之外，还有宏大的天文背景，充斥着秦始皇天人感应的梦想。

秦始皇曾有在关中腹地建置四方门阙的设计，文献中可见"秦西门""秦东门"及"表南山之颠以为阙"的说法。秦汉甘泉宫北方的石门关，也可以视作北方的门阙。秦宫殿区的中心区域大致在四方门阙之内。我们可以把这四座门阙视作秦帝国中心宫殿区的界标。进入四门，就进入了秦帝国的核心区域。④

有学者指出，西汉时期曾经存在一条超长距离的南北向建筑基线。这条基线通过西汉都城长安中轴线延伸，自北向南通过天井岸礼制建筑遗址（天齐祠）、清河大回转段、汉长陵、汉长安城、子午谷，总长度达74公里。这条建筑基线具有极高的直度与精确的方向性，与真子午线的夹角仅为0.33°，其南北延长线又直达汉代的汉中郡和朔方郡郡治。（图1）学者推测秦汉时代在掌握长距离方位测量技术的基础之上，可能已初步具备建立大面积地理坐标的能力。⑤

选在东海之滨的朐县，还有一座秦东门。《史记·秦始皇本纪》载："立石东海上朐界中，以为秦东门。"这座秦

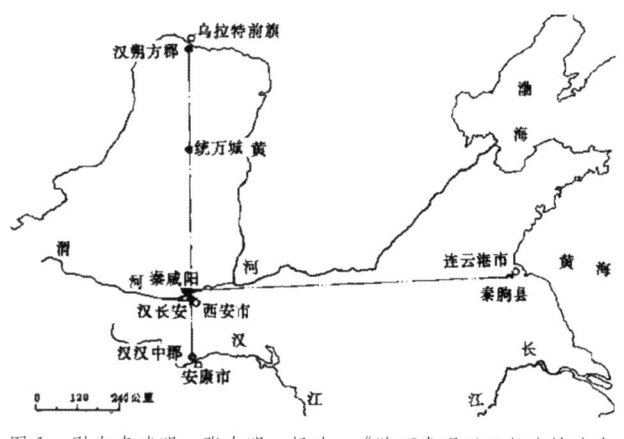

图1 引自秦建明、张在明、杨政：《陕西发现以汉长安城为中心的西汉南北向超长建筑基线》

---

① 王子今：《史记的文化发掘——中国早期史学的人类学探索》，湖北人民出版社，1997年，第268—281页；王理：《法天意识在秦都咸阳建设中的规划与实施》，见《秦俑秦文化研究——秦俑学第五届学术讨论会论文集》，陕西人民出版社，2000年。
② 《史记》卷六《秦始皇本纪》载："二十七年……作信宫渭南，已更命信宫为极庙，象天极。自极庙道通郦山，作甘泉前殿。筑甬道，自咸阳属之……三十五年……乃营作朝宫渭南上林苑中。先作前殿阿房，东西五百步，南北五十丈，上可以坐万人，下可以建五丈旗。周驰为阁道，自殿下直抵南山。表南山之颠以为阙。为复道，自阿房渡渭，属之咸阳，以象天极阁道绝汉抵营室也。"
③ 《史记》卷六《秦始皇本纪》。
④ 曾磊：《秦代的国门规划》，待刊。
⑤ 秦建明、张在明、杨政：《陕西发现以汉长安城为中心的西汉南北向超长建筑基线》，载《文物》1995年第3期。

东门所在的纬线与西汉超长建筑基线所在的经线大体垂直。我们可以将其视作秦帝国面向东方海洋的国门。秦始皇在与超长建筑基线方向垂直的东方设置了秦东门，在超长建筑基线的南方则有南山阙，那么在超长建筑基线的北方，秦始皇是否有所标示呢？是否也存在一座类似秦东门的国门呢？

二

王北辰在《古桥门与秦直道考》一文中提出，在秦昭王修筑的长城上开有一个门阙，门阙正南方就是秦都城咸阳，它至晚到汉代已称作"桥门"，按照方位，它正是秦之北门。"桥门"一名出自《后汉书·段颎传》："颎复追羌出桥门，至走马水上。寻闻虏在奢延泽，乃将轻兵兼行，一日一夜二百余里，晨及贼，击破之。"李贤注引《东观记·段颎传》补充说："'出桥门谷'也。"王北辰认为，今红柳河支流芦河即是古之走马水，今白于山即是古之桥山，桥门就在红柳河支流芦河流出白于山的河谷。① 不过，王北辰的观点遭到史念海、吕卓民的质疑。他们认为，芦河并不是古之走马水，桥门的位置也不应在芦河流出白于山的河谷。并且，芦河流经的地区只有明长城遗迹，并无证据表明秦昭王长城也经过此地。② 王北辰以明长城遗迹考论秦之北门，确实不当。

离秦直道终点不远的阴山山脉上，还有一道重要的关口——高阙。关于高阙，《水经注·河水三》说：

> 《史记》赵武灵王既袭胡服，自代并阴山下，至高阙为塞。山下有长城。长城之际，连山刺天，其山中断，两岸双阙，峨然云举，望若阙焉。即状表目，故有高阙之名也。自阙北出荒中，阙口有城，跨山结局，谓之高阙戍。自古迄今，常置重捍，以防塞道。

《史记·秦始皇本纪》张守节《正义》说：

> 高阙，山名，在五原北。两山相对若阙，甚高，故言高阙。

《史记·匈奴列传》张守节《正义》引《地理志》说：

> 朔方临戎县北有连山，险于长城，其山中断，两峰俱峻，土俗名为高阙也。

看来，高阙的得名是因其山中断相对，高耸似阙。高阙因其险要的地理位置成

---

① 王北辰：《古桥门与秦直道考》，载《北京大学学报》（哲学社会科学版）1988年第1期。
② 史念海：《与王北辰先生论古桥门与秦直道书》《再与王北辰先生论古桥门与秦直道书》，载《中国历史地理论丛》1989年第4辑；吕卓民：《秦直道歧义辨析》，载《中国历史地理论丛》1990年第1辑。

为历代塞防重地。不过对于高阙的地望,却众说纷纭,至今尚无定论。相比而言,辛德勇先生的观点是较为合理的。他认为,高阙有两个:一个是战国时赵国修筑的阴山高阙,其地在今乌拉山西段某山口;一个是秦统一后修筑的阳山高阙,其地在今狼山石兰计山口。蒙恬出兵占据今河套平原后曾沿用赵国高阙,后来又在河套北侧的狼山沿线修筑了新的长城,高阙也随之北移。(图2①)

应当注意的是,超长建筑基线的南端正对子午谷,可能与南山阙有关,以咸阳为基点,与之垂直的纬线又直指秦东门。而高阙基本处于咸阳正北,超长建筑基线所属的经线又恰好经过乌拉山之西,与赵国高阙所在的乌拉山西段的经度相距并不遥远。这不能不让人有所联想。将高阙视作秦北门,也许是适宜的。

秦北门的设置有重要的军事意义。

三

秦国北方一直有少数部族活动,据《史记·匈奴列传》载,"自陇以西有绵诸、绲戎、翟、䝠之戎,岐、梁山、泾、漆之北有义渠、大荔、乌氏、朐衍之戎"。他们时时对秦国加以骚扰,威胁北方边境的安全。其中,以义渠的势力最为强大。"义渠之戎筑城郭以自守,而秦稍蚕食,至于惠王,遂拔义渠二十五城。"义

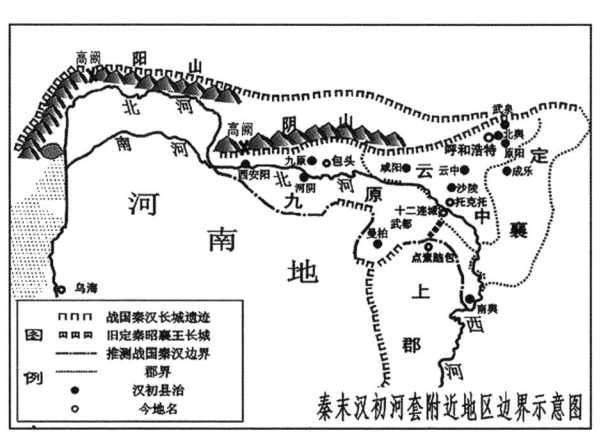

图2 引自辛德勇:《阴山高阙与阳山高阙辨析——并论秦始皇万里长城西段走向以及长城之起源诸问题》

渠势力得到削弱。到秦昭王时,"义渠戎王与宣太后乱,有二子。宣太后诈而杀义渠戎王于甘泉,遂起兵伐残义渠。于是秦有陇西、北地、上郡,筑长城以拒胡"②。秦昭王修筑的长城进一步保证了秦国北方国土的安全,但占据义渠的领土后,秦国又直接面对匈奴的骚扰。直至秦始皇时,随着六国的统一,东方的威胁消除,

---

① 辛德勇:《阴山高阙与阳山高阙辨析——并论秦始皇万里长城西段走向以及长城之起源诸问题》,载《文史》2005年第3辑。
② 《史记》卷一一〇《匈奴列传》。

秦始皇才有条件更多考虑北方匈奴的军事压力。阴山以南的河套地区也开始纳入秦始皇的地理视野。于是，秦始皇三十二年（前215），"始皇乃使将军蒙恬，发兵三十万人，北击胡，略取河南地"。在"西北斥逐匈奴"取得成功后，又"自榆中并河以东，属之阴山，以为三十四县，城河上为塞。又使蒙恬渡河取高阙、阳山、北假中，筑亭障以逐戎人……徙谪，实之初县"。①

秦帝国虽然取得了对匈奴作战的胜利，占据了富庶的"河南地"，但仍然不敢掉以轻心。派遣公子扶苏"北监蒙恬于上郡"②，更可以看出秦始皇对北方的重视。从表面上看，扶苏是因为进谏坑儒而触犯龙颜被派到北方监军的，其实秦始皇的实际目的是让公子扶苏和蒙恬建立政治军事联盟。公子扶苏"刚毅而武勇，信人而奋士"③，是皇位的第一继承人。蒙氏家族战功赫赫，蒙恬又是秦始皇倚重的军事领袖。二人的联合，正如蒙恬所说，"陛下居外，未立太子，使臣将三十万众守边，公子为监，此天下重任也"④。而让扶苏去监军，也可以让他体味北方边塞的重要，延续秦始皇对北方的军事方略。从秦始皇一系列的军事部署来看，秦帝国下一步的军事计划，很可能是攻击北方匈奴，继续拓展疆土。后来秦始皇暴崩于沙丘，胡亥给扶苏、蒙恬的矫诏中也说："今扶苏与将军蒙恬将师数十万以屯边，十有余年矣，不能进而前，士卒多耗，无尺寸之功"。诏书虽是伪造，但以秦始皇口吻责备二人"不能进而前"，可以看出秦始皇本有进一步攻击匈奴、拓展疆土的打算。可惜秦祚短促，秦始皇未能实现的理想，直至百余年后的汉武帝才得以完成。

从军事地理角度来看，"河南地"所属的九原郡身处防御匈奴的前哨，军事地位十分重要。秦代利用阴山山脉、黄河河道、长城塞防设置多道屏障，并在当地驻军守护，移民垦殖，河套地区的富庶土地也为秦军的军事行动提供强有力的前沿保障。九原成为秦对匈奴作战的前方根据地。而秦直道的修筑，更增加了军队及物资运输的便捷，使关中的人力、物力资源可以迅速输送到军事前线。《史

---

① 《史记》卷六《秦始皇本纪》，第253、254页。类似记载又见于《史记》卷一一〇《匈奴列传》："后秦灭六国，而始皇帝使蒙恬将十万之众北击胡，悉收河南地。因河为塞，筑四十四县城临河，徙谪戍以充之。而通直道，自九原至云阳，因边山险堑溪谷可缮者治之，起临洮至辽东万余里。又度河据阳山北假中。"
② 《史记》卷六《秦始皇本纪》。
③ 《史记》卷八七《李斯列传》。
④ 《史记》卷八七《李斯列传》。

记·秦始皇本纪》载："三十五年,除道,道九原抵云阳,堑山堙谷,直通之。"①《史记·蒙恬列传》也说:"始皇欲游天下,道九原,直抵甘泉,乃使蒙恬通道,自九原抵甘泉,堑山堙谷,千八百里。道未就。"虽然"道未就",但据《史记·秦始皇本纪》,秦始皇三十七年(前210)七月丙寅,秦始皇病逝沙丘。随后,巡行车队"行从直道至咸阳,发丧……九月,葬始皇郦山",说明秦始皇三十七年九月之前直道即大体可以通行。

除了修筑直道,秦始皇的驰道"东穷燕齐,南极吴楚,江湖之上,濒海之观毕至"②,规模也十分惊人。对于交通道路对军事活动的战略作用,秦人也有十分清楚的认识。秦国是善于"远攻"的国家,由于在交通条件、交通技术、运输力量等方面的优势,在并兼六国的战争中,秦国军队的战斗力始终保持强盛。③我们注意到,秦都咸阳的四方都有通往各地的道路相连。南北方向上,咸阳之北即是直道,直达九原郡。咸阳之南有"蚀中"谷道大体可以通行。东西方向上,关中通道沿渭河谷地自西向东横贯关中平原,这条道路出函谷关后继续向东延伸,途经洛阳、睢阳、彭城等都邑直抵东海之滨的秦东门。④

关中通道由来久远,史念海先生通过对渭河沿岸新石器时代遗址的分析指出,在石器时代沿渭河河谷和黄河河谷就存在一条交通要道。⑤随着周族的兴起,周人的活动地域逐渐东移,这条道路的作用日益显著。武王伐纣,很可能就是沿着这条道路到达洛阳,然后由洛阳东北的盟津渡河北伐的。周王东迁之后,秦国因周之故,成为西方霸主。随着势力的膨胀,秦国不断利用这条道路向东扩张。关中通道和函谷关组成的战略防御体系,在秦国统一六国战争中发挥了重要作用。贾谊说秦"据殽函之固,拥雍州之地","被山带河以为固"。秦军得以"守险塞而军,高垒毋战,闭关据阨,荷戟而守之"。东方诸侯"常以十倍之地,百万之众,叩关而攻秦。秦人开关延敌,九国之师逡巡遁逃而不敢进。秦无亡矢遗镞

---

① 类似记载又见于《史记》卷一五《六国年表》:"(秦始皇)三十五年,为直道,道九原,通甘泉。"
② 《汉书》卷五一《贾山传》,中华书局,1962年。
③ 王子今:《秦汉交通史稿》,中共中央党校出版社,1994年,第17—24页。
④ 王子今:《秦汉交通史稿》,第28页;徐日辉:《秦襄公东出关中线路考》,载《中国历史地理论丛》2005年第4辑;张天恩:《古代关陇通道与秦人东进关中线路考略》,见秦始皇兵马俑博物馆《论丛》编委会编:《秦文化论丛》第13辑,三秦出版社,2006年。
⑤ 史念海:《石器时代人们的居地及其聚落分布》,见《河山集》,生活·读书·新知三联书店,1963年,第1—25页。

之费,而天下诸侯已困矣。于是从散约解,争割地而奉秦。秦有余力而制其敝,追亡逐北,伏尸百万,流血漂卤。因利乘便,宰割天下,分裂河山,强国请服,弱国入朝"。①秦军和六国军队在函谷关曾发生数次激战。秦军借函谷关之利,得势则出关进攻,失势则据关自守。而关中通道为人员、物资的迅速集中和疏散提供了极大便捷。

正是体会到了"关中通道—函谷关"防御体系在统一战争中的重要作用,在对北方匈奴的战争中,秦始皇也想建立一个便捷通道加险要关隘的防御体系。他命令蒙恬攻占高阙、修筑直道以实现自己的规划。"直道—高阙"防御体系在一定程度上可以看作是"关中通道—函谷关"模式的复制,再加上营建长城塞防和移民戍边,秦始皇构筑了一个全方位的军事战略体系,以防备"亡秦者胡也"的谶语。只可惜秦始皇的苦心经营尚未完全发挥其战略功效,秦帝国就轰然崩塌。秦末汉初之际,匈奴的势力再度南侵,秦始皇的北边经营也随之成为没有价值的"马其诺防线"。

(原载《2012·中国"秦汉时期的九原"学术论坛专家论文集》,内蒙古人民出版社2012年版,第142—148页)

---

① 《史记》卷六《秦始皇本纪》,第277、278、279页。

秦直道两三问题谈

吴长川

秦直道,作为秦始皇维护统治的三大措施之一,在秦朝短暂历史中有着其独有的作用和影响。随着近年考古工作的开展,有关秦直道的考古遗迹不断被发现。而在目前的学术界中,关于秦直道的某些细节问题还存在不同的观点。在此笔者希望通过对文献、考古资料的综合分析,对那些有争议的问题进行详细论证,进而形成自己的观点。

一、秦直道修建的时间和路线

在历史文献中,关于"秦直道"的记载仅在《史记》中出现,且记载得比较简略。因此学者们对秦直道的修成时间存在争议。一般认为秦直道始建于始皇三十五年(前212年),终于始皇三十七年(前210年),历时两年之久,这种看法略显欠妥。秦直道的记载除了出现在《史记·秦始皇本纪》中,在《史记·蒙恬列传》《史记·李斯列传》中也曾出现。《史记·蒙恬列传》中言道:"始皇欲游天下,道九原,直抵甘泉,乃使蒙恬通道,自九原抵甘泉,堑山堙谷,千八百里。道未就。"① 证实了直道在始皇之时并未完全修成。而在《史记·李斯列传》中是这样记载秦

---

① 司马迁:《史记》,中华书局,1982年。

直道的："又作阿房之宫，治直道、驰道，赋敛愈重，戍徭无已。"①这里的"治"当为修建之意，由此可见在二世即位之时直道仍在修建之中。因此可以确定秦直道的修建始于始皇三十五年（前212年），在始皇死时（前210年）尚未完成，二世即位后继续直道的修建，所以直道的最终完成当在二世即位之后。对于张多勇先生提出的秦直道修筑时间约五年之久的观点②，笔者认为缺乏有力的证据，难以证实。

关于秦直道路线的文献记载只在《史记·蒙恬列传》中记载过，言道："始皇欲游天下，道九原，直抵甘泉，乃使蒙恬通道，自九原抵甘泉，堑山堙谷，千八百里。"这也仅言明了秦直道的起点在甘泉（今陕西淳化县北部铁王乡梁武帝村一带），终点位于秦九原郡（今内蒙古包头西南），这一点得到当今学者的认同。但关于秦直道具体路线却存在很大分歧，目前主要有下面两种观点：一种是史念海先生提出的，他认为秦直道由秦林光宫（汉甘泉宫，在今淳化县北梁武帝村）起，沿子午岭主脉北行，经位于今旬邑县境的石门关、雕岭关、黄陵县的艾蒿店，陕、甘两省交界的五里墩、兴隆关（今沮源关）、午亭子，再稍偏西北行，过甘肃华池县东的间水坡岭、黄草崾岘、麻子崾岘、老爷岭、铁角城，又直北至今定边县，然后折向东北，经今内蒙古乌审旗侧，伊金霍洛旗南红庆河旁，东胜县西南90里的海子湾，到达黄河南岸昭君坟附近，即今包头市西南，渡过黄河就是秦九原郡治地。③第一次详细地描述出了秦直道的行经路线，这个路线在学界被称为西线。另一种观点是由靳之林、王开等提出的东线观点，他们认为秦直道由秦林光宫开始，经旬邑、黄陵、富县、甘泉、志丹、安塞一直向北延伸，直达内蒙古包头市西。④上述两种观点的争论促进了今天秦直道的研究，特别是对于秦直道起、终点的论证起到积极作用，但是具体路线还未能确立。笔者认为目前单单依靠文献资料来研究秦直道的具体行由路线是不够的，还必须借助现今考古资料，通过文献与考古资料的结合来探讨秦直道路线。

首先从考古资料来说。随着近年来考古工作的迅速发展，在旬邑、富县、甘泉、

---

① 司马迁：《史记》，中华书局，1982年。
② 张多勇：《秦直道研究综论》，载《甘肃社会科学》2009年第5期。
③ 史念海：《秦始皇直道遗迹的探索》，载《陕西师大学报》1975年第3期。
④ 《为摸清秦代另一巨大的国防工程故迹，画家靳之林徒步三千里考察秦始皇直道》，载《光明日报》1984年8月19日第2版。

榆林等地相继发现了秦直道遗迹。2005年秦直道研究课题小组与旬邑县博物馆利用十天时间对旬邑境内的秦直道进行了详细的考察，最终确定旬邑县境内的秦直道路线：从淳化、耀州、旬邑三地交界的箭杆梁下盘头坡，过姜嫄河，上大草沟梁高地，

秦直道遗迹现貌

绕梁直到石门关石门处下坡，至今旬耀路下3米处台地，转弯经石门村，上今石门山森林公园毓秀塔东边山路，沿子午岭主脉从前陡坡、卧牛石、后陡坡、老爷庙、大店，蜿蜒至枫树梁北端的大店村。从大店下坡到马栏岔沟过马栏河，直从马栏革命旧址窑洞处上坡，经杨家胡同，过甘肃正宁县刘家店林场南边台地转弯直上子午岭山脊，经黑麻湾，沿子午岭至雕灵关。从雕灵关东南300米处转向直北越过305省道（铜川至甘肃正宁的公路），慢坡下山离开子午岭主脉到旬邑县南寺，从石底子水库西边进东沟上子午岭支脉，下山进入黄陵县上畛子，全长约90公里。①2005年7月，甘泉县文物工作者在甘泉县桥镇乡安家沟村发现了一处秦汉建筑遗址，发现者认为该建筑遗址应为秦直道洛河渡桥的保护和管理机构所在地，并同时兼有驿站的作用。②2005年7月，王富春通过自己的实地调查，初步认定出榆林境内的秦直道路线：由延安市的安塞县镰刀湾乡宋家坬村进入靖边县的小河乡郑石湾村，向北经柳湾村、石峁则村，进入龙洲乡的老庄村西，经坪庄村进入沙漠地区，再经高家沟乡的常塔村东，再经杨桥畔镇西的贾家沟村西，再经草沟村西进入横山县

秦直道遗迹

---

① 国家文物局秦直道研究课题组、旬邑县博物馆：《旬邑县秦直道遗址考察报告》，载《文博》2006年第3期。
② 王勇刚、崔风光、李延丽：《陕西秦直道甘泉段发现秦汉建筑遗址》，载《考古与文物》2008年第4期。

境内，经塔湾镇的清河村东，经庞庄到赵石畔镇的水掌村，穿越秦长城，到英塌村，穿过横山镇的张家沟村、曹家畔村，再经雷龙湾乡酒房沟村东、沙峁村西，再经榆阳区红石桥乡的肖家峁村西北的柳卜台村，经闹牛海子村西，再经巴拉素镇的白家海则村西，经大旭吕村东，北上再经小纪汗乡大海子村东，最后进入马合乡，经杨家滩村西，从达拉石村东邱二小宅西侧入内蒙古境，穿过乌审旗黄陶鲁盖乡黄陶鲁盖村，斜东北向达红庆河。①2009年3月至7月，陕西省考古研究院秦直道考古队对富县的秦直道遗址进行了考古发掘。此次发掘中发现秦汉时期的宫殿、兵站、关隘、烽燧等遗址及墓葬百余处，出土了大量建筑材料、陶器、铜器、铁器及兵器等遗物，首次确定道路的绝对年代。②

其次从文献资料来看。历史文献中关于秦直道的记载不仅数量少，而且陈述的内容也比较笼统。最早记载秦直道的文献是《史记》，但也仅记载了直道的起点、终点及长度。之后能见到关于秦直道的记载就是唐代文献：一个是元和年间李吉甫撰著的《元和郡县志》，在卷三《关内道·宁州襄乐县》中言道："秦故道，在县东八十里子午山。始皇三十（五）年，向九原抵云阳，即此道也。"另一个是李泰主编的《括地志》，但由于该书早已佚失，目前我们也只能从唐张守节的《史记正义》征引中看到《括地志》关于秦直道的记载："秦故道在庆州华池县西四十五里子午山上。自九原至云阳，千八百里。"③这里的华池县当为今甘肃省华池县的东华池镇。因此目前关于秦直道经由路线的文献仅为唐代著作，与秦朝相隔甚远，其可信性值得考虑，因此《元和郡县志》和《括地志》中关于秦直道行经路线的记载不能作为考证秦直道路线的有力证据。相反这两条记载的秦直道当为秦朝时期的西行驰道。在《史记·秦始皇本纪》中记载了秦始皇西巡路线图："二十七年，始皇巡陇西、北地，出鸡头山，过回中。"可见秦始皇这次出巡到达过陇西、大盘山、北地、回中等地，这基本上与《元和郡县志》和《括地志》中秦直道的记载吻合。因此笔者大胆推测《元和郡县志》和《括地志》中的秦直道当为秦始皇修建的西巡驰道。

通过对考古与文献资料的分析，秦直道路线当是这样的：从秦林光宫（今淳

---

① 王富春：《榆林境内秦直道调查》，载《文博》2005年第3期。
② http://www.wenwu.gov.cn/ShowArticle.aspx？ArticleID=8312。
③ 司马迁：《史记》，中华书局，1982年。

化县梁武帝村）出发，经黄陵、富县、甘泉、安塞、靖边、横山、乌审旗等地，最终到达九原郡所（今内蒙古包头市西南）。

二、秦直道的附属设施

秦直道在其修建之初，注定是一个耗资巨大的工程，因此必存在大量的附属设施，才会有二世之时"治直道"之举。历史文献中难以寻找到秦直道附属设施的记载，因此我们只能从考古资料中去寻找秦直道的附属设施。

关卡　在现今的考古资料中，关卡的考古遗迹仅有两处。一处是富县秦直道遗址中发现的建筑遗址，考古工作者推断为秦直道上规模最高的关卡①。另一处是旬邑马栏河的沟口上枫树梁的梁坡上发现的两个山丘，被学者推断为驿卡，即兼关卡和驿站的双重性质②。在秦朝，关卡作用主要是检查过往人员的证件。众所周知秦朝户籍管理制度十分严格，法律规定出游之人必须持符，否则将"居县赀一甲，卒岁，责之"③。

驿站　秦直道遗址的附属设施——驿站在今天考古资料中也发现了两处：一处即为上文所说旬邑大店村发现的建筑遗址，被学者推断为秦直道从马栏至石门关之间的驿站遗址④；另一处是甘泉县桥镇乡安家沟村发现的建筑遗址，被发掘者推断为具有驿站作用⑤。秦朝时期驿站的作用是为传递始皇诏令和军事情报的人提供

秦直道发掘现场

---

① http：//www.wenwu.gov.cn/ShowArticle.aspx？ArticleID=8312。
② 国家文物局秦直道研究课题组、旬邑县博物馆：《旬邑县秦直道遗址考察报告》，载《文博》2006 年第 3 期。
③ 张守中：《睡虎地秦简文字编》，文物出版社，2003 年。
④ 国家文物局秦直道研究课题组、旬邑县博物馆：《旬邑县秦直道遗址考察报告》，载《文博》2006 年第 3 期。
⑤ 编者按：原脱。当作：王勇刚、崔凤光、李延丽：《陕西秦直道甘泉段发现秦汉建筑遗址》，载《考古与文物》2008 年第 4 期。

食宿、换马匹场所。

烽燧　根据历史文献记载，烽燧最早出现在西周末年的幽王时代，它的主要功能是传递信息和报警。今天的秦直道考古资料中我们仅能在旬邑县内秦直道路线上找到烽燧遗迹。笔者觉得这并不符合秦朝当时的实际情况，秦朝统一六国后，对匈奴作战成为当时主要的军事任务，因此沿秦直道路线而建的烽燧数量应该不是目前发现的两处。

三、秦直道作用

秦直道自从修筑开始之时，就开始发挥其作用，秦亡后其作用依旧存在。今天诸多学者对秦直道的作用进行阐述，但多综合来论述，对秦朝时期的作用所述不多。在此笔者希望借助历史、考古资料，从军事、政治、经济三方面来论述秦朝时期秦直道的作用。

军事方面，对于秦直道的军事作用，学者们做了一定的论述。有的学者认为秦直道是具有战略意义的国防工程[①]；有的学者提出了秦直道在防御匈奴族和北方少数民族奴隶主入侵中具有很重要的军事战略地位[②]。笔者认为秦直道的军事作用在秦朝时主要表现为军事物资运输和情报传递的快捷性。原因有二：一是秦始皇在统一六国后，对其统治威胁最大的就是北方的匈奴贵族，而在防御匈奴入侵上，秦始皇采取了修筑长城，大军防守的措施。一旦北边出现危险时，秦始皇需要第一时间了解前方战况，这也是修建秦直道的最初目的。而今天在秦直道遗迹附近发现的驿站、烽燧遗址证实了秦直道此项作用。二是在今天秦直道的考古工作中发现了大量的车辙痕迹。尤其是在富县的秦直道遗址中发现成组或对称的车距，间距有1.1米、1.3米和1.5米三种，而在秦朝车距六尺，按照唐兰先生所说秦初标准尺长23厘米，六尺即为138厘米，由此可见秦直道上有运输军事物资的车辆通行。

政治方面，对于秦直道的政治作用，早有学者进行了阐述，如朱绍侯先生认为秦直道是巩固统一的措施之一[③]。司马迁在《史记》中言道：直道的修建是为

---
① 吴宏岐：《秦直道及其历史意义》，载《陕西师范大学继续教育学报》2000年第1期。
② 李仲立：《秦直道新论》，载《西北史地》1997年第4期。
③ 朱绍侯：《中国古代史》，福建人民出版社，2004年。

了满足秦始皇"游天下"的目的。笔者认为此说法欠妥。对于秦始皇这样一个雄才伟略的政治家来说，花费大量的人力、物力、财力来修建直道仅仅是用来满足自己的私欲，显然是不恰当的。况且秦始皇巡游天下是为了统一思想，检查统一措施的施行情况，对六国旧贵族进行震慑。这一点在《史记·秦始皇本纪》中得到证实，太史公言道："匡饬异俗，陵水经地。忧恤黔首，朝夕不懈。除疑定法，咸知所辟。方伯分职，诸治经易。举错必当，莫不如画。皇帝之明，临察四方。"[①]

经济方面，众所周知秦直道的起点位于关中地区，终点在蒙古高原地区，它的修建加强了两个地区的联系。秦朝时期的关中地区是个农业发达的地区，为秦朝统一六国奠定了坚实基础。九原郡，是在秦朝对匈奴作战胜利后设置的，农业发展缓慢。为了促进河套地区农业的发展，在始皇三十六年（前211年）向榆中、北河地区移民三万户。此次移民不仅为河套地区带去了先进的农业生产工具，更带去先进生产技术。这一点也在今天的考古资料中得到了证实：1975年在奈曼旗善宝营子古城遗址中曾出土过两件秦陶量，器身断续保存着秦始皇二十六年诏书印文；在赤峰县三眼公社出土的秦铁权，器身通身铸造阳文二十六年诏书；在四家子公社老虎山大队小八盖子村先后出土完整的秦铁权、秦半两小圆钱等。[②] 在秦直道遗迹的沿途也出土了大量的秦朝遗物，如在2009年陕西富县秦直道考古发掘中出土的秦代绳纹筒瓦、板瓦等，两处路面上出土的铜镞和铜币。

四、结语

秦直道从公元前212年开始修建之时，在维护秦朝统治、促进边疆经济发展、防御北方游牧民族入侵等方面都起到了积极的作用。随着近年来秦直道考古工作的开展，关于秦直道之前存在的争论性问题也在得到逐步解决。笔者希望通过本文的撰写，来引发大家对秦直道的关注，为今后秦直道的研究提供更广阔的思路。

（原载《文物世界》2011年第2期）

---

① 司马迁：《史记》，中华书局，1982年。
② 项春松：《昭乌达盟燕秦长城遗址调查报告》，见文物编辑委员会编：《中国长城遗迹调查报告集》，文物出版社，1981年。

建构秦直道研究的大视野

侯海英　徐卫民

秦直道自建造以来，就成为学者研究的问题，几千年来，针对秦直道的修建时间、线路、使用等问题，学者们多有争论。1975年史念海先生发表《秦始皇直道遗迹的探索》一文，其后的学者都不同程度地对秦直道的起止点、修筑起讫时间、所经路线、沿途遗迹，以及该道在军事防御、经济交流中的地位等分别进行了论证，对秦直道的历史地位和现实意义研究亦多有突破。

本世纪以来，国家把秦直道列入国家大遗迹规划，并组织考古人员对秦直道沿线进行了有计划的考古发掘，获得了大量的第一手资料，使秦直道的研究进一步深入。在目前情形下，整理前人秦直道的研究成果，充分吸收现代考古发掘的收获，构建秦直道研究之大视野正逢其时。

一、区域横向研究视野

关于秦直道，最直接的记载是《史记·秦始皇本纪》所记："三十五年，除道，道九原，抵云阳，堑山堙谷，直通之。"司马迁只记起点和终点，中间所经之地，则语焉不详。因此对于该道起点和终点，学界没有分歧。最大分歧点在于直道的南半段途经路线，即直道一直是沿子午岭岭脊走向，还是在北出云阳不久，向东偏下子午岭穿行于陕北境内。也就是说，秦直道的线路之争其实只是其中一段走向问题。

抛开此一段直道走向的分歧，我们可以看到，无论是东线还是西线，秦直道在中国历史上所占有的重要地位和所产生的区域影响力都不可忽视。秦直道连接了当时汉民族最核心的政治经济文化中心关中平原与最复杂的民族交融区蒙古草原，其间通过陕北高原、河套平原，穿越中华母亲河黄河，与世界最伟大的防御工程长城相互交织，是贯通北中国重要的军事交通要道。毋庸置疑，这一区域对古中国的意义重大。无论从中原王朝政治中心的稳定，还是从各民族在此地的此消彼长、发展变迁，乃至军事格局、经济发展出发，都值得我们深入研究。因此，改变秦直道单纯线路研究的现状，从更深远意义上开启秦直道区域研究的视野，把秦直道放置于北中国大的区域范围内进行研究，也许可以为目前的秦直道研究构建出清晰的空间横向坐标，有利于直道研究的深化。

以军事作用而言，秦直道被称为中国古代最早的"高速公路"，其主要的作用是用于军事。我们知道，任何军事部署，无论进攻还是防御，都不可能是孤立的。因此，秦直道所起到的战争防御和进攻作用，也不可能是孤立的，必须通过其区域范围内的防御线或防御网，构成"一方有变，八方驰援"的防御体系，才能达到御敌之目的。

研究秦直道区域的交通线路结构，可以看到，秦直道与马莲河道、洛河道东西呼应，组成以秦直道为中轴线，马莲河道、洛河道为两翼的快捷反应的军事通道。同时，秦直道沿线遍布古城址、军事防御工事，形成了以直道为柱、东西走向的古道为链、两边城镇为锁的有效的"立体军事防御网络"。在当时，彪悍、游荡的北方少数民族对农耕汉地的侵扰，严重地威胁着中原王朝的稳定。秦直道区域军事系统的建立，可以对北方少数民族的任何侵犯意图都能快速做出反应，调集军马，应对草原部落的袭击。

古语云："兵马未动，粮草先行。"若对外出击，作为军事通道，必须确保粮草供应畅通无阻。秦汉对匈奴的大规模战争，需要源源不断的粮草，秦直道和这些古道又同时构成了"立体军事供应网络"，确保供应线畅通无阻。

从进攻结构的设置上，秦直道区域又与秦长城间形成统一的军事防御体系，从这个意义上讲，秦直道是一条抵御匈奴奴隶主贵族入侵的军事要道，起着与秦长城同样重要的作用。① 长城如弓，直道如箭，在一旦发生战争的情况下，它们间相互作用，相互联系，相互影响，相互促进。军队以长城为依托进行防御，同时，精锐之师通过直道快速出击，如飞速射出的箭，攻向敌方，退可守，攻可行，建构出完整快速的军事攻防体系，大大地强化了中原农耕王朝对草原游牧民族的战争抵御能力。秦直道区域所构建的军事体系，不但在秦王朝，而且在其后的朝代中，均起到了保护中原王朝，抵御北方游牧民族侵扰的作用。

以上的论述只是对秦直道军事交通作用从区域系统化角度所做的阐述，其实秦直道的文化、经济、民族交流等各个方面都呈现出区域化的特征。张多勇先生概括为"秦直道沿线文化圈"②，有一定的道理。因此，秦直道区域化横向研究视野的确立将有利于秦直道研究走向新的境界。

二、历史时序纵向研究视野

同样是司马迁，在《史记·蒙恬列传》中为后人留下了这样的记载："始皇欲游天下，道九原，直抵甘泉，乃使蒙恬通道，自九原抵甘泉，堑山堙谷，千八百里，道未就。"后代学者对此争论很大，秦直道是否修成，是否使用，都成为大家争论的问题。加之，秦短短十五年而亡，秦直道的使用更引起了大家更多的疑问。

秦直道横贯北中国，其经过的区域自古就是重要的军事要地，历史上多民族在此地反复争夺，很多历史资料研究也表明，秦直道在历史上一直被延续使用。宋之前，建都关中平原的历代中原朝廷都依赖于此一地域的平安。所以，秦直道虽修筑于秦时，但此一区域一直是中原王朝重点战略防御基地。有学者研究证明，汉时抗击匈奴的战役中，秦直道仍显示出其重要的作用；和亲的昭君走过的仍旧是这一道路③，甚至于到唐时的许多军事事件也与此线路密切相关。

现代考古的结论也使这一问题的讨论暂时告一段落。多点位的考古现场都可以看到秦时的路基遗址，同时，历代的叠压和遗存也证明了秦直道的很多路段使用时期较长。④

---

① 李仲立：《论秦直道与秦长城的关系》，载《庆阳师专学报》1994年第1期。
② 张多勇：《秦直道研究综论》，载《甘肃社会科学》2005年第5期。
③ 王德恒：《王昭君：从秦直道走向草原的和亲公主》，载《北方新报》2010年7月16日。
④ 陕西省考古研究院秦直道考古队：《陕西富县秦直道考古取得突破性成果》，载《中国文物报》2010年1月1日。

因此，研究秦直道不能限于秦帝国短短两到三年的建设和使用，而应把它放在更大的历史背景下和更长的历史时段中进行研究，从而使秦直道的研究进入新思路，得出更多的成果。

考察研究秦直道沿线的遗址，我们可以看到，秦直道作为后世军事交通的鼻祖，此一区域也一直为历代统治者所重视。秦以来，历朝历代都在此区域建立过军事防御体系。如义渠戎国都城，秦阳周县城，西汉的泥阳县城、略畔道城、直路县城、除道城，隋唐的华池县城、合水县城、襄乐县城、洛源县城等，另外现存华池铁角城古城址、宁县庙嘴坪遗址、正宁县罗川古城遗址、合水县固城古城址、大山门古关址，陕西省吴旗县古城、子洲县马岔乡残存两座古城遗址、子长县石家湾乡曹家洼村城墙湾古城遗址，内蒙古伊金霍洛旗红庆河镇和阿勒腾席热镇古城遗址、鄂尔多斯市（原名伊克昭盟）东胜市城梁村古城遗址等，这些遗存于直道沿线附近的城址，直观地反映着秦直道区域在历代的作用和影响[①]。通过对这些遗存大小、规模、确切位置和兴废沿革的考察，可以更清晰地还原历史时期直道的变迁。其使用的长久性也可以论证秦直道在漫长的历史时序中所起到的重要作用。

秦直道沿线古城镇的研究只是秦直道研究中一个重要的横截面，从中反映出的丰富的历史内涵使秦直道的研究更具立体化。此次"秦汉时期的九原"学术论坛许多与会专家的文章和发言，在集中反映了九原地区的历史变迁的同时，也表明，九原作为秦直道的终点，历史时期所起到的作用是延绵不断的，其历史和社会内涵一直延续至今。作为秦直道重要研究方面的九原，其研究的深化将是对秦直道整体研究重要的补充和提升。

同时，秦直道沿线除城镇外，墓葬、民俗、地名等等值得研究的内容还有很多，只有从一个个专题深入研究，才能真正揭示出秦直道区域的历史地位，对于秦汉史的研究，对于古代交通史、军事历史地理、民族变迁史乃至于丝绸之路的研究都有重大意义。

三、关联系统研究视野

秦直道是秦帝国为防御北方少数民族匈奴的侵扰而新建的专用军事交通线，

---

① 国家文物局秦直道研究课题组、旬邑县博物馆：《旬邑县秦直道遗址考察报告》，载《文博》2006年第3期。

代表秦最高的建筑、工程、勘测等科技水平，反映了秦战争设施和军事思想的最高成就。秦直道修建对秦帝国的军事和政治作用、对后代帝国的重要影响，都值得我们去关注和研究。

秦直道研究是一个牵连到历史学、历史地理学、考古学、建筑学、交通工程学、军事科学等等各学科知识的综合研究课题，同时，其横贯北中国的巨大工程本身也形成了一个需要系统研究的体系。因此，无论是秦直道历史上所起到的诸多重要作用，还是其目前现存的线路和区域遗存对考古、历史、地理、民族、建筑工程多方面的现实研究意义，都需要我们进入关联系统研究的新视野，从各个方面，多角度、多维度地推动秦直道的研究走向深入。比如学者们已注意到在秦汉帝国北方防线的稳固和民族关系的变迁中，秦直道所起到的重要作用；注意到秦直道所经过的农耕汉地、河套平原、黄河流域、草原等不同区域的历史变迁，对农耕文明和草原文明的发展所起到的影响；注意到此一地区在历史时期中国版图上重要的地位，从而可能会对中国古代政治、经济、文化乃至世界民族变迁史产生的影响。正如王子今先生在《秦直道的历史文化观照》中所言：秦直道的开通和应用，在中国古代交通史上具有极其重要的地位。对于军事交通的发展历程而言，秦直道也表现出里程碑式的意义。然而以文化史的视角考察，还应当看到，直道可以看作秦政治文化的一种纪念。直道—子午岭和子午道—直道的关系，也使研究者面临新的课题。秦直道沿线主题同一的民间传说，反映了这条交通线路长期沿用的事实。位于秦直道南端的甘泉宫在军事史和外交史中的地位，又从一个特殊的角度体现了秦直道特殊的历史文化作用。①

同时，秦直道其涵盖的广泛性，也必然要求其研究者不仅仅局限于考古和历史地理研究人员。目前所进行的秦直道考古工作在很大程度上帮助历史地理学者厘清了很多原有文献资料无法解决和引起疑惑的问题，那么相信建筑学、工程学、军事学等学者的介入，将可能在未来更多地解决秦直道研究中的各种问题，使秦直道研究呈现多元化、关联性综合研究的状态。

因此，推进秦直道及其关联问题的系统研究，组织更多的专家学者参与秦直道的研究，形成较为成熟的研究成果是目前我们面临的首要问题，只有这样，秦直道的研究才能逐步走向深入和规模化。

---

① 王子今：《秦直道的历史文化观照》，载《人文杂志》2005年第5期。

值得欣喜的是，近些年关注研究秦直道的人士、单位愈来愈多，成果也愈来愈多，但作为一个大课题来研究，还需要众多的学者和社会的共同关注、共同研究，才可以使这一重大问题的研究和利用有新的进展。

秦直道的研究牵涉到陕西、内蒙古、甘肃等省区，需要团结合作才能使这一问题得到深入的研究。实事求是地讲，内蒙古这些年在直道的研究和开发方面走在了前面，做出了一定的贡献，值得陕西、甘肃借鉴。

秦直道作为我国古代重要的军事交通遗存，可以媲美于长城，但是，秦直道的研究一直相对沉寂，因此，本文试图通过以上三方面的建议，从区域研究角度构建秦直道横向研究坐标，从历史时段角度构建秦直道纵向研究坐标，从关联研究角度构建秦直道研究的整体研究概念，从而使秦直道的研究走向深入。这些研究思路都需要学者扎实的研究作为支撑，需要考古工作者细致的考察做基础，需要社会上更多的有识之士参与其研究中。只有这样，秦直道的研究才能真正构建出大框架，结出大成果。

（原载《2012·中国"秦汉时期的九原"学术论坛专家论文集》，内蒙古人民出版社2012年版，第165—170页）

论秦直道是昭君出塞的最可能路线

王绍东　郑方圆

一、关于昭君北上匈奴单于庭路线的争议

关于昭君出塞的行走路线，史书上并没有明确记载，最早提出昭君可能的出塞路线的，是著名的匈奴史研究专家内蒙古大学的林幹。1979年，林教授在《昭君与昭君墓》一书中就指出："昭君出塞时所经的路线,史无明文,但线索不难找出。史载呼韩邪单于在宣帝甘露三年（公元前51年）第一次从漠北入汉之时，汉朝派兵在他经过的七个郡境沿途护卫，并表示欢迎。据《资治通鉴》（卷二十七）胡三省注的考订，那七郡就是五原、朔方、西河、上郡、北地、冯翊，而至国都长安。若以当时各郡治所为准，则所经约今内蒙古的包头市、杭锦旗、东胜县、陕西榆林县、甘肃庆阳县，而至陕西西安市。呼韩邪从漠北第一次入汉既经由这条路线而来，那末，他在公元前33年入汉及后来偕同昭君返回漠北，也是取道这条路线，是很自然的。"[①]1986年，林教授在《内蒙古大学学报》1986年第3期发表长文《试论王昭君艺术形象的塑造》，进一步申明了自己对昭君出塞路线的研究："经过近一二十年来我个人的研究，现已初步探明，呼韩邪和昭君一行北归漠北单于庭时，由汉朝派遣高级官员领兵护送出境，一则表示礼仪，一则为了警戒和防卫。史书记载呼韩邪于公元前51年（宣帝甘露三年）二月第一次北

---

① 林幹等编著：《昭君与昭君墓》，内蒙古人民出版社，1979年，第4页。

归时,汉遣长乐(宫殿名)卫尉高昌侯董忠及车骑都尉韩昌,率领一万六千名骑兵,另发边郡士马一千多名护送。这次有昭君公主……出塞同行,按理护送的兵马自应较前更多。沿途所经路线,共历七郡,即从汉都长安(今陕西西安市)出发,先过左冯翊(属三辅,在长安东北),然后经北地(今甘肃庆阳县)、上郡(今陕西榆林县)、西河(今内蒙古东胜县)、朔方(今乌拉特前旗),而至五原(今包头市;以上各地,以当时郡治为准)。从五原再往西行,至朔方郡临河县(今内蒙古临河县东北,靠近乌加河南岸),渡北河(今乌加河),向西北方向出高阙(今石兰计山口),越过长城,便算离开汉地(出了塞),进入匈奴所辖地区。"

林教授提出昭君出塞的这一路线后,得到了学界的普遍认同。近年来,山西省的部分学者又提出了昭君出塞所走的不是秦直道,而是秦直道东的通塞中路,也就是经山西雁门关—平城(大同)—武州(山西左云)—雁门郡(山西右玉)—杀虎口—云中郡—五原郡—单于庭的路线。较早主张这条路线的是山西大学的靳生禾,他在《昭君出塞与蹄窟岭刍议》一文中认为:"昭君与呼韩邪由长安至单于庭的路线,是东渡黄河北上,循涑水、汾河、桑干河三河河谷一线,经蹄窟岭至杀虎口出塞,是蹄窟岭、红沙岩口实属很可珍贵的历史文化资源与可资开发的旅游资源。"① 靳先生的观点提出后,得到了山西省特别是左云县一些学者的响应,左云县文联的刘志尧②、左云四中的刘溢海③分别发表文章,肯定昭君出塞是经过雁门关、大同、左云、杀虎口出塞至匈奴龙庭。

二、经秦直道北上是昭君出塞的最可能路线

由于《汉书》《后汉书》等原始文献都没有直接记载昭君出塞的行走路线,所以我们的研究只能根据相关的史料进行考订、判断。如果抛开其他因素,纯粹对相关史料加以综合运用与解析,似乎可以得出结论,经直道北上是昭君出塞的最可能路线。

1. 秦直道是秦、西汉时期中原王朝连接塞北地区的最便捷通道

秦朝统一后,秦始皇进一步对周边少数民族地区进行军事扩张,其中一个重

---

① 靳生禾:《昭君出塞与蹄窟岭刍议》,载《湖北民族学院学报》2009年第6期。
② 刘志尧:《昭君经武州塞出塞考释》,载《三峡论坛》(三峡文学·理论版)2010年第3期。
③ 刘溢海:《昭君出塞路线考》,载《三峡论坛》(三峡文学·理论版)2012年第6期。

要目标就是征服北方游牧民族匈奴族。①匈奴人地处塞北草原，他们"逐水草迁徙"②，胡服骑射，机动性强，"倏来忽往，云飞鸟集"③。为了打击匈奴，秦朝需要修筑一条与北方地区沟通便捷，可以快速调集军队、运送军事物资、传递军事情报的道路。秦始皇三十五年，"除道，道九原抵云阳，堑山堙谷，直通之"④。对于秦直道的行经路线，尽管学术界仍有争议，但从各地对秦直道的实际考察结果来看，秦直道的修筑严格遵循了"堑山堙谷，直通之"的要求。如国家文物局秦直道研究课题组与陕西省旬邑县博物馆的《旬邑县秦直道遗址考察报告》就指出，辨认子午岭山区秦直道的六大要素是：（1）看是否南北的大致走向。（2）看是否沿山脊或高地选线。（3）看是否有堑山堙谷的痕迹。（4）看是否线形顺直，弯道很大。（5）看路面是否宽阔平缓。（6）看沿线是否有与秦直道配套的设施，如秦汉行宫、兵站、关隘、烽火台等遗址。如果六点全部符合即为秦直道无疑。⑤杨泽蒙考察鄂尔多斯境内秦直道遗址时也发现："鄂尔多斯境内目前可确认的秦直道遗迹，北起达拉特旗高头窑乡吴四圪堵村东，南到伊金霍洛旗的掌岗图四队，南北纵贯鄂尔多斯高原中部，地图上的直线距离近100公里。秦直道遗迹途经的地区，今天多属高丘陵地区，地势延绵起伏，高差较大，沟壑纵横。直道遗迹在这一地区沿约190度的方向直线南行，绝无弯道。为减少道路的起伏高差，凡直道所途经的丘陵的脊部，绝大多数都进行了不同程度的开凿，置身直道分别向南、北眺望，均可看到一线相通的数个由于开凿而形成的位于丘陵正脊部位的豁口，或位于坡脊部位的半豁口。……凡直道途经的丘陵间的鞍部，绝大多数都进行了不同程度的填垫……填垫部分的路基底部最宽者约60米，顶部宽30—40米，残存最厚的垫土现今仍达6米以上，足可见当初工程之艰难。"⑥历史文献与考古勘察都证明秦直道是连接秦汉时期中原王朝的统治中心关中地区与北方蒙古高原地区最便捷、最畅通的道路。

2. 昭君出塞时，秦直道仍在使用并得到了很好的维护

直道修通后，整个秦、西汉时期都成为从关中地区进入北方河套地区的最重

---

① 王绍东：《关于秦朝北击匈奴的若干问题辨析》，载《西安财经学院学报》2013年第1期。
② 司马迁：《史记》，中华书局，1959年，第2879页。
③ 李延寿：《北史》，中华书局，1974年，第3304页。
④ 司马迁：《史记》，中华书局，1959年，第256页。
⑤ 国家文物局秦直道研究课题组、旬邑县博物馆：《旬邑县秦直道遗址考察报告》，载《文博》2006年第3期。
⑥ 杨泽蒙：《世界古代高速公路之首——秦直道》，载《内蒙古文物考古》2005年第2期。

要通道。秦始皇最后一次巡游,死在了沙丘平台,秦二世、李斯、赵高等人一方面隐藏了秦始皇的死讯,同时仍然按照秦始皇生前制定的巡游路线,绕道秦直道从九原返回首都咸阳。秦始皇的巡游队伍浩浩荡荡,规模庞大,选择从直道返回首都,说明秦始皇三十七年直道已经基本完工,粗可使用。到秦二世时继续对直道进行加工修缮,使工程得以竣工。直道修成后,整个西汉时期一直得到有效的维护和使用。司马迁到北方边境地区,曾经亲自考察过秦直道,并留下了"吾适北边,自直道归,行观蒙恬所为秦筑长城亭障,堑山堙谷,通直道,固轻百姓力矣"①的感慨,也体现出秦直道是"适北边"的最便捷道路。汉武帝时期北击匈奴,秦直道的战略地位进一步得到强化。元封元年十月,汉武帝亲率大军,"行自云阳,北历上郡、西河、五原,出长城,北登单于台,至朔方,临北河。勒兵十八万骑,旌旗径千余里,威震匈奴"。汉武帝率领十八万军队从秦直道来到河套地区,表明这时的秦直道有着良好的通行条件。半年前,也就是元封元年四月,汉武帝在登封泰山后,"行自泰山,复东巡海上,至碣石。自辽西历北边九原,归于甘泉"。②秦皇汉武都使用直道,说明整个秦汉时期秦直道是官方公认的、使用最普遍的连接关中与塞北河套地区的便捷通道。西汉时期,汉朝在北地郡设直路县、除道县,显然是为了维护直道而取名的。

秦直道的两端,在秦汉时期连接的是两个最重要的地区。秦直道的南端起始于云阳的甘泉宫,对于甘泉宫的重要地位,辛德勇在《秦汉直道研究与直道遗迹的历史价值》一文中进行了深入论证。其北端的九原郡,在整个秦汉时期的重要性亦不可小觑。秦汉王朝与匈奴的和战关系不仅牵动着全国力量,甚至影响着整个政局,而九原郡处于最前沿的地区,无论是和是战都会对那里产生重要的直接影响。为了巩固北方边疆,秦皇汉武都曾往这里大规模移民,兴修水利,发展农业生产,使这里成为秦汉时期经济开发的新区。汉武帝元狩四年,山东发生大范围水灾,国家无法赈救,"乃徙贫民于关以西,及充朔方以南新秦中,七十余万口"。应劭对"新秦中"的解释是:"秦始皇遣蒙恬攘却匈奴,得其河南造阳之北千里地甚好,于是为筑城郭,徙民充之,名曰新秦。四方杂错,奢俭不同,今俗名新富贵者为'新秦',由是名也。"③说明到汉武帝时期,九原郡所在的河套地区已经具备良好的经济基础和优越的开发条件,不仅作为国家转移灾民的目的地,

---

① 司马迁:《史记》,中华书局,1959年,第2570页。
② 班固:《汉书》,中华书局,1962年,第189、192页。
③ 班固:《汉书》,中华书局,1962年,第1162页。

而且迁移到这里的人们还有机会成为"新富贵者"，其繁荣富庶的程度，时人已经把那里与经济最发达的"秦中"地区相比拟了，因此也就有了"新秦中"之称。直道的南北两端，连接这样两个经济地位、军事地位、战略地位都如此重要的地区，没有理由不进行很好的维护。

秦直道并不只是一条南北通行的大路那么简单，为了保障直道的畅通，发挥联通南北的各种功能，围绕秦直道修筑了行宫以及兵站、驿站、关隘、烽燧等军事防御设施与信息传递设施。如对旬邑县秦直道石门关附近的建筑遗址进行考察，"可以判断石门关南峰是一处秦代行宫，汉时仍然沿用的皇家住所。石门村东边大片农田上应为较大的居住区，除官吏的住房和军队的营房外，还有驿站、商业、民居等设施。印证史料，可以推测，石门关关前关后的常住人口可能有数千。《史记·秦始皇本纪》又载：秦皇三十七年'七月丙寅，始皇崩于沙丘平台'、'行从直道至咸阳，发丧'。石门关是秦直道必经之地，若没有如此规模，不可能接待运送秦始皇灵柩返回的庞大队伍"①。秦直道与周边道路、城镇、兵营等构成了立体的、"一方有难，八方驰援"的防御体系，从而保证了在直道上行走的安全。这样看来，从秦直道出塞，不但最便捷、顺畅，也不存在所谓的安全隐患。

3. 呼韩邪单于在甘露三年选择秦直道往返长安与塞外之间

对于昭君出塞的路线，史无明确记载，但昭君是随呼韩邪单于一同离开长安回到了塞外的单于庭，则是有明确的史料证据的。《汉书·元帝纪》载："竟宁元年春正月，匈奴呼韩邪单于来朝。诏曰：'匈奴郅支单于背叛礼义，既伏其辜，呼韩邪单于不忘恩德，乡慕礼义，复修朝贺之礼，愿保塞传之无穷，边垂长无兵革之事。其改元为竟宁，赐单于待诏掖庭王樯为阏氏。'"由此可见，昭君嫁给呼韩邪单于，是在单于来汉廷朝见时决定的，昭君极有可能是随单于一同返回匈奴故地的。值得关注的是，呼韩邪单于并不是第一次来到汉廷。汉宣帝甘露三年，呼韩邪单于通过五原塞向汉朝表达修好愿望，经过讨论，汉朝决定"待以不臣之礼，位在诸侯王上"，以隆重礼节接待单于。《资治通鉴》载："诏遣车骑都尉韩昌迎单于，发所过七郡二千骑为陈道上。"胡三省注曰："七郡，谓过五原、朔方、西河、上郡、北地、冯翊而后至长安也。"②这里明确记载了呼韩邪单于是经过

---

① 国家文物局秦直道研究课题组、旬邑县博物馆：《旬邑县秦直道遗址考察报告》，载《文博》2006年第3期。

② 司马光：《资治通鉴》，中华书局，1956年，第886页。

秦直道的沿线七郡来到长安的。在长安留住一个多月后,"二月,遣单于归国。单于自请'愿留居幕南光禄塞下;有急,保汉受降城。'汉遣长乐卫尉、高昌侯董忠、车骑都尉韩昌将骑万六千,又发边郡士马以千数,送单于出朔方鸡鹿塞"①。呼韩邪单于从五原郡来到长安,走的是秦直道路线,返回的路线,自然不会变更,况且护送者是同一个人车骑都尉韩昌。说明韩昌经常在秦直道上往来,应该非常熟悉沿途路程。

呼韩邪单于朝汉事件,从汉朝皇帝到百官大臣都极为重视,必然选择最安全、最畅顺、最便捷的路线。《资治通鉴》明确记载这条路线就是秦直道。那么,18年后的竟宁元年(公元前33年),呼韩邪单于迎娶昭君,自然仍会选择这条路径。在这段时间里,没有秦直道通行环境恶化的因素,也没从关中到五原郡新修更便捷道路的记载与可能性,如果相信《资治通鉴》的记载,就没有怀疑昭君出塞走秦直道的理由。也许有人说,《资治通鉴》及胡三省的注释是宋元时期所做,距离昭君出塞的时代已经久远。实际上,《资治通鉴》的记载所依据的是《汉书》的相关记载。《汉书·匈奴传》记载:"明年(甘露二年),呼韩邪单于款五原塞,愿朝三年正月。汉遣车骑都尉韩昌迎,发过所七郡郡二千骑,为陈道上。"至于《资治通鉴》所补充的部分是否可信,可以从司马光及写作《资治通鉴》的过程与态度进行推测。司马光及其团队用了19年的时间编修《资治通鉴》,他们首先对相关史料进行详细排列,写成丛目,然后在此基础上完成初稿,最后经过认真考证,去伪存真,去粗取精,完成最后的定稿工作。在这样的过程中,他们还编成了《资治通鉴考异》,说明取舍材料的依据和理由。司马光及其团队以及《资治通鉴》的注释者胡三省等人的史学素养极为深厚,写作态度极为严谨认真。他们利用当时能够看到的史料写呼韩邪单于往返长安与九原的行走路线,应该是有充分依据的。至少在找到新的、更可靠、更有说服力的证据之前,难以否定《资治通鉴》的相关记载。

4. 昭君出塞经雁门关之说史料依据尚不充分

山西学者靳生禾、刘志尧、刘溢海等主张昭君出塞路线为雁门关一线的通塞中路,而不是秦直道,其史料依据主要是诗歌、戏曲等文学作品和民间传说。其中,刘溢海在《昭君出塞路线考》一文中引证的最早的资料是唐李白的《王昭君》:"汉

---

① 司马光:《资治通鉴》,中华书局,1956年,第887—888页。

家秦地月,流影照明妃。一上玉关道,天涯去不归。"唐上官仪的《王昭君》:"玉关春色晚,金河路几千。琴悲桂条上,笛怨柳花前。"唐无名氏《王昭君变文》(说唱):"单于:忆昔辞銮殿,将相出雁门。"刘先生认为,"单于庭既在北方而不在西北方,那么,以李白为代表的'玉门关说'肯定是错误的。否定了玉门关说,那么,昭君出塞之路线也只能是经陕北的直道与经山西的通塞中路了。可为何文学作品中找不出经直道的路线呢?……在多数作者的认识中,秦直道是一条山高谷深,又多河谷与沙漠的艰险之路。事实上也确实如此,因此,文学作品的许多作者就为昭君出塞选择了经山西雁门关的路线。经雁门关的这条路线相比之直道来,也确实要安全得多"①。实际上,文学作品中的描写,许多是虚拟性描写,而不是写实性记述。在唐代,玉门关与雁门关的军事地位极为重要,人们往往把这两个关作为出塞的标志。因此,不管是李白等人写昭君经玉门关出塞,还是无名氏写昭君从雁门关出塞,都是虚指昭君出塞之事。刘先生认为李白对匈奴所在方位认识错误,玉门关之说不能成立,实际上,无名氏所写的雁门关,也不具备写实性的地理坐标性质,而只是泛指昭君出塞之事罢了。至于明清以后的文学作品的描写,包括地方志中记载的民间故事和传说,更不具备有力的证据作用。如同许多昭君故事和传说一样,它们只是"昭君想象"的组成部分。也就是说,人们出于对昭君的热爱、敬重、同情、歌颂、赞美的心理,希望昭君与自己的故乡发生联系,从而创造了各种有关的故事。这些故事,反映的往往不是历史的真实,更多表现的是人们心灵的期冀与情感的表达。昭君从雁门关出塞的传说是这样,山西部分学者主张的昭君出塞走通塞中路之说又何尝不是这样的心理呢?另外,刘溢海等所说如果走秦直道路线,匈奴内部不同的势力可能危害昭君一行的安全,况且秦直道路线的气候条件恶劣,难以成为昭君出塞的选择路线等,也都经不起严格推敲。对此,王子今在《关于王昭君北行路线的推定》②一文中已经进行了辩驳,此不赘述。总之,从目前的相关资料来看,尚不足以推翻昭君出塞走秦直道说。

(原载《商丘师范学院学报》2015年第4期)

---

① 刘溢海:《昭君出塞路线考》,载《三峡论坛》(三峡文学·理论版)2012年第6期。
② 王子今:《关于王昭君北行路线的推定》,见《昭君和亲路线专家研讨会论文集》,湖北昭君旅游文化发展有限公司,2014年。

秦直道建筑探究

高子期　周晓陆

一、秦直道述略

秦代是古代中国陆路交通网的初创期。秦统一前，北方日益强大的匈奴成为中原政权的威胁。统一后，始皇嬴政即派蒙恬北伐，收复河套以南地区，次年又越过黄河，将匈奴赶至阴山以北，在今内蒙古包头市设立九原郡，在迁徙移民屯垦的同时修筑长城。秦始皇认识到出于保卫边防目的，必须建立交通、通信和军需补给等快速反应体系，一旦战争爆发，中央能在最短时间内启动应战机制。于是在公元前212年，命蒙恬和扶苏在镇守边关的同时监修直道。

《史记·六国年表》"三十五年，为直道，道九原，通甘泉"[1]，《史记·匈奴列传》索隐："苏林云：'去长安八千里，正南北相直道也。'"[2] 这条南北走向的道路大致呈直线，故被称为"直道"。该工程前后用了近五年时间，约至秦二世三年（前207）竣工。直道南起云阳林光宫（西汉为甘泉宫，今咸阳市淳化县梁武帝村），由甘泉山一路向北，途经陕西、甘肃、内蒙古等三省区，穿横山山脉、黄土高原、鄂尔多斯草原，跨黄河直抵九原郡麻池古城。《河套图志·秦

---

[1] 司马迁：《史记》，中华书局，1982年，第758页。
[2] 司马迁：《史记》，中华书局，1982年，第2887页。

汉塞道》载:"今以秦人塞直道考之,自九原起,南至甘泉,堑山堙谷,千八百里,则今之泾阳至延(安)榆(林),北达乌剌忒旗之五原县,皆秦建筑古道。"① 直道是秦首都咸阳通往北方前线最便捷的道路,它和早年修筑的长城互为依托,构成了一个既能阻挡匈奴南下,又能快速为前线输送军队和补给的整体防御体系。

秦直道所在地势较高,施工较平地困难,却因此减少了人为破坏,减少了河流冲毁导致的水土流失,使它成为遗迹保存较好、较接近原貌的古道路标本。虽历经两千余年的环境变迁,部分路段至今仍能使用。史载直道"道广五十步,三丈而树,厚筑其外,隐以金椎,树以青松"②,可见直道的设计规划和施工,已具备今天高速公路的雏形。秦林光宫位于渭河谷地的北缘接黄土高原处,是中原地区与北方民族交汇、对峙的敏感地带,名为帝王避暑离宫,实乃抗击匈奴的军事指挥中心。直道作为秦帝国的交通和信息网络系统,连缀着沿途的关塞和城镇,加上道路自身具备的综合功能,又使它成为经济文化交流的纽带。它的修筑增强了中原王朝军队的战斗能力,使匈奴势力在很长时段内,都忌惮它的存在而不敢贸然进攻。到了两汉时期,其政治、军事、经济作用得到极大发挥。

随着魏晋隋唐时期匈奴逐渐退出历史舞台,唐以后中原政治格局改变,当时威胁中原的突厥人一般由宁夏经甘肃攻打关中,秦直道的军事战略地位和意义因此降低和减弱。由于政治中心东移,而且直道多修建在远离居民聚集的北部高原山地,人迹罕至,该道路自宋代后逐渐荒芜,待到清初,已基本淡出人们视线,这条曾经的军需补给通道也不再行用。

佛教自东汉末传入,沿丝绸之路自西向东呈放射状传播。丝绸之路到达陇东后与秦直道交会。在直道沿线两侧,目前共发现数十处北魏、西魏、北周、隋、唐、五代、宋、元各代石窟。直道自诞生之初至明代,在军事、文化、经济、民族交往等方面发挥过历代相同或相近的作用,同时它也被看作草原丝绸之路的通道之一。

对于如此规模浩大的工程,早期文献记载并不多。《史记·秦始皇本纪》载:"三十五年,除道,道九原抵云阳,堑山堙谷,直通之……关中计宫三百,关外

---

① 张鹏一:《河套图志·秦汉塞道》,在山草堂(铅印本),民国十一年(1922)。
② 班固:《汉书》,中华书局,1962年,第2328页。

四百余……因徙三万家丽邑，五万家云阳，皆复不事十岁。"①"（秦皇三十七年）七月丙寅，始皇崩于沙丘平台。……行从直道至咸阳，发丧。"②《史记·蒙恬列传》载："始皇欲游天下，道九原，直抵甘泉，乃使蒙恬通道，自九原抵甘泉，堑山堙谷，千八百里。道未就。"这些记录指明了直道的起始地点和启用时间，但缺少对路线的具体走向、宽度、途经郡县的名称以及使用情况等的说明。唐代《括地志》及《元和郡县图志》载：庆州华池县（今甘肃省华池县东华池镇）西四十五里子午山上有秦时的"故道"，即秦直道。

文献匮乏使直道的研究面临不少困难，也正因如此，更吸引着当代各学科学者的关注。秦直道的相关考古研究，始于内蒙古自治区考古所的田广金。20世纪史念海《秦始皇直道遗迹的探索》一文发表后，引起学者们对秦直道起始地点、所经路线、修筑及竣工时间、沿途遗迹、军事防御和经济交流等进行多方考证。其中有关秦直道线路的走向问题争议较大，最新关注点则是如何将该历史遗存纳入当地旅游开发，使直道保护和利用并重。③但已有的研究多依据文献资料和简单的野外调查立论，并未对直道进行科学的考古钻探和发掘。经过2009年和2010年的两次发掘，考古工作者大致还原了被岁月所掩埋的秦直道的本来面目。④考古发掘为进一步的研究提供了条件，但也存在一些不足，包括对直道相关建筑的分类及技术探讨。

---

① 司马迁：《史记》，中华书局，1982年，第256页。
② 司马迁：《史记》，中华书局，1982年，第264—265页。
③ 关于秦直道的相关研究，主要成果先后分别有：孙相武：《秦直道调查记》，载《文博》1988年第4期；王开：《"秦直道"新探》，载《成都大学学报》1989年第1期；吕卓民：《秦直道歧义辨析》，载《中国历史地理论丛》1990年第1辑；姬乃军：《陕西志丹县永宁乡发现秦直道行宫遗址》，载《考古》1992年第10期；吕卓民：《再论秦直道》，载《文博》1994年第2期；吴宏岐：《秦直道修筑的起讫时间与工程分期》，载《中国历史地理论丛》1996第3辑；1996年由甘肃省文物局组织了秦直道考察和研究，并由兰州大学出版社出版了《秦直道考察》一书，从考古学角度较为全面地介绍了秦直道的总体情况，此后内蒙古文物考古部门也对其境内的直道进行了详细的调查，并发表了调查报告；李仲立：《秦直道新论》，载《西北史地》1997年第4期；姚生民：《秦直道与甘泉宫》，载《文博》1997年第5期；姚生民：《秦直道起点及相关问题》，载《咸阳师范学院学报》2002年第2期；刘治立：《秦直道与子午岭地区的佛教遗存》，载《敦煌学辑刊》2003年第2期；王富春：《榆林境内秦直道调查》，载《文博》2005年第3期；张多勇：《秦直道研究综论》，载《甘肃社会科学》2005年第5期；王子今：《秦直道的历史文化观照》，载《人文杂志》2005年第5期；辛德勇：《秦汉直道研究与直道遗迹的历史价值》，载《中国历史地理论丛》2006年第1辑；吴长川：《秦直道两三问题谈》，载《文物世界》2011年第2期。
④ 2009年陕西省考古研究院考古发掘项目"陕西富县秦直道遗址"入选当年全国考古十大发现，发掘出路面车辙、脚印及大量建筑遗迹。

在研读史料基础上，笔者对秦直道进行了为期两月的实地调查，同时采访了主持发掘秦直道富县段和陕甘交界的子午岭段的陕西省考古研究院张在明研究员、徒步踏查秦直道第一人李永强老师以及直道沿途各地文物工作者，据此对秦直道及周边的建筑遗迹概况做出初步整理和分析。

二、秦直道建筑探究

直道作为军事工程，主体是便捷通行的道路，其次还有关隘、桥梁、障塞、阙台、烽燧、驿站、城镇等沿线各类建筑设施，这些建筑设施共同架构成为立体的军事防御网和军需供给网。对这些建筑的研究，是了解直道在各历史时期所发挥作用的支撑基点，既可以深入揭示其战略地位，也能成为确定它走向的证据，对推动秦汉交通史、军事史、历史地理以及丝绸之路和秦汉建筑研究都有独到意义。

道路为人们的交通出行提供便利，同时也是联系城市各功能性建筑间必不可少的要素。《周礼·地官司徒第二·叙官一九》"遗人"对中国上古道路的修建形式有如下记载："凡国野之道，十里有庐，庐有饮食；三十里有宿，宿有路室，路室有委；五十里有市，市名候馆，候馆有积。"[1]这些形式规范了道路的基本设施状况。《国语·周语》又载："列树以表道，立鄙食以守路。"[2]行道树的种植，一可做里程标志参照，二可绿化和保护环境。偏远地区要为旅客提供就餐住宿等服务和设施，以确保旅途的畅通与便捷，同时也促进了当地经济的发展。这些虽交代了道路设施的概况，却很少涉及具体的修建情况。

依《周礼》推测，在直道开口处及沿线应该有着一系列功能齐备的建筑设施。通常在道路的起点和终点会设置有阙和广场。这既是道路起讫的标志，也是部队屯兵和宣誓的场所。宫殿为最高统治者巡幸提供休憩之地，而城镇和驿站等一般性实用建筑，则有着双重的意义：既能作为部队的屯兵之所，也可以作为军需后勤补给、军属安排和军队缓冲休息之处。驿站具有多重功用，在承担邮传职能的同时，还能为军民提供食宿便利。以上不同性质和功能的建筑，基本涵盖秦汉时期日常生活建筑的多种类型。

---

[1] 杨天宇：《周礼译注》，上海古籍出版社，2004年，第196页。
[2] 徐元诰：《国语集解》，王树民、沈长云点校，中华书局，2002年，第66页。

(一)道路构筑

秦直道之前相关道路记载,仅有周武王在两京间修建的"周道"[①]和以洛邑为中心而呈辐射状向四方修建的等级不同的道路,很少提及其他道路的修建过程和形式。文献对直道的修建情况也讲得较为简略,这是研究中国古代道路建筑的一大遗憾。考古发掘出的直道路基、沟渠、桥梁、涵沟等固态建筑以及路两旁行道树等共同构成道路的标志,为中国古代道路的构成形式提供了复原依据。结合至今尚存的古蜀道"翠云廊",可以推见当时道路修筑的基本情况。

通过考古发掘,核定了直道的基本路线:起点是陕西省淳化县北铁王镇梁武帝村,终点为内蒙古包头市的麻池镇,陕西富县是直道中部重要的军事要塞和交通驿站。发掘揭露了直道的路基构造、路面状况、护坡形式、排水系统遗存以及施工规模等方面的真实面目。

古代道路一般沿河谷选址修建,而直道的设计者则抛弃了常规的选址方式,而选择了远离河谷的高山之巅。他们在黄土高原的子午岭(现陕甘交界处)沿线,沿山脊设计线路,在低凹处挖山填谷夯筑垫方,建成了古代中国唯一沿山脊和高地修筑的国家级道路。路基由黄土夯筑而成,平坦坚实,目前已发现的道路遗迹全长736公里,路面最宽处约66米,最窄处约20米。陕西境内已发现直道遗迹全长498公里,其中富县段长125公里。桦沟口段直道位于陕甘交界处张家湾镇五里铺村,横跨葫芦河及其支流桦沟河的交汇地带,大致呈西北至东南走向,路面一般宽30米至40米。该段发掘工地的位置正处于直道由高岭向平川盘旋而下的路段,在山区的路面一般宽约10米至30米,部分路段宽约40米至50米。道路剖面共有植被层、自然堆积层和碾压层三层,其中碾压层厚度约15厘米至35厘米。直道下层路面的铺筑时间约为秦代和西汉早期,上层路面约为西汉中晚期。在路面发掘出了遗存的车辙和脚印。

经测量得知位于黄陵县兴隆关(即沮源关)以东的堑山路面宽度66米,是直道现有路面的最宽值。该段直道路面宽阔,弯道较大。考古证明,直道全段共

[①] 《诗经·国风·桧风·匪风》:"顾瞻周道。"《诗经·小雅·鹿鸣之什·四牡》:"周道逶迟。"《诗经·小雅·谷风之什·大东》:"周道如砥,其直如矢……行彼周行。"《诗经·小雅·鱼藻之什·何草不黄》:"有栈之车,行彼周道。"

有三个路面最宽的节点,该段直道是除起点淳化和终点九原郡之外的另一最宽处。经发掘显示路面铺设情况最为典型的路段,位于富县张家湾镇车路梁和尚塬转弯处。在道路弯道外侧的夯土护坡之外20余米处,又发现与之平行的夯土。两道平行夯土宽达61米,可能是类似甘泉县方家河段直道的夯土隔墙,即在需要大面积夯筑垫方("堙谷")的直道外侧,沿路夯筑出数个平面方形隔墙,在隔墙内填土以形成护坡或路面。

富县桦沟口段中心区,发现有与道路平行的沿河高3米、靠山侧延伸5米至6米护坡夯层,厚约6厘米至8厘米,靠山侧厚度递减。中心区下方有长达66.5米呈倒梯形的夯土护坡,外侧残高1.4米至1.6米,夯层厚12厘米至24厘米。中心区上方夯土护坡残高1.2米至1.8米,夯层厚6厘米至10厘米。排水系统位于盘山道靠山侧路面,与道路平行,宽1.3米,深30厘米至50厘米。上层为斜坡状叠压堆积土,下层为淤土,沟底铺垫有碎礓石。①

有了上述考古依据,便可以基本复原秦直道道路构筑技术。

(二)房舍建筑

直道富县桦沟口段沿线两侧,出土了大量建筑材料及陶器、铜器、铁器、兵器等遗存,这些资料断代明确,为了解秦直道附属设施的分布和内涵提供了重要依据。在建筑材料堆积中以秦汉时期粗细绳纹、抹带绳纹筒瓦、板瓦及陶罐、盆、甑等残片为主,铜镞和钱币的时代在两汉之间或稍晚。其中有多处直径为55厘米至65厘米的圆柱形夯土礓墩及其上部的石柱础。从布局分析,在道路两旁各有面宽约3.5米的房屋遗存。由于葫芦河水的冲刷和人为破坏,房屋的间数和进深不详。沿河流一侧,还有多处以夯土为基成片相连的建筑基址,面积最大约200平方米。考古领队张在明先生认为该建筑基址是直道上规格较高的关卡性质遗址。

此外,在旬邑县石门关南峰发现了长64厘米、宽16厘米、唇长4厘米的绳纹筒瓦,长70厘米、宽40厘米的绳纹板瓦,长37.5厘米、宽37.5厘米、厚4.5厘米的乳钉纹铺地砖,以及几何纹铺地砖、菱形几何纹空心砖、陶井圈、云纹瓦

---

① 参见陕西省考古研究院秦直道考古队:《陕西富县秦直道考古取得突破性成果》,载《中国文物报》2010年1月1日第4版。

当和长生未央瓦当，山顶还有大型石柱础等秦汉建筑材料堆积，总面积约5000平方米。根据出土材料及规模分析，该处可能为当时宫殿遗址。在距石门关2公里处石门村东台地，还有南北长约400米、东西宽约100米、总面积约40000平方米的建筑遗址。① 这些发现能够明确直道沿线有关卡、宫殿等建筑遗址，带给人们全新认识。

（三）桥梁与关塞

2005年7月，甘泉县文物工作者在洛河南岸台地桥镇乡安家沟村发现了一处秦汉建筑遗址，遗址东西长约150米，南北宽约80米，总面积约12000平方米，与洛河北岸人称"圣马桥"的秦直道引桥遗址隔河相望。遗址内绳纹板瓦、筒瓦、云纹瓦当、空心砖等建筑构件以及罐、瓶、盆、甑等陶制生活用品残片随处可见。② 据现场遗存分析，这或是集洛河渡桥的保护和管理于一体，同时兼具驿站功能的机构所在地。

洛河北岸的方家河村西引桥至今尚存高20米的桥墩遗迹，夯土每层厚约12厘米至20厘米不等。北方多为季节性河流，所以路旁往往建有大型冲沟，与都江堰、灵渠等南方水利工程不一致。有关直道桥梁建筑的具体情况尚待进一步研究。

在旬邑县石门关中峰南坡，考古工作者发现了南北长约100米、东西宽约30米、总面积约3000平方米的建筑遗址，离行宫约200米，与石门关仅一沟相隔。考古研究者由此推论，此遗址可能是石门关要塞的屯兵处③，与富县段直道建筑性质相同，相关的研究亦有待继续深入。

（四）阙台遗迹

在直道遗址的南部起点淳化县，其端口处有宫城的北城墙遗迹，东端南部现存一对圆锥形的夯土遗存，如巨冢般伫立于天地之间。该夯土遗存底部宽宏，在其南侧尚有大量残砖断瓦及草拌泥墙面的残留遗存，它们应当是土木结构残阙的

---

① 国家文物局秦直道研究课题组、旬邑县博物馆：《旬邑县秦直道遗址考察报告》，载《文博》2006年第3期，第75—78页。
② 王勇刚、崔风光、李延丽：《陕西秦直道甘泉段发现秦汉建筑遗址》，载《考古与文物》2008年第4期，第14页。
③ 国家文物局秦直道研究课题组、旬邑县博物馆：《旬邑县秦直道遗址考察报告》，载《文博》2006年第3期，第75—78页。

夯土台基。其中西侧夯土台现存约高15米，底部周长约200米，顶部周长约40米；东侧夯土台现存约高16米，底部周长约220米，顶部约30米。[①] 类似的夯土遗迹在直道的中部富县和终点九原郡所在的包头市各发现一处。道路前立阙的相关记录虽未见诸文献，但在当时有着凡重要建筑前必定立阙的传统，例如商鞅在咸阳宫区"筑冀阙"。直道作为秦帝国国防的标志性建筑，具有纪念碑式的意义，阙的树置是显而易见的。文献记录秦直道最宽处约60米，而现存两夯土台基之间距为57米，若经考古清理，这对封土基部直线距离当略大于60米，与现测秦直道之最宽处大体相符。联系两夯土台基周围的建材遗存，根据秦始皇陵的勘探资料以及汉茂陵前置阙的情况，特别是已发掘的景帝阳陵南门阙址资料，再参照画像砖石中道路、桥梁前均有双阙的设置，笔者认为该夯土遗存为直道起点处的土木阙基址遗存。

两阙在汉武帝时期改作"通天台"。[②] 阙以南是黄土高原与渭河谷地的接合部，既地势开阔又沟壑纵横；近阙体前后，显然为人工平整过的、好似阅兵誓师的广场。直道如砥由此向正北延伸，雄伟的嵯峨山投影正好插入两阙之间。极目向北，由黄土高原攀上蒙古高原，有直冲蓝天之势。直道沿线虽然有着众多的烽燧遗迹，但与巨大的阙的封土遗存显然不可同日而语。

在直道中部的富县及终点处的内蒙古包头九原郡，也各有一对与梁武帝村类似的大型夯土遗存。因所见三处夯土遗存处的直道宽度基本一致，均达到直道的最宽值，又分别位于直道三大重要节点，故笔者确认该夯土为秦直道起点、中部及终点处的土木阙址遗存。沿着秦直道一线，尚见有多处秦汉残砖瓦建筑遗存堆积，是否还有阙台，尚待考察。

三、结语

直道与以军用为目的长城有着不同的性质，作为连接关中和北方地区的军事通道，不仅满足了始皇帝"欲游天下"的私心，更加快了中央政府与北方各地的

[①] 姚生民：《甘泉宫志》，三秦出版社，2003年，第32页。
[②] 姚生民《甘泉宫志》："东北方中部以下向外突出，呈台阶状，原似为三出阙。其下有础石、草泥块、白色壁面，壁面上曾见朱、黑色绘画痕。……台基底部夹有大量残砖瓦。两大台基雄峻壮观，远瞩醒目，为通天台遗迹。"三秦出版社，2003年，第32页。

联系速度,保证了政令的畅达。在发挥军事防御功能的同时,也成为北方草原文明与中原农耕文明交流与融汇的纽带。

秦直道建筑在中国建筑史上意义重大,在工程测绘、设计和施工、管理等方面,反映了秦代经济、文化、交通和建筑技术水平的较高成果。直道建筑是其中最基础的部分,却也往往是容易被忽略的部分,对它的研究尚处于初步阶段。拙文仅指出了有关直道的道路建构、房舍、阙台和桥梁等部分建筑遗迹,事实上的秦直道建筑遗迹较上述几类遗迹可能更为丰富,值得人们做出更多探索。

[原载《西北大学学报》(哲学社会科学版)2015年第6期]

学术综述

秦直道研究综论

张多勇

对秦直道的研究，曾达到一个高潮，从 1975 年史念海先生发表《秦始皇直道遗迹的探索》[①]一文以来，陕西师大的吴宏岐教授、淳化县博物馆的姚生民先生，以及吕卓民、孙相武[②]、李进[③]、李仲立先生等相继著文，甘肃省文物局出版《秦直道考察》[④]专著，王开主编了《陕西古代道路交通史》[⑤]，都不同程度地对秦直道的起止点、修筑起讫时间、所经路线、沿途遗迹，以及该道在军事防御、经济交流中的地位等分别进行了论证。

综观近年来的研究成果，基本搞清了秦直道的走向，同时对其沿途文化遗存进行了考察，研究了秦直道的历史地位和现实意义。本文试图概括、归纳各家的观点、争论的主要问题及其结论，并提出笔者的相关看法。

一、对秦直道所经路线的争论

1975 年著名历史地理学家史念海先生发表《秦始皇直道遗迹的探索》一文，立刻在学界引起很大关注。文物考古工作者、历史研究工作者、交通史研究者都

[①] 史念海：《秦始皇直道遗迹的探索》，载《文物》1975 年第 10 期。
[②] 孙相武：《秦直道调查记》，载《文博》1988 年第 4 期。
[③] 李进：《秦"直道"考察记》，载《陕西交通史志通讯》1986 年第 5 期。
[④] 甘肃省文物局：《秦直道考察》，兰州大学出版社，1996 年。
[⑤] 王开：《陕西古代道路交通史》，人民交通出版社，1989 年。

关注于此。现实需要和学者的热情，有力地推动了秦直道研究。对于该道起点和终点，学界没有分歧，公认起点在今陕西省淳化县北部铁王乡凉武帝村一带，终点进入鄂尔多斯草原，在昭君坟附近渡过黄河，到达包头市西南秦九原郡治所。分歧的主要焦点在于直道的南半段，即直道一直是沿子午岭岭脊走向，还是在北出云阳不久，向东偏下子午岭穿行于陕北境内。争论的起因，是由于《史记·秦始皇本纪》所记："三十五年，除道，道九原抵云阳，堑山堙谷，直通之"[1]，只记起点和终点，中间所经之地，则语焉不详。

认为秦直道一直是沿子午岭岭脊走向的以史念海先生为代表。史念海对秦直道进行考察后提出了其具体走向，即"由陕西淳化县北梁武帝村秦林光宫遗址北行，至子午岭上，循主脉北行，直到定边县南，再由此东北行，进入鄂尔多斯草原，过乌审旗北，经东胜县西南，在昭君坟附近渡过黄河，到达包头市西南秦九原郡治所。一半路程修筑在山头岭上，一半路程修筑在平原草地"[2]。陕西师范大学吴宏岐教授撰文《秦直道修筑的起讫时间与工程分期》[3]和《秦直道及其历史意义》[4]支持这一观点。李仲立、刘得祯先生通过实地考察在《考古与文物》发表《甘肃庆阳地区秦直道调查记》一文，也认为直道一直是沿子午岭岭脊走向。[5]李仲立又撰文《秦直道新论》，运用子午岭沿线的考古发现，论证了子午岭的地理优势，以及秦直道经过子午岭的历史必然性。[6]

认为秦直道北出云阳不久，向东偏下子午岭穿行于陕北境内，孙相武、姬乃军、姚生民等持此观点。孙相武1984年、1986年考察秦直道后撰文《秦直道调查记》附《秦直道考察路线图》，认为秦直道经过陕北榆林。[7]姬乃军在《延安境内秦直道调查报告之一》中提出"直道至兴隆关后，分为两条岔路，一条沿子午岭主脉向西北延伸，一条沿古道岭向东北方向延伸"；又在《延安境内秦直道调查报告之二》中认为，秦直道经过富县、甘泉、志丹、安塞、靖边等县。[8]陕西淳化

---

① 司马迁：《史记》，中华书局，1982年，第256页。
② 史念海：《秦始皇直道遗迹的探索》，载《文物》1975年第10期。
③ 吴宏岐：《秦直道修筑的起讫时间与工程分期》，载《中国历史地理论丛》1996年第3辑。
④ 吴宏岐：《秦直道及其历史意义》，载《陕西师范大学继续教育学报》2000年第1期。
⑤ 李仲立、刘得祯：《甘肃庆阳地区秦直道调查记》，载《考古与文物》1991年第5期。
⑥ 李仲立：《秦直道新论》，载《西北史地》1997第4期。
⑦ 孙相武：《秦直道调查记》，载《文博》1988年第4期。
⑧ 姬乃军：《延安境内秦直道调查报告之一》，载《考古与文物》1989年第1期；《延安境内秦直道调查报告之二》，载《考古与文物》1991年第5期。

县博物馆的姚生民先生支持此说。王开《"秦直道"新探》也认为秦直道经过陕北，但与姬文路线不同。[①]1993年在西安周秦文化国际学术会议上，姬乃军《秦直道走向考辨》一文，再次论及陕北境内的秦直道[②]。

吕卓民在《秦直道歧义辨析》中"试图通过这一分歧点进行剖析，以澄清是非"。又发表《再论秦直道》针对姬乃军、王开的观点进行了辩驳，并对陕北古道遗迹上郡道、鸦儿道等逐一研究，认为不能将秦直道与上郡道等古道混为一谈。[③]李仲立强调史念海先生提出的秦王朝沟通北部草原地区的交通要道有四条：直道、延川道、马莲河道、萧关道。直道既为一条南北走向的道路，又是一条近道、捷道。"直道"对延川道、马莲河道有扼控作用，表现在"对于子午岭山脉周围交通网络的控制，子午岭东西两侧的延川道和马莲河道是两条平行的河谷道，它们之间的连接必须通过子午岭才能形成网络，互相补充，互相影响。因而在子午岭上有许多关卡都处于'直道'上。如沮源关（兴隆关）、雕令关、午亭子、老爷岭等处都是主要的十字交叉路口，都有一些关隘设施，控制着子午岭周围的交通网络，特别是成为控制延川道和马莲河道的重要咽喉，成为边郡重镇和关中的天然屏障"[④]。同时陈静、文启二先生撰文《秦直道不经上郡的证据》，从反面提出秦直道不经上郡的理由。[⑤]

吴宏岐认为：直道离开林光宫后就进到子午岭中，循岭北行，经今陕西省旬邑县东的石门关，北行至凤子梁，再经今甘肃省正宁县刘家庙子林场、黑马湾、野狐崾岘、南站梁，而至今陕西省旬邑县雕岭关。从雕岭关开始，直道循子午岭主脊，大致呈西北走向，过陕西省黄陵县艾蒿店、甘肃省襄乐县五里墩，到达兴隆关，再经甘肃省合水县的黄草崾岘到青龙山，沿合水、华池两县分水岭向西北延伸，到华池县的麻芝崾岘，然后纵穿华池县境，经大红庄、墩梁、老爷岭、新庄畔、羊沟畔、黄蒿地畔、深崾岘、高崾岘、墩儿山，过打扮梁的雷崾岘、五里湾、张新庄、田掌，进入陕甘两省交界的丁崾岘、墩梁，直达营崾岘。营崾岘是

[①] 王开：《"秦直道"新探》，载《西北史地》1987年第2期。
[②] 姬乃军：《秦直道走向考辨》，见《秦文化论丛》第2辑，西北大学出版社，1993年。
[③] 吕卓民：《秦直道歧义辨析》，载《中国历史地理论丛》1990年第1辑；《再论秦直道》，载《文博》1994年第2期。
[④] 李仲立、刘得祯：《甘肃庆阳地区秦直道考察报告》，载《甘肃社会科学》1991年第3期；李仲立：《秦直道新论》，载《西北史地》1997年第4期。
[⑤] 陈静、文启：《秦直道不经上郡的证据》，载《中国历史地理论丛》1998年第1辑。

秦直道与明长城的重合之处,也是一处交叉的十字路口。直道沿明长城内侧向西北延伸,经营盘梁、南湾、箱子湾到白硷出长城,入陕西省定边县的马崾岘,重合之处长达20公里。从定边县南境起,直道折向东北,经今内蒙古自治区乌审旗、红庆河,再转向北行,过东胜市西的二顷半、海子湾、城梁,直抵黄河南岸的昭君坟,在此渡过黄河,就是今包头市西的秦九原郡治所在地。①

甘肃省文物局编写的《秦直道考察》一书,受国家文物局的资助,由钟圣祖、许俊臣、岳邦湖、刘得祯、李红雄等先生经过三年不懈努力,深入沙漠、密林、草原,行程近万公里,采用现场录像、实地拍照、文字记录、测绘地图等手段,记述了更详细的地段,并对各地段的直道遗迹、亭障烽燧、地理环境、海拔高度、分段里程、文化遗存、与其他古道的关系进行了系统描述,还附有详图和照片,获得了大量的第一手资料,有力地支持了直道是沿子午岭岭脊走向的观点,弥补了1975年史念海提出"直道循着子午岭主脉北上"观点时"子午岭北段的直道遗迹稀少"②的不足。该书认为:秦直道在陕西淳化县境内长约15公里,在旬邑县境内60公里,在甘肃正宁县境内70公里,在宁县境内60公里,在合水县境内60公里,在华池县境内110公里,甚为准确。但认为"从陕西定边境至包头市麻池镇,秦直道长约一千华里,连同甘肃境内和旬邑、淳化境内的总长约850公里,与文献记载基本相符"③,误也。秦时1800里,约合今750公里(1500里),其误在于,从陕西定边县境至包头市麻池镇,秦直道长约800里,而不是如其所说"长约一千华里"。④

综上所述,古时从长安通向塞外的道路中,秦直道是近道、捷道,故称为"直道"。秦直道沿子午岭岭脊北行是毫无疑问的,笔者深为赞同。

二、对沿途文化遗存的考察

1. 对起点甘泉宫的考察

关于秦直道的起点,学界尚无分歧,史念海、王开、丁晨、李进、甘肃省文

---

① 史念海、吴宏岐:《略论秦直道》,见《秦文化论丛》第5辑,西北大学出版社,1997年。
② 史念海:《秦始皇直道遗迹的探索》,载《文物》1975年第10期。
③ 甘肃省文物局:《秦直道考察》,兰州大学出版社,1996年,第5页。
④ 目前发现秦汉尺近100支,每尺皆在23cm左右,平均23.1cm,就此计算,秦汉1800里,约合今745.2km。

物局秦直道考察组、姚生民等都认为起点是今淳化县北部铁王乡凉（梁）武帝村，并做过一定的描述。姚生民发表《汉甘泉宫遗址勘查记》、《秦直道与甘泉宫》①、《秦直道起点及相关问题》②、《淳化县甘泉山发现秦汉建筑位置问题》③、《关于汉甘泉宫主体建筑位置问题》④等文章，对凉武帝村的地形地貌、甘泉宫的南墙北墙以及被北来的小沟切割的情况进行描述，并附图记述。甘肃省文物局秦直道考察组对凉武帝村遗址的东西南北城墙高度、周长、土墩、瓦当等遗存做了详细的叙述。⑤

2. 对终点麻池古城的考察

对于秦直道的终点，研究者亦没有分歧，都认为在今内蒙古包头市南偏西8公里的麻池古城。甘肃省文物局秦直道考察组对麻池古城进行了实地考察，对其南北二城的规模、城墙残存、文化遗存等仔细勘查，认为北城早于南城，北城似为秦九原郡遗址，并对北城内两个冢状台基与起点甘泉宫的"通天台""望母台"进行对比认为："可能都是为军事、祭祀所需而修筑。"⑥

3. 对沿直道烽燧的考察

甘肃省文物局秦直道考察组徒步踏勘了甘肃境内直道沿线126座烽燧，对其名称、所在位置、形状、高度、底周、顶径、遗存状况等逐一造表登记，并对烽燧的地理位置以及古人对烽燧的选址布局做了探讨。王子今先生在《试说秦烽燧》一文中，将秦烽燧与河西地区的汉唐烽燧进行比较，指出秦直道沿线烽燧的不同特点⑦，著《秦汉交通史稿》，对秦汉交通包括秦直道进行了系统性研究。

4. 对沿直道佛教遗存的考察

秦直道是古代南北交通的重要线路，是东西经济文化交流的重要孔道，千余年来发挥着重要的历史作用。子午岭地区的佛教遗存充分说明了该道在中西文化交流中的地位和作用。甘肃省考古研究所的董玉祥先生、张宝玺先生上世纪70

---

① 姚生民：《秦直道与甘泉宫》，载《文博》1997年第5期。
② 姚生民：《秦直道起点及相关问题》，载《咸阳师范学院学报》2002年第1期。
③ 姚生民：《淳化县甘泉山发现秦汉建筑位置问题》，载《考古与文物》1990年第2期。
④ 姚生民：《关于汉甘泉宫主体建筑位置问题》，载《考古与文物》1992年第2期。
⑤ 甘肃省文物局：《秦直道考察》，兰州大学出版社，1996年，第6—8页。
⑥ 甘肃省文物局：《秦直道考察》，兰州大学出版社，1996年，第24页。
⑦ 王子今：《试说秦烽燧——以直道军事通信系统为中心》，载《文博》2004年第2期。

年代，就对合水县秦直道两侧的石窟进行考察，著有《陇东石窟》等书。兰州大学杜斗城教授考察了该道沿线的合水张家沟门、保全寺石窟。① 刘治立对分布在沿秦直道的甘肃合水县、华池县，陕西耀州区、宜君县、黄陵县、铜川、旬邑县的北魏、唐、宋、金、明的21个石窟、21座佛塔、19尊造像碑进行调查，并对其名称、地点、造像内容、时代、造像数、铭记一一登记，认为在漫长的历史中，佛教文化沿着这条古道传入关中，中原佛教又沿此道传回西部。②

5. 对直道修建起讫年代的考证

关于秦直道的修建年代，多数人依据：秦始皇三十七年（公元前210年）崩于沙丘后，二世、赵高诸人"遂从井陉抵九原。……行从直道至咸阳，发丧"③。认为直道始建于公元前212年，建成于公元前210年。而吴宏岐依据《史记·蒙恬列传》"始皇欲游天下，道九原，直抵甘泉，乃使蒙恬通道，自九原抵甘泉，堑山堙谷，千八百里。道未就"④，《史记·李斯列传》载秦二世矫诏僭立后，"法令诛罚日益刻深，群臣人人自危，欲畔者众。又作阿房之宫，治直道、驰道，赋敛愈重，戍繇无已"⑤，认为秦始皇崩时直道工程并未完工，一直持续至二世时期。"结合始皇三十七年夏直道已可通车马的情况来看，秦直道工程乃是肇于始皇而成于二世，从秦始皇三十五年（前212年）至秦二世三年（前207年），一共修筑了约5年之久，其中前2年多为第一期工程，虽粗可使用，但仍然'道未就'；后2年多为第二期工程。"⑥ 而知名作家高建群则说："先后用了30年的时间"才修成。⑦

三、关注秦直道的历史地位和现实意义

吴宏岐《秦直道及其历史意义》一文认为，直道是为防御匈奴新建的专用军事交通线，不能将直道与驰道混为一谈，不能简单地认为直道是秦驰道网中的一

---

① 杜斗城：《再论陇山左右的北魏石窟及其向西的影响》（油印稿）。
② 刘治立：《秦直道与子午岭地区的佛教遗存》，载《敦煌学辑刊》2003年第2期。
③ 司马迁：《史记·秦始皇本纪》，中华书局，1982年，第264—265页。
④ 司马迁：《史记·蒙恬列传》，中华书局，1982年，第2566页。
⑤ 司马迁：《史记·李斯列传》，中华书局，1982年，第2553页。
⑥ 吴宏岐：《秦直道修筑的起讫时间与工程分期》，载《中国历史地理论丛》1996年第3辑。
⑦ 高建群：《秦直道》，载《西部人》2004年第7期。

条道路，秦朝灭亡以后，直道仍然发挥着重要的作用。西汉初年，匈奴贵族势力曾两度试图进犯关中，中途而止正是子午岭上增添了一条直道，使得匈奴贵族不能不有所顾虑。唐朝，直道仍然是联系北边的要道。明代，直道仍旧是一条通途。在此后相当长时间内，直道在促进国家稳定、中原内地与北方少数民族地区以及陕甘宁诸省区之间的经济与文化交流方面均起着积极的作用。① 李仲立认为：秦直道是秦王朝沟通北部草原地区的交通要道，不能单纯地称为军事道路，而是一条南北交通路线。"新秦中"正是南北经济、文化交流的结晶。同时，由于秦直道的修筑把关中地区与蒙古高原地带连接了起来，使秦王朝的政令、统一措施得以迅速地传达到阴山脚下，先进生产技术、工具等迅速传播到河套之外。秦直道在秦以后的历代王朝中仍继续沿用，其经济文化方面的影响越来越大。② 刘治立认为：在以后的历史中，秦直道对于经济的发展、文化的交流具有积极的推动作用，是丝绸之路的一部分，是草原丝绸之路的南端。他还从秦直道沿线的石窟寺、佛塔、造像碑的造像特点说明，秦直道在丝绸之路经济和文化交流中尤其是佛教文化的传播和交流中发挥了重要的作用。③

对于秦直道的现实意义，吴宏岐提出：昔日高筑于子午岭峰巅的秦直道已由宽路通衢化作历史的陈迹而隐没在茫茫丛林之中，像一条满身伤痕、正在呻吟呼唤的巨龙，期待着人们的珍惜和保护，更期待着合理的开发和利用。目前政府已发出了"西部大开发"的号召，并提出了"再造一个山川秀美的黄土高原"的宏伟构想。如何把握机遇，重新整治秦直道，开发其独具特色的人文旅游资源和商贸交通功能，无疑对促进西北地区社会与经济的可持续发展具有重要的现实意义。④ 笔者赞同上述观点，希望借助"西部大开发"的有利时机，能带动这一古今军事战略要地经济的腾飞。

四、尚待解决的问题

综上所述，在秦直道路线的调查、沿途文化遗存的考察，尤其是对起点甘泉宫的考察、对沿直道佛教遗存的考察、对沿直道烽燧的考察、对直道修建起讫年

---

① 吴宏岐：《秦直道及其历史意义》，载《陕西师范大学继续教育学报》2000年第1期。
② 李仲立：《论秦直道与秦长城的关系》，载《庆阳师专学报》1994年第1期。
③ 刘治立：《秦直道与子午岭地区的佛教遗存》，载《敦煌学辑刊》2003年第2期。
④ 吴宏岐：《秦直道及其历史意义》，载《陕西师范大学继续教育学报》2000年第1期。

代的考证、对秦直道的历史地位和现实意义的研究等方面，都取得了不少的成果。但是，目前仍存在着若干尚未解决的问题。

1. 对沿线城镇研究不够

对秦直道沿线的一些古城镇的遗址尚未仔细调查和考定，如义渠戎国都城、秦阳周县城，西汉的泥阳县城、略畔道城、直路县城、除道城，隋唐的华池县城、合水县城、襄乐县城、洛源县城等都应在直道沿线附近，这些城址的大小、规模、确切位置和兴废沿革均有待考察。另外现存华池铁角城古城址、宁县庙嘴坪遗址、正宁县罗川古城遗址、合水县固城古城址、大山门古关址，陕西省吴旗县古城、子洲县马岔乡残存两座古城遗址、子长县石家湾乡曹家洼村城墙湾古城遗址，内蒙古伊金霍洛旗红庆河镇和阿勒腾席热镇古城遗址、鄂尔多斯市（原名伊克昭盟）东胜市城梁村古城遗址等，其城址周长都在1000米~2000米之间，依照李并成先生考定古城的标准，就其规模看至少是古县城遗址[①]，今须确定它在历史上属于什么建制。另有平戎寨古城址、二将城古城址、大顺城、金汤、白豹等宋代古城址都在直道沿线，今虽有考证，但仍有一些问题尚需进一步研究。

只有通过对于秦直道沿线古城址的研究，才能真正揭示出秦直道的战略地位，这也是确定秦直道走向的最主要依据，同时对于秦汉史的研究可起到推动作用，对于古代交通史、军事历史地理乃至于丝绸之路的研究都有重大意义。

2. 对于秦直道沿线的子午岭和鄂尔多斯地区古代自然环境的变迁缺乏研究

3. 对于历史时期秦直道沿线文化圈（权且叫"直道文化"）缺乏研究

4. 对秦直道沿线的军事关隘及其战略地位缺乏研究

甘肃省文物局秦直道考察组经考察，现已经确定旬邑县的石门关、正宁县的调令关、宁县的沮源关（兴隆关）、合水县的大山门古关、合水县的涧水坡岭的关址。[②]除此而外，笔者认为直道沿线的午亭子、黄蒿地畔、打扮梁、营盘梁、铁边城等地都应有古关遗址，对秦直道沿线军事关隘的战略研究，应实地考察关址，还应进行宏观分析，从战略的高度揭示秦的军事防御体系。

---

① 李并成：《河西走廊历史地理》，甘肃人民出版社，1995年，第150页。
② 甘肃省文物局：《秦直道考察》，兰州大学出版社，1996年，第8—18页。

5. 对秦直道沿线的东西走向的古道，以及古道及其连接的城市共同构成的军事立体防御体系研究不够

秦直道是防御匈奴新建的专用军事交通线，对于其周围的交通线，史念海先生在其重要作品《陕西北部的地理特点和在历史上的军事价值》中已做过宏观的描述①。笔者以为有必要进行微观的探索，以继续前辈的事业。

笔者认为，南北走向的秦直道，沿线至少有十个古关或障塞，并且有东、西古道，东通上郡、西通北地郡各县城。它们是调令关、兴隆关、午亭子、涧水坡岭、太阳坡、老爷岭、黄蒿地畔、打扮梁、阴盘崾岘、铁边城。（见图）如调令关，东沿石门川，经转角，至铜川、耀州区（古耀州），沿马栏河西南行可到旬邑，通泾河道；西沿支当河，至彬县（古三水县、豳州）。兴隆关，又名沮源关，东沿古道岭，至黄陵县（古坊州）；西沿湘乐川至湘乐（古襄乐县），入九龙川，至宁县（古泥阳县、宁州），通马莲河道。午亭子，东沿川子河，至直罗镇（古直罗县），通富县（古鄜州）；西经大山门，至固城，沿固城川至合水。涧水坡岭，东沿连家砭川通太白；西沿合水川至老合水（古合水县城）、板桥（古略蟠道），入马莲河道，北通庆阳（古郁郅县、庆州），南通宁县（古宁州）。太阳坡，东沿大凤川，至东华池（古华池县）；西沿定汉、城壕（有骆驼古城），至玄马（古延庆县），通庆阳（古庆州）。老爷岭，西2公里有二将城，东沿二将川至东华池；西经官道岔（因有"官道"而得名），至柔远城（今华池县城），经柔远川至庆阳。黄蒿地畔，东2公里有大顺城，东沿紫坊畔，直通洛河道；西沿武家河沟，至乔河，通柔远城。打扮梁，东沿白豹川，至白豹（古白豹城），至楼坊坪（古金汤城），入洛河道；西沿乔河沟、柔远川，通庆阳。阴盘崾岘，东沿三道川，通吴旗（古归德县、洛源县城），入洛河；西经坪庄、唐坊咀，至怀安（古怀安县），至悦乐（业乐寨），入柔远川。铁边城，东3公里有铁角城古城，南经乔川、柔远川至庆阳，或经环县沿马莲河往庆阳；北经夏州去九原，或经定边、盐池至灵州。这样的交通网络，正应了"郡郡通直道，县县送粮草"的当地民谣。众多的古道相互交错也是秦直道走向发生分歧和争论的主要原因。

军事防御不可能是孤立的防御，必须通过防御线或防御网，构成"一方有变，

---

① 史念海：《陕西北部的地理特点和在历史上的军事价值》，见《河山集》四集，陕西师范大学出版社，1991年，第83—84页。

八方驰援"的防御体系，以达到御敌之目的。秦直道与马莲河道、洛河道①东西呼应，组成以秦直道为中轴线，马莲河道、洛河道为两翼的快捷反应的军事通道。同时在中轴线上形成了以直道为柱、东西走向的古道为链、两边城镇为锁的有效的"立体军事防御网络"。若对外出击，作为军事通道，要确保粮草供应畅通无阻，古语云"兵马未动，粮草先行"，秦汉对匈奴的大规模战争，需要源源不断的粮草，并要确保供应线畅通无阻。秦直道和这些古道又同时构成了"立体军事供应网络"。而鄜延环庆地区（上郡、北地郡）则成为粮草供应基地，并通过其他道路与全国驰道相连，备战前方。因此，对秦直道的研究，必须与古代鄜延环庆地区"南卫关辅，北御羌戎"②的显赫军事战略地位相联系，综合考察。

对于上述问题，期待着今后进一步的深入考察和研究。

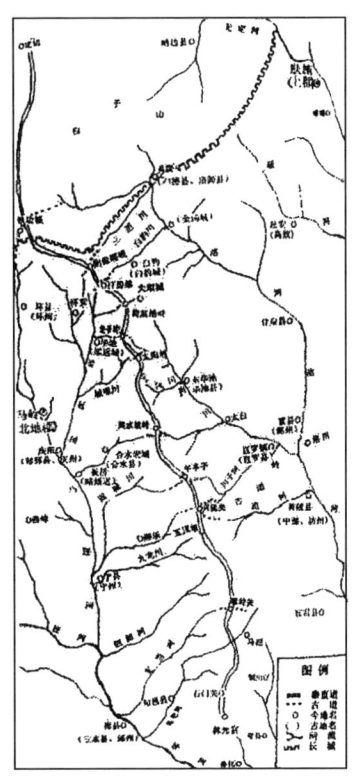

秦直道及周边道路、城镇构成的立体防御体系

（原载《甘肃社会科学》2005 年第 5 期）

---

① 史念海先生称"延州道"，李仲立称"延川道"，笔者以为，延川在洛河以东，秦直道与其最近的洛河关系最为密切，故称"洛河道"。
② 顾祖禹：《读史方舆纪要·陕西六·庆阳府》，上海书店出版社，1998 年，第 405 页。

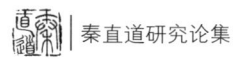

史念海与秦直道研究

徐君峰

一

史念海教授是中国历史地理学的创始人之一，早岁即已学贯经史群籍，覃思卓识，著称当世。历史地理学作为一门学科，既要掌握时代尺度的丰富史料为佐证，同时又需具备地域广度的地理基础为依托。在多年治学的基础上，史先生认识到，文献记载是前人积累的成果，但并不都是完全没有错误的，前人所接触的事物和环境未必还能保存到现在而了无改易。如果不从事实地考察，不易知其究竟。当然，实地考察也不能不与文献记载相勘证。因为现在所能见到的事物和所经历的环境，未必就能与前人所见到的和所经历的相符合。轻易以现在的事物和环境评论前人的得失，也是不公允的。史先生不仅这样认为，还身体力行。从上世纪70年代起，更以花甲之年，走出书斋，进行了深入而细致的实地考察，治学方法突破前规，为从古相传至今的中国沿革地理学开辟了一个新的阶段。

秦直道最早见于《史记·蒙恬列传》："始皇欲游天下，道九原，直抵甘泉，乃使蒙恬通道，自九原抵甘泉，堑山堙谷，千八百里。"由于司马迁只记载了秦直道南北的起讫点，并未说出具体的途经之地，给后世留下了千古未解的悬念。秦直道就是史先生当年走出书斋进行实地考察的项目之一。1975年，史念海教授在文献考证和实地考察相结合的基础上，发表了长达两万余字的《秦始皇直道遗迹的探索》一文，有史以来第一次绘出了"秦直道"具体路线图，并从六个方面对"秦直道"进行了全面系统的研究：

（一）直道修筑的战略意义

秦始皇统一六国后，派将军蒙恬率 30 万大军北征，把匈奴驱逐到阴山以北，在新取得地区设立了九原郡。出于积极防御的需要下令修筑直道，如果匈奴发动骚扰，秦军可由咸阳循直道抵九原郡进行抗击。

（二）直道的起点

直道以云阳为起点，云阳以北甘泉山建有林光宫，秦始皇经常来避暑，兼有抗击匈奴坐镇指挥的政治意义。今淳化县北梁武帝村即遗址所在。因这里曾建过汉武帝庙，后人讹传为梁武帝，故有此村名。村东南 2 公里海拔 1276 米，好花圪垯路旁海拔 1768.9 米，相差 492.9 米。从梁武帝村北行，一路慢坡就可达好花圪垯之下。

（三）子午岭南段上的直道及其遗迹

进入子午岭直道循岭北行。子午岭南段直道的具体记载，始见于唐代《元和郡县图志》："秦故道，在（襄乐）县东八十里子午山。"今襄乐镇东 80 里艾蒿店和五里墩之间一段子午岭，直道的遗迹一直保存到现在。富县之西从兴隆关至土桥之间 30 里上下的一段子午岭上，现在还可以寻觅直道的遗迹。据旬邑石门关一带人们记忆，距今数十年前，由石门关至马栏河一段子午岭的主脉风子梁，正是关中棉花向北运输的道路。子午岭上直道遗迹能够保留到现在，是历代断断续续通行的结果。但这只是一个原因。而灌木丛生、植被茂密应该是另一个原因。

（四）子午岭北段上的直道及其遗迹

据唐代《括地志》记载，庆州华池县西 45 里子午山有秦时的故道。子午岭北段主脉之上，现在绝大部分还有道路可通，应该就是直道的旧路。理由如下：其一，唐代记载华池县有秦故道，说明直道依然是循着子午岭的主脉向西北进展的。其二，从秦始皇修直道到现在，贯穿子午岭的东西道路不少，其中富县、黄陵之间有古道岭。以古道为名，说明岭上的道路来源很早。虽然有古道，直道并没有从这里下子午岭，因为兴隆关以北子午岭上的直道现在还有遗迹可寻。葫芦河有两个源头：一是二将川，经白豹川可到吴旗县南的金汤镇。一是荔原堡川，经樊川可到金汤南面的旦八寨。这里都是宋和西夏的战地，当然也是通往洛河流域的大路。是不是直道由这几条河谷北行？不是的。唐代记载华池西子午岭上直道的遗迹，就可完全否定这样的推测。直道不下山，正是要避开河谷曲折和横越横山山脉。因此，华池县的紫坊畔和定边县的铁角城等地附近后来虽都有子午岭下到河谷的道路，但是直道仍然没有中途下山，而是循着主脉辗转前进。其三，为什么现在子午岭北段的直道遗迹稀少？北段是黄土梁状丘陵，已大量开垦，成为农田，山顶岭头有不少地方较为平坦，开垦就愈为普遍，这势必使直道遗迹减少。

（五）鄂尔多斯草原的直道及其遗址

九原郡的治所虽在黄河北岸，辖区实际包括鄂尔多斯草原。现在鄂尔多斯草原相当多的地方已变成沙漠，但在秦朝却不是这样，丘陵台地到处散布，又杂以大小不等的淖尔沼泽，在其间探寻遗迹实非易事。虽然如此，却也并非了无踪迹。在东胜城西南90里海子湾发现遗迹，两端早已断切下陷，残留可见的长度仅有百米左右。路面残宽22米。一般道路的修筑是与附近的城池有联系的。新筑的道路往往迁就旧有的城池，而新建的城池也往往迁就已有的道路。秦始皇取得河南地后，设立了几十个县城，不能说直道与这些县城都没有一点关系。可惜这些县城数目还难肯定，但是在海子湾遗迹附近已有古城发现。由昭君坟至红庆河，南北长200里左右的道路旁，竟有四座古城遗址，这段道路有22米左右的宽度，也非一般的道路可及。说它是直道的遗迹，谅不为过。

（六）直道的修成及所起的作用

修筑始于秦始皇三十五年，到三十七年九月以前，秦始皇死后的辒辌车就由直道回到咸阳。仅仅两年半工程就全部完成，这是历史奇迹。西汉文帝时，匈奴南侵两次，进入上郡的一次，只是缘边骚扰性质。入萧关抵甘泉山下，那就是严重的进攻。为什么不从直道南下，却远远绕到了六盘山下？游牧民族向南进攻，一般都取路于河谷。而当时洛河河谷和马莲河河谷都没有受到骚扰，这又是什么原因？推究实际，这正是直道使匈奴有所顾忌。不仅不敢试探，匈奴右贤王曾一度入居河南地，不久复又撤走，就是这个缘故。在和匈奴继续对峙的形势中，关中所受的骚扰不如北部其他地区严重，正是由于直道起了一定的作用。

二

史先生首开秦直道现代历史地理学研究之先河，为后续研究者打下了一个坚实的基础。十年之后，《光明日报》以《为摸清秦代另一巨大国防工程故迹，画家靳之林徒步三千里考察秦始皇直道》为题，对靳之林做了新闻报道。1987年《西北史地》发表了王开《"秦直道"新探》，1988年《文博》发表了孙相武《秦直道调查记》。上述考察者所走的路线和史先生不同，这就在学术上产生了经地相异的走向问题。读完这些论文和消息后，史先生又写了长达三万余字的《直道和甘泉宫遗迹质疑》一文，依据文献的记载和实地考察的成果，从历史地理学专业的角度，进行了质疑并分析了产生问题的原因。史先生认为：

（一）直道是否南北笔直

靳之林勾画的直道，南北大致成直线。秦时陕北诸县可考者只有雕阴、高奴、阳周、肤施四处。这四个县在所附的路线图中皆标出，但距所说的直道皆甚远，如何能够对直道起到应有的作用？如果直道确是南北端直的，在秦时是要经过上郡的。既然经过却和上郡的治所以及县城都没有联系，这在政治方面是说不过去的。若是说富有军事意义，不必多涉及地方的政治，地形的选择应具有重要的条件。当时的上郡绝大部分是在现在陕北地区。那时不仅有河流，也有了沟壑。若要军事行动迅速，就不能不考虑到避免这样一些地形方面的阻遏。仅仅从这一点来说，这条道路虽以直道为名，却不一定就是南北笔直的。其实，九原和云阳本来就是南北相对的，联系两地之间的道路，虽因地形的影响而稍有弯曲，也是无妨于直道的得名的。

（二）经过上郡治所肤施的大道，是秦始皇以前的旧道，也是秦始皇全国驰道的组成部分，与直道无关

有的考察者认为直道是经过高奴、阳周和肤施向北延伸的。肤施县本是赵国的土地，秦昭王时取得了这个地方，即移上郡来治。赵惠文王三年，赵灭中山，迁其王于肤施，时肤施仍属赵国。赵惠文王三年为秦昭王十一年。秦昭王二十年，王之上郡北河，设郡当在秦昭王十一年至二十年之间。如迟至秦昭王二十年，下距秦始皇三十五年蒙恬修筑直道之时，已有七十五年。赵武灵王、秦昭王、秦始皇都走过这条道路，这是秦始皇驰道系统中的一段。如果说直道就在这里，为什

么秦始皇在修筑直道时竟舍弃旧路不用，而在其近旁另辟一条新道？实际上是不可能的。有的考察者说，直道并非蒙恬新勘测的路线，只是在战国中后期的九原、上郡、云阳、咸阳间的旧道基础上改建、扩充而成的。秦始皇于三十二年行过这条道路，到三十五年又要翻修改建，秦政虽然烦苛，但像这样不近情理的事情还是少见的。三十七年秦始皇崩逝之时，扶苏、蒙恬率重兵驻于阳周。阳周正当于由肤施南行的道路。李斯、赵高等辈共立胡亥，何敢轻易扶始皇棺柩经过这个地方？可见始皇棺柩所经过的直道并非就在上郡治所的南北。司马迁曾经走过这条直道，工程的艰巨致使司马迁认为这是秦亡国和蒙恬杀身的原因。司马迁曾经走过许多驰道段落，都没有提出若何批评意见。如果蒙恬所修直道只是改建和扩充旧道，何至于引起司马迁的批评？

（三）经过今富县、志丹、安塞等县的圣人道为赫连勃勃所修筑，并非秦始皇的直道

有的考察者说，所看到的秦直道遗迹，以富县境内的遗迹保存得最为完好。这是判定直道至沮源关后，折由古道岭进入富县境内的一个依据。所根据的文献记载是康熙《鄜州志》："鄜州西百余里有圣人条。"《鄜州志》解释这个圣人条，说是"疑即（蒙）恬所开者"。《庆阳府志》也说："秦直道俗名圣人条。秦以天子为圣，故名。"有的考察者解释说："古人称皇帝为'圣人'；少数民族称道路为'条'。'圣人条'即为皇帝修筑、使用的道路"，因而把《鄜州志》怀疑的问题肯定下来。有的考察者认为，这条道路上梁后北行，经过白家店、后和尚原、八卦寺这百余里间，直道路基遗存很多，宽度均在30米至50米间，显示了秦始皇直道、驰道的宏伟规模。王开还在甘泉县洛河上发现了圣马桥。他解释说："桥以'圣马'名，当指为秦始皇的兵车、战马所经过。"他又在志丹县境内发现以条命名的村庄比比皆是，如安条、杨条等都是位于直道沿线的居民点。安塞县镰刀湾一带也有古道遗迹。其实这条道路始见于《太平寰宇记》。原称圣人道，而非圣人条。圣人道经保安"军界一百五里"，入敷政县界，即赫连勃勃自夏台入长安时，平山谷开此道，土人呼为圣人道。宋保安军即今志丹县，夏台即今靖边县白城子，为赫连勃勃的都城。《元和郡县图志》记载夏太后城："在（鄜州洛交）县西三十六里……留太后于此，筑城以居。"这两条记载和王开所探寻的道路完全吻合。赫连勃勃由统万城南行，必然经今安塞县西北镰刀湾。镰刀湾

于唐时为塞门镇，其北 18 里处有芦子关，为夏州与延州往来大道。安塞县镰刀湾一带有古道遗迹，这无疑就是赫连勃勃所开的圣人道。

（四）汉文帝和汉武帝由甘泉的出巡，并非完全遵循直道

文帝三年由甘泉经过高奴是要前往太原的，然大要不出南北两途：一由蔺、离石东行；一出定阳。离石今山西离石县，东行即可抵晋阳城下。定阳在今陕西宜川县西北，东隔黄河与北屈县相望。春秋时就已是晋国通往黄河以西的要道。汉武帝北巡的路程绝大部分是在经过上郡治所发肤施的南北大道上，一直北抵五原。云阳是甘泉宫的所在地，武帝和文帝都是由直道北行的。由直道北行并不是说非要遵循这条道路走到尽头不可。

（五）直路县和除道县

《汉书·地理志》记载，北地郡属县中有直路县和除道县。直道经过北地郡，这两个县的命名应与直道有关。《地理志》对于除道县无说，历来舆地学者皆未能指出它的确实所在。《地理志》于直路县注："沮水出东，西入洛。"沮水源头在耀县柳林镇的西北。沮水流经的地理既明，自可进而求直路县的所在，当在今柳林镇的西北。《大清一统志》引《中部县志》说："直路县在西北二百里。"并加以解释说："疑直罗县本即汉之直路县，后人讹路为罗耳。"可是《元和郡县图志》却另有说明："直罗县，本汉雕阴县地，后汉因之，魏省雕阴县……隋开皇三年，使户部尚书崔仲方筑城以居之，城枕罗原水，其川平直，故名直罗城。武德三年，分三川、洛交于此置县，因城为名。"李吉甫去隋未远，所言当属翔实。撰《大清一统志》的馆臣，未能细加审慎，误引《中部县志》的谬说，而又望文生义，贻误后学。《地理志》在冯翊的属县中有一个翟道县，在今黄陵县西 40 里。翟道县的名称和直路县相似，因此，就有人以之和直道相联系。《汉书·百官公卿表》："县有蛮夷曰道。"翟道县的得名，显系当地杂居有非汉族的部落。《穆天子传》："南征朔野，径绝翟道"。远在秦始皇修筑直道以前，就已经有了翟道这个地名，可见其间是没有若何关系的。

（六）沮源关北沿子午岭西北行的道路不是秦通向西北的故道，也不是宋代的古道

靳之林说，沿子午岭主脉折向西北的故道可能是秦通西北的故道，而不是直

道。所谓秦通西北的故道，未见具体的说明。以意度之，可能是说秦始皇以前就有过的道路。早在秦昭王时，为了防御匈奴，在北陲修筑长城。这条长城隔绝南北，可以通行的主要道路只有两条：一条就是经过上郡治所肤施的大路，一条当是经过北地郡所属朝那县北行的大路。所谓秦通西北的故道，也许只是想当然的说法。宋代与西夏长期相互对峙。边防重镇主要是延安和庆州。由庆州前往西夏，即溯马莲河道。由延安前往西夏，共有三条道路，皆与子午岭无关。子午岭北段有一些堡寨，也经常为宋夏两国争夺的战地，如白豹城、荔原堡等皆时有兵争，可是双方进兵的路线，却皆不取子午岭上。可知所谓宋代古路也是揣度之辞，于史无证。

三

由于这些选择了不同路线进行考察的，大多是非历史地理学专业的人士，比如靳之林是画家，对史先生的质疑并未做出专业性的回应。以后，陆续有人关注"秦直道"，据说写文章的大约千人，实际考察的 20 余人，其中绝大部分也都不是历史地理学专业的人士，可能因为考察目的和重点不一样，至今没有见到像史先生那样全面系统的专业性论文。

2009 年初，陕西考古研究院在富县张家湾附近，对"秦直道"进行了有史以来第一次大规模的考古发掘，取得重大发现。这个消息很重要，但是，在秦直道全程走向尚存在较大歧义的情况下，现有的发掘和研究成果尚难以形成颠覆性的说法。关注者及其文章虽然颇多，但争议的内容仍没有突破史先生 80 年代和诸考察者探讨的范围。据相关媒体报道，中国秦汉史研究会会长王子今在接受采访时认为："古道路因为道路沿用时间较长，遗存破坏严重等原因，考古进度缓慢。秦直道研究的重点难点首先是道路的走向问题，这在学术界长期存在争议。"对此观点，我非常认同。从史先生第一次绘出路线图以来，尽管时隔三十五个春秋，秦直道走向问题仍然是重点难点问题，甚至是具体路段考察的前提问题，否则就会出现南辕北辙的情况。

最近一段时间，有关"秦直道"的报道屡有所闻。这是一个好现象，说明关注文化事业的人多了。其中最引人注目的莫过于自费探秘。在普遍以追求经济效益为考量标准的社会环境下，这种非营利性的文化行为是值得称道的，尽管文化热情是有很大的渲染力，但热情过后还是要回归到冷静的理性思考中来。目前，从事旅游文化、文学创作、地方史志以及开发利用等方面工作的同志热情很高，这种难能可贵的热情和社会文化事业发展的需求，对从事历史地理专业研究者来说，既是一种动力，也是一种压力。在秦直道老话题再次被热议并成为社会各界关注的焦点情况下，我觉得有必要温故而知新，将史先生的研究成果摘要发表，让更多的人系统全面地去了解，在思辨中让"秦直道"变得更清晰，并以此激发学术界同仁努力探索的志趣，为秦直道的保护、开发和利用提供符合历史地理原貌的专业支撑。

（原载《延安文学》2010年第6期）

秦汉直道研究进展及相关问题分析

赵力扬　葛　立　黄桂林

史籍上对直道的直接记载主要见于《史记》中的《秦始皇本纪》《六国年表》《匈奴列传》《蒙恬列传》《李斯列传》等篇,对直道的具体修建时间、起终点、长度、主持修建者、修建方式及部分使用情况有所记载但均过于简略,加之秦汉时期距今时间久远,也使得与直道直接相关的一些信息更加难以为后人所知。1975 年,著名历史地理学家史念海为研究陕西历史军事地理,结合文献记载和实地考察结果,发表了《秦始皇直道遗迹的探索》一文,随之在学术界引起了对直道研究的热潮,并持续至今。文物考古工作者、历史研究工作者、交通史研究者等多个领域的专家学者都对此表示关注,并先后发表了大量研究成果。其中,史念海[1]、李仲立[2]、吴宏岐[3]、王子今[4]、张多勇[5]、辛德勇[6]等人的文章以及甘肃省文物局《秦直道考察》[7],对直道的各方面论述比较全面,且形成了比较大的影响。

---

[1] 史念海:《秦始皇直道遗迹的探索》,载《陕西师大学报》(哲学社会科学版)1975 年第 3 期,第 77—93 页;史念海:《直道和甘泉宫遗迹质疑》,载《中国历史地理论丛》1988 年第 3 辑,第 45—84 页。
[2] 李仲立:《秦直道新论》,载《西北史地》1997 年第 4 期,第 1—6 页。
[3] 吴宏岐:《秦直道及其历史意义》,载《陕西师范大学继续教育学报》2000 年第 1 期,第 75—78 页。
[4] 王子今:《中国交通史研究一百年》,载《历史研究》2002 年第 2 期,第 164—179 页。
[5] 张多勇:《秦直道研究综论》,载《甘肃社会科学》2005 年第 5 期,第 192—195 页。
[6] 辛德勇:《秦汉直道研究与直道遗迹的历史价值》,载《中国历史地理论丛》2006 年第 1 辑,第 95—107 页。
[7] 甘肃省文物局:《秦直道考察》,兰州大学出版社,1996 年。

之后至 2013 年，出现了一系列学术研究成果，如期刊论文、学位论文、专著、会议论文、新闻报道等共 58 篇（部），其中总论性文献有 9 篇（部），主要讨论直道起终点的有 13 篇（部），主要讨论直道路线及修建情况的有 21 篇，主要讨论直道性质与意义的有 15 篇。笔者就以上述文献为基础，系统梳理与秦汉直道研究直接相关的一系列问题，积极探索目前研究中存在的问题以及未来研究方向。

一、秦汉直道的路线与修建

（一）直道的起终点

史籍对直道起终点的明文记载为秦云阳（或称甘泉）和九原郡，因此争议不大，讨论重点在于这两个古地名在今天的何地，以及为何将起终点定在这两处。

直道南端起点为秦云阳县甘泉宫。史念海结合文献记载和自己的实地考察，认为甘泉宫遗址在今咸阳淳化铁王乡梁武帝村一带，并否定了考古工作者将乾县等地发现的秦代建筑基址当作甘泉宫的观点。① 此后姚生民②、王雪岩③等都同意史念海的意见。对于直道南端起点何以定在云阳，史念海认为：一者该地险要可以屏障咸阳，二者地形与不远的子午岭相接方便修路。姚生民同意关于云阳位置险要的观点，同时提出，云阳附近的旧有交通基础可以方便修筑直道。关于具体的定名，文献记载秦汉时不同时段有甘泉宫、林光宫以及云阳宫三个名称，姚生民认为三名各有其宫，但实为一地。④ 对于将咸阳与云阳间道路也视为直道因而将直道南端起点定在咸阳的观点，姚生民认为，宏观上直道的确是九原与咸阳间道路网络的一部分，但微观上仍应将直道南端起点定在甘泉。⑤ 辛德勇则将甘泉

---

① 史念海：《秦始皇直道遗迹的探索》，载《陕西师大学报》（哲学社会科学版）1975 年第 3 期，第 77—93 页；史念海：《直道和甘泉宫遗迹质疑》，载《中国历史地理论丛》1988 年第 3 辑，第 45—84 页。

② 姚生民、郑洪春：《汉甘泉宫遗址调查》，载《人文杂志》1980 年第 1 期，第 79—80 页；姚生民：《秦直道与甘泉宫》，载《文博》1997 年第 5 期，第 34—37 页；姚生民：《秦直道起点及相关问题》，载《咸阳师范学院学报》2002 年第 1 期，第 8—11 页。

③ 王雪岩：《略论秦汉时期的云阳》，载《陕西教育学院学报》2005 年第 2 期，第 79—82 页。

④ 姚生民：《云阳宫·林光宫·甘泉宫》，载《文博》2002 年第 4 期，第 50—54 页。

⑤ 姚生民：《秦直道与甘泉宫》，载《文博》1997 年第 5 期，第 34—37 页；姚生民：《秦直道起点及相关问题》，载《咸阳师范学院学报》2002 年第 1 期，第 8—11 页。

宫作为以直道为主体的咸阳至九原间道路的中转枢纽来看。①

直道北端终点为秦九原郡，争议在于哪座古城为九原郡治。秦汉九原、五原郡境内已发现有多座古城，其中规模上以三顶帐房古城、孟家梁古城、麻池古城、古城湾古城为大，即规格上可能为九原郡治。位于包头市九原区的孟家梁村西的孟家梁古城，被谭其骧《中国历史地图集》标为秦九原郡治。②这种看法主要流行于上世纪80年代，其后少有人提及。位于巴彦淖尔市乌拉特前旗的三顶帐房古城，被内蒙古自治区文物工作队《内蒙古文物考古工作的主要收获》③推断为汉武帝所置五原郡郡治，李逸友认为该城为秦九原郡郡治所在④，并为内蒙古学界所基本认同。对于包头市麻池镇的麻池古城，靳之林根据直道走向将之认作九原城。⑤靳之林的看法被很多学者如张海斌、邓宏伟⑥、郭建中、车日格⑦以及魏坚、郝园林⑧所认同，直道终点为麻池古城说是目前学界趋于认同的观点。

（二）直道西线说

由于直道具体路线史无明文，因此成为直道研究的重中之重和争论的焦点。其中，以史念海为代表的学者所定直道路线偏西，而被称为直道西线说。史念海以唐代文献记载直道沿子午岭过华池、襄乐两县以及实地考察结果，认为直道由起点陕西淳化县北梁武帝村秦林光宫遗址北行，至子午岭上，循它的主脉北行，直到定边县南，再由此东北行，进入鄂尔多斯草原，过乌审旗北，经东胜县西南，在昭君坟附近渡过黄河，达到终点包头市西南秦九原郡治所；一半路程修筑在山头岭上，一半路程修筑在平原草地。⑨此后由于直道东线说出现，史念海提出

---

① 辛德勇：《秦汉直道研究与直道遗迹的历史价值》，载《中国历史地理论丛》2006年第1辑，第95—107页。
② 李逸友编著：《内蒙古历史文化名城》，内蒙古人民出版社，1993年，第20—28页。
③ 内蒙古自治区文物工作队：《内蒙古文物考古工作的主要收获》（内蒙古文物工作第八册），1979年。
④ 李逸友编著：《内蒙古历史文化名城》，内蒙古人民出版社，1993年，第20—28页；李逸友：《内蒙古历史考古学的发现与研究综述》，载《内蒙古社会科学》1992年第2期，第69—83页。
⑤ 卜昭文：《靳之林徒步考察秦直道记》，载《瞭望》1984年第43期，第40—41页。
⑥ 邓宏伟、张海斌：《包头境内的战国秦汉长城与古城》，载《内蒙古文物考古》2000年第1期，第74—91页。
⑦ 郭建中、车日格：《黄河包头段沿岸汉代古城考》，载《内蒙古文物考古》2007年第1期，第42—56页。
⑧ 魏坚、郝园林：《秦汉九原——五原郡治的考古学观察》，载《中国历史地理论丛》2012年第4辑，第42—49页。
⑨ 史念海：《秦始皇直道遗迹的探索》，载《陕西师大学报》（哲学社会科学版）1975年第3期，第77—93页。

反驳，指出直道选择子午岭主脉是因该地地形平坦，易于长途跋涉，而且正是因为子午岭及鄂尔多斯草原上并没有设置过郡治与县城，才仅仅记载了直道的起终点。[①]吕卓民[②]、李仲立[③]、甘肃省文物局[④]、吴宏岐[⑤]等众多学者和考古工作者都同意史念海所论述的路线，并补充了大量证据，使得史念海论述的路线成为直道路线之争中的主流观点。

（三）直道东线说

史念海的直道西线说提出后，直道东线说继之而起（因所定直道路线较直道西线说偏东），认为直道应南北大体笔直地经过陕北高原，而非如史念海所论路线向西弯曲。直道东线说也细分为几种说法。靳之林认为直道路线从南端起点起，经今陕北的旬邑、黄陵、富县、甘泉、志丹、安塞一直向北至终点，大致南北笔直。[⑥]王开认为直道在兴隆关以南段与史念海所论路线重合，从兴隆关起形成不同于西线的东线，且认为直道向东弯曲，经过秦阳周、秦上郡肤施即今榆林，至伊金霍洛旗与西线会合而至终点，[⑦]不经乌审旗。孙相武将直道起点定在咸阳，并认为直道经今安塞、靖边、横山、榆林直至终点，不经兴隆关、秦阳周。[⑧]孙相武所论路线的主体部分与靳之林的路线比较接近，向东弯曲过榆林的观点与王开相同。姬乃军首次提出直道分为两岔路，认为直道从兴隆关起分岔，西线即史念海路线，东线经富县、甘泉、安塞、靖边、横山、乌审旗而与西线会合至终点，不经榆林。[⑨]

---

① 史念海：《直道和甘泉宫遗迹质疑》，载《中国历史地理论丛》1988年第3辑，第45—84页；史念海：《与王北辰先生论古桥门与秦直道书》，载《中国历史地理论丛》1989年第4辑，第9—35页。

② 吕卓民：《秦直道歧义辨析》，载《中国历史地理论丛》1990年第1辑，第89—105页；吕卓民：《再论秦直道》，载《文博》1994年第2期，第87—93页。

③ 李仲立、刘得祯：《甘肃庆阳地区秦直道考察报告》，载《甘肃社会科学》1991年第3期，第79—82页；李仲立：《甘肃境内秦直道管见》，载《人文杂志》1993年第3期，第93—96页。

④ 甘肃省文物局：《秦直道考察》，兰州大学出版社，1996年。

⑤ 吴宏岐：《秦直道及其历史意义》，载《陕西师范大学继续教育学报》2000年第1期，第75—78页；吴宏岐：《秦直道修筑的起讫时间与工程分期》，载《中国历史地理论丛》1996年第3辑，第251—252页。

⑥ 卜昭文：《靳之林徒步考察秦直道记》，载《瞭望》1984年第43期，第40—41页；靳之林：《秦始皇直道路线图》，载《光明日报》1984年8月19日第2版。

⑦ 王开：《"秦直道"新探》，载《西北史地》1987年第2期，第11—22页；贺清海、王开：《毛乌素沙漠中秦汉"直道"遗迹探寻》，载《成都大学学报》（社科版）1989年第1期，第51—55页。

⑧ 孙相武：《秦直道调查记》，载《文博》1988年第4期，第15—20页。

⑨ 姬乃军：《延安境内秦直道调查报告之一》《延安境内秦直道调查报告之二》，载《考古与文物》1989年第1期，第26—32页，1991年第5期，第36—41页；姬乃军：《陕西志丹县永宁乡发现秦直道行宫遗址》，载《考古》1992年第10期，第952—953页。

在东线说提出的同时,西线说支持者提出不少针对性的反对意见,使得直道东线说从20世纪90年代中期起落于下风。但东线说沿途各县市及相关工作者始终没有放弃寻找直道,尤其是从2005年起,王富春①、国家文物局秦直道研究课题组②、陕西省考古研究院③等相继对东线说表示支持,让直道路线之争重起波澜。

(四)直道修建起讫年代和使用年限

根据《史记·秦始皇本纪》记载,直道开始修筑于秦始皇三十五年(公元前212年),始皇三十七年(公元前210年)已有使用记录,多数人据此认为这两年间为直道的修筑年代。不过也有不同看法。吴宏岐据《蒙恬列传》和《李斯列传》认为,直道在始皇时并未修成,一直到二世时仍在修筑,即最晚修成于秦二世三年(公元前207年),前后修了5年。④李仲立根据考古遗迹认为,直道并非秦代创建,而是在前代旧有道路基础上重修的。⑤曾磊同意李仲立的观点,并在李仲立所言西线说的基础上认为东线直道也是重修旧路所成,给出的理由包括直道工程量巨大、修筑人员无法保证、工期紧张等。⑥陕西省考古研究院认为直道东线修于秦时,西线为两汉间修成。⑦

直道的使用年限也有争议。弓建中认为直道在汉代取得对匈奴作战胜利后便失去意义而逐渐荒废。⑧陕西省考古研究院认为东线直道至迟用至东汉时,西线直道用至宋明时。史念海认为直道在明代仍旧是一条通途,清朝初年才渐趋湮塞。⑨

---

① 王富春:《榆林境内秦直道调查》,载《文博》2005年第3期,第64—67页。
② 国家文物局秦直道研究课题组、旬邑县博物馆:《旬邑县秦直道遗址考察报告》,载《文博》2006年第3期,第75—78页。
③ 张在明、李增社、姜家乃等:《2+2=4:秦直道发现道路四叠层与东西线之争——2010年秦直道考古收获之一》,载《中国文物报》2011年8月12日第4版。
④ 吴宏岐:《秦直道修筑的起讫时间与工程分期》,载《中国历史地理论丛》1996年第3辑,第251—252页。
⑤ 李仲立:《秦直道新论》,载《西北史地》1997年第4期,第1—6页;李仲立、刘得祯:《甘肃庆阳地区秦直道考察报告》,载《甘肃社会科学》1991年第3期,第79—82页。
⑥ 曾磊:《秦直道为重修说》,载《湖南科技学院学报》2008年第7期,第57—59页。
⑦ 张在明、李增社、姜家乃等:《2+2=4:秦直道发现道路四叠层与东西线之争——2010年秦直道考古收获之一》,载《中国文物报》2011年8月12日第4版;孙文娟:《"世界最早高速路"走向之谜破解》,载《中国社会科学报》2011年8月25日第2版;冯国:《秦直道曾"改线"为民族融合之路》,载《西部时报》2011年9月6日第9版。
⑧ 弓建中:《公元前2世纪前后秦汉西北边防及其效果》,西北大学硕士学位论文,2001年。
⑨ 史念海:《秦始皇直道遗迹的探索》,载《陕西师大学报》(哲学社会科学版)1975年第3期,第77—93页。

二、秦汉直道的性质与意义

（一）直道的军事政治意义

由于《史记》记载直道时将直道与其他秦王朝的边防措施并提，所以一般认为直道为秦王朝抵抗匈奴所修，将直道的军事政治意义放在首位。史念海提出，直道是秦汉王朝的一项"积极防御"措施。① 但直道是否只具有军事性质，则成为疑点。吴宏岐认为，直道是专用军事道路，是与秦驰道不同的；② 李仲立则认为，直道确实有着重要的军事战略作用和地位，但其本质是交通要道，不能单纯地认为是军事道路；③ 也有持调和观念者，如郑承燕认为直道在当时还是专用军事通道，但在秦汉之后失去了军事性质，便主要发挥交通经济作用。④

直道的军事性质体现在许多附属设施的配备上。吴长川认为，这样的组成部分包括宫殿、关隘、驿站、烽燧等，并谈到了一些已有的考古发现。⑤ 显然，对这些设施的认识需要坚实的考古发现作为前提，因此许多对直道的考古发现报告里都有相关内容。甘肃省文物局《秦直道考察》总结有一些直道沿线的关隘遗址。⑥ 王子今则对直道沿线的兵站和烽燧的遗址考古发现做了研究。⑦ 不过，由于这些遗址与直道的关系需要以直道路线的确定为前提，因此在对直道路线仍有争议的情况下，对这些附属设施的研究显得不足且多争议。

对直道军事作用的体现也存在不同意见。大多数人认同史念海的观点，认为直道是秦汉王朝积极防御的边防建设。如吴宏岐认为直道与长城呈丁字相交，加强了秦都咸阳所在的京畿关中与北方河套地区的联系，这样的形态和位置具有重要的军事战略地位，使得匈奴不敢轻易南下进犯。⑧ 郑承燕结合秦汉王朝出击匈奴的史实，认为直道与长城的结合，构架起打击与防务并重的军事理念，成为秦

---

① 史念海：《秦始皇直道遗迹的探索》，载《陕西师大学报》（哲学社会科学版）1975年第3期，第77—93页。
② 吴宏岐：《秦直道及其历史意义》，载《陕西师范大学继续教育学报》2000年第1期，第75—78页。
③ 李仲立：《秦直道新论》，载《西北史地》1997年第4期，第1—6页。
④ 郑承燕：《秦皇汉武时期的北方边政对内蒙古地区的影响》，内蒙古大学硕士学位论文，2005年；郑承燕：《秦始皇时期的北方边政经略》，载《内蒙古文物考古》2006年第1期，第30—41页。
⑤ 吴长川：《秦直道两三问题谈》，载《文物世界》2011年第2期，第12—15页。
⑥ 甘肃省文物局：《秦直道考察》，兰州大学出版社，1996年。
⑦ 王子今：《交通史视角的秦汉长城考察》，载《石家庄学院学报》2013年第2期，第14—25页。
⑧ 吴宏岐：《秦直道及其历史意义》，载《陕西师范大学继续教育学报》2000年第1期，第75—78页。

汉北部边防的有机组成部分。[①] 董文劲也认为，直道具有战略威慑和军事威胁的双重军事战略意义。[②] 也有人因为强调直道的交通性质，而认为直道军事作用主要在于军事运输和情报快递方面，如李仲立[③]和吴长川[④]。

战争是政治的延续。[⑤] 直道的军事作用终归是实现其政治作用的一种手段，研究者在这一点上往往统而论之，认为直道的政治意义主要体现在对国家统一的巩固上。如李仲立认为直道促进了政令畅通，使人们在观念上、心理上增强了对民族和国家统一的凝聚力和向心力。[⑥] 董文劲认为，直道能巩固边境，扩大疆域，巩固统治。[⑦] 吴长川认为直道方便了秦始皇巡游天下，统一思想，检查统一措施的施行情况。[⑧] 刘晓达认为，直道的修建一方面出于秦始皇为加强帝国中心与边界的考虑，另一方面也方便秦始皇借以将整个帝国转化为自己可以随意控制的私人空间。[⑨]

（二）直道的经济文化意义

讨论直道经济文化作用的前提是承认直道是一条交通要道，而非单纯的军用道路。除上文所述李仲立、郑承燕外，张波、王双怀认为直道是西部南北交通主干道的北段，加强了关中与西部地区的联系，且反映了西部的强盛[⑩]；马晓峰认为直道是秦汉陆路交通建设中的重要部分[⑪]；董文劲则提出，直道不仅连接关中与北部阴山防线，还连接了子午岭两侧。

关于直道的经济文化意义，董文劲做了比较全面的总结，认为经济意义包括：1. 给畜牧经济和农耕经济两大经济模式之间的交流架起了桥梁；2. 直接推动了关

---

① 郑承燕：《秦皇汉武时期的北方边政对内蒙古地区的影响》，内蒙古大学硕士学位论文，2005年；郑承燕：《秦始皇时期的北方边政经略》，载《内蒙古文物考古》2006年第1期，第30—41页。
② 董文劲：《秦直道的历史文化内涵初探》，内蒙古大学硕士学位论文，2011年。
③ 李仲立：《论秦直道与秦长城的关系》，载《庆阳师专学报》（社会科学版）1994年第1期，第26—31页。
④ 吴长川：《秦直道两三问题谈》，载《文物世界》2011年第2期，第12—15页。
⑤ 卡尔·冯·克劳塞维茨：《战争论》，解放军出版社，2005年。
⑥ 李仲立：《秦直道新论》，载《西北史地》1997年第4期，第1—6页。
⑦ 董文劲：《秦直道的历史文化内涵初探》，内蒙古大学硕士学位论文，2011年。
⑧ 吴长川：《秦直道两三问题谈》，载《文物世界》2011年第2期，第12—15页。
⑨ 刘晓达：《视觉建构与观念表达——秦始皇的"天下"观及其整控策略》，载《美术学报》2013年第2期，第51—59页。
⑩ 张波、王双怀：《西部交通的历史考察》，载《中国历史地理论丛》2003年第1辑，第45—56、122页。
⑪ 马晓峰：《秦汉时期陆路交通的建设问题》，载《青岛大学师范学院学报》2006年第3期，第49—51页。

中北部诸郡的经济开发。文化意义包括：1. 推动中原农耕文化和北方草原文化的交融；2. 推动佛教文化在中原的传播；3. 秦直道是"草原丝绸之路"的主要构成部分。① 另外，郑承燕认为，直道的经济交通作用，是直道保存至今的主要原因。② 陕西省考古研究院认为直道曾在两汉间改变线路，对此丁晨认为直道改线是为了在汉匈和好的情况下促进民族融合和社会经济发展。③

（三）直道的现实意义

对于直道的现实意义，吴宏岐提出，在"西部大开发"和"再造一个山川秀美的黄土高原"的号召下，如何把握机遇，重新整治直道，开发其独具特色的人文旅游资源和商贸交通功能，无疑对促进西北地区社会与经济的可持续发展具有重要意义。④ 除此以外笔者认为，对秦汉直道的研究应该纳入"一带一路"经济发展战略中的文化研究之中，它是丝绸之路重要的组成部分，是中国线性文化遗产研究的一个重要组成部分。秦汉直道与丝绸之路的关系甚为密切，在敦煌莫高窟第323窟北壁上部西侧有一幅反映西汉张骞从甘泉宫出使西域的壁画⑤，这说明丝绸之路起点与直道起点都是甘泉宫的历史事实，是都城内外交通的重要组成部分，因而秦汉直道研究的学术价值和现实意义是不言而喻的。

三、秦汉直道研究的问题和不足

十年前，有学者总结秦汉直道研究存在问题时认为：1. 对沿线城镇研究不够；2. 对直道沿线的子午岭和鄂尔多斯地区古代自然环境变迁缺乏研究；3. 对历史时期直道沿线文化圈缺乏研究；4. 对直道沿线的军事关隘及其战略地位缺乏研究；5. 对直道沿线的东西走向的古道，以及古道及其连接的城市共同构成的军事立体防御体系研究不够。⑥ 十年过去了，上述问题并没有多少进展，相反随着丝绸之路研究热的兴起，对秦汉直道的考察、研究再次成为历史、考古与文化学者等关

---

① 董文劲：《秦直道的历史文化内涵初探》，内蒙古大学硕士学位论文，2011年。
② 郑承燕：《秦皇汉武时期的北方边政对内蒙古地区的影响》，内蒙古大学硕士学位论文，2005年；郑承燕：《秦始皇时期的北方边政经略》，载《内蒙古文物考古》2006年第1期，第30—41页。
③ 冯国：《秦直道曾"改线"为民族融合之路》，载《西部时报》2011年9月6日第9版。
④ 吴宏岐：《秦直道及其历史意义》，载《陕西师范大学继续教育学报》2000年第1期，第75—78页。
⑤ 夏鼐：《中国石窟·敦煌莫高窟》第3卷，文物出版社，1987年，第228页；李淞：《陕西古代佛教美术》，陕西人民教育出版社，2000年，第3页。
⑥ 张多勇：《秦直道研究综论》，载《甘肃社会科学》2005年第5期，第192—195页。

注的焦点。

纵观学界已有研究成果以及十年前秦汉直道研究的不足，发现研究者们都忽视了一个根本性问题，那就是秦汉时期的直道是不是唯一一条自甘泉宫，或者秦都咸阳通往九原郡的交通线路？如果是，直道如何定性？如果不是，另外的道路是驰道吗？驰道与直道的走向、规制等方面的区别是什么？只有在解决了这些问题之后，秦汉直道的相关问题才能最终解决。

四、关于秦汉直道已有研究成果的分析

（一）直道东线说的缺陷

与张多勇文几乎同时，王富春①、张在明等人②相继对东线说表示支持，使得直道路线问题重新引起注意。其实早在20世纪80年代末90年代初，直道路线之争最激烈时，史念海认为，东线说诸学者所定直道线路实为其他道路。③其中，经过上郡治所肤施的道路为秦以前旧有道路，也是秦驰道的一部分。史先生举出的理由包括：1. 赵武灵王入秦打探虚实④时可能由此；2. 秦昭王修长城时曾到过上郡⑤；3. 秦始皇巡行时曾经过上郡⑥，而此时有驰道而无直道，秦始皇走的可能是规模同样很大的驰道；4. 上郡及其属县地位重要，以司马迁之严谨，若直道经过上郡则不可能不记；5. 蒙恬虽主持修直道且驻军上郡，然主持修筑不代表一定亲临工地，更不代表直道一定经过上郡。而经过今富县、志丹、安塞等地的道路为十六国时赫连勃勃为进军关中所修的"圣人条"⑦，以清康熙《鄜州志》《保安县志》《庆阳府志》为代表的将"圣人条"与直道相混淆的观点不可靠。对于

---

① 王富春：《榆林境内秦直道调查》，载《文博》2005年第3期，第64—67页。
② 国家文物局秦直道研究课题组、旬邑县博物馆：《旬邑县秦直道遗址考察报告》，载《文博》2006年第3期，第75—78页；张在明、李增社、姜家乃等：《2+2=4：秦直道发现道路四叠层与东西线之争——2010年秦直道考古收获之一》，载《中国文物报》2011年8月12日第4版。
③ 史念海：《直道和甘泉宫遗迹质疑》，载《中国历史地理论丛》1988年第3辑，第45—84页；史念海：《与王北辰先生论古桥门与秦直道书》，载《中国历史地理论丛》1989年第4辑，第9—35页。
④ 《史记》卷四三《赵世家》："主父欲令子主治国，而身胡服将士大夫西北略胡地，而欲从云中、九原直南袭秦，于是诈自为使者入秦。"
⑤ 《史记》卷五《秦本纪》："（秦昭王二十年，秦昭）王之汉中，又之上郡、北河。"
⑥ 《史记》卷六《秦始皇本纪》："始皇巡北边，从上郡入。"
⑦ 《太平寰宇记》卷三七《保安军》。

汉文帝、汉武帝由甘泉出巡之事①，史念海根据其出巡的目的地和经过地点，认为其巡行并非完全遵循直道，也可以走其他道路，因此不能做东线说佐证。对于直路县和除道县两个县②，史先生认为两县可能与直道有关，而且两县在北地而不在上郡，则东线说不成立。

吕卓民支持史念海的观点，并进一步针对性地指出③：1.东线说支持者在横山岭脊以北的直北方向再未发现古道遗迹，因此可能是将宋代讨伐西夏所凿道路④以及赫连勃勃的圣人道当作直道；2.秦汉时期陕北地区早有开发，简单将发现的秦汉遗物遗迹认为与直道相关，并不负责；3.秦始皇三十七年始皇驾崩后车驾从直道回咸阳，同时令身在上郡的扶苏会丧咸阳，⑤说明直道并不过上郡；4.没有证据表明司马迁考察直道与汉武帝巡行为同一次，也就不能表明汉武帝走了直道；5.陕北地区古道遗迹为15米~20米宽，子午岭上古道遗迹为5米~6米宽，但不能据此判定宽者为直道主线、窄者为辅道，因为兴隆关以南获得较多公认的直道遗迹也只有4米~5米宽。

东线说本身也是疑点重重：1.东线说内部不能完全统一，方案众多且自相矛盾；2.东线说诸学者在考证所谓"直道"遗迹时，往往先入为主地将所见古道认定为直道，缺乏充分论证。因此可见，东线说的主观臆测性较强，最多只能说是一种猜想，而没有站得住脚的证据。

再看王富春、张在明等人最新发表的成果，之前东线说存在的问题并未能克服。不说王文未能提出新的证据，就是张文利用考古地层证据也存在自相矛盾的现象。张文因在对兴隆关以西直道遗迹采样时未发现秦代路面遗迹，而认为该道路从东汉才开始使用；⑥但在之前对兴隆关以南的直道采样时也未发现秦代路面

---

① 《史记》卷一〇《孝文本纪》："（文帝三年六月）辛卯，帝自甘泉之高奴，因幸太原。"《汉书》卷六《武帝纪》："（元封元年冬十月）行自云阳，北历上郡、西河、五原……还，祀黄帝于桥山，乃归甘泉。"《汉书》卷二五《郊祀志》："（武帝）北巡朔方，勒兵十余万骑，还祭黄帝冢桥山，释兵凉如。"

② 《汉书》卷二八《地理志》北地郡。

③ 吕卓民：《秦直道歧义辨析》，载《中国历史地理论丛》1990年第1辑，第89—105页；吕卓民：《再论秦直道》，载《文博》1994年第2期，第87—93页。

④ 《宋史》卷二五三《李继周传》："（宋太宗淳化五年，李继周）开治塞门、鸦儿两路。"

⑤ 事见《史记》卷六《秦始皇本纪》、《史记》卷八七《李斯列传》。

⑥ 张在明、李增社、姜家乃等：《2+2=4：秦直道发现道路四叠层与东西线之争——2010年秦直道考古收获之一》，载《中国文物报》2011年8月12日第4版。

遗迹，张却给出了两点可能的原因，①而没有否认该道路为直道。判断标准上的前后不统一，使得其东线说缺少了科学性。因此，东线说目前仍没有提供更多的理论依据。

（二）对直道线路问题的判断

在东线说重新抬头的同时，辛德勇也对直道路线之争问题做了总结和分析，认为：1. 秦以前的历史活动对判断直道路线帮助不大，越往后的文献可信度也越差，最可靠的还是《史记》《汉书》等秦汉时期文献；2. 以秦汉文献来看，秦汉时期的已知历史活动都没有明言直道经行具体地点，也难以帮助复原直道线路；3. 在直道起终点的今地比较确定的情况下，根据唐代文献复原出的直道西线说更为可靠；4. 由于秦汉文献没有直接证据表明直道路线具体所经，或表明东线说实为驰道路线（驰道路线是否包括该地史无明文），因此东线说也只能存疑而不能弃之不顾。②

辛德勇做出这样判断的依据主要是文献的可靠程度，同时他也在某种程度上注意到了上文提出的问题。由于驰道与直道同为秦时所修道路，且都规格很高，因此两者很容易被混淆。史念海即认为，秦始皇巡行时曾经过上郡，而此时有驰道而无直道，秦始皇走的可能是规模同样很大的驰道，直道东线说支持者将两者混淆。③但由于驰道的史籍记载也极为简略，并未明言具体路线及修筑规制为何，因此辛德勇只是认为该处道路很重要，但难以认定该处道路为驰道而非直道；也不能完全从年代上断定该处道路不为直道，因为不能排除始皇巡行过后该处再修直道的可能性。

在指出了这一点后，上文提出的问题就可以得到这样的初步答案：1. 秦汉时期甘泉与九原间这一区域内的道路不止一条，如果只有一条道路，那就是直道，因为只有它被明确指出连接了甘泉与九原；2. 直道的主要性质应是军事为主的，

---

① 国家文物局秦直道研究课题组、旬邑县博物馆：《旬邑县秦直道遗址考察报告》，载《文博》2006年第3期，第75—78页。给出的两种可能原因有：1. 子午岭上施工时开挖多回填少，底层变化不大；2. 路基被植物根系破坏而无法辨认。
② 辛德勇：《秦汉直道研究与直道遗迹的历史价值》，载《中国历史地理论丛》2006年第1辑，第95—107页。
③ 史念海：《直道和甘泉宫遗迹质疑》，载《中国历史地理论丛》1988年第3辑，第45—84页；史念海：《与王北辰先生论古桥门与秦直道书》，载《中国历史地理论丛》1989年第4辑，第9—35页。

而这一区域中的其他道路无论是否为驰道，均与直道的性质不同；3.这一区域中其他道路与直道有所连接，且存在级别与直道相仿的道路，这是导致直道路线从考古学上难以明确的原因。

既然秦汉时期的文献以及当前考古发掘成果仍不能解决直道线路问题，笔者认为，如果将秦汉直道所在区域进行较长时段的历史地理研究，从区域经济和商业发展、各民族生产和军事活动等方面进行系统研究和梳理，或许可以推进对这一问题的研究。

（原载《三门峡职业技术学院学报》2015年第3期）

后　记

秦帝国建立后，嬴政于始皇三十五年（前212年）命蒙恬开筑直道，由北边边防重镇九原南抵甘泉宫。作为帝国交通结构的重要构成，秦直道实现了京师咸阳地区与濒临匈奴的北边地区的高效联系与沟通，具有重大的战略意义与历史影响。千岁已往，古迹尚存。史家寻考，宜加重视。

本书为现代学者关于秦直道学术研究成果的论文汇编，具体分为考古调查、研究论文、学术综述三部分，资料截至2015年12月。王子今先生常年从事中国古代交通史的研究工作，对秦直道相关问题持续关注，多有探讨，成果丰厚，百忙之中特予赐序，这里深致谢忱。资料搜集又先后承中国社会科学院历史研究所赵凯先生、中国社会科学院民族学与人类学研究所陈晓伟先生慨然襄助，中国人民大学国学院祝晓雪同学协助完成部分资料的扫描、拍照，一并感念。本研究论集对前辈时贤论述的择选、整理，希望能为战国秦汉史、历史地理、中国古代交通史、中国古代军事史的研究提供一些参考便利。疏漏难免，恳请读者指正。

需要补充说明的是，本书为选编性研究论文集，共收录了60多篇关于秦直道研究方面的论文，其中涉及文字与图片等著作权联系方面的工作难度较大，我们进行了多方努力和联系，但仍有部分作者信息不明或因工作单位、地址变动而无法联系，希望著作权人见书后与我们联系，以奉稿酬。

编　者
2015年12月19日